全本全注全译丛书

中华经典名著

张世亮　钟肇鹏　周桂钿◎译注

春秋繁露

中华书局

图书在版编目(CIP)数据

春秋繁露/张世亮,钟肇鹏,周桂钿译注. —北京:中华书局,
2012.6(2024.11 重印)
(中华经典名著全本全注全译丛书)
ISBN 978-7-101-08566-2

Ⅰ.春… Ⅱ.①张…②钟…③周… Ⅲ.①儒家②《春秋繁
露》-译文③《春秋繁露》-注释 Ⅳ.B234.52

中国版本图书馆 CIP 数据核字(2012)第 030890 号

书　　名	春秋繁露	
译 注 者	张世亮　钟肇鹏　周桂钿	
丛 书 名	中华经典名著全本全注全译丛书	
责任编辑	王守青	
装帧设计	毛　淳	
责任印制	管　斌	
出版发行	中华书局	
	(北京市丰台区太平桥西里 38 号　100073)	
	http://www.zhbc.com.cn	
	E-mail:zhbc@zhbc.com.cn	
印　　刷	北京盛通印刷股份有限公司	
版　　次	2012 年 6 月第 1 版	
	2024 年 11 月第 13 次印刷	
规　　格	开本/880×1230 毫米　1/32	
	印张 21⅜　字数 450 千字	
印　　数	51001-55000 册	
国际书号	ISBN 978-7-101-08566-2	
定　　价	48.00 元	

目　录

目　录

前　言

　　《春秋繁露》是董仲舒的代表作,也是研究董仲舒思想的主要资料。

　　董仲舒是西汉时期最重要的政治哲学家,也是在中国历史上影响极大的重要思想家之一,上承孔子,下启朱熹,成为儒学发展中的关键人物,为奠定中华民族的传统精神做出了决定性的贡献。

　　董仲舒约生于公元前198年,约卒于公元前106年。早年专心研究《春秋》公羊学,在汉景帝时代任经学博士,并教授很多弟子。他专心研究时,曾经三年不去看自己的园圃。他的学生很多,都是由几个先来的学生从董仲舒那里学习后,再去教其他的学生。有的学生在董仲舒那里学习了几年,还没有见过董仲舒的面。汉武帝时代,他参加对策,连续三次得到汉武帝的赏识,被任命为江都相。这三次对策的策文主要讲了天人感应的问题,后人称为"天人三策"。任江都相期间曾一度任中大夫。后从江都相调任胶西相。不久,由于年老,又不得志,辞职回家,专心从事著述和教学工作。他虽然穷居陋巷,朝廷有些议而不决的事,还派廷尉张汤等去向他咨询。董仲舒的著作由后人汇编成一书,汉代时称《董仲舒书》,后来称《春秋繁露》。班固《汉书·董仲舒传》收入董仲舒的《天人三策》,集中反映了董仲舒的政治哲学思想。这些学术成果是研究董仲舒思想的可靠资料。另外,董仲舒培养了一大批学生,其中著名的有嬴公(汉昭帝时任谏议大夫)、褚大(任梁相)、吕步舒(任丞相长史)、殷忠(《汉书》作段仲)等。在当时社会上有一定影响的弟子约有几百人。他的子孙也都因为有学问而当了大官。董仲舒的学生及后学著名的还有睦孟、孟卿、严彭祖、颜安乐、刘向、王彦以及东汉何休等。西汉另外两个著名的公羊学大家:一个是胡母子都,另一个是他的弟子公孙弘。公孙弘当了大官,没有从事教学工作,因此没有弟子。董仲舒以后,研究公羊学的学者大都是董仲舒的弟子或再传弟子和后学。西汉时公羊学很盛行,在政治上影响很大,实际上是董仲舒思想对于政治的影响的结果。因此,汉代思想家认为董仲舒"始推阴阳,为儒者宗"(《汉书·五行志》)。刘向说:"董仲舒有王佐之材,虽伊、吕亡(无)以加,管、晏之属,伯(霸)者之佐,殆不及也。"(《汉书·董仲舒传》)刘向认为董仲舒是王者的助手,与商汤的助手伊尹、周武王的助手吕望差不多,管仲和晏婴只是霸者的助手,比不上董仲舒。刘向的儿子刘歆虽然不认为董仲舒超过管仲和晏婴,但也承认董仲舒在西汉时期"为群儒首"(同上),是当时儒者的首领。东汉王充是一个特立人物,轻易不盲从别人所说,一切思想都要经过自己重新思考,再作判断。他认为董仲舒是孔子的真正继承者。他说:董仲舒"虽无鼎足之位,知在公卿之上"(《论衡·别通》)。又说:"文王之文在孔子,孔子之文在仲舒。"(《论衡·超奇》)他认为董仲舒是周文王、孔子学说的正宗传人,是圣统的继承者。用现代话说,那就是当代圣人。这当然是极高的评价。董仲舒思想的影响还可以从当时的一些著作中反映出来。例如,东汉章帝召集白虎观会议,天下经学大家聚会,讨论经学中的不同意见,最后由皇帝"称制临决",由史学家班固写成会议纪要,名曰《白虎通义》。在《白虎通义》中多次引用董仲舒的说法来论证一种观点,如说"王道之三纲,可求于天"(《春秋繁露·基义》)。《白虎通义·三纲》说:"三纲法天、地、人。"董仲舒在《五行对》中首先提出"五行莫贵于土",《白虎通义·五行》也采用了这种说法。另外,董仲舒的"王者有改道之文,无改道之实","未逾年之君,当称子",还有灾异谴告说、性情阴阳说,也都被《白虎通义》所采纳。在西汉盐铁会议上,也有人引董仲舒的说法作为争论的理论依据。东汉许慎编《说文解字》,也采用了董仲舒的一些说法。如对"王"的解释,就用董仲舒的说法。许慎是被称为"五经无双"的精通经学的人物,在编这种权威性的字典时,也采用了董仲舒的说法,说明董仲舒的思想在当时是有权威性的。

董仲舒在当时为什么有这么大的影响呢?这跟他的思想能适应当时社会的需要有关系。哲学可以大体分为三种类型:一是求真的科学哲学,二是求善的政治哲学和宗教哲学,三是求美的艺术哲学。董仲舒的思想从总体上说,是求善的政治哲学。他的思想体系是政治哲学思想体系。他的这个思想体系,用最简单的两句话来概括,就是"屈民而伸君,屈君而伸天"(《春秋繁露·玉杯》)。

"屈民而伸君",就是要全国人民都要服从国君即皇帝,这是董仲舒对历史教训的一个重要总结。周代末年,诸侯强大,不服从周天子,于是天下分裂,整个社会陷于长期战乱的春秋战国时期,民不聊生。人民要过安定的生活,就需要社会稳定。为了社会稳定,就要确立天子的权威。"王权是社会秩序的代表"(恩格斯语)。只有"屈民而伸君",才能建立稳定的社会。在汉景帝时代,由于吴楚七国叛乱,曾经破坏了安定的秩序,给人民带来严重灾难。董仲舒亲身经历这一场灾难,总结教训,他认为必须让所有的"民"都服从天子,实现政治上的大一统,才能稳定社会的秩序。这个"民",主要是指那些地方上有政治实力的诸侯国王,因为只有这些人物才是不稳定因素,才会有分裂国家的可能性。这就是董仲舒所谓的政治"大一统"。提倡"大一统",强调统一,反对分裂、防止分裂的重要思想是当时有远见卓识的理论,也是针对当时分裂危险而提出的非常先进的理论。

"屈君而伸天",这是说国君要服从上天。全民统一于皇帝,虽然防止了分裂,又产生了另外一个倾向——极权专制。秦朝结束了春秋战国数百年的纷争,虽然政治统一了,却由于皇帝极权专制,不受约束,也一样导致天下大乱。董仲舒从另一个方向总结了历史的教训,提出"天人感应"、"屈君而伸天"这个问题,就是要用天的权威限制皇帝的权威,就是想给皇帝戴上精神枷锁。

上天是什么? 天有什么意志? 谁也不知道。但是,董仲舒说,天意是可以从自然现象中研究出来的。董仲舒用一套天人同类、同类感应的理论来解说天意,一方面继承了过去的天命论,另一方面把当时的阴阳五行学说与天命论结合起来。他认为:人,特别是皇帝的思想行为,会感动上天。上天会根据皇帝的言行作出表态,并通过自然现象表达出来。如何表达? 这是董仲舒的解释:上天用灾害(旱灾、水灾、虫灾等)和怪异(山崩、地动、母鸡报晓等异常现象)来批评、警告皇帝。皇帝如果改正错误,这些灾异就会自然消失。如果皇帝执迷不悟,那么上天就会让皇帝身败名裂,重新选能够保护人民的人当皇帝。如果皇帝为人民做了好事,上天也会用祥瑞来表示赞赏,祥瑞包括嘉禾、灵芝、甘露、龙凤、瑞草等。简单地说就是:天下出现灾异,就是上天对皇帝的批评;天下出现祥瑞,就是上天对皇帝的表扬。皇帝是封建时代政权宝塔尖上的人物,具有至高无上的权力,一般官员给他提意见,不受重视,不起太大作用。但是一说到天,他就不敢不认真听取。皇帝有什么错误,当官的不敢提,或者提了也没有用。有了董仲舒的这一套理论,等于有了向皇帝提意见的精神武器,当官的就可以利用当时的一些天灾或者什么怪异来解说天意,给皇帝提意见。皇帝把这种意见看成是天意,认真听取,并且加以改正。董仲舒的这句话,就是说皇帝要听上天的,天又是按儒家思想塑造出来的,归根到底,皇帝要听儒家的。也就是说,要用儒家的思想统一全天下的思想。上自天子皇帝,下至百官万民,都要遵循儒家思想,都要以儒家思想作为判断是非的标准。在这里,"大一统"在思想上就是"罢黜百家,独尊儒术"。关于这一点,董仲舒在对策中曾向汉武帝提出建议:《春秋》大一统者,天地之常经,古今之通谊也。今师异道,人异论,百家殊方,指意不同,是以上亡以持一统,法制数变，下不知所守。臣愚以为诸不在六艺之科、孔子之术者，皆绝其道，勿使并进，邪辟之说灭息，然后统纪可一而法度可明，民知所守矣。"这是用"大一统"来讲"独尊儒术"问题的重要论述。独尊儒术以后，司马迁说："孔子布衣，传十余世，自天子以至庶人论六艺折中于夫子，可谓至圣矣。"(《史记•孔子世家》)这是第一次出现"至圣"这个词。司马迁编《史记》，以天子为纪年，是最高级别的"本纪"，其次是诸侯，是第二等级的"世家"，第三等级是名人的"列传"，再下一级则是一类人的合传，如《循吏列传》、《酷吏列传》、《游侠列传》、《佞幸列传》、《滑稽列传》、《货殖列传》。先秦百家争鸣，有许多派别的重要思想家，只有孔子列入"世家"，与诸侯并列；也只有孔子的弟子作为群体被列入"列传"，有《仲尼弟子列传》；作为学派的群体，包括历代儒家，收入《儒林列传》。这三项都是所有其他各家各派没有的待遇，只能说明司马迁所生活的汉武帝时代确实独尊儒术，否则就无法解释。从此以后，儒家思想成为中华民族的统治思想，成为中华民族传统精神的主干。儒家是先秦诸子百家中的一家，升到独尊地位，董仲舒起了关键的作用。孔子也因此成为"历代帝王师"。

　　董仲舒这种思想也是历史经验的总结。秦朝皇帝不信上天，为所欲为，以天下奉一己，搅得天下大乱，民不聊生。秦始皇是无法无天的。至高无上的权力没有受到制约，就要产生严重的腐败，这是普遍规律，也是东西方思想家的共识。因此，董仲舒认为需要给有至高无上权力的皇帝加上精神枷锁，使他的个人欲望受到一定的限制。这样，社会才能安定，人民才能过上安居乐业的幸福生活。董仲舒抬出天命论，是社会政治的需要；加以改造，是为了适应社会的需要。

　　总之，董仲舒的政治哲学、核心思想是"大一统"。"大一统"分两个方面：一是政治上的统一，统一于皇帝；二是思想上的统一，统一于儒家思想。儒家思想以天的形式，凌驾于政权之上。董仲舒讲的天人感应，形式上是神学目的论，而实质上还是儒家的政治哲学。他讲的"屈民而伸君,屈君而伸天",实质上是等级社会的均衡和谐,均衡就是要相互制约,相互制约才可能和谐。

董仲舒的政治哲学具体内容主要有:

一、德治。董仲舒认为政治统治主要有两手:德与刑。他认为好的政治总是以德治为主,刑治为辅。他以天来讲这个道理。夏天,万物生长,是天重德的表现;冬天,是行刑政的表现,这时万物都已经躲藏起来了,这说明天把刑放在空处。因此实行好的政治也应该实施德治,刑要设而不用;给人民多一些恩惠,尽量避免使用刑罚。

二、调均。董仲舒认为,贫富两极分化,最容易导致天下大乱。"大富则骄,大贫则忧。忧则为盗,骄则为暴,此众人之情也"(《春秋繁露·制制》)。贫穷的人当强盗,富裕的人为非作歹,这样社会怎么能安定? 因此董仲舒认为政府应该进行调均工作,使富裕的人能够显示自己比别人高贵,但没有横暴乡里的资格;使贫穷的人年成好时一年都能吃饱饭,年成不好时也不至于饿死,上可以赡养老人,下可以抚养子女,他们能够这样生活下去,就不会去当强盗。

三、不与民争利。调均的政策是好的,要实行起来还比较困难。难在何处? 难在当官的要与民争利,当官的有权有势,又有雄厚的资本,平民百姓自然争不过他们。董仲舒说,动物有四条腿的就没有翅膀,有翅膀的就只有两条腿。有上齿的就不长角(马),长角的就没有上齿(牛)。天生万物时,都不能兼给两方面的条件(兼予),人自然也不能得双份利益。当官的有了俸禄,就不应该再利用其他手段获取利益。他举了公仪休的例子。公仪休是鲁国相,有一天,他吃到自己家种的葵菜,就把自己园中的菜都拔掉,认为自己拿了俸禄,还种菜,这是与菜农争利。他的夫人自己织布,他认为这是与女工争利,便把妻子休了。这就是所谓"拔葵出妻"。他引了孔子的话"不患贫而患不均",来证明他的调均思想。调均的关键在于当官的要不与民争利,当官的能够接受这种调均思想,怎么会有贪污受贿的事呢? 怎么会有假公济私、以权谋私、结党营私这类肮脏的事情呢?

　　四、正其谊不谋其利,明其道不计其功。当官的要不与民争利,可以把董仲舒这两句话作为座右铭。强调道义,办一切事首先应该考虑的是道义,不能只考虑自己个人的功利。道义与功利的区别在于,道义是为人民的,功利是为自己的。有些事从表面看,好像是为人民的,而出发点却是为了私利。例如有的人搞所谓纪念碑工程,不管人民是否急切需要,他就下令大兴土木,建筑楼堂馆所,为自己树碑立传。董仲舒认为不要计较个人的功利,对于人民的功利,实际上就是道义,应该正确推行。因此,所谓不要功利,是后人的误解。作为一个有文化素养的人来说,重道义是完全应该的。对于当官的人来说,重道义是责任,是使命,更加忽视不得。

　　五、董仲舒对于仁政曾经提到一些具体措施:一是塞并兼之路,限定每个人所占的土地,不允许任何人占有过多的土地,这是当时国家和人民的最重要的资源;二是盐铁经营权归还给人民,反对由政府来垄断经营;三是除去专杀奴婢的特权;四是减轻人民的负担,"薄赋敛,省徭役,以宽民力"。

　　董仲舒的思想对后代有很大的影响。北宋的司马光说"吾爱董仲舒",南宋的朱熹称董仲舒为"纯儒",并把他的"正谊"、"明道"两句话写入学规。清代有一大批学者研究并重新评价公羊学,同时也给予董仲舒以充分的注意。清代著名公羊学者有孔广森、庄存与、刘逢禄、龚自珍、魏源、凌曙、戴望、陈立、王闿运、廖季平、康有为、苏舆、皮锡瑞、唐晏等。他们对董仲舒思想给予很高的评价,对于他的天人感应说进行批评的同时,也给予理解,认为是当时时代的需要。凌曙《春秋繁露注》、苏舆《春秋繁露义证》、康有为《春秋董氏学》都是在学术上有一定影响的著作。

　　董仲舒一生的功业,可用一副对联来概括:

　　　　上承孔子,下启朱熹,始推阴阳,为群儒首;

前对汉武,后相江都,初倡一统,罢百家书。

《春秋繁露》十七卷,八十二篇,自宋朝以降即阙文三篇,实存七十九篇。本书以《春秋繁露义证》(苏舆撰,钟哲点校,1992 年中华书局出版)为底本,参以他本,汇校勘定。《春秋繁露》宋本已不多见,南宋楼钥于宋宁宗嘉定四年(1201)整理刊刻此书,始得八十二篇,此即现存最早的南宋江右计台本,后存于明《永乐大典》中。清乾隆年间,馆臣据此对勘,补 1121 字,删 121 字,改定 1829 字,是为"官本";随后聚珍版(即活字版。清乾隆纂修《四库全书》,命馆臣择罕见之书校正刊行,由户部侍郎金简主管此事。金简以枣木制活字 25 万余,用以排印,力省功多。因活字之名不雅,赐名"聚珍版")《春秋繁露》面世,为诸家所关注。乾、嘉之际出现的《春秋繁露》两大校本——卢文弨校本和凌曙注本,均以聚珍本为主,所不同的是卢本参以明嘉靖蜀中本及明程荣、何允中两家本,凌本则参以明王道焜及张惠言读本。宣统元年(1909),苏州人苏舆(?—1914,字厚庵)兼取卢本和凌注,又得明天启本,撰成《春秋繁露义证》,是目前为止较完善的本子。故本书以之为底本,个别地方酌取他本。本书作者都曾参加过《春秋繁露》的校点工作。周桂钿与张世亮分工合作承担了《儒藏精华编:春秋繁露》的整理校点任务,业已完稿。除此之外,周桂钿还两次参加了《春秋繁露》的校点工作,第一次是由钟肇鹏先生主编的《春秋繁露校释》,校释其中《竹林》与《精华》两篇。后来又与李祥俊、李英华、鲍世斌、周兵、胡永中、章伟文以及山东的朋星同志一起参考此书,重新做了注译,出版时书名为《春秋繁露》,由周桂钿与朋星主编,山东友谊出版社以《中国儒哲十大名著》一套书(另有套书主编)的名义出版。这次中华书局要将《春秋繁露》列入"中华经典名著全本全注全译丛书"系列加以出版,于是作者即以此书为蓝本,重新做了大量的校改工作,不仅从文字上进行了细致的校勘,还从思想上进行了阐发,并将研究心得融入注释与翻译之中,突出了思想性;别人有创见的注释成果,一般都标出注者的姓名;译文改动也较大。

　　《春秋繁露》向无善本，自来错简、文字脱误等现象较多，对于其中一些不能读解之处，本书亦付之阙如，不敢妄加穿凿附会。限于水平，错漏难免，敬请指正。

周桂钿　张世亮

2011 年 11 月于北京

楚庄王第一

【题解】

《汉书·董仲舒传》载:董仲舒"说《春秋》事得失,《闻举》、《玉杯》、《蕃露》、《清明》、《竹林》之属,复数十篇,十余万言"。这里,《玉杯》、《竹林》是本书篇名,没有《闻举》、《蕃露》、《清明》等篇名,汉代只称"董仲舒百二十三篇",没有《春秋繁露》书名。后人集董子文成书,以《吕氏春秋》、《晏子春秋》为例,署名《董子春秋》,而首篇名为《蕃露》,连起来变成:董子《春秋繁露》,这样,首篇便无篇名,抄写者就将首篇第一个词"楚庄王"作为篇名,而《蕃露》篇名从此消失。本篇主要探讨两个问题:一是从称呼、遣词用字等入手,阐明暗寓褒贬的《春秋》笔法;一是议论"新王必改制"的说法,认为"王者有改制之名,无易道之实"。

楚庄王杀陈夏征舒①,《春秋》贬其文②,不予专讨也。灵王杀齐庆封③,而直称楚子,何也?曰:"庄王之行贤,而征舒之罪重④,以贤君讨重罪,其于人心善。若不贬,孰知其非正经⑤?《春秋》常于其嫌得者⑥,见其不得也。是故齐桓不予专地而封⑦,晋文不予致王而朝⑧,楚庄弗予专杀而讨。三者不得⑨,则诸侯之得殆此矣。此楚灵之所以称子而讨也。"

《春秋》之辞多所况^⑩，是文约而法明也。

【注释】

①楚庄王杀陈夏征舒：楚庄王，芈（mǐ）姓，名旅，楚国国君，公元前
　613年—前591年在位，春秋"五霸"之一。夏征舒，陈国大夫。
　陈灵公与夏征舒的母亲夏姬相通，夏征舒杀了国君陈灵公。宣
　公十一年（前598）楚庄王杀了夏征舒。《春秋》书曰："楚人杀陈
　夏征舒。"

②贬其文：行文上加以贬斥。《春秋》在称呼上很讲究，有爵位的称
　爵位，爵位分公、侯、伯、子、男；没有爵位的，最高的称"子"，其次
　称字、名、人、氏、国、州。楚庄王是子爵，应该称"楚子"，而《春
　秋》称"楚人"，包含有贬的意思。夏征舒作为臣子，杀死国君，是
　大逆不道，惩罚这种乱臣是正义之举。楚庄王的行为是正义的。
　但是，他是楚国国君，却越权擅自去惩治陈国大夫，这种行为叫
　"专（擅自）讨"。诸侯没有专讨的权力，因此《春秋》对楚庄王的
　行为从名义上还要加以贬抑，称他为"楚人"。

③灵王杀齐庆封：灵王，即楚灵王，名围，公元前540年—前529年
　在位。庆封，齐国大夫。鲁昭公四年（前538），楚灵王联合蔡、
　陈、许等国伐吴，抓住庆封并处死。崔杼弑（shì）齐庄公，庆封是
　其同党。庆封先逃到鲁国，齐人责问鲁国。庆封又逃到吴国，吴
　国接纳了他，并把他封到防（《左传》作"朱方"，在今江苏镇江
　东）。楚灵王率领的盟军进攻防，抓逮并诛杀了庆封这个叛国乱
　臣。孔子对此表示赞成，所以称楚灵王为"楚子"。庆封已逃到
　吴国并受封，为什么还称"齐"庆封？孔子不承认诸侯专封，也表
　明楚子为齐国来讨伐叛逃的臣子。

④"庄王"二句：楚庄王率领诸侯伐陈，灭了陈国，把陈国变成楚国
　的一个县。申叔时说，伐陈是正义的行为，占领陈国则是不义的

行为。楚庄王采纳了这个意见，恢复陈国，扶立陈灵公的太子为陈成公。孔子知道此事，称赞道："贤哉楚庄王！"（《史记·陈杞世家》）夏征舒弑君，故罪重。

⑤正经：正确的规则或原则。

⑥嫌得者：好像正确的事情。嫌，怀疑。得，得理，得宜，正确。

⑦齐桓不予专地而封：不赞成齐桓公擅自封赏。齐桓，指齐桓公，姜姓，名小白，公元前685年—前643年在位，春秋"五霸"之首。周时，土地和人民都属于天子，只有天子才有权把某地区的土地和人民封给臣子，诸侯无权把土地和人封给别人。但是，当"上无天子，下无方伯"的乱世时代，齐桓公有相当实力，能够救助弱国，保护小国，制止侵暴行为，稳定社会秩序。齐桓公的专封，从实际出发，可予承认。

⑧晋文不予致王而朝：不赞成晋文公召唤天子。晋文，指晋文公，姬姓，名重耳，公元前636—前628年在位，春秋"五霸"之一。鲁僖公二十八年（前632），晋文公会诸侯于践土（郑地，在今河南原阳西），召周襄王参加会盟。周襄王是天子，晋文公是诸侯，臣召君不符合礼制。《春秋》记载这件事，写作"公朝于王所"。一般说诸侯到京师朝见天子，由于天子不在京师，被晋文公召到践土来，又不肯说明被召唤这样不礼貌的行为，所以用这种比较含蓄的笔法，这是《春秋》笔法。董仲舒认为，这样记载说明孔子不赞成作为诸侯的晋文公召唤天子周襄王。

⑨得：通"德"，道德。

⑩况：比较。

【译文】

　　楚庄王杀陈国大夫夏征舒，《春秋》行文上加以贬斥，不赞成诸侯擅自讨伐。楚灵王杀齐国大夫庆封，而春秋直接称他为"楚子"，为什么呢？回答是："楚庄王是贤君，夏征舒罪重，以贤君讨伐重罪，大家都认为是应该的。如果不加以贬斥，谁能知道这种行为不符合正确的规则呢？《春秋》经常在好像正确的事情中揭示出不正确的内容。所以不赞成齐桓公擅自封赏，不赞成晋文公召唤天子，不赞成楚庄王擅自讨伐。三者都是不妥当的，那时诸侯的道德差不多都是这种水平。由于这种原因，所以楚灵王被称作'楚子'而去讨伐。"《春秋》的说法多是相比较而言的，文字虽然简单，法则却很明确。

　　问者曰："不予诸侯之专封，复见于陈、蔡之灭①；不予诸侯之专讨，独不复见于庆封之杀，何也？"曰："《春秋》之用辞，已明者去之，未明者著之②。今诸侯之不得专讨，固已明矣，而庆封之罪未有所见也，故称楚子以伯讨之③，著其罪之宜死，以为天下大禁④。"曰："人臣之行，贬主之位，乱国之臣，虽不篡杀，其罪皆宜死，比于此其云尔也⑤。"

【注释】

　①陈、蔡之灭：楚灵王于公元前534年灭陈国，公元前531年灭蔡国。楚平王继位，于公元前529年又恢复陈、蔡二国。

　②著：彰明，阐述清楚。

　③故称楚子以伯讨之：此句是说，庆封是崔杼的同党，崔杼的罪行已经明白，而庆封有什么罪，并不清楚。称楚灵王为"楚子"，来讨伐庆封，表明庆封的罪行严重。伯，通"霸"，诸侯盟主。

　④天下大禁：天下最大的禁忌。天下最忌讳之事就是臣叛君。

　⑤比于此其云尔也：按这种说法作参照，《春秋》才有这些称"楚子"杀庆封的说法。比于此，以此为例。此，指乱国之臣有死罪。其，指《春秋》。云尔，指《春秋》所说庆封罪行。

【译文】

提问的人说："不赞成诸侯擅自封国,已被灭了的陈、蔡两国又重新出现;不赞成诸侯擅自讨伐,却没看到对杀庆封一事的指责,为什么呢?"回答说:"《春秋》的说法,已经明白的不说,尚未明白的要说清楚。现今诸侯不能擅自讨伐,本来已经明白,庆封的罪行却没有被别人看见,所以称楚灵王为'楚子',以霸主的名义讨伐他,表明他的罪行是死罪,把这种罪行视为天下最大的禁忌。"所以说:"臣子的行为,贬斥了的国君的地位,乱了国家的臣子,即使没有篡权和弑君,他们的罪行也都应该是死罪,按这种说法作参照,《春秋》才有这些称'楚子'杀庆封的说法。"

《春秋》曰:"晋伐鲜虞①。"奚恶乎晋而同夷狄也? 曰:"《春秋》尊礼而重信。信重于地,礼尊于身。何以知其然也? 宋伯姬疑礼而死于火②,齐桓公疑信而亏其地③,《春秋》贤而举之,以为天下法,曰礼而信。礼无不答,施无不报,天之数也④。今我君臣同姓适女⑤,女无良心,礼以不答⑥,有恐畏我⑦,何其不夷狄也⑧? 公子庆父之乱⑨,鲁危殆亡,而齐桓安之。于彼无亲⑩,尚来忧我,如何与同姓而残贼遇我⑪?《诗》云⑫:'宛彼鸣鸠,翰飞戾天。我心忧伤,念彼先人。明发不寐,有怀二人。'人皆有此心也。今晋不以同姓忧我,而强大厌我⑬,我心望焉⑭。故言之不好,谓之晋而已,是婉辞也⑮。"

【注释】

①晋伐鲜虞:《春秋》昭公十二年载:"楚子伐徐,晋伐鲜虞。"文中对晋没称爵位,是把它视为夷狄。因鲜虞是姬姓国,与徐国都是中

原国家，楚是夷狄，伐徐，晋没有去救援，却也去伐同姓的国，因此《春秋》把晋视同夷狄。

②宋伯姬疑礼而死于火：宋国伯姬坚守礼节而死于火灾。宋伯姬，宋共公夫人。疑礼，坚守礼节。疑，同"凝"，凝滞不变。《春秋》对鲁国以外诸侯夫人葬礼一般不记载，而宋伯姬的葬礼却在襄公三十年(前543)作了记载。《公羊传》记载伯姬死的详情：宋国发生火灾，伯姬在宫中，有傅进来报告：火快烧到这里了，请赶快出去。伯姬说：不行，妇人不见傅和母，不能出门，只有傅来，还没见母来。结果伯姬在屋里被烧死了。《春秋》记载宋伯姬葬礼，是对她的死的肯定，也表明"礼尊于身"的观念。宁可烧死，也不能违礼。后儒所谓"饿死事小，失节事大"，正与此相一致。

③齐桓公疑信而亏其地：齐桓公坚守信用而损失土地。疑信，坚守信用。鲁庄公十三年(前681)，齐桓公与鲁庄公在柯(齐邑，今山东阳谷阿城)会面，鲁庄公用武力胁迫齐桓公签订返回汶阳之田的盟约，齐桓公同意了，当胁迫解除后，齐桓公没有怨恨，没有毁约，交还汶阳之田，这是守信用而损失土地。

④天之数：指天道，即客观规律，或客观必然性。

⑤同姓适女：以同姓亲情归从你。同姓，鲜虞与晋国都是姬姓，故称。适，归从，亲近。女，同"汝"，指晋国。

⑥以：通"已"，即"既"。

⑦有：同"又"。

⑧何其不夷狄也：怎么能不被视为夷狄呢？意思是说华夏为礼仪之邦，华夷之别不在于地域，而在于有没有礼。

⑨公子庆父之乱：公元前662年，鲁庄公卒，子般立，庆父挑拨邓扈乐弑子般，立闵公；第二年，庆父又弑闵公。三年中接连死了三位国君，都是庆父作乱的结果，所以人称：庆父不死，鲁难未已。

庆父,鲁桓公之子,鲁庄公之弟。

⑩无亲:指齐、鲁异姓,没有亲戚关系。

⑪如何:为什么。

⑫《诗》云:下引诗见《诗经·小雅·小宛》。宛,小貌。鸣鸠,斑鸠。
翰,羽毛。戾,至。先人,指祖先。明发,天快亮了。二人,指先
人周文王、周武王。

⑬厌:通"压",欺压,压制。

⑭望:犹"恨",责怪,怨恨。

⑮婉辞:委婉的贬斥,没有批评的语言。称晋是贬义,却没有贬词,
所以是婉辞。是,苏本脱此字,今据宋本及钟肇鹏校释本补。

【译文】

《春秋》说:"晋讨伐鲜虞。"为什么讨厌晋国而把它视同夷狄呢? 回
答是:"《春秋》是尊重礼节又重视信用的。信用比土地更重要,礼节比
身体更尊贵。怎么知道这个道理呢? 宋国伯姬坚守礼节而死于火灾,
齐桓公坚守信用而损失土地,《春秋》肯定这两种行为,推举出来作为天
下普遍的法则,这就是礼节和信用。礼节没有不答谢的,施予没有不回
报的,这是天然的道理。现在我们以同姓亲情归从你,你没有良心,既
不以相同的礼节答谢,又恐吓威胁我们,怎么能不被视为夷狄呢? 公子
庆父作乱,鲁国危急快要灭亡,齐桓公使鲁国安定下来。不是他的亲
戚,还能来为我们分忧,为什么与我们同姓的人却用暴力来对待我们
呢?《诗经》上说:'那只小斑鸠,羽毛飞上天。我心很忧伤,怀念那祖
先。一夜没睡着,想着两伟人。'人都有这种想法呀。现在晋国不因为
同姓而为我们分忧,还借着自己强大来欺压我们,我们都从心里怨恨
它。因此说它不好,称'晋'就完了,这是委婉的说法。"

问者曰:"晋恶而不可亲,公往而不敢至①,乃人情耳。
君子何耻而称公有疾也②?"曰:"恶无故自来③,君子不耻,内

省不疚，何忧何惧④，是已矣⑤。今《春秋》耻之者，昭公有以取之也。臣陵其君，始于文而甚于昭⑥。公受乱陵夷⑦，而无惧惕之心⑧，嚣嚣然轻计妄讨⑨，犯大礼而取同姓⑩，接不义而重自轻也⑪。人之言曰：'国家治，则四邻贺；国家乱，则四邻散。'是故季孙专其位⑫，而大国莫之正⑬。出走八年⑭，死乃得归。身亡子危⑮，困之至也。君子不耻其困，而耻其所以穷。昭公虽逢此时，苟不取同姓，讵至于是⑯。虽取同姓，能用孔子自辅，亦不至如是。时难而治简⑰，行枉而无救⑱，是其所以穷也。"

【注释】

①公：指鲁昭公，名裯（dāo），公元前541年—前510年在位。鲁昭公二年、二十三年曾欲去晋国，没有到晋国就回来了，不敢去晋国，是由于听说晋国要抓他。

②君子何耻而称公有疾也：《春秋》作者有什么羞耻须要隐晦，而称昭公有病呢？君子，指《春秋》作者。称公有疾，《春秋》昭公二十三年载："冬，公如晋，至河，公有疾，乃复。"就是说，鲁昭公去晋国，到河边，有了疾病，所以回来了。实际是不敢去，而以疾病为托词。

③恶无故自来：灾祸不是自己行为招来的。恶，指坏事。无故，没有原委。

④"内省"二句：出自《论语·颜渊》："内省不疚，夫何忧何惧。"说明灾祸不是自己行为招来的，则不感到羞耻，也不需要忧虑和惧怕。

⑤是已矣：就这么回事而已。是，这样，这么回事。已，而已。

⑥始于文而甚于昭：（臣不听命）从文公开始，到昭公时最为严重。

文，鲁文公，名兴，公元前626年—前609年在位。文公、宣公、成
公、襄公到昭公，共五代。

⑦公受乱陵夷：鲁昭公承受了混乱局势，自己日渐卑下。公，指鲁
昭公。受乱，遭受悖乱局面，指臣不听命于君。陵夷，日渐卑下。

⑧惧惕：恐惧，警惕。

⑨嚣嚣然轻计妄讨：随随便便就决定去讨伐季氏。嚣嚣，傲慢的神
态。轻计，没有慎重考虑。妄讨，随便去讨伐。这是指公元前
518年鲁昭公讨伐季孙氏，反被季孙氏打败。

⑩取：通"娶"。古代认为娶同姓是违犯大礼。吴和鲁都是姬姓，鲁
昭公娶了吴王长女，所以说他犯大礼。

⑪接不义而重自轻也：一再地犯错误接近不义。接，接近。重自
轻，加倍自轻。讨季氏，是自轻；又犯大礼，更加自轻。

⑫季孙：鲁国大夫，鲁"三桓"之一。

⑬正：纠正。

⑭出走八年：鲁昭公伐季氏失败，逃到齐国，公元前510年死于晋
国乾侯(今河北成安东南)。在外凡八年。

⑮身亡子危：鲁昭公死亡，太子衍被废，季氏执政，立昭公弟公
子宋。

⑯讵：岂，哪会。

⑰时难而治简：时期不好，又不认真治理。时难，所处时期不好。
治简，治理国家过于简略，考虑不够周密。

⑱行枉而无救：行为不正，又没有贤者匡救。行枉，行为不正，指娶
同姓等。无救，周围没有贤人匡救。

【译文】

有人提问："晋国很坏而不可亲近，昭公去晋国又不敢到晋国，这是
人之常情。《春秋》作者有什么羞耻须要隐晦，而称昭公有病呢？"回答
是："灾祸不是自己行为招来的，君子不感到羞耻，问心无愧，有什么忧

虑,有什么畏惧,就这么回事而已。现在《春秋》对这件事感到羞耻,是
由于鲁昭公采取这种态度是有原因的。臣子凌驾于国君之上,从鲁文
公时开始,到鲁昭公是特别严重。鲁昭公承受了混乱局势,自己日渐卑
下,却没有畏惧、警惕的心理,随随便便就决定去讨伐季氏,娶同姓违犯
了大礼,一再地犯错误接近不义。人们有这样的说法:'国家治理得好,
四邻都来庆贺;国家治理不好,四邻就都散去。'所以季孙专权,大国也
不能给予纠正。鲁昭公逃亡在外八年,一直到死才得以归葬。自身死
亡,儿子又处于危险境地,到了极端困厄的程度。君子不因困厄感到羞
耻,而因导致困厄的行为感到羞耻。鲁昭公虽然遇到这种时代,如果不
娶同姓,何至于这样。虽然娶了同姓,能够任用孔子辅助自己,也不至
于这样。时期不好,又不认真治理,行为不正,又没有贤者匡救,这就是
他遭受困厄的原因。"

　　《春秋》分十二世以为三等①:有见,有闻,有传闻。有见
三世,有闻四世,有传闻五世。故哀、定、昭②,君子之所见
也③;襄、成、宣、文④,君子之所闻也;僖、闵、庄、桓、隐⑤,君
子之所传闻也。所见六十一年⑥,所闻八十五年⑦,所传闻九
十六年⑧。于所见,微其辞⑨;于所闻,痛其祸⑩;于传闻,杀
其恩⑪,与情俱也。是故逐季氏而言又雩,微其辞也⑫。子赤
杀,弗忍言日,痛其祸也⑬。子般杀而书乙未,杀其恩也⑭。
屈伸之志⑮,详略之文,皆应之。吾以其近近而远远,亲亲而
疏疏也⑯,亦知其贵贵而贱贱,重重而轻轻也⑰。有知其厚厚
而薄薄⑱,善善而恶恶也,有知其阳阳而阴阴,白白而黑黑
也。百物皆有合偶,偶之合之,仇之匹之,善矣⑲。《诗》云⑳:
"威仪抑抑,德音秩秩。无怨无恶,率由群匹。"此之谓也㉑。
然则㉒,《春秋》义之大者也㉓。得一端而博达之㉔;观其是

非，可以得其正法㉕；视其温辞㉖，可以知其塞怨㉗。是故于外，道而不显㉘；于内，讳而不隐㉙。于尊亦然，于贤亦然。此其别内外㉚、差贤不肖而等尊卑也㉛。义不讪上㉜，智不危身㉝。故远者以义讳，近者以智畏。畏与义兼㉞，则世愈近而言愈谨矣。此定、哀之所以微其辞㉟。以故用则天下平，不用则安其身，《春秋》之道也㊱。

【注释】

①《春秋》分十二世以为三等：《春秋》把鲁国十二个世代分为三个历史时期。十二世，《春秋》所记鲁国的国君有隐、桓、庄、闵、僖、文、宣、成、襄、昭、定、哀，共十二代。三等，即把十二世分为三个阶段，指"见"（亲身经历）、"闻"（听亲身经历者介绍情况）、"传闻"（指经过两代以上传递的情况）三个时期。这一段话是通论《春秋》一书的，有的学者认为这应是《春秋繁露》第一篇《繁露》的篇首。而前几段则可能是《竹林》、《精华》等篇的内容。此说仅供参考，无确证之前，仍按原样为妥。

②哀、定、昭：哀，鲁哀公，姬将，公元前494年—前467年在位。定，鲁定公，姬宋，公元前509年—前495年在位。昭，鲁昭公，姬裯，公元前541年—前510年在位。

③君子：指《春秋》作者孔子。孔子亲身经历了哀公、定公、昭公三代。哀公最后，是从后往前推的顺序。

④襄、成、宣、文：襄，鲁襄公，姬午，公元前572年—前542年在位。成，鲁成公，姬黑肱（gōng），公元前590年—前573年在位。宣，鲁宣公，姬倭（tuǐ），公元前608年—前591年在位。文，鲁文公，姬兴，公元前626年—前609年在位。

⑤僖、闵、庄、桓、隐：僖，鲁僖公，姬申，公元前659年—前627年在

位。闵,鲁闵公,姬开,公元前 661 年—前 660 年在位。庄,鲁庄
公,姬同,公元前 693 年—前 662 年在位。桓,鲁桓公,姬允,公元
前 711 年—前 694 年在位。隐,鲁隐公,姬息姑,公元前 722 年—
前 712 年在位。

⑥所见六十一年:即孔子所亲见的三世:昭公 32 年、定公 15 年、哀
公 14 年,共 61。孔子生于鲁襄公二十二年(前 551),昭公元
年(前 542)时,孔子已十岁。没有包含孔子十岁以前生活的鲁襄
公时代。

⑦所闻八十五年:即孔子所闻的四世:文公 18 年,宣公 18 年,成公
18 年,襄公 31 年,共 85 年。

⑧所传闻九十六年:即孔子所传闻的五世:隐公 11 年,桓公 18 年,
庄公 32 年,闵公 2 年,僖公 33 年,共 96 年。

⑨“于所见”二句:对于所亲见的社会上的事情,用比较隐晦的笔法
来记述。微其辞,隐微其言辞。对于自己亲身经历的所见之世,
没有用明显的言辞来指责批评,一是表示为尊者讳,同时也是为
了避免迫害,明哲保身。当时国君有生杀之权,要小心谨慎对
待,稍不留心,就可能招致杀身之祸。

⑩“于所闻”二句:对于听说的世事,写到灾祸时特别痛心。所闻之
世是父辈所经历的时代,这个时代离自己比较近,因此对于国家
的灾祸特别痛心。

⑪“于传闻”二句:对于传说的时代,恩情淡薄了,就按实际情况来
写。杀,中断。所传闻之世,离自己比较远,恩情比较淡薄,就按
自己的志向来写。由于感情因素减少,内容就比较客观理性。
与以上“微其辞”(有话不敢直说),“痛其祸”(带着浓厚的感情)
两种情况不同,就是平心静气地明白地写出自己的想法。

⑫“逐季氏”二句:所以谋伐驱逐季氏,写作“再一次祭祀”,是把鲁
昭公的错误掩隐了。又雩,《春秋》昭公二十五年:“秋七月上辛

大雩,季辛又雩。"《公羊传》:"又雩者何? 又雩者,非雩也,聚众
以逐季氏也。"一个月有三个带"辛"的日子,第一个叫"上辛",最
后一个叫"季辛"或"下辛"。王充《论衡·明雩》:"《春秋》鲁大
雩,旱求雨之祭也。"雩是求雨的祭祀活动,规定在"辛"日、多半
在"上辛"日举行。秋七月,上辛举行了雩祭,季辛又举行雩祭,
为什么? 实际上鲁昭公想用雩祭的办法把民众集中起来,然后
把季氏杀了。季氏平时得民心,昭公不得民心,昭公想杀季氏,
却被季氏打败,逃亡到齐国去。孔子知道鲁昭公不对,又不好指
责国君,为尊者讳,只说"又雩"。这就是"微其辞"。

⑬"子赤"三句:写子赤被杀,不忍心记载那个灾祸的日子,是表明
对灾祸的极端痛心。子赤,鲁文公之子,被襄仲杀死。《春秋》文
公十八年:"冬,十月,子卒。"《公羊传》认为:子赤死了,为什么不
写日期,是因为被杀。国君被杀,是极为痛心的事,不忍心再写
那个日子。这表明孔子对国祸的痛心。那时代对孔子来说是近
代史,是所闻世。

⑭"子般"二句:写子般被杀,却写明是在"乙未"那一天,对于久远
的时代,感情已经淡漠了。子般,鲁庄公之子,被庆父杀死。《春
秋》庄公三十二年:"冬,十月,乙未,子般卒。"同样记载国君的
死,为什么这里注明"乙未"(二日。《左传》作"己未")日? 因为
年代久远,没有那种感情了。

⑮屈伸之志:指孔子的感情变化。

⑯"吾以"二句:吾以其,或补"知",作"吾以知其",或改"见",作"吾
见其",或不改,也通。"近近而远远,亲亲而疏疏",前一"近"等
为动词,后者为名词,指与自己有这种关系的对象。近与远,指
离自己生活时代的远近,从血缘关系讲,就是亲疏的区别。

⑰"贵贵"二句:文法同上。

⑱有:又。是对上述的推论。

⑲"百物皆有合偶"数句：这是对上述思想的理论概括。合、偶、仇（qiú）、匹，意思相同，即成对、对立、对偶、对待的意思。百物，即万物，一切事物。一切事物都有它的对偶的东西。

⑳《诗》云：下引诗见《诗经·大雅·假乐》。抑抑，指威仪美观壮丽。秩秩，指政令（德音）十分正常，没有令人反感的法令。无怨无恶，指人民没有怨恨和厌恶。率，都。群匹，符合大家的意愿。群，可以指群臣，也可以指人群、群众。

㉑"百物"到"此之谓也"数句：以孔子写《春秋》根据与自己生活时代的远近而有详略的不同，推论到一切事物都相对应的关系，再举《诗》句证明，政治清明，就是要使政令法制符合大众之心。董仲舒认为这是学习、研究《春秋》的方法。

㉒然则：这样的话。

㉓义之大者：就是大义的内容。这里不是指《春秋》有哪些大义，而是说学习《春秋》大义，应该如何学习。

㉔得一端而博达之：得到一点就要推广、联系。得一端，得到一种思想或者一个观点。博达之，推广到各个领域、各个方面。就是举一反三，意思进一步扩展。

㉕正法：正确的法则。

㉖温辞：即蕴辞，也就是微辞。

㉗塞怨：闭塞怨恨。

㉘道而不显：用婉辞记述，不采取明显的说法。

㉙讳而不隐：对内为亲者讳，所以用文字的差别来表达，不能没有表示。

㉚内外：指亲疏的区别。

㉛差贤不肖而等尊卑也：这就是使内外有别、贤与不肖有差别，尊卑有等级的意思。差贤不肖，指区别贤与不肖，为贤者讳。等尊卑，指以尊卑为等级，为尊者讳。

㉜讪(shàn)上：指责上级。讪，诽谤，讥讽。上，上级。

㉝智不危身：以智慧不让自身处于危险境地，相当于明哲保身。

㉞畏与义兼：畏惧与道义两方面结合。畏，畏惧顶头上司的权势。义，不诽谤尊贵者。这两方面结合起来，就成为《春秋》笔法的依据。

㉟此定、哀之所以微其辞：定公、哀公是孔子生活的时代，为了没有"讪上"的义，也为了避免"危身"，孔子写时，就特别隐晦，常用"微辞"。

㊱"以故"三句：《春秋》笔法被采用，对天下有好处，不被采用，也没有"讪上"的罪名，自身安全。这是孔子写《春秋》的原则。

【译文】

《春秋》把鲁国十二个世代分为三个历史时期：有亲见的，有听传说的，有听传说的。亲见的有三世，听说的有四世，听传说的有五世。因此，哀公、定公、昭公是作者所亲见的；襄公、成公、宣公、文公是作者听说的；僖公、闵公、庄公、桓公、隐公是作者听传说的。作者所亲见的六十一年，听说的八十五年，听传说的九十六年。对于所亲见的社会上的事情，用比较隐晦的笔法来记述；对于听说的世事，写到灾祸时特别痛心；对于传说的时代，恩情淡薄了，就按实际情况来写。所以谋伐驱逐季氏，写作"再一次祭祀"，是把鲁昭公的错误掩隐了。写子赤被杀，不忍心记载那个灾祸的日子，是表明对灾祸的极端痛心。写子般被杀，却写明是在"乙未"那一天，对于久远的时代，感情已经淡漠了。作者对不同时代有不同的感情，所记述的文字也有相应的详略差别。我根据《春秋》对待近事的亲近、远事的疏远，亲戚的亲切、疏客的疏离，也就知道它对尊贵的尊重、对卑贱的轻贱，对要事的重视、对小事的随便。又知道它对感情厚的热情，对感情薄的轻慢，对好人友好，对坏人厌恶。又知道它以阳对阳，以阴对阴，以白对白，以黑对黑。百物都有相应对偶的东西，用相应的态度分别对待不同事物，这就对了。《诗经》上说："威仪壮观,政令顺畅,没有怨声反对,都因符合民心。"就是说的这些情况。这样的话,《春秋》的大义,得到一点就要推广、联系;考察其中的是非,可以得到正确的法则;看到隐晦的语言,可以知道深藏的怨恨。因此对于外国的坏事,说了又不显露;对于内部亲人的坏事,不说却有表示。对尊贵的人和贤人也都这样。这就是使内外有别、贤与不肖有差别,尊卑有等级的意思。义士不诽谤上级,智者不使自身危险。因此对久远的国君因为道义而为他讳过,对当世的国君出于明智的考虑而畏惧他。畏惧与道义两方面结合,那么时代越近,说话越要谨慎。这就是用微辞记述定公、哀公过错的原因。根据这个原因,用微词表述意见,如被采用则对天下稳定有贡献,不采用则能保证自身安全,这就是《春秋》的原则。

　　《春秋》之道,奉天而法古①。是故虽有巧手,弗修规矩②,不能正方圆;虽有察耳,不吹六律③,不能定五音④;虽有知心⑤,不览先王,不能平天下。然则先王之遗道⑥,亦天下之规矩六律已。故圣者法天,贤者法圣,此其大数也⑦。得大数而治,失大数而乱,此治乱之分也。所闻天下无二道⑧,故圣人异治同理也。古今通达,故先贤传其法于后世也。

【注释】

①奉天而法古:遵奉天命而效法古代。奉天,指奉天命。法古,效法古代圣王的做法。

②弗修规矩:不按照圆规、曲尺。修,或作"循",按照、根据。规矩,规和矩,校正圆形和方形的两种工具。

③六律:定音调的乐器,即黄钟、太簇(còu)、姑洗、蕤(ruí)宾、夷则、

　　无射(yì)。

④五音：指宫、商、角(jué)、徵(zhǐ)、羽。

⑤知心：指智慧之心，即聪明。

⑥遗道：流传下来的治国法则。

⑦大数：指基本法则。

⑧所闻天下无二道：听说治理天下只有一个道理。所闻，听说的，不必从老师那里听来的。天下无二道，语出《荀子·解蔽》，意思是治国之道只有一个。道，指治国之道。

【译文】

《春秋》的原则，就是遵奉天命而效法古代。所以，即使有灵巧的双手，不比照圆规、曲尺，也画不出方形或圆形；纵然有聪灵的耳朵，不吹六律，也不能确定五音；纵然很聪明，不阅览先王的言论和行事，也不能治理天下。其实先王流传下来的治国法则，也就是治理天下的规矩和六律。因此，圣人效法天，贤者效法圣人，这是基本法则。遵循基本法则的就能安定天下，不遵循就会导致天下大乱，这就是安定与混乱的分别。听说治理天下只有一个道理，所以，圣人治理办法有不同，而道理却是一致的。古今是相通的，因此以前的贤者把先王的法则传授给后世。

　　《春秋》之于世事也，善复古①，讥易常②，欲其法先王也③。然而介以一言曰④："王者必改制⑤。"自僻者得此以为辞⑥，曰："古苟可循⑦，先王之道，何莫相因⑧。"世迷是闻⑨，以疑正道而信邪言，甚可患也。答之曰："人有闻诸侯之君射狸首之乐者⑩，于是自断狸首，县而射之⑪，曰：'安在于乐也？'此闻其名，而不知其实者也。

【注释】

①善复古："善"是意动用法，即认为复古是好的。《公羊传》认为《春秋》是"善复古"的，董仲舒继承了这种思想。

②讥易常：反对改革。讥，批评。易，改变。常，常规。

③法先王：学习先王的治国之道。法，效法，学习。先王，指夏、商、周三代的圣王，主要指周文王。

④介以一言：插入一句话。介，介入。

⑤王者必改制：国王必定要进行制度改革。这是当时流行的一种说法。它与上文的"善复古，讥易常"从表面上看是不一致的，因此，董仲舒把这种说法称为"介"入的，是不协调的意思。

⑥自僻者得此以为辞：思想偏激的人就拿这一句话作为借口。自僻者，指思想邪僻的人，此言讲"王者必改制"这句话的人。辞，指理由、借口。

⑦循：因循、继承的意思。夏、商、周的制度都有所改革，所以说都不是相因循的。

⑧因：此处亦同"循"。

⑨世迷是闻：世俗被这种说法所迷惑。世，世俗。迷，被迷惑。闻，说法。

⑩狸(lí)首：《狸首》是逸诗《曾孙》的乐曲。诸侯国君相见时，奏这个乐曲，开始射箭，见《仪礼·大射》。

⑪县(xuán)而射之：有人误解了"奏《狸首》以射"这句话，把狸猫的头割下来，挂在那里作为靶子，让人向它射箭。县，同"悬"，悬挂。

【译文】

《春秋》对于人世间的事情，提倡复古，反对改革，主张学习先王的治国之道。但是有一句话与此不一致，说是"王者必定要改变制度"。思想偏激的人就拿这一句话作为借口，说："古代的制度如果都可以继承,那么先王的治国之道为什么都不一样?"世俗被这种说法所迷惑,从而怀疑正道却相信邪言,太可怕了。对那些人的回答是:"有人听说诸侯国王有射《狸首》的音乐,于是,就割下狸猫的头,悬挂起来,当做靶子,向它射箭。并且说:'这有什么快乐!'这就是闻其名不知其实的典型例子。

"今所谓'新王必改制'者,非改其道,非变其理。受命于天,易姓更王①,非继前王而王也,若一因前制②,修故业,而无有所改③,是与继前王而王者无以别。受命之君,天之所大显也;事父者承意④,事君者仪志⑤,事天亦然;今天大显己⑥,物袭所代⑦,而率与同⑧,则不显不明,非天志,故必徙居处⑨,更称号⑩,改正朔⑪,易服色者⑫,无他焉,不敢不顺天志,而明自显也。若夫大纲,人伦道理,政治教化,习俗文义尽如故⑬,亦何改哉! 故王者有改制之名,无易道之实⑭。孔子曰⑮:'无为而治者,其舜乎!'言其主尧之道而已,此非不易之效与⑯!"

【注释】

①易姓更王:易、更,都是改变的意思。由不同姓的人当王,说明不是继承先前的王位,而是受天命而当上新王,因此要有所改制。

②一因前制:一切都因袭以前的制度。一,一切。因,因袭。

③无有:有的版本没有"有"字。

④承意:指孝子善于继承父亲的意志。

⑤仪志:即以其志为仪。仪,准则。

⑥天大显己:上天大显扬自己。己,指新王自己。

⑦物袭所代:一切都沿袭已被取代的王朝。物,指正朔、服色这类

象征物。袭,继承。所代,指被取代的王朝之物。

⑧率(shuài):都。

⑨徙居处:指迁都。

⑩更称号:改朝代名称。

⑪改正朔(shuò):改历法的正朔日子。这里"改正朔"是古代较为复杂的问题。正,正月,岁首。哪一月定为岁首,各代不同。夏建寅,以寅月为岁首,即农历一月。殷建丑,以丑月即农历十二月为岁首。周建子,以子月即十一月为岁首。秦建亥,以亥月即十月为岁首。汉初仍秦制,以冬十月为岁首,后改夏历,以正月为岁首,沿用至今。朔,指历法年开始的时刻。夏以平旦为朔,殷以鸡鸣为朔,周以夜半为朔。这就是"改正朔"的具体内容。汉以后以夏历正月为岁首,以周代的夜半为朔,没有再作改变。

⑫易服色:变换服饰的颜色。

⑬文义:指文字训诂。改朝换代,有改变的内容,如正朔、服色等,也有不改变的内容,如人伦、道理、政治、教化、习俗、文义。

⑭无易道之实:治道的本质是没有改变的。

⑮孔子曰:下引文见《论语·卫灵公》。

⑯此非不易之效与:这难道不是不作改革的证据吗!不易,不作改革。效,证据。

【译文】

"现在所谓'新王必改制',并不是改变治国的道理,改变治国的法则。受了天命,另一姓当了新的王,并不是继承以前的王位而当了王,如果一切都因袭以前的制度,遵循着旧的业绩,没有什么改革,这跟继承先前的王位而当王就没有什么区别了。新受天命的王,是天命所作的巨大显现。对待父亲要继承父辈意愿,对待君王要以君王的志向为行事的准则,对待天也应该这样。现在,天大显扬自己,什么东西却都沿袭已被取代的王朝,与前代一样,那么与前代没有明显的区别,这不是天的意志。因此，新王要迁移居处（迁都），改变称号，变更正朔（历法），更改服装颜色，没有别的意思，就是不敢不顺从天的志向，以表明自己的显现。至于说治国的大原则，如人伦、道理、政治、教化、习俗、文字都应照旧，有什么可以改的？所以，王者有改制的名义，没有改变治理国家的本质。孔子说：'无为而治的人，大概就是舜吧！'是说他继承尧的治国之道而已，这难道不是不作改革的证据吗！"

　　问者曰①："物改而天授②，显矣，其必更作乐，何也？"曰："乐异乎是，制为应天改之，乐为应人作之，彼之所受命者，必民之所同乐也。是故大改制于初，所以明天命也；更作乐于终，所以见天功也；缘天下之所新乐③，而为之文曲④，且以和政，且以兴德。天下未遍合和，王者不虚作乐。乐者，盈于内而动发于外者也，应其治时，制礼作乐以成之。成者，本末质文皆以具矣⑤。是故作乐者，必反天下之所始，乐于己以为本⑥。舜时，民乐其绍尧之业也⑦，故《韶》，韶者，绍也；禹之时，民乐其三圣相继⑧，故《夏》，夏者，大也；汤之时，民乐其救之于患害也，故《濩》，濩者，救也⑨；文王之时，民乐其兴师征伐也，故《武》⑩，武者，伐也。四者天下同乐之⑪，一也；其所同乐之端⑫，不可一也。作乐之法，必反本之所乐，所乐不同事，乐安得不世异！是故舜作《韶》而禹作《夏》，汤作《濩》而文王作《武》，四乐殊名，则各顺其民始乐于己也，吾见其效矣。《诗》云⑬：'文王受命，有此武功；既伐于崇，作邑于丰。'乐之风也⑭。又曰：'王赫斯怒，爰整其旅。'⑮当是时，纣为无道，诸侯大乱，民乐文王之怒，而咏歌之也。周人德已洽天下，反本以为乐，谓之《大武》，言民所始乐者，武也云尔。故凡乐者,作之于终,而名之以始,重本之义也。由此观之,正朔服色之改,受命应天,制礼作乐之异,人心之动也,二者离而复合⑯,所为一也。"

【注释】

①问者曰:是设问的形式。

②物改而天授:物改,指改正朔易服色之类。天授,天命所授予。

③缘:根据。

④文曲:文词,乐曲。

⑤"成者"二句:成功,是说政治和礼乐都已具备了。本末质文,政治是本是质,礼乐是末是文。成功要政治和礼乐都具备,也就是本末质文都具备。

⑥"是故"三句:作乐最初的根据是天下人都快乐。每个人快乐,根本是自己快乐。反,同"返"。

⑦绍:继承。

⑧三圣:指尧、舜、禹三个圣人。

⑨濩(hù)者,救也:夏桀无道,人民苦难,商汤推翻夏桀,是救民脱离苦难。

⑩《武》:商纣王无道,周文王、武王兴师讨伐,推翻商纣王的统治,人民高兴,所以这时的乐曲叫《武》。《白虎通义·礼乐》引《礼记》文:"黄帝乐曰《咸池》,颛(zhuān)项(xū)乐曰《六茎》,帝喾(kù)乐曰《五英》,尧乐曰《大章》,舜乐曰《箫韶》,禹乐曰《大夏》,汤乐曰《大濩(hù)》,周乐曰《大武》《象》,周公之乐曰《酌合》、曰《大武》。"

⑪四者:指舜、禹、汤、文王。

⑫端:事由,原委。

⑬《诗》云:下引诗见《诗经·大雅·文王有声》之第二章(全诗八

章）。崇，国名，其地在今陕西户县东。丰，周邑名，周攻占崇国
后，迁都于此，改名为丰。

⑭风：风教，教化。

⑮"王赫斯怒"二句：出自《诗经·大雅·皇矣》之第五章（全诗八
章）。赫，盛怒貌。斯，语气助词。爰，于是。

⑯二者离而复合：因改正朔，易服色在前，制礼作乐在后，二者虽不
同时，但同归于应天顺人，故曰"离而复合"。

【译文】

有人问："许多事物的改革，天命授予已经显现了，为什么还必定再
作音乐呢？"回答是："音乐跟那些礼制是不一样的。礼制是根据天命进
行的改革，音乐则是根据人心来制作的，那个新王所受的天命，必定是
人民所共同感到快乐的事。所以开初改制，是用来表明天命的变化；后
来作音乐，是表示天命的成功。根据天下人民所快乐的事来制作音乐
的词曲，一方面用来谐和政治，一方面用来倡导道德。天下若未完全和
谐安宁，王者不妄作音乐。音乐，是涌满于内心而表现出来的，只有顺
应政通人和的时代，才能制订礼仪和音乐来表现成功。成功，是说政治
和礼乐都已具备了。所以制作音乐，必定要追溯天下人快乐的根源，以
使自己快乐为根本。虞舜时期，人民喜欢虞舜继承唐尧的功业，所以乐
曲叫《韶》，韶的意思就是'绍'（继承）；夏禹时期，人民喜欢他们三个圣
人先后相继，所以乐曲叫《夏》，夏的意思就是'大'（伟大）；商汤时期，人
民喜欢商汤救民于苦难之中，所以乐曲叫《濩》，濩的意思就是救护；周
文王时期，人民喜欢文王兴兵征讨暴君，所以乐曲叫《武》，武的意思就
是征伐。这四者是天下人所共同喜欢的，在这一点上是一致的；而其中
的原因，却是不可能一样的。制作音乐的法则，必定要追溯人民所喜欢
的根本大事，人民所喜欢的事不同，音乐又怎能不随时代而变化呢？所
以虞舜作《韶》而夏禹作《夏》，商汤作《濩》而周文王作《武》，这四个乐曲
名称不同，但各自都顺应了人民对他们的爱戴。我从中看到了音乐的

功效。《诗经》说：'文王接受天命，有了如此武功。既已讨伐崇国，又建京城于丰。'这说的就是音乐的教化。《诗经》又说：'文王勃然大怒，于是调发他的军队。'在那时，殷纣王无道，诸侯大乱，人民喜欢文王的震怒而歌唱他。周王的德行已经润泽了天下，追本溯源谱制音乐，称它为《大武》，是说人民最初所喜欢的就是用武力除暴。因此，凡是音乐，虽是作于成功之后，但取名却用初始的含义，以表示重视根本。由此来看，历法、服色的改动，顺应天命制订礼乐的差异，都是源于人心的趋向，这两者有先有后但又殊途同归，因为它们的目的是相同的。"

玉杯第二

【题解】

　　《玉杯》是董仲舒著书的篇名,《汉书》提到这一篇名,不知此篇名取什么意义。本篇主要通过《春秋》所记载鲁文公、许止、赵盾、公子比等人的事,通过复杂的分析,认为《春秋》特别重视人的心志、办事的动机,这种重视没有明白说出,而是用曲折隐晦的笔法,即"微言"来表达的。本篇提出研究《春秋》的方法论问题。

　　《春秋》讥文公以丧取①。难者曰:"丧之法②,不过三年,三年之丧,二十五月。今按经:文公乃四十一月方取③,取时无丧,出其法也久矣④,何以谓之丧取?"曰:"《春秋》之论事,莫重于志⑤。今取必纳币,纳币之月在丧分⑥,故谓之丧取也。且文公秋袷祭⑦,以冬纳币,皆失于太蚤⑧,《春秋》不讥其前⑨,而顾讥其后⑩,必以三年之丧,肌肤之情也⑪,虽从俗而不能终⑫,犹宜未平于心,今全无悼远之志⑬,反思念取事,是《春秋》之所甚疾也。故讥不出三年于首⑭,而已讥以丧取也。不别先后,贱其无人心也。"

【注释】

①《春秋》讥文公以丧取:《春秋》批评鲁文公在丧期内娶亲。文公,即鲁文公,名兴,鲁僖公之子。取,同"娶"。古代规定守丧三年即二十五个月,在此期间不能进行娱乐活动,更不能娶亲。鲁文公违背了这个规定,《春秋》给予批评。

②丧之法:守丧的法则。《论语·阳货》载孔子说:"子生三年,然后免于父母之怀。夫三年之丧,天下之通丧也。"小孩三岁以后才脱离父母的怀抱,因此要守孝三年,是天下共同的守丧期限。

③四十一月方取:鲁僖公于三十三年十二月卒,第二年就是鲁文公元年。鲁文公四年夏五月才去齐国迎亲,离鲁僖公逝世已经四十一个月,超过了规定的二十五个月期限。

④出其法:超出法定的期限。

⑤志:指办事的动机、志向。

⑥纳币之月在丧分:纳币,婚娶前男方给女方送的彩礼、聘金。送彩礼表示有娶亲的意图,也是动机。文公二年冬纳币,纳币的月份在守丧的期限内,所以说文公"丧取"。

⑦袷(xiá)祭:把远近祖先的牌位放在祖庙里一起祭祀,叫袷祭,即合祭。

⑧失于太蚤:袷祭必须在丧期过后进行,即二十五个月后。文公于二年八月进行袷祭,离僖公卒才二十一个月,还差四个月,因此说"失于太蚤(通"早")"。

⑨前:指秋八月进行袷祭,《春秋》没有批评。

⑩讥其后:指冬纳币。

⑪肌肤之情:《孝经》说:"身体发肤,受之父母。"肌肤指父母生养之恩情。

⑫终:即坚持三年丧期。鲁国旧风俗,丧期比较短,没有三年即二十五个月。

⑬悼远：即慎终追远。

⑭首：首恶，最坏的事。

【译文】

《春秋》批评鲁文公在丧期内娶亲。有人问："丧期法定不过三年，三年丧期共二十五个月。现在从经书中看，鲁文公丧后四十一个月才娶亲，娶亲时已经不在丧期内，而且出丧期已经很久了，为什么还说他'丧娶'呢？"回答说："《春秋》评论事情，最重视办事的动机。娶亲必须先送聘金，送聘金的时间在丧期之内，所以说他'丧娶'。而且，鲁文公在秋天举行合祭，冬天送去聘金，都是太早了。《春秋》为什么不批评秋天的合祭，只批评冬天的送聘金呢？一定要坚持三年的丧期，是父母养育的恩情所定的，即使随俗不能坚持到底，还应该从心里有怀念的意思。现在一点悼念的意思都没有，反而想念娶亲的事，这是《春秋》所特别反对的。因此批评不出三年的最坏的事，就是'丧娶'。不分别先后，只是鄙视没有人情的事。"

　　缘此以论礼①，礼之所重者，在其志。志敬而节具②，则君子予之知礼；志和而音雅③，则君子予之知乐；志哀而居约④，则君子予之知丧。故曰"非虚加之"⑤，重志之谓也。志为质，物为文⑥，文着于质，质不居文⑦，文安施质；质文两备，然后其礼成。文质偏行⑧，不得有我尔之名。俱不能备，而偏行之，宁有质而无文，虽弗予能礼，尚少善之，"介葛卢来"是也⑨。有文无质，非直不予，乃少恶之，谓"州公寔来"是也⑩。

【注释】

①缘此：根据这个道理，指论事重志。

②志敬而节具：志向端正，再加上节文（即适合的礼节）周全。

③志和而音雅：心志平和，声音优美。

④志哀而居约：内心悲哀，生活简约，没有排场和娱乐。

⑤非虚加之：指《春秋》讥文公以丧娶。加，加责，给以批评、谴责。见《公羊传》文公二年："非虚加之，以人心为皆有之。"

⑥文：文饰，形式。相对于本质、内容而言。

⑦居：安置，容纳。

⑧偏行：指文饰和本质两方面不全，或只有文饰，或只有本质。

⑨介葛卢来：载《春秋》僖公二十九年。介，国名。葛卢，介国国君名。这是东夷一个小国，不懂华夏的礼节。缺少"文"，而愿意来礼仪之邦，说明心中有向往礼仪的志向，动机是善的，因此称他的名字。

⑩州公寔(shì)来：州是国名，公是爵号，是很有社会地位的人物。州公去曹国，经过鲁国，没有去朝拜鲁公，是无礼的表现，因此，《春秋》桓公六年春正月载"寔来"。寔，通"是"，此，这。"寔来"意即这个人来。为什么不说来人的名字呢？这人就是"州公"，鄙视他没有礼貌，才这样称呼他。

【译文】

按照以上的说法来讨论礼，礼的最重要的方面在于志向、动机。志存敬意而又有周到的礼节，那么，君子承认他知道礼；心志平和，声音又优雅，那么君子就承认他知道音乐；心中悲哀，生活又简约，君子也就承认他知道哀丧。因此说"并不是无端加以谴责"这句话，正是说明应该重视志向的说法。心志是本质，事物是形式，形式是依附于本质的，本质若不容纳形式，形式怎么能附在本质上？本质和形式两方面都具备，然后形成礼制。形式或本质只有一个方面，那么，两方面都不能有礼的名称。不能具备两方面而只有一个方面时，宁可有本质而没有形式，虽然也称不上礼，还可以说比较好些，像"介葛卢来"，记载他的名字就是明显的例子。有形式而没有本质，不只不承认有礼，还认为是比较坏的，说州公来，记作"这个人来"，就是个典型例子。

然则《春秋》之序道也^①，先质而后文，右志而左物^②，故曰："礼云礼云，玉帛云乎哉！"^③推而前之^④，亦宜曰："朝云朝云，辞令云乎哉！乐云乐云，钟鼓云乎哉！"引而后之，亦宜曰："丧云丧云，衣服云乎哉！"是故孔子立新王之道^⑤，明其贵志以反和^⑥，见其好诚以灭伪，其有继周之弊^⑦，故若此也。

【注释】

①序道：排序的原则。序，排顺序。道，法则。

②右志：重视本质。古代尚右，认为"志"比"物"重要。

③"礼云礼云"二句：出自《论语·阳货》。意思是：礼呀礼呀，难道只是玉帛之类的礼器吗？

④推而前之：往前类比推论。五礼之序，吉前凶后，故云推前引后。

⑤孔子立新王之道：汉代人认为孔子为汉世创立新王的法则。

⑥贵志以反和：重精神心志，轻物质之利。和，疑为"利"或"物"之误，指物质、物利。

⑦继周之弊：周朝重文饰，周道衰微，孔子继周弊之后，所以提倡质。

【译文】

那么，《春秋》排序的原则是，先本质而后文饰，重志向而轻物质，所以说："礼呀礼呀，难道只是玉帛之类的礼器吗？"向前推论，也可以说："朝拜呀朝拜呀，难道只是那些外交辞令吗？音乐呀音乐呀，难道只是钟鼓这类乐器吗？"向后推论，也应该说："丧礼呀丧礼呀，难道只是穿上丧服吗？"所以，孔子创新王的法则，表明贵志向而贱物利，好诚实而反对虚伪,这是由于继周代重文饰的弊端之后,才这么提倡的。

　　《春秋》之法:以人随君^①,以君随天^②。曰:缘民臣之心,不可一日无君;一日不可无君,而犹三年称子者^③,为君心之未当立也,此非以人随君耶?孝子之心,三年不当,而逾年即位者,与天数俱终始也^④,此非以君随天邪?故屈民而伸君,屈君而伸天,《春秋》之大义也^⑤。

【注释】

①以人随君:人要服从国君。人,指万民,包括百官和各地方的诸
　侯王。随,依附,服从。

②天:是虚悬的概念,董仲舒用儒家思想来解释天,天就成了儒学
　的代名词。

③三年称子:国君死后,儿子继位,居丧三年,不称爵号,只称"子",
　说明"子"有孝心,不忍当国君。

④"三年"三句:三年不当,为什么逾年就即位呢?这是为了与天数
　终始相一致。例如鲁僖公三十三年十二月卒,鲁文公继位,第二
　年就是鲁文公元年。这样,年份连接才能严密,不出现旷年。

⑤"故屈"三句:屈伸之义,相对为言。屈民防止叛乱,巩固大一统
　政治局面;屈君防止肆行无忌惮,以免权力产生腐败,导致灭亡。
　两屈伸,董仲舒认为是《春秋》的大义,实是董仲舒天人感应和大
　一统论两大思想的集中表达,也是他的政治哲学的最重要的内
　容之一。

【译文】

　　《春秋》的原则:人要服从国君,国君要服从天。可以这样说:按照
人民的心愿,不能一天没有国君;不能一天没有国君,而国君继位三年

都称子,这是由于国君心中悲哀不忍心当父位,这不是人民要服从国君吗?根据孝子之心,三年不当父位,但是,过一年就即位,是为了与天的年数相一致,这不是国君要服从天吗?因此,屈抑民众而伸展国君,屈抑国君而伸展上天,是《春秋》的要义。

《春秋》论十二世之事①,人道浃而王道备②,法布二百四十二年之中③,相为左右④,以成文采,其居参错⑤,非袭古也⑥。是故论《春秋》者,合而通之⑦,缘而求之⑧,五其比⑨,偶其类⑩,览其绪⑪,屠其赘⑫,是以人道浃而王法立⑬。以为不然,今夫天子逾年即位,诸侯于封内三年称子,皆不在经也⑭,而操之与在经无以异,非无其辨也⑮。有所见而经安受其赘也⑯,故能以比贯类⑰,以辨付赘者⑱,大得之矣。

【注释】

①十二世:指鲁国国君十二代:隐、桓、庄、闵、僖、文、宣、成、襄、昭、定、哀。

②人道浃(jiā)而王道备:人道和王道都很完备。人道,指处世之道。浃,完善,完备。王道,指治国之道。

③二百四十二年:从鲁隐公元年(前722)到鲁哀公十四年(前481),共计242年。

④左右:互助配合。

⑤参(cēn)错:参差交错。

⑥非袭古:不是继承古代已有法制,而是创新的。袭,因袭。

⑦合而通之:是将许多类似的事例联系在一起,加以研究,融会贯通,从而得出结论。这是董仲舒提出的研究《春秋》的方法。

⑧缘而求之:由一个说法,深入探求更深一层的道路,意即深入研

究。缘，根据。求，探求。

⑨五其比：把类似的事例排列在一起，所谓同类项合并。五，通
　　"伍"，队伍。比，类似。

⑩偶其类：把同类的道理合并起来。偶，合并。类，同类。

⑪览其绪：观看事情的端绪，掌握经书主要的根本精神。绪，端绪，
　　头绪。

⑫屠其赘：删除多余的不重要的内容。这是指当时经师繁琐解经
　　的内容。屠，删除。赘，从属的、多余的内容。

⑬王法：即王道，或指王道指导下产生的具体法则。

⑭经：指《春秋》。《春秋》没有天子逾年即位，诸侯于封内三年称子
　　这些内容。

⑮"而操"二句：操之，掌握理论，指不在经书中的说法。但是，这是
　　需要根据的，不能将没有根据的说法也附会到经书上去，这是需
　　要辨别的。当时大概已有一些经师把没有根据的说法附会于经
　　书，后来发展为纬书迷信。

⑯有所见而经安受其赘也：有新的正确创见，经书也乐意接受这种
　　（附会的）发挥。有所见，有正确的创见。经，指经书。安受，乐
　　意接受。赘，附会经书的内容。

⑰以比贯类：通过并列事例的比较来理解同类的道理。比，并列。
　　贯，贯通。类，同类的道理。

⑱以辨付赘：通过分辨，确定哪些内容是经书上所没有的。

【译文】

《春秋》论鲁国十二代的事情，把人道和王道都说得很完备了。这
些法则分布在二百四十二年的历史中，互相配合，形成文采，复杂的内
容交织在一起，并不是因袭古代的说法。因此，研究《春秋》的人要融会
贯通，深入探讨，排列事实，分门别类，把握纲领，排除附会，所以能理解
人道并确立法则。如果认为不是这样，那么，现在"天子过一年才即

位"，"诸侯在封地内三年只称子，不称爵号"，都没有写在经书里，人们把它当做写在经书里的说法一样看待，并非没有经过考辨。有新的正确创见，经书也乐意接受这种发挥，因此，能够融会贯通，通过考辨有所发挥，就真正领会了《春秋》的基本精神。

人受命于天，有善善恶恶之性①，可养而不可改，可豫而不可去②，若形体之可肥臞③，而不可得革也④。是故虽有至贤，能为君亲含容其恶⑤，不能为君亲令无恶。《书》曰："厥辟不辟，去厥祗。"⑥事亲亦然，皆忠孝之极也。非至贤安能如是？父不父则子不子，君不君则臣不臣耳⑦。

【注释】

①善善恶恶：喜欢善良的，厌恶丑恶的。前"善"、"恶"均为动词，相当于喜欢与厌恶。

②可豫而不可去：（恶的方面）可以预防，但不能除去。豫，预防，防备于未然。去，根除。

③臞（qú）：瘦。

④革：改变。

⑤含容：包涵，容忍。

⑥"厥辟"二句：伪《古文尚书·太甲上》有"辟不辟，忝厥祖"句，《礼记·坊记》也载："《书》云：'厥辟不辟，忝厥祖。'"厥，其，他的。辟，国君。辟不辟，国君不像国君的样子，没有认真尽自己作为国君的职责。忝，辱没。厥祖，自己的祖先。董仲舒引文"去厥祗"，意思是除去他的毛病。祗（qí），通"疷（qí）"。

⑦"父不父"二句：父亲不像当父亲的那样慈爱子女，子女也不会像做子女的那样孝顺父亲。国君不像国君的样子尊重臣子，臣子

也不会忠于国君。父子、君臣在儒家那里是对等的双向关系,双方都有权利和义务。

【译文】

人从天那里获得生命,有喜欢善良、厌恶丑恶的本性,性中善的方面可以培养而不能改变,恶的方面可以预防而不能除去,就像人的形体可以有肥瘦的不同,但不能改变一样。所以即使是最贤智的人,能够为国君或父亲包涵容忍某些恶性,但不能使国君和父亲没有恶性。《尚书》上说:"那个国君不像国君,要除去他的毛病。"侍奉父亲也应该这样,这都是忠孝的最高道德。不是最贤智的人哪能做到这个地步?父亲不像父亲,儿子也就不像儿子了;国君不像国君,臣子也就不像臣子了。

　　文公不能服丧①,不时奉祭②,不以三年,又以丧取,取于大夫③,以卑宗庙④,乱其群祖,以逆先公⑤。小善无一,而大恶四五⑥,故诸侯弗予盟,命大夫弗为使,是恶恶之征⑦、不臣之效也⑧。出侮于外⑨,入夺于内⑩,无位之君也。孔子曰⑪:"政逮于大夫四世矣。"盖自文公以来之谓也。

【注释】

① 文公不能服丧:指鲁文公在丧期中给女方下聘礼,想到娶亲的事。

② 不时奉祭:祭祀没有按时进行。僖公丧期未满,文公就把僖公放入祖庙与祖先合祭,即祫祭,早了四个月。

③ 取于大夫:文公四年,娶齐大夫之女,不是门当户对。按地位,他应娶齐侯之女。

④ 卑宗庙:娶妻低贱,降低宗庙的名分。

⑤以逆先公:违背了先祖的通例。逆,颠倒。先公,对诸侯祖先的尊称。僖公是闵公的庶兄,闵公在先,僖公在后。闵公时,僖公还是臣子,有君臣关系。文公把僖公弄到祖庙中,升在闵公之上。董仲舒认为,僖公虽为庶兄,但论任位先后,应排在闵公后面。升僖公于闵公之上,是乱了群祖的顺序,违反先公的通例。

⑥大恶四五:指不能服丧、不时奉祭、娶于大夫、乱其群祖等。

⑦恶(wù)恶(è)之征:《春秋》作者厌恶丑恶的表现。

⑧不臣之效:大夫不肯出使,是臣子不像臣子的样子。

⑨出侮于外:在外面受到轻视、侮辱,指诸侯不肯与鲁国结盟。

⑩入夺于内:在国内权力被剥夺,指命大夫出使,大夫不肯听从。

⑪孔子曰:下引文见《论语·季氏》。宣公死后,季文子驱逐东门氏,自此任正卿,掌握鲁国大权。自季氏掌权到孔子说话时,经历了文子、武子、平子、桓子四代,故称四世。

【译文】

鲁文公不能服丧,祭祀不准时,都没有超过三年丧期,而且丧期中娶妻,娶的又是大夫家的闺女,使宗庙卑贱,又把僖公放在闵公之上,乱了群祖的顺序,违背了先祖的通例。鲁文公没有做一件小善事,却做了四五件大坏事,因此诸侯不愿与他结盟,大夫不肯为他出使,这是《春秋》讨厌丑恶的表现,也证明了君不君就会臣不臣的结论。鲁文公在外受到侮辱,在内失去政权,是没有实权的国君。孔子说:"政权落到大夫手里,已经有四代了。"就是从鲁文公开始算起的。

君子知在位者之不能以恶服人也,是故简六艺以赡养之①。《诗》、《书》序其志②,《礼》、《乐》纯其美③,《易》、《春秋》明其知④。六学皆大⑤,而各有所长。《诗》道志,故长于质⑥;《礼》制节,故长于文⑦;《乐》咏德,故长于风⑧;《书》著功,故长于事⑨;《易》本天地⑩,故长于数⑪;《春秋》正是非,故长于治人⑫。能兼得其所长,而不能遍举其详也。故人主大节则知闇⑬,大博则业厌⑭,二者异失同贬⑮,其伤必至,不可不察也。是故善为师者,既美其道⑯,有慎其行⑰,齐时早晚⑱,任多少⑲,适疾徐⑳,造而勿趋㉑,稽而勿苦㉒,省其所为㉓,而成其所湛㉔,故力不劳而身大成。此之谓圣化㉕,吾取之㉖。

【注释】

①简六艺以赡养之:选择"六艺"来培养人的德性。简,选择。六艺,即下文所言《诗》、《书》、《礼》、《乐》、《易》、《春秋》。赡养之,指涵养当政者个人的德性。赡,通"澹"。

②《诗》、《书》序其志:《诗经》和《尚书》能够叙述心志。序,通"叙",叙述,抒发。志,志向,情绪。

③《礼》、《乐》纯其美:《礼经》和《乐经》能够净化心灵,陶冶情操。纯,净化。美,审美情趣。

④《易》、《春秋》明其知:《易》讲万物的变化规律,《春秋》讲社会人事的是非原则,二者使人对自然界和人类社会有正确的认识,使人明白道理。

⑤六学皆大:六艺的学问都很重要。六学,即六艺之学。大,重要,大法。

⑥质:朴素的本质,没有伪装修饰的心理,是真实的思想。

⑦文:文饰,形式。《礼》的种种规定都是为了节制欲望,所以有许多文饰的形式。礼是以统一的形式抑制个人不同的欲望。

⑧长于风:《乐》是咏颂功德的,从而影响社会风气。音乐有感化性情的作用,所以"长于风"。

⑨长于事:《书》记载历代帝王的功绩,所以保存了古代许多重大史事。

⑩天地:自然界整体的代称。

⑪长于数:《易》是关于天地阴阳的变化和事物相互关系的典籍,其卦与卦之间、爻之位次及奇偶变化,都常用数表示。

⑫长于治人:《春秋》是孔子根据鲁国史记改编的,通过特殊的写法寓以褒贬、确定是非,因此此书成为指导政治活动的政治法典,故称“长于治人”。

⑬人主大节则知闇(àn):国君兴趣太少就孤陋寡闻。人主,国君。大,即“太”。节,节制。知闇,知识太少。闇,同“暗”。

⑭大博则业厌:爱好太广泛就可能荒废政务。博,广博,爱好广泛。业,事业,职业。厌,抛弃,厌恶。

⑮二者异失同贬:两个极端错误不同,受到同样的批评。二者,指“大节”和“大博”。异失,不同的错误。同贬,一样受到批评。

⑯道:指六艺之学。

⑰有:通“又”。

⑱齐时早晚:在时间上能调剂早晚,即确定最适当的时刻,不早不晚。齐,通“剂”,即调剂。

⑲任:胜任,担任。

⑳适疾徐:快慢的速度适中。

㉑造而勿趋:不断前进,能够达到目的地就可以了,不必急速跑步。造,到达。趋,急速,跑步。

㉒稽而勿苦:需要休息整顿,却不能停顿。稽,滞留,休息。苦,停顿。

㉓省其所为:少花力气。省,约省,少。为,做,功夫。

㉔成其所湛:所成就的结果很丰富。成,成就。湛,丰富,深厚。

㉕圣化:即指董仲舒所讲教师的最理想化的教化过程。

㉖吾取之：是说董仲舒自己赞赏这种教学方法。

【译文】

君子知道当权者不能以恶服人，因此就选择"六艺"来培养人的德性。《诗经》和《尚书》能够叙述心志，《礼经》和《乐经》能够净化心灵、陶冶情操，《周易》和《春秋》能够使人增长知识、知书达理。六艺的学问都很重要，又各有特长。《诗经》讲的是志向，所以它的特点是纯朴的素质；《礼经》是节制欲望的，所以它的特点在于文饰；《乐经》是歌颂功德的，所以它的特点在于创造良好的社会风气；《尚书》记载历代功绩，所以它的特点在于记叙了古代的许多史事；《周易》依据自然界概括出变化的规律，所以它的特点在术数；《春秋》确定是非，所以它的特点在于政治。能够了解各书的特长，但不能一一列举各经的详细内容。因此国君兴趣太少就孤陋寡闻，爱好太泛就可能荒废政务，两个极端错误不同，受到同样的批评，二者必定会导致败亡，不可不细心考察。所以善于做教师的人，既能赞美六艺的道理，又能够谨慎自己的行为，在教学方法上，能适时教学，教多少，讲快慢，都有讲究，能达到目的就不必太快，安排休息又不能停顿，花的功夫少而收获又能达到最大，因此不用太劳累却能获得巨大的成功。这就叫"圣化"，我赞成这种教学方法。

《春秋》之好微与其贵志也①。《春秋》修本末之义②，达变故之应③，通生死之志，遂人道之极者也④。是故君弑贼讨⑤，则善而书其诛⑥；若莫之讨，则君不书葬而贼不复见矣⑦。不书葬，以为无臣子也；贼不复见，以其宜灭绝也。今赵盾弑君⑧，四年之后，别骱复见⑨，非《春秋》之常辞也。古今之学者异而问之曰⑩："是弑君，何以复见？"犹曰："贼未讨，何以书葬？"⑪何以书葬者，不宜书葬也而书葬；何以复见者，亦不宜复见也而复见⑫。二者同贯⑬，不得不相若也。盾之复见,直以起问而辨不亲弑⑭,非不当诛也⑮。则亦不得不谓悼公之书葬,直以起问而辨不成弑⑯,非不当罪也。若是,则《春秋》之说乱矣,岂可法哉? 故贯比而论⑰,是非虽难悉得,其义一也。今诛盾有传,弗诛无传。以比言之,法论也⑱;无比而处之,诬辞也。今视其比,皆不当死,何以诛之?《春秋》起问数百,应问数千,同留经中。缮援比类⑲,以发其端⑳,卒无妄言,而得应于传者。今使外贼不可诛㉑,故皆复见,而问曰:"此复见何也? 言莫妄于是,何以得应乎?"故吾以其得应,知其问之不妄,以其问之不妄,知盾之狱不可不察也㉒。夫名为弑父而实免罪者㉓,已有之矣。亦有名为弑君而罪不诛者。逆而罪之㉔,不若徐而味之㉕。且吾语盾有本㉖,《诗》云㉗:"他人有心,予忖度之。"此言物莫无邻㉘,察视其外㉙,可以见其内也㉚。今按盾事而观其心,愿而不刑㉛,合而信之,非篡弑之邻也。按盾辞号乎天㉜,苟内不诚,安能如是。故训其终始㉝,无弑之志,挂恶谋者㉞,过在不遂去㉟,罪在不讨贼而已㊱。臣之宜为君讨贼也,犹子之宜为父尝药也。子不尝药,故加之弑父㊲;臣不讨贼,故加之弑君,其义一也。所以示天下废臣子之节,其恶之大若此也! 故盾之不讨贼,为弑君也,与止之不尝药为弑父,无以异。盾不宜诛,以此参之。

【注释】

①《春秋》之好微与其贵志也:《春秋》喜欢使用微言与它重视志向相联系。微,隐蔽含蓄而有所寓托的记事方式。贵志,重视思想动机、志向。这一句话把"好微"和"贵志"相联系,可以说明,董

仲舒认为《春秋》从笔法上说是"好微"的,从思想实质上说是"贵志"的,就是用隐晦的笔法来表达重视思想动机的态度。

②修:有撰写著述之义,如修书。在这里,"修本末之义"有著述关于本末关系的道理的意思。先后、轻重、贵贱、农商、物志等都有本末关系。

③变故:意外发生的事故或灾祸。

④遂人道之极:达到人生的最高精神境界。遂,成就。人道之极,指人生最崇高的精神境界。儒家以仁义礼智信等道德为最高境界。

⑤君弑贼讨:君被杀死,臣子应该去讨伐贼盗。这是义。

⑥善而书其诛:《春秋》隐公四年二月"卫州吁(xū)弑其君完",九月"卫人杀州吁于濮(pú)"。州吁弑了卫国国君,卫国人杀了州吁。为什么写"人",表明人人都可以杀他,说明杀弑君的贼是善的行为。但是这里也表示是国人去讨贼,而当官的却没有去讨贼,犯了该诛的罪行。

⑦不书葬:国君被弑,若臣子未去讨贼,《春秋》就不写安葬的事,也不写弑君者的名字。

⑧赵盾:晋国正卿。公元前607年,赵盾族弟赵穿攻杀晋灵公,史官董狐认为赵盾负有责任,乃直书"赵盾弑其君"。

⑨别牍(dú):别的书简,指另外记载。赵盾弑君发生在宣公二年,而宣公六年又另出现记载,所以说"别牍复见"。

⑩古今之学者:指通古达今的学者。

⑪"贼未讨"二句:《春秋》昭公十九年载:"冬,葬许悼公。"许悼公是饮了世子止的药而死的,属于被弑杀。按《春秋》之义,君弑贼不讨,不得书葬。此处书葬,表明世子止并未弑君,但亦难逃"过失杀人"之罪。

⑫不宜复见也而复见:亲手弑杀晋灵公的是赵穿,赵盾只是作为臣

子,没有讨贼,因此与弒君同罪。只在文字上或名义上谴责赵
盾,所以赵盾可以再出现。而赵穿是弒君者,就没有再出现。

⑬二者:指许世子弒其君与赵盾弒其君。

⑭直以起问而辨不亲弒:只是由于发问而辨清他不是亲自弒君的。
直以,只是由于。起问,发问。

⑮诛:谴责。

⑯不成弒:弒君不成立。

⑰贯比而论:联系比较同类的事情,加以推论。贯,贯通。比,同类
事联系比较。

⑱法论:以法为根据来论定。法,法律。

⑲繙(fān)援:演绎引述。

⑳以发其端:提出论题。发,引发。端,端绪。

㉑外贼:弒君者逃到国外去,称为外贼。

㉒狱:案件。

㉓名为弒父:名义上称许世子"弒父",而实际上又免了他的罪行。

㉔逆而罪之:以叛逆来给他定罪。

㉕徐而味之:慢慢体味其中的道理。

㉖语盾有本:讲赵盾的事是有根据的。

㉗《诗》云:下引诗见《诗经·小雅·巧言》。忖度,思考,猜测。

㉘物莫无邻:事物都有相同类的。

㉙外:指事物的外在形式,也指《春秋》微言。

㉚内:指事物的内容和实质,也指《春秋》的大义。

㉛愿而不刑:究其本心而不予刑罚。愿,同"原"。刑,刑罚。

㉜辞号乎天:赵盾听说晋史写他弒君,他大声呼:"天乎无辜! 吾不
弒君,谁谓吾弒君者乎?"(《公羊传》宣公六年)

㉝训其终始:考察事件的前前后后。训,顺。

㉞挂恶谋者:跟弒君有某种牵连。挂,挂牵,牵连。恶谋,指弒君。

㉟不遂去：指赵盾"亡不越境"，逃亡没有逃到国外去。越境就不再
　　追究。

㊱不讨贼：赵盾逃亡，不久又返回，回来又不声讨弑君者，因此有
　　罪，与弑君者似有某种牵连。《左传》宣公二年说赵盾"亡不越
　　境，反不讨贼，非子而谁？"与上说正相印证。

㊲"子不"二句：儿子不尝药，所以给他加上弑父的罪名。加，加责，
　　给予谴责。《礼记·曲礼下》记载："君有疾，饮药，臣先尝之。亲
　　有疾，饮药，子先尝之。"许世子止给许悼公进药时没有先尝，致
　　使许悼公饮药而死。《公羊传》认为许世子止没有尽孝道，谴责
　　他"弑父"。

【译文】

《春秋》喜欢使用微言与它重视志向相联系。《春秋》明确本末的道
理，通达应付意外变故的对策，理解生死的意义，达到人生的最高精神境
界。因此国君被弑而讨伐弑者，这是对的，把凶手被诛也写上了；如果没
有人讨伐凶手，那么国君死了不写安葬，弑君的凶手的名字也不再出现。
不写安葬，说明没有忠君的臣子；不再出现凶手的名字，以为他应该灭绝。
现在赵盾弑君，四年以后，在别处再现赵盾的名字，这不是《春秋》通常的
说法。博古通今的学者感到奇异而问道："这个弑君者，为什么再现他的
名字？"好比说："没有讨贼，为什么写了安葬？"所谓为什么写安葬，意思是
不应该写安葬而写了安葬；为什么重复出现，也是说不应该重复出现而
重复出现。两者是一样的道理，不能不相似。赵盾名字的重复出现，只
是由于发问而辨清他不是亲自弑君的，不是不应该受谴责的。那么也不
得不说书写悼公安葬之事，只是由于发问而辨清许世子止弑君是不成立
的，不是不应该承担罪过。如果这样，那么《春秋》的说法就全乱了套，怎
么能作为法则呢？因此联系比较同类的事情而加以推论，可知是非问题
虽然难以全部弄清，其中主要道理则是一致的。现在传中有谴责赵盾的
内容，没有不谴责的说法。根据事实讨论，是有法则依据的论说；没有依

据的处治,就是胡说八道。现在看那些事实,他们都不应当有罪,为什么要谴责他们?《春秋》发问几百处,答问的话有数千句,都保存在经书中。反复引用事实进行类比分析,提出论题,从来没有乱说,与传中所说都能相应。现在假如说逃到境外的弑君者不能谴责,所以都可以重复出现他们的名字,那么可以问:"这种情况为什么可以重复出现? 没有比这种说法更荒谬的,怎么能跟传中说法相应呢?"因此我根据这种说法能与传中说法相应,知道这些发问并不荒谬,根据并不荒谬的发问,知道赵盾的弑君案不能不细心考察。名义上定为"弑君"而实际上又赦免了他的罪行,这是已有的事实。也有名义上为"弑君"而又不谴责他叛逆罪行的。以叛逆给他定罪,不如让他慢慢体味其中的道理。而且我讲赵盾是有事实根据的,《诗经》上说:"别人的想法,我要猜测它。"这就是说事物没有与什么都不相类似的,考察外在的形式,可以看到内在的实质。现在按照赵盾的事情来研究他的内心,究其本心而不予刑罚,综合起来可以相信,他不是篡弑的那一类人。按照赵盾曾向天呼号,如果内心不诚,哪能这样。因此考察事件的前前后后,赵盾没有弑君的想法,只是跟弑君有某种牵连,他的过失在于没有跑到境外去,回来又没有去讨伐凶手而已。臣子应该为国君报仇去讨伐国贼,也像儿子应该为父亲尝药那样。儿子不尝药,所以给他加上弑父的罪名;臣子不讨贼,所以给他加上弑君的罪名,道理是一致的。以此向天下人表示废除臣子的忠孝气节,罪恶是如此之大! 因此赵盾不讨贼,就有弑君之罪,与许止不尝药就等于弑父,二者没有什么差异。赵盾不应该被谴责,以此作为参照。

问者曰:"夫谓之弑而有不诛①,其论难知,非蒙之所能见也②。故赦止之罪③,以传明之④。盾不诛,无传,何也?"曰:"世乱义废,背上不臣⑤,篡弑覆君者多,而有明大恶之诛⑥,谁言其诛? 故晋赵盾、楚公子比皆不诛之文⑦,而弗为传,弗欲明之心也。"

【注释】

①有:通"又"。

②蒙:问者自卑词,说自己无知。

③止:人名,即许世子止。进药给父亲而没有尝,父服药而死,许止有弑父之罪。后又写"葬许悼公",说明《春秋》赦了许止的罪,因为他的心志没有弑父的意向。

④传:指《公羊传》。《公羊传》昭公十九年:"止进药而药杀,是以君子加弑焉尔。曰:'许世子止弑其君买。'是君子之听止也。'葬许悼公。'是君子之赦止也。赦止者,免止之罪辞也。"《公羊传》有赦止的明确记载。

⑤背上不臣:背叛君上,不守臣节。

⑥有明大恶之诛:连上下文,有点费解。卢文弨以为中脱"不宜"二字,此句应为"有明大恶之不宜诛"。"之"为"不"之误,也通。句为"有明大恶不诛",与下文"皆不诛"正相应。有,通"又"。

⑦楚公子比:楚共王之子,楚灵王之弟。公元前529年,公子比从晋国回到楚国,其弟弃疾逼他即位,并弑杀了楚灵王,随后又杀了公子比。公子比已立为王,《春秋》还称他为"公子",表明他不应为王,也是对他弑君的"不诛"。

【译文】

有人问道:"说是弑君而又不给予谴责,这种说法不好理解,大概是我愚蠢所理解不了的。不谴责许止的罪行,《公羊传》上有明确的记载。赵盾不受谴责,传上没有记载,为什么呢?"回答是:"世界动乱、道义废弃,背叛君上、不守臣节,篡位弑君、颠覆政权的很多,而又说明大恶不受谴责,那么谁知道这些罪行应该谴责呢?因此晋国的赵盾、楚国的公子比都有不谴责的文字,而不在传中写下,是不想明白说出的意思。"

　　问者曰:"人弑其君,重卿在而弗能讨者^①,非一国也。灵公弑,赵盾不在。不在之与在,恶有薄厚^②。《春秋》责在而不讨贼者,弗系臣子尔也^③;责不在而不讨贼者,乃加弑焉,何其责厚恶之薄、薄恶之厚也?"曰:"《春秋》之道,视人所惑,为立说以大明之^④。今赵盾贤而不遂于理^⑤,皆见其善,莫知其罪^⑥,故因其所贤,而加之大恶,系之重责,使人湛思^⑦,而自省悟以反道^⑧。曰:'吁!君臣之大义,父子之道,乃至乎此,此所由恶薄而责之厚也。他国不讨贼者,诸斗筲之民^⑨,何足数哉!弗系人数而已^⑩,此所由恶厚而责薄也。'《传》曰:'轻为重,重为轻。'^⑪非是之谓乎?故公子比嫌可以立^⑫,赵盾嫌无臣责,许止嫌无子罪。《春秋》为人不知恶,而恬行不备也^⑬,是故重累责之^⑭,以矫枉世而直之^⑮。矫者不过其正,弗能直,知此而义毕矣。"

【注释】

①重卿:指国家重臣,掌握大权的重要官员。

②恶有薄厚:国君被弑,重臣不讨贼,是恶的。灵公被弑的时候,赵盾在不在场,责任有大小的不同。在场责任大,即恶厚;不在场责任小,即恶薄。

③弗系臣子:不算臣子,指不守臣节的人。

④立说:立一种说法,建一个理论。

⑤遂:通,顺。

⑥罪:指"君弑不讨贼"之罪。

⑦湛思:即深思。

⑧反道:回到正道上来。

⑨斗筲(shāo)之民:指小气量的人,没有作为的平庸之人。斗与筲

都是小量器。

⑩弗系人数：不在统计人数之中。

⑪轻为重，重为轻：罪轻而责重，罪重而责轻。

⑫公子比嫌可以立：公子比是否可以立，被迫而立，能否说明他弑君自立？嫌，疑虑，怀疑，难以分辨。

⑬《春秋》为人不知恶，而恬行不备也：《春秋》因为人们不知哪些是恶的，安然施行而没有戒备。恬，安然。备，戒备。

⑭重累责之：反复地用严厉语气批评这些罪过行为。重，加大，犹如重判。累，多次，再三。

⑮枉世：世俗的错误观念。

【译文】

问的人说："有人杀国君，重臣在场而不能讨伐，这种现象不止是一个国家存在。晋灵公被杀时，赵盾不在场。不在场与在场相比，罪恶应该有大小差别。《春秋》责备在场而不能讨贼的臣子，只是不算臣子而已；责备不在场而不讨贼的人，却加上'弑君'的罪名，为什么对罪过大的责备轻、对罪过小的责备重？"回答是："《春秋》的原则，针对人所容易迷惑的问题，提出说法使它是非特别明白。现在赵盾贤良而做了不合理的事，大家都看到他好的一面，就不知道他犯的罪行，因此借着大家所赞扬的人物，给加上大的罪过，加以严厉批评，使人深入思考，反省自己以回到正道上来。还有人感叹说：'呀！君臣的大义，父子的关系，会是这样，就是依据罪过小而责备重。其他国家也有不讨贼的人，都是些平庸的人，不能算数！不统计在正式人数中，也是依据罪过大而责备轻。'《传》中说：'罪轻而责备重，罪重而责备轻。'不是说的这个道理吗？因此公子比被迫当了国君，能不能说他夺权篡位？赵盾不在场而不讨贼，是否没有臣子的气节？许止没有尝药，能不能说他有不孝的罪名？《春秋》因为怕人们不知道这些罪过，继续安然沿用而不能警戒，所以反复地用严厉语气批评这些罪过行为，以矫正世俗的错误观念而使之回到正确的轨道上来。矫枉不过正，不能使它直，知道这个道理就全面了解了《春秋》的大义了。"

竹林第三

篇名何意不详。苏舆注:"篇名未详。司马相如《上林赋》:'览观《春秋》之林。'《文选》注:'如淳曰:《春秋》义理繁茂,故比之于林薮也。'似足备一义。"本文主要论述两个问题:第一,关于辩证法的观念。通过"常辞"与"从变而移"的关系,以及有关战争问题的辨析,指出事情不能一概而论,只要掌握了精神实质,就不必拘泥于语言文字;在论述中,表明了反战、爱民的态度。第二,提出了君主的生死荣辱观和行为规范。分析齐顷公的骄纵和改过,阐明孟子"生于忧患而死于安乐"的观点;斥责齐顷公的受辱,说明逢丑父不知权,表达"杀身成仁"的观念;抨击郑襄公、郑悼公父子的过错,揭示君主敬事守信的重要性。

《春秋》之常辞也,不予夷狄①,而予中国为礼②,至邲之战③,偏然反之④,何也?曰:"《春秋》无通辞⑤,从变而移。今晋变而为夷狄,楚变而为君子⑥,故移其辞以从其事。夫庄王之舍郑⑦,有可贵之美,晋人不知其善,而欲击之;所救已解,如挑与之战,此无善善之心,而轻救民之意也,是以贱之,而不使得与贤者为礼。秦穆侮蹇叔而大败⑧,郑文轻众而丧师⑨,《春秋》之敬贤重民如是。是故战攻侵伐⑩,虽数百起,必一二书⑪,伤其害所重也。"问者曰:"其书战伐甚谨,其恶战伐无辞,何也?"曰:"会同之事⑫,大者主小;战伐之事,后者主先,苟不恶,何为使起之者居下⑬? 是其恶战伐之辞已! 且《春秋》之法,凶年不修旧⑭,意在无苦民尔;苦民尚恶之,况伤民乎? 伤民尚痛之,况杀民乎? 故曰:凶年修旧则讥,造邑则讳⑮,是害民之小者,恶之小也;害民之大者,恶之大也。今战伐之于民,其为害几何! 考意而观指⑯,则《春秋》之所恶者,不任德而任力,驱民而残贼之;其所好者,设而勿用⑰,仁义以服之也。《诗》云⑱:'弛其文德,洽此四国。'此《春秋》之所善也。夫德不足以亲近,而文不足以来远,而断断以战伐为之者⑲,此固《春秋》所甚疾已,皆非义也。"

【注释】

①夷狄:泛指除华夏族以外的四方各族。古称东方为夷,北方为狄,南方为蛮,西方为戎。

②予中国为礼:给予中原华夏族礼遇。中国,指居于中原地区的华夏族。为礼,指有礼,意即以礼相待。

③邲(bì):郑地,在今河南郑州东。鲁宣公十二年(前597),楚军与晋军会战于邲,大败晋军,楚庄王因而成为霸主。

④偏然反之:截然相反。邲之战,《春秋》载:"晋荀林父帅师及楚子战于邲。"《公羊传》认为:"大夫不敌君,此其称名氏以敌楚子何? 不与晋而与楚子为礼也。"

⑤通辞:通常使用的固定书写方法。

⑥"今晋"二句:韩愈《原道》:"孔子作《春秋》也,诸侯用夷礼则夷之,进于中国则中国之。"苏舆注"以此见中国夷狄之判,圣人以

其行不限以地,明矣。"韩愈、苏奥都明确表达了董仲舒所阐发的《春秋》大义。华夷之辨不局限于地域划分,主要从礼的文明程度来划分。

⑦庄王之舍郑:公元前597年,楚庄王围攻郑国,郑国求和,庄王应允。当时有将军对此胜利后而不要战利品的做法不能理解。楚庄王作了解释:"君子笃于礼而薄于利,要其人而不要其土。"庄王笃礼轻利,重民舍郑,这是仁爱的表现,很可贵。

⑧秦穆侮蹇(jiǎn)叔而大败:秦穆公羞辱蹇叔而吃了大败仗。秦穆,秦穆公,姓嬴名任好,公元前659年—前621年在位。蹇叔,秦国大夫。公元前627年,蹇叔劝阻秦穆公派兵偷袭郑国,穆公非但不听,反而侮辱蹇叔说:"若尔之年者,宰上之木拱矣!尔曷知?"(《公羊传》僖公三十三年)结果秦军大败于殽(xiáo),"匹马只轮无反者"。

⑨郑文轻众而丧师:郑文公轻视民意而丧失了军队。郑文,郑文公,姓姬名踕(jiàn),公元前671年—前628年在位。《春秋》闵公二年:"郑弃其师。"《公羊传》:"郑弃其师者何?恶其将也。郑伯恶高克,使之将,逐而不纳,弃师之道也。"

⑩侵伐:伐是鸣钟鼓进攻,即正式宣战;侵是没有钟鼓,即不需任何理由的"不宣而战"。二者连用,泛指各式战争。

⑪一二:犹言一一,所有战争都作详细记载,不遗漏。

⑫会同:指诸侯的会谈、结成同盟。

⑬使起之者居下:把挑起战争者放到后面。按《公羊传》义例:战争双方,战争发动者放在后面,表示贬抑。战争被动者、受到侵略的放在前面,表示赞同。这是《春秋》笔法,虽然不说战争是坏事,这样写法就表明反对战争。

⑭凶年不修旧:《公羊传》认为灾年修建旧房子。这是为了减轻受灾年份人民的负担。

⑮造邑则讳：修建新城就加以隐讳。《春秋》庄公二十八年："冬，筑微，大无麦禾。"《公羊传》认为先记修筑微邑（今山东东平南），后记没有麦禾，这是用避讳的形式说在灾年建邑。

⑯指：旨意，意向。

⑰设而勿用：设置武力而最好不用。苏舆认为此句"上或有脱字"，并引《汉书·公孙弘传》及《盐铁论·世务》作证，认为脱字是"兵刑"之类。

⑱《诗》云：下引诗见《诗经·大雅·江汉》（《诗经》"弛"作"矢"）。又《礼记·孔子闲居》引此二句，"洽"作"协"。

⑲断断：专一。

【译文】

《春秋》的通常措辞，对夷狄部族不给礼遇，只给中原华夏族礼遇，到记载邲之战时，却反过来，这是为什么呢？回答说："《春秋》没有固定不变的措辞，随事情的变化而变化。邲之战，晋国的行为如同夷狄一样无礼，楚国的做法却像君子，所以改变了措辞来顺应这件事。楚庄王放弃了对郑国的占领，有可贵的美德，晋国却不懂得他的美善，想攻击楚国；晋国所要救援的郑国已经解围，却要向楚国挑战，这是没有以善待善的心意，而忽略救援民众的本意，所以《春秋》轻视晋国，不让他与贤者一样受到礼遇。秦穆公羞辱蹇叔而吃了大败仗，郑文公轻视民意而丧失了军队，《春秋》就是这样的敬贤重民。因此各类战争，虽然有几百起，必定一一记载下来，以哀伤战争对民众的严重伤害。"提问的人说："《春秋》记载战争非常详细，里面却没有反战的言辞，这是为什么呢？"回答说："诸侯之间的谈判结盟，强大的排在弱小的之前；攻战侵伐的事情，被迫应战者则列在挑起者之前。如果不反对战争，为什么记载战争时要把挑起者放在后边？这就是表明反战的言辞！而且《春秋》的法则是灾年不修建旧房子，用意就在于不得劳苦人民；劳苦人民尚且要予以反对，更何况是伤害人民呢？伤害人民尚且要表示哀痛，更何况是杀害人民呢？所以说：灾年修建旧房子就给予批评，修筑新城就加以隐讳，这表明害民较轻的，痛恨得较轻；害民严重的，痛恨得就重。现在战争对于人民，危害是多么严重啊！考察其宗旨意向，《春秋》所痛恨的，是不用仁德而用暴力，驱使并残害人民；它所喜欢的，是设置武力最好不用，而用仁义去感化人民。《诗经》说：'施行他的文德，和协四方诸国。'这是《春秋》所赞扬的。仁德不能够亲睦身边的人，礼乐教化不能够吸引远方的人，而专门用战争来达到目的，这当然是《春秋》所深恶痛绝的，都不是义的行为。"

　　难者曰："《春秋》之书战伐也，有恶有善也，恶诈击而善偏战①，耻伐丧而荣复仇②。奈何以《春秋》为无义战而尽恶之也？"曰："凡《春秋》之记灾异也，虽亩有数茎，犹谓之无麦苗也③；今天下之大，三百年之久④，战攻侵伐，不可胜数，而复仇者有二焉⑤，是何以异于无麦苗之有数茎哉？不足以难之，故谓之无义战也。以无义战为不可，则无麦苗亦不可也；以无麦苗为可，则无义战亦可矣。若《春秋》之于偏战也，善其偏，不善其战，有以效其然也。《春秋》爱人，而战者杀人，君子奚说善杀其所爱哉⑥？故《春秋》之于偏战也，犹其于诸夏也⑦，引之鲁，则谓之外，引之夷狄，则谓之内；比之诈战，则谓之义，比之不战，则谓之不义。故盟不如不盟，然而有所谓善盟；战不如不战，然而有所谓善战。不义之中有义，义之中有不义。辞不能及，皆在于指，非精心达思者，其孰能知之！《诗》云⑧：'棠棣之华，偏其反而；岂不尔思，室是远而。'孔子曰⑨：'未之思也！夫何远之有？'由是观之，见其指者，不任其辞⑩；不任其辞，然后可与适道矣⑪。"

【注释】

①恶诈击而善偏战：反对偷袭而赞同阵地战。诈击，用诈骗于战争，所谓"兵不厌诈"。偏战，约定时间和地点战争，指各居一面，鸣鼓而战，不相诈，今称阵地战。

②耻伐丧而荣复仇：以侵伐服丧者为耻，以复仇战争为荣。耻伐丧，乘丧期发起攻击是可耻的。《公羊传》襄公二年："虎牢者何？郑之邑也。其言城之何？取之也。取之则曷为不言取之？为中国讳也。曷为为中国讳？讳伐丧也。讳伐丧何？耻伐丧也。乘人之丧而伐之，非仁义之道。"荣复仇，为复仇而战是光荣的。《春秋》庄公四年："纪侯大去其国。"《公羊传》："大去者何？灭也。孰灭之？齐灭之。曷为不言齐灭之？为襄公讳也。《春秋》为贤者讳。何贤乎襄公？复仇也。"襄公以复仇为贤，说明《春秋》以复仇为荣。

③无麦苗：见《春秋》庄公七年。《汉书·食货志上》载：董仲舒说上曰："《春秋》它谷不书，至于麦禾不成则书之，以此见圣人于五谷重麦与禾也。今关中俗不好种麦，是岁失《春秋》之所重，而损生民之具也。愿陛下幸诏大司农，使关中民益种宿麦，令毋后时。"

④三百年：《春秋》计二百四十二年，三百是举其成数。

⑤复仇者有二：一指鲁庄公四年"纪侯大去其国"。《公羊传》解释说："大去"即亡国；是齐襄公灭了纪国，因齐襄公的九世祖齐哀公遭纪国先祖的谗言而被烹，故齐襄公为祖先复仇，《春秋》为贤者避讳。另一事指鲁庄公九年鲁国为复仇与齐国战于乾时（今山东桓台），鲁军失败。

⑥说善：疑"说"字衍。或"说"通"悦"，"说善"即"悦善"，乃同义词。

⑦诸夏：周代分封的中原各个诸侯国。《春秋》以鲁国为中心，称诸夏为"外"；当以诸夏为中心时，则夷狄即是"外"，所以《公羊传》成公十五年说："《春秋》内其国而外诸夏，先诸夏而后夷狄。"

⑧《诗》云：下引诗不见《诗经》，见《论语·子罕》，乃孔子摘引的逸诗。棠棣，亦作唐棣、常棣，是一种果树。华，即花。偏，同翩，随风翻动。而，语助词。一般树木开花都是先合后开，而棠棣开花却是先开后合，违反常规，故说"反而"。室，居住的地方。

⑨孔子曰：下引文亦见《论语·子罕》。

⑩任：用，听信。引申指拘泥。

⑪适道：语出《论语·子罕》。适，往，达到。

【译文】

提问的人说："《春秋》对所记载的战争，有反对的有赞同的，反对偷袭而赞同阵地战，以侵伐服丧者为耻，以复仇战争为荣。为什么认为《春秋》记载的都是没有正义的战争而一概反对呢？"回答说："凡是《春秋》记录的灾异，虽然一亩地还有几棵麦苗，仍然称为'无麦苗'；以天下之大，三百年之久，各种战争不可胜数，但复仇的战争只有两次，这与只有几棵麦苗说成'无麦苗'又有什么差别呢？没有理由说这种说法不对，所以才称为没有正义的战争。如果认为说没有正义的战争是不对的，那么'无麦苗'也是不对的；认为'无麦苗'是对的，那么说没有正义的战争也就是对的了。就好像《春秋》对于阵地战，赞同的是它的堂堂正正，不赞同的是它的杀伐，这也可以验明其中的道理。《春秋》珍惜人，而战争杀害人，君子怎能赞同杀害他所珍惜的呢？所以《春秋》对于阵地战的看法，就如同对中原各诸侯国一样，站在鲁国的立场上，称中原各诸侯国是'外'，相对周边异族，则称中原各诸侯国是'内'；与偷袭相比，称阵地战是正义的，与不作战相比，则称它是非正义的。所以虽说订盟约不如不订盟约，但其中也有好的盟约；虽说进行战争不如不战，但其中也有相对好的战争。非正义之中有正义，正义之中有不正义。语词所不能表达的意思，都蕴含在要旨中，不是深思熟虑的人，谁能理解它的真意！《诗经》说：'棠棣的花朵，摇摆着先开后合；难道我不思念你？是你住的太遥远了。'孔子说：'没去真正思念他，否则还怕什么遥远!'由此来看,领会了《春秋》的精神实质,就不必拘泥它的言辞;不拘泥于它的言辞,这样才能通往正道。"

"司马子反为君使,废君命,与敌情,从其所请,与宋平①,是内专政而外擅名也②。专政则轻君,擅名则不臣,而《春秋》大之,奚由哉?"曰:"为其有惨怛之恩③,不忍饿一国之民,使之相食④。推恩者远之为大,为仁者自然为美。今子反出己之心,矜宋之民,无计其间⑤,故大之也。"难者曰:"《春秋》之法,卿不忧诸侯⑥,政不在大夫⑦。子反为楚臣而恤宋民,是忧诸侯也;不复其君而与敌平,是政在大夫也。湨梁之盟⑧,信在大夫,而《春秋》刺之,为其夺君尊也;平在大夫,亦夺君尊,而春秋大之,此所间也⑨。且《春秋》之义,臣有恶擅名美⑩,故忠臣不显谏,欲其由君出也。《书》曰⑪:'尔有嘉谋嘉猷,入告尔君于内,尔乃顺之于外,曰:此谋此猷,惟我君之德。'此为人臣之法也;古之良大夫,其事君皆若是。今子反去君近而不复,庄王可见而不告,皆以其解二国之难为不得已也,奈其夺君名美何? 此所惑也。"曰:"《春秋》之道,固有常有变,变用于变,常用于常,各止其科⑫,非相妨也。今诸子所称,皆天下之常,雷同之义也⑬;子反之行,一曲之变⑭,独修之意也⑮。夫目惊而体失其容,心惊而事有所忘,人之情也;通于惊之情者,取其一美,不尽其失⑯。《诗》云⑰:'采葑采菲,无以下体。'此之谓也。今子反往视宋,闻人相食,大惊而哀之,不意之至于此也,是以心骇目动而违常礼。礼者,庶于仁⑱,文质而成体者也。今使人相食,大失其仁,安着其礼? 方救其质,奚恤其文? 故曰:'当仁不让。'⑲此之谓也。《春秋》之辞，有所谓贱者，有贱乎贱者⑳；夫有贱乎贱者，则亦有贵乎贵者矣。今让者，《春秋》之所贵，虽然，见人相食，惊人相爨㉑，救之忘其让，君子之道，有贵于让者也。故说《春秋》者，无以平定之常义，疑变故之大，则义几可谕矣。"

【注释】

①"司马子反为君使"五句：《春秋》宣公十五年载：楚庄王围宋，军有七日之粮；宋国困厄，宋将华元夜见楚将子反，子反以楚军实情相告，订盟退军。司马子反，楚臣，名侧。平，国与国停战讲和。

②擅名：为自己争取好名声。

③惨怛(dá)：忧伤，悲痛。

④使之相食：宋国被楚军包围，饥饿难忍，以至于易子而食、析骸而炊。

⑤无计其间：不计较宋与楚的差别。间，间隔、差异。

⑥卿不忧诸侯：《公羊传》襄公三十年："此大事也，曷为使微者？卿也。卿则其称人何？贬。曷为贬？卿不得忧诸侯也。"何休注："明大夫之义得忧内，不得忧外，所以抑臣道也。"

⑦政不在大夫：《论语·季氏》载孔子说："天下有道，则政不在大夫。"

⑧渠(jú)梁：渠水上的堤坝。渠水源出河南济源西，东流经孟县入黄河。梁，堤坝。疏："然则以土石为堤，障绝水者名梁，虽所在多有，而无大于渠水之旁者。"渠梁当在今济源西。鲁襄公十六年(前557)，鲁、晋、宋等国的大夫曾在此会盟。

⑨间：差别。如《淮南子·俶真训》："则美丑有间矣。"本文表示上

下文不一致，前后有矛盾之处。

⑩臣有恶擅名美：反对臣下夺占君主的美名。擅名美，就是抢君主的声誉。卢文弨校云：“《大典》本作‘臣有恶，君名美’。疑当作‘恶臣擅君名美’。”

⑪《书》曰：下引文见《尚书·君陈》，与《礼记·坊记》引同。猷（yóu）：同“谋”，计划，谋划。

⑫各止其科：谓常与变各有适用的范围。科，分科别类的科。

⑬雷同：随声附和，一致看法。

⑭一曲：即一隅、一偏。《荀子·解蔽》：“凡人之患，蔽于一曲而暗于大理。”

⑮独修：自修，谓独出新意。

⑯不尽其失：不将他的错误全部摆出来，与“毋求备于一人”的意思接近。尽，竭也，悉也。《国语·周语》云“惟善人能受尽言”，一般人不能接受尽言，好尽言易招怨。

⑰《诗》云：下引诗见《诗经·邶（bèi）风·谷风》。葑（fēng），植物名，即芜菁。菲，萝卜一类的菜。二者的叶与根皆可食，但其根（即“下体”）有时略带苦味，勿因其苦而弃之。此处引此诗，谓勿以小过弃大善。《潜夫论·论荣》：“昔日周公不求备于一人……《诗》云：‘采葑采菲，无以下体。’故苟有大美可尚于世，则虽细行小瑕岂足以为累乎？”郑注《坊记》云：“言人之交，当如采葑采菲，取一善而已，君子不求备于一人。”

⑱庶：通“摭”，采集，聚合。

⑲当仁不让：语出《论语·卫灵公》：“当仁不让于师。”此处指遇到应做的事即主动去做，不犹豫推诿。

⑳贱乎贱者：《春秋》哀公四年：“盗杀蔡侯申。”《公羊传》以弑君之例，贱者称人，这里不称人而称盗，足见弑者是贱人中的贱人。

㉑爨（cuàn）：齐地方言，即“炊”，烧火煮饭。

【译文】

"司马子反为他的国君出使到宋国,废弃了国君的命令,把实情告诉给敌国,答应了对方的请求,与宋国媾和,这是在国内专权而在国外擅取名声。专权就是轻慢国君,擅取名声就是不臣服的行为,但《春秋》却赞赏他,是什么缘由呢?"回答说:"因为他有恻隐之心,不忍心使一国的民众饿到人吃人的地步。推广恩德的人爱及邻国,这是高尚的;奉行仁爱的人发自内心,这是美善的。现在子反从个人的内心出发,同情宋国的百姓,不计较宋与楚的差别,所以《春秋》赞扬他。"提问的人说:"《春秋》的法则,卿士不应忧虑别国的诸侯,政事不决定于大夫。子反是楚臣却怜悯宋国百姓,这是忧虑别国诸侯;不禀告他的君主而与敌人媾和,这是政事决定于大夫。�梁订盟的时候,盟约决定在大夫手中,《春秋》对此加以讥讽,因为大夫占了君主的尊贵地位;媾和的事决定于大夫,也是占了君主的尊贵地位,但《春秋》却予以赞扬,这是有矛盾的。而且《春秋》的义例,是反对臣下夺占君主的美名,所以忠臣不公开进谏,为的是让主意出自君主。《尚书》说:'你有好的谋略,要入朝告诉你的君主,你在外边应合,说:这个谋略,体现了我们君主的美德。'这是做人臣的法则;古代贤良的大夫,他们都像这样侍奉君主。现在子反离君主很近却不去禀报,可以见到楚庄王却不告知,都以为他是为了解救两国的危难才不得不这么做,可是怎样解释他夺占君主的美名呢? 这是令人迷惑的。"回答说:"《春秋》的原则,原本就有恒定性和变通性,变通用在变通性的场合,恒定用在恒定性的场合,各停留在自己的范围,不相妨碍。现在人们所说的,都是天下的恒定性,是随声附和的言论;子反的做法,是局部的变通,有独创的意向。触目受惊而全身失态,心中受惊而忘记要做的事,这是人之常情;通晓心灵受惊动的情理,应取其一方面的优点,不能全盘否定。《诗经》说:'采芜菁采萝卜,不因根苦便丢弃。'说的就是这个道理。现在子反到宋国一看,听说饿得人吃人,大惊而哀怜他们,想不到宋国危难到这种地步,所以触目惊心而违背了正常的礼节。礼节，是聚合仁德，形式和实质内容共同构成其体系。假如让宋国饿得人吃人，就完全失去了仁德，哪能体现礼节呢？眼下解救的是实质性的困难，哪里还顾得上形式？所以说'在仁德面前不要谦退'，讲的就是这个道理。《春秋》的说法，有所谓的贱人，有贱人中的贱人；既然有贱人中的贱人，那么也就有贵人中的贵人了。现在谦让固然是《春秋》所看重的，但是看到人们易子而食的惨状，震惊于人们用人骨头烧饭，救助他们而忘了谦让，君子的原则有比谦让更可贵的。所以解说《春秋》的人，不用普通的常规，去怀疑变通的大法，差不多就能明白要义了。"

《春秋》记天下之得失，而见所以然之故，甚幽而明，无传而著①，不可不察也。夫泰山之为大，弗察弗见，而况微眇者乎？故按《春秋》而适往事②，穷其端而视其故，得志之君子，有喜之人，不可不慎也③。齐顷公亲齐桓公之孙④，国固广大，而地势便利矣，又得霸主之余尊，而志加于诸侯⑤。以此之故，难使会同，而易使骄奢。即位九年，未尝肯一与会同之事⑥，有怒鲁、卫之志，而不从诸侯于清丘、断道⑦。春往伐鲁，入其北郊，顾返伐卫，败之新筑⑧。当是时也，方乘胜而志广，大国往聘，慢而弗敬其使者⑨。晋、鲁俱怒，内悉其众，外得党与卫、曹，四国相辅，大困之鞍⑩，获齐顷公，斩逄丑父⑪。深本顷公之所以大辱身⑫，几亡国，为天下笑，其端乃从慑鲁胜卫起。伐鲁，鲁不敢出；击卫，大败之：因得气而无敌国以兴患也。故曰：得志有喜，不可不戒。此其效也。自是之后，顷公恐惧，不听声乐，不饮酒食肉，内爱百姓，问疾吊丧，外敬诸侯，从会与盟，卒终其身，家国安宁。是福之本生于忧，而祸起于喜也。呜呼！物之所由然，其于人切近，可不省邪？

【注释】

①传：说，解说。

②適(zhé)往事：精通历史。適，通。

③"穷其"四句：苏舆注："《春秋》非一世之书也，所以绝乱萌于未然，示变事之所起，使人防患而复道，鉴往以惩来，故本书十指以'见事变之所至'为一指。《二端》篇云：'览求微细于无端之处，诚知小之将为大也，微之将为著也，吉凶未形，圣人所独立也。'此皆《春秋》之志也。夫患至而防，常苦不及，当其微眇，又复难察，大易忧盛，而《春秋》戒有喜，君子可知所从事矣。"

④齐顷公：姓姜，名无野，是齐桓公之子齐惠公的儿子，公元前598年—前582年在位。

⑤志加于诸侯：苏舆注："桓公以后，篡弑相寻，霸业替矣。顷公骄奢，自以为席余尊耳。"

⑥即位九年，未尝肯一与会同之事：董天工笺注："鲁宣公十一年，顷公即位，十七年，晋使郤克征会于齐，弗与，使四大夫往会，致诸侯之怒。至鲁成公二年，伐鲁北鄙，正九年无与会同。"

⑦不从诸侯于清丘、断道：不随同诸侯在清丘、断道会盟。清丘，卫地，在今河南濮阳东南七十里。鲁宣公十二年（前597），晋、宋、卫、曹在此会盟，齐国未参加。断道，晋地。《春秋》宣公十七年："己未，公会晋侯、卫侯、曹伯、邾娄子，同盟于断道。"鲁宣公十七年，鲁、晋、卫、曹、邾等国诸侯在此会盟，齐顷公未参加。《左传》："十七年春，晋侯使郤克征会于齐。齐顷公帷妇人使观之。郤子登，妇人笑于房。献子怒，出而誓曰：'所不此报，无能涉河！'"

⑧"春往"四句:《春秋》成公二年:"春,齐侯伐我北鄙。夏四月,丙戌,卫孙良夫帅师,及齐师战于新筑,卫师败绩。"新筑,卫国地名,在今河北魏县南。

⑨"当是"四句:《公羊传》成公二年:"晋郤克与臧孙许同时而聘于齐,萧同侄子者,齐君之母也。踊于棓而窥客,则客或跛或眇,于是使跛者迓跛者,使眇者迓眇者,二大夫出,相与踦闾而语,移日然后相去。齐人皆曰:'患之起必自此始。'""大国"就是晋与鲁,"使者"就是郤克与臧孙许。

⑩鞍:齐地。在今山东济南东北。

⑪"获齐顷公"二句:《公羊传》成公二年:"逄丑父者,顷公之车右也。面目与顷公相似,衣服与顷公相似,代顷公当左,使顷公取饮。顷公操饮而至,曰:'革取清者!'顷公用是佚而不反。逄丑父曰:'吾赖社稷之神灵,吾君已免矣!'郤克曰:'欺三军者,其法奈何?'曰:'法斮。'于是斮逄丑父。"斮(zhuó),斩。逄(páng)丑父,齐顷公的卫士。鞍之战,齐军败,他假扮成齐顷公,解救了顷公而自己被俘杀(《左传》说郤克释放了逄丑父)。

⑫深本:深入探究根本。或曰:深为探之误。探本,探讨本原。本,原。

【译文】

《春秋》记录天下的得失成败,并能显示其中的原因,它很隐晦而又很明确,没有解说却又很清楚,不能不仔细观察。泰山够大的了,不去观察就看不见,更何况是微渺的事呢?所以根据《春秋》去全面了解历史往事,追溯它的初始而观看它的结局,得志的君子和有喜事的人,是不能不谨慎的。齐顷公是齐桓公的亲孙子,国家本来就大,而且地势有利,又有齐桓公称霸后的余威,因而妄图凌驾于诸侯之上。由于这个原因,难以使他参加诸侯国的会盟,而容易使他骄傲奢侈。即位九年,从未参加过一次诸侯的会盟,却有惹怒鲁国、卫国的念头,因而不随同诸

侯在清丘、断道会盟。春天去讨伐鲁国，攻入鲁国的北郊，回头又进攻
卫国，在新筑打败卫军。在那个时候，他正乘胜而得意洋洋，大国来访
问，他竟十分傲慢而不尊敬大国的使者。晋国、鲁国都被激怒了，对内
尽数征发军队，对外联络曹国、卫国，四个国家联合起来，在鞍地大败齐
军，活捉了齐顷公，斩杀了逢丑父。深究齐顷公之所以身遭大辱，几乎
亡国，被天下人耻笑，其原因是从威胁鲁国、战胜卫国开始的。攻打鲁
国，鲁国不敢出战；侵略卫国，大败卫国：于是趾高气扬而心中没有敌国
以引起忧患意识。所以说：得志有喜事，是不能不戒惧的。这就是证
明。从鞍之战以后，齐顷公恐惧不安，不听音乐，不饮酒吃肉，对内爱护
百姓，慰问病人，祭奠死者；对外尊敬诸侯，参加会盟，一直到他临终，国
家安宁。这说明福气的本源产生于忧患，而灾祸起始于骄纵。唉！事
情都是这样的，它对于人来说更是如此，能不醒悟吗？

　　"逢丑父杀其身以生其君，何以不得谓知权？丑父欺
晋，祭仲许宋①，俱枉正以存其君，然而丑父之所为，难于祭
仲，祭仲见贤，而丑父犹见非，何也？"曰："是非难别者在此，
此其嫌疑相似，而不同理者，不可不察。夫去位而避兄弟
者②，君子之所甚贵；获虏逃遁者③，君子之所甚贱。祭仲措
其君于人所甚贵，以生其君，故《春秋》以为知权而贤之；丑
父措其君于人所甚贱，以生其君，《春秋》以为不知权而简
之。其俱枉正以存君，相似也；其使君荣之，与使君辱，不同
理。故凡人之有为也，前枉而后义者，谓之中权，虽不能成，
《春秋》善之，鲁隐公④、郑祭仲是也；前正而后有枉者，谓之
邪道，虽能成之，《春秋》不爱，齐顷公、逢丑父是也。夫冒大
辱以生，其情无乐，故贤人不为也，而众人疑焉，《春秋》以为
人之不知义而疑也，故示之以义，曰：'国灭，君死之，正

也。'⑤正也者,正于天之为人性命也。天之为人性命,使行仁义而羞可耻⑥,非若鸟兽然,苟为生,苟为利而已。是故《春秋》推天施而顺人理⑦,以至尊为不可以加于至辱大羞,故获者绝之;以至辱为亦不可以加于至尊大位,故虽失位,弗君也。已反国,复在位矣,而《春秋》犹有不君之辞⑧,况其溺然方获而虏邪⑨!其于义也,非君定矣;若非君,则丑父何权矣!故欺三军,为大罪于晋,其免顷公,为辱宗庙于齐,是以虽难,而《春秋》不爱。丑父大义,宜言于顷公曰:'君慢侮而怒诸侯,是失礼大矣;今被大辱而弗能死,是无耻也;而复重罪,请俱死,无辱宗庙,无羞社稷。'如此,虽陷其身,尚有廉名。当此之时,死贤于生,故君子生以辱,不如死以荣,正是之谓也。由法论之,则丑父欺而不中权,忠而不中义,以为不然,复察《春秋》,《春秋》之序辞也⑩,置'王'于'春'、'正'之间,非曰:上奉天施,而下正人,然后可以为王也云尔!今善善恶恶,好荣憎辱,非人能自生,此天施之在人者也,君子以天施之在人者听之⑪,则丑父弗忠也。天施之在人者,使人有廉耻,有廉耻者,不生于大辱,大辱莫甚于去南面之位,而束获为虏也。曾子曰⑫:'辱若可避,避之而已;及其不可避,君子视死如归。'谓如顷公者也。"

【注释】

①祭(zhài)仲许宋:卢文弨认为"许"是"诈"之误。有"祭仲诈宋"之说。许,是答应,祭仲答应出忽立突,也可以成立。忽,郑庄公太子,姓姬名忽。突,郑庄公之子,忽之弟,名突。《公羊传》桓公十一年:"祭仲者何?郑相也。何以不名?贤也。何贤乎祭仲?以

为知权也。其为知权奈何？古者郑国处于留，先郑伯有善于邻公者，通乎夫人，以取其国而迁郑焉，而野留。庄公死已葬，祭仲将往省于留。途出于宋，宋人执之，谓之曰：'为我出忽而立突！'祭仲不从其言，则君必死，国必亡；从其言，则君可以生易死，国可以存易亡。少辽缓之，则突可故出，而忽可故反，是不可得则病，然后有郑国。古人之有权者，祭仲之权是也。权者何？权者反于经，然后有善者也。权之所设，舍死亡无所设。行权有道，自贬损以行权，不害人以行权。杀人以自生，亡人以自存，君子不为也。"

②去位而避兄弟：指姬忽出奔卫，其弟姬突归郑即位。

③获虏逃遁：指齐顷公被俘虏而后逃出来。

④鲁隐公：鲁惠公的庶子。惠公死后，鲁人推隐公摄政当国，隐公欲待其弟姬允（桓公）年长后让位。公元前712年，公子翚（huī）谄媚隐公，欲杀姬允，隐公不许。公子翚惧怕阴谋泄露，转而求姬允。姬允令其杀了隐公。

⑤"国灭"三句：载《公羊传》襄公七年："曷为不言莱君出奔？国灭，君死之，正也。"齐国灭了莱国，莱共公死，《公羊传》认为国灭君死，是人君的正道。

⑥"天之为人性命"两句：人能行仁义、羞可耻，是天赋予人的性命。

⑦天施：天所施设，即自然之性、天性。

⑧不君之辞：《春秋》庄公六年载"卫侯朔入于卫"，僖公二十八年载"卫侯郑归于卫"，哀公八年载"归邾娄子于邾娄"，都是直书诸侯的名字，表示他们虽恢复君位，但仍不算国君。

⑨溷（hùn）：混浊。

⑩序辞：指《春秋》开篇隐公元年之开头语："元年春王正月。"

⑪听：审察，评判。

⑫曾子曰：下引文见《大戴礼记·曾子制言上》。

【译文】

"逢丑父丢了自己的生命救活了他的君主,为什么不能称为懂得权变? 逢丑父欺骗晋国,祭仲答应宋国,都是违反正道来保存他们的君主,但是逢丑父杀身的行为,难于自辱的祭仲,可是祭仲被赞扬而逢丑父遭到指责,为什么呢?"回答说:"是非难以区别就在这里,这是看起来相似但道理不同,不能不审察清楚。逃离君位而让位于兄弟,是君子很称赞的;被俘房而逃生,是君子很轻蔑的。祭仲把他的君主置于人们很称赞的位置,从而救活了他的君主,所以《春秋》认为他懂得权变而予以赞扬;逢丑父把他的君主置于人们很轻蔑的位置,从而救活了他的君主,《春秋》认为他不懂得权变而加以谴责。他俩都违反正道而保存了君主,在这点上是相似的;他们一个使君主有荣耀,一个使君主受耻辱,这个道理就不同了。所以凡是人的行为,先违背义而结果是符合义的,称为权变,即使不能成功,《春秋》也加以称赞,鲁隐公、郑国的祭仲就是这样的人;先符合义而结果违背义的,称为邪道,即使能成功,《春秋》也不喜欢,齐顷公、逢丑父就是这类人。遭受奇耻大辱活着,心情不会快乐,所以贤人不这样做,而众人就有怀疑,《春秋》鉴于众人不懂正义而怀疑,所以指明正义,说:'国家灭亡,君主殉死,这是正义。'正义,在于上天赋予人生命。上天赋予人生命,让人奉行仁义而羞做可耻的事,不像鸟兽那样,只是苟且偷生、只图财利而已。因此《春秋》推求天道而顺应人情,认为至尊的君主是不能遭受奇耻大辱的,所以绝对不能被人俘获;认为奇耻大辱是不能落于至尊大位的,所以即使是失去君位也不再当君主。对返国复位的君主,《春秋》尚且称他们不算君主,更何况齐顷公污秽到被人俘房呢! 按道理来说,那时的齐顷公肯定不是国君了;如果不是国君,那么逢丑父算什么权变呢! 他欺骗三军,对晋国犯下大罪,他解救了齐顷公而羞辱了齐国的宗庙,因此杀身救君的行为纵然有难度,但《春秋》并不赞同。逢丑父如果懂得大义,应对顷公说:'君主侮辱并惹怒了诸侯,这是很严重的失礼;现在遭到奇耻大辱而不能死,是

无耻；又增加了罪过，请求我们一起死，不要辱没宗庙，不要羞辱社稷。'
这样，即使死了，还有高洁的名声。在那个时候，死比活好，所以君子活
着受辱，不如死了荣耀，说的正是这个道理。按照道理来说，逢丑父是
欺诈而不属于权变，忠诚而不属于正义，如果认为不是这样，可以再认
真阅读《春秋》，《春秋》开篇第一句话，把'王'放在'春'和'正'之间，不
是说对上奉行天性而在下端正做人，这样才能当王嘛！现在赞扬善良、
厌恶邪恶，喜欢荣耀，憎恨耻辱，不是人能自发产生这些感情的，是上天
赋予在人身上。君子按照这个道理来评判，逢丑父并不是忠臣。上天
的意志体现在人身上，是使人有廉耻，有廉耻的人，不在奇耻大辱中求
生，奇耻大辱没有比离开君位而被俘虏更严重的了。曾子说：'耻辱如
果可以躲避，避开就是了；如果无法躲避，君子就应该视死如归。'这说
的就是像齐顷公那样的人。"

　　"《春秋》曰：'郑伐许。'①奚恶于郑而夷狄之也？"曰："卫
侯遫卒②，郑师侵之，是伐丧也。郑与诸侯盟于蜀③，以盟而
归诸侯，于是伐许，是叛盟也。伐丧无义，叛盟无信，无信无
义，故大恶之。"问者曰："是君死④，其子未逾年⑤，有称伯不
子⑥，法辞其罪何⑦？"曰："先王之制，有大丧者，三年不呼其
门，顺其志之不在事也。《书》云⑧：'高宗谅闇，三年不言。'
居丧之义也。今纵不能如是，奈何其父卒未逾年即以丧举
兵也？《春秋》以薄恩，且施失其子心⑨，故不复得称子，谓之
郑伯，以辱之也。且其先君襄公伐丧叛盟，得罪诸侯，诸侯
怒之未解，恶之未已。继其业者，宜务善以覆之，今又重之，
无故居丧以伐人。父伐人丧，子以丧伐人；父加不义于人，
子施失恩于亲以犯中国，是父负故恶于前，己起大恶于后。
诸侯果怒而憎之，率而俱至，谋共击之。郑乃恐惧，去楚而

成虫牢之盟是也⑩。楚与中国侠而击之⑪，郑罢疲危亡，终身愁辜⑫。吾本其端，无义而败，由轻心然。孔子曰⑬：'道千乘之国，敬事而信。'知其为得失之大也，故敬而慎之。今郑伯既无子恩，又不熟计，一举兵不当，被患不穷，自取之也。是以生不得称子，去其义也；死不得书葬，见其穷也。曰：有国者视此，行身不放义⑭，兴事不审时，其何如此尔⑮。"

【注释】

①郑伐许：此文载于《春秋》成公三年。

②卫侯遫（sù）：卫穆侯姬遫，在位 11 年，公元前 589 年卒。

③蜀：古地名。在今山东泰安西。鲁成公二年（前 589），郑襄公与楚、秦、宋等诸侯会盟于此。

④是君：指郑襄公，姓姬名坚，卒于鲁成公四年（前 587）。

⑤其子：指郑襄公之子郑悼公姬费。郑悼公在郑襄公死去的当年冬天就攻打了许国。

⑥有称伯不子：又（对他）称"伯"而不称"子"。有，同"又"。称伯不子，《春秋》之例，旧君卒，不论已葬未葬，新君初立当年皆称子而逾年才称爵。《春秋》成公四年说"郑伯伐许"，这是在讥讽郑悼公。

⑦法辞：谴责性的言辞。

⑧《书》云：下引文源出《今文尚书·无逸》"乃或谅闇，三年不言"，引辞稍有不同。高宗，殷商帝王武丁。谅闇，或作谅阴，《礼记·丧服四制》云："《书》云：'高宗谅闇，三年不言。'善之也。"《论语·宪问》云："子张曰：《书》云：'高宗谅阴，三年不言。'何谓也？"据郑玄注，此词指丧庐，为天子守孝之称。

⑨施失：废弃，丧失。施，通"弛"，废。

⑩去楚而成虫牢之盟:(郑悼公)背叛楚国而与中原诸国订立了虫牢之盟。去楚,背叛楚国。虫牢,地名。在今河南封丘北。鲁成公五年(前586),郑悼公与晋、齐、宋等诸侯会盟于此。

⑪侠:同"夹",夹击。

⑫辜:即"苦"。

⑬孔子曰:下引文见《论语·学而》。道,同"导",治理。乘(shèng),古时一车四马叫做"乘"。

⑭放:通"仿",依照、仿效。

⑮何:刘师培《春秋繁露斠补》云:"'何'疑'祸'讹。"苏舆注同。刘、苏之说近是。

【译文】

"《春秋》说:'郑国攻打许国。'为什么厌恶郑国而把它视为夷狄呢?"回答说:"卫穆侯姬遫死了,郑国军队侵略卫国,这是攻打服丧的国家。郑国与诸侯在蜀订立盟约,缔约之后诸侯归去,郑国却去攻打许国,这是背叛盟约的行为。攻打服丧的国家是不道义的,背叛盟约是不讲信用的,没有信用和道义,因此《春秋》十分厌恶它。"提问的人说:"郑襄公这个国君死后,他的儿子郑悼公即位还没过一年,《春秋》又对他称'伯'而不称'子',这种谴责性的说法表明了郑悼公有什么罪过呢?"回答说:"先王的制度,臣下有大丧的,君主三年不在他家门口叫他,为的是满足他的孝心而不让他任职办公。《尚书》说:'高宗居庐守丧,三年不开口说话。'这是守丧的规矩。现在虽然不能像高宗那样,怎么能自己的父亲死去还没过一年便带丧举兵开战呢?《春秋》因为郑悼公寡情少恩,而且丧失了为子的孝心,所以不再称他为'子',而叫他'郑伯',以此来羞辱他。而且他的先君郑襄公攻打服丧的国家、背叛盟约,得罪了诸侯,诸侯对他怒气未消,憎恨不已。继承他的基业的人,应该好好行善来掩盖他的过错,现在却又重新犯错,无缘无故在服丧期间去攻打别国。父亲攻打服丧的国家,儿子服丧却去攻打别国;父亲对别国做了不义的事情,儿子丧失了对父亲的孝心而去进犯中原诸侯,这便是父亲先犯下了旧恶,儿子接着又干起了大坏事。诸侯终于愤怒了而憎恨郑悼公,全都会聚到一起,商议共同攻打他。郑悼公于是害怕起来,背叛了楚国而与中原诸侯订立了虫牢之盟。楚国与中原诸侯夹击郑国,郑悼公疲惫几近亡国,终身愁苦。我推究他的祸端,在于不守道义而失败,由轻率放纵而导致这样的结果。孔子说:'治理拥有一千辆兵车的国家,要认真办理政事而且坚守信用。'知道国君的得失关系重大,所以要严肃认真谨慎。现在'郑伯'既没有做儿子的孝心,又不深思熟虑,一次用兵不当,遭受无穷的后患,这是咎由自取。所以在世时不称他为'子',是为了除去他当国君的名分;死后不记载他的丧葬,是为了显示他的罪过。可以说:治理国家的人如果像他这样,立身行事不遵照正道,做事不审时度势,就会罹患同样的灾祸。"

玉英第四

【题解】

"玉英"是宝物名,用作篇名。全篇集中讨论"经礼"和"变礼","正辞"和"诡辞"的辩证关系,注重挖掘《春秋》的微言大义,既充分肯定《春秋》的直笔、实录和原则性,又以大量避讳性的事例,剖析了《春秋》的曲笔、隐晦和灵活性。

谓一元者^①,大始也^②。知元年志者^③,大人之所重,小人之所轻。是故治国之端在正名,名之正,兴五世,五传之外,美恶乃形,可谓得其真矣,非子路之所能见^④。

【注释】

①元:开始。

②大(tài)始:即"太始",指宇宙最初状态。

③元年:指君王即位的第一年。

④"是故治国之端在正名"七句:苏舆认为自"是故"开始至此,与上下文不合,疑是《深察名号》篇中的文字错简在此。

【译文】

所谓"一元",就是宇宙的初始。知道记载元年的本意,人君重视它,而小人却轻视它。所以治国的开始在于正名,名分端正了,就能兴旺五世,而且在五代之后,善恶才表现出来,这时候才能说得到名分真实情况,这不是子路那种人所能看到的。

惟圣人能属万物于一,而系之元也①,终不及本所从来而承之②,不能遂其功③。是以《春秋》变一谓之元④,元犹原也⑤,其义以随天地终始也。故人惟有终始也,而生死必应四时之变⑥。故元者为万物之本,而人之元在焉⑦。安在乎?乃在乎天地之前⑧。故人虽生天气及奉天气者,不得与天元⑨,本天元命,而共违其所为也⑩。故春正月者,承天地之所为也,继天之所为而终之也⑪。其道相与共功持业,安容言乃天地之元?天地之元奚为于此⑫,恶施于人⑬?大其贯承意之理矣⑭。

【注释】

①"惟圣人"二句:说详《公羊传》隐公元年何休解诂。属万物于一,指万物的统一性。属,统属、连属、归属。系之元,与元相联系。《春秋》以"元"统天地万物,首书:"元年春,王正月,公即位。"元为万物之始,春为岁之始,王为治道受命之始,正月为王者所颁政教之始,即位为一国之始。此即公羊家所谓"五始"。五始先后统属,故以即位系于正月之下,以正月系于王,王系于春,春系于元,明《春秋》统属万物于一元。以元作为万物的统一物,万物统一于元,哲学上说,就是元一元论。

②终不及本所从来而承之:刘师培云:"'终'、'本'对文,'及'当作'反'。《三代改制质文篇》曰'穷则反本',是其证。"刘说可从。承,顺承。

③遂:成就,完成。

④《春秋》变一谓之元:《春秋》把一变称作元。《公羊传》隐公元年何休诂:"变一为元,元者,气也。无形以起,有形以分,造起天地,天地之始也。"

⑤元犹原:《春秋》将一年记为元年,元就是源头,认为当政者要重视开头。原,本原、源头。

⑥生死必应四时之变:"死",旧本皆误作"不",据惠栋校改。惠栋校注:"'不',当作'死'。"或说"不"字疑衍,当作"生必应四时之变"。苏舆注:"人以生为始为元,犹王之以即位为元。'不'疑当作'死',生应春,死应冬。惠栋《周易述》引亦作'死',注云:'原始反终,故知死生之说。'"苏说是。

⑦"故元者"二句:元为万物的本原,人为万物之一,故曰"人之元在焉"。康有为《春秋董氏学》曰:"元为万物之本,人与天同本于元。"

⑧"安在乎"二句:董仲舒以"元"在天地之前,正是老子"有物混成,先天地生"之意。

⑨与:亲附,亲近。

⑩"本天"二句:董仲舒认为,人由天命而生,人的一切自然也就由天和命所决定,而不能够违背天和命两者。

⑪"故春"三句:古代以神道设教,以天子受命于天,故天子的一切政教皆承天地之所为,是为了秉承天意去完成天交给的任务,故曰:"继天之所为而终之也。"春正月,这是周代的历制。古代纪月以十二支配十二月,周历以建子之月为一年中的第一个月。这里透显了"宗周"之意。

⑫奚:为什么。

⑬恶(wū):同"乌",如何、怎样。

⑭大其贯承意之理矣:苏舆注:"自'惟圣人'至此,《重政》篇文。钱

云：'……疑错简在彼，当归此篇。'今从之……两存其文。"《春秋
繁露》流传甚广，错简脱讹甚多，至今董理尤难。暂从苏说，《玉
英》、《重政》，两存其文，以俟后来者析辨。

【译文】

只有圣人能够把万物统一起来，并把它和"元"相联系，最终不返归
本原而顺承它，就不能成就其功业。因此《春秋》把"一"变称为"元"，元
就好比是本原，它的意义就是跟随天地相终始。人是有终始的，而人的
生死必定与春夏秋冬的变化相顺应。所以元是万物的根本，而人的元
也在那里。元在哪里呢？是存在于天地万物之前。所以人虽然生于天
气并奉行天气，可是却不能亲附天元，秉承上天的运命，而共同违背了
它的作为。因此"春正月"的意思，是说人秉承天地的作为，继续上天的
作为并完成它。它的道理是说天与人相互保存所共建的功业，那怎么
说是天地的本原呢？天地的本原怎么会在这里呢？怎样施加给人的
呢？这是赞美圣人能够秉承天意的道理。

是故《春秋》之道，以元之深①，正天之端②，以天之端，正
王之政，以王之政，正诸侯之即位，以诸侯之即位，正竟内之
治③。五者俱正，而化大行④。

【注释】

①元之深：即遥远的元。深，遥远的意思。

②天之端：指四季之始，即春天。元年、春、王、正月、公即位合称
"五始"。

③竟：同"境"。

④而化大行：苏舆注："'是故《春秋》之道'至此，《二端》篇文。钱
云：'移在此处，恰与下文相承接。此说元年春王正月公即位之
义，即公羊家所谓五始也。'今从之……两存其文。"暂从苏说，

《玉英》、《二端》，两存其文。

【译文】

　　所以《春秋》的法则，是用"元"年来端正天时的起始，用天时的起始来端正王者的政治，用王者的政治来端正诸侯的即位，用诸侯的即位来端正境内的治理。这五个方面都端正了，教化就能顺利施行了。

　　非其位而即之，虽受之先君，《春秋》危之，宋缪公是也①。非其位，不受之先君，而自即之，《春秋》危之，吴王僚是也②。虽然，苟能行善得众，《春秋》弗危，卫侯晋以立书葬是也③。俱不宜立，而宋缪受之先君而危，卫宣弗受先君而不危，以此见得众心之为大安也。故齐桓非直弗受之先君也④，乃率弗宜为君者而立，罪亦重矣。然而知恐惧，敬举贤人，而以自覆盖，知不背要盟以自湔浣也⑤，遂为贤君，而霸诸侯。使齐桓被恶而无此美，得免杀灭乃幸已，何霸之有！鲁桓忘其忧而祸逮其身，齐桓忧其忧而立功名。推而散之，凡人有忧而不知忧者凶，有忧而深忧之者吉。《易》曰⑥："复自道，何其咎。"此之谓也。匹夫之反道以除咎尚难，人主之反道以除咎甚易。《诗》云："德辑如毛。"⑦言其易也。

【注释】

①宋缪公：宋国国君，姓子名和，宋宣公之弟，公元前728年—前720年在位。宋宣公临终遗命不立其子与夷而立子和，是为宋缪公。宋缪公卒前又不立其子冯而传位给了与夷，结果子冯杀掉与夷自立执政，即为宋庄公。

②吴王僚：吴国国君。吴王寿梦有四个儿子：诸樊、余祭、夷末、季札。寿梦想要立最小的儿子季札，季札让而不受，因此立长子诸

樊为吴王。诸樊遗命兄终弟及，故而余祭继立，余祭卒而夷末继
位。夷末卒当传季札，而季札逃走，于是夷末之子吴王僚继位。
诸樊之子阖闾认为自己作为嫡长孙应当继承王位，于是遣刺客
刺杀了吴王僚而自立执政。

③卫侯晋：即卫宣公，姓姬名晋，卫桓公之弟，在位 19 年。桓公被
弑，卫人立公子晋为卫君，是为卫宣公。《春秋》桓公十三年记
载："三月葬卫宣公。"

④齐桓非直弗受之先君：齐桓公非但没有接受先君的遗命。直，
但。《春秋》庄公九年："齐小白入于齐。"《公羊传》曰："其言入
何？篡辞也。"齐桓公之行事皆未受之先君之命，表明他是篡位，
因此下文说其"罪亦重矣"。

⑤知不背要盟以自湔(jiān)浣(huàn)也：懂得不背弃哪怕是被胁迫
签订的盟约，来为自己洗刷过错。要盟，被胁迫签订的盟约。湔
浣，洗刷、除去过错。

⑥《易》曰：下引文见《易·小畜》初九爻辞。

⑦德辅如毛：语出《诗经·大雅·烝民》。辅(yóu)，轻。

【译文】

不该自己即位而即位，即使是接受先君的遗命，《春秋》也为之忧
惧，宋缪公就是这样的。不该自己即位，又不是受自先君之命，而自己
即位，《春秋》为之忧惧，吴王僚就是这样的。尽管如此，如果能做好事
得民心，《春秋》就不忧惧，它记载卫宣公的即位和丧葬就是这样的。以
上之人都不应该立，但宋缪公接受先君的遗命而忧惧不安，卫宣公不受
自先君的遗命却没有忧惧，由此可见得民心就能太平无虑。所以齐桓
公非但没有接受先君的遗命，而且是完全不应该即位为君的，他的罪过
也算是很大了。然而他即位后深感恐惧，尊敬并任用贤人，用贤人来弥
补自己的过失，懂得不背弃哪怕是被胁迫签订的盟约，来为自己洗刷过
错，于是成为贤明的君主，称霸诸侯。假使齐桓公有篡位的恶名而没有

这些善举,那么他能免于被杀死就已经算是幸运了,怎么还会称霸呢!鲁桓公忘记了忧患而惹祸上身,齐桓公忧惧他的忧患而建立了功名。推扩而言,凡是人有忧患而不知道忧惧的就凶险,有忧患而深以为忧的就吉祥。《周易》说:"主动回复到正道,哪还有什么灾祸。"说的就是这个意思。一般人难以返还正道以消除灾祸,君主返还正道以消除灾祸却很容易。《诗经》说:"美德轻如羽毛。"即是说美德是容易做到的。

公观鱼于棠①,何?恶也。凡人之性,莫不善义,然而不能义者,利败之也。故君子终日言不及利,欲以勿言愧之而已,愧之以塞其源也。夫处位动风化者,徒言利之名尔,犹恶之,况求利乎?故天王使人求赙求金②,皆为大恶而书③。今非直使人也,亲自求之,是为甚恶,讥。何故言观鱼?犹言观社也④,皆讳大恶之辞也。

【注释】

①公观鱼于棠:此事载《春秋》隐公五年。隐公作为一国之君,却与民争逐捕鱼之利,因此《春秋》对其进行讥评。然为君讳,故说"观鱼于棠"。观鱼,张网捕鱼。棠,地名。在今山东鱼台。

②天王使人求赙(fù)求金:天王派人索求助丧之物和费用。天王,指周桓王姬林、周顷王姬壬臣。赙,助人办丧祭之事的布帛财物。

③书:记载。求赙之事载于《春秋》隐公三年,求金之事载于《春秋》文公九年。

④观社:《春秋》庄公二十三年:"夏,公如齐观社。"《墨子·明鬼下》云:"燕之有祖,当齐之有社稷、宋之有桑林、楚之有云梦也,此男女之所属而观也。"鲁庄公越境到齐国观社,实是以此为名而观

齐女,正如何休所谓"讳淫言观社"。

【译文】

《春秋》记载"庄公在棠地观鱼",为什么? 为了表示厌恶。大凡人的天性,无不向往仁义,可是有的人却不能做到仁义,这是贪利造成的破坏。所以君子说话时始终不提及"利",为的是羞言名利而已,羞言名利来堵塞财利的来源。那些身处高位、主管道德风化的人,只要口头上说到"利"都感到羞愧,更何况去追求财利呢? 因此天王派人索求助丧之物和费用,都是非常耻辱的事,《春秋》都做了记载。现在鲁庄公非但是派人去,而且是亲自去捕鱼,这更是太坏了,所以《春秋》讥讽他。为什么要说"观鱼"呢? 这就好比说"观社",都是对奇耻大辱的隐讳说法。

《春秋》有经礼①,有变礼②。为如安性平心者③,经礼也;至有于性虽不安,于心虽不平,于道无以易之,此变礼也。是故昏礼不称主人④,经礼也;辞穷无称⑤,称主人,变礼也。天子三年然后称王,经礼也;有故,则未三年而称王,变礼也。妇人无出境之事,经礼也;母为子娶妇,奔丧父母,变礼也。明乎经变之事,然后知轻重之分,可与适权矣。难者曰:"《春秋》事同者辞同,此四者⑥,俱为变礼,而或达于经,或不达于经,何也?"曰:"《春秋》理百物,辨品类,别嫌微,修本末者也。是故星坠谓之陨⑦,蟓坠谓之雨⑧,其所发之处不同,或降于天,或发于地,其辞不可同也。今四者俱为变礼也同,而其所发亦不同,或发于男,或发于女,其辞不可同也。是或达于常,或达于变也。"

【注释】

①经礼:一般的、原则性的礼仪、规范。

②变礼:与"经礼"相对应的特殊的、灵活性的礼仪叫"变礼"。

③如:同"而"。

④昏礼不称主人:即婚礼不以结婚人自己的名义,而以父母命迎。如《春秋》隐公二年载:"九月,纪裂𦈡(rú)来逆女。"纪国大夫裂𦈡代纪君来鲁国迎亲。

⑤辞穷:没有恰当的说法,迫不得已。如《春秋》成公八年载"宋(共)公使公孙寿来纳币(下聘)",即点明了结婚人宋共公,那是因为他没有父母,所以不得不直称"主人"。

⑥四者:指婚礼、称王、娶妇、奔丧四事。

⑦星坠:事载《春秋》庄公七年:"夏四月辛卯……夜中,星陨如雨。"《公羊传》:"如雨者何? 如雨者非雨也。非雨则曷为谓之如雨? 不修《春秋》曰:'雨星不及地尺而复。'君子修之曰:'星陨如雨。'""不修《春秋》"就是没有经过孔子修订的鲁国"史记"。"星陨如雨"记述的是中国古代的流星雨。据陈遵妫《中国古代天文学简史》引法国天文数学家倗俄《中国流星》一书,这是世界上最早的天琴座流星雨纪事。

⑧螽(zhōng)坠:事见《春秋》文公三年:"雨螽于宋。"《公羊传》:"雨螽者何? 死而坠也。"先见为雨,坠地,视之乃螽。螽,即蝗虫。

【译文】

《春秋》有通常的礼仪,有权变的礼仪。做了能心安理得,这是通常的礼仪。有时做了虽然不符合性情,于心也不安,从道的角度看,又无法改变的做法,这就是权变的礼仪。因此婚礼不称结婚人的名字,这是通常的礼仪;但是如果没有恰当的说法和称呼,就直称结婚人的名字,这是权变的礼仪。天子即位三年之后才称王,这是通常的礼仪;但有特殊原因不到三年也可称王,这是权变的礼仪。妇女不该有出国的事,这是通常的礼仪;但母亲为儿子娶亲,或是为父母奔丧,就可以出国,这是权变的礼仪。明白原则性与权变性的联系，然后再懂得它们的轻重分别，就可以随机应变了。提问的人说："《春秋》对相同的事说法相同，这四件事情都是权变的礼仪，可是有的符合常理，有的不符合常理，这是为什么？"回答说："《春秋》综理百物，辨别品类，分辨细小的差别，辨析轻重本末。所以流星坠下叫作'陨'，蠡斯坠下叫做'雨'，它们的来源不同，有的自天而降，有的发于地上，所以它们的说法不能相同。现在所说的四件事虽然同是权变的礼仪，但它们的来源也不同，有的缘于男子，有的缘于女子，它们的说法是不能相同的。所以有的符合常理，有的适宜权变。"

　　桓之志无王，故不书王①。其志欲立，故书即位②。书即位者，言其弑君兄也。不书王者，以言其背天子。是故隐不言立、桓不言王者，从其志以见其事也。从贤之志以达其义③，从不肖之志以著其恶④。由此观之，《春秋》之所善，善也；所不善，亦不善也，不可不两省也⑤。

【注释】

①不书王：《春秋》记载十二公之事，于每年必书"王正月"以表示尊王谨始之意，而于鲁桓公除元年、二年、十年、十八年书"春王正月"外，其余十四年只书"春正月"，无"王"。对于此，何休《春秋公羊传解诂》解释说："无王者，以见桓公无王而行也。"是说鲁桓公经常在不得到周天子允许的情况下擅自而为。

②书即位：《春秋》桓公元年书"公即位"。《公羊传》认为隐公被弑，对于新君是不应该书"即位"的，但这里明写"即位"，旨在说明弑君自立正合桓公之意，并以此来昭彰桓公的罪恶。

③贤：指鲁隐公。

④不肖:指鲁桓公。

⑤两省(xǐng):从两方面来加以省察。省,省察。

【译文】

　　鲁桓公的心里没有周天子,所以《春秋》就不写"王"字。他企图自立为君主,所以《春秋》就写他"即位"。写"即位",说明他弑杀了君兄。不写"王"字,来说明他违背了周天子。因此对隐公不说"立"、对桓公不说"王",都是根据他们的心愿来表现他们的事迹。根据鲁隐公的心志来通达他的仁义,通过鲁桓公的心志来昭彰他的罪恶。由此来看,《春秋》所赞同的是好的,《春秋》所不赞同的是不好的,不能不从这两方面来加以省察。

　　《经》曰①:"宋督弑其君与夷。"《传》言②:"庄公冯杀之。"不可及于《经》,何也? 曰:"非不可及于《经》,其及之端眇③,不足以类钩之,故难知也。"《传》曰④:"臧孙许与晋郤克同时而聘乎齐。"按《经》无有,岂不微哉? 不书其往而有避也。今此《传》言庄公冯,而于《经》不书,亦以有避也。是以不书聘乎齐,避所羞也;不书庄公冯杀,避所善也。是故让者《春秋》之所善。宣公不与其子而与其弟,其弟亦不与子而反之兄子,虽不中法,皆有让高⑤,不可弃也。故君子为之讳,不居正之谓避,其后也乱,移之宋督,以存善志,此亦《春秋》之义,善无遗也。若直书其篡,则宣、缪之高灭,而善之无所见矣。难者曰:"为贤者讳,皆言之;为宣、缪讳,独弗言,何也?"曰:"不成于贤也。其为善不法,不可取,亦不可弃。弃之则弃善志也,取之则害王法。故不弃亦不载,以意见之而已。'苟志于仁,无恶。'⑥此之谓也。"

【注释】

①《经》曰:下引文见《春秋》桓公二年。宋督,宋臣华督。与夷,宋
　殇公。

②《传》言:下引文见《公羊传》隐公三年。庄公冯,宋庄公子冯,宋
　缪公之子。

③眇(miǎo):微妙,深远。

④《传》曰:下引文见《公羊传》成公二年。臧孙许,鲁国大夫。郤
　(xì)克,晋国大夫。公元前593年,郤克邀同臧孙许和卫国大夫
　孙良夫、曹国的公子首出使齐国,碰巧四人均有生理缺陷:郤克
　盲一目,臧孙许是秃子,孙良夫是跛子,公子首是驼背。齐顷公
　从侍臣中挑出类同的残疾者去接待四国使臣,使郤克、臧孙许
　蒙羞。

⑤高:犹"美",高尚的德行。

⑥苟志于仁,无恶:语出《论语·里仁》:"苟志于仁矣,无恶也。"

【译文】

《春秋》说:"宋臣华督弑杀他的君主与夷。"《公羊传》却说:"宋庄公子冯杀了与夷。"这与《春秋》的说法不同,是为什么呢?回答说:"不是与《春秋》的说法不同,它所体现的是《春秋》的深奥微妙,不能够用普通的标准去衡量它,所以一般人难以理解。"《公羊传》说:"臧孙许和晋国的郤克同时出访齐国。"查找《春秋》中没有这样的记载,这难道不是微妙的吗?《春秋》不写他们去齐国是有所隐讳。现在《公羊传》说庄公子冯杀了与夷,可在《春秋》中却没有写,也是因为有所隐讳。所以不写出使齐国,是为了隐讳蒙羞的事;不写庄公子冯杀了与夷,是为了隐讳所要赞赏的。因此谦让是《春秋》所赞赏的。宋宣公不传位给儿子而传位给弟弟,他的弟弟也不传位给儿子而把君位返还给兄长的儿子,这虽然不符合法度,但都有谦让的美德,不能忽略不记录。所以君子为宋宣公、宋缪公加以隐讳,隐讳二者这种"不正常"的传位方式,这之后的混

乱，移到宋臣华督身上，用来记存宋宣公、宋缪公的善良心愿，这也是
《春秋》的原则，不会遗忘善举仁心。如果直接写宋庄公篡位，那么宋宣
公、宋缪公的美德就消失了，而仁心善举也就不能有所显现了。提问的
人说："《春秋》为贤者隐讳，都有所提及；为宋宣公、宋缪公隐讳，却偏偏
没有提及，为什么呢？"回答说："宋宣公、宋缪公还不能算作贤君。他们
心存善意却不合法度，这是不可取的，也是不可遗弃的。遗弃了就是遗
弃善意，赞同了就有害于王法。所以不遗弃也不记载，在语意上流露出
来就可以了。'假如立定志向实行仁德，就不会做坏事。'说的就是这个
意思。"

器从名、地从主人之谓制。权之端焉①，不可不察也。
夫权虽反经，亦必在可以然之域。不在可以然之域，故虽死
亡，终弗为也，公子目夷是也②。故诸侯父子兄弟不宜立而
立者，《春秋》视其国与宜立之君无以异也，此皆在可以然之
域也。至于鄣取乎莒③，以之为同居④，目曰"莒人灭鄣"⑤，
此在不可以然之域也。故诸侯在不可以然之域者，谓之大
德，大德无逾闲者⑥，谓正经。诸侯在可以然之域者，谓之小
德，小德出入可也。权谲也⑦，尚归之以奉巨经耳⑧。故《春
秋》之道，博而要，详而反一也⑨。公子目夷复其君，终不与
国；祭仲已与，后改之；晋荀息死而不听⑩；卫曼姑拒而弗
内⑪，此四臣事异而同心，其义一也。目夷之弗与，重宗庙；
祭仲与之，亦重宗庙。荀息死之，贵先君之命；曼姑拒之，亦
贵先君之命也。事虽相反，所为同，俱为重宗庙、贵先君之
命耳。难者曰："公子目夷、祭仲之所为者，皆存之事君，善
之可矣。荀息、曼姑非有此事也，而所欲侍者皆不宜立者，

何以得载乎义?"曰:"《春秋》之法,君立不宜立,不书,大夫立则书。书之者,弗予大夫之得立不宜立者也。不书,予君之得立之也。君之立不宜立者,非也;既立之,大夫奉之,是也,荀息、曼姑之所得为义也。"

【注释】

①端:端绪,出发点。

②公子目夷:字子鱼,宋襄公的庶兄。公元前639年,楚国趁会盟之时俘虏宋襄公以伐宋,公子目夷归国坚守,楚国无隙可乘,遂释放宋襄公。宋襄公有意让位于公子目夷,而公子目夷不从,仍迎回襄公执政。

③鄫(zēng)取乎莒(jǔ):鄫国的国君从莒国娶了夫人。鄫,诸侯国名,姒(sì)姓,在今山东苍山向城。取,通"娶"。莒,诸侯国名,嬴姓,在今山东莒县一带。

④同居:俞樾《诸子平议》云:"'同居'二字无义,疑'司君'之误。'司君'者嗣君也……'嗣'与'司'古通用。"俞说可从。

⑤莒人灭鄫:事见《春秋》襄公六年。

⑥大德无逾闲:连同下文的"小德出入可也",出自《论语·子张》。大德,大节。逾,超越。闲,原则、界限。

⑦权谲(jué):权谋诡诈。

⑧巨经:大经,法度常规。

⑨反一:返约、返归于道。

⑩荀息:晋大夫。晋献公宠信妃妾骊姬,杀太子申生,赶走儿子重耳、夷吾,立骊姬之子奚齐为太子,嘱托荀息辅助奚齐。献公死,奚齐立,大臣里克等谋废奚齐,劝荀息参与,荀息坚拒。里克杀奚齐,荀息又立骊姬妹妹之子卓子为君,里克又杀卓子,荀息为保护卓子而死。

⑪曼姑：卫灵公的少子。卫灵公和夫人南子厌恶世子蒯聩（kuǎi
　　kuì），将他驱赶出国，欲立曼姑，曼姑多次拒绝，最后提议立蒯聩
　　之子辄嗣位。

【译文】

器物依从名称、土地依从主人，这叫做制度。权变的出发点仍本于制度，不可以不省察。权变虽然违反常规，但也必须限制在可以如此做的范围之内。不在可以如此做的范围之内，即使是死，也始终不会去做，公子目夷就是这样的人。所以诸侯父子兄弟不该立为君而立为君的，《春秋》看待他与应当即位的君主没有什么差别，这都是限制在可以如此做的范围之内的。至于邾国的国君从莒国娶了夫人，立其夫人所生之子为嗣君，《春秋》把这视作"莒人灭邾"，这是在不可以如此做的范围内的。因此诸侯在不可以如此做的范围内进行权变，叫做大节，大节上不越过界限，这叫做遵守法度常规。诸侯在可以如此做的范围内进行权变，叫做小节，小节上有些出入是可以的。即便是小节上的权谋诡诈，尚且也要归之于遵奉常规。所以《春秋》的道理，广博而扼要，详尽而返约。公子目夷迎回他的君主，自己始终不当国君；祭仲已经同意立宋人之子为君，后来又改变了主意；荀息宁死也不听里克的劝诱；卫国的曼姑拒绝当国君，这四个臣子的事迹虽异而心志相同，他们行权之义是相同的。公子目夷不即位，看重的是国家社稷；祭仲同意立宋人之子，看重的也是国家社稷。荀息为奚齐、卓子而死，尊崇的是先君的命令；曼姑拒绝当国君，尊崇的也是先君的命令。事情虽然相反，做法却是相同的，都是为了以国家社稷为重、尊崇先君之命而已。提问的人说："公子目夷、祭仲所做的，都是为了保存国家、事奉君主，称赞他们是可以的。荀息、曼姑却没有这种事，而且所要扶持的都是不该立为君主的人，为什么他们还能被记载为有道义的人呢？"回答说："《春秋》的法则，君主立了不该立的，就不记载，大夫立了就记载。之所以不记载，是因为不赞成大夫拥立不该立的人。之所以不记载，是因为赞成君主可

以选立嗣君。君主立了不该立的，是不对的；君主既然即位了，大夫奉拥新君主，就是正确的，因此荀息、曼姑可以说是有道义的。"

难纪季曰①："《春秋》之法，大夫不得用地。"又曰："公子无去国之义。"又曰："君子不避外难②。""纪季犯此三者，何以为贤？贤臣固盗地以下敌③，弃君以避难乎？"曰："贤者不为是。是故托贤于纪季，以见季之弗为也。纪季弗为而纪侯使之可知矣。《春秋》之书事，时诡其实，以有避也；其书人，时易其名，以有讳也。故诡晋文得志之实，以代讳避致王也④。诡莒子号谓之人⑤，避隐公也。易庆父之名谓之仲孙⑥，变盛谓之成⑦，讳大恶也。然则说《春秋》者，入则诡辞⑧，随其委曲而后得之。今纪季受命乎君而《经》书专，无善一名而文见贤⑨，此皆诡辞，不可不察。《春秋》之于所贤也，固顺其志而一其辞，章其义而褒其美。今纪侯《春秋》之所贵也，是以听其入齐之志，而诡其服罪之辞也，移之纪季。故告籴于齐者⑩，实庄公为之，而《春秋》诡其辞，以予臧孙辰；以酅入于齐者⑪，实纪侯为之，而《春秋》诡其辞，以与纪季。所以诡之不同，其实一也。"难者曰："有国家者，人欲立之，固尽不听⑫，国灭，君死之，正也，何贤乎纪侯？"曰："齐将复仇，纪侯自知力不加而志距之⑬，故谓其弟曰：'我宗庙之主，不可以不死也。汝以酅往，服罪于齐，请以立五庙，使我先君岁时有所依归。'率一国之众，以卫九世之主⑭。襄公逐之不去，求之弗予，上下同心而俱死之，故谓之'大去'⑮。《春秋》贤死义，且得众心也，故为讳灭。以为之讳，见其贤之也；以其贤之也，见其中仁义也。"

【注释】

①纪季:纪侯之弟。《春秋》庄公三年记载有他以纪邑归降齐国之事。纪,春秋时诸侯国名,在今山东寿光东南。

②外难(nàn):外患入侵。

③下敌:投降敌人,献媚敌国。

④代:苏舆《春秋繁露义证》注:"'代'疑作'狩'。"苏说可从。周天子被晋文公召至践土会盟,《春秋》以为僭越失礼,便诡其文曰:"天王狩于河阳。"(《春秋》僖公二十八年)

⑤诡莒子号谓之人:《春秋》隐公八年:"九月辛卯,公及莒人盟于包来。"《公羊传》认为称莒子为莒人,是为鲁隐公屈尊与小国盟讳。

⑥庆父:鲁庄公之弟。《春秋》闵公元年:"冬,齐仲孙来。"仲孙即是对庆父的另一称谓。

⑦变盛谓之成:《春秋》庄公八年:"夏,师及齐师围成,成降于齐师。"成,即盛之改称,又作郕(chéng),姬姓诸侯国,在今山东宁阳东北。《公羊传》认为把盛改称成,是为鲁国灭同姓国避讳。

⑧诡辞:不如实说出而是改变说法,叫做"诡辞",与"正辞"(实话实说)相对。

⑨一名:苏舆注:"'一'疑作'之'。"其说可从,"一名"当作"之名"。

⑩籴(dí):买进粮食。《春秋》庄公二十八年记载有鲁国大夫臧孙辰赴齐国请求购粮之事。

⑪酅(xī):春秋时纪国邑名,在今山东临淄东。

⑫尽:卢文弨校曰:"'尽'疑当作'辞'。"卢说可从。

⑬纪侯自知力不加而志距之:纪侯自知国力不济但矢志抵抗。不加,不敌、不胜。距,同"拒",抗拒、抵抗。

⑭卫九世之主:齐襄公攻打纪国,号称是为九世祖复仇,则纪侯抵抗齐国,就是为了捍卫九世之主。

⑮大去:"灭亡"的委婉说法。《春秋》庄公四年:"纪侯大去其国。"

《公羊传》认为此事既要赞许纪侯的死义，又要赞许齐襄公的复仇，所以将"灭国"讳为"大去其国"。

【译文】

责难纪季的人说："《春秋》的法则，是大夫不得擅动土地。"又说："公子照理不得离开国家。"又说："君子不逃避外患入侵。""纪季违犯了这三条，怎么能称为贤臣？贤臣本来是要偷取地盘献媚于敌国，抛弃君主而逃避国难的吗？"回答说："贤人不做这样的事情。因此假托贤人于纪季，来表示纪季不会做这种事情。纪季不会做这种事情，就可以知道是纪侯让他做的。《春秋》记事，有时不透露真实情况，是因为有所避讳；《春秋》记人，有时更换名字，是因为有所忌讳。所以不说晋文公称霸的实际情况，而用'狩猎'隐讳他召见天子的事实。不称莒子的爵号而称他为'人'，是为鲁隐公避讳。改换庆父的名字叫做仲孙，把盛国改称为成国，是忌讳大奸大恶。然而谈论《春秋》的人，要深入了解这种'真话假说'的方式，随顺它的复杂变化才能明白其中的真实意义。现在纪季接受了君主的命令而《春秋》却记载他擅自献地，没有好的名声却在文辞上加以褒奖，这都是'真话假说'，不可以不仔细考察。《春秋》对于所要赞扬的，当然会依顺其志向而统一说法，表彰它的正义并夸赞他的美德。现在纪侯是《春秋》所尊贵的，所以根据他献地求齐的打算，改变他服罪求和的说法，把献地求饶的事改记在纪季身上。因此向齐国购粮的事情，本来是鲁庄公做的，但《春秋》却改变说法，把它记到臧孙辰身上；把鄙邑献给齐国，实际上是纪侯做的，但《春秋》却改变说法，把它记到纪季身上。所以'说谎'的内容虽然不同，但其真实用意却是一致的。"提问的人说："拥有国家的人，如果早知不能保存国家，即使众人想拥立自己，也应该坚辞不受，一旦国家灭亡，君主应为国家殉节，这才是正确的做法，《春秋》为什么称赞纪侯呢？"回答说："齐国将要复仇，纪侯自知国力不济但仍决心抵抗，因此对他弟弟说：'我是国家之主，不可以不为国家而死。你带着鄙邑去齐国，向齐国投降，请求他们来设立宗祠，使我们的祖先每年有可以得到祭祀的地方。'他率领全国的民众，捍卫纪国九代君主的尊严。齐襄公赶他赶不走，招降他又不答应，纪国上下一心都为国而死，所以称之为'大去'。《春秋》赞赏赴义而死且深得民心的纪侯，所以对其亡国之事加以隐讳。用这种避讳，表现他的贤能；用他的贤能，表现他是符合仁义的。"

精华第五

【题解】

    本篇主要讲了三个方面的问题。一、《春秋》写人记事,在遣词造句上是很慎重的,有严格的等级制度和原则性。但这些原则又各有其适用的场合,它们不是一成不变的,应具体问题具体分析。二、审狱断案,强调对动机的重视,主张"志邪者不待成,首恶者罪特重,本直者其论轻"。三、提出鉴古知今的论断。通过鲁庄公、鲁僖公、宋殇公及季友、孔父的实例,强调举贤用能的重要性,认为任用贤人则"主尊国安",否则即"主卑国危"。

    《春秋》慎辞,谨于名伦等物者也①。是故小夷言伐而不得言战,大夷言战而不得言获,中国言获而不得言执,各有辞也。有小夷避大夷而不得言战,大夷避中国而不得言获,中国避天子而不得言执,名伦弗予,嫌于相臣之辞也。是故大小不逾等,贵贱如其伦,义之正也。

    大雩者何?旱祭也。难者曰:"大旱雩祭而请雨,大水鸣鼓而攻社②,天地之所为,阴阳之所起也,或请焉、或怒焉者何③?"曰:"大旱者,阳灭阴也,阳灭阴者,尊厌卑也,固其义也,虽大甚,拜请之而已,敢有加也。大水者,阴灭阳也,阴灭阳者,卑胜尊也,日食亦然,皆下犯上,以贱伤贵者,逆节也,故鸣鼓而攻之,朱丝而胁之④,为其不义也,此亦《春秋》之不畏强御也。故变天地之位,正阴阳之序,直行其道,而不忘其难,义之至也。是故胁严社而不为不敬灵,出天王而不为不尊上⑤,辞父之命而不为不承亲⑥,绝母之属而不为不孝慈⑦,义矣夫!"

【注释】

①名伦等物:根据人伦的贵贱而分别称呼,根据事物的等级而区别对待。

②大水鸣鼓而攻社:此句本《春秋》庄公二十五年:"秋,大水,鼓用牲于社于门。"攻社,击鼓以惩戒土地神。

③怒:谴责,击鼓喧闹。

④朱丝而胁之:用红绳绕神社一周,以助阳抑阴。胁,责求。

⑤出天王而不为不尊上:让天王出居在外不算是不尊敬圣上。《春秋》僖公二十四年:"冬,天王出居于郑。"《公羊传》:"王者无外,此其言出何? 不能乎母也。"何注:"不能事母,罪莫大于不孝,故绝之言出也。"孔广森曰:"不能,不相能也。襄王之母惠后,恶襄王而爱少子带,每欲立之。至是带率狄人攻王,左右欲御之,王不忍杀弟以失母之意,遂出。"

⑥辞父之命而不为不承亲:拒绝父亲的命令不算是不顺从父亲。《春秋》哀公三年:"春,齐国夏、卫石曼姑帅师围戚。"《公羊传》:"曼姑受命乎灵公而立辄……不以父命辞王父命,以王父命辞父命,是父之行乎子也。不以家事辞王事,以王事辞家事,是上之行乎下也。"蒯聩是灵公的儿子,辄是蒯聩的儿子。灵公认为蒯

辄不正派,将他赶走,让孙子辄继承王位。灵公的指示是王父命,蒯聩的意见是父命。二者矛盾如何处理,《春秋》提出原则:一、以王事辞家事。传王位是王事,父子关系是家事;二、上之行乎下。王父长父亲一辈,以王父命而辞父命,是符合义的。这一说法为后代所接受,如《说苑·辨物》:"辞蒯聩之命,不为不听其父。"《汉书·隽不疑传》:"昔蒯聩违命出奔,辄拒不纳,《春秋》是之。"

⑦绝母之属而不为不孝慈:断绝母亲的嘱咐不算是不孝顺母亲。《春秋》庄公元年:"三月,夫人孙于齐。"《公羊传》:"其言孙于齐何? 念母也。正月以存君,念母以首事。""曷为于其念母焉? 贬,不与念母也。"何注:"念母则忘父,背本之道也。故绝文姜不为不孝……"

【译文】

《春秋》慎于言辞,对于人伦贵贱和事物大小的命名是很讲究的。因此对小夷称"伐"而不能称"战",对大夷称"战"而不能称"俘获",对中原诸侯称"俘获"而不能称"逮捕",各有不同的言辞。而且小夷回避大夷而不能称"战",大夷回避中原诸侯而不能称"俘获",中原诸侯回避天子而不能称"逮捕",贵贱和大小不能混淆,反对在言辞上以卑临尊。所以大小不超越等级,贵贱遵从本分,这是正常的礼义。

"大雩"是什么? 是遇旱求雨的祭祀。提问的人说:"大旱时举行雩祭而祈雨,大涝时击鼓而警告土地神,旱涝都是天地造成的,是阴阳失衡引起的,可是对大旱是采取祈请的方式,对大涝则采取谴责的方式,这是为什么?"回答说:"大旱,是阳气压过了阴气,阳气压过阴气,是尊贵压倒了卑贱,本来就是应该的,所以即使是旱得很厉害,也只是拜请求雨而已,不敢有过分的举动。大涝,是阴气压过了阳气,阴气压过阳气,是卑贱胜过了尊贵,日食也是这样,都是以下犯上,以卑贱伤害尊贵,是违逆常规的事情,所以要击鼓来惩戒它,绕上朱绳来谴责它,因为它是不符合义的,这也表明《春秋》是不畏强暴的。所以改变天地的位置,理顺阴阳的秩序,坚决那样去做而不避忌困难,这是最高的仁义。因此惩戒土地神不算是不敬神灵,让天王出居在外不算是不尊敬圣上,拒绝父亲的命令不算是不顺从父亲,断绝母亲的嘱咐不算是不孝顺母亲,这是义啊!"

　　难者曰:"《春秋》之法,大夫无遂事①。"又曰:"出境有可以安社稷、利国家者,则专之可也。"②又曰:"大夫以君命出,进退在大夫也。"③又曰:"闻丧徐行而不反也④。夫既曰无遂事矣,又曰专之可也,既曰进退在大夫矣,又曰徐行而不反也。若相悖然,是何谓也⑤?"曰:"四者各有所处,得其处,则皆是也,失其处,则皆非也。《春秋》固有常义,又有应变。无遂事者,谓平生安宁也;专之可也者,谓救危除患也;进退在大夫者,谓将率用兵也;徐行不反者,谓不以亲害尊,不以私妨公也。此之谓将得其私知其指。故公子结受命,往媵陈人之妇于鄄,道生事,从齐桓盟,《春秋》弗非,以为救庄公之危⑥。公子遂受命使京师⑦,道生事,之晋,《春秋》非之,以为是时僖公安宁无危。故有危而不专救,谓之不忠;无危而擅生事,是卑君也。故此二臣俱生事,《春秋》有是有非,其义然也。"

【注释】

①遂事:指大夫按自己的想法处理事情。遂,顺。"大夫无遂事",一般地说,原则上大夫不能按自己的想法处理事情。《春秋》僖公三十年:"公子遂如京师,遂如晋。"《公羊传》:"大夫无遂事,此

其言遂何？公不得为政尔。"这一段话说国君派公子遂去京师，他去了晋国，很随便，说明国君不得行政。

②"出境"三句：《公羊传》庄公十九年："大夫无遂事，此其言遂何？聘礼。大夫受命，不受辞。出境有可以安社稷、利国家者，则专之可也。"这一段话说大夫出国，对国家有利的好事可以专断。

③"大夫"二句：《春秋》襄公十九年："晋士匄帅师侵齐，至谷，闻齐侯卒，乃还。"《左传》："闻丧而还，礼也。"《公羊传》："还者何？善辞也。何善尔？大其不伐丧也。此受命乎君而伐齐，则何大乎其不伐丧？大夫以君命出，进退在大夫也。"士匄接受晋君命令带兵打齐国，在半途听说齐侯死亡，带兵回国。《春秋》认为不伐丧是正确的，大夫受君命出去，可以自行决定退兵。

④闻丧：《春秋》宣公八年："公子遂如齐，至黄乃复。"《公羊传》："其言至黄乃复何？有疾也。何言乎有疾乃复？讥。何讥尔？大夫以君命出，闻丧，徐行而不反。"何休注："闻丧者，闻父母之丧。徐行，不忍疾行，又为君当使人追代之。"奉君命出兵，半途听说有父母之丧，不敢回来，又不肯疾行，采取徐行的办法，希望国君派人替他出使。

⑤"夫既曰"六句：《说苑·奉使》："《春秋》之辞有相反者四：既曰大夫无遂事，不得擅生事矣；又曰出境可以安社稷、利国家者则专之可也；既曰大夫以君命出，进退在大夫，又曰以君命出，闻丧徐行而不反者，何也？曰：此义者各止其科，不转移也。不得擅生事者，谓平生常经也。专之可者，谓救危除患也。进退在大夫者，谓将帅用兵也。徐行而不反者，谓出使道闻君亲之丧也。公子结擅事，《春秋》不非，以为救庄公危也。公子遂擅生事，《春秋》讥之，以为僖公无危事也。故君有危而不专救，是不忠也；若无危事而擅生事，是不臣也。《传》曰：'《诗》无通诂，《易》无通占，《春秋》无通义，此之谓也。'"

⑥"故公子"六句：鲁庄公十九年（前675），卫国之女嫁与陈宣公为夫人，鲁国以女陪嫁，派公子结往送女，本应送至卫国都城，使与陈侯夫人同行，但公子结送到鄄（juàn，卫地，故城在今山东鄄城西北），闻齐侯、宋公会盟欲伐鲁，遂临时改变计划，使他人往送鲁女，自己代表鲁国参加了盟会，化解了一场危机。公子结，鲁大夫。媵（yìng）：古时诸侯娶于一国，二国以庶出之女陪嫁，叫媵。

⑦公子遂：鲁大夫。鲁僖公三十年（前630），他受命出使周天子所在的京师，途中却擅自访问了晋国。

【译文】

提问的人说："《春秋》的法则，大夫不得擅自行事。"又说："出国境后遇上可以安定社稷、有利国家的事，就可以擅自去做。"又说："大夫接受君主的命令外出，进退由大夫决定。"又说："听到父母的丧事后，慢慢前行而不回来奔丧。既然说不得擅自行事，又说可以擅自去做，既然说进退由大夫决定，又说慢慢前行而不回来奔丧。像是互相矛盾，这是什么道理呢？"回答说："这四者各有各的适用场合，适合它的场合就都是正确的，不适合它的场合就都是错误的。《春秋》既包含通常不变的原则，又包含随机应变的方针。不得擅自行事，说的是太平安定的场合；可以擅自去做，说的是救危除患的场合；进退由大夫决定，说的是将帅用兵；慢慢前行而不回来奔丧，说的是不因父母而有损君主，不因私情而妨碍公事。这叫做既善于处理私事，又懂得为公的宗旨。所以公子结接受命令去送陪嫁陈侯夫人的鲁女，走到鄄城，遇上别的事情，便参加了齐桓公的会盟，《春秋》没有批评，认为公子结解救了鲁庄公的危难。公子遂接受命令出使京师，途中多事，去了晋国，《春秋》批评他，认为那时鲁僖公安宁无危。所以遇上危难而不主动去解救，叫做不忠；没有危难而擅自行事，这是轻视君主。因此公子结、公子遂这二位都是擅自行事，但《春秋》对此有赞同、有批评，那是本于忠君的道义才这样的。"

　　齐桓挟贤相之能①,用大国之资,即位五年,不能致一诸侯。于柯之盟②,见其大信,一年,而近国之君毕至,鄄、幽之会是也③。其后二十年之间,亦久矣,尚未能大合诸侯也。至于救邢、卫之事④,见存亡继绝之义,而明年,远国之君毕至,贯泽、阳谷之会是也⑤。故曰:亲近者不以言,召远者不以使,此其效也⑥。其后矜功,振而自足,而不修德,故楚人灭弦而志弗忧⑦,江、黄伐陈而不往救⑧,损人之国,而执其大夫⑨,不救陈之患,而责陈不纳,不复安郑,而必欲迫之以兵⑩,功未良成⑪,而志已满矣。故曰:"管仲之器小哉!"⑫此之谓也。自是日衰,九国叛矣。

【注释】

①贤相:指管仲。

②柯:齐邑,在今山东阳谷阿城。《春秋》庄公十三年:"公会齐侯盟于柯。"《公羊传》:"庄公升坛,曹子手剑而从之。管子进曰:'君何求乎?'曹子曰:'城坏压竟,君不图与?'管子曰:'然则君将何求?'曹子曰:'愿请汶阳之田。'管子顾曰:'君许诺?'桓公曰:'诺。'"齐桓公结盟后有点后悔,想不给汶阳之田,杀了曹沫。由于管仲劝阻作罢。就这样,"桓公之信,著乎天下,自柯之盟始焉"。《史记·齐太公世家》载此事于齐桓公五年(前681)。

③鄄、幽之会:鄄,卫地,在山东鄄城境,明代并入濮州。齐桓公六年,与宋公、卫侯、郑伯在此盟会。幽,宋地,在今河南兰考境。齐桓公八年,在此与宋、卫等七个诸侯国会盟。

④救邢、卫:齐桓公二十七年,曾出兵驱逐北狄,救助邢国;齐桓公二十八年,在楚丘(卫地,在今河南滑县东)筑城,助卫国防守。

⑤贯泽、阳谷之会:贯泽,宋地,在今山东曹县南。阳谷,齐地,即今

山东阳谷。齐桓公二十八年、二十九年，与宋、江、黄三国先后在此二地结盟。

⑥"亲近"三句：与周围的人亲密，不是靠语言。吸引远方的人们，不是靠派出使者。从齐桓公的事可以得到验证。

⑦楚人灭弦：事在鲁僖公五年、楚成王十七年，公元前655年。弦，姬姓小国，在今河南潢川西北。

⑧江、黄伐陈：事在鲁僖公四年、陈宣公三十七年，公元前656年。江，嬴姓小国，在今河南息县西南。黄，嬴姓小国，在今河南潢川西。

⑨执其大夫：《春秋》鲁僖公四年："齐人执陈辕涛涂。"《公羊传》："涛涂之罪何？辟军之道也。其辟军之道奈何？涛涂谓桓公曰：'君既服南夷矣，何不还师滨海而东，服东夷且归。'桓公曰：'诺。'于是还师滨海而东，大陷于沛泽之中，顾而执涛涂。"齐人拘捕了陈国大夫辕涛涂，因为他不让齐军经过陈国，建议沿滨海而东，使齐军陷于大泽中。

⑩迫之以兵：鲁僖公六年，齐伐郑。

⑪良：语气助词。

⑫管仲之器小哉：孔子之语，见《论语·八佾》。

【译文】

齐桓公凭借贤相的才能，利用大国的资本，即位五年，仍不能招来一个诸侯朝见。在柯邑的会盟，表现出他很讲信义，一年之后邻近国家的君主全都来到他那里，鄄、幽两地的会盟就是这样的结果。此后二十年的时间也够长久了，还没能大合诸侯。到了救助邢国、卫国的事上，表现出他存亡国、继绝世的道义，因而第二年远方国家的君主全来到他那里，贯泽、阳谷的会盟就是这样的结果。所以说不用言语就能亲睦近国，不用使者就能招来远国，这就是道义的功效。此后他自夸功劳，骄傲自满，不修养德行，所以楚人灭了弦国他心里也不忧愁，江国、黄国攻打陈国他也不去救,损害别的国家而拘捕人家的大夫,不解救陈国的灾难反责备陈国不接纳齐国的军队,不再去安定郑国,而必定想用武力去胁迫郑国,功业未完成而心志已经骄傲自满了。所以孔子说:"管仲的器量真狭小啊!"说的就是这个意思。齐国从这往后一天比一天衰败,许多国家都背叛了它。

　　春秋之听狱也①,必本其事而原其志。志邪者,不待成②;首恶者,罪特重;本直者,其论轻。是故逢丑父当斩③,而辕涛涂不宜执④;鲁季子追庆父⑤,而吴季子释阖庐⑥,此四者,罪同异论,其本殊也。俱欺三军,或死或不死;俱弑君,或诛或不诛。听讼折狱,可无审耶!故折狱而是也,理益明,教益行;折狱而非也,闇理迷众,与教相妨。教,政之本也,狱,政之末也,其事异域,其用一也,不可不以相顺,故君子重之也。

【注释】

①听狱:审理案件。

②不待成:不要等到阴谋得逞(就要惩治)。

③逢丑父当斩:见《竹林》注。

④辕涛涂不宜执:见前一段注⑨。

⑤鲁季子追庆父:鲁季子,季友,鲁国大臣,庆父之弟。自僖公元年至十六年卒,执鲁政凡十六年。庆父犯罪,让季子去追,季子缓慢追赶,故意放走庆父。

⑥吴季子释阖庐:吴季子,季札,吴王寿梦之子。其侄阖闾(公子光)谋刺吴王僚,季札反对,亦不追究阖闾之罪,自己离开吴国隐藏终身。

【译文】

《春秋》审判案件，必定根据事实而探究当事人的动机。动机邪恶的，不需要等到成为事实；带头作恶的，判罪特重；动机正直的，论罪就轻。所以逢丑父应当斩首，而辕涛涂不该被拘捕；鲁国的季友追杀庆父，而吴国的季札释放阖闾，逢丑父、辕涛涂、庆父、阖闾这四个人罪行一样但判处却不相同，这是因为他们的动机是不一样的。都是欺骗三军，有的判死罪有的不判死罪；都是弑杀君主，有的被杀有的没被杀。审理狱讼、裁定案件，怎能不谨慎呢！所以审判对了，道理就更明朗了，教化就更顺畅了；审判错了，就会蒙蔽真理，迷惑众人，妨害教化。教化是政治的根本，审狱是政治的末节，它们虽属于不同的领域，但功用是一致的，不能不相互顺应，所以君子对此十分重视。

难晋事者曰："《春秋》之法，未逾年之君称子，盖人心之正也。至里克杀奚齐①，避此正辞，而称君之子②，何也?"曰："所闻'《诗》无达诂，《易》无达占，《春秋》无达辞'。从变从义，而一以奉人。仁人录其同姓之祸，固宜异操③。晋，《春秋》之同姓也，骊姬一谋，而三君死之④，天下之所共痛也。本其所为为之者，蔽于所欲得位，而不见其难也。《春秋》疾其所蔽，故去其正辞，徒言君之子而已。若谓奚齐曰：'嘻嘻！为大国君之子，富贵足矣，何必以兄之位为欲居之，以至此乎云尔！'录所痛之辞也。故痛之中有痛，无罪而受其死者，申生、奚齐、卓子是也；恶之中有恶者，己立之，己杀之，不得如他臣之弑君，齐公子商人是也⑤。故晋祸痛而齐祸重，《春秋》伤痛而敦重，是以夺晋子继位之辞，与齐子成君之号，详见之也。"

【注释】

①里克杀奚齐：里克，晋国大臣。奚齐，晋献公之子。

②称君之子：载《春秋》僖公九年："冬，晋里克杀其君之子奚齐。"

③异操：即异科，特殊的说法。

④"骊姬"二句：骊姬设计杀死申生，立奚齐、卓子。奚齐、卓子均被晋卿里克所杀。骊姬，骊戎（今山西晋城西南）之女，晋献公爱妃，生子奚齐。其妹陪嫁献公，生子卓子。三君，指晋太子申生、奚齐、卓子。

⑤公子商人：姜商人，齐桓公之子，昭公之弟。昭公死，其子姜舍立为君。姜商人杀姜舍而自立，是为齐懿公。

【译文】

责问晋国事情的人说："《春秋》的法则，即位不过一年的新君称为'子'，为的是端正人心。到里克杀奚齐时，却不用这种通常的说法而称为'君主的儿子'，这是为什么呢？"回答说："听说'《诗经》没有确切一致的解释，《周易》没有确定统一的占卜，《春秋》没有通用不变的说法'。根据变化，依从道义，两者兼从，一概因人而异。仁人记录他同姓的灾祸，当然应该采取独特的说法。晋国，是《春秋》所记鲁国的同姓国，骊姬一个阴谋，害死了三个国君，天下人都为之哀痛。探究奚齐的做法，是因为只想夺取君位而看不到其中的灾难。《春秋》痛心他的一叶障目，所以抛弃了对他的正常称谓，只称他是'君主的儿子'而已。这好像是对奚齐说：'哎呀！作为大国国君的儿子，已够富贵了，何必要夺占兄长的位置，以至于弄到那种地步！'这里记录的是痛心的言辞。所以痛中有痛、无罪被害而死的，申生、奚齐、卓子就是这样的人；恶中有恶，自己立了君主又亲自杀了君主，不能视同一般臣子弑君的，齐国的公子商人就是这样的人。所以晋国的灾祸哀痛而齐国的灾祸惨重，《春秋》悲伤哀痛而深惧重祸，因此剥夺了晋子继位的言辞和齐子成为君的名号，详尽地表现了他们的过错。"

古之人有言曰："不知来，视诸往。"①今《春秋》之为学也，道往而明来者也②。然而其辞体天之微，效难知也。弗能察，寂若无；能察之，无物不在。是故为《春秋》者，得一端而多连之，见一空而博贯之③，则天下尽矣。鲁僖公以乱即位④，而知亲任季子⑤。季子无恙之时，内无臣下之乱，外无诸侯之患，行之二十年，国家安宁。季子卒之后，鲁不支邻国之患，直乞师楚耳⑥。僖公之情，非辄不肖，而国衰益危者，何也？以无季子也。以鲁人之若是也，亦知他国之皆若是也。以他国之皆若是，亦知天下之皆若是也。此之谓连而贯之。故天下虽大，古今虽久，以是定矣。以所任贤，谓之主尊国安；所任非其人，谓之主卑国危。万世必然，无所疑也。其在《易》曰："鼎折足，覆公𫗧。"⑦夫"鼎折足"者，任非其人也；"覆公𫗧"者，国家倾也。是故任非其人，而国家不倾者，自古至今，未尝闻也。故吾按《春秋》而观成败，乃切悁悁于前世之兴亡也⑧。任贤臣者，国家之兴也。夫知不足以知贤，无可奈何矣。知之不能任，大者以死亡，小者以乱危。其若是何邪？以庄公不知季子贤邪？安知病将死，召而授以国政⑨。以殇公为不知孔父贤邪？安知孔父死，己必死，趋而救之⑩。二主知皆足以知贤，而不决，不能任，故鲁庄以危，宋殇以弑⑪。使庄公早用季子，而宋殇素任孔父，尚将兴邻国，岂直免弑哉！此吾所悁悁而悲者也。

【注释】

①不知来，视诸往：当是古谚，不详何人所说。《管子·形势》曰："疑今者察之古，不知来者视诸今。万事之生也，异趣而同归，古

今一也。"与此语近似。

②道往而明来：借鉴过去而预见未来。道往，叙述以往的事情。明来，预见未来的趋势。苏舆注："扬雄《解难》：'孔子作《春秋》，几君子之前睹也。'"前睹，就是预见。

③"得一端"二句：两句话说的是董仲舒研究《春秋》采取推论的方法来体会其中的道理。端、空，指一件事、一种现象或一个问题。

④以乱即位：僖公是闵公的庶兄，去年闵公死，僖公出奔邾，庆父出奔莒。第二年僖公回鲁即位。

⑤季子：即季友。《左传》闵公二年："成季之将生也，桓公使卜楚丘之父卜之，曰：'男也，其名曰友，在公之右，间于两社，为公室辅，季氏亡，则鲁不昌。'……及生，有文在其手曰'友'，遂以命之。"季友出生时手上有"友"字。

⑥"鲁不支"二句：《春秋》僖公二十六年："齐人侵我西鄙。""夏，齐人伐我北鄙。""公子遂如楚乞师。"齐国多次入侵，鲁国只好向楚国求援。支，抗拒、对付。

⑦"鼎折足"二句：《易·鼎卦》九四爻辞曰："鼎折足，覆公𫗧，其刑渥，凶。"𫗧（sù），鼎中的食物。渥（wò），厚。言鼎足折断，鼎倒，其中食物都丧失。比喻大臣非其任，破坏国典，须加重刑。

⑧悁悁（yuān）：忧愁的样子。《诗经·陈风·泽陂》："寤寐无为，中心悁悁。"

⑨"安知"二句：《公羊传》庄公三十二年："庄公病将死，以病召季子，季子至，而授之以国政。"

⑩"以殇公"四句：《公羊传》桓公二年："督将弑殇公，孔父生而存，则殇公不可得而弑也，故于是先攻孔父之家。殇公知孔父死，己必死，趋而救之，皆死焉。孔父正色而立于朝，则人莫敢过而致难于其君者，孔父可谓义形于色矣。"孔父，名嘉，宋国的大司马，孔子的祖先。

⑪"二主"五句:《公羊传》桓公二年何注:"殇公知孔父贤而不能用,故致此祸。设使殇公不知孔父贤,焉知孔父死,己必死? 设使鲁庄公不知季子贤,焉知以病召之? 皆患安存之时,则轻废之,急然后思之,故常用不免。"《盐铁论·殊路》:"文学曰:'宋殇公知孔父之贤而不早任,故身死。鲁庄知季友之贤,授之政晚而国乱。'"正用《公羊》义。

【译文】

古人有一种说法:"不知道未来,可借鉴过去。"现在《春秋》的学问,就是借鉴过去而预见未来。然而它的言词包含上天的奥妙,所以难以知晓。如果不能看得出,它就空寂得像没有东西一样;能看得出,它就无物不有。因此研读《春秋》的人,明白一个道理就要把它多方面联系起来,看到一个问题就要把它广泛连贯起来,加以推论,这样就能尽知天下了。鲁僖公在混乱中即位,他知道重用季友。季友在世的时候,鲁国内无臣下的叛乱,外无诸侯的侵扰,执政二十年,国家安宁太平。季友死后,鲁国不能对付邻国的侵扰,只好向楚国乞求援助。鲁僖公并非愚昧,可国家却越发衰危了,这是为什么呢? 因为没有了季友。从鲁国的这种状况,也就知道别国都是这样。从别国都是这样,也就知道天下都是这样。这就叫做联系贯通。所以天下纵然很大,古今纵然很久,都要靠这个道理来治国安邦。任用了贤人,就会君主尊贵、国家安定;用人不当,就会君主卑弱、国家危亡。世世代代必定都是这样,这是毫无疑问的。这在《周易》中叫做:"鼎断了腿,倾覆了鼎中的食物。""鼎断了腿",就是用人不当;"倾覆了鼎中的食物",就是国家垮台了。因此用人不当,国家又不垮台的,从古到今还没听说过。所以我根据《春秋》观察成败,更加痛切地忧虑前代的兴亡。善于任用贤臣,是国家兴旺的条件。假如智力不能辨知贤才,那是无可奈何的了。能辨知贤才而不能任用,严重的会身死国亡,轻点的也会混乱危险。为什么会这样呢? 难道鲁庄公不知道季友贤能吗? 他哪会想到他病到快要死时,才把季友召来授以国政。难道宋殇公不知道孔父贤能吗？他哪会想到孔父死了，他自己必死无疑，才急着赶去救孔父。这两位君主的智力都能够辨识贤才，但犹豫不决，不能任用，所以鲁庄公陷于危难，宋殇公被人弑杀。假使鲁庄公早用季友，宋殇公一直任用孔父，还可能帮助邻国振兴，岂止是免于弑杀呢！这是我所忧心忡忡而深感悲伤的。

王道第六

　　本篇论述了君王行王道的问题。君王行为端正，就会出现一系列吉祥的现象；反之，则会灾害并现，国无宁日。这实际上是董仲舒天人感应理论在君王之道问题上的反映，它以"人正天顺"、"人不正天不顺"说明了君王行王道的重要性和必要性，具有很强的现实针对性。许多内容强调王道社会的等级关系，在用词上都很有讲究，是必须知道的《春秋》笔法。

　　《春秋》何贵乎元而言之①？元者，始也，言本正也；道，王道也；王者，人之始也②。王正，则元气和顺③，风雨时，景星见④，黄龙下⑤；王不正，则上变天，贼气并见⑥。五帝三王之治天下⑦，不敢有君民之心⑧，什一而税⑨，教以爱，使以忠，敬长老，亲亲而尊尊。不夺民时，使民不过岁三日⑩。民家给人足，无怨望忿怒之患、强弱之难⑪，无谗贼妒疾之人⑫。民修德而美好，被发衔哺而游⑬，不慕富贵，耻恶不犯。父不哭子，兄不哭弟⑭。毒虫不螫，猛兽不搏，抵虫不触⑮，故天为之下甘露，朱草生，醴泉出，风雨时，嘉禾兴，凤凰麒麟游于郊⑯。图圄空虚⑰，画衣裳而民不犯⑱。四夷传译而朝⑲，民情至朴而不文。郊天祀地⑳，秩山川㉑，以时至封于泰山，禅于梁父㉒。立明堂㉓，宗祀先帝，以祖配天，天下诸侯各以其职来祭。贡土地所有，先以入宗庙，端冕盛服㉔，而后见先。德恩之报，奉先之应也。

【注释】

①元：开始，起端。

②王者，人之始也：王者是众人的开始，所谓"为人师表"、"头头带头"即此。

③元气和顺：元气，天地之间的阴阳之气。和顺，和谐平衡。

④景星：大星，德星，瑞星。古人认为它出现在有道之国。

⑤黄龙下：黄龙，黄色的龙，古代传说中的动物名。下，出现。汉代人认为黄龙出现是帝王祥瑞的征兆。

⑥贼气：妖气，在国家政治腐败时就出现的一种有害之气。

⑦五帝三王：五帝一般是指黄帝、颛顼(zhuān xū)、帝喾(kù)、唐尧、虞舜；三王指夏禹、商汤和周文王。

⑧君民之心：君为动词，意为凌驾于民众之上。

⑨什(shí)一而税：土地所产的十分之一作为税赋上交。即薄赋。

⑩使民不过岁三日：徭役，政府使用民工劳役，一年不超过三天。即轻徭。

⑪无怨望忿怒之患、强弱之难：没有埋怨和愤怒这样的忧患，没有以强凌弱的灾难。怨望，怨恨。强弱，以强凌弱。

⑫谗贼妒疾：用言语诋毁别人，忌妒别人的成就。

⑬被发衔哺：被发，披散着头发。被，同"披"。衔哺，口中含着食物。

⑭"父不"二句：意思是说：没有父亲为儿子先于自己死去而哭泣的情况，也没有兄长为弟弟先于自己死去而哭泣的情况。

⑮"毒虫"三句：扺，同"鸷"。扺虫，即凶猛的鸟兽。触，冒犯，侵犯。三句说的就是没有自然灾害。

⑯"故天"六句：甘露，甜味的露水。朱草，赤色的草。醴（lǐ）泉，甘美的泉水。嘉禾，长出两穗的禾稻。凤凰，神鸟名，雄的叫凤，雌的叫凰。麒麟，神兽名，像鹿，有鳞，头上有角。这些是汉代人说的瑞物，认为是上天降下的太平瑞征。

⑰囹圄（líng yǔ）：监狱。

⑱画衣裳：人违反了法律，并不给予实际的处罚，只是在衣服上做一些标记。

⑲四夷传译而朝：四方的人通过翻译来朝见君王。四夷，即指东夷、南蛮、西戎、北狄。传译，通过翻译。

⑳郊天祀地：郊祭上天，祭祀土地。

㉑秩：排定次序。古时天子在一年中排定祭祀四方的山神和川神的次序。

㉒"封于"二句：这是帝王祭祀天地的典礼。泰山，五岳之一。封于泰山就是在泰山上筑土为坛祭天。梁父，又名梁甫，是泰山下面的小山。禅于梁父就是在梁父山上辟场祭地。秦汉以后，历代帝王都将封禅当作国家大典，国家稳定后向天地报功。

㉓明堂：天子布政之宫，有的说是祭祀祖先的太庙。北京国子监有遗址。

㉔端冕盛服：端冕，礼帽。盛服，华美的衣服。

【译文】

《春秋》为什么重视"元"并因而述说它呢？因为元就是开始的意思，说的是根本性的东西要端正；道就是王道；王道，是人道的开始。君王行为端正，那么天地之间的阴阳之气就会和谐顺畅，风雨就会按时到来，景星出现，黄龙降下；君王行为不端正，就会使上天出现变化，妖气到处都会出现。五帝三王治理天下的时候，不敢怀有君临民众的想法，只收取土地所产十分之一的税，凭着爱心去教化他们，以忠诚之心去役使他们，尊敬长辈和老年人，关怀亲人，尊敬地位尊贵的人。不强占老百姓的生产时间，役使老百姓一年不超过三天。老百姓家里衣食富足，因此就没有埋怨和愤怒这样的忧患，没有以强凌弱的灾难，没有说人坏话嫉妒别人的人。老百姓修养品德，达到美好的境界，披散着头发，衔着食物四处游荡，而不羡慕富贵，不去做那些让人觉得羞耻和罪恶的事。父亲不为儿子的死去而哭泣，兄长也不因为弟弟的死去而哭泣。毒虫不叮咬人，猛兽不搏杀人，凶鸟也不冒犯人，于是天为此降下甜味的雨露，赤色的草长出来，甘美的泉水流出来，风调雨顺，五谷丰登，凤凰麒麟在四郊闲游。监狱里面空荡荡的，处罚轻微而老百姓却不违犯法律。四方的人通过翻译来朝见君王，民风极其淳朴，不花言巧语。祭祀天地，排列山川的次序，按时到泰山和梁父山上去祭祀天地。修建明堂，祭祀先帝，以祖先配祭，天下诸侯各自依照自己的职位来祭祀。贡献出土地上所出产的东西，首先把它拿到宗庙里去，戴上礼帽，穿上华美庄重的衣服，然后才去拜见祖先。上天回报给他们以恩德，这是对他们奉祭祖先的回应。

　　桀、纣皆圣王之后，骄溢妄行。侈宫室，广苑囿①，穷五采之变②，极饬材之工③，困野兽之足，竭山泽之利，食类恶之兽④。夺民财食，高雕文刻镂之观⑤，尽金玉骨象之工⑥，盛羽旄之饰⑦，穷白黑之变。深刑妄杀以陵下⑧，听郑、卫之音⑨，充倾宫之志⑩，灵虎兕文采之兽⑪。以希见之意⑫，赏佞赐谗。以糟为丘，以酒为池。孤贫不养，杀圣贤而剖其心，生燔人闻其臭⑬，剔孕妇见其化⑭，斮朝涉之足察其拇⑮，杀梅伯以为醢^⑯，刑鬼侯之女取其环^⑰。诛求无已^⑱，天下空虚，群臣畏恐，莫敢尽忠，纣愈自贤。周发兵，不期会于孟津者八百诸侯^⑲，共诛纣，大亡天下。《春秋》以为戒，曰："蒲社灾^⑳。"周衰，天子微弱，诸侯力政^㉑，大夫专国，士专邑，不能行度制法文之礼^㉒，诸侯背叛，莫修贡聘，奉献天子。臣弑其君，子弑其父，孽杀其宗^㉓，不能统理，更相伐锉以广地^㉔，以强相胁，不能制属。强奄弱^㉕，众暴寡，富使贫，并兼无已。臣下上僭^㉖，不能禁止。日为之食，星霣如雨^㉗，雨螽，沙鹿崩^㉘；夏大雨水，冬大雨雪；霣石于宋五，六鹢退飞^㉙；霣霜不杀草，李梅冬实^㉚；正月不雨，至于秋七月；地震，梁山崩^㉛，壅河三日不流；昼晦^㉜，彗星见于东方，孛于大辰^㉝；鹳鹆来巢^㉞，《春秋》异之，以此见悖乱之征。孔子明得失，差贵贱，反王道之本，讥天王以致太平，刺恶讥微，不遗小大，善无细而不举，恶无细而不去，进善诛恶，绝诸本而已矣。

【注释】

①苑囿：蓄养禽兽的园地。

②五采：即五色，青、黄、赤、白、黑五种颜色。

③饬(chì)：通"饰"，装饰加工。

④类恶：凶恶。卢文弨曰："'类'，戾也。"

⑤观(guàn)：台榭楼观之属。

⑥工：精巧。

⑦羽旄(máo)：用雉羽、牦牛尾装饰的旌旗。

⑧深刑：重刑。

⑨郑、卫之音：一般被认为是淫靡的乐歌。

⑩倾宫：占地一顷的宫殿。倾，通"顷"。

⑪灵虎兕(sì)文采之兽：把虎兕这些有文采的野兽关押起来。灵，通"棂"，木格栏，引申为用木格栏围绕关押。兕，雌性的犀牛。

⑫以希见之意：用罕见的珍贵物品作为恩惠。意，疑为"惠"之形误。

⑬生燔(fán)人闻其臭(xiù)：燔，烧、烤。臭，气味。

⑭化：腹中胎儿的发育变化。

⑮朝涉：早上渡河的人。

⑯杀梅伯以为醢(hǎi)：梅伯，商纣王时的诸侯。醢，肉酱。

⑰鬼侯：商纣王时的诸侯。《史记·殷本纪》作"九侯"。

⑱诛求：征求，需索。

⑲孟津：亦作"盟津"，"孟"、"盟"古音同。《史记·殷本纪》："西伯既卒，周武王之东伐，至盟津，诸侯叛殷会周者八百。"

⑳蒲社灾：《春秋》哀公四年："六月辛丑，亳(bó)社灾。"亳社，又作"薄社"，《公羊传》作"蒲社"，乃"薄"字转写脱下"寸"字所致，"薄"、"亳"音同，古通。古代建国必先立社，殷都于亳，故殷社曰亳社。

㉑力政：犹力征，指诸侯之间互相征伐。

㉒法文：效法文王。文，周文王。

㉓孽杀其宗：孽，即庶子，非嫡妻所生之子。宗，即宗子，嫡妻所生之子。

㉔伐锉(cuò)：攻伐。锉，通"剉"。

㉕奄(yǎn)：压迫。

㉖僭(jiàn)：指超越本分，过分。

㉗霣(yǔn)：同"陨"，坠落。

㉘沙鹿：城邑名，在今河北大名东。《春秋》僖公十四年："秋八月，辛卯，沙鹿崩。"

㉙鷁(yì):一种能高飞的水鸟。《春秋》僖公十六年:"春王正月戊申朔,陨石于宋五。是月,六鷁退飞,过宋都。"鷁鸟不前飞而退飞,被视为怪异。

㉚"贯霜"二句:事载《春秋》僖公三十三年:"陨霜不杀草,李梅实。"李梅冬实,《春秋繁露》旧本均脱"冬"字,盖后人据《春秋》妄删,惠栋校作"李梅冬实",今从惠校补"冬"字。李子和梅子在冬天结果,被视为怪异。

㉛梁山:山名,在今陕西韩城。《春秋》成公五年:"梁山崩。"

㉜晦:昏暗。

㉝孛(bèi)于大辰:孛星在心宿中出现。孛,彗星。大辰,星名,即心宿,又称大火。

㉞鹳鸰(guàn yù):鸟名,即鸲鹆。《春秋》昭公二十五年:"有鹳鸰来巢。"《公羊传》认为这是在记灾异。此种鸟非中原之禽,应该穴居而今来巢居,是变其性。何休诂:"非中国之禽而来居北国,国将危亡之象。鹳鸰犹权欲,宜穴又巢,此权臣欲国,自下居上之征也。其后卒为季氏所逐。"

【译文】

夏桀和商纣都是圣王的后代,可是他们骄傲自满、恣意妄为。大兴土木、修建宫室,扩大蓄养鸟兽的园地,宫室粉刷得色彩缤纷,装饰得精巧极致,把野兽关在牢笼里,搜刮尽山林川泽所出产的东西,把凶猛的野兽吃掉。掠夺老百姓的财产和食物,修建高大而又雕刻着各种花纹的台榭楼观,极尽黄金美玉兽骨象牙来制造精巧的饰物,用雉羽和牦牛尾来装饰华丽的旌旗,尽力讲求颜色的配置变化。严刑峻法、随意杀人以欺凌臣下,听郑国、卫国的淫靡乐歌,用衣着华丽的女子充斥偌大的宫室,把虎兕这些有文采的野兽关押起来。用罕见的珍贵物品作为恩惠,赏赐给那些花言巧语和诽谤别人的人。用酒糟堆成山丘,把酒充满池子。不供养孤苦贫穷的人,杀了圣贤的人把他的心剖取出来,把人活

活烧死来闻他的气味,剖开孕妇的肚子来观看胎儿的发育变化,砍下早
上渡河之人的脚来观看他的大脚趾,杀死梅伯并把他剁成肉酱,杀死鬼
侯的女儿并拿走她的玉环。欲求没有止境,搞得天下财尽物绝,各位大
臣都很恐惧,不敢忠心尽上,商纣王更加自以为了不起了。周武王发兵
讨伐,没想到在孟津会盟的有八百诸侯,大家共同诛讨商纣,纣王把天
下全弄丢了。《春秋》引以为戒,说:“亳社发生了火灾。”周王朝衰落以
后,天子的力量十分微弱,诸侯之间互相征伐,大夫把持了诸侯国的权
力,士把持了邑的权力,不能执行法度和效法周文王的礼制,诸侯背叛
了天子,不来进贡和聘问,向天子奉献礼物。大臣弑杀了君主,儿子弑
杀了父亲,庶子杀了宗子,不能统治管理,又互相攻伐以扩大土地,凭着
自己的强大去胁迫别人,不能管制下属。强大的压迫弱小的,人多的欺
凌人少的,富有的役使贫穷的,相互兼并没有尽头。臣下的作为超出了
他们的本分,君主却不能加以禁止。于是太阳为之出现了日食,星星像
雨一样地坠落,蝗虫像雨一样地降下,沙鹿城也崩塌了;夏天降起大雨,
冬天降起大雪;有五块陨石在宋国从天而降,六只水鸟退着飞行;冬天
降下来的霜不能伤害青草,李子和梅子在冬天结了果实;正月不下雨,
一直到七月的秋天才下;地震,梁山崩塌,河水阻塞,三天流不动;白天
昏暗,彗星在东方出现,孛星在心宿中出现;鹳鸱到鲁国来筑巢,《春秋》
认为这些现象很怪异,用它们来表现悖乱的征兆。孔子阐明得失,区别
贵贱,返归王道的根本,讥刺天王以达致太平,批评恶行和隐微的事,不
论小的大的都不遗漏,对于善事不因为它小就不举出,对于恶事不因为
它小就不摒除,奖善惩恶,使它从根本上杜绝。

　　天王使宰咺来归惠公、仲子之赗①,刺不及事也②;天王
伐郑,讥亲也③;会王世子④,讥微也;祭公来逆王后⑤,讥失
礼也。刺家父求车⑥,武氏、毛伯求赙金⑦。王人救卫,王师
败于茅戎⑧。天王不养⑩,出居于郑,杀母弟⑪,王室乱,不能

及外，分为东西周⑫，无以先天下。召卫侯，不能致⑬；遣子突征卫，不能绝⑭；伐郑，不能从⑮；无骇灭极⑯，不能诛。诸侯得以大乱，篡弑无已，臣下上逼，僭拟天子；诸侯强者行威，小国破灭；晋至三侵周，与天王战于贸戎而大败之；戎执凡伯于楚丘以归⑰；诸侯本怨随恶⑱，发兵相破，夷人宗庙社稷⑲，不能统理。臣子强，至弑其君父，法度废而不复用，威武绝而不复行。故郑、鲁易地⑳，晋文再致天子㉑。齐桓会王世子，擅封邢、卫、杞，横行中国，意欲王天下。鲁舞八佾㉒，北祭泰山，郊天祀地，如天子之为。以此之故，弑君三十二，亡国五十二，细恶不绝之所致也。

【注释】

①天王使宰咺(xuǎn)来归惠公、仲子之赗(fèng)：天王指派宰咺来馈赠给惠公、仲子办丧事的财物。天王，周平王。宰咺，名咺，"宰"是官名。归，同"馈"，馈赠。惠公，鲁惠公，此时已死。仲子，鲁惠公嫡妻，姓子，字仲，妇人以姓配字，故称仲子。赗，助丧用的如车马束帛等财物。周平王馈赗之事，载《春秋》隐公元年。

②不及事：指丧事已经结束而赠送丧礼的车马晚至，不及时。

③讥亲：讥刺周桓王亲自率兵征伐。桓王伐郑，见《春秋》桓公五年。

④王世子：指周惠王的儿子姬郑。《春秋》僖公五年："公及齐侯、陈侯、卫侯、郑伯、许男、曹伯会王世子于首止。"

⑤祭公：周桓王的大臣。《春秋》桓公八年："祭公来，遂逆王后于纪。"古人很重视婚礼，天子的地位虽然崇高，但是在结婚时，仍然要亲自迎接王后。天王派祭公去迎接王后，是失礼的行为。

⑥家父：周桓王的大夫。《春秋》桓公十五年："春二月，天王使家父

来求车。"《春秋》讥其贪利。

⑦武氏、毛伯求赙金：隐公三年，周室大夫武氏为葬周平王，曾赴鲁国求赙；文公九年，周室大夫毛伯为葬周襄王，曾来鲁国求金。《春秋》讥刺求赙求金非礼。

⑧贸戎：亦作"茅戎"，地名，在今河南陕县北。《春秋》成公元年："秋，王师败绩于贸戎。"

⑩天王不养：指周襄王不赡养自己的母亲。事载《春秋》僖公二十四年。

⑪母弟：指周景王同母之弟年夫。《春秋》襄公三十年："天王杀其弟年夫。"

⑫东西周：周景王死后，王子猛作乱，昭公二十三年，尹氏立王子朝于王城（在今洛阳西北），称为西周；昭公二十六年，周敬王进入成周（在今洛阳东二十里），称为东周。

⑬"召卫侯"二句：《春秋》桓公十六年："卫侯朔出奔齐。"卫宣公卒，子朔（即卫惠公）立。周庄王召卫国民众服役，卫侯朔不从命，后逃至齐国。致，招致。

⑭"遣子突"二句：《春秋》庄公六年："夏六月，卫侯朔入于卫。"周庄王派"王人"子突救卫国，但不能阻止卫侯朔回国。

⑮"伐郑"二句：周桓王讨伐郑国，蔡、卫、陈三国的国君不亲自随从征伐，只派遣大夫出击。

⑯无骇灭极：无骇，鲁国公子展无骇，展禽（柳下惠）之父。极，鲁国边境的附庸小国，与鲁同姓，在今山东金乡县南。《春秋》隐公二年："无骇率师入极。"

⑰戎执凡伯于楚丘以归：凡伯，周桓王的大夫。楚丘，地名，在今山东曹县东南。隐公七年，戎人在楚丘活捉凡伯。

⑱本怨随恶：因为怨恨而产生憎恶。

⑲夷：铲平，毁灭。

⑳郑、鲁易地：指郑庄公用玉璧交换鲁侯上朝时住宿的地方。

㉑晋文再致天子：《春秋》僖公二十八年（前632），晋文公两次召周襄王前往盟地。再，两次。

㉒八佾(yì)：古代天子专用的舞乐，每佾用八人，八佾共六十四人舞。佾，舞列。八佾是天子之礼，鲁国季氏舞八佾，是僭越的行为。《论语·八佾》孔子说："八佾舞于庭，是可忍也，孰不可忍也？"

【译文】

天王指派宰咺来馈赠给惠公、仲子办丧事的财物，讥刺他没有赶在出葬的时候来；天王征伐郑国，讥刺他亲自出征；诸侯和天王的嫡子相会，讥刺天王势力的衰微；祭公来迎接王后，讥刺天王失礼。讥刺家父来求车，武氏、毛伯来求取办丧事的钱财。周天子的臣子去救卫国，天王的军队被贸戎打败。天王不赡养母亲，到郑国去居住，又杀死同母的兄弟，王室混乱，内部互相争权，天下分为东周和西周，不能作为天下的榜样。下召卫侯，却没能使他来；派子突去救卫国，却不能阻止卫侯朔返国；征伐郑国，诸侯国的国君不随从征战；无骇把极国灭了，却不能诛讨他。诸侯国因此大乱，篡位弑杀没有休止，臣子威逼君主，僭越自己的本分去做天子才能做的事；诸侯国中强大的施行威力，小的国家被灭亡了；晋国三次侵犯周天子，跟天子在贸戎作战并大败王师；戎人在楚丘活捉了凡伯并带了回去；诸侯间因为怨恨而产生憎恶，出动兵力相互征伐，把别人的宗庙社稷都毁了，以致国家不能统治管理。臣下和儿子强大，以至于杀了他们的国君和父亲，法律制度也被废除而不再用了，威武也灭绝而不再施行了。因此郑国拿玉璧交换鲁国的地方，晋文公两次召天子前往会盟之地。齐桓公会见天子的嫡子，擅自分封邢、卫、杞，在中原恣意妄为，想要称王天下。鲁国举行八佾的舞乐，到北边泰山去祭祀，郊祭天地，如同天子的行为。因为这些缘故，诸侯国的国君被弑杀的有三十二人，国家被灭亡的有五十二个，这是由于没有阻绝小恶而导致的。

　　《春秋》立义，天子祭天地，诸侯祭社稷，诸山川不在封内不祭①。有天子在，诸侯不得专地②，不得专封，不得专执天子之大夫，不得舞天子之乐，不得致天子之赋③，不得适天子之贵④。君亲无将⑤，将而诛。大夫不得世⑥，大夫不得废置君命。立适以长不以贤⑦，立子以贵不以长，立夫人以适不以妾。天子不臣母后之党⑧，亲近以来远，未有不先近而致远者也。故内其国而外诸夏，内诸夏而外夷狄⑨，言自近者始也。

【注释】

①封内：所封的疆域之内。

②专地：专有土地。专，擅自掌握或占有，也不能以土地相互赠予。

③致：收取。

④适：同"敌"，同……相匹配。

⑤君亲无将：不能策划弑杀国君和父母亲。将，将要，指策划弑杀或者有弑杀的念头。

⑥世：世袭。

⑦适：同"嫡"。

⑧党：亲族。

⑨"故内"二句：内外是相对的，对于鲁国来说，鲁国是内，诸夏即华夏各诸侯就是外；对于诸夏来说，华夏各国就是内，而夷狄才是外。内外关系就有亲疏之别。内，亲近。外，疏远。

【译文】

　　《春秋》订立规则，天子祭祀天地，诸侯祭祀社稷，凡是不在所封的疆域之内的山川都不祭祀。有天子在位，诸侯不得专有土地，不得擅自分封土地，不得擅自拘捕天子的大夫，不得使用天子的舞乐，不得收取天子的赋税，不得和天子的尊贵相匹敌。不能策划弑杀国君和父母亲，如果有弑杀的念头就要受到诛灭。大夫不能世袭，大夫不能不听从君主的命令。立嫡子继承君位，要立年龄大的，不立贤明的；立儿子要立出身高贵的，不立年龄大的；立夫人要立嫡妻，不要立妃妾。天子不把母亲和王后的亲族作为臣下，对身边的人要亲善以吸引远方的人，没有不首先亲善身边的人而能够把远方的人吸引来的。因此，首先要亲近鲁国内的人，其次才是华夏各诸侯国的人，亲近中原的诸侯国，最后才到更加遥远的夷狄，说的是要从近处开始。

诸侯来朝者得褒，邾娄仪父称字①，滕、薛称侯②，荆得人③，介葛卢得名④；内出言如，诸侯来曰朝，大夫来曰聘，王道之意也⑤。诛恶而不得遗细大，诸侯不得为匹夫兴师⑥，不得执天子之大夫，执天子之大夫，与伐国同罪，执凡伯言伐⑦；献八佾，讳八言六⑧；郑、鲁易地，讳易言假⑨；晋文再致天子，讳致言狩⑩；桓公存邢、卫、杞，不见《春秋》⑪，内心予之，行法绝而不予⑫，止乱之道也，非诸侯所当为也。《春秋》之义，臣不讨贼，非臣也；子不复仇，非子也⑬。故诛赵盾⑭，贼不讨者，不书葬，臣子之诛也⑮；许世子止不尝药，而诛为弑父⑯；楚公子比胁而立，而不免于死⑰；齐桓、晋文擅封致天子，诛乱，继绝存亡，侵伐会同，常为本主⑱，曰：桓公救中国，攘夷狄⑲，卒服楚，至为王者事；晋文再致天子，皆止不诛，善其牧诸侯⑳，奉献天子，而服周室，《春秋》予之为伯㉑，诛意不诛辞之谓也㉒。

【注释】

①"诸侯"二句：《春秋》隐公元年："三月，公及邾娄仪父盟于眛。"《公羊传》："眛为称字？ 褒之也。 曷为褒之？ 为其与公盟也。"邾娄是小国，合音为邹，今山东邹城。 国君来鲁国结盟，得到褒奖，所以称他的字（仪父）。

②滕（téng）、薛称侯：《春秋》隐公十一年："滕侯、薛侯来朝。"《公羊传》："其言朝何？ 诸侯来曰朝，大夫来曰聘。"滕乃子国称滕子，薛乃伯国称薛伯，今来朝并称侯。

③荆（jīng）得人：《春秋》庄公二十三年："荆人来聘。"《公羊传》："荆何以称人？ 始能聘也。"何诂："《春秋》王鲁，因其始来聘，明夷狄能慕王化，修聘礼，受正朔者，当进之，故称人也。"关于称呼的等级，《公羊传》庄公十年曰："州不若国，国不若氏，氏不若人，人不若名，名不若字，字不若子。"分为七等，于荆称人，即是褒奖之意。

④介葛卢得名：《春秋》僖公二十九年："春，介葛卢来。"《公羊传》："介葛卢者何？ 夷狄之君也。 何以不言朝？ 不能乎朝也。"何诂："介者国也，葛卢者名也。 进称名者，能慕中国，朝贤君，明当扶勉以礼义。"介，国名，在今山东胶州西南。 葛卢，介国君王的名。 他因为不会朝礼，所以不称朝；由于向善，所以称名以示褒奖之意。

⑤"内出"四句：《公羊传》隐公十一年："诸侯来曰朝，大夫来曰聘。"何诂："《春秋》王鲁，王者无朝诸侯之义。 故内适外言如，外适内言朝聘。 所以别外、尊内也。"《公羊传》庄公二十四年："夏，公如齐逆女。"庄公到齐国迎娶。 这里用"如"。

⑥诸侯不得为匹夫兴师：楚平王杀伍子胥之父伍奢，伍子胥去楚入吴。 吴王阖闾将为之兴师复仇。《公羊传》定公四年："伍子胥复曰：'诸侯不为匹夫兴师。'"

⑦执凡伯言伐:《公羊传》隐公七年:"凡伯者何? 天子之大夫也。"
执天子之大夫与伐国同罪,因此执凡伯言伐。

⑧"献八佾"二句:《春秋》隐公五年:"初献六羽。"《公羊传》:"初者
何? 始也。六羽者何? 舞也。初献六羽何以书? 讥。何讥尔?
讥始僭诸公也。"康有为《春秋董氏学》曰:"《说苑·贵德篇》:'今
隐公贪利而身自渔,济上而行八佾,以此化于国人,国人安得不
解于义,解于义而纵其欲,则灾害起,而臣下僻矣。'《经》言六羽
耳,董子何以知为八佾? 盖口说相传也。不然,何《说苑》亦同之
耶?"鲁舞八佾,讳言六羽。

⑨"郑、鲁易地"二句:《春秋》桓公元年:"郑伯以璧假许田。"《公羊
传》:"其言以璧假之何? 易之也。易之,则其言假之何? 为恭
也。曷为为恭? 有天子存,则诸侯不得专地也。许田者何? 鲁
朝宿之邑也。诸侯时朝乎天子,天子之郊,诸侯皆有朝宿之邑
焉。"《穀梁传》桓公元年:"郑伯以璧假许田。假不言'以',言
'以'非假也。非假而曰假,讳易地也。礼,天子在上,诸侯不得
以地相与也。无田则无许可知矣。不言许,不与许也。许田者,
鲁朝宿之邑也。"这是诸侯不得专地之意。诸侯朝天子,就在郊
区有一住宿的地方,叫朝宿地。许田就是鲁国的朝宿地。因为
鲁国不去朝见天子,郑国就用璧来换这块地。

⑩"晋文"二句:《春秋》僖公二十八年五月:"公朝于王所。"《公羊
传》:"曷为不言公如京师? 天子在是也。天子在是,曷为不言天
子在是? 不与致天子也。"《春秋》僖公二十八年冬:"天王狩于河
阳。"《公羊传》:"狩不书,此何以书? 不与再致天子也。"致,即
召。致天子,是对天子的不尊重,也说明天子的权威性下降。

⑪"桓公"二句:《春秋》庄公三十二年:"齐师、宋师、曹师城邢。"三
国军队驻在邢国,保护邢国。邢,在今河北邢台。《春秋》僖公二
年:"城楚丘。"楚丘是卫国地。鲁闵公二年狄人灭卫,齐桓公攘

夷狄，徙卫文公于楚丘城之。《春秋》僖公十四年："诸侯城缘陵。"《公羊传》："孰城之？城杞也。"这就是齐桓公"存邢、卫、杞"。为什么没有明确说救存？《公羊传》云："为桓公讳也。曷为为桓公讳？上无天子，下无方伯，天下诸侯有相灭亡者，桓公不能救，则桓公耻之也。然则孰城之？桓公城之。曷为不言桓公城之？不与诸侯专封也。"《春秋》经文没有记载，只见于《传》。

⑫"内心"二句：《春秋》僖公元年："齐师、宋师、曹师次于聂北救邢。"从心里表示赞成，法律上没有这类内容，因此不在文辞上赞同此事。《公羊传》曰："实与而文不与。文曷为不与？诸侯之义，不得专封也。"苏舆注："以圣心言之，当与；以王法言之，则不当与，故不见于《经》。"

⑬"《春秋》"五句：《公羊传》隐公十一年："子沈子曰：'弑君，臣不讨贼，非臣也；子不复仇，非子也。'"何诂："沈子称子冠氏上者，著其为师也。不但言'子曰'者，辟孔子也。其不冠子者，他师也。"沈子，鲁国人，为公羊先师。《公羊传》的先师并非都是公羊氏。公羊氏父子五代相传的说法，于此得到反证。

⑭故诛赵盾：《春秋》宣公二年："秋，九月乙丑，晋赵盾弑其君夷獆（gāo）。"《穀梁传》："史狐曰：'子为正卿，入谏不听，出亡不远，君弑，反不讨贼，则志同，志同则书重，非子而谁？'"《公羊传》宣公六年："亲弑君者赵穿，则曷为加之赵盾？不讨贼也。何以谓之不讨贼？晋史书贼曰：'晋赵盾弑其君夷獆。'赵盾曰：'天乎！无辜。吾不弑君，谁谓吾弑君者乎？'史曰：'尔为仁为义，人弑尔君而复国不讨贼，此非弑君如何？'"晋史即史狐，夷獆即晋灵公。

⑮"贼不讨者"三句：《公羊传》隐公十一年："《春秋》君弑，贼不讨，不书葬，以为无臣子也。""臣子之诛"，诛即责备，不书葬就是对臣子的责备。

⑯"许世子"二句：《春秋》昭公十九年："夏，五月戊辰，许世子止弑

其君买。""冬,葬许悼公。"《公羊传》:"止进药而药杀,则曷为加弑为尔?讥子道之不尽也。"许止给病父进药,自己没有先尝,没有尽孝心,所以将弑父的罪名加在他的头上。

⑰"楚公子"二句:《春秋》昭公十三年:"楚公子弃疾杀公子比。"楚灵王暴虐无道,公子弃疾杀灵王所立的太子禄而胁迫公子比为楚王,灵王自缢。公子弃疾又杀公子比而自立,是为楚平王。

⑱常为本主:齐桓公、晋文公常为会盟的本主,即主持者,或为盟主。

⑲攘(rǎng):排斥,排除。

⑳牧:率领,统治。

㉑《春秋》予之为伯:齐桓公、晋文公"牧诸侯","为王者事",《春秋》承认他们为"伯",伯就是霸主,常为之讳。

㉒诛意不诛辞:在心里批评他们,不在文辞上斥责。

【译文】

　　来朝见鲁国的诸侯得到褒扬,对邾娄的国君仪父称字,对滕国和薛国的国君都称为侯,荆被称作人,介国的国君葛卢被称名;从鲁国到别国去叫如,诸侯到来叫朝,大夫来叫聘,这是推行王道的意思。诛讨罪恶的事,不论大小都不遗漏,诸侯不能够因为个人的事而兴师动众,不能拘捕天子的大夫,拘捕天子的大夫,就与讨伐别国的罪恶一样,所以拘捕天子大夫凡伯叫伐;鲁国在祭祀的时候奉献八佾,《春秋》不说是八佾而称六佾;郑国用玉璧换取鲁国的土地,不说是交换而说是借用;晋文公两次招来天子,不说是招来而说成是巡狩;齐桓公保存邢、卫、杞三国,这些事在《春秋》中不见记载,在内心里赞同这些行为,但是这不符合王法,因此不在文字上表示赞同,制止天下的混乱,这不是诸侯所应该做的。《春秋》的规则是,大臣不讨伐弑君的贼子,就不是合格的臣子;儿子不为被害的父亲复仇,就不能算是儿子。因此责备赵盾不讨伐弑君的贼子,不记载国君的葬事,这实际上是在诛讨臣子;许世子止不为生病的父亲尝药，使父亲吃了药就死了，因此诛讨他是弑父；楚公子比受胁迫而被立为君，但最终还是不免于死难；齐桓公和晋文公擅自分封土地、招来天子，诛讨暴乱，使即将灭绝的世族继续保存，使即将灭亡的国家继续存在，攻伐会盟，经常担任盟主，说：齐桓公挽救中国，攘斥夷狄，最终使楚国来服，做了君王的事；晋文公两次招来天子，都不诛讨齐桓公和晋文公，是为了褒扬他们率领诸侯，尊奉天子，臣服周室，因此《春秋》称他们为伯，对他们有批评的意思却没有批评的语言。

　　鲁隐之代桓立①，祭仲之出忽立突，仇牧、孔父、荀息之死节，公子目夷不与楚国，此皆执权存国，行正世之义，守惓惓之心②，《春秋》嘉气义焉③，故皆见之，复正之谓也。夷狄邾娄人、牟人、葛人，为其天王崩而相朝聘也，此其诛也。杀世子、母弟，直称君，明失亲亲也。鲁季子之免罪，吴季子之让国，明亲亲之恩也。阍杀吴子余祭，见刑人之不可近④。郑伯髡原卒于会，讳弑⑤，痛强臣专君，君不得为善也。卫人杀州吁⑥，齐人杀无知⑦，明君臣之义，守国之正也。卫人立晋，美得众也⑧。君将不言率师，重君之义也⑨。正月，公在楚，臣子思君，无一日无君之意也。诛受令⑩，恩卫葆⑪，以正囹圄之平也⑫。言围成，甲午祠兵，以别迫胁之罪，诛意之法也⑬。作南门，刻桷⑭，丹楹⑮，作雉门及两观⑯，筑三台，新延厩⑰，讥骄溢不恤下也。故臧孙辰请籴于齐，孔子曰⑱："君子为国，必有三年之积。一年不熟乃请籴，失君之职也。"诛犯始者，省刑绝恶，疾始也。大夫盟于澶渊⑲，刺大夫之专政也。诸侯会同，贤为主，贤贤也。

【注释】

①鲁隐之代桓立：鲁隐公名息姑，鲁桓公名轨，他们都是鲁惠公的儿子。隐公长而贤，桓公幼而贵，故惠公死时立隐公为国君而没有按礼制立年幼的桓公。隐公将平国而让位于桓公，因此《公羊传》隐公元年云："凡隐之立，为桓立也。"

②惓惓(quán)：诚恳的样子。

③气：苏舆注："'气'疑'其'之误。"其说可从。

④"阍(hūn)杀"二句：事载《春秋》襄公二十九年。《公羊传》："阍者何？门人也，刑人也。刑人则曷为谓之阍？刑人非其人也。君子不近刑人，近刑人则轻死之道也。"何诂："刑人不自赖，而用作阍，由之出入，卒为所杀，故以为戒。"阍，守门的人。余祭，吴王寿梦之次子。

⑤"郑伯"二句：《春秋》襄公七年："郑伯髡原如会，未见诸侯，丙戌，卒于操。"《公羊传》："操者何？郑之邑也。诸侯卒其封内不地，此何以地？隐之也。何隐尔？弑也。孰弑之？其大夫弑之。"郑伯，名髡(kūn)原，即郑僖公。

⑥州吁：卫庄公的庶子。卫庄公卒，桓公立，州吁弑杀桓公而自立为国君。卫国人又把他给杀了。

⑦齐人杀无知：《春秋》庄公八年："冬，十有一月癸未，齐无知弑其君诸儿。"诸儿，即齐僖公之子齐襄公。无知，齐僖公弟弟夷仲年之子，齐襄公从弟。无知弑杀了诸儿，自立为国君。鲁庄公九年春，齐国人杀掉了无知。

⑧"卫人"二句：《春秋》隐公四年九月卫人杀州吁，冬十二月卫人立公子晋，是为卫宣公。《公羊传》："其称人何？众立之之辞也。然则孰立之？石碏(què)立之。石碏立之，则其称人何？众之所欲立也。"何诂："晋得众，国中人欲立之。"

⑨"君将"二句：《春秋》隐公五年："秋，卫师入盛。"《公羊传》："将卑

师众称师，将卑师少称人。君将不言率师，书其重者也。"卫师入盛，因为将卑师众，所以不举其名，而只称"卫师"。王者亲征，不言"率师"，只突出统帅之名，这是表示尊重王者的意思。

⑩诛受令：苏舆注："疑当作'诛不受令'。"其说可从。

⑪恩卫葆：施恩惠于卫国的俘虏。葆，通"宝"，义当为"俘"。俞樾《诸子平议》于此释说甚精，可资参详。

⑫囹圉（yǔ）：同"囹圄"，牢狱。

⑬"言围成"四句：鲁国想要消灭成国，但是不愿意明目张胆地暴露，所以于甲午祠兵，夏始围成，以示非胁迫之意，实际上确实想要消灭成国。《春秋》这样写是为了表明不诛辞而诛意之法。祠兵，古代出兵作战前的一种礼仪。诛意，责备人的动机不善。《公羊传》庄公八年："出曰祠兵，入曰振旅，其礼一也，皆习战也。"何诂："礼，兵不徒使，故将出兵，必祠于近郊，陈兵习战，杀牲飨（xiǎng）士卒。"

⑭刻桷（jué）：雕刻屋椽（chuán）。桷，方形的椽子。

⑮丹楹：把柱子漆成红色。楹，柱子。

⑯作雉门及两观：雉门，诸侯宫三门之中门。两观，宫殿门外左右两旁的高大楼台。

⑰延厩：马厩。

⑱孔子曰：下文董仲舒所引孔子之言与《公羊传》文义并同，可知《传》文原出孔子口说。《公羊传》庄公二十八年："君子之为国也，必有三年之委，一年不熟告籴，讥也。"

⑲澶（chán）渊：地名，在今河南濮阳西南。

【译文】

　　鲁隐公代替桓公被立为君主，祭仲驱逐公子忽而拥立公子突为国君，仇牧、孔父、荀息为节操而死，公子目夷不把国家让给楚国，这些都是执行权变保存了国家，奉行纠正世俗的正道，坚守拳拳诚恳之心，《春秋》襃扬这种正义，因此把它们都表现出来，说的是要恢复正道的意思。把邾娄人、牟人、葛人视为夷狄，是因为它们在天王驾崩的时候相互朝聘，这是对他们的诛讨。杀了世子和同母的弟弟，直接称呼他们为君，是以此表明他们没有做到善待亲人。鲁季子赦免了庆父的罪过，吴季子把国家让给阖闾，是以此表明他们有爱护亲人的恩情。看门人杀了吴王寿梦的儿子余祭，以此表明被处刑的人不可以亲近。郑伯髡原死在与诸侯会盟的地方，讳言弒杀，是因为痛恨势力强大的臣子把持住了君王，使君王不能行善。卫国人杀了州吁，齐国人杀了公子无知，是以此表明君臣之间的节义，坚守国家的正道。卫人拥立公子晋为国君，襃扬他得到了大众的支持。君王带领军队不说是"率师"，这是尊重国君的意思。正月间，鲁公在楚国，臣子们思念君主，说的是不能够一天没有国君的意思。诛讨那些不听从君主命令的人，恩惠卫国的俘虏，以此来使刑罚牢狱之事公平。说包围成国，在甲午这一天整习军队，以此来区别这与胁迫罪名之间的不同，这是责备人动机不善的笔法。修建南门，雕刻屋椽，把柱子漆成红色，修建宫门和两侧的台观，建筑三座楼台，修缮马房，这是讥刺他们骄奢放纵、不体恤下民。因此，臧孙辰到齐国请求买米，孔子说："君子治理国家，必须要有三年的积累。一年收成不好就请求去买米，这是没有负起君王的职责。"诛讨那些初次犯错的人，可以减省刑罚、杜绝罪恶，这是表明痛恨起始作恶之人。大夫在澶渊会盟，这是讥刺大夫把持国政。诸侯相互会盟，贤者作为盟主，这是包含了奖掖贤才的意思。

《春秋》纪纤芥之失①，反之王道，追古贵信，结言而已②，不至用牲盟而后成约，故曰："齐侯、卫侯胥命于蒲③。"《传》曰④："古者不盟，结言而退。"宋伯姬曰⑤："妇人夜出，傅母不在，不下堂。"曰⑥："古者周公东征，则西国怨。"桓公曰⑦："无贮粟，无部谷，无易树子，无以妾为妻。"宋襄公曰⑧："不鼓不成列，不陁人。"庄王曰⑨："古者，杆不穿，皮不蠹，则不出。君子笃于礼，薄于利；要其人，不要其土；告从不赦，不祥；强不凌弱。"齐顷公吊死视疾⑩，孔父正色而立于朝，人莫过而致难乎其君；齐国佐不辱君命而尊齐侯⑪，此《春秋》之救文以质也⑫。救文以质，见天下诸侯所以失其国者亦有焉。潞子欲合中国之礼义，离乎夷狄，未合乎中国，所以亡也⑬。吴王夫差行强于越，臣人之主，妾人之妻，卒以自亡，宗庙夷，社稷灭，其可痛也⑭！长王投死⑮，於戏⑯，岂不哀哉？晋灵行无礼，处台上，弹群臣，枝解宰人而弃之⑰，漏阳处父之谋，使阳处父死⑱，及患赵盾之谏，欲杀之，卒为赵盾所弒。晋献公行逆理，杀世子申生，以骊姬立奚齐、卓子，皆杀死，国大乱，四世乃定，几为秦所灭，从骊姬起也。楚平王行无度，杀伍子胥父兄⑲。蔡昭公朝之，因请其裘，昭公不与。吴王非之，举兵加楚，大败之⑳，君舍乎君室，大夫舍乎大夫室，妻楚王之母，贪暴之所致也。晋厉公行暴道，杀无罪人，一朝而杀大臣三人㉑。明年，臣下畏恐，晋国杀之㉒。陈侯佗淫乎蔡，蔡人杀之㉓。古者，诸侯出疆，必具左右㉔，备一师，以备不虞㉕。今陈侯恣以身出入民间，至死闾里之庸㉖，甚非人君之行也！

【注释】

①纤芥：亦作"纤介"，细微。

②结言：口头结盟或订约。古世纯朴，结言为信。

③齐侯、卫侯胥(xū)命于蒲：《春秋》桓公三年："夏，齐侯、卫侯胥命

于蒲。"《公羊传》："胥命者何？相命也。何言乎相命？近正也。"何诂："胥，相也。时盟不歃血，但以命相誓，以不言盟也。"这是指齐僖公、卫宣公相约结言为信而不盟。胥命，以命相誓。蒲，地名，春秋时卫地，在今河南长垣境内。

④《传》曰：下引文见《公羊传》桓公三年。

⑤宋伯姬曰：下引文可参见《公羊传》襄公三十年。

⑥曰：下引文见《公羊传》僖公四年。凌曙《春秋繁露注》云："'曰'上当有'《传》'字。"其说可从。

⑦桓公曰：下引文见《公羊传》僖公三年。贮（zhù）粟（sù）：囤聚粮食。鄣（zhàng）谷：阻塞川谷以断水流。鄣，"障"之本字，阻塞。树子，古代诸侯已经立为世子的嫡长子。

⑧宋襄公曰：下引文可参见《公羊传》僖公二十二年。阨（è）人，乘人困厄之中而攻之。阨，同"厄"，困苦、危难。

⑨庄王曰：下引文可参见《公羊传》宣公十二年。苏舆注："'庄王'上当有'楚'字。"据上文"宋襄公"之例，有"楚"自则相类，苏说可从。杅（yú），通"盂"，盛汤浆或食物的器皿。穿，破败。蠹（dù），蛀蚀，损害，败坏。

⑩齐顷公吊死视疾：《公羊传》成公八年："鞍之战，齐师大败。齐侯归，吊死视疾，七年不饮酒，不食肉。"吊死视疾，指慰问作战兵士们的伤亡情况。

⑪齐国佐不辱君命而尊齐侯：事载《春秋》成公二年。国佐，齐国的大夫。

⑫救文以质：用质朴来矫正文采之过。文，华美、有文采。质，质朴。苏舆注："案：文质有以礼言者，有以政言者。孔子篯《贲》而不乐，林放问本而深赞，以礼言也；史公酷刑之说，此篇亡乱之鉴，以政言也。强暴之过谓之文敝，则知宽柔之过谓之质敝，可以得相救之用矣。"苏注以政、礼各有文质，其说可资参备。

⑬ "潞（lù）子"四句：《春秋》宣公十五年："六月癸卯，晋师灭赤狄潞氏，以潞子婴儿归。"潞氏，春秋时国名，即潞子国，乃赤狄别族，被晋所灭。婴儿，潞子之名。《公羊传》："潞何以称子？潞子之为善也躬，足以亡尔。虽然，君子不可不记也。离于夷狄而未能合于中国，晋师伐之，中国不救，狄人不有，是以亡也。"何诂："疾夷狄之俗而去离之，故称子。未能与中国合同礼义，相亲比也，故犹系赤狄。以去俗归义，亡，故君子闵伤进之。"

⑭ 其：杨树达《春秋繁露札记》云："案：'其'通'綦'。"杨说可从。綦（qí），极，甚。

⑮ 长：犹"老"。

⑯ 於（wū）戏：感叹词，同"於乎"、"呜呼"。

⑰ 枝解宰人：枝，通"肢"。宰人，即膳宰，掌管君主膳食之官。

⑱ "漏阳处父"二句：《春秋》文公六年："晋杀大夫阳处父，晋狐射姑出奔狄。"《公羊传》："射姑杀，则其称国以杀何？君漏言也。其漏言奈何？君将使射姑将，阳处父谏曰：'射姑民众不说，不可使将。'于是废将。阳处父出，射姑入，君谓射姑曰：'阳处父言曰：射姑民众不说，不可使将。'射姑怒，出刺阳处父于朝而走。"何诂："自上言泄，下曰漏。"谋，据《公羊传》及凌曙注本，应作"谏"为是。兹备一说。

⑲ "楚平王"二句：事详《左传》昭公二十年及《史记·伍子胥传》。

⑳ "蔡昭公"六句：事详《公羊传》定公四年。

㉑ "晋厉公"三句：《春秋》成公十七年："晋杀其大夫郤锜（yǐ）、郤犨（chōu）、郤至。"《左传》云："晋厉公侈，多外嬖（bì），反自鄢（yān）陵，欲尽去群大夫而立其左右。一朝而杀三大夫。"晋厉公，晋景公之子，名州蒲。

㉒ "明年"三句：《春秋》成公十八年："庚申，晋弑其君州蒲。"何诂："二月庚申日。"《谷梁传》："称国以弑其君，君恶甚矣。"

㉓"陈侯佗(tuó)"二句:《春秋》桓公六年:"蔡人杀陈佗。"《公羊传》:

　　"陈佗者何? 陈君也。陈君则曷为谓之陈佗? 绝也。曷为绝之?

　　贱也。其贱奈何? 外淫也。恶乎淫? 淫于蔡,蔡人杀之。"陈侯

　　佗,陈文公之子,名佗。

㉔左右:即指左右司马。

㉕不虞(yú):没有意料到的事。虞,意料。

㉖"今陈侯"二句:《穀梁传》桓公六年:"陈侯憙猎,淫猎于蔡,与蔡

　　人争禽,蔡人不知其是陈君也而杀之。"恣(zì),放纵、无约束。

　　闾(lú)里,乡里,泛指民间。庸,通"傭(yōng)",谓傭作之人。

【译文】

　　《春秋》记载着很细微的过失,回复王道,追慕古代、看重信用,只是在口头上订立条约就可以了,不必用牺牲歃血为盟以后订立条约,因此它说:"齐侯和卫侯在蒲地相互在口头上订立了条约。"《传》说:"古代不结盟,只是口头上订立条约就各自退兵。"宋伯姬说:"妇人夜晚出去,如果傅父和保姆不在,就不能走下厅堂。"《传》说:"古代周公向东征伐时,西边的人就会埋怨,为什么不早些来解救他们呢?"桓公说:"不要囤聚粮食,不要阻断川谷中的水流,不要更换继承人,不要把妃妾当作嫡妻一样。"宋襄公说:"不击鼓进攻那些没有排列好阵形的军队,不乘人之危而加以攻击。"楚庄王说:"古时候,盛水的器皿不破裂,皮衣不被蛀蚀,就不出去。君子笃守礼义,淡泊名利;只要敌人降服,就不会占领他们的土地;宣告服从你了而你还不饶恕别人,这样就不吉祥;强大的不欺凌弱小的。"齐顷公吊慰死伤的战士;孔父态度严肃地站在朝廷上,别人没有经过他身边而给他君主难堪的情况;齐国的国佐没有辜负君王的使命而使齐侯的地位尊贵,这是《春秋》用质朴来矫正文采之过。用质朴来矫正文采之过,也可以从这里看到天下诸侯之所以失去国家的原因。潞国国君想要学习中原的礼义,摒除夷狄的陋习,但最终还是没有学会中原的礼义,所以败亡了。吴王夫差欺凌越国,把别人的君主作

为臣下，把别人的嫡妻作为妃妾，最终自取灭亡，宗庙也毁了，社稷也灭了，多么让人伤痛啊！年老的吴王自杀而死，呜呼，难道不悲哀吗？晋灵公行为不讲礼义，在高台上，用九弹射群臣，把管理君王膳食的官员肢解并抛尸，泄露阳处父的谋谏，使阳处父被刺死，害怕赵盾的劝谏，想杀了他，最后却被赵盾弑杀了。晋献公行为违背正理，杀了世子申生，因为骊姬而立奚齐和卓子为君，他们都被杀死，国家非常混乱，经过了四代才安定下来，又差点被秦国灭亡了，这些都是由骊姬引起的。楚平王行为不合法度，杀了伍子胥的父亲和兄长。蔡昭公来朝见他，楚平王就想要人家的皮衣，蔡昭公不给他。吴王认为楚平王这样做不对，就举兵攻打楚国，把楚国打得大败，吴王住在楚王的房子里，吴国大夫住在楚国大夫的房子里，把楚王的母亲作为妻子，这些都是由于楚平王贪婪暴虐所导致的。晋厉公施行残暴之道，杀死没有犯罪的人，一天杀掉了三位大臣。第二年，大臣们害怕恐惧，晋国人把厉公给杀了。陈国侯佗到蔡国去淫猎，蔡国人把他给杀了。古时候，诸侯出国，一定会带上左右司马，配备一队人马，以防备意料不到的事情发生。现在陈侯放纵得一个人在民间行走出入，以致于死在民间傭作之人的手里，这很不像君王的行为啊！

　　宋闵公矜妇人而心妒，与大夫万博①，万誉鲁庄公曰："天下诸侯宜为君者，唯鲁侯尔。"闵公妒其言，曰②："此虏也。尔虏焉故，鲁侯之美恶乎？"至万怒③，搏闵公，绝脰④，此以与臣博之过也。古者，人君立于阴⑤，大夫立于阳⑥，所以别位，明贵贱。今与臣相对而博，置妇人在侧，此君臣无别也。故使万称他国，卑闵公之意，闵公藉万而身与之博⑦，下君自置⑧，有辱之妇人之房⑨，俱而矜妇人，独得杀死之道也⑩。《春秋传》曰⑪："大夫不适君。"远此逼也⑫。梁内役民无已⑬,其民不能堪,使民比地为伍⑭,一家亡,五家杀刑。其民曰:"先亡者封⑮,后亡者刑。"君者将使民以孝于父母,顺于长老,守丘墓,承宗庙,世世祀其先。今求财不足,行罚如将不胜,杀戮如屠,仇雠其民,鱼烂而亡⑯,国中尽空。《春秋》曰⑰:"梁亡。"亡者自亡也,非人亡之也。

【注释】

①与大夫万博:与大夫万一起博戏。万,南宫万,宋臣,以力大闻名。博,博戏。

②曰:下引文可参见《公羊传》庄公十二年。尔房焉故,俞樾《群经平议》认为:"《公羊》之'故',盖'知'之讹。"其说可从。

③至:通"致"。

④绝脰(dòu):折断脖子。绝,断。脰,脖子。

⑤阴:北面。君王坐北朝南。

⑥阳:南面。

⑦藉:侮辱,欺凌。

⑧下君自置:君王降低自己的身份。

⑨房:董天工《春秋繁露笺注》校作"旁",云:"原作'房',非。""旁"、"房"形近而误,董说可从。

⑩独:乃,于是。

⑪《春秋传》曰:下引文见《公羊传》宣公十二年。适,同"敌",相当、等同。

⑫逼:臣下逼迫其君,指弑君之类。

⑬梁:国名,故地在今陕西韩城南。亡于鲁僖公十九年(前641)。

⑭使民比地为伍:让老百姓地方相邻的编成一伍。伍,古代的一种

居民组织，五家为一伍。

⑮封：富足，富厚。

⑯鱼烂而亡：《公羊传》僖公十九年："鱼烂而亡也。"何诂："百姓一旦相率俱去，状若鱼烂从内发，故云尔。"

⑰《春秋》曰：下引文见《春秋》僖公十九年。《公羊传》："此未有伐者，其言梁亡何？自亡也。"何诂："一国之中，无不被刑者，百姓一旦相率俱去，状若鱼烂。"

【译文】

宋闵公在妇人面前自夸而心怀妒忌，与大夫南宫万在一起博戏，南宫万称赞鲁庄公说："天下这些诸侯中适宜做君王的，只有鲁侯一个人。"闵公妒忌他说的话，对身旁的妇女说："这个人是俘虏。"又回过头来对南宫万说："你这个俘虏怎么知道鲁侯的好坏呢？"这使南宫万很生气，就和闵公搏斗起来，折断了闵公的脖子，这是因为跟大臣搏斗的过失。古时候，君主站立在北面，大夫站立在南面，以此来区别位次，表明贵与贱的差别。现在宋闵公与大臣面对面地博戏，把妇人安排在旁边，这就使君臣之间没有了分别。因此使南宫万称赞别的国君，表现出了轻视闵公的意思，而闵公侮辱南宫万，又亲自与他博戏，降低自己君王的身份，又在妇人的旁边侮辱他，同时在妇人面前自夸，于是遭到了杀身之祸。《春秋传》说："大夫不能与君主等同。"就是说明要远离臣对君的这种逼迫。梁王在国内没有休止地役使百姓，百姓们实在是不能忍受了，他就让相邻的百姓五家结为一伍，一家之中只要有一个人逃了，五家之人全都要遭到连坐屠杀。他的老百姓说："先逃的富足了，后逃的遭到杀戮。"君王应该使老百姓孝敬父母，遵从长辈和老人的话，看守坟墓，承续宗庙，世世代代祭祀他们的祖先。现在他贪求财货而不知满足，只是执行刑罚好像还不够，还要恣意屠戮，仇视他的老百姓，国家搞得像鱼从腹中坏烂而灭亡一样，国家完全空虚了。《春秋》说："梁国灭亡了。"它的灭亡是自己灭亡的，而不是别人把它灭亡的。

虞公贪财①，不顾其难，快耳悦目，受晋之璧、屈产之乘②，假晋师道，还以自灭，宗庙破毁，社稷不祀，身死不葬，贪财之所致也。故《春秋》以此见物不空来，宝不虚出。自内出者，无匹不行；自外至者，无主不止③，此其应也。楚灵王行强乎陈、蔡④，意广以武，不顾其行，虑所美，内罢其众⑤。乾溪有物女⑥，水尽则女见，水满则不见。灵王举发其国而役，三年不罢，楚国大怨；有行暴意，杀无罪臣成然⑦，楚国大懑⑧。公子弃疾卒令灵王父子自杀而取其国。虞不离津泽⑨，农不去畴土⑩，而民相爱也，此非盈意之过耶⑪？鲁庄公好宫室，一年三起台⑫。夫人内淫两弟⑬，弟兄子父相杀⑭，国绝莫继，为齐所存⑮，夫人淫之过也。妃匹贵妾，可不慎邪？

【注释】

①虞公：虞国的国君。虞，在今山西平陆东。《公羊传》僖公二年："虞受赂，假灭国者道，以取亡焉。"

②屈产之乘：北屈所产之马。北屈，晋地，在今山西吉县。鲁僖公二年，晋以玉璧和北屈之马向虞国借道伐虢（guó）。事详《公羊传》僖公二年。

③"自内"四句：此四句见于《公羊传》宣公三年，又并见《白虎通·郊祀篇》。关于此处之注解可参阅苏舆《春秋繁露义证》，其说甚精。

④楚灵王行强乎陈、蔡：《春秋》昭公八年："冬，十月壬午，楚师灭陈，执陈公子招，放之于越。"昭公十一年："冬，十有一月丁酉，楚师灭蔡，执蔡世子有以归，用之。"

⑤罢：通"疲"，疲困。

⑥乾溪有物女：乾溪，楚地，在今安徽亳县东南。物女，鬼神之女。

⑦成然：春秋时楚国大夫。

⑧懑（mèn）：愤慨，愤恨。

⑨虞不离津泽：虞，古代掌管山泽苑囿、田猎的官员。津泽，渡口和川泽。

⑩畴（chóu）：田地。

⑪盈意：纵欲满志。

⑫"鲁庄公"二句：事见《春秋》庄公三十一年。鲁庄公喜好修治宫室，一年而起三台，所以《春秋》讥之。

⑬夫人内淫两弟：《公羊传》庄公二十七年："公子庆父、公子牙通乎夫人，以胁公。"夫人，指鲁庄公之妻哀姜。两弟，指鲁庄公的两个弟弟公子庆父和公子牙。

⑭弟兄子父相杀：《公羊传》闵公二年："庄公死，子般弑，闵公弑，比三君死，旷年无君。"苏舆注："庄公杀公子牙，是兄弟相杀。庆父杀子般、闵公，是子父相杀。古者从父与兄弟之子，通称父子。"

⑮为齐所存：鲁国仰赖齐国之力而得以保存。《公羊传》闵公二年："设以齐取鲁，曾不兴师徒，以言而已矣。桓公使高子将南阳之甲，立僖公而城鲁。"

【译文】

虞公贪图财货，不顾虑自己的灾难，只追求耳目的快感，收受晋国的玉璧和北屈所产的名马，借给晋国军队征伐虢国的道路，晋军回来时就把它灭亡了，宗庙被毁坏，社稷得不到祭祀，自己死了也得不到安葬，这都是贪图财货导致的结果。因此《春秋》以此表明财物不会凭空到来，宝物不会无故拿出。从内心产生的贪欲，如果没有外物诱惑与之相配合则不能显现出来；外物的诱惑，如果没有内心定力主宰则不会停止，内与外是相应的。楚灵王欺凌陈国和蔡国，想要用武力来满足他的扩张野心，不顾虑自己行为的后果，追求他所喜爱的东西，结果在国内使得人民疲惫不堪。乾溪有神怪之女,水干的时候她就出现,水满的时候她就消失。楚灵王就发动全国的民众服劳役来修建乾溪台,三年都没结束,楚国人对此十分怨恨;楚灵王又行暴道,杀死无罪的大臣成然,楚国人非常愤恨。公子弃疾于是胁使灵王父子自杀而攻取了楚国。掌管山泽苑囿、田猎的官员不离开渡口和川泽,农夫不离开田地,人民互相爱护,楚国的灭亡不就是灵王纵欲满志的过失吗?鲁庄公喜好修治宫室,一年之内三次修建高台。他的夫人和两个弟弟淫乱,兄弟父子之间相互杀戮,国家将要灭绝无人继承,被齐国保存了下来,这是鲁庄公夫人淫乱的过失。那些贵妃妾妇们,可以不谨慎吗?

　　此皆内自强①,从心之败己②,见自强之败,尚有正谏而不用③,卒皆取亡。曹羁谏其君曰④:"戎众以无义,君无自适。"君不听,果死戎寇。伍子胥谏吴王,以为越不可不取,吴王不听,至死伍子胥,还九年,越果大灭吴国。秦穆公将袭郑,百里、蹇叔谏曰⑤:"千里而袭人者,未有不亡者也。"穆公不听,师果大败殽中,匹马只轮无反者⑥。晋假道虞,虞公许之,宫之奇谏曰⑦:"唇亡齿寒,虞、虢之相救,非相赐也,君请勿许。"虞公不听,后虞果亡于晋。

【注释】

①内自强:内心自信太过。

②从心之败己:师心自用而导致自己失败。

③尚:通"倘",倘若。

④曹羁谏其君曰:下引文见《公羊传》庄公二十四年。曹羁,春秋时曹国的大夫。以,而。适,通"敌",抵抗,《公羊传》"适"正作"敌"。

⑤百里、蹇叔谏曰：下引文见《公羊传》僖公三十三年。百里、蹇叔，指百里奚和蹇叔，二人皆为秦国的大夫。

⑥"穆公"三句：《春秋》僖公三十三年四月："晋人及姜戎败秦于殽。"《公羊传》："晋人与姜戎要之殽而击之，匹马只轮无反者。"殽，通"崤"，山名，在今陕西潼关至河南新安一带，形势险要。

⑦宫之奇谏曰：下引文可参见《公羊传》僖公二年。宫之奇，虞国的大夫。赐，施予恩惠。

【译文】

　　这些都是内心自信太过，师心自用而导致了自己的失败，看见刚愎自用、自信太过而导致的失败，倘若还有别人劝谏却不听从的，最后都灭亡了。曹羁劝谏他的君王说："戎人众多而且不讲礼义，君王您就不要亲自去抵抗他们了。"君王不听从，果然死于戎寇之手。伍子胥劝谏吴王，认为不可以不攻取越国，吴王不听从，还把伍子胥置于死地，过了九年，越国果然把吴国灭亡了。秦穆公将要偷袭郑国，百里奚、蹇叔劝谏说："奔波千里去偷袭别人，没有不失败的。"穆公不听从，军队果然在殽山中大败，连一匹马、一只车轮都没能回来。晋国向虞公借道，虞公答应了，宫之奇劝谏说："嘴唇没有了，牙齿就会感到寒冷，虞国和虢国应该是互相救助，不是互相施予恩惠，请君王不要答应晋国的要求。"虞公不听从，后来虞国果然被晋国灭亡了。

　　《春秋》明此，存亡道可观也①：观乎蒲社，知骄溢之罚；观乎许田②，知诸侯不得专封③；观乎齐桓、晋文、宋襄、楚庄，知任贤奉上之功；观乎鲁隐、祭仲、叔武④、孔父、荀息、仇牧、吴季子、公子目夷，知忠臣之效；观乎楚公子比，知臣子之道，效死之义；观乎潞子，知无辅自诅之败⑤；观乎公在楚，知臣子之恩；观乎漏言，知忠道之绝；观乎献六羽，知上下之差；观乎宋伯姬，知贞妇之信；观乎吴王夫差，知强凌弱⑥；观乎晋献公，知逆理近色之过；观乎楚昭王之伐蔡，知无义之反；观乎晋厉之妄杀无罪，知行暴之报；观乎陈佗、宋闵，知妒淫之祸；观乎虞公、梁亡，知贪财枉法之穷；观乎楚灵，知苦民之壤⑦；观乎鲁庄之起台，知骄奢淫泆之失⑧；观乎卫侯朔，知不即召之罪；观乎执凡伯，知犯上之法；观乎晋郤缺之伐邾娄，知臣下作福之诛⑨；观乎公子翚，知臣窥君之意；观乎世卿，知移权之败⑩。故明王视于冥冥，听于无声，天覆地载，天下万国莫敢不悉靖共职受命者⑪，不示臣下以知之至也。故道同则不能相先⑫，情同则不能相使，此其教也。由此观之，未有去人君之权，能制其势者也；未有贵贱无差，能全其位者也，故君子慎之。

【注释】

① 存亡道：凌曙注："'道'上当有'之'字。"其说可从。

② 观乎许田：《春秋》桓公元年："郑伯以璧假许田。"详见本篇上文"郑、鲁易地"条注。

③ 专封：董天工《春秋繁露笺注》改作"易地"，云："'专封'恐误。"冒广生校作"专地"，是。

④ 叔武：卫成公的弟弟。晋文公征伐卫国，卫国人逐其君，成公出逃到陈国。晋人使叔武摄政，叔武告诉晋文公，他想要归政于郑侯。卫成公返回卫国后说"叔武篡我"，于是杀了叔武。《公羊传》僖公二十八年："《春秋》为贤者讳，何贤乎叔武？让国也。"让国反而被杀害，所以《春秋》认为叔武是"忠臣"。

⑤ 自诅：独断专行。俞樾云："'诅'当读为'作'，言无辅而自作也。《诗·荡篇》：'侯作侯祝。'《释文》曰：'作本作诅。'盖'作'、'诅'

双声,古得通用耳。"其说可从。

⑥知强凌弱:钟肇鹏主编《春秋繁露校释(校补本)》曰:"'知强凌弱之报',旧本并脱'之报'二字,与上下文例不合,今案文例补。"其说当是。

⑦壤:卢文弨校注:"'壤',犹'伤'也。"其说可从。

⑧泆(yì):通"佚"、"逸",放恣、放纵。

⑨"观乎晋"二句:《公羊传》文公十四年:"晋郤缺率师,革车八百乘,以纳接菑于邾娄,邾娄人距之。弗克纳。"并曰:"大夫之义,不得专废置君也。"何休注:"明乱义也。"郤缺,晋国的大夫。作福,恃强弄权,即"专废置君"之意。

⑩"观乎世卿"二句:《春秋》隐公三年:"尹氏卒。"《公羊传》:"尹氏者何? 天子之大夫也。其称尹氏何? 贬。曷为贬? 讥世卿。"何诂:"礼:公卿、大夫、士,皆选贤而用之。卿大夫任重职大,不当世。为其秉政久,恩德广大,小人居之,必夺君之权威。故尹氏立王子朝,齐崔氏世,弑其君光。君子疾其末则正其本。"

⑪靖共:恭谨。《诗经·小雅·小明》:"靖共尔位,正直是与。"共,苏本误作"其",他本皆作"共"。

⑫相先:居于领导地位。

【译文】

《春秋》表明这种存亡的道理是可以看见的:观察亳社,知道骄傲自满所受的惩罚;观察郑国用玉璧交换鲁国的许田,知道诸侯不能擅自交换土地;观察齐桓公、晋文公、宋襄公、楚庄王,知道任用贤能事奉君上的功效;观察鲁隐公、祭仲、叔武、孔父、荀息、仇牧、吴季子和公子目夷,知道忠臣的效忠;观察楚公子比,知道做臣子的正道和为国效命的道义;观察潞国国君,知道没有贤臣辅佐而独断专行的败亡;观察鲁襄公在楚国,知道臣子对国君的情义;观察晋灵公泄露阳处父的话,知道臣子对君王尽忠道路的断绝;观察鲁国献演六羽之舞乐,可以知道地位高低的差别;观察宋伯姬,知道贞洁烈妇的诚信;观察吴王夫差,知道恃强凌弱的报应;观察晋献公,知道违背正理、亲近女色的过失;观察楚昭王攻伐蔡国,知道不行正义的结果;观察晋历公随意杀害没有犯罪的人,知道施行暴政的报应;观察陈佗、宋闵公,知道淫猎和妒忌的祸患;观察虞公和梁国灭亡,知道贪图财货、歪曲法度的行不通;观察楚灵王,知道使人民劳苦的伤害恶果;观察鲁庄公修建楼台,知道骄纵奢侈、淫靡放荡的过失;观察卫侯朔,知道不服从天子征召的罪过;观察拘捕凡伯,知道冒犯君王的做法;观察晋国郤缺攻伐邾娄,知道臣下恃强弄权、专废置君所应受到的责备;观察公子翬,知道大臣心怀叵测、探听君王的意图;观察世袭的卿相,知道转移权力的败亡。因此明智的君王能在昏暗之中明察是非,能在寂静之中谛听动静,天所覆盖、地所承载之处,天下各个国家没有敢不恭谨地尽其职责并接受君命的,明智的君王不把自己的意图示以臣下,这是最大的智慧。因此君王所遵行之道如果与臣子相同则不能居于领导地位,君王的情感跟臣子相同则不能役使他们,这是作为君王的教法。由此看来,没有丢弃君王的权力而能控制住形势的;没有贵贱之间不区别而能够保全其位置的,因此君子应该谨慎地对待这些事。

灭国上第七

【题解】

　　本篇论述了君王应当如何保存国家的道理，强调君王应该是"民之所往"、"不失其群者"，即君王如果能够做到民心所向、得到天下群众的拥护，就会"无敌于天下"，否则在遇到危难的时候就没有人来帮助而导致亡国；又强调君王必须托贤、用贤，即任贤用能以辅政，这些都是关系国家兴亡的重要因素。同时列举《春秋》所记诸多代表性事例来说明君王对存亡之理必须要有深刻的认识。

　　王者，民之所往；君者，不失其群者也。故能使万民往之，而得天下之群者，无敌于天下。弑君三十六，亡国五十二。小国德薄，不朝聘大国，不与诸侯会聚，孤特不相守①，独居不同群，遭难莫之救，所以亡也。非独公侯大人如此，生天地之间，根本微者，不可遭大风疾雨，立铄消耗②。卫侯朔固事齐襄，而天下患之；虞、虢并力，晋献难之③。晋赵盾，一夫之士也，无尺寸之土、一介之众也④，而灵公据霸主之余尊⑤，而欲诛之，穷变极诈，诈尽力竭，祸大及身。推盾之心⑥，载小国之位⑦，孰能亡之哉？故伍子胥，一夫之士也，去

楚,干阖庐⑧,遂得意于吴。所托者诚是⑨,何可御耶? 楚王
髡托其国于子玉得臣,而天下畏之⑩;虞公托其国于宫之奇,
晋献患之。及髡杀得臣,天下轻之;虞公不用宫之奇,晋献
亡之。存亡之端,不可不知也。诸侯见加以兵⑪,逃遁奔走,
至于灭亡而莫之救,平生之素行可见也⑫。隐代桓立,所谓
仅存耳⑬,使无骇率师灭极,内无谏臣,外无诸侯之救;载亦
由是也,宋、蔡、卫国伐之,郑因其力而取之⑭。此无以异于
遗重宝于道而莫之守,见者掇之也⑮。邓、谷失地而朝鲁桓,
邓、谷失地,不亦宜乎⑯?

【注释】

①孤特:孤立无援。

②铄(shuò):削弱,损毁。

③"虞、虢并力"二句:《春秋》僖公二年:"虞师、晋师灭夏阳。"《公羊
　　传》载晋献公谓荀息曰:"吾欲攻郭,则虞救之;攻虞,则郭救之,
　　如之何?"故此云:"晋献难之。"虢,《公羊传》作"郭",二者音同、
　　古通。

④一介:一个。"一介"之上,宋本、殿本、凌本均有"无"字,是。

⑤余尊:先人所遗留的霸主尊位。晋灵公是"春秋五霸"之一的晋
　　文公的孙子,所以说"灵公据霸主之余尊"。

⑥推盾之心:和赵盾推心置腹地交往。

⑦载:担任,居任。

⑧干:干求,求取别人的任用。

⑨所托者诚是:所托付的人确实是贤人。

⑩"楚王"二句:《公羊传》僖公二十八年:"楚之杀其大夫得臣。"何
　　诂:"子玉得臣,楚之骄蹇臣,数导其君侵中国。"楚王髡,楚成王

熊髠。子玉得臣，成得臣，字子玉，楚成王的令尹。公元前632年城濮之战楚师大败，子玉得臣被楚王勒令自杀。

⑪见加以兵：被别国军队侵犯。见，被。加，侵陵、侵犯。

⑫素：平素，一向。

⑬"隐代"二句：是指鲁隐公代替鲁桓公被立为君主，仅仅是为了保存鲁国而已。

⑭"载亦"三句：《春秋》隐公十年："秋，宋人、卫人入郑。宋人、蔡人、卫人伐载，郑伯伐取之。"《公羊传》："其言伐取之何？易也。其易奈何？因其力也。因谁之力？因宋人、蔡人、卫人之力也。"载：亦作"戴"，国名，子姓，在今河南考城东南五十里。由，凌本作"犹"，"由"、"犹"古通。因，依靠、凭借。

⑮掇（duō）：拾取。

⑯"邓、谷失地"三句：《春秋》桓公七年："夏，伯绥来朝，邓侯吾离来朝。"《公羊传》曰："皆何以名？失地之君也。其称侯朝何？贵者无后，待之以初也。"邓，曼姓小国，在今河南邓县一带。谷，小国，在今湖北谷城西北十五里。失国之君称名，谷伯名绥，邓侯名吾离。邓、谷两国之君朝见篡弑君王的鲁桓公，其出处行事如此，灭国失地，也是应该的。

【译文】

所谓王，就是人民归往的意思；所谓君，就是不会失去他的群众的意思。因此能够使万千人民归向，并得到天下群众拥护的人，天下就没有人能够和他抗衡了。春秋时代被弑杀的君王有三十六位，被灭亡的国家有五十二个。小的国家德泽浅薄，不去朝见聘问大的国家，不跟各诸侯国会聚结盟，孤孤单单得不相互防守，独处不合群，因此在遭难的时候没有人来救他，所以也就被灭亡了。不仅公侯大人们是这样，凡是生长在天地之间，根柢细微的事物，不可能经受大风大雨的摧残，立即就会损毁耗竭。卫侯朔侍奉齐襄公，天下的人都很忧虑；虞国和虢国联合力量,使晋献公感到很为难。晋国的赵盾,只不过是一介卿士,没有一丁点儿土地,也没有一个民众,而晋灵公拥有霸主遗留下来的尊位,想要诛杀赵盾,最后欺诈的方法没有了,力量也用尽了,祸患反而降临到自己的身上。如果晋灵公能够与赵盾推心置腹地交往,即使居任一个小国的国君,有谁能够灭亡它呢? 因此,伍子胥只不过是一介卿士,离开楚国,求取吴王阖庐的任用,于是在吴国春风得意。如果君王所托付的人确实是贤人,那么谁又能够抵御得了呢? 楚成王熊恽把国家重任托付给了子玉得臣,天下的人都害怕楚国;虞公把国家重任托付给了宫之奇,晋献公就有了忧虑。等到后来楚成王杀了得臣,天下的人就轻视楚国了;虞公不采用宫之奇的意见,晋献公就把虞国灭亡了。国家存亡的根本,不可以不知道。诸侯被别国的军队侵犯,就逃跑出奔,以致于灭亡了也没有人来援救,这可以从他平时的一贯行为看出来。鲁隐公代替鲁桓公被立为君主,仅仅是为了保存鲁国而已,他派展无骇率领军队消灭了极国,极国国内没有正直耿介的大臣,国外也没有诸侯来救援;戴国也是这样,宋国、蔡国、卫国攻伐它,郑国就依靠这些国家的联合力量把它占领了。这就如同把贵重的珍宝放到路上,而不去看守,看到珍宝的人当然就轻而易举地拾走了。邓国和谷国丧失了国土而去朝见鲁桓公,邓国和谷国丧失国土,不是应该的吗?

灭国下第八

【题解】

据钱塘所云,《灭国》上、下本为一篇,不当分解为二。本篇继续论述国家存亡之理,主要通过列举并分析纪国、盛国、谭国、曹国、卫国、邢国等灭亡的原因,阐明了小国结盟大国的重要性,流露出存亡继绝的观念。

纪侯之所以灭者,乃九世之仇也。一旦之言,危百世之嗣,故曰大去①。卫人侵成②,郑入成③,及齐师围成④,三被大兵⑤,终灭,莫之救,所恃者安在? 齐桓公欲行霸道,谭遂违命,故灭而奔莒⑥,不事大而事小。曹伯之所以战死于位⑦,诸侯莫助忧者,幽之会,齐桓数合诸侯,曹小,未尝来也⑧。鲁大国,幽之会,庄公不往,戎人乃窥兵于济西⑨,由见鲁孤独而莫之救也。此时大夫废君命,专救危者⑩。鲁庄公二十七年,齐桓为幽之会⑪,卫人不来,其明年,桓公怒而大败之。及伐山戎⑫,张旗陈获,以骄诸侯⑬。于是鲁一年三筑台,乱臣比三起于内⑭,夷狄之兵仍灭于外⑮。卫灭之端,以失幽之会;乱之本,存亲内蔽⑯。邢未尝会齐桓也,附晋又微,晋侯获于韩而背之,淮之会是也⑰。齐桓卒,竖刁、易牙之乱作⑱。邢与狄伐其同姓⑲,取之。其行如此,虽尔亲,庸能亲尔乎⑳? 是君也,其灭于同姓,卫侯燬灭邢是也㉑。齐桓为幽之会,卫不至,桓怒而伐之,狄灭之,桓忧而立之㉒。鲁庄为柯之盟,劫汶阳㉓,鲁绝,桓立之㉔。邢、杞未尝朝聘,齐桓见其灭,率诸侯而立之,用心如此,岂不霸哉? 故以忧天下与之。

【注释】

①"纪侯之所以灭者"五句:事详《公羊传》庄公四年。一旦,一时。嗣,子孙、后代。

②卫人侵成:事载《左传》隐公五年。成,盛国,苏舆案:"成,当作盛,下同。"其说是。

③郑入成:事载《春秋》隐公十年。

④及齐师围成:事载《左传》庄公八年。

⑤被:遭受,蒙受。

⑥"齐桓公"三句:《左传》庄公十年:"齐侯之出也,违谭,谭不礼焉。及其入也,诸侯皆贺,谭又不至。冬,齐师灭谭,谭无礼也。谭子奔莒。"谭,国名,在今山东济南东南。

⑦曹伯:即曹僖公,鲁庄公二十四年在抵抗戎人入侵之战中死去。事见《公羊传》庄公二十四年。

⑧"幽之会"三句:事载《春秋》庄公十六年。

⑨戎人乃窥兵于济西:《春秋》庄公十八年:"夏,公追戎于济西。"《公羊传》:"此未有伐者,其言追何? 大其为中国追也。"戎人先有侵犯之举,庄公方才驱逐之。济西,济水之西,在今山东菏泽东南。

⑩"此时"二句:刘师培云:"此指公子结言,上下均有脱字。"苏舆亦
　注曰:"此间似有夺误。"刘、苏说是。《春秋》庄公十九年:"秋,公
　子结媵陈人之妇于鄄,遂及齐侯、宋公盟。"说详本书《精华篇》
　"故公子结受命"条注。

⑪齐桓为幽之会:事见《春秋》庄公二十七年。

⑫及伐山戎:事见《春秋》庄公三十年。山戎,我国古代北方民族
　名,也叫北戎,居于今河北东部,春秋时与齐、郑、燕等国接壤。

⑬"张旗陈获"二句:事见《公羊传》庄公三十一年。

⑭乱臣比三起于内:作乱的大臣接连三年在国内出现。比,接连
　地。《公羊传》闵公三年:"庄公死,子般弑,闵公弑,比三年君死,
　旷年无君。"

⑮夷狄之兵仍灭于外:事见《春秋》闵公二年。狄人征伐卫国,卫懿
　公与狄人交战,大败而亡国。

⑯"乱之本"二句:苏舆注:"'乱'上当有'鲁'字。"苏校可从。存亲
　内蔽,冒广生云:"'存亲',谓存庆父;'内蔽',谓蔽于夫人。"其说
　可从。

⑰"邢未尝"四句:邢国最初依附于当时还微弱的晋国,鲁僖公十五
　年晋惠公在韩地与秦穆公交战,败而被俘,于是邢国就背弃了晋
　国。《春秋》僖公十六年:"冬十二月,公会齐侯、宋公、陈侯、卫
　侯、郑伯、许男、邢侯、曹伯于淮。"淮,地名,在今安徽盱眙。

⑱"齐桓卒"二句:《公羊传》僖公十七年:"桓公死,竖刁、易牙争权,
　不葬。"竖刁、易牙,齐桓公任命的寺人,二人皆为宠臣。

⑲邢与狄伐其同姓:事见《春秋》僖公十八年。齐桓公死后,卫文公
　不念旧德而伐其丧。僖公十八年冬,邢、狄伐卫以救齐。伐其同
　姓,邢国为周公之后,卫国为康叔之后,同为姬姓之国,故而说邢
　国征伐卫国是"伐其同姓"。

⑳庸:难道,可是。

㉑"是君也"三句：《春秋》僖公二十五年："春王正月丙午，卫侯燬灭
邢。"《公羊传》："卫侯燬何以名？绝。曷为绝之？灭同姓也。"是
君，即邢国国君。卫侯燬，即卫文公，名燬。

㉒桓忧而立之：齐桓公为卫国担忧而立卫文公为国君。

㉓"鲁庄"二句：事见《春秋》庄公十三年。鲁庄公与齐桓公在柯地
会盟，鲁国的曹沫手执匕首劫持齐桓公并要挟他把以前侵占的
汶阳之地归还鲁国，齐桓公不得不尽数归还给鲁国土地。汶阳，
今山东汶河北岸。

㉔"鲁绝"二句：事见《公羊传》闵公二年。鲁绝，鲁庄公死后，公子
庆父杀死子般和闵公，国君之位常年空虚，故言"鲁绝"。桓立
之，齐桓公立僖公为鲁国国君，这样鲁国方才恢复正常。

【译文】

纪侯之所以被灭亡，是因为齐国与纪国有九代的仇恨。纪侯一时
之间所说的话，使得世代子孙遭受危难，因此称其灭亡为"大去"。卫人
侵犯盛国，郑国入侵盛国，以及齐国军队围攻盛国，盛国三次遭受大军
入侵，最终灭亡了，没有人来援救它，它所依靠的人在哪儿呢？齐桓公
想要称霸天下，谭国违抗命令，因此被齐国灭亡了而国君逃奔到了莒
国，这是不事奉大国而去事奉小国的结果。曹僖公之所以在作战中死
去，没有诸侯来帮助他解除忧患，这是因为在幽地会盟的时候，齐桓公
曾多次会聚诸侯，曹国弱小，不曾来参加盟会。鲁国是一个大国，在幽
地的会盟，鲁庄公不去参加，戎人就出兵进犯济水西岸，由此可见鲁国
孤孤单单而没有人援救他。在这个时候鲁国的大夫不听从君王的命
令，擅自决定挽救国家危亡的大事。鲁庄公二十七年，齐桓公在幽地会
盟诸侯，卫国人不来参加，第二年，桓公大发雷霆，出兵大败卫国。等到
攻伐山戎，陈列出所缴获的旗帜和战利品，以此在诸侯面前骄矜。与此
同时，鲁国一年之内三次修筑高台，国内的大臣接连三次作乱，国外夷
狄的军队把卫国灭亡了。卫国灭亡的根源，是在于没有参加幽地的会

盟;鲁国动乱的根本,在于君王保存亲族、家庭混乱。邢国没有去和齐桓公会盟,它所依附的晋国又很微弱,晋侯在韩地被秦穆公俘虏后,邢国就又背弃了晋国,而去参加淮地的会盟。齐桓公死后,竖刁、易牙起来争权作乱。邢国和狄人攻伐同姓的卫国,把它占领了。像邢国的这种行为,虽然它想亲近别人,可是谁又能够亲近它呢? 这个国君,终于被同姓的国家灭亡,卫侯燬把邢国灭亡了。齐桓公在幽地会盟诸侯,卫国没有来参加,桓公大发雷霆而攻伐它,狄人把卫国灭亡了,齐桓公为卫国担忧而立卫文公为国君。鲁庄公在柯地会盟之时,劫持并要挟齐桓公还回了汶河北岸的国土,鲁国后来没有人继承君位,齐桓公又立鲁僖公为国君。邢国和杞国不来朝聘齐国,齐桓公看见它们灭亡了,就率领诸侯把它们重新建立起来,他这样用心,怎么能不称霸呢? 因此《春秋》称赞他能为天下担忧。

随本消息第九

【题解】

本篇阐述了人的穷通寿夭皆受天命制约的道理，就像草木花叶的荣枯皆由本根决定一样，人的穷达生死则皆由命定并随命运而不断变化。然而该篇只有第一段讲天命，后面的例证内容似乎与此无甚关系，因此苏舆注云："文似与篇名不应。"

颜渊死，子曰："天丧予①。"子路死，子曰："天祝予。"西狩获麟，曰："吾道穷，吾道穷②。"三年，身随而卒。阶此而观③，天命成败，圣人知之，有所不能救，命矣夫。

【注释】

①天丧予：引文出自《论语·先进篇》。

②"子路死"数句：此段文字出自《公羊传》哀公十四年。祝，断绝。西狩获麟，载《春秋》哀公十四年。麒麟是仁兽，"太平之符，圣人之类"（何诂）。哀公非明王，出而遇获，"时得麟而死，此亦天告夫子将殁之征"（何诂），孔子感伤嘉瑞之无应，著《春秋》乃绝笔于此。

③阶：凭借，由。

【译文】

颜渊死的时候,孔子说:"老天爷要我的命啊!"子路死的时候,孔子说:"老天爷断绝我的道路啊!"有人在鲁国西边打猎,捕获麒麟,孔子说:"我的道路穷尽了,我的道路穷尽了。"三年之后,自己也跟着死了。由此看来,天命的成功和失败,圣人是知道的,可是却不能挽救,这都是命运啊。

先晋献之卒,齐桓为葵丘之会,再致其集①。先齐孝未卒一年②,鲁僖乞师取谷③。晋文之威,天子再致。先卒一年,鲁僖公之心,分而事齐④,文公不事晋⑤。先齐侯潘卒一年,文公如晋,卫侯、郑伯皆不期来⑥。齐侯已卒,诸侯果会晋大夫于新城⑦。鲁昭公以事楚之故,晋人不入⑧。楚国强而得意,一年再会诸侯,伐强吴,为齐诛乱臣,遂灭厉⑨。鲁得其威以灭鄅⑩,其明年如晋,无河上之难⑪,先晋昭之卒一年⑫,无难。楚国内乱,臣弑君,诸侯会于平丘,谋诛楚乱臣,昭公不得与盟,大夫见执⑬。吴大败楚之党六国于鸡父⑭。公如晋而大辱,《春秋》为之讳而言有疾⑮。由此观之,所行从不足恃,所事者不可不慎⑯,此亦存亡荣辱之要也。

【注释】

①"先晋献之卒"三句:事见《春秋》僖公九年。葵丘,地名,在今河南考城东。再致其集,两次召集大家来会盟。

②齐孝:齐孝公,名昭,齐桓公之子。鲁僖公二十七年夏六月,齐孝公卒。

③鲁僖乞师取谷:鲁僖公二十六年,僖公在楚国军队的帮助下,出兵征伐齐国,占领了谷地。谷,地名,在今山东东阿境内。

④齐:指齐昭公。

⑤文公:指鲁文公。

⑥"先齐侯潘卒一年"三句:《春秋》文公十三年:"冬,公如晋。"鲁文公十三年十二月(前614),即齐昭公死去的前一年,鲁文公到晋国与晋灵公会盟,但是鲁文公在去晋国时先与卫成公会于沓(tà),从晋国回来时又与郑穆公会于棐(fěi,春秋时郑国地名,在今河南新郑)。齐侯潘,齐昭公,名潘。

⑦"齐侯已卒"二句:事见《春秋》文公十四年。齐侯,即齐昭公潘。晋大夫,指赵盾。新城,春秋时宋国地,在今河南商丘西南。

⑧晋人不入:事见《春秋》昭公二年,说详《左传》、《公羊传》之文。

⑨"楚国强"五句:事见《春秋》昭公四年。乱臣,即指齐国的庆封。厉,国名,在今湖北随州东北厉山店,鲁昭公四年(前538)为楚所灭。《左传》"厉"作"赖","厉"、"赖"一声之转。

⑩鲁得其威以灭鄫(céng):事见《春秋》昭公四年,说详《公羊传》之文。鄫,亦作"缯",春秋时国名,在今山东枣庄峄(yì)城东。

⑪"其明年"三句:鲁昭公二年,鲁昭公到晋国去,走到黄河边,听说晋国要抓捕他,就返回国内了;鲁昭公五年春,鲁昭公又到晋国去,这次见到了晋平公,所以说"无河上之难"。

⑫晋昭:晋昭公,名夷,卒于鲁昭公十六年。

⑬"楚国内乱"六句:事见《春秋》昭公十三年。平丘,春秋时卫国地名,今河南长垣西南五十里。大夫,指鲁国大夫季孙意如。

⑭吴大败楚之党六国于鸡父:事见《春秋》昭公二十三年。楚之党六国,楚国的六个同盟国,即顿、胡、沈、蔡、陈、许。党,同盟。鸡父,春秋时楚国地名,在今河南固始东南。

⑮"公如晋"二句:事见《春秋》昭公二十三年。《公羊传》:"何言乎公有疾乃复?杀耻也。"何诂:"因有疾以杀畏晋之耻。"

⑯"所行"二句:自己的所作所为纵然不足以独立自守,那么对于所

依靠事奉的人却也不可以不谨慎。从，通"纵"，纵然。恃，通
"持"，保持、支撑、自守。

【译文】

　　在晋献公死之前，齐桓公举行葵丘会盟，两次召集诸侯们来参加。
在齐孝公死的前一年，鲁僖公乞求楚国出兵帮助而攻取了齐国的谷这
个地方。晋文公凭借他的威势，一年之中两次召致天子。在晋文公死
的前一年，鲁僖公就分心而去事奉齐国，到鲁文公时就不再事奉晋国
了。在齐昭公潘死的前一年，鲁文公到晋国去，卫侯和郑伯都不约而同
地来与鲁文公会盟。齐昭公死后，诸侯们果然在新城跟晋国的大夫赵
盾会盟。鲁昭公因为事奉楚国的缘故，晋国人不让他进入晋国。楚国
强大而志得意满，一年之内两次会盟诸侯，攻伐强大的吴国，为齐国诛
杀作乱的臣子，于是把厉国灭亡了。鲁国凭借他的威势把鄅国灭亡了，
鲁昭公第二年到晋国去，在黄河边没有遇到危难，在晋昭公死的前一
年，也没有遇到危难。楚国内部发生祸乱，臣子弑杀了君主，诸侯在平
丘会盟，商量诛杀楚国作乱的臣子，鲁昭公没能参加他们的会盟，结果
大夫公孙意如被拘执了。吴国在鸡父把楚国的六个同盟国打得大败。
鲁昭公到晋国去而受到很大的侮辱，《春秋》为他加以隐讳而说他是有
疾病回国的。由此看来，人的所作所为纵然不足以独立自守，而对于所
依靠事奉的人却也不可以不谨慎，这也是国家存亡荣辱的关键。

　　先楚庄王卒之三年，晋灭赤狄潞氏及甲氏、留吁①。先
楚子审卒之三年，郑服萧鱼②。晋侯周卒一年③。先楚子昭
卒之二年，与陈、蔡伐郑而大克④。其明年，楚屈建会诸侯而
张中国⑤。卒之三年，诸夏之君朝于楚⑥。楚子卷继之，四年
而卒⑦，其国不为侵夺，而顾隆盛强大中国⑧。不出年余⑨，
何也？楚子昭盖诸侯可者也，天下之疾其君者，皆赴愬而乘

之⑩，兵四五出，常以众击少，以专击散⑪，义之尽也。先卒四五年，中国内乖⑫，齐、晋、鲁、卫之兵分守，大国袭小。诸夏再会陈仪，齐不肯往⑬。吴在其南，而二君杀⑭；中国在其北，而齐、卫杀其君⑮。庆封劫君乱国，石恶之徒聚而成群⑯，卫衎据陈仪而为谖⑰，林父据戚而以畔⑱，宋公杀其世子⑲，鲁大饥，中国之行，亡国之迹。譬如于文、宣之际，中国之君，五年之中，五君杀⑳。以晋灵之行，使一大夫立于斐林㉑，拱揖指撝㉒，诸侯莫敢不出，此犹隙之有泮也㉓。

【注释】

①晋灭赤狄潞氏及甲氏、留吁：事见《春秋》宣公十五年、十六年。赤狄，种族名。潞氏、甲氏、留吁皆为赤狄分支别种。潞氏，在今山西潞城东北四十里。甲氏，在今河北曲周一带。留吁，在今山西屯留南十三里。

②"先楚子审"二句：《春秋》襄公十三年："秋，九月庚辰，楚子审卒。"襄公十一年，鲁襄公会晋、宋、卫、曹、齐、滕、薛等诸侯，"伐郑，会于萧鱼"。郑国降服。楚子审，楚共王，名审，楚庄王之子。萧鱼，春秋时郑国地名，在今河南许昌西。刘师培云："'三'当作'二'，'服'下脱'于'字。"刘说是。

③晋侯周卒一年：《春秋》襄公十五年："冬，十有一月癸亥，晋侯周卒。"晋侯周，晋悼公，名周。卢文弨校记："此六字上下似有讹脱。"观上下之文，此句突兀而与上下不相连属，当有脱讹，卢说可从。

④"先楚子昭"二句：《春秋》襄公二十八年十二月："乙未，楚子昭卒。"《春秋》襄公二十六年："冬，楚子、蔡侯、陈侯伐郑。"楚子昭，楚康王，名昭。

⑤"其明年"二句:事见《春秋》襄公二十七年。康有为《春秋董氏学》云:"楚屈建能会诸侯而张中国,故名之,示楚有大夫而进于中国。"屈建,楚国的大夫。

⑥"卒之"二句:事见《左传》襄公二十九年。卒之三年,凌曙注:"'三'当作'明'。"案楚康王卒于襄公二十八年,据《左传》诸侯集于楚送葬当在襄公二十九年,则此处作"卒之明年"无疑,凌说是。朝于楚,董天工笺注作"集于楚",其说于义为长,可从。

⑦"楚子"二句:楚康王于襄公二十八年卒,次年楚子卷继位。楚子卷继位四年后,被其叔弑杀,《春秋》昭公元年:"冬,十有一月己酉,楚子卷卒。"楚子卷,楚康王昭的儿子,即郏(jiá)敖。

⑧顾:反而。

⑨不出年余:苏舆注:"下当有脱文。"此句确与上下文不相连属,苏说是。

⑩愬(sù):同"诉",诉说。

⑪以专击散:集中兵力打击敌人分散的军队。

⑫乖:违背,不和谐。

⑬"诸夏"二句:事见《春秋》襄公二十四年、二十五年。晋、宋、鲁、卫等国在陈仪两次开会,齐国都没有参加。陈仪,春秋时卫国地名,在今山东聊城西南。

⑭二君杀:鲁襄公二十五年,吴子谒伐楚,经过巢国城门时,被巢人射死;鲁襄公二十九年,吴王余祭又被守门的人杀死。

⑮齐、卫杀其君:鲁襄公二十五年,齐国大夫崔杼弑杀了他的国君齐庄公;鲁襄公二十六年,卫国大夫宁喜弑杀了他的国君卫殇公。

⑯石恶:卫国的大夫,与宁喜是同党。

⑰卫衎(kàn)据陈仪而为谖(xuān):《春秋》襄公二十五年秋:"卫侯入于陈仪。"《公羊传》:"陈仪者何? 卫之邑也。曷为不言入于

卫？谖君以弑也。"卫衎,卫献公,名衎。谖,欺诈、欺骗。

⑱林父据戚而以畔:事见《春秋》襄公二十六年。林父,即孙林父,
卫国的大夫。戚,卫邑,在今河南濮阳北。畔,通"叛",反叛、
叛变。

⑲宋公杀其世子:事见《春秋》襄公二十六年。宋公,即宋平公。

⑳"譬如"四句:当指文公十六年宋人弑杀宋昭公杵臼、文公十八年
齐人弑杀齐懿公商人、文公十八年冬鲁文公子赤被弑、文公十八
年冬莒纪公庶其被弑以及宣公二年秋晋赵盾弑杀晋灵公夷皋。

㉑"以晋灵"二句:事见《春秋》宣公元年。斐(fěi)林,春秋时郑国地
名,在今河南新郑东。

㉒拱揖指撝(huī):拱揖,拱手作揖。指撝,同"指挥"。

㉓隰(xí)之有泮(pàn):语出《诗经·卫风·氓》:"隰则有泮。"隰,
低湿的地方。泮,通"畔",边、涯岸。董仲舒引用此诗,意在说明
当时诸侯依附晋国就像是低湿之地依靠涯岸一样。

【译文】

在楚庄王死的前三年,晋国灭亡了赤狄族的潞氏、甲氏和留吁三个
国家。在楚共王审死的前三年,郑国在萧鱼这个地方向诸侯臣服。晋
悼公死的那一年。在楚康王昭死的前两年,楚国同陈国、蔡国征伐郑国
而大获全胜。第二年,楚国的大夫屈建与鲁、晋、蔡、卫等国的大夫在宋
国的都城相会,在中原的国家面前夸耀。在楚康王死后的第二年,中原
各国的君主集聚到楚国送葬。楚国的郏敖继承了楚康王的王位,在位
四年就死了,楚国不被别的国家所侵占,反而还比中原各国繁荣强大。
在郏敖死后不过一年多,为什么呢? 楚康王昭在众多诸侯中还算是不
错的一位,天下那些痛恨他们君主的人,都前来向他诉苦,他曾经出兵
四五次,常常是用多数打击少数,集中优势兵力打击敌人分散的军队,
这是做到了道义的极致。在楚康王死前的四、五年,中原各国内部不和
谐,齐、晋、鲁、卫等国的军队分别守卫自己的国土,大的国家侵袭小的

国家。中原各国的国君两次在陈仪会盟,齐国国君都不愿去参加。吴国在楚国的南面,两个国君都被人弑杀了;中原各国在楚国的北面,齐国、卫国的大夫弑杀了他们的国君。齐国大夫庆封胁迫君主、祸乱国家,卫国大夫石恶等人聚集成一伙,卫衍占据陈仪而欺骗卫殇公剽,孙林父占据戚这个地方而叛乱,宋平公杀了世子痤,鲁国发生了非常严重的饥荒,中原各国的这些行为,是亡国的迹象。就像在鲁文公和鲁宣公交接的那段时期,中原的国君,在五年之中,就有五个被弑杀了。以晋灵公的行为,派遣一个大夫在斐林与诸侯会盟,拱手作揖进行指挥,诸侯没有不敢不出兵的,这就好像是低湿的地方要依靠涯岸一样。

盟会要第十

【题解】

　　本篇论述了《春秋》之所以详细记载天下祸患的原因。圣人的心意虽然难解，但是很看重扫除天下的祸患，《春秋》广圣人之意而遍记天下的祸患，意欲"除天下之患"，这样人心就会向善，清廉的教化就会流行，王道就会施行，礼乐也会兴盛。《春秋》广圣人之意建立道义、褒贬人事，从而达到匡正世俗流弊的目的。

　　至意虽难喻①，盖圣人者贵除天下之患。贵除天下之患，故《春秋》重而书天下之患遍矣，以为本于见天下之所以致患②，其意欲以除天下之患，何谓哉？天下者无患，然后性可善；性可善，然后清廉之化流；清廉之化流，然后王道举，礼乐兴，其心在此矣③。《传》曰："诸侯相聚而盟。"君子修国，曰："此将率为也哉④！"是以君子以天下为忧也。患乃至于弑君三十六，亡国五十二，细恶不绝之所致也。辞已喻矣，故曰：立义以明尊卑之分；强干弱枝，以明大小之职；别嫌疑之行，以明正世之义；采摭托意⑤，以矫失礼；善无小而不举，恶无小而不去，以纯其美；别贤不肖，以明其尊。亲近以来远,因其国而容天下⑥,名伦等物⑦,不失其理,公心以是非,赏善诛恶,而王泽洽⑧,始于除患,正一而万物备。故曰:大矣哉其号⑨,两言而管天下⑩,此之谓也。

【注释】

①至意虽难喻:圣人极深远的心意虽然很难明白。至意,极深远的心意。喻,明白、理解。

②本:根据,掌握。

③心:心意,即思想旨趣。

④"君子修国"二句:俞樾云:"'修国'二字,当在'也哉'之上……"陶鸿庆亦正其文为:"君子曰:'此将率为修国也哉!'"俞、陶之说可从。

⑤采摭(zhí)托意:择取古代的历史事件,寄托自己的心意。

⑥其国:指鲁国。

⑦名伦等物:就人伦的亲疏贵贱而正名分,就事物的大小轻重以定等级。

⑧王泽洽:君王的恩泽周流遍布天下。

⑨大矣哉其号:苏舆注:"大矣哉!《春秋》之名号。"

⑩两言而管天下:用褒、贬两个字就把天下管治住了。两言,两个字,苏舆注:"'两言',谓褒贬。"其说是。管,管理、管治。

【译文】

圣人极深远的心意虽然很难明白,但是大概圣人是很看重扫除天下的祸患。正因为圣人看重扫除天下的祸患,所以《春秋》对此也十分看重而把天下祸患之事记载得十分详尽周遍,认为根据展示天下出现祸患的原因,它的意思是想用这种方式消除天下的祸患,这是什么意思呢?天下没有祸患,然后人性才可以向善;人性可以向善,然后清正廉洁的教化才会流行;清正廉洁的教化流行,然后王道才能施行,礼乐才会兴盛,《春秋》的思想旨趣就在于此。《传》说:"诸侯互相会聚而订立盟约。"君子说:"这是要带头修治国家啊!"因此君子把天下作为自己忧虑的对象。祸患发展到有三十六位君主被弑杀,五十二个国家灭亡,这是由于没有阻绝小恶而导致的结果。言辞已经很清楚了,因此说:建立道义以明确尊卑的差别;增强天子的力量而削弱诸侯的力量,以此来表明大小的职分;分辨有嫌疑的行为,以此来阐明匡正世俗的道理;择取古代的历史事件、寄托自己的心意,以此来矫正失礼的行为;对于那些善事,不因为它们小就不列举出来,对于那些恶事,不因为它们小就不摒除,以此来纯化美好的东西;区别贤能和无能的人,以此表明尊重贤者。亲善近在身边的人以招来远处的人,凭借自己的国家而包容天下,就人伦的亲疏贵贱而正名分,就事物的大小轻重以定等级,使其道理不丧失,用公正的心判断是非,奖赏善行、诛讨恶行,因而君王的恩泽周流遍布天下,以扫除祸患开始,使一件事正确了就可以使万物完备。因此说:《春秋》的名号真是伟大,用褒、贬两个字就把天下管治住了,说的就是这个意思。

正贯第十一

【题解】

本篇论述君王必须在言行中贯通正确的道理。《春秋》通过记载得失、讨论动机、订立原则、载录贤方、接近幽隐等途径,让君王明白自己的法统纲纪在实行中是否适宜。这就要求君王要了解人民的气概、语言、行为和事情。一句话,就是要了解人民的性情。

《春秋》,大义之所本耶! 六者之科①,六者之指之谓也②。然后援天端③,布流物④,而贯通其理,则事变散其辞矣⑤。故志得失之所从生⑥,而后差贵贱之所始矣;论罪源深浅⑦,定法诛⑧,然后绝属之分别矣⑨;立义定尊卑之序,而后君臣之职明矣;载天下之贤方⑩,表谦义之所在⑪,则见复正焉耳;幽隐不相踰⑫,而近之则密矣,而后万变之应无穷者,故可施其用于人,而不悖其伦矣。是以必明其统于施之宜⑬。故知其气矣,然后能食其志也⑭;知其声矣,而后能扶其精也⑮;知其行矣,而后能遂其形也;知其物矣,然后能别其情也。故唱而民和之,动而民随之,是知引其天性所好,而压其情之所憎者也。如是则言虽约,说必布矣;事虽小,功必大矣；声响盛化运于物⑯，散入于理；德在天地，神明休集⑰，并行而不竭，盈于四海而讼咏⑱。《书》曰⑲："八音克谐，无相夺伦，神人以和。"乃是谓也。故明于情性，乃可与论为政。不然，虽劳无功。夙夜是寤⑳，思虑倦心㉑，犹不能睹，故天下有非者。三示当中，孔子之所谓非，尚安知通哉㉒？

【注释】

①科：类别。

②指：通"旨"，旨意、意思。。六指者，谓天端、流物、得失、法诛、尊卑、谦义。

③天端：天道的开端。说详《公羊传》隐公元年。

④流物：流动变化的万事万物。

⑤事变散其辞：《春秋》把它的文辞分散著录于各类事物的变化之中。

⑥志：同"识"，记载。

⑦源深浅：苏舆注："论罪本之深浅。"源，惠栋校作"原"，钟肇鹏《春秋繁露校释（校补本）》曰："'原'，旧本均误作'源'，因'深'、'浅'两字均从水而误。"惠、钟之说可从。原，追究、推究。

⑧定法诛：依法决定惩罚的轻重。

⑨绝属：亲疏生死。

⑩贤方：贤良方正、德才兼备的人。

⑪谦义：谦让的美德。谦，王谟本、董天工笺注本并作"兼"，卢文弨曰："'谦义'，本亦作'兼义'。"钟肇鹏案："作'兼义'是，谓道义也。""兼义"之说亦通，可资参备。

⑫﨑(yáo)：通"遥"，远。

⑬统：统类，法统纲纪。

⑭食(sì)：培养。

⑮精：精神。

⑯声响盛化：语言教化。盛化，美好的教化。

⑰休集：犹"喜集"。休，盛美、喜庆。

⑱讼咏：歌颂吟咏。讼，同"颂"，歌颂。

⑲《书》曰：下引文见《尚书·尧典》。八音，指以金、石、丝、竹、匏
　(páo)、土、革、木八种材料所制作的乐器。克，能够。夺伦，失掉
　声音配合的次序。

⑳夙(sù)夜是寤(wù)：早、晚都不睡觉。夙，早。寤，醒，与"寐"
　相对。

㉑思虑惓(juàn)心：日夜思虑使身心疲困。

㉒"三示"三句：惠栋校"三示当中"为"三不当乎"，钟肇鹏案："'三'
　指上所述性情、言语、行事三者，三不当则为天下所非，孔子亦非
　之。孔子所谓非，尚安能谓其通贯治道乎！惠校可从。"其说是。

【译文】

《春秋》一书，是治理天下道义的根据啊！它分为六类，说的是六种
旨意。然后援引天道的开端，布散于流动变化的万事万物之中，并贯通
其中的道理，把它的文辞分散著录于各类事物的变化之中。因此记载
得失所产生的原因，然后就知道贵贱尊卑差别之义的由来；根据犯罪程
度的深浅来加以定罪，依法决定处罚的轻重，然后亲疏生死的分别就明
晰了；立下原则来确定尊卑的次序，然后君臣的职责就区分明确了；载
录天下贤良方正、德才兼备的人，表明谦让的美德所在之处，就可以看
见人们复归正道；幽隐的事情与人并不遥远，只要接近它就能发现它深
藏的秘密，然后就可以应付社会上万事万物纷繁无穷的变化，因此可以
将其运用于人事，就不会使伦常悖逆。因此必须明白其法统纲纪在运
用中是否适宜。所以要了解人民的精神状态，然后才能够培养他们的

心志;了解他们的语言,然后才能扶持他们的精神;了解他们的行为,然后才能成就他们的形质;了解他们的事情,然后才能辨别他们的性情。因此君王倡导而人民就会附和他,君王行动而人民就会跟随他,因为君王知道引导人民天性所喜好的,压制人民性情上所憎恶的。像这样去做言辞虽然简约,但是其言论必然会远为传播;事情虽然很小,但是功效必然会很大;语言的美好教化贯通于各种事物之中,散布于各种事理之中;他的德行存在于天地之间,神明盛美地聚集在一起,各种方略同时施行而不穷尽,充盈于四海之内而天下之人都歌颂吟咏他。《尚书》说:"各种声音都能够和谐,不失掉它们配合的次序,神与人因此能够和谐相处。"就是这个意思。因此只有了解人民性情的人,才可以跟他一起讨论为政的道理。不然的话,即使勤于劳作却也是徒劳无功。早、晚都不睡觉,日夜思虑而身心疲困,还是不能发现治道之要,因此天下就有人批评他了。君王在三个方面都做得不恰当,孔子批评他做得不对,还怎么能够说他通达治国之道呢?

十指第十二

【题解】

　　本篇论述《春秋》的十点要旨及其重要作用，详细探讨了十点要旨的具体内容，并指出十指内容如果在实际中得以施行，将会出现泽普天下、阴阳和顺的局面。

　　《春秋》二百四十二年之文①，天下之大，事变之博，无不有也，虽然，大略之要，有十指②。十指者，事之所系也，王化之所由得流也。举事变，见有重焉③，一指也；见事变之所至者④，一指也；因其所以至者而治之⑤，一指也；强干弱枝，大本小末⑥，一指也；别嫌疑，异同类⑦，一指也；论贤才之义，别所长之能⑧，一指也；亲近来远，同民所欲⑨，一指也；承周文而反之质⑩，一指也；木生火，火为夏，天之端⑪，一指也；切刺讥之所罚，考变异之所加⑫，天之端⑬，一指也。举事变，见有重焉，则百姓安矣⑭；见事变之所至者，则得失审矣⑮；因其所以至而治之，则事之本正矣⑯；强干弱枝，大本小末，则君臣之分明矣⑰；别嫌疑，异同类，则是非著矣；论贤才之义，别所长之能，则百官序矣；承周文而反之质，则化所务立矣⑱；亲近来远,同民所欲,则仁恩达矣;木生火,火为夏,则阴阳四时之理相受而次矣⑲;切剌讥之所罚,考变异之所加,则天所欲为行矣。统此而举之,仁往而义来⑳,德泽广大,衍溢于四海,阴阳和调,万物靡不得其理矣。说《春秋》凡用是矣,此其法也。

【注释】

①《春秋》二百四十二年:《春秋》记事始于鲁隐公元年(前722),终于鲁哀公十四年(前481)"西狩获麟",所记凡二百四十二年间事。

②十指:十种意旨,十个重要原则。即下文所概括的:安百姓,审得失,正事本,明君臣之分,著是非,序百官,立教化,达仁恩,次阴阳,顺天意。

③见有重:看出它有所重视的方面,即重民。战争一一记载,因为战争给人民带来的灾难最大。

④事变之所至:事件变化的影响所至。

⑤因其所以至者而治之:所以至者,就是发生事变的原因,掌握因果关系,就可以采取措施,防患于未萌。

⑥"强干弱枝"二句:干指天子,枝指诸侯,天子为本,诸侯为末。

⑦异同类:周采刊本、沈鼎新刊花斋本、王谟《汉魏丛书》本皆作"异同异"。钟肇鹏案:"作'异同异'是。'异同异',谓区别同与异也……本书《玉英篇》云:'《春秋》理百物,辨品类,别嫌疑。'……'异同异',即'辨品类'……"钟说可从。

⑧"论贤才"二句:义者,宜也。贤才因有差异,适宜任不同职务。能力有所不同,能用其长避其所短。这叫知人善任,用非所长则是人才的浪费。

⑨"亲近"二句：与民同欲，才能亲近来远。亲近来远，这是招揽人才的重要原则。康有为《春秋董氏学》："《孟子》：'乐以天下，忧以天下。'乐货、勇、色、园囿、池沼，皆与民同。同民所欲，孔子之至义也。"孔子儒家政治哲学的核心就是以民为本。

⑩承周文而反之质：古人认为，社会风气朴素，必须提倡文明，过于重视外在的形式，就要提倡质朴。文与质交替发展。汉朝在周朝之后，周朝文饰过了，汉朝就要返回到质朴。文，文化、文明，主要指外在的形式。质，质朴、素质，主要是内在的朴素情感。

⑪"木生火"三句：关于五行，可参见五行诸篇。苏舆注："火由木而生，为物皆本于春，《春秋》首书春，所以正天端也。"钟肇鹏案："此处疑有脱误，当作：'木生火，火为夏，木为春，天之端。'文义始足。"苏、钟之说可从。

⑫"切刺讥"二句：《春秋》多讥刺，随处可见。关于灾异，董仲舒考证结果认为是上天谴告。

⑬天之端：董天工笺注："三字疑衍文。"其说是。

⑭"举事变"三句：叙述事件的时候有所重，重的就是民，当政者能够重民，百姓就会安心，社会就会安定。

⑮"见事变"二句：能预见事变影响范围，就能明白得失。

⑯"因其"二句：根据事变产生的原因，加以防备，就可以使事变向好的方向发展。这就是正本清源。

⑰"强干弱枝"三句：天子是干、是本，臣子是枝、是末。强干弱枝，大本小末，都是强调天子的地位。这是加强中央集权制度。

⑱"承周文"二句：化，就是教化。因为时代不同，教化的形式与内容也都要与时俱进。强调文化，过一段时间就要强调质朴，文与质要交替强调，配合好了，才会达到文质彬彬。

⑲"木生火"三句：五行与四季的配合、顺序。木与春，木生火；火与夏，火生土；土与四时，土生金；金与秋，金生水；水与冬，水生木。

这样顺序就形成了。

⑳仁往而义来：关于"仁义"，董仲舒认为仁在爱人安人，义在正我。所以"仁往"而"义来"。

【译文】

《春秋》记载了二百四十二年的历史事迹，天下很大，事情变化也很博杂，《春秋》记载得都很详尽。虽然如此，《春秋》大概的要旨有十种。十种要旨，是人事所维系，君王教化得以流布的根由。列举事变，有所侧重，这是第一种要旨；发现事变影响所及的各个方面，这是第二种要旨；根据事变影响所产生的根由而去治理它，这是第三种要旨；治理的办法是增强树干而减弱树枝，扩大根本而减小枝末，这是第四种要旨；辨别嫌疑，区分同异，这是第五种要旨；评论贤才的任用，区别他们所擅长的才能，这是第六种要旨；亲善邻近的人，招徕远处的人，和老百姓的欲望取得一致，这是第七种要旨；继承周代的文采并回复到质朴上去，这是第八种要旨；木生火，火为夏，以春为始，这是第九种要旨；确切讥刺那些受惩罚的事情，考察怪异所产生的原因，这是第十种要旨。列举事变，有所侧重，那么老百姓就会安宁；发现事变影响所及的各个方面，那么得失就很明显了；根据事变影响所产生的根由而去治理它，那么事情的根本就端正了；增强树干而减弱树枝，扩大根本而减小枝末，那么君臣的分别就明白了；辨别嫌疑，区分同异，那么是非就很明显了；评论贤才的任用，分别他们所擅长的才能，那么百官就可以安排适当了；继承周代的文采并回复到质朴上去，那么所致力的教化就建立起来了；亲善邻近的人，招徕远处的人，和老百姓的欲望取得一致，那么仁义恩惠就会通行天下；木生火，火为夏，以春为始，则阴阳四时的顺序就交替有序了；确切讥刺那些受惩罚的事情，考察怪异所产生的原因，那么上天的愿望就切实可行。总和起来全面地去实行它，对人仁爱，讲求道义，恩泽广大，流遍四海，阴阳和谐，那么万物没有不合道理的。解说《春秋》的人都采纳这些，这就是他们的方法。

重政第十三

【题解】

本篇标题虽言"重政",但全篇内容却驳杂不纯,并不专讲重政之事,如第一、二段文字重在讲《春秋》及作者的"圣人观",似与篇名不相应。钱塘以《重政篇》第一段为《玉英篇》之文,苏舆从之。张宗祥以第二段为《春秋繁露》佚文而后世重辑者。至于诸家董理之论,孰优孰劣,因佐证不足,未敢妄断轻改,只暂从苏舆之说,两存其文,并罗列诸家之说于此,以资参备。

惟圣人能属万物于一,而系之元也,终不及本所从来而承之,不能遂其功。是以《春秋》变一谓之元,元犹原也,其义以随天地终始也。故人惟有终始也,而生死必应四时之变。故元者为万物之本,而人之元在焉。安在乎?乃在乎天地之前。故人虽生天气及奉天气者,不得与天元,本天元命,而共违其所为也。故春正月者,承天地之所为也,继天之所为而终之也。其道相与共功持业,安容言乃天地之元?天地之元奚为于此,恶施于人?大其贯承意之理矣①。

【注释】

①“惟圣人能属万物于一”至“大其贯承意之理矣”：此段文字并见
　本书《玉英篇》，暂从苏舆之说，两存其文。另，关于此段之注释
　及译文可参见《玉英篇》，兹不赘述。

【译文】

只有圣人能够把万物统一起来，并把它和“元”相联系，最终不返归
本原而顺承它，就不能成就其功业。因此《春秋》把“一”变称为“元”，元
就好比是本原，它的意义就是跟随天地相终始。人是有终始的，而人的
生死必定与春夏秋冬的变化相顺应。所以元是万物的根本，而人的元
也在那里。元在哪里呢？是存在于天地万物之前。所以人虽然生于天
气并奉行天气，可是却不能亲附天元，秉承上天的运命，而共同违背了
它的作为。因此“春正月”的意思，是说人秉承天地的作为，继续上天的
作为并完成它。它的道理是说天与人相互保存所共建的功业，那怎么
说是天地的本原呢？天地的本原怎么会在这里呢？怎样施加给人的
呢？这是赞美圣人能够秉承天意的道理。

能说鸟兽之类者，非圣人所欲说也。圣人所欲说，在于
说仁义而理之①，知其分科条别，贯所附②，明其义之所审③，
勿使嫌疑，是乃圣人之所贵而已矣。不然，傅于众辞④，观于
众物，说不急之言而以惑后进者⑤，君子之所甚恶也，奚以为
哉？圣人思虑不厌⑥，昼日继之以夜，然后万物察者⑦，仁义
矣。由此言之，尚自为得之哉！故曰：於乎⑧！为人师者，可
无慎耶？夫义出于经，经，传大本也⑨。弃营劳心也⑩，苦志
尽情，头白齿落，尚不合自录也哉⑪！

【注释】

①理：分析条理，使有条理。

②贯所附：贯通与仁义相关的各种事理。

③审：详细分析。

④傅于众辞：依凭众多的言辞。傅，凭借、依傍。

⑤说不急之言而以惑后进者：说无关紧要的言辞并用它去迷惑后辈。不急之言，无关紧要的言辞。后进，泛指后辈。

⑥不厌：不满足。厌，满足。

⑦察：明晰，明察。

⑧於(wū)乎：同"呜呼"，感叹词。

⑨经，传(zhuàn)大本也：经书是传记的根本。苏舆注："《博物志》：'圣人制作曰经，贤人著述曰传。'此经谓《春秋》，传为门弟子所传述之义，《公羊》其一也。后人多列经名，则有以传为经者矣。互见《玉杯篇》。"

⑩弃營劳心：放弃正当的努力而劳心于不急之务。

⑪自录：自我检束。录，检束。

【译文】

　　能够叙说鸟兽之类的言辞，这不是圣人想要说的话。圣人想要说的，在于叙说仁义并对其分析条理，知道它们的分类与区别，贯通与仁义相关的各种事理，阐明并详细分析它的道理，不使人产生嫌疑，这就是圣人所看重的。不然的话，只是依凭众多的言辞，观察很多的事物，说一些无关紧要的言辞并用它去迷惑后辈，这是君子所厌恶的行为，他怎么还会去做呢？圣人思考问题唯恐时间不够，白天完了，晚上还要继续思考，然后就会明察万事万物的道理，这就是仁义。由此说来，圣人尚须自己努力不懈才会有收获。因此说：哎呀！做别人老师的，难道可以不谨慎吗？道义来自于经书之中，经书是传记的根本。放弃正当的努力而劳心于不急之务，劳苦心志竭尽情思，头发都白了，牙齿也掉了，还不应当自我检束吗？

　　人始生有大命①，是其体也。有变命存其间者②，其政也。政不齐则人有忿怒之志③，若将施危难之中，而时有随、遭者④，神明之所接⑤，绝属之符也⑥。亦有变其间，使之不齐如此，不可不省之，省之则重政之本矣。

【注释】

①大命：即正命，指人受命于天应该享有的寿命。王充《论衡·命义篇》："《传》曰：'说命有三：一曰正命，二曰随命，三曰遭命。'"

②变命：包括随命和遭命两者，因为二者都随行为或遭遇而变化，故合称变命。

③政不齐：政治不整肃清明。齐，整肃。

④随、遭：即指随命、遭命。《白虎通义·寿命篇》："随命者，随行为命。"王充《论衡·命义篇》："随命者，戮力操行而吉福至，纵情施欲而凶祸到，故曰随命。遭命者，行善得恶，非所冀望，逢遭于外而得凶祸，故曰遭命。"随命，随行为命，指行善得善报，行恶得恶报。遭命，指遭遇意外之事，如为善得恶，遭遇天灾人祸之类。

⑤神明之所接：指人在精神上所感应到的。神明，指人的精神。

⑥绝属：犹绝续，断断续续。

【译文】

　　人一出生就有正命，这是人的本然状态。其间也存在变命，这是由政治所造成的。政治不整肃清明，那么人们就会有忿怒之心，这就好像是在危难之中施行活动，而时常有随命和遭命一样，人在精神上所感应到的，是断断续续的符号。其间也有大的变化，才使得政治这样的不整肃清明，不可以不加以省察，省察它就是重视政治的根本了。

　　撮以为一^①,进义诛恶^②,绝之本^③,而以其施^④,此与汤武同而有异。汤武用之治往故^⑤,《春秋》明得失,差贵贱,本之天王之所失天下者,使诸侯得以大乱之说^⑥,而后引而反之^⑦。故曰:博而明,切而深矣^⑧。

【注释】

①撮(cuō):聚集,聚合。

②义:苏舆注:"'义'疑作'善'。"苏说是。本书《王道篇》:"进善诛恶,绝诸本而已矣。"正与此文同。

③绝之本:指断绝产生恶的根源。之,或说同"其"。

④以其施:以《春秋》之道施行教化。其,指《春秋》之道。

⑤往故:即"往古",过去的事情。

⑥"《春秋》明得失"四句:本书《王道篇》:"孔子明得失,差贵贱,反王道之本。"《春秋》之道即孔子之道,它是探索天子所以失天下,而使诸侯得以大乱的根源之说。

⑦引而反之:引导他们返归正道。此即《公羊传》哀公十四年所谓:"拨乱世,反诸正,莫近诸《春秋》。"

⑧切而深:苏舆本作"深而切",他本皆作"切而深"。

【译文】

　　聚合为一,奖掖善事,诛讨恶事,断绝产生恶的根源,并用《春秋》之道来施行教化,这跟商汤与周武王治理天下是同中有异。商汤与周武王用他们的方式来治理以往的事情,《春秋》则阐明得失,区别贵贱,是探索天子所以失天下而使诸侯得以大乱的根源的学说,然后再引导他们返归正道。因此说:《春秋》广博而高明,恰切而深远。

服制像第十四

【题解】

本篇从衣服制度上阐明了礼的意义。作者首先论述了刀、剑、韨、冠等这些容服盛饰的佩戴位置及其意义，进而指出，威严之象并不需要用武力杀人来显现，只要在服饰上显示就可以了，圣人以礼义文德为贵而以威武为下，偃武修文，这正是天下得以长治久安的原因所在。

天地之生万物也以养人，故其可适者以养身体，其可威者以为容服①，礼之所为兴也。剑之在左，青龙之象也；刀之在右，白虎之象也；韨之在前，赤鸟之象也；冠之在首，玄武之象也②。四者，人之盛饰也。夫能通古今，别然不然③，乃能服此也。盖玄武者，貌之最严有威者也，其像在后，其服反居首，武之至而不用矣。圣人之所以超然，虽欲从之，末由也已④。夫执介胄而后能拒敌者⑤，故非圣人之所贵也。君子显之于服，而勇武者消其志于貌也矣⑥。故文德为贵，而威武为下，此天下之所以永全也⑦。于《春秋》何以言之？孔父义形于色，而奸臣不敢容邪；虞有宫之奇，而献公为之不寐⑧；晋厉之强中国，以寝尸流血不已⑨。故武王克殷，裨冕而搢笏⑩，虎贲之士说剑⑪，安在勇猛必任武杀然后威？是以君子所服为上矣。故望之俨然者⑫，亦已至矣，岂可不察乎？

【注释】

①容服：仪容，服饰。

②“剑之在左”八句：《礼记·曲礼上》：“行，前朱雀而后玄武，左青龙而右白虎。”苏舆注：“东方木色青，故曰青龙；西方金色白，故曰白虎；赤鸟、玄武皆以方位而名。赤鸟即朱雀。”左为阳，象龙之飞腾于天；右为阴，象虎之奋跃于地。前南后北，南方为火，故鸟为赤色；玄武为龟，北方为水，故配以玄武。青龙、白虎、赤鸟（即朱雀）、玄武，为东、西、南、北四方星宿名。韨（fú），古代贵族祭祀时戴的蔽膝，用熟皮做成，遮在膝前。

③别然不然：分别是非。然不然，卢文弨云：“然不，即然否。下‘然’字，疑衍。”卢说可从。

④“圣人”三句：卢文弨云：“此三句必后人妄窜入，删之，文义乃得通贯。”谭献校定本、张宗祥《董子改编》均删此三句，是。

⑤执介胄（zhòu）：手执干戈，披甲戴盔。介胄，披甲戴盔。介，通“甲”，披甲。胄，头盔。

⑥“君子”二句：这里是说，君子在服饰上表现出来，就可以消弭（mǐ）好勇斗狠者在外貌上表现出来的凶悍之志。

⑦永全：意谓长治久安。

⑧不寐（mèi）：睡不着觉。寐，睡觉。

⑨寝尸：陈尸，意谓尸横遍野。寝，卧。

⑩裨（pí）冕（miǎn）而搢（jìn）笏（hù）：身穿裨衣，头戴礼帽，把笏板插在腰带上。裨，古代祭祀时穿的次等礼服。冕，大夫以上的贵族所带的礼帽。搢，插。笏，古代朝会时所执的手板，有事则书

于上,以备遗忘。古代自天子至士皆执笏,后世惟品官执之,清代始废。

⑪虎贲(bēn)之士说剑:勇猛的武士解除宝剑而不用。虎贲,勇士。说,音"脱",通"脱",脱落、解除。《孔子家语·辩乐》:"裨冕搢笏而虎贲之士脱剑。""说"即作"脱"。

⑫俨然:形容矜持庄重。《论语·子张篇》:"子夏曰:'君子有三变,望之俨然。'"

【译文】

　　天地生长万物来供养人类,因此那些适合的东西用来长养身体,那些适宜产生威严的东西用之于仪容服饰,礼就是这样产生的。宝剑佩在身体左边,这是青龙的象征;宝刀戴在身体的右边,这是白虎的象征;韨戴在身体前面,这是赤鸟的象征;帽子戴在头上,这是玄武的象征。这四种服饰,是人的盛大的服饰。能够通达古今,分别是非,才能够穿戴这样的服饰。玄武是外貌最威严的,在象征意义上把它排在最后,它的服饰反而戴在头上,虽然非常英勇,但却不使用它。那些手执干戈、披甲戴盔而能抵抗敌人的人,并不是圣人所看重的。君子在服饰上表现出来,好勇斗狠者在外貌上表现出来的凶悍之志就可以消弭。因此文德最为可贵,而威武却是次要的,这就是天下得以长治久安的原因所在。在《春秋》上是怎么说的呢? 孔父嘉大义凛然表现在形色上,因而奸臣不敢胡作非为;虞国有宫之奇,而使晋献公睡不着觉;晋厉公在中原各国中称强,以致尸横遍地、流血不止。因此周武王攻打殷商,身穿裨衣,头戴礼帽,把笏板插在腰带上,勇猛的武士就解除宝剑而不用,哪里是勇猛一定要在用武力杀人以后才能显示出威严呢? 因此君子的仪容服饰最为重要。人们看到他矜持庄重的样子,效果就已经达到了,还怎么可以不加以省察呢?

二端第十五

【题解】

"二端"即指小大、微著而言。本篇阐发了《春秋》的微言大义,论述了灾异谴告之说,说明了灾异萌发的根源,认为"凡灾异之本,尽生于国家之失",唯有圣人方能预先知见,防祸患灾变于未萌。《春秋》明"二端"之义,意在"贵微重始,慎终推效",从而使人们能够"省天谴而畏天威,内动于心志,外见于事情,修身审己,明善心以反道"。

《春秋》至意有二端①,不本二端之所从起,亦未可与论灾异也,小大、微著之分也。夫览求微细于无端之处,诚知小之将为大也,微之将为著也,吉凶未形,圣人所独立也②。虽欲从之,末由也已,此之谓也③。故王者受命④,改正朔,不顺数而往,必迎来而受之者⑤,授受之义也。故圣人能系心于微而致之著也。是故《春秋》之道,以元之深正天之端,以天之端正王之政,以王之政正诸侯之即位,以诸侯之即位正竟内之治,五者俱正而化大行⑥。故书日蚀、星陨、有蜮⑦、山崩、地震、夏大雨水、冬大雨雹、陨霜不杀草、自正月不雨至于秋七月、有鹳鹆来巢,《春秋》异之,以此见悖乱之征⑧。是小者不得大，微者不得著，虽甚末⑨，亦一端。孔子以此效之⑩，吾所以贵微重始是也。因恶夫推灾异之象于前，然后图安危祸乱于后者，非《春秋》之所甚贵也。然而《春秋》举之以为一端者，亦欲其省天谴而畏天威⑪，内动于心志，外限于事情，修身审己，明善心以反道者也，岂非贵微重始、慎终推效者哉？

【注释】

①二端：两个方面，即下文所说的"小大、微著"。

②独立：苏舆注："'独立'二字，疑文误耳。"立，疑作"知"或"见"。

③"虽欲从之"三句：苏舆注："'虽欲'三句，妄窜无疑。"苏说是。"虽欲从之，末由也已"，文见《论语·子张篇》，此处显系妄窜，故应删去为宜。

④受命：接受天命，即指王者即位为天子。

⑤"改正朔"三句：新王即位，在改正朔时，不是依照通常的数字顺序如十一、十二、十三去进行，而是根据上一朝所建立的正朔而加以改变。

⑥"是故《春秋》之道"至"五者俱正而化大行"数句：苏舆从钱塘之说，将此段文字移至本书《玉英篇》，并保留原文于《二端篇》。今暂从苏舆之说，两存其文。另，关于此段之注释及译文可参见《玉英篇》，兹不赘述。

⑦蜮(yù)：亦称"短狐"，古代传说一种能含沙射影、使人发病的动物。

⑧"故书日蚀"数句：可参考本书《王道篇》之相关注释，兹不详述。

⑨末：细微，即指非根本的、不重要的事物。

⑩效：征验，证明。

⑪天谴：上天的谴责。

【译文】

《春秋》最深远的意义有两个方面，不探求这两个方面是怎样产生的，也就不可以一起讨论灾异，这两个方面就是小与大、细微与显著的分别。在没有端倪显现的地方察看到细微之处，确实知道小的将要变为大的，细微的将要变得显著，在吉凶尚未形成之前，只有圣人能够知见。因此君王接受天命，更改正朔，不是依照通常的数字顺序而进行，一定会根据上一朝所建立的正朔而加以改变，这就是授予和接受的道理。因此圣人能够把心思放在细微之处并把它变得显著。于是记录了天下发生的日食、陨星坠落、发现短狐、山崩、地震、夏天降大雨、冬天下大冰雹、降下的严霜没有损毁青草、从正月到秋天的七月一直没有下雨、有鹳鹆来筑巢居住，《春秋》认为这些事都很怪异，并用它来表示悖理逆乱的征兆。这就是小的不至于变成大的，细微的不至于变成显著的，虽然很细微，但也是一个方面。孔子用它来进行征验，这也就是《春秋》看重细微、重视开始的原因所在。因为厌恶在灾异发生之前对其迹象进行推演，然后在祸乱发生之后才想着去安定它，这不是《春秋》所推重的做法。然而《春秋》把它列举出来作为一个方面，也是想让他们能够对上天的谴责进行反省，进而敬畏上天的威严，在内在的心志上产生震动，并表现于外在的事情之上，修养身心，审视自己，彰明善心并返归正道，这难道不是看重细微和开始、谨慎对待结果并推验效果的做法吗？

其大略之类①，天地之物有不常之变者，谓之异②，小者谓之灾③。灾常先至而异乃随之。灾者，天之谴也④；异者，天之威也⑤。谴之而不知，乃畏之以威。《诗》云⑥："畏天之威。"殆此谓也⑦。凡灾异之本，尽生于国家之失。国家之失乃始萌芽，而天出灾害以谴告之；谴告之而不知变，乃见怪异以惊骇之⑧；惊骇之尚不知畏恐，其殃咎乃至⑨。以此见天意之仁而不欲陷人也⑩。谨案：灾异以见天意⑪。天意有欲也，有不欲也。所欲、所不欲者，人内以自省，宜有惩于心⑫；外以观其事，宜有验于国。故见天意者之于灾异也，畏之而不恶也，以为天欲振吾过⑬，救吾失，故以此报我也⑭。《春秋》之法，上变古易常，应是而有天灾者，谓幸国⑮。孔子曰⑯："天之所幸、有为不善，而屡极。"楚庄王以天不见灾，地不见孽⑰，则祷之于山川曰："天其将亡予邪？不说吾过，极吾罪也。"以此观之，天灾之应过而至也，异之显明可畏也。此乃天之所欲救也，《春秋》之所独幸也⑱，庄王所以祷而请也。圣主贤君尚乐受忠臣之谏，而况受天谴也？

【注释】

①其大略之类："其大略之类"以下至于"而况受天谴也"一段文字，旧本在《必仁且智篇》末。钱塘云："后一段疑本在《二端篇》。"苏舆注："案：《必仁且智篇》'其大略之类'一段，与此篇文相类。"谭献校定本、钟肇鹏校释本皆将此段移入《二端篇》。谭、钟二本是，今据移正。大略，大概、大要。

②"天地"二句：苏舆注："不常，犹'非常'。《释名·释天》：'异者，异于常也。'"《公羊传》隐公三年何休注："异者非常可怪，先事而至者。"不常，非常。异，怪异、异常。

③灾：灾害，灾祸。《公羊传》隐公五年何休注："灾者有害于人物，随事而至者。"《公羊传》定公元年："异大乎灾。"董仲舒认为"灾"所造成的损失及影响要比"异"小一些，因此说："小者谓之灾。"

④谴：谴责，谴告，警告。

⑤威：威力震慑。

⑥《诗》云：下引文见《诗经·周颂·我将》。苏舆注："《韩诗外传》三两引此诗，《外传》八一引此诗，凡三见。一、文王因地动而谨饬；二、殷汤见共谷而斋戒；三、晋君因梁山崩，素服率群臣而哭。并以畏威为畏灾异。"

⑦殆(dài)：大概。

⑧见(xiàn)：同"现"，显现、出现。

⑨殃咎(yāng jiù)：祸殃，灾祸。

⑩以此见天意之仁而不欲陷人也：由此可以看出上天的心意是仁爱而不想陷害人们的。苏舆注："《对册》云：'国家将有失道之败，而天乃先出灾害以谴告之；不知自省又出怪异以警惧之；尚不知变，伤败乃至。以此见天心之仁爱人君而欲止其乱也。'《白虎通义·灾变篇》："天所以有灾变何？所以谴告人君，觉悟其行，欲令悔过修德，深思虑也。"

⑪谨案灾异以见天意：钟肇鹏《春秋繁露校释》案："此当系后人旁注栏入正文。仲舒原文当谓：'天意有欲也，有不欲也。'沈(鼎新)本、两京(遗编)本删此八字，是。惟宋本已有此句，则其由来已久。"钟说可从。

⑫惩：警戒。钟肇鹏校释本作"征"，曰："征，谓证验也……'征于心'与下句'验于国'正相印。"钟说亦通。

⑬振：挽救。《荀子·尧问篇》亦有："天使夫子振寡人之过也。"

⑭报：告知。

⑮"《春秋》之法"四句：《春秋》宣公十五年："冬，蝝(yuán)生，饥。"《公羊传》："蝝生不书，此何以书？幸之也……上变古易常，应是而有天灾，其诸则宜于此焉变矣。"《公羊传》僖公三年何休注："宣公复古行中，其年谷大丰，明天人相与报应之际，不可不察其意。"钟肇鹏《春秋繁露校释》："何休注以为宣公初税亩，变古公田旧制，'应是而有天灾'。后宣公悔悟，'明年复古行中，冬大有

年,其功美过于无灾,故君子深为喜而侥幸之'。这就是变不幸为幸,所谓'幸国'。"法,法则、标准。上,指在上位的执政者,即鲁宣公。变古易常,改变古代的制度和常规。应,响应。幸,侥幸。

⑯孔子曰:下引文出处未详。有,同"又"。"屡极"下,苏舆注:"疑夺'其罪'二字,下当更有夺文。"苏说可从。极,通"殛",惩罚。

⑰孽(niè):灾祸,罪恶。

⑱《春秋》之所独幸:董天工笺注:"灾异非国家之祥,人所恶见者。公岂矫情异俗,反以有灾为幸?盖以《春秋》之君不能无过,有过必有灾。有灾而不知惩,则积而为异,至于灭亡,所以教人不必恶灾,幸尚为灾而未至于异也。恐惧修省,转祸为福,岂非幸钦?"

【译文】

其大概的类别,天地之间的万物,有异于寻常变化的,叫做怪异,比它小一些的叫做灾祸。灾祸经常是先发生而怪异就随之而来了。灾祸,是上天的谴责;怪异,是上天的威力震慑。上天谴责而还不知道悔改,那么就用威力震慑来使其畏惧。《诗经》上说:"畏惧上天的威力震慑。"大概就是这个意思。大凡灾异的根源,完全都是产生于国家的过失。国家的过失刚刚一发生,上天就会发出灾害来对其加以谴责警告;上天对其进行谴责、警告,而还不知道改变的话,就会显现怪异来对其进行警醒、恐吓;上天对其进行警醒、恐吓,还不知道畏惧的话,那么祸殃就会降临了。由此可以看出上天的心意是仁爱而不想陷害人们的。我谨慎地考察核实:通过灾异可以看出上天的心意。上天的心意有要求人们这么做的方面,也有要求人们不那么做的方面。它所要的、所不要的,人在内心要加以自我反省,应该在心中加以警戒;人在观察外部事物时,应该在国家中有所征验。因此在灾异之所表现出来的上天的心意,是用来使人们畏惧的而不是让人们厌恶的,以为这是上天想要挽救我的过错,补救我的过失,因此用灾异来告知我。《春秋》的法则,在上位的执政者改变古代的制度和常规,上天是响应这些而有天灾的,这样的国家是侥幸的。孔子说:"上天对于侥幸的、又做坏事的国家或人,经常惩罚它的罪过。"楚庄王因为上天没有显现灾祸,大地也没有显现灾祸,就对着山河祈祷说:"上天难道是要灭亡我了吗? 不告知我的过错,这是要惩罚我的罪过啊。"从这些来看,天灾是响应人们的过失而降临的,怪异是明确显现而可以使人畏惧的。这就是上天所想要挽救的,《春秋》所唯独以为侥幸的,楚庄王之所以要进行祷告和请求的原因。圣明贤德的君主尚且喜欢接受忠臣的劝谏,更何况是接受上天的谴责呢?

符瑞第十六

【题解】

本篇文字似有残缺,主要论述孔子为素王(指孔子有王者之德而无王者之位)之义,把西狩获麟作为孔子受命的征兆,假托《春秋》以明改制之义。汉代纬书之学大兴,实即根源于此。

有非力之所能致而自至者,西狩获麟^①,受命之符是也^②。然后托乎《春秋》正不正之间,而明改制之义^③。一统乎天子,而加忧于天下之忧也,务除天下所患^④,而欲以上通五帝^⑤,下极三王^⑥,以通百王之道^⑦,而随天之终始,博得失之效^⑧,而考命象之为^⑨,极理以尽情性之宜^⑩,则天容遂矣^⑪。百官同望异路,一之者在主,率之者在相^⑫。

【注释】

① 西狩获麟:说详本书《随本消息篇》之注释。

② 符:祥瑞的征兆。

③ "然后"二句:指孔子托《春秋》以明义,在《春秋》进行矫正不正当的事情之中,以明改制义。说详《公羊传》哀公十四年疏。苏

苏注:"明王者改制,不易道义。详《楚庄王篇》。"

④务:致力。

⑤五帝:相传古代有五帝,其说不一,主要有三:第一种,伏羲、神农、黄帝、尧、舜。见《易·系辞传下》。第二种,黄帝、颛顼、帝喾、尧、舜。见《史记·五帝本纪》。第三种,少昊、颛顼、高辛、尧、舜。见《帝王世纪》。

⑥三王:指夏禹、商汤和周文王。

⑦百王:苏舆注:"百王之道,谓五帝三王以前,九皇六十四民之类。或云:'百王谓后世之王。'亦通。"

⑧博:求取。

⑨命象:天命天象。

⑩极理:犹言穷理。

⑪遂(suì):舒展的样子。

⑫"百官"三句:钱塘云:"末三句不知何篇之文,脱在此。"此三句与上文不相连属,钱说似是。

【译文】

　　有不是人力所能达到而自己来到的事情,如在鲁国西边狩猎而获得麒麟,这是孔子接受天命的征兆。然后假托于《春秋》进行矫正不正当的事情之中,以此表明改制的道理。统一由天子来统治,对天下的忧患表示忧虑,致力于消除天下的祸患,并想用它来上通五帝,下达三王,以此来贯通诸王的道理,而伴随天的终始,求取得失的功效,考察天命天象的吉凶显现,穷究天理以充分发挥情性而达到最适宜的程度,这样上天的容颜就会舒展了。百官站在纷繁复杂的路口互相观望,给他们作出决定的是君主,率领他们的则是良相。

俞序第十七

【题解】

本篇是董仲舒研究《春秋》之后所写的序言。古人写序一般都放在书后。《汉书·礼乐志》颜师古注:"俞,答也。"该篇论述诸人对《春秋》的评述,探讨《春秋》的意义,是一篇重要的参考材料。

仲尼之作《春秋》也①,上探天端,正王公之位②,万民之所欲,下明得失,起贤才,以待后圣。故引史记,理往事③,正是非,见王公。史记十二公之间,皆衰世之事④,故门人惑,孔子曰:"吾因其行事,而加乎王心焉,以为见之空言,不如行事博深切明⑤。"故子贡、闵子、公肩子言其切而为国家资也⑥。其为切,而至于杀君亡国,奔走不得保社稷,其所以然,是皆不明于道,不览于《春秋》也。故卫子夏言⑦:"有国家者,不可不学《春秋》。不学《春秋》,则无以见前后旁侧之危⑧,则不知国之大柄,君之重任也。故或胁穷失国,掩杀于位,一朝至尔⑨。苟能述《春秋》之法,致行其道,岂徒除祸哉!乃尧、舜之德也。"故世子曰⑩:"功及子孙,光辉百世,圣人之德,莫美于恕。"故予先言:"《春秋》详己而略人⑪,因其国而容天下。"

【注释】

①仲尼之作《春秋》：孔子作《春秋》，是战国秦汉时代的流行说法，包括孟子、荀子、董仲舒、司马迁、扬雄、王充都是这种观点。仲尼，孔子的字。

②"上探"二句：原作"上探正天端王公之位"，当改为"上探天端，正王公之位"。惠栋、董天工皆如此校改，是，今从之。

③"故引"二句：史官所记，谓之"史记"，这里指鲁国史记，即从周初到孔子生活年代的鲁国《春秋》。《春秋公羊传解诂》隐公第一题疏："昔孔子受端门之命，制《春秋》之义，使子夏等十四人求周史记，得百二十国宝书，九月经立。"所以《春秋》只是据鲁国历史按编年史体例来写，而所叙述的事则包括各诸侯国的大事。

④"史记"二句：十二公，就是《春秋》所记指鲁国的隐、桓、庄、闵、僖、文、宣、成、襄、昭、定、哀十二位国君。《孟子·滕文公下》："世衰道微，邪说暴行有作，臣弑其君者有之，子弑其父者有之，孔子惧，作《春秋》。"因此可以说《春秋》所记是衰世之事，多贬也就是正常的。

⑤"吾因其"四句：行事，指历代王者行为。在叙述中表达王道之意。讲理论比较空泛，借史事来讲道理更加明确切实。此言也见于《史记·太史公自序》。《史记》受到《春秋》的影响，也包含深意于其中，因此，非好学深思，不能心知其意。

⑥故子贡、闵子、公肩子言其切而为国家资也：子贡、闵子、公肩子均为孔子弟子，公肩应为复姓。《说苑·建本篇》："公扈子曰：'有国家者，不可以不学《春秋》。生而尊者骄，生而富者傲，生而富贵又无鉴而自得者鲜矣。《春秋》国之鉴也。《春秋》之中，弑君三十六，亡国五十二，诸侯奔走，不保其社稷者甚众。未有不

先见,而后从之者。'"此处"公扈"应为"公肩"之误。切,切实可
行。资,人才资源,可供国家取用。

⑦子夏:孔子弟子卜商,字子夏,卫国人,故称"卫子夏"。《孝经
纬·钩命决》:"孔子云:'吾志在《春秋》,行在《孝经》。'"又云:
"孔子曰:《春秋》属商,《孝经》属参。'"《论语纬·崇爵谶》:"子
夏六十四人共撰仲尼微言。"《春秋纬·说题辞》:"孔子作《春
秋》,一万八千字,九月而书成。以授游、夏之徒,游、夏之徒不能
改一字。"是知孔子传《春秋》于子夏。

⑧"有国家者"四句:《史记·太史公自序》引董生云:"故有国者不
可以不知《春秋》,前有谗言而不见,后有贼而不知。"董仲舒引子
夏言,司马迁引董仲舒言,可见《春秋》大义相传系统。

⑨"故或胁穷"三句:胁穷,被胁迫得走投无路。掩杀,被突然袭击
杀害。《韩非子·外储说右上》引子夏言:"《春秋》之记臣弑君、
子弑父者,以十数矣,皆非一日之积也,有渐而以至矣。"凡奸者,
行久而成积,积成而力多,力多而能杀,故明主早绝之。不早预
防,奸臣渐长,一旦发作,不可收拾。

⑩世子:即世硕,相传为孔子弟子。《汉书·艺文志》载《世子》二十
一篇。《论衡·本性篇》:"周人世硕以为人性有善有恶。"世子作
《养书》一篇,讨论养性之道。

⑪《春秋》详己而略人:《春秋》记载史事,记鲁国事详细,记他国事
简略。己,指鲁国。人,指其他诸侯国。

【译文】

　　仲尼写作《春秋》,向上探求天端,摆正王公的位置,顺从万民的愿
望,向下阐明得与失,起用贤才,以等待后来的圣人。因此引述周代史
书上所记载的史实,整理过去的事迹,辨正是非,表现君王的心思。历
史所记载的十二位君王之间的事,都是衰世的事情,因此弟子感到困
惑,孔子说:"我凭借这些往事,并寓以王道之心,认为用空言表现出来,

不如往事深切显明。"所以子贡、闵子蹇、公肩子说它切合实际,可以作为国家的借鉴。它切合实际,以至于臣子弑杀君主、国家灭亡,君主逃亡不能保住国家,之所以这样,都是因为不明白正道,不阅读《春秋》。因此卫国的子夏说:"拥有国家的君王,不可不学《春秋》。不学《春秋》,就无从看见前后及两边的危难,就不知道掌握国家的大权是君王的重任。因此有的君王受到胁迫,走投无路,丧失国家,有的被出其不意地杀害,这不是一朝一夕就达到这种地步的。如果能够遵循《春秋》的法则,并实行它的正道,哪是只排除灾祸呢,简直就是尧、舜的德操啊!"因此世硕说:"功劳延及子孙,光照百代,圣人的德行,没有比恕道更美的了。"所以我先说:"《春秋》严于律己、宽以待人,先治理自己的国家而后兼济天下。"

　　《春秋》之道,大得之则以王,小得之则以霸。故曾子、子石盛美齐侯①,安诸侯,尊天子。霸王之道,皆本于仁。仁,天心,故次之以天心②。爱人之大者,莫大于思患而豫防之③,故蔡得意于吴,鲁得意于齐,而《春秋》皆不告④。故次以言:"怨人不可迩,敌国不可狎,攘窃之国不可使久亲,皆防患、为民除患之意也⑤。"不爱民之渐⑥,乃至于死亡,故言楚灵王、晋厉公生弑于位,不仁之所致也。故善宋襄公不厄人,不由其道而胜,不如由其道而败,《春秋》贵之,将以变习俗,而成王化也。故子夏言:"《春秋》重人,诸讥皆本此,或奢侈使人愤怨,或暴虐贼害人,终皆祸及身⑦。"故子池言:"鲁庄筑台,丹楹刻桷;晋厉之刑刻意者⑧;皆不得以寿终。"上奢侈,刑又急,皆不内恕,求备于人⑨。故次以《春秋》,缘人情,赦小过,而《传》明之曰:"君子辞也。"孔子明得失,见成败，疾时世之不仁，失王道之体，故缘人情，赦小过。《传》又明之曰："君子辞也⑩。"孔子曰："吾因行事，加吾王心焉⑪。"假其位号，以正人伦，因其成败，以明顺逆⑫。故其所善，则桓、文行之而遂，其所恶，则乱国行之终以败。故始言大恶，杀君亡国，终言赦小过，是亦始于麤粗⑬，终于精微。教化流行，德泽大洽，天下之人，人有士君子之行，而少过矣，亦讥二名之意也⑭。

【注释】

①故曾子、子石盛美齐侯：曾子，孔子弟子曾参，鲁人，传《孝经》、《春秋》。子石，世硕的字。另，子石也是孔子另一弟子公孙龙的字。

②"仁，天心"三句：《吕氏春秋·不二篇》："孔子贵仁。"《春秋繁露·王道通三篇》："仁之美者在于天。天，仁也。"儒家核心价值观是仁，以天为仁。

③"爱人"二句：思考祸患并加以预防，是仁的重要表现。《春秋繁露·仁义法》："未至预备之，则美之，善其旧害之先也。"

④"故蔡得意"三句：《春秋》定公四年："楚人围蔡……蔡侯以吴子及楚人战于柏莒，楚师败绩。""蔡得意于楚"，是以战败楚而得意，似亦可通。改楚为吴，可备一说。《春秋》僖公二十六年："齐人伐我北鄙。""公子遂如楚乞师。""公以楚师伐齐取谷。"这就是"鲁得意于齐"，这也是战败齐而得意。《春秋》皆不告，说《春秋》不记载这两件事，表示不满意。改告为善，也可以通。《盐铁论·刑德篇》："鲁以楚师伐齐，而《春秋》恶之。"恶之，与不告、不善，大意相同。

⑤"怨人"四句：怨人、敌国、攘窃之国，都是自己的敌对势力。不可

迩、狎(xiá)、不久亲，不可接近亲密。这都是防患的意思，为民除患之意。

⑥不爱民之渐：渐渐地不爱抚人民。

⑦"《春秋》重人"五句：《春秋》重视人民，奢侈暴虐，使人愤怨，或贼害人，都要受到讥刺。这些当政者最终都要招来灾祸。

⑧刻意：刻薄残酷。

⑨"上奢侈"四句：上奢侈，崇尚豪华。这是当政者自己的享受。上，通"尚"，崇尚。刑又急，刑法是对人民的，动不动就要用严刑峻法。鲁庄公、晋厉公都是自己没有仁爱之心，对人又求全责备。

⑩君子辞：《春秋》襄公三十年："夏，蔡世子般弑其君固。""冬十月，葬蔡景公。"《公羊传》："贼未讨，何以书葬？君子辞也。"何诂："君子为中国讳。"

⑪"吾因行事"二句：借记述事件，来阐述王道之心，即表达王道思想。

⑫"假其位号"四句：苏舆注："因成知顺，桓、文是；因败知逆，鲁庄、晋厉是；亦有因败而得其顺者，宋襄是也。假位号，因成败，此圣人作《春秋》之意。因故事以明王义，事不虚而义则博贯。凡以维纲纪，定是非，始于止乱，终于致治。"苏说可从。

⑬麤(cū)："粗"的异体字。

⑭二名：两个字的名字。《公羊传》认为"二名"不符合礼仪。后王莽改制，即用《公羊》说，禁人二名。

【译文】

《春秋》的道义，得到的多就可以做君王，得到的少就可以做霸主。因此曾子、子石极力称赞齐侯，能够安抚诸侯，尊奉天子。这是霸王之道，都是依据仁而得来的。仁是天心，因此接着论述天心。最爱人之处，没有比担心忧患并预防它更大的，因此蔡国在吴国得志，鲁国在齐国得志,《春秋》都不记载。所以接着说:"与你有仇怨的人不可亲近,对敌国不要过分亲近,喜好占夺盗窃的国家不可以长久亲近,都是防止祸患、为人民除害的意思。"渐渐地不爱护人民,以至于死亡,因此说楚灵王、晋厉公被活活杀死在君位上,都是由于不仁导致的。也因此褒奖宋襄公不乘人之危,与其不行正道获胜,不如行正道而失败,《春秋》很看重它,并用它改变习俗,成就圣王的教化。所以子夏说:"《春秋》重视人,各种讥刺都是根据这一点,有的君主生活奢侈淫靡,使人愤怒,有的君主暴虐无道杀害人,最终都祸及自身。"所以子池说:"鲁庄公修筑高台,把柱子漆成红色,雕刻屋椽;晋厉公的刑法刻薄残酷,都得不到好死。"国君奢侈、刑罚残酷,都是因为心中没有恕道,对别人求全责备。所以接着论说《春秋》,依据人情,赦免小过失,因而《传》明确地说:"这是君子的话。"孔子说明得与失,表现成与败,痛恨当时的世道不仁义,丧失了王道的本体,因此依据人情,赦免小过失。《传》又明确地说:"这是君子的话。"孔子说:"我凭借往事,寓以王道之心。"假借周代的位号,以理顺人伦,根据成功与失败,以表明合理还是不合理。所以他所褒扬的,齐桓公、晋文公实行正道获得成功,他所厌恶的,乱国这样做,终究失败。所以《春秋》开始说重大的罪恶,杀死君主灭亡国家,结束时说赦免小过失,这也是从粗略处开始,从精微处终结。教化流行,恩泽遍布,天下的人,人人具有君子的德行,很少有过错,这也是讥刺"二名"的意思。

离合根第十八

【题解】

本篇重在论述君臣之道,人主法天,人臣法地。君主是根本,"以无为为道,以不私为宝";臣下是枝叶,要"比地贵信"、"竭情悉力"。二者之道虽然有差别,但在根本上是相合的、一体的。

天高其位而下其施,藏其形而见其光①。高其位,所以为尊也;下其施,所以为仁也;藏其形,所以为神②;见其光,所以为明。故位尊而施仁,藏神而见光者,天之行也。故为人主者法天之行,是故内深藏,所以为神;外博观,所以为明也;任群贤,所以为受成③;乃不自劳于事,所以为尊也;泛爱群生,不以喜怒赏罚,所以为仁也。故为人主者,以无为为道,以不私为宝。立无为之位而乘备具之官④,足不自动而相者导进⑤,口不自言而摈者赞辞⑥,心不自虑而群臣效当⑦,故莫见其为之而功成矣,此人主所以法天之行也。为人臣者法地之道,暴其形⑧,出其情以示人,高下、险易⑨、坚㹠⑩、刚柔、肥臞⑪、美恶,累可就财也⑫。故其形宜不宜,可得而财也。为人臣者比地贵信而悉见其情于主,主亦得而财之,故王道威而不失。为人臣常竭情悉力而见其短长,使主上得而器使之⑬,而犹地之竭竟其情也,故其形宜可得而财也⑭。

【注释】

①见:同"现",显露。

②神:神妙莫测。

③所以为受成:卢文弨注:"疑衍'所'、'为'二字。"俞樾说同。卢、俞之言,聊备一说。受成,享受成果。

④乘:凭借。苏舆注:"乘,因也。百官备具,因以为治。"

⑤相(xiàng):辅助,扶助。

⑥摈者赞辞:接待导引宾客的人帮助发言。摈,通"傧(bīn)",导引宾客。赞,帮助。

⑦效当:尽职尽责。

⑧暴(pù):暴露,显露。

⑨易:平坦。

⑩㮂(ruǎn):软弱,怯懦。

⑪臞(qú):同"癯",瘦。

⑫财:同"裁",裁断、判断。

⑬器使之:根据他的才能而加以任用。

⑭形宜可得而财:其形状性质可以由此加以判断。形,形质,指外形及内在的性质。

【译文】

　　上天的位置很高并降下雨露,隐藏它的形体并显露它的光芒。把它的位置抬高,以此来表示尊贵;降下雨露,以此来表示仁爱;隐藏它的形体,以此来表示它的神妙;显露它的光芒,以此来表示它的明亮。因此位置尊贵而施行仁爱,隐藏形体而显示光芒,这是上天的作为。因此作为君王应该效法上天的行为,于是在内深深地隐藏,以此来表示神妙;在外广泛地观察外物,以此来表示他的明察秋毫;任用众多贤能之人,以此来享受他们努力的成果;自己并不亲自去做事情,以此来表示他的尊贵;广泛地爱护老百姓,不因为欢喜而奖赏,也不因为生气而责罚,以此来表示仁爱。因此当君王的,把无所作为当作治国的正道,把大公无私作为治理国家的法宝。处于无所作为的位置上而依凭完备的官吏,自己不用亲自走路而自有辅佐礼仪的人引导进去,自己不用亲自说话而自有接待导引宾客的人帮助发言,自己不用亲自思考问题而各位大臣都会尽职尽责,所以没有人看见他有什么作为而他的功业就完成了,这就是君王效法上天的行为。作为大臣要效法大地的正道,显露他的形质,表现他的情性,以此向别人展示高或低、险峻或平坦、坚强或软弱、肥胖或瘦削、美好或丑恶,这些众多的事情都可以被裁决。所以他的形质合不合适,都可以裁决。当大臣的,要效法大地,重视诚信而向君主完全展示他的情性,君主也可以对他进行裁断,所以王道威严而不丧失。当大臣的要坚持尽心竭力而以此展示自己的长处和短处,使君主能够根据他的才能而加以任用,这就好像大地完全呈现它的情性一样,因此臣子的形质合不合适就可以加以裁决了。

立元神第十九

【题解】

本篇论述君王要树立根本,使自己具有超凡的才能和智慧,使国家安定团结、繁荣昌盛,使人民安居乐业、生活富足。其中"奉三本"(天、地、人)之说和要求人君"居阴而为阳",有较为鲜明的道家思想色彩。

君人者,国之元①,发言动作②,万物之枢机③。枢机之发,荣辱之端也④,失之豪厘,驷不及追⑤。故为人君者,谨本详始,敬小慎微⑥,志如死灰,形如委衣,安精养神,寂寞无为。休形无见影,掩声无出响,虚心下士⑦,观来察往⑧,谋于众贤,考求众人⑨,得其心,遍见其情,察其好恶,以参忠佞,考其往行,验之于今,计其蓄积,受于先贤。释其仇怨,视其所争,差其党族,所依为臬⑩,据位治人⑪,何用为名⑫?累日积久,何功不成?可以内参外,可以小占大,必知其实,是谓开阖。君人者,国之本也,夫为国,其化莫大于崇本。崇本则君化若神⑬,不崇本则君无以兼人。无以兼人,虽峻刑重诛,而民不从,是所谓驱国而弃之者也,患孰甚焉!何谓本?曰:天地人,万物之本也⑭。天生之,地养之,人成之。天生之以孝悌，地养之以衣食，人成之以礼乐，三者相为手足，合以成体，不可一无也。无孝悌，则亡其所以生；无衣食，则亡其所以养；无礼乐，则亡其所以成也。三者皆亡，则民如麋鹿，各从其欲，家自为俗，父不能使子，君不能使臣，虽有城郭，名曰虚邑。如此，其君枕块而僵⑮，莫之危而自危，莫之丧而自亡，是谓自然之罚。自然之罚至，重袭石室，介障险阻⑯，犹不能逃之也。明主贤君，必于其信，是故肃慎三本⑰：郊祀致敬，共事祖祢，举显孝悌，表异孝行，所以奉天本也⑱；秉耒躬耕，采桑亲蚕，垦草殖谷，开辟以足衣食，所以奉地本也⑲；立辟雍庠序，修孝悌敬让，明以教化，感以礼乐，所以奉人本也⑳。三者皆奉，则民如子弟，不敢自专，邦如父母，不待恩而爱，不须严而使，虽野居露宿，厚于宫室。如是者，其君安枕而卧，莫之助而自强，莫之绥而自安，是谓自然之赏。自然之赏至，虽退让委国而去㉑，百姓襁负其子㉒，随而君之，君亦不得离也。故以德为国者，甘于饴蜜，固于胶漆㉓，是以圣贤勉而崇本，而不敢失也。君人者，国之证也㉔，不可先倡㉕，感而后应。故居倡之位，而不行倡之势，不居和之职，而以和为德，常尽其下，故能为之上也。

【注释】

①元：根本。作为人民的君，是国家的根本。

②发言动作：指国君的一言一行。

③万物之枢机：君之道包含万事万物。枢机，关键。

④"枢机之发"二句：枢机之发，指国君的言行一旦发出，就会有很大影响，好的为荣，坏的为辱。表明关键作用。

⑤"失之豪厘"二句：国君言行如果有一点差错，追悔莫及。豪，同"毫"。驷，四匹马拉的车，奔走很快。

⑥"谨本详始"二句：因为国君言行影响极大，所以要从一开始就认真做好根本性的工作，要非常谨慎地处理哪怕很小的事情。

⑦虚心下士：国君虚心听取下层人士的意见。

⑧观来察往：不但听其言，还要观其行，观察来往行动。

⑨"谋于众贤"二句：《尚书·洪范》有"谋及乃心，谋及卿士，谋及庶人，谋及卜筮"的记载。卿士，即众贤。众人，即庶人。

⑩臬(niè)：标准。惠栋校作"宗"，宗即宗旨。"臬"或"宗"，二者皆可通。

⑪据位治人：凭借君王的地位来管理人民。

⑫何用：旧本皆作"用何"，惠栋校作"何用"，是，今从惠校。

⑬崇本则君化若神：本就是国君，崇本就是要神化国君。

⑭万物之本：此篇讲本，意义不同。君是本，天地人又是三本。

⑮枕块而僵：贾谊《新书·先醒篇》讲到：虢君无道，国破逃亡，枕驾车夫膝盖而睡。车夫以土块代膝盖，逃走。虢君遂饿死，为禽兽食。块，土块。僵，死亡。

⑯"重袭石室"二句：重，旧本皆作"裹"。"介"，旧本并作"分"。《淮南子·览冥训》："重袭石室，介障险阻，其无所逃之。"重袭，双重。介障，界隔的屏障。介，同"界"。

⑰肃慎三本：肃慎，恭敬谨慎。三本，指天地人。

⑱"郊祀致敬"五句：郊祀致敬，祭祀天地。共事祖祢(mí)，恭敬地事奉先人的庙堂。共，同"恭"，恭敬。祖，祖先庙。祢，父庙。这是在提倡孝道，孝是天经地义的。所以，祭天祀地，提倡孝道，都是奉天之本。

⑲"秉耒躬耕"五句：耕地、桑蚕，进行农业生产，解决衣食需要，就是奉地本。耒(lěi)，古代的一种农具，形状像木叉。躬耕，汉朝

从文帝开始，亲自耕籍田，所收粮食供祭祀用。亲蚕，皇后亲自种桑树养蚕，也供祭祀使用。

⑳"立辟雍庠序"五句：辟雍庠序，天子皇族的学校为辟雍，乡校曰庠，里学曰序。古代教育机构，就是各级学校。孝悌敬让，这是培养道德素质的基础。礼乐教化，是教化的主要内容。这是奉人本。

㉑退让委国而去：《礼记·曲礼》疏："应进而迁曰退，应受而推曰让。"委，放弃、丢弃。

㉒百姓襁（qiǎng）负其子：《论语·子路》："樊迟请学稼。子曰：'……夫如是，则四方之民襁负其子而至矣，焉用稼！'"襁负，用布包着婴儿背着。襁，婴儿的被子。

㉓"甘于饴（yí）蜜"二句：比饴糖和蜂蜜还甜，比胶与漆的黏性还大。比喻以德治国的优越性。饴，用米、麦制成的糖浆、糖稀。胶，用动物的角或皮制成的用以黏合器物的物质，黑驴皮胶还是一种中药。

㉔证：证验。

㉕倡：倡导。《淮南子·主术训》："主道昌者，运转而无端，化育如神，虚无因循，常后而不先。"当时有一种观点：君主无为，臣下有为。君主居于倡导之位，却不首倡。

【译文】

　　君王是国家的根本，说话和做事，是万物的关键。关键的发起，就是荣辱的开端，稍有疏忽，虽只差了一点点，到后来连四匹马拉的车也追赶不上了。所以做君主的，应该谨慎地对待根本性的东西，在开始时非常仔细，对小事也很恭敬地去做，对细微的事也很谨慎，他的心志如冷灰一样平静，他的形体如陈设的衣服一样无所作为，安心修养精神，寂寞而无有作为。休息形体不见影子，掩盖住口不出声音，虚心地向士人请教，观察事情的来龙去脉，和各位贤才商量，征求大众的意见，了解到他们的内心,体谅他们的情志,观察他们的喜好和厌恶,以省察是忠臣还是奸佞,考察他们过去的行为,并在当今验证它,计算他们日常的所作所为,有多少是承受古代贤人的。消除他们的仇怨,观察他们所争执的东西,分别他们的亲族和姻亲,看他们所尊敬的人,凭借君王的地位管理人民,哪里还用得着求取名声呢? 经历很长时间的积累,还担心什么样的功效做不成呢? 可以从内部考察外部,可以用小事去占验大事,一定能知道它的实质,这就是关键的道理。君王是国家的根本,治理国家,它的教化没有比崇尚根本更重要的。崇尚根本就会使君王的教化像神明一样,不崇尚根本就会使君王无法胜过别人。无法胜过别人,即便是严刑峻法,老百姓还是不会顺从,这就等于把国家抛弃掉,祸患哪有比这更厉害的呀! 什么叫做根本? 回答是:天、地、人,这就是万物的根本。天生长万物,地养育万物,人成就万物。天用孝悌生长万物,地用衣食养育万物,人用礼乐成就万物,这三者的关系就好比人的手和足,合起来成为一个整体,缺一不可。没有孝悌,就失去了它生长的依据;没有衣食,就丧失了养育的条件;没有礼乐,就失去了成就的保证。三者都丧失了,老百姓就会像禽兽一样,各自放纵他们的欲望,每个家庭自己养成一种风俗,父亲不能役使儿子,君王不能役使大臣,虽然有城郭,却是一座空虚的城邑。像这样,君王头枕土块而死,没有人威胁而自己处于危险境地,没有人要消灭他却自己灭亡了,这就是自然给予他的惩罚。自然的惩罚到来了,即使有双重石房子,有界隔的屏障和险关阻拦,也不能逃避处罚。贤明的君主,如果真的相信这些道理,就要恭敬谨慎地对待这“三本”:祭祀上天与土地表达敬意,恭敬地事奉先人庙堂,表扬孝悌,表彰孝行,以此来事奉“天本”;皇帝手执农具亲自耕种,皇后亲自采桑养蚕,除草种谷,开垦土地以使衣食富足,以此来事奉“地本”;设立学校,修习孝悌、恭敬和谦让,以教化使人明白,以礼乐使人感动,以此来事奉“人本”。对这三者都事奉,那么老百姓就会像你的儿子或弟弟,不敢自作主张,君王就像父母一样,不要等待有恩惠才去爱护他们,不一定要威严地役使他们,虽然居住在野外,睡在露天里,也比宫殿中厚实。如果像这样,他们的君主就安逸地睡在枕头上,没有人帮助他却自然强大,没有人安抚他而自然安稳,这就是自然的奖赏。自然的奖赏到来的时候,纵然想退让丢弃国家而离去,老百姓还是会背着孩子紧紧跟随他们的君王,君王也就没有办法离开了。因此用美德去治理国家的人,就比蜜糖还甘甜,比胶和漆还稳固,因此圣贤们勉励自己崇尚根本,不敢有所闪失。君王是国家的征验,不能率先倡导,对臣下的作为有所感受然后加以回应。因此虽坐在先导的位置,却不实行首倡的权力,虽不担负应和的职责,却有善于应和的美德而常使臣下尽心尽责,所以能处于君王的上位。

体国之道①,在于尊神②。尊者,所以奉其政也③;神者,所以就其化也④,故不尊不畏,不神不化。夫欲为尊者,在于任贤;欲为神者,在于同心⑤。贤者备股肱⑥,则君尊严而国安;同心相承⑦,则变化若神;莫见其所为而功德成,是谓尊神也。

【注释】

①体:治理。

②尊神:尊贵和神圣。

③奉:辅助。

④就:成就,完成。

⑤同心:指上下一心,思想认识一致。

⑥股肱(gōng):指辅佐君王的大臣。《左传》昭公九年:"君之卿佐,是谓股肱。"

⑦相承:互相契合。

【译文】

治理国家的道理，就在于尊贵和神圣。尊贵，是用来辅助政治的；神圣，是用来成就其教化的，因此不尊贵就不能使人敬畏，不神圣就不能教化别人。想让自己尊贵，就在于任用贤能的人；想让自己神圣，就在于上下一心。贤能的人充任辅佐的大臣，那么君王就尊贵威严而国家安宁；君臣心思互相契合，那么变化莫测就像神明一样；看不到他有什么作为，而功业和德行却成就了，这就叫做尊贵和神圣。

天积众精以自刚，圣人积众贤以自强；天序日月星辰以自光，圣人序爵禄以自明①。天所以刚者，非一精之力；圣人所以强者，非一贤之德也。故天道务盛其精，圣人务众其贤。盛其精而壹其阳②，众其贤而同其心。壹其阳，然后可以致其神；同其心，然后可以致其功。是以建治之术③，贵得贤而同心④。为人君者，其要贵神。神者，不可得而视也，不可得而听也⑤，是故视而不见其形，听而不闻其声。声之不闻，故莫得其响；不见其形，故莫得其影⑥。莫得其影，则无以曲直也；莫得其响，则无以清浊也。无以曲直，则其功不可得而败；无以清浊，则其名不可得而度也⑦。所谓不见其形者，非不见其进止之形也，言其所以进止不可得而见也；所谓不闻其声者，非不闻其号令之声也，言其所以号令不可得而闻也。不见不闻，是谓冥昏⑧。能冥则明，能昏则彰。能冥能昏，是谓神人。君贵居冥而明其位，处阴而向阳⑨，恶人见其情而欲知人之心。是故为人君者，执无源之虑，行无端之事，以不求夺⑩，以不问问⑪。吾以不求夺，则我利矣⑫；彼以不出出⑬，则彼费矣⑭。吾以不问问，则我神矣；彼以不对对⑮，则彼情矣⑯。故终日问之，彼不知其所对；终日夺之，彼不知其所出。吾则以明，而彼不知其所亡。故人臣居阳而为阴，人君居阴而为阳。阴道尚形而露情，阳道无端而贵神⑰。

【注释】

①"天序"二句：苏舆注："《白虎通·封公侯篇》：'天虽至神，必因日月之光；地虽至灵，必有山川之化；圣人虽有万人之德，必须俊贤。'《盐铁论·相刺篇》：'天设三光以照记，天子立公卿以明治。'"

②壹：专一。

③建治之术：建设治理国家的方法。

④贵得贤而同心：《公羊传》隐公元年何休注："君敬臣则臣自重，君爱臣则臣自尽。"强调君王要礼贤下士，"采善于人"（赵岐《孟子·公孙丑章句》），上下一心，这样就会"贤者归往"（《南有嘉鱼》郑笺）。

⑤"神者"三句：苏舆注："《管子·心术篇》：'是故有道之君，其处也若无之，其应物也若偶之，静因之道也。'《韩非子·难三》云：'术者，藏之于胸中，以偶众端，而潜御群臣者也。'"董仲舒在其思想学说的建构中杂取百家之学以为己用，这里就是汲取的黄老道家和法家的思想资源。

⑥"声之"四句：苏舆注："非无声形也，以臣言为声，臣事为形，故人君若神耳。案：声之不闻，疑当作'不闻其声'。"苏说可从，下文有"所谓不闻其声者，非不闻其号令之声也"，是其证也。

⑦度（duó）：度量，测度。

⑧冥昏：幽暗。冥，幽深。昏，昏暗、暗昧。

⑨处阴而向阳：本书《王道篇》："古者，人君立于阴，大夫立于阳。"

《管子·心术上》:"人主者立于阴,阴者静,故曰动则失位,阴则能制阳矣,静则能制动矣。"

⑩以不求夺:不用要求人家就能取得要得到的东西。

⑪以不问问:不用口头问人家就能达到问人家的目的。

⑫"吾以"二句:"吾"、"我",皆指君主而言,下文同此。

⑬彼以不出:臣子不想付出而实际上已经付出了。彼,指臣子而言,下文同此。

⑭费:花费,耗损。

⑮以不对对:不回答问话而实际上已经回答了。

⑯情:指吐露实情。

⑰"阴道尚形"二句:苏舆注:"《荀子·正论篇》论'主道利周'一段,与此微异。司马谈《论六家要指》云:'儒者则不然,以为人主天下之仪表也,主倡而臣和,主先而臣随。如此则主劳而臣逸。'此篇颇参道家之旨,然归之用贤,故是正论。《说苑·君道篇》师旷曰:'人君之道,清静无为,务在博爱,趋在任贤。'即此旨。汉初老学盛行,此二篇疑是盖公诸人之绪论,而时师有述之者。或董子初亦兼习道家,如贾生本儒术,而所著书时称引黄老家言。……"苏说是。董仲舒熔铸道、墨、名、法、阴阳诸家之学为一炉,而以儒术为本,故其不失为儒家。本篇汲取道、法两家之说而立论,故与先秦儒家之说旨趣稍异。

【译文】

上天积聚众多精气以使自己刚健,圣人积聚众多贤人以使自己强大;上天排列日月星辰的次序以使自己光辉,圣人排列爵禄的等级以使自己明智。天之所以刚健,不是靠一种精气的力量;圣人之所以强大,不是靠一个贤人的德行。因此天道致力于使其精气旺盛,圣人致力于使其贤人众多。精气旺盛而使得阳气专一,积聚众多贤人而使他们齐心协力。使阳气专一,然后才可以达到神妙的地步;使贤人们齐心协力，然后才可以达成其功业。因此建设治理国家的方法，贵在得到贤人并齐心协力。作君主的，关键就是贵在神妙。所谓神妙，是看不见的，也听不到的，因此看也看不见他的形质，听也听不到他的声音。听不到他的声音，所以得不到他的声响；看不见他的形质，所以得不到他的影子。得不到他的影子，就无法判断他的曲或直；得不到他的声响，就无法辨别他的清或浊。无法判断他的曲或直，那么他的功业就不能被败坏；无法分辨他的清或浊，那么他的名声就不能被度量。所谓看不见他的形质，不是指看不见他前进或停止的形质，而是指看不见他之所以前进或停止的原因；所谓听不到他的声音，不是指听不到他发号施令的声音，而是指听不出他之所以发号施令的原因。看不见、听不到，这就叫做幽暗。能够做到幽深就能够显明，能够做到暗昧就能够彰显。能够达到到幽深暗昧的地步，这就叫做神妙。君主贵在居于幽深之处而能明了自己所处的位置，处在北面而面对南面，厌恶别人看到他的心思，却想要知道别人的内心想法。因此作君主的，执持没有根源的思虑，做没有端绪的事情，不用要求人家就能取得想要得到的东西，不用口头问人家就能达到问人家的目的。君主不用要求人家就能取得想要得到的东西，那么君主就获利了；臣子不想付出而实际上已经付出了，那么臣子就耗费了。君主不用口头问人家就能达到问人家的目的，那么君主就变得神妙了；臣子不回答问话而实际上已经回答了，那么臣子其实已经吐露实情了。因此君主整日都问臣下，臣子就不知道回答的是什么话了；君主整日获取臣下的东西，臣子就不知道拿出来的是什么东西了。君主已经明白了，臣子却不知道他到底失去了什么。因此臣子处在南面而面对北面，君主处在北面而面对南面。臣子之道就是要显现形质而暴露实情，君王之道就是不露端倪而崇尚神妙。

保位权第二十

【题解】

　　本篇杂取《韩非子》的旨趣,论述国君巩固自己地位和权力的方法。君王要顺从人民的好恶,实行赏罚,因其所好而奖赏,因其所恶而惩罚,这样百姓就会劝善归德,畏威而不敢为非。君王只要掌握威、德二柄,那么地位和权力就会十分牢固。

　　民无所好,君无以权也①;民无所恶,君无以畏也②;无以权,无以畏,则君无以禁制也;无以禁制,则比肩齐势③,而无以为贵矣。故圣人之治国也,因天地之性情、孔窍之所利④,以立尊卑之制,以等贵贱之差。设官府爵禄,利五味,盛五色,调五声,以诱其耳目;自令清浊昭然殊体⑤,荣辱踔然相驳⑥,以感动其心。务致民令有所好,有所好,然后可得而劝也,故设赏以劝之;有所好,必有所恶,有所恶,然后可得而畏也,故设罚以畏之。既有所劝,又有所畏,然后可得而制⑦。制之者,制其所好,是以劝赏而不得多也;制其所恶,是以畏罚而不可过也⑧。所好多,则作福;所恶多,则作威。作威则君亡权⑨,天下相怨;作福则君亡德,天下相贼。故圣人之制民,使之有欲,不得过节;使之敦朴,不得无欲。无欲有欲,各得以足,而君道得矣。国之所以为国者,德也;君之所以为君者,威也。故德不可共,威不可分。德共则失恩,威分则失权,失权则君贱,失恩则民散,民散则国乱,君贱则臣叛。是故为人君者,固守其德,以附其民;固执其权,以正其臣。

【注释】

①权:通"劝",劝勉。指奖赏、鼓励。下文"无以权,无以畏"之"权"同此。

②畏:害怕,指用惩罚使人民害怕。

③比肩:比喻地位平等。苏舆注:"君民齐势,乱之端也。《管子·明法解》:'明主之治也,县爵禄以劝其民,民有利于上,故主有以使之。立刑法以威其下,下有畏于上,故主有以牧之。故无爵禄则主无以劝民,无刑罚则主无以威众。'"

④孔窍:指耳目口鼻。喻官能欲望。

⑤清浊昭然殊体:清浊,琴以弦的紧缓为清浊。昭然,明显。殊体,不同体。

⑥荣辱踔(chuō)然相驳:荣辱,以赏罚为荣辱。踔然,灼然。相驳,不同。

⑦"既有所劝"三句:劝、畏是统治的两手。《淮南子·泰族训》:"民有好色之性,故有大婚之礼;有饮食之性,故有大飨(xiǎng)之谊;有喜乐之性,故有钟鼓管弦之音;有悲哀之性,故有衰绖(cuī dié)哭踊(yǒng)之节。故先王之制法也,因民之所好而为之节文者也。因其好色,而制昏姻之礼,故男女有别;因其喜音,而正雅、颂之声故风俗不流;因其宁家室、乐妻子,教之以顺,故父子有

亲;因其喜朋友,而教之以悌,故长幼有序。然后修朝聘以明贵贱,乡饮习射,以明长幼;时搜振旅,以习用兵也。入学庠序,以修人伦,此皆人之所有于性,而圣人之所匠成也。"

⑧"制其所好"四句:赏罚不可过滥。《左传》襄公二十六年:"赏僭(jiàn),则惧及淫人;刑滥,则惧及善人。若不幸而过,宁僭勿滥。与其失善,宁其利淫。无善人,则国从之。"这就是后来所谓"宁右勿左"。法律上无罪推定,也在于不冤枉好人。

⑨作威则君亡权:作威,擅自惩罚。《韩非子·外储说右下》:"司城子罕谓宋君曰:'庆赏赐予,民之所喜也,君自行之。杀戮诛罚,民之所恶也,臣请当之。'宋君曰:'诺。'于是出畏令,诛大臣,君曰'问子罕'也。于是大臣畏之,细民归之。处期年,子罕杀宋君而夺政。故子罕为出彘(zhì)而夺其君国。"

【译文】

百姓没有什么喜好,那么君王就没有办法劝勉;百姓没有什么厌恶,君王就没有什么让人畏惧的。没有劝勉的办法,没有使人畏惧的办法,那么君王就无法约束人民;没有办法约束,那么地位相等、势力相当,就没有办法显出高贵来。因此圣人治理国家,顺应天地的性情,人们耳目口鼻的喜好,以确立尊卑的制度,以区分贵贱的差别。设立官府和爵禄,调和五味,使色彩丰富,调节各种声音,以诱导人们的听觉和视觉;自然使得清与浊明显不同体,荣与辱明显有差异,以感动他们的内心。一定要使百姓有所喜好,有所喜好,然后才能对他们进行劝勉,于是设立奖赏来劝勉他们;有所喜好,必定有所厌恶,有所厌恶,然后才能使他们敬畏,于是设立刑罚来使他们敬畏。既有所劝勉,又有所畏惧,然后就可以管制他们。所谓管制,就是管制他们所喜好的,因此劝勉和赏罚就不可太多;管制他们所厌恶的,因此使他们畏惧和受处罚就不要太过分。所喜好的多了,就会擅自赏赐;所厌恶的多了,就会擅自处罚。擅自处罚就会使君王丧失权力,天下的人都会埋怨他;擅自赏赐就会使君主丧失德行，天下的人想杀死他。所以圣人管制人民，使他们有欲望，但又不能过分；使他们淳朴敦厚，但又不能没有欲望。各自得到满足，于是君道就通行了。国家之所以成其为国家，是因为有道德；君王之所以成其为君王，是因为有权威。因此道德不可以共同持有，而权威不可以分享。道德共有就会失去恩惠，权威分享就会失去权力，失去权力就会使君王低贱，失去恩惠就会使人民涣散，人民涣散就会使国家混乱，君王低贱就会使大臣背叛。因此做君王的人，坚持自己的德操，以使老百姓归附；坚固地把持权力，以使大臣正直。

声有顺逆，必有清浊；形有善恶，必有曲直。故圣人闻其声，则别其清浊；见其形，则异其曲直。于浊之中，必知其清；于清之中，必知其浊；于曲之中，必见其直；于直之中，必见其曲。于声无小而不取，于形无小而不举。不以著蔽微，不以众掩寡，各应其事，以致其报①。黑白分明，然后民知所去就②，民知所去就，然后可以致治③，是为象则④。为人君者，居无为之位，行不言之教⑤，寂而无声，静而无形，执一无端，为国源泉⑥。因国以为身，因臣以为心，以臣言为声，以臣事为形。有声必有响，有形必有影。声出于内，响报于外；形立于上，影应于下⑦。响有清浊，影有曲直，响所报非一声也，影所应非一形也。故为君，虚心静处，聪听其响，明视其影，以行赏罚之象⑧。其行赏罚也，响清则生清者荣，响浊则生浊者辱；影正则生正者进，影枉则生枉者绌⑨。擎名考质⑩，以参其实。赏不空施，罚不虚出⑪。是以群臣分职而治，各敬而事⑫，争进其功，显广其名⑬，而人君得载其中⑭，此自然致力之术也。圣人由之，故功出于臣，名归于君也⑮。

【注释】

① "各应其事"二句：指各自和他们的事情相应，以得到相当的结果回报。

② 去就：去留，进退。去，离开。就，接近、靠近、趋向。

③ 致治：达至太平。治，治理得好、太平，与"乱"相对。

④ 象则：法则、规范准则。《左传》襄公三十一年："其臣畏而爱之，则而象之，故能有其国家。"

⑤ "为人君者"三句：语本《老子》第二章："是以圣人处无为之事，行不言之教。"

⑥ "寂而无声"四句：这里是说为人君者恭默于上、精一执中而不依于一端，故能开一国风化之源。《韩非子·主道篇》言为君者："寂乎其无位而处，漻（liáo）乎莫得其所。"董仲舒之言盖本于此。

⑦ "有声必有响"六句：《列子·天瑞篇》："《黄帝书》曰：'形动不生形而生影，声动不生声而生响。'"这里是说形、声皆生于此而应于彼，民之于君，上行下效，因而君主施政于民，要时刻注意自己的一言一行。

⑧ "故为君"五句：这里是说君主要自处虚静无为之位，而以其聪明察其群臣，根据得失而行赏罚。

⑨ "其行赏罚也"五句：苏舆注："寄影响于臣下，清浊正枉，又在任人当否。"张之纯《春秋繁露评注》："以考绩定诸臣黜陟（chù zhì），以民之影响定官之曲直。"苏、张之说可从。进，升迁。绌（chù），通"黜"，废、贬退。

⑩ 擥（lǎn）：同"揽"，引取、依据。

⑪ "赏不空施"二句：《公羊传》隐公元年何诂："明君按见劳授赏，则众誉不能进无功；按见恶行诛，则众谗不能退无罪。"《韩非子·说疑》："凡治之大者，非谓其赏罚之当也。赏无功之人，罚不辜之民，非所谓明也。赏有功，罚有罪，而不失其人，方在于人者

也,非能生功止过者也。"正是此意。

⑫"是以群臣"二句:而,犹"其",如《左传》襄公十八年:"必使而君,弃而封守。"两个"而"字均作代词使用。

⑬显广:显扬光大。

⑭载:安定。《老子》二十九章"或载或隳(huī)"河上公注:"载,安也。"

⑮"圣人由之"三句:这里是说,臣有事而君无事,臣劳君逸,则天下可治、位权可保。苏舆注:"董论阴阳五行,亦多此旨。"本书《五行对》曰:"勤劳在地,名归于天。"正是此意。董仲舒于此篇立论兼采道、法两家之言而归为己用。

【译文】

声音有顺有逆,就必定有清有浊;形质有善有恶,就必定有曲有直。因此圣人听到他的声音,就能够辨别他是清或浊;看见他的形质,就能够区分他是曲或直。在浊当中,一定要知道他的清;在清当中,一定要知道他的浊;在曲当中,一定要看到他的直;在直当中,一定要看到他的曲。对于声音不因为它细小就不听取,对于形质不因为它微小就不推举。不用显著的遮蔽细微的,不用众多的去掩盖寡少的,各自和他们的事情相应,以得到相当的结果回报。黑的与白的能够分别清楚,然后老百姓就知道该如何去留进退了,老百姓知道如何去留进退了,然后国家就可以治理得好了,这就是治理国家的法则。作君主的,居于无所作为的位置上,施行不用说话的教化,寂静而不发出声音,清静而不显露形质,精一执中而不依于一端,为治理国家开辟源头活水。把国家作为他的身体,把臣子作为他的心腹,把臣子说的话作为他的声音,把臣子做的事作为他的形质。有声音必定会有回响,有形质必然会有影子。声音从内部发出,回响就会在外面加以回应;形质在上面站立,影子就会在下面加以映现。回响有清有浊,影子有曲有直,回响所回应的不是一种声音,影子所映现的也不是一种形质。因此作君主的,要虚灵其心而自处于无为之位,灵敏地倾听他的回响,清楚地察看他的影子,以此来施行奖赏或惩罚。君主施行奖赏或惩罚,对回响清晰并且表现清净的人给予荣耀,对回响混浊并且表现污浊的人给予羞辱;对影子端正并且表现正直的人加以升迁,对影子弯曲并且表现不正直的人加以罢退。要依据名声来考察他的实质,以参验他的真实情况。不凭空奖赏,也不凭空惩罚。于是各位臣子分守其职而进行治理,各自认真地办自己的事,争相表现他们的功劳,显扬光大自己的名声,而君主则能够在其中安定自得,这是使臣子自然而然发挥能力的方法。圣人照着这样去做,那么功业由臣子建立,而名声却归属于君王。

考功名第二十一

【题解】

考功名,即考察各级官吏的功劳与名声。本篇论述了考察官吏的必要性,提出了理论依据,并且谈到考核方法以及奖惩措施。作者强调,实绩应该与名号(即职位)相当,考察时应该根据实绩,而外在的名声与取得实绩的手段则是不重要的;只有赏罚得当,才能使官吏们尽忠职守、建功立业。同时对考评的等级提出了"九品"之说。

考绩之法①,考其所积也。天道积聚众精以为光,圣人积聚众善以为功②。故日月之明,非一精之光也;圣人致太平,非一善之功也。明所从生,不可为源;善所从出,不可为端③。量势立权④,因事制义⑤。故圣人之为天下兴利也,其犹春气之生草也,各因其生小大而量其多少;其为天下除害也,若川渎之写于海也⑥,各随其势倾侧而制于南北⑦。故异孔而同归⑧,殊施而钧德⑨,其趣于兴利除害一也⑩。是以兴利之要,在于致之⑪,不在于多少;除害之要,在于去之,不在于南北⑫。

【注释】

①考绩:考核官吏的政绩。《尚书·舜典》:"三载考绩,三考黜陟
幽明。"

②"天道积聚众精以为光"二句:刘师培云:"案:两'聚'字均衍文。
《立元神篇》曰:'天积众精以自刚,圣人积众贤以自强。'《通国身
篇》云:'治身者以积精为宝,治国者以积贤为道。'均无'聚'字。
又上云'考其所积',此蒙彼言,则无'聚'字甚明。盖'聚'、'众'
形近,别本讹'聚'为'众',校者并存其文。"刘说可从。精,精气。

③"明所从生"四句:冒广生云:"'源'当作'元',声同而误。'为元'
与'为端',皆公羊家言。《公羊传》隐公元年:'变一为元。'《公羊
传》庄公十八年疏:'端,犹始也。'"冒说可从。源,源头。端,
端绪。

④量势立权:度量各种情势,树立不同的标准。量,度量。权,
标准。

⑤因事制义:依据具体事物,制定不同的规则。因,依凭、根据。
义,规则、法则。

⑥若川渎(dú)之写于海也:渎,泛指通海的河流、大川。《白虎通
义·巡狩篇》:"谓之渎何? 渎者,浊也。通中国垢浊,发源东注
海,其功著大,故称渎也。"《尔雅·释水》:"江、淮、河、济为四渎。
四渎者,发源注海者也。"写,同"泻",倾注、倾泻。

⑦制于南北:流向南方或者北方。即因势利导之意。

⑧异孔而同归:犹言"殊途而同归"。孔,孔道、途径。

⑨殊施而钧德:具体做法不一致而表现出来的德行是一样的。钧,
同"均",同样的。

⑩趣(qū):同"趋",趋向、趋附。

⑪致之:达到,取得。

⑫"除害之要"三句:苏舆注:"以兴利除害为考善之法。置官吏者,

所以安民氓也。去害在因时地,不能一术,故云不在于南北。"苏说是。

【译文】

考核官吏政绩的方法,就是考察他们所积累的功劳和过失。上天积累众多的精气而产生光明,圣人积累众多的善事而建立功业。所以日月的光辉,不是某一种精气所发出的光亮;圣人使得天下太平,不是某一桩善事所建立的功业。产生光明的东西,不可以成为本源;做出善事的人,也不可以成为端始。度量各种情势而树立不同的标准,依据具体事物而制定不同的规则。因此圣人为天下之人谋取福利,就像是春天温暖之气促成草木生长一样,根据草木各自的大小而给予相当的温暖之气;圣人为天下之人消除祸害,就像是河川奔流注入大海一样,顺着它们各自所处的地势而流向南方或北方。所以,途径虽然不同而归宿相同,具体做法不一致而表现出来的德行是一样的,它们在趋向于兴利除害这一点上是一致的。因此谋取福利的关键,在于最终的获得,不在于行动的多少;消除祸害的关键,在于真正消除它,不在于采取什么手段。

考绩黜陟①,计事除废②,有益者谓之公,无益者谓之烦③。鞷名责实④,不得虚言,有功者赏,有罪者罚,功盛者赏显,罪多者罚重。不能致功,虽有贤名,不予之赏;官职不废⑤,虽有愚名,不加之罚。赏罚用于实,不用于名;贤愚在于质,不在于文。故是非不能混,喜怒不能倾⑥,奸轨不能弄⑦,万物各得其冥⑧,则百官劝职⑨,争进其功。

【注释】

①考绩黜(chù)陟:考核官吏的政绩,优者升迁,劣者贬退。黜,贬

退。陟，升迁。《公羊传》隐公元年何休注："《春秋》拨乱世，以绌陟为本。"

②记事除废：计量官吏的政事，好的任命，坏的罢免。除，任命、授职。废，黜废、罢官。

③烦：烦扰。苏舆注："无益之事扰民，故曰'烦'。"

④睾名责实：根据名声来求取实效。责，要求、索取。实，实效、实际。

⑤官职不废：官吏执掌其职而不废弃。职，执掌。《汉书·季布传》颜师古注："职，主掌其事。"

⑥倾：竭尽。

⑦奸轨不能弄：为非作歹的人不能捣乱作弄。奸轨，亦作"奸宄(guǐ)"，为非作歹的人。《左传》成公十七年："乱在外为奸，在内为轨。"弄，作弄、搅扰。宋本注曰："一作筭(suàn)。"钟肇鹏案："'筭'即'算'字，'算'即暗算。'弄'乃'筭'之误。"钟说亦可通，但稍显迂曲，实不必改字。

⑧冥：宋本、殿本作"真"，实情的意思，于义为长。《春秋》言事贵"名物如其真"。

⑨劝职：互相勉励，恪尽职守。

【译文】

根据考核政绩的优劣来决定官吏的升迁或贬退，审查政事的好坏来决定官吏的任命或罢免，对人民有益处的叫做"公"，对人民没有益处的叫做"烦"。根据名声来求取实效，不能只是空谈，有功劳的人给予奖赏，有罪过的人进行处罚，功劳大的人赏赐就多，罪过多的人处罚就重。不能建立功劳的人，即使有贤能的名声，也不给予奖赏；官吏执掌其职而不废弃，即使有愚昧的名声，也不加以处罚。赏罚的施行要依据实际情形，而不能依据官吏的名声；贤能与否在于官员的实质，而不在于他们的外在表现。这样的话，事情的是非就不会混淆，人的喜怒之情就不能竭尽，为非作歹的人也不能搞乱作弄，万事万物都能得到真实地反映，官吏们就会互相勉励而恪尽职守，争相去建功立业。

考试之法：大者缓，小者急，贵者舒，而贱者促①。诸侯月试其国②，州伯时试其部③，四试而一考④。天子岁试天下，三试而一考⑤。前后三考而绌陟⑥，命之曰计⑦。

【注释】

①"大者缓"四句：大、小、贵、贱，此四者皆指爵位与功名之高下而言。

②诸侯月试其国：诸侯每个月都要考试其国内的官吏。汉朝主要是继承了秦朝的郡县制，但是仍然册封了少量的诸侯国。

③州伯时试其部：州长每个季度在其所辖范围内举行一次小型的考核。州伯，州长，指郡县制的地方长官。时，一个季度，即三个月。部，地方区域。

④四试而一考：一岁四试，一年一考。

⑤"天子"二句：天子每年考试各个诸侯国，三岁一考。

⑥前后三考而绌陟：先后进行三次大型的考核而根据官吏的政绩来决定其升迁或贬退。苏舆注："《路史》注引《书大传》曰：'三岁小考，正职而行事。九岁大考，黜无职，赏有功也。一之三以至九年，天数穷矣，阳德终矣。'《史记·五帝纪》：'三载考一功，三考黜陟。'"

⑦计：考核官吏。《周礼·天官·小宰》："以听官府之六计，弊群吏之治。"

【译文】

考核的方法：大范围的考核要频率低一些，小范围的考核频率要高一些，对职位高的官吏考核要频率低一些，对职位低的官吏考核要频率高一些。诸侯应该每个月在其国对官吏进行一次小型的考核,州长每个季度在其所辖范围内举行一次小型的考核,在四次小型考核之后就应该举行一次大型的考核。天子应该每年在全国范围内举行一次小型的考核,三次小型考核之后就应该举行一次大型考核。先后进行三次大型的考核而根据官吏的政绩来决定其升迁或贬退,给这项活动起个名字,可以叫做"计"。

考试之法,合其爵禄①,并其秩②,积其日③,陈其实④,计功量罪,以多除少⑤,以名定实。先内弟之⑥,其先比二三分,以为上中下⑦,以考进退,然后外集⑧,通名曰进退。增减多少,有率为弟九⑨,分三三列之,亦有上中下。以一为最,五为中,九为殿⑩。有余归之于中⑪,中而上者有得⑫,中而下者有负⑬。得少者以一益之,至于四,负多者以四减之,至于一,皆逆计⑭。三四十二而成于计,得满计者绌陟之⑮。次次每计,各逐其弟,以通来数⑯。初次再计,次次四计,各不失故弟,而亦满计绌陟之⑰。

【注释】

①合其爵禄:综合被考核者的爵位俸禄。合,综合。

②秩:职位,即官吏的品级次第。

③日:资历,年资。

④实:实绩,劳绩。

⑤"计功量罪"二句:计算功劳与过错,功劳多就用功劳减去过错,过错多就用过错减去功劳。

⑥内弟:指就某一官员本身的功罪来论定其等次,而不是与别的官员相比较来定出等次。弟,古"第"字,次序、等第。

⑦"其先比二三分"二句：陶鸿庆云："'二'乃'三'之误而衍者。本
　作'其先比三分，以为上中下'。比，谓选次之也，如下文云。
　'有'与'又'同，率为第九分，第亦此也，例与此同。"陶说是，可
　从。比，排列次序。

⑧外集：指集合全国官员加以评比，排定等级。苏舆注："'外集'，
　合计天下而殿最之。"

⑨有率(lǜ)为弟九：又按照一定的标准划分为九个等级。有，同
　"又"。率，标准、规格。

⑩"以一为最"三句：最、中、殿，古代考核军功、政绩划分的等级，上
　等为最，中等为中，下等为殿。凌曙注曰："《汉书·宣帝纪》'丞
　相御史课殿最以闻'，颜注：'凡言殿者，殿，后也。最，凡要之
　首也。课，居先也。'"

⑪有余归之于中：冒广生云："谓得上弟者陟，得下弟者绌，其余皆
　归之于中。中者弟五，不绌亦不陟也。"冒说是。有余，即指不在
　上等亦不在下等者。

⑫有得：指得到奖励加分。

⑬有负：指得到惩罚减分。冒广生云："'负'，负罪也。罪之小者曰
　过，故过亦得言负。"

⑭皆逆行：指从第一等至第九等，得分逐级减少。

⑮"三四十二"二句：这是在讲述决定升迁或降级的方法。如果某
　个官员连续三次加四分(即三次都得优等)，或者连续三次减四
　分(即三次都得劣等)，就算满计，可以升迁或者降级了。满计，
　考核完满的意思。

⑯"次次每计"三句：冒广生云："第二考为初次，第三考为次次，每
　次皆有弟，每计皆逐其故弟考之。第为九分数也，所谓小计也。
　计之第为三，总数也，所谓大计也。来数者，未来之数也。"冒说
　可从。次次，第一考为初考，第二考为次考，第三考为次之次，故

曰"次次"。来数,指下一轮的考核等级分数。

⑰ "初次再计"四句:冒广生云:"此承上文未来之数言,'初次',谓未来之第二考,第二考并第一考所得之第计之,曰'再计'也。'次次'谓未来之第三考,第三考后,并第一、二、三考所得之第之分数而总计之,曰'四计'也。四计分上中下三第,虽一与三考分上上、上中、上下、中上、中中、中下、下上、下中、下下九第不同,而以一至三为上,四至六为中,七至九为下,一也。故曰'各不失其故第'也。曰'亦满计绌陟之'者,谓九年以后未来之计,其绌陟与此九年之计同也。"冒说是,可从。初次再计,是说初考与次考合计之,是为"再计"。次次四计,是说三考论定以后,总计一、二、三考,是为"四计"。

【译文】

　　考核的办法,要综合被考核者的爵位俸禄,连同考虑到他的职位,累计他的资历,列出他的实绩,以此来计算他的功劳与过错,功劳多就用功劳减去过错,过错多就用过错减去功劳,用名称来确定他的实质。先根据官员自身的功过由主考者定出等次,首先排列出三个等级次序,分出上中下三等,以此来加以考核并决定是升迁或贬退,然后集合全国官员加以评比以排定等级,这个通常叫做"进退"。"进退"时,按照官员的实绩多少进行加减,又按照一定的标准划分为九个等级,这九个等级三个一组分为上中下三等,每一等级内又按照上中下三个小的等级进行排列。把第一等定为优等,第五等为中等,第九等为末等。除了优等和末等的,其余的全部归为中等,比中等好一些的得到奖励加分,比中等差一些的得到惩罚减分。得分少的,以一分为单位进行累加,直到加满四分;减分多的,以四分为单位进行递减,直到减至一分,从第一等至第九等,得分逐级减少。如果某个官员连续三次都得优等,或者连续三次都得劣等,就算满计,可以升迁或者贬退了。每次考核都要加以计分,每次计分都要根据在原来的等级基础上加以核算,由此就可以知道下一轮的考核等级分数如何计算了。下一轮的初考和次考合起来加以计分,三考论定以后,总合一、二、三考加以计分,各自都在不失去原来等级的基础上加以计分,这样满计后,也就可以决定官员的升迁或贬退了。

初次再计,谓上弟二也;次次四计,谓上弟三也。九年为一弟①。二得九,并去其六,为置三弟②。六六得等,为置二③。并中者得三,尽去之④。并三三计得六,并得一计得六⑤。此为四计也。绌者亦然⑥。

【注释】

①"初次再计"五句:冒广生云:"上文言九年之后之计,所谓通来数也。此以下皆言九年之内之计,而卢注以为'未详'者,三年一考,每考皆有第。初次,谓第二考也,第二考并第一考计之,曰再计。其二次皆得一等者,谓之'上第二'也。次次,谓第三次皆得一等者,谓之'上第三'也。至此为九年,此得'上第三'者,为置'一第',此上第之上者也。"冒说可从。

②"二得九"三句:冒广生云:"第三考得九等,其一二考亦两得九等者,今并去其六,为置三第,四计之三第,等于三考之九第也,此下第也。"冒说可从。

③"六六得等"二句:冒广生云:"第三考得六等,其一二考亦两得六等者,今并去其四,为置二第,四计之二第,等于三考之六第也,此中等也。"冒说可从。

④"并中者得三"二句:冒广生云:"谓一、二、三考并得五等者,今尽去之。绌与陟均又加之也,此所谓五为中也。"冒说可从。

⑤"并三三计得六"二句:冒广生云:"此谓第一、二考并三等者,两

三如六。今第三考亦三等，以三考之得三，合一二考之得六计
之，为并得三，依得九去六、得六去四例，此并三者，亦应并去其
二，为置一第，故曰并得一，计得六也。三考之三第，等于四计之
一第，故得以一等计之，此上第之下者也。"冒说可从。

⑥"初次再计"至"绌者亦然"数句：谭献校定本注曰："此节疑旧注
入。"未知确否。卢文弨校曰："未详。"苏舆案："此法汉时似未通
行，故人但知京房《考功课吏法》。今史文不详，无由订董、京异
同得失矣。"此段文字，冒广生之说，文意尚可贯通，今暂从之。

【译文】

　　第一考和第二考合起来加以计分，两次都得到一等，叫做"上第
二"。三考论定以后，总合一、二、三考加以计分，三次都得到一等，叫做
"上第三"。至此九年，综合评定为一等，即相当于上上等。第三考得九
等，第一、二考也是两次得到九等，那么同时减去六分，综合评定为三
等，即相当于下等。第三考得六等，第一、二考也两次得到六等，那么同
时减去四分，综合评定为二等，即相当于中等。第一、二、三考都得五
等，那么分数就都加减消除平衡了，又开始在这个基础上重新计分。第
一、二考都得到三等，合计为六等，第三考也得三等，合计第一、二考的
得分，则同时得到三等，那么再同时减去两分，综合评定为一等，即相当
于上下等。这就是所谓的"四计"。对于官员贬退的等级核算方式也与
此相类似。

通国身第二十二

【题解】

通国身,意在阐明治天下国家与治身的道理是相通的。《吕氏春秋·审分篇》云:"夫治身与治国,一理之术也。"本篇论述了治理国家与保养身体的道理,而以前者为主,后者可以看做是一种类比。董仲舒汇通天人之理,贯通治身、治国之道于一,他强调:保养身体的关键是积蓄精气,治理国家的关键在于招揽贤人;积蓄精气的关键是心境恬淡、不轻举妄动,招揽贤人的关键在于态度谦卑、礼贤下士。

气之清者为精①,人之清者为贤。治身者以积精为宝,治国者以积贤为道。身以心为本②,国以君为主③。精积于其本,则血气相承受④;贤积于其主,则上下相制使。血气相承受,则形体无所苦⑤;上下相制使,则百官各得其所。形体无所苦,然后身可得而安也;百官各得其所,然后国可得而守也。夫欲致精者,必虚静其形⑥;欲致贤者,必卑谦其身。形静志虚者,精气之所趣也;谦尊自卑者,仁贤之所事也⑦。故治身者,务执虚静以致精⑧;治国者,务尽卑谦以致贤。能致精,则合明而寿⑨;能致贤,则德泽洽而国太平⑩。

【注释】

①气之清者为精：清，洁净。精，精气。《管子·内业》："精也者，气之精者也。"《淮南子·精神训》高诱注："精者，人之气。"先秦黄老道家以及汉代学者皆以精为气。

②身以心为本：张之纯曰："心者，君主之官，主血以输十二经脉。"

③国以君为主：张之纯曰："国之有君，如人身之有心。"

④血气相承受：血液与气息循环运动而不停息。血气，血液和气息。相承受，循环运动。

⑤"血气"二句：张之纯曰："如经脉之流通无所壅遏，故无痿痹（wěi bì）不仁、拘挛（luán）之病。"

⑥虚静其形：使自己做到心境恬淡、身体宁静。张之纯曰："《内经》所谓'不妄作劳也'。"

⑦"谦尊"二句：是说态度谦恭自卑、尊重别人的人，仁者贤人都会前来侍奉他。《周易·谦》象辞曰："谦尊而光。"孔颖达疏："尊者有谦而更光明盛大。"

⑧"故治身者"二句：《管子·心术上》："去欲则宣，宣则静矣。静乃精，精则独立矣。"《管子·内业篇》："静则得之，躁则失之，灵气在心，一来一逝。"正可作为此二句之注脚。

⑨合明而寿：聚合精神而长寿。明，神明，指人的精神。合明，钟肇鹏案："'合明'疑当作'神明'，'神'字烂残，因误抄为'合'。"可聊备一说。

⑩德泽洽：恩德广博。洽，广博、普遍。

【译文】

气当中纯净的是精气，人之中纯净的是贤人。保养身体的人把积蓄精气作为宝贵的信条，治理国家的人把招揽贤人作为遵行的道理。身体把心作为根本，国家把君王作为主宰。精气积聚在心中，血液与气息循环运动而不停息；贤人聚集在君王周围，上下级之间相互制约、配合行动。血液与气息循环运动而不停息，身体就不会感到痛苦；上下级之间相互制约、配合行动，官员们就会各自得到合适的职位。身体不感到痛苦，然后身体就可以得到平安；官员们各自得到合适的职位，国家就可以保守住。想要获得精气，就必须要使自己做到心境恬淡、身体宁静；想要获得贤人，就必须要使自己态度谦恭自卑。身体宁静、心境恬淡的人，精气会自己来归附他；态度谦恭自卑、尊重别人的人，仁者贤人都会前来侍奉他。所以保养身体的人，一定要做到心境恬淡、身体宁静，以此来获得精气；治理国家的人，一定要做到态度谦恭自卑，以此来获得贤人。能获得精气，就能聚合精神而长寿；能获得贤人，就能恩德广博而国家太平。

三代改制质文第二十三

【题解】

三代改制，指夏、商、周三个朝代在各种礼仪、制度方面的递变。质文，指某种制度的特点是崇尚质朴抑或是崇尚文采。关于本篇篇名，苏舆《春秋繁露义证》注曰："《玉海》四十列目作《三代改制》，与前篇目同，云'一作《文质》'。疑此篇名一作《三代改制》，一作《三代文质》，而后人误合之也。"不知苏说当否，未敢轻断盲从，但可聊备一说。本篇主要发挥了《春秋》的微言大义，阐述了三代改制的基本情况，认为夏尚忠、殷尚敬、周尚文，并宣扬了文质三统的历史循环论，把文质三统作为改制救弊之道。

《春秋》曰："王正月。"《传》曰①："王者孰谓？谓文王也②。曷为先言王而后言正月③？王正月也④。"何以谓之王正月？曰：王者必受命而后王。王者必改正朔，易服色⑤，制礼乐，一统于天下，所以明易姓非继人，通以己受之于天也⑥。王者受命而王，制此月以应变⑦，故作科以奉天地⑧，故谓之王正月也。

【注释】

①《传》曰：下引文见《公羊传》隐公元年。

②谓文王也：《公羊传》文公九年何休注："引文王者，文王始受命制法度。"苏舆注："周自文王受命而王，故孔子从周，必宗文王。《论语·子罕》：'文王既没，文不在兹乎。'故以身任绍文之文矣。"

③曷（hé）为：为什么，怎么。

④王正月：意即王者之正月。

⑤易服色：改换服饰的颜色。夏尚黑，殷尚白，周尚赤，黑、白、赤为"三统"。

⑥"所以明易姓非继人"二句：用以表明换了一个姓的新王坐天下，他不是继承的前朝帝王的位子，而完全是自己从上天那里接受过来的。《公羊传》隐公元年何休注："王者受命，必徙居处，改正朔，易服色，殊徽号，变牺牲，异器械，明受之于天，不受之于人。"《白虎通义·三正篇》："王者受命必改正朔何？明易姓，示不相袭也，明受之于天，不受之于人。"正相印证。人，旧本并作"仁"，凌曙注曰："'仁'当作'人'，声之误也。"苏本改作"人"，是，今从苏本。

⑦应变：顺应天意的变化。

⑧故作科以奉天地：制作科条来事奉天地。科，科条、条规，即上文所谓正朔、服色、礼乐之类。故，苏舆注："'故'字疑衍。"苏说是。

【译文】

《春秋》说："王正月。"《公羊传》解释说："王是指什么人呢？是指周文王。为什么先说王而后说正月呢？因为这是王的正月。"为什么称为王的正月呢？回答是：新王必须接受了天命然后才可以称王。新王必定改变历法，改换服饰的颜色，制作新的礼乐，把天下统一起来，用以表明换了一个姓的新王坐天下，他不是继承的前朝帝王的位子，而完全是自己从上天那里接受过来的。新王接受了天命而称王,制定正月来顺应天意的变化,制作科条来事奉天地,所以叫做王的正月。

王者改制作科奈何^①? 曰:当十二色^②,历各法而正色^③。逆数三而复^④,绌三之前曰五帝^⑤,帝迭首一色^⑥;顺数五而相复^⑦,礼乐各以其法,象其宜^⑧;顺数四而相复^⑨,咸作国号^⑩,迁宫邑^⑪,易官名,制礼作乐。

【注释】

①奈何:如何,怎样。

②当十二色:在十二色当中。苏舆注:"年十二月,故云十二色,每月物色各不同。"苏说是。

③历各法而正色:采用其中一种作为正色而改变历法。这是说,新王朝建立,要改变历法,从寅月(农历正月)、丑月(农历十二月)、子月(农历十一月)三个月中依次取其一月作为正月,并以作为正月的那个月的颜色作为本朝崇尚的颜色。如:夏以建寅月为正,色尚黑;殷以建丑月为正,色尚白;周以建子月为正,色尚赤。历,历法。而,其。

④逆数三而复:逆着子、丑、寅三正的顺序而循环往复。苏舆注:"《白虎通义·三正篇》引《礼·三正记》曰:'正朔三而改,文质再而复。'案:逆数者,如夏以十三月孟春为正,殷以十二月季冬为正,周以十一月仲冬为正,推之以前皆然。继周者则当复以孟春月为正,乃合逆数也。互见《二端篇》。"新王朝改变正朔的顺序跟地支的顺序相反,也即按照寅、丑、子的顺序进行逆数。

⑤绌三之前曰五帝:贬退三代以前的君王而称之为五帝。绌,同"黜",贬退。董仲舒以夏、商、周三代为黑、白、赤三统,三统之外

则贬退为五帝(对于五帝的解释,历来说法不一,《大戴礼记·五帝德》以及《史记·五帝本纪》作"黄帝、颛顼、帝喾、帝尧、帝舜"),所以说:"绌三之前曰五帝。"

⑥帝迭(dié)首一色:五帝轮流各以一种颜色为首选之色,如黄帝属土德、色尚黄。迭,交替地、轮流地。

⑦顺数五而相复:顺着五行的顺序而循环往复。数五,木、火、土、金、水五行相生顺数之序。苏舆注:"此五行更王之义。如黄帝土德,以黄为首色是也。后世因之,有历代所尚之色,大抵取五行生克为义。至元、明服御专用黄色,国朝(注译者案:国朝即指清朝)因而不改,始辟五德旧说矣。"

⑧"礼乐"二句:指各自按照五行的法则来制定适合时宜的礼乐。

⑨顺数四而相复:顺着夏、商、质、文的次序而循环往复。四,即下文所说的夏、商、质、文。

⑩咸作国号:这是说,不论三复、四复、五复都要更改国号。咸,都。

⑪迁宫邑:指迁徙都城。《小学绀(gàn)珠·地理类》:"少昊都曲阜,颛顼都濮阳,帝喾都亳(bó),尧都冀,舜都蒲,夏都安邑,汤都亳,周都雍、洛。"这些都是迁宫邑的例子。

【译文】

新王如何改变制度、制作科条呢? 回答是:在十二色当中,采用其中一种作为正色而改变历法。逆着子、丑、寅三正的顺序而循环往复,贬退三代以前的君王而称之为五帝,五帝轮流各以一种颜色为首选之色;顺着木、火、土、金、水五行的顺序而循环往复,各自按照五行的法则来制定适合时宜的礼乐;顺着夏、商、质、文的次序而循环往复,不论三复、四复、五复都要更改国号,迁徙都城,改易官名,制定礼仪、创作音乐。

故汤受命而王①,应天变夏作殷号,时正白统②,亲夏故

虞③,绌唐谓之帝尧④,以神农为赤帝⑤,作宫邑于下洛之
阳⑥,名相官曰尹⑦,作《濩乐》⑧,制质礼以奉天。文王受命
而王,应天变殷作周号,时正赤统,亲殷故夏,绌虞谓之帝
舜,以轩辕为黄帝⑨,推神农以为九皇⑩,作宫邑于丰⑪,名相
官曰宰⑫,作《武乐》⑬,制文礼以奉天。武王受命,作宫邑于
鄗⑭,制爵五等⑮,作《象乐》⑯,继文以奉天。周公辅成王受
命⑰,作宫邑于洛阳,成文、武之制,作《汋乐》以奉天⑱。

【注释】

①汤:即商汤,又称成汤,商朝开国君主。

②时正白统:时代正好循环到白统。《白虎通义·三正篇》:"十二
月之时,万物始芽而白。白者阴气,故殷为地正,色尚白色。"《春
秋演孔图》:"夏氏不康,天果命汤,白虎戏朝,白云入房。"二者皆
持殷为白统之论,与董仲舒之说相合。

③亲夏故虞:亲近夏朝而以虞舜为故国。虞,朝代名,舜接受唐尧
的禅(shàn)让,把国号改为虞。

④绌唐谓之帝尧:贬退唐尧而称之为帝尧。尧,帝喾之次子,初封
陶,后徙唐,故又称陶唐氏,其号为尧,史称唐尧,因其子丹朱不
肖而传位于舜。

⑤神农:传说中的古代帝王名,生于姜水,姜姓,以火德生,故古史
又称炎帝、烈山氏。相传始教民为耒、耜(sì)以兴农业,尝百草为
医药以治疾病,故号神农氏。

⑥下洛之阳:洛水下游的北面。下洛,不详何处,疑为洛水下游。
阳,水的北面。

⑦相官:辅佐的官员,应该指的是商汤的辅臣伊尹。

⑧《濩(hù)乐》:即《大濩》,相传商汤所作乐曲名,又作《大護》。

⑨黄帝：古史记载黄帝为少典之子，姓公孙，居于轩辕（xuān yuán）之丘，故号轩辕氏，有土德之瑞，故号黄帝。炎、黄二帝同被尊为中华民族的始祖。

⑩九皇：指远古传说中的帝王，与三王、五帝相似。"九皇"之名始见《鹖（hé）冠子·泰鸿篇》："九皇受传。"《汉旧仪》："祭三皇、五帝、九皇、六十四民，皆古帝王，八十一姓。"可知汉代即有九皇之祀。《周礼·春官·小宗伯职》："四望四类亦如之。"郑玄注曰："四类：三皇、五帝、九皇、六十四民，咸祀之。"可知九皇、六十四民乃绝世无后之远古帝王。

⑪丰：古地名，在今陕西户县东。

⑫宰：周制，天官（相官）称为大宰冢（zhǒng），统摄三百六十官，掌邦治，辅佐周王治理国家。

⑬《武乐》：即《大武》，商纣王无道，周文王、武王兴师讨伐，推翻商纣王的统治，人民高兴，所以这时的乐曲叫《武》。《庄子·天下篇》："文王有《辟雍》之乐，武王、周公作《武》。"董仲舒在这里以父统子业，故言文王作《武》。

⑭鄗（hào）：通"镐"，镐京，古地名，周朝初年的国都，在今陕西西安西南。

⑮制爵五等：制定爵位，分为公、侯、伯、子、男五等。

⑯《象乐》：周武王时的乐曲名。《礼记·文王世子》郑玄注："《象》，周武王伐纣之乐。"《白虎通义·礼乐篇》："武王曰《象》者，象太平而作乐，示以太平也。"二说略有不同。

⑰周公辅成王受命：周公辅佐周成王接受天命。周公，姓姬，名旦，周武王之弟，周成王之叔父。周武王崩，周成王年幼，周公摄政以辅佐成王。

⑱《勺（zhuó）乐》：周公时乐曲名。勺，斟酌、酌勺，《礼记·内则》、《汉书·礼乐志》、《风俗通义·声音篇》并作"勺"，《白虎通义》作

"酌",是"汋"、"勺"、"酌",三字古通。

【译文】

所以商汤接受了天命而称王,顺应上天的旨意、改变夏朝而定国号为殷,时代正好循环到白统,他亲近夏朝而以虞舜为故国,贬退唐尧而称之为帝尧,把神农氏称为赤帝,在洛水下游的北面修建都城,称呼辅佐的官员为"尹",创作《濩乐》,制定质朴的礼仪来事奉上天。周文王接受了天命而称王,顺应上天的旨意、改变殷朝而定国号为周,时代正好循环到赤统,他亲近殷朝而以夏朝为故国,贬退虞舜而称之为帝舜,把轩辕氏称为黄帝,推尊神农氏为九皇,在丰这个地方修建都城,称呼辅佐的官员为"宰",创作《武乐》,制定有文采的礼仪来事奉上天。周武王接受了天命,在鄗这个地方修建都城,制定爵位,分为公、侯、伯、子、男五等,创作《象乐》,继承文王的礼仪来事奉上天。周公辅佐周成王接受天命,在洛阳修建都城,完成周文王、周武王的制度,创作《汋乐》来事奉上天。

殷汤之后称邑①,示天之变反命②。故天子命无常③,唯命是德庆④。故《春秋》应天作新王之事⑤,时正黑统。王鲁⑥,尚黑,绌夏,亲周,故宋。乐宜亲《招武》,故以虞录亲⑦;爵制宜商,合伯、子、男为一等⑧。

【注释】

①殷汤之后称邑:这是说周武王灭商以后,封商纣的儿子武庚于宋,周成王时,武庚叛乱被诛,周王仍以其地封微子,爵为宋公,以奉汤祀。邑,封地。

②示天之变反命:表示上天要变更违反天命的人。《汉书·董仲舒传》:"治乱废兴在于己,非天降命,不可得反。"

③天子命无常：天命不是永恒不变的。子，苏舆注："'子'，疑作
'之'。"苏说可从。

④唯命是德庆：天命只奖赏有德行的人。庆，奖赏。

⑤《春秋》应天作新王之事：《春秋》顺应天命而做新王的事务。《春
秋》哀公十四年："春，西狩获麟。"《公羊传》："麟者，仁兽也。有
王者则至，无王者则不至。"获麟之瑞示天命，因此孔子应天命而
作《春秋》以行新王之事。

⑥王鲁：即假借鲁国而施行上天的教化。《公羊传》隐公元年何休
注："《春秋》托新王受命于鲁。"

⑦"乐宜"二句：乐舞适宜采用《韶舞》，所以亲近虞舜。苏舆注："此
《论语》'乐则《韶舞》'之旨……上'亲'字，疑'用'之误。"苏说可
从。《招（sháo）武》，即《韶舞》，虞舜时代的乐舞。招，通"韶"。
武，通"舞"。《韶舞》为"箫韶九成，虞舜之乐"，所以说"以虞录
亲"。

⑧"爵制"二句：爵位制度适宜采用商代的，合并伯、子、男三等爵位
为一等。爵，旧本均误作"乐"，盖涉上句"乐宜亲《招武》"而讹，
今据文义校正。《公羊传》桓公十一年何休诂："《春秋》改周之
文，从殷之质，合伯、子、男为一。"《白虎通义·爵篇》："《含文嘉》
曰：'殷爵三等。'……殷爵三等，谓公侯伯也。所以合子、男从伯
者何？王者受命，改文从质，无虚退人之义，故上就伯也。"

【译文】

　　殷汤后代被封的宋地称为"邑"，这是表示上天要变更违反天命的
人。所以天命不是永恒不变的，它只奖赏那些有德行的人。因此《春
秋》顺应天命而做新王的事务，时代正好循环到黑统。假借鲁国而施行
上天的教化，崇尚黑色，贬退夏朝，亲近周朝，以宋国为故国。乐舞适宜
采用《韶舞》，所以亲近虞舜；爵位制度适宜采用商代的，合并伯、子、男
三等爵位为一等。

然则其略说奈何①？曰：三正以黑统初②。正黑统奈何？曰：正黑统者③，历正日月朔于营室，斗建寅④。天统气始通化物，物见萌达，其色黑⑤。故朝正服黑⑥，首服藻黑⑦，正路舆质黑⑧，马黑⑨，大节、绥、帻尚黑⑩，旗黑，大宝玉黑，郊牲黑⑪，牺牲角卵⑫。冠于阼⑬，昏礼逆于庭⑭，丧礼殡于东阶之上⑮。祭牲黑牡⑯，荐尚肝⑰，乐器黑质，法不刑有怀任新产⑱，是月不杀⑲。听朔废刑发德⑳，具存二王之后也㉑。亲赤统，故日分平明，平明朝正㉒。

【注释】

①略说：大概的说法，即指《春秋》改制（"三正"或"三统"）的大致说法。

②初：开始。

③"正黑统奈何"二句：俞樾云："'初'下有阙文，当据下文补'正黑统奈何？曰正黑统者，历'十一字。"下文"正白统"、"正赤统"两节之例正与此同，俞说是，今据俞校补。

④"历正"二句：历法的正月初一，太阳和月亮在营室会合，北斗星的斗柄指向"寅"的位置。营室，二十八星宿中的室宿，今属飞马星座，在北方。斗，即北斗星。北斗有七星，其中第五至第七颗星为斗柄，古人根据北斗星斗柄所指的位置来确定四季月份。"斗建寅"，即指夏历正月。

⑤"天统"三句：上天统领阳气开始普遍地化育万物，万物显现萌发生长，它们的颜色是黑色。《公羊传》隐公元年何休注："夏以斗建寅之月为正，平旦为朔，法物见，色尚黑。"《白虎通义·三正篇》引《礼·三正记》云："十三月之时，万物始达，孚甲而出，皆黑，人得加功。故夏为人正，色尚黑。"

⑥朝正服黑：诸侯臣下正式朝见天子时都穿着黑色的服装。

⑦首服藻黑：头上戴着有藻纹的黑色帽子。

⑧正路舆（yú）质黑：正规的车子质料是黑色的。路舆，天子、诸侯乘坐的车子。

⑨马黑：驾车的马脖颈（gěng）上的毛是黑色的。《礼记·明堂位》："夏后氏骆（luò）马黑鬛（liè）。"郑玄注："白马黑鬛曰骆。"夏朝尚黑，故马用黑鬛。鬛，兽类颈上的毛。

⑩大节、绶（shòu）、帻（zé）尚黑：符节、绶带、头巾都崇尚黑色。大节，即符节，用竹、木或金、玉制成，上写文字，剖为两半，双方各执一半，合之以为征信。绶，丝带，常用来拴玉和印。帻，不戴帽子时包裹头发用的头巾。

⑪郊牲：郊祭上天用的牛。郊，祭天之礼。

⑫牺牲角卵：祭祀时用的小牛的角像卵一样小。苏舆注："'卵'者，角始萌达如卵，言其小也。"

⑬冠（guàn）于阼（zuò）：冠礼在大堂前东面的台阶上举行。冠，即冠礼，男子在二十岁时举行冠礼以表示成人。阼，大堂前东面的台阶。古代宾客相见时，客人走西面的台阶，主人走东面的台阶，故常"阼阶"连用。后来封建帝王登阼阶以主持祭祀，因此以"阼"指帝位。

⑭昏礼逆于庭：举行婚礼时，新郎在大堂前的庭院迎接新娘。昏，同"婚"。逆，迎、迎接，与"送"相对。

⑮殡（bìn）：停放灵柩。

⑯牡：雄性鸟兽，与"牝（pìn）"相对。《礼记·檀弓上》："夏后氏尚黑，大事敛用昏，戎事乘骊，牲用玄。"

⑰荐尚肝：进献祭品崇尚用肝脏。荐，进献祭品。

⑱法不刑有怀任新产：法律不惩罚怀有身孕以及刚生完孩子的妇女。任，通"妊"，怀孕。明天启王道焜刊本、凌曙注本"产"下有

"者"字，似是。

⑲是月不杀：在正月里不杀有罪之人。苏舆注："'是月'，谓建正之月也。"苏说是。

⑳听朔废刑发德：在每月初一举行听朔礼时，停止刑罚而施行德教。听朔，古代天子、诸侯在每月朔日（初一日）举行听朔礼以听治一月之政事。

㉑具存二王之后：分封前面两个朝代的后代而让他们能够奉祀宗庙。二王，指前两个朝代。以夏朝为当代，则"二王"即指唐尧、虞舜二代；以《春秋》当新王、正黑统，则"二王"即指殷、周二代。

㉒"故日分平明"二句：所以新的一天以天亮作为起点，天子在天亮时正式接受百官的朝见。日分，即日、夜之分，指新的一天的起点。平明，即天亮的时候。

【译文】

　　那么关于三正的大致说法是怎样的呢？回答是：三正从黑统开始。三正中的黑统是怎样的呢？回答是：三正的黑统，历法的正月初一，太阳和月亮在营室会合，北斗星的斗柄指向"寅"的位置。上天统领阳气开始普遍地化育万物，万物显现萌发生长，它们的颜色是黑色。因此诸侯臣下正式朝见天子时都穿着黑色的服装，头上戴着有藻纹的黑色帽子，正规的车子质料是黑色的，驾车的马脖颈上的毛是黑色的，符节、绶带、头巾都崇尚黑色，旗帜是黑色的，举行典礼时手里拿着的大宝玉是黑色的，郊祭上天用的牛是黑色的，祭祀时用的小牛的角像卵一样小。冠礼在大堂前东面的台阶上举行，举行婚礼时，新郎在大堂前的庭院迎接新娘，举行丧礼时，灵柩停放在东面的台阶上。祭祀的牛、羊等用黑色雄性的，进献祭品崇尚用肝脏，乐器的材质要用黑色的或者涂成黑色，法律不惩罚怀有身孕以及刚生完孩子的妇女，在正月里不杀有罪之人。在每月初一举行听朔礼时，停止刑罚而施行德教，分封前面两个朝代的后代而让他们能够奉祀宗庙。亲近赤统，所以新的一天以天亮作为起点，天子在天亮时正式接受百官的朝见。

正白统奈何？曰：正白统者，历正日月朔于虚①，斗建丑。天统气始蜕化物②，物始芽，其色白，故朝正服白，首服藻白，正路舆质白，马白③，大节、绶、帻尚白，旗白，大宝玉白，郊牲白，牺牲角茧④。冠于堂⑤，昏礼逆于堂，丧事殡于楹柱之间⑥。祭牲白牡，荐尚肺，乐器白质，法不刑有身怀任⑦，是月不杀。听朔废刑发德，具存二王之后也。亲黑统，故日分鸣晨⑧，鸣晨朝正。

【注释】

①虚：二十八星宿之一，玄武七宿之第四宿为虚宿。

②蜕（tuì）：脱去皮壳。

③马白：驾车的马身体是白色的。《礼记·明堂位》："殷人白马黑首。"

④牺牲角茧：祭祀时用的小牛的角像蚕茧一样小。《礼记·王制》："祭天地之牛角茧栗（lì）。"

⑤堂：正屋，正殿。一般家庭正室为堂。

⑥丧事殡于楹柱之间：举行丧礼时，灵柩停放在堂上两根大柱子的中间。卢文弨校曰："似当作'丧礼殡于两楹之间'。"《礼记·檀弓》："殷人殡于两楹之间。"卢说似是。

⑦身：同"娠（shēn）"，怀孕。

⑧鸣晨：指清晨鸡叫的时候，所谓"雄鸡报晓"是也。

【译文】

三正中的白统是怎样的呢？回答是：三正的白统，历法的正月初一，太阳和月亮在虚宿会合，北斗星的斗柄指向"丑"的位置。上天统领阳气开始脱去万物的皮壳,万物开始抽芽,它们的颜色是白色。因此诸侯臣下正式朝见天子时都穿着白色的服装,头上戴着有藻纹的白色帽子,正规的车子质料是白色的,驾车的马身体是白色的,符节、绶带、头巾都崇尚白色,旗帜是白色的,举行典礼时手里拿着的大宝玉是白色的,郊祭上天用的牛是白色的,祭祀时用的小牛的角像蚕茧一样小。冠礼在正室举行,举行婚礼时,新郎在正室迎接新娘,举行丧礼时,灵柩停放在堂上两根大柱子的中间。祭祀的牛、羊等用白色雄性的,进献祭品崇尚用肺脏,乐器的材质要用白色的或者涂成白色,法律不惩罚受孕怀胎的妇女,在正月里不杀有罪之人。在每月初一举行听朔礼时,停止刑罚而施行德教,分封前面两个朝代的后代而让他们能够奉祀宗庙。亲近黑统,所以新的一天以清晨鸡叫作为起点,天子在清晨鸡叫时正式接受百官的朝见。

正赤统奈何? 曰:正赤统者,历正日月朔于牵牛①,斗建子。天统气始施化物②,物始动,其色赤,故朝正服赤,首服藻赤,正路舆质赤,马赤,大节、绶、帻尚赤,旗赤,大宝玉赤,郊牲骍③,牺牲角栗④。冠于房⑤,昏礼逆于户⑥,丧礼殡于西阶之上⑦。祭牲骍牡,荐尚心,乐器赤质,法不刑有身,重怀藏以养微⑧,是月不杀。听朔废刑发德,具存二王之后也。亲白统,故日分夜半,夜半朝正。

【注释】

①牵牛:二十八星宿中的牛宿,玄武七宿之一。

②施:施行。

③骍(xīng):泛指赤色。或指赤色的马、牛。

④牺牲角栗:祭祀时用的小牛的角像栗子一样小。

⑤房：住室。古代堂的内中为正室，左右为房，后泛指住室。

⑥户：门口。

⑦西阶：又称"宾阶"。古代以西为宾位，宾主相见，宾客由西阶升堂与主人相见，此为客礼。

⑧重怀藏以养微：重视怀有身孕的妇女而以此来养育微小的生命。怀藏，即怀胎。养微，养育微小的生命。苏舆注："'重怀藏以养微'，总释其义也。此似以有身、怀任、新产分为三事，故详略不同。桓四年'公狩于郎'何注：'月者，讥不时也。周之正月，夏之十一月，阳气始施，鸟兽怀任，草木萌芽，非所以养微。''养微'二字本此。"苏说是。

【译文】

三正中的赤统是怎样的呢？回答是：三正的赤统，历法的正月初一，太阳和月亮在牵牛宿会合，北斗星的斗柄指向"子"的位置。上天统领阳气开始施行化育万物，万物开始萌动，它们的颜色是赤色。因此诸侯臣下正式朝见天子时都穿着赤色的服装，头上戴着有藻纹的赤色帽子，正规的车子质料是赤色的，驾车的马是赤色的，符节、绶带、头巾都崇尚赤色，旗帜是赤色的，举行典礼时手里拿着的大宝玉是赤色的，郊祭上天用的牛是赤色的，祭祀时用的小牛的角像栗子一样小。冠礼在住室举行，举行婚礼时，新郎到门口迎接新娘，举行丧礼时，灵柩停放在西面的台阶上。祭祀的牛、羊等用赤色雄性的，进献祭品崇尚用心脏，乐器的材质要用赤色的或者涂成赤色，法律不惩罚有孕在身的妇女，重视怀有身孕的妇女而以此来养育微小的生命，在正月里不杀有罪之人。在每月初一举行听朔礼时，停止刑罚而施行德教，分封前面两个朝代的后代而让他们能够奉祀宗庙。亲近白统，所以新的一天以半夜作为起点，天子在半夜时正式接受百官的朝见。

改正之义①，奉元而起②。古之王者受命而王，改制称号③，正月④，服色定，然后郊告天地及群神，远近祖祢⑤，然后布天下，诸侯庙受⑥，以告社稷⑦、宗庙⑧、山川，然后感应一其司⑨。三统之变，近夷遐方无有，生煞者独中国⑩。然而三代改正，必以三统天下⑪。曰：三统、五端⑫，化四方之本也。天始废始施⑬，地必待中⑭，是故三代必居中国，法天奉本，执端要以统天下⑮，朝诸侯也。是以朝正之义，天子纯统色衣⑯，诸侯统衣缠缘纽⑰，大夫士以冠，参近夷以绥⑱，遐方各衣其服而朝，所以明乎天统之义也。其谓统三正者，曰：正者，正也。统致其气，万物皆应而正；统正，其余皆正。凡岁之要，在正月也。法正之道，正本而末应，正内而外应⑲，动作举错⑳，靡不变化随从㉑，可谓法正也，故君子曰："武王其似正月矣㉒！"

【注释】

①改正之义：改变正朔的道理。改正，即改正朔。

②奉元：奉行天端。元，天端。苏舆注："'奉元'，疑作'奉天'。"

③改制称号：改变前代的制度和国号。

④正月：重新确定正月。苏舆注："名正其月，谓之正朔。"

⑤远近祖祢：祭告历代祖庙和父庙。祢，父庙。远近，殿本、凌本作"近远"，宋本、卢本、苏本均作"远迨"，案当作"远近"。祖可远迨，父可近告，父于己最近，故于父庙不得言"远迨"。苏舆注："祭告，先尊而后亲。"正为作"远近"而不作"近远"之证。

⑥庙受：在宗庙里接受天子的正朔。

⑦社稷：土神和谷神，常用其作为国家政权的标志。

⑧宗庙：天子、诸侯祭祀祖先的处所。

⑨然后感应一其司：此句疑有讹误，大意是说，神、人互相感应，按

同一种历法办事。司,管理。苏舆注:"天下同禀正朔,然后授时
有定序,气候有常推。"

⑩"三统之变"三句:三统的变化,附近的夷狄和远方的国家都是没
有的,唯独中国有此损益之说。三统,即指三代的正朔,夏正建
寅,尚黑,为人统;商正建丑,尚白,为地统;周正建子,尚赤,为天
统。遐(xiá),远。生煞(shā),冒广生曰:"'生煞',犹言损益。"冒
说是。煞,通"杀"。三统为改制而设,改制不改其道,故曰损益。

⑪三统:即指天、地、人三正。《汉书·律历志》:"三统者,天施、地
化、人事之纪也。"

⑫五端:五始,即元、春、王、正月、公即位。

⑬始废始施:废旧施新,即开始废除旧的而施行新的。

⑭地必待中:(上天的废旧施新)一定选在地的中央。

⑮端要:五端之要,即五始的要点。

⑯天子纯统色衣:天子穿着按照天统颜色制成的纯一不杂的衣服。
纯,纯一不杂。统色衣,按照天统颜色制成的衣服。苏舆注:
"'统衣'者,谓循天统以为色衣……纯色者,如尚玄则上服纯玄,
玄衣而玄缘也。"苏说是。

⑰诸侯统衣缠缘纽:诸侯穿着按照天统颜色制成的衣服,但是衣边
和扣带则用浅红色的布料制成。孙诒让《札迻(yí)》云:"'缠',当
作'纁(xūn)'。"孙说是。纁,浅赤色的布料。诸侯统衣为玄色,
但以浅赤色缘边系纽,以别于天子。缘,衣边。纽,扣带。

⑱参近夷以绥:附近的夷狄带着有天统颜色装饰的帽子来朝见天
子。参,朝见。绥,通"緌(ruí)",下垂的帽带。

⑲"正本而末应"二句:《说苑·指武篇》:"内治未得,不可以正外;
本惠未袭,不可以制末。是以《春秋》先京师而后诸夏,先诸华而
后夷狄。"

⑳举错:举动和行为。错,通"措",施行。

㉑靡(mǐ)不变化随从：没有不随着根本而发生变化的。靡，无、没
　　有。苏舆注："正统既更，则文质随异，故云变化随从。"
㉒武王其似正月：苏舆注："周受命虽自文王，而大其业使天下应而
　　正者，武王也，故曰'武王似正月'……《说苑》又云：'武王正其身
　　以正其国，正其国以正天下。伐无道，刑有事，一动天下正，其事
　　正矣。春致其时，万物皆及生；君致其道，万人皆及治。周公戴
　　己而天下顺之，其诚至矣。'义与此文正合。"根据本篇及苏舆注
　　文，可知以文、武、周公拟"元年春王正月"当系公羊先师之旧说。
　　董仲舒所谓"君子"即当指孔子以下之公羊先师。

【译文】

　　改变正朔的道理，是从奉行天端而产生的。古代的君王接受天命
而称王，改变前代的制度和国号，重新确定正月，确定衣服的颜色，然后
举行郊祭以禀告天地和诸神，祭告历代祖庙和父庙，然后布告天下，让
诸侯们在宗庙里接受天子的正朔，以此来祭告土、谷之神、历代祖先以
及山川河流，这样神、人互相感应而按同一种历法办事。三统的变化，
附近的夷狄和远方的国家都是没有的，唯独中国有此损益之说。然而
三代改变正朔，一定用天、地、人统理天下。可以说：三统和五始，是教
化四方的根本。上天开始废除旧的而施行新的，一定选在地的中央行
事，因此夏、商、周三代一定居住在中原地区，效法上天而奉行根本，把
握五始的要点来统理天下，并接受诸侯的朝见。因此正式朝见的规矩，
是天子穿着按照天统颜色制成的纯一不杂的衣服，诸侯穿着按照天统
颜色制成的衣服，但是衣边和扣带则用浅红色的布料制成，大夫和士戴
着按照天统颜色制成的帽子，附近的夷狄带着有天统颜色装饰的帽子
来朝见天子，远方国家的人各自穿着他们本国的礼服来朝见天子，就是
用这样的规矩来表明天统的含义。所谓的"统三正"，是说：正，就是端
正的意思。天统积聚某一种气，万物都响应它而随之端正；因此天统正
了，其余的都会端正。每一年中，最重要的是在正月。效法正月的道

理,根本端正了则末节也随之端正,内部端正了则外部也随之端正,一切举动和行为,没有不随着根本而发生变化的,这就可以说是效法正月了,所以君子说:"武王就像正月一样啊!"

《春秋》曰①:"杞伯来朝。"王者之后称公②,杞何以称伯?《春秋》上黜夏,下存周,以《春秋》当新王③。《春秋》当新王者奈何?曰:王者之法,必正号④,绌王谓之帝⑤,封其后以小国,使奉祀之。下存二王之后以大国,使服其服,行其礼乐,称客而朝⑥。故同时称帝者五,称王者三⑦,所以昭五端、通三统也⑧。是故周人之王,尚推神农为九皇⑨,而改号轩辕谓之黄帝,因存帝颛顼、帝喾、帝尧之帝号,绌虞而号舜曰帝舜,录五帝以小国。下存禹之后于杞,存汤之后于宋,以方百里,爵号公⑩。皆使服其服,行其礼乐,称先王客而朝。

【注释】

①《春秋》曰:下引文见《春秋》庄公二十七年。杞(qǐ),周代诸侯国名。周武王灭商,封夏禹之后东娄公于杞,二十一代为楚所灭。杞建都于雍丘,即今河南杞县。

②王者之后称公:《公羊传》隐公五年:"王者之后称公,其余大国称侯,小国称伯、子、男。"另,"杞伯来朝"事除见于《春秋》庄公二十七年外,文公十二年、成公四年及十八年均有记载。

③"杞何以称伯"四句:《公羊传》庄公二十七年何休注:"杞,夏后,不称公者,《春秋》黜杞新周而故宋,以《春秋》当新王。黜而不称侯者,方以子贬,起伯为黜。"《春秋》合伯、子、男为一等,故始称伯以黜之,继称子以贬之。苏舆注:"新王与殷、周合为三代,故黜夏为帝。"

④正号:端正名号。《白虎通义·号篇》:"帝王者何? 号也。号者,功之表也,所以表功明德、号令臣下也。"

⑤绌王谓之帝:贬退二王之前的君王而称之为帝。根据董仲舒作文之义,"帝"为贬黜之号,名尊而实卑。

⑥"下存二王"四句:《公羊传》隐公三年春王二月何休注:"王者存二王之后,使统其正朔,服其服色,行其礼乐,所以尊先圣,通三统。师法之义,恭让之礼,于是可得而观之。"又八月何休注:"王者封二王后,地方百里,爵称公,客待之,而不臣也。"《白虎通义·三正篇》:"王者所以存二王之后何也? 所以尊先王,通天下之三统也。明天下非一家之有,谨敬谦让之至也。故封之百里,使得服其正色,行其礼乐,永事先祖。"

⑦"故同时"二句:苏舆注:"凡二王以前皆称帝,合新王为三。《尚书大传》:'王者存二代之后,与己为三,所以通三统、立三正。'"二代之前上推五代均称帝,故言"称帝者五";新王存二王之后而合为三王,故言"称王者三"。

⑧昭:昭明,显明。

⑨尚:通"上"。

⑩爵号公:《公羊传》隐公三年何休注:"宋称公者,殷后也。"

【译文】

《春秋》说:"杞伯来朝见天子。"君王的后代称为公爵,为什么把杞国君主称为伯爵呢?《春秋》往上贬退夏代,往下保存周代,把《春秋》当作新王。《春秋》当新王是怎么样的呢? 回答是:君王的法度,必须要端正名号,贬退二王之前的君王而称之为帝,把小国分封给他们的后代,使他们的后代能够奉祀他们。往下把大国分封给前二代君王的后代,让他们穿着自己国家的衣服,实行自己国家的礼乐制度,朝见天子时称他们为客人。因此同时被称为帝的有五位,被称为王的有三位,以此来昭明五始、通达三统。因此周代的君王,上推至神农称为九皇,同时改称轩辕氏的名号为黄帝,依旧保存帝颛顼、帝喾、帝尧的帝号,贬退虞舜而称呼舜为帝舜,把小国分封给五帝的后代以使他们能够进行奉祀。往下把杞国分封给夏禹的后代,把宋国分封给商汤的后代,这两个国家占地方圆百里,国君的爵号是公爵。都让他们穿着自己国家的衣服,实行自己国家的礼乐制度,朝见天子时称他们为先王之客。

《春秋》作新王之事,变周之制,当正黑统①。而殷、周为王者之后,绌夏改号禹谓之帝,录其后以小国②。故曰绌夏存周,以《春秋》当新王。不以杞侯,弗同王者之后也③。称子又称伯何? 见殊之小国也④。

【注释】

① "《春秋》作新王"三句:《公羊传》哀公十四年何休注:"春言狩者,盖据鲁变周之春以为冬。去周之正,而行夏之时。"苏舆注:"'当正黑统'者,亦设为是说,与前'宜'字例同,非谓孔子已如是也。"苏说是。

② "而殷、周"三句:殷人、周人成为前王的后代,贬退夏朝而改称夏禹为帝禹,并把小国分封给他的后代。这里所言,正是以《春秋》当新王而改制之说。

③ "不以杞侯"二句:苏舆注:"夏黜为帝,故其后不得与王者同。"《春秋》不对杞国国君称侯而只是称杞伯、杞子,是为了表明其与殷、周二王的后代还是有区别的。

④ "称子"二句:苏舆注:"以小国奉祀,不以大国,故云'殊之小国'。子、伯虽同,以渐而黜。"这里是说,杞国本是夏王的后代,应该是公爵,但是由于《春秋》亲周、故宋、黜夏,因此就把杞国贬退为小国了,而有时称伯有时称子,则是为了表明其不同于一般的小

国。之,犹"于"。

【译文】

　　《春秋》做新王的事务,改变周代的制度,时代正好循环至黑统。殷人、周人成为前王的后代,贬退夏朝而改称夏禹为帝禹,并把小国分封给他的后代。所以说,贬退夏朝而保存周朝,把《春秋》当作新王。不把杞国国君称为杞侯,这是为了表明其不同于殷、周二王的后代。为什么有时称他为伯爵而有时又称他为子爵呢? 这是为了表明其不同于一般的小国。

　　黄帝之先谥,四帝之后谥①,何也? 曰:帝号必存五代,黄首天之色②,号至五而反。周人之王,轩辕直首天黄号③,故曰黄帝云。帝号尊而谥卑,故四帝后谥也。帝,尊号也,录以小国何④? 曰:远者号尊而地小,近者号卑而地大,亲疏之义也。故王者有不易者⑤,有再而复者⑥,有三而复者⑦,有四而复者⑧,有五而复者⑨,有九而复者⑩。明此通天地、阴阳、四时、日月、星辰、山川、人伦,德侔天地者称皇帝⑪,天佑而子之,号称天子⑫。故圣王生则称天子⑬,崩迁则存为三王⑭,绌灭则为五帝⑮,下至附庸,绌为九皇⑯,下极其为民⑰,有一谓之三代⑱,故虽绝地⑲,庙位祝牲犹列于郊号⑳,宗于代宗㉑。故曰:声名魂魄施于虚,极寿无疆㉒。何谓再而复,四而复?《春秋》郑忽何以名㉓?《春秋》曰㉔:"伯、子、男一也,辞无所贬。"何以为一? 曰:周爵五等,《春秋》三等㉕。《春秋》何以三等㉖? 曰:王者以制㉗,一商一夏,一质一文㉘。商、质者主天,夏、文者主地,《春秋》者主人,故三等也㉙。

【注释】

①"黄帝"二句：黄帝的谥号放在帝号前面，另外四帝的谥号放在帝号后面。谥，古代帝王、贵族、大臣或其他有地位的人死后被追加的带有褒贬意义的称号，如黄帝之"黄"、帝舜之"舜"等皆为谥号。为何黄帝先谥呢？凌曙注："谥在帝上，故曰先谥。"《白虎通义·谥篇》："黄帝先黄后帝者何？古者质，生死同称各持行合而言之，美者在上。黄帝始制法度，得道之中，万世不易，后世虽圣，莫能与同也。后世德与天同，亦得称帝，不能制作，故不得复称黄也。"二说是，可从。那么为何四帝后谥呢？凌曙注："谥在帝下，故曰后谥。"苏舆注："《通典》引《通义》云：'帝尧、帝舜，先号后谥也。帝者德盛与天同，号谥虽美，终不过天也。'"二说是，可从。

②"帝号"二句：帝号必定保存五代，黄色是天色的第一位。黄，旧本均误作"帝"，苏舆注："帝，疑作'黄'。黄者首天之色，帝者首天之号。"苏说是，今据正。帝号必存五代，卢文弨、苏舆皆以'五'绝句，非，当以'代'字绝句，才可文从字顺。

③轩辕直首天黄号：轩辕氏正当天色第一位的黄号。直，当，临。

④国：旧本皆脱，陶鸿庆曰："'小'下当有'国'字。上文云：'封其后以小国。'又云：'录其后以小国。'皆其证。"陶说是，今据补。

⑤不易者：按照董仲舒的意旨，所谓不易者即指天、道。

⑥再而复者：二者相互循环往复的，即指文与质的循环往复。《宋书·礼志》引《诗纬·推度灾》曰："二而复者，文、质也。"

⑦三而复者：三者相互循环往复的，即指正朔，建寅、建丑、建子的循环往复。《宋书·礼志》引《诗纬·推度灾》曰："三而复者，正朔也。"

⑧四而复者：四者相互循环往复的，即指一商一夏、一质一文的循环往复。

⑨五而复者:五者相互循环往复的,指五代帝号的循环往复,即上文所云"帝号必存五代"、"号至五而反"。

⑩九而复者:九者相互循环往复的。苏舆注:"九皇"苏说是。

⑪"明此"二句:苏舆注:"言明于不易与九复之道,智究天人,德侔天地,则可以称皇、称帝。古帝王皆以学著,故号弥尊者德弥高。"侔(móu),相等、等同。

⑫"天佑"二句:《公羊传》成公八年何休注:"天子者,爵称也。圣人受命,皆天所生,故谓之天子。"《白虎通义·爵篇》:"天子者,爵称也。爵所以称天子者何? 王者父天母地,为天之子也。故《援神契》曰:'天覆地载,谓之天子,上法斗极。'

⑬圣王生则称天子:圣明的君王在世时称为天子。《白虎通义·爵篇》:"帝王之德有优劣,所以俱称天子者何? 以其俱命于天,而王治五千里内也。"

⑭崩迁则存为三王:去世后则成为三王之一。崩,古代指帝王的死亡。迁,迁化,"死亡"的隐讳说法。

⑮绌灭则为五帝:超过三代以上的君王则被贬退成为五帝。这是《春秋》惯例。绌灭,超过三代以上的君王即被贬退。《左传》僖公二十五年:"周礼未改,今之王,古之帝也。"苏舆注:"逾三代者,谓之绌灭。据此则知《虞书》称尧、舜为帝,为周世追录之词。"

⑯"下至附庸"二句:封地下降为附属国,比五帝更久远的君王则贬退成为九皇。附庸,即附属于诸侯的封地方圆不及五十里的小国。苏舆注:"自五帝已上则绌为九皇,录五帝以小国,则录九皇合附庸矣。"

⑰下极其为民:下降到极点就成为"民"。民,与今义有别,亦指古代帝王。苏舆注:"《汉旧仪》:'祭三王、五帝、九皇、六十四民,皆古帝王,凡八十一姓。'与董说同。是所谓民者,汉时固列祀

典也。"

⑱有一谓之三代：他们又同样被称为先辈。苏舆注："三，疑'先'之误。有，与'又'同。一，犹'同'也。言极其为民，又同谓之先代耳。"苏说是，可从。

⑲绝地：没有封地。苏舆注："由大国而小国而附庸，至于民则地绝。"九皇之后已经降为附庸小国，九皇之上则下降为"民"而没有封地。

⑳庙位祝牲犹列于郊号：宗庙的位置、祭祀用的牺牲仍然被列在祭天的名录中。庙位，宗庙的位置。祝牲，祭祀的牺牲(牛、羊等祭品)。郊，指郊祭，祭祀对象为上天以及前代君王。

㉑宗于代宗：在泰山祭告天地时而被尊崇。这里指九皇以上远古历代帝王之升封泰山者而言。代宗，即"岱宗"，指泰山。苏舆注："'宗于岱宗'，犹云尊之于岱宗，谓封禅也。"《白虎通义·封禅篇》："王者易姓而起，必升封泰山何？报告之义也。始受命之日，改制应天，天下太平功成，封禅以告太平也。所以必于泰山何？万物之始，交代之处也……太平乃封，知告于天，必也于岱宗何？明知易姓也。刻石纪号，知自纪于百王也。"

㉒"声名魂魄施于虚"二句：他们的声名魂魄已经复归于天地自然之中了，并会永久流传而不磨灭。声名，此言身死而名声长存。施于虚，扩散到虚空之中，即复归于天地自然。苏舆注："魂魄附于人，及其死也，则施于虚。施于虚，犹言复归于天地。《朱子语类》云：'魂气归于天，是消散了。正如火烟腾上，去处何归？只是消散了。'又云：'圣人安于死即消散。'亦与此施虚义合。极寿无疆者，谓德盛则声名永久，如精灵常在耳。"苏说是。

㉓郑忽：即春秋时郑昭公，姓姬名忽。《春秋》桓公十一年："郑忽出奔卫。"

㉔《春秋》曰：当作"《传》曰"或"《春秋传》曰"，此乃后人不谙《公羊

传》,误以为《春秋》之经文而脱去"传"字。下引文见《公羊传》桓
公十一年。

㉕"周爵五等"二句:《公羊传》桓公十一年何休注:"质家爵三等,法
天之有三光也;文家爵五等,法地之有五行也。合三从子者,制
由中也。"《史记·三王世家》:"昔五帝异制,周爵五等,《春秋》三
等,皆因时而序尊卑。"

㉖以:旧本皆脱,今据凌曙注校补。

㉗王者以制:君王的制度。以,犹"之"。《战国策·赵策》:"议秦以
谋计必出于是。"正相印证。

㉘"一商一夏"二句:商道和夏道相互交替,质朴和文采轮流尊崇。
《说苑·修文篇》:"文德之至也,德不至则不能文。商者,常也。
常者,质。质主天。夏者,大也。大者,文也。文主地。故王者
一商一夏,再而复者也;正色,三而复者也;味尚甘,声尚宫,一而
复者。故三王术如循环。"《白虎通义·三正篇》:"王者必一质一
文者何? 所以承天地、顺阴阳。阳之道极,则阴道受;阴之道极,
则阳道受,明二阴二阳不能相继也。质法天,文法地而已。故天
为质,地受而化之,养而成之,故为文。《尚书大传》曰:'王者一
质一文,据天地之道。'《礼·三正记》曰'质法天,文法地'也。帝
王始起,先质后文者,顺天地之道,本末之义,先后之序也。事莫
不先有质性,后乃有文章也。"正相印证。商、夏也可看作质、文
的代称。

㉙"商、质者主天"四句:《白虎通义·三教篇》:"教所以三何? 法
天、地、人。内忠、外敬、文饰之,故三而备也。即法天、地、人各
何施? 忠法人,敬法地,文法天。人道主忠,人以至道教人,忠之
至也,人以忠教,故忠为人教也。地道谦卑,天之所生,地敬养
之,以敬为地教也。"董仲舒此文,以商、质主天,夏、文主地,《春
秋》主人,指出文、质为"再而复者",三教为"三而复者",人则兼

统文、质而言,是文、质统一者,这正是孔子所言"文质彬彬,然后君子"的意思。

【译文】

黄帝的谥号放在帝号前面,另外四帝的谥号放在帝号后面,这是为什么呢? 回答是:帝号必定保存五代,黄色是天色的第一位,名号到第五代就又开始循环。周人称王的时候,轩辕氏正当天色第一位的黄号,因此他的谥号放在帝号前面而被称为黄帝。帝号尊贵而谥号相对卑微,因此四帝的谥号放在帝号后面。帝号,是尊贵的名号,为什么却被分封给小国了呢? 回答是:时代久远的君王名号尊贵而封地狭小,时代晚近的君王名号卑微而封地广大,这是亲疏有别的道理。因此君王治理天下的道理,有的是永恒不变的,有的是二者相互循环往复的,有的是三者相互循环往复的,有的是四者相互循环往复的,有的是五者相互循环往复的,有的是九者相互循环往复的。明白了这些通达天地、阴阳、四时、日月、星辰、山川、人伦的道理,德行与天地齐同的人就可以称皇、称帝了,上天也会保佑他并把他当儿子看待,他的名号就被称为天子。因此圣明的君王在世时称为天子,去世后则成为三王之一,超过三代以上的君王则被贬退成为五帝,封地下降为附属国,比五帝更久远的君王则贬退成为九皇,下降到极点就成为"民",他们又同样被称为先辈,因此即使没有封地,他们宗庙的位置、祭祀用的牺牲仍然被列在祭天的名录中,在泰山祭告天地时而被尊崇。所以说:他们的声名魂魄已经复归于天地自然之中了,并会永久流传而不磨灭。二者相互循环往复、四者相互循环往复指的是什么意思呢? 《春秋》为什么直接称呼郑昭公的名字"忽"呢? 《公羊传》说:"伯、子、男是同一等次的爵位,在文辞上没有什么贬损。"为什么把伯、子、男合为同一等次的爵位呢? 回答是:周代的爵位分为五等,《春秋》则分为三等。《春秋》为什么把爵位划分为三等呢? 回答是:君王的制度,商道和夏道相互交替,质朴和文采轮流尊崇。采用商道、尊崇质朴的制度效法天道,采用夏道、尊崇文采的制度效法地道,《春秋》则效法人道,因此爵位划分为三等。

主天法商而王,其道佚阳①,亲亲而多仁朴②。故立嗣予子,笃母弟③,妾以子贵④。昏冠之礼,字子以父别眇⑤,夫妇对坐而食⑥。丧礼别葬⑦,祭礼先臊⑧,夫妻昭穆别位⑨。制爵三等,禄士二品⑩。制郊宫、明堂员⑪,其屋高严侈员⑫。惟祭器员,玉厚九分,白藻五丝⑬。衣制大上⑭,首服严员⑮。鸾舆尊盖⑯,法天列象⑰,垂四鸾⑱。乐载鼓⑲,用锡儛⑳,儛溢员㉑。先毛血而后用声㉒。正刑多隐㉓,亲戚多讳㉔。封禅于尚位㉕。

【注释】

①佚(yì)阳:苏舆注:"佚阳,犹'溢阳',谓盛阳也。"苏说是。溢阳,阳气兴盛的意思。

②亲亲而多仁朴:亲近亲密的人而崇尚仁爱质朴。多,崇尚。《公羊传》桓公十一年何休注:"故王者始起,先本天道以治天下,质而亲亲。及其衰敝,其失也,亲亲而不尊。故后王起,法地道以治天下,文而尊尊。及其衰敝,其失也,尊尊而不亲,故复反之于质。"

③"故立嗣予子"二句:所以立儿子作为王位继承人,要厚待一母所生的弟弟。嗣(sì),继承人。笃,厚待。《公羊传》隐公七年何休注:"分别同母者,《春秋》变周之文,从殷之质。质家亲亲,明当亲厚异于群公子也。"兄终弟及是商朝君位更替所实行的基本制度,这里则是参用沿袭商朝之法。

④妾以子贵:妾可以凭借儿子的地位而得享富贵尊荣。苏舆注:"隐元年《传》'母以子贵',何注:'礼,妾子立则母得为夫人,夫人

成风是也。'舆案:隐母称夫人子氏,而仲子以贵妾告于天子而来
赗,亦是窃以子贵,并用商法。《春秋》讥以妾为妻,而取妾母之
可贵。盖以妾为妻,在商已不行。此义亦可参见本书《王道篇》
相关正文及其注释。

⑤字子以父别眇:由父亲给儿子取字而使他与小孩区别开来。别,
区别。眇,小。冒广生云:"父字其子以成人,别于小子也。下文
'字以母'同。"冒说是。古代小孩子有名无字,待到举行冠礼时
才给他取字,以表示其从此即为成人。

⑥夫妇对坐而食:夫妇在新房里相对坐着进食。苏舆注:"《仪礼·
士昏礼》:'妇至,主人揖妇以入。及寝门,揖入。升自西阶,媵布
席于奥。夫入于室,即席,妇尊西南面,媵御沃盥(guàn)交。御
布对席,赞启会却于敦南,对敦于北。赞告具,揖妇即对筵
(yán),皆坐皆祭。赞尔黍(shǔ)授肺脊皆食,以涪(qì)酱,皆祭举
食举也。'……是《仪礼》所云,亦夫妇对坐,合商礼也。"

⑦别葬:夫妇分别埋葬而不在一起合葬。苏舆注:"《檀弓》:'季武
子曰:合葬非古也,自周公以来,未之有改也。'是周初仍别葬,自
周公时复有合葬者。故曰周公盖祔(fù)。"祔,即祔祭,合祭新亡
者和祖先。

⑧祭礼先臊(sāo):举行祭礼时,先奉献生腥之肉以为祭品。臊,腥
臊,此处指生腥之肉。苏舆注:"《礼器》:'夏立尸而卒祭,殷坐
尸。'此亦祭礼文、质之可考者。"由此可知,"先臊"以为祭,实是
参用沿袭夏朝祭祀之礼。

⑨夫妻昭穆别位:宗庙中夫妻的神主之位分别以昭、穆的次序来加
以排列区分。左为昭,右为穆。别位,位置有区别。苏舆注:"据
此则古者妇人于庙有主。《汉仪》载'天子主一尺二寸,后主七
寸,在皇帝主右'。则汉主犹夫妇各为昭、穆也。文二年《穀梁》
疏载糜信引卫次仲云:'宗庙主皆用栗,右主八寸,左主八寸(八

疑七），广厚三寸。右主谓父，左主谓母也。'亦别位之证。"

⑩禄士二品：士的俸禄分为两级。即上士、下士之分。

⑪制郊官、明堂员：把天子祭祀天地的宫室和太庙建造成圆形。郊官，天子祭祀天地的宫室。明堂，古代帝王宣明政教的地方，关于古代明堂之说，历代礼家聚讼纷纭，此处所指应为太庙。蔡邕（yōng）《明堂月令章句》："明堂者，天子太庙，所以祭祀。夏后氏世室，殷人重屋，周人明堂。"员，通"圆"，圆形。

⑫高严侈员：高峻、宽大而呈现为圆形。高严，高峻。侈，大、广。

⑬"玉厚九分"二句：所用玉器的厚度为九分，串玉的丝绳分为五股，白色中掺杂着其他颜色。分，长度单位，十分为一寸。白藻，以白色为主而同时掺杂其他颜色的丝绳。苏舆注："九、五，并从奇数，法阳道也。"

⑭衣制大上：衣服的样式是上面宽大。上大，上面宽大。

⑮首服严员：帽子高而圆。首服，冠冕、帽子。严，高。

⑯鸾（luán）舆尊盖：鸾车的车盖高大。鸾舆，鸾车，人君所乘之车，装有铃铛，行走时铃音如同鸾鸟鸣叫之声，因此称为鸾车。鸾，通"銮"，一种常饰于帝王车子上的铃铛。尊盖，高大的车盖。

⑰法天列象：效法上天陈列的日月星辰形状制作而成。《周礼·考工记》："轸（zhěn）之方也，以象地也；盖之圆也，以象天也；轮辐三十，以象日月也；盖弓二十有八，以象星也。"

⑱四鸾：四个铃铛。

⑲乐载鼓：奏乐用摆放着的鼓。载，通"置"，摆放、陈列。

⑳用锡儛（xī wǔ）：舞蹈采用干舞。锡儛，干舞。古代天子武舞的一种，舞者手执朱色盾牌（干），盾牌背面用锡箔（bó）作装饰，故称"锡儛"。儛，同"舞"。

㉑儛溢员：舞蹈的队列排成圆形。溢，同"佾"，指队列。《汉书·礼乐志·郊祀歌》："罗舞成八溢。"

㉒先毛血而后用声：祭祀时，先奉献牲畜的毛和血，然后再演奏音乐。用声，即奏乐。《礼记·郊特牲》："毛血告幽全之物也。告幽全之物者，贵纯之道也。"《礼记·祭统》："夫祭有三重焉：献之属，莫重于祼；声，莫重于升歌；舞，莫重于武宿夜。此周道也。"

㉓正刑多隐：执行刑罚一般都在暗地里进行。正刑，执行刑罚。隐，暗地里、隐蔽。

㉔亲戚多讳：君王的亲戚贵族犯了法，一般要加以隐讳而不说出去。古代有议贵之辟，执法从轻。讳，避忌，指有顾忌而不说某些话。

㉕封禅于尚位：举行封禅祭礼时，君王要处于上位。尚，同"上"。

【译文】

推崇天道、效法商道而称王的，他所施行的"道"阳气兴盛，亲近亲密的人而崇尚仁爱质朴。所以立儿子作为王位继承人，要厚待一母所生的弟弟，妾可以凭借儿子的地位而得享富贵尊荣。举行冠礼时，由父亲给儿子取字而使他与小孩区别开来，举行婚礼时，新婚夫妇在新房里相对坐着进食。举行丧礼时，夫妇分别埋葬而不在一起合葬，举行祭礼时，先奉献生腥之肉以为祭品，宗庙中夫妻的神主之位分别以昭、穆的次序来加以排列区分。制定的爵位分为三等，士的俸禄分为两级。把天子祭祀天地的宫室和太庙建造成圆形，所建造的房屋高峻、宽大而呈现为圆形。祭器是圆形的，所用玉器的厚度为九分，串玉的丝绳分为五股，白色中掺杂着其他颜色。衣服的样式是上面宽大，帽子高而圆。鸾车的车盖高大，效法上天陈列的日月星辰形状制作而成，悬挂着四个铃铛。奏乐用摆放着的鼓，舞蹈采用干舞，舞蹈的队列要排成圆形。祭祀时，先奉献牲畜的毛和血，然后再演奏音乐。执行刑罚一般都在暗地里进行，君王的亲戚贵族犯了法，一般要加以隐讳而不说出去。举行封禅祭礼时，君王要处于上位。

主地法夏而王,其道进阴①,尊尊而多义节②。故立嗣与孙,笃世子③,妾不以子称贵号。昏冠之礼,字子以母别眇,夫妇同坐而食④。丧礼合葬,祭礼先亨⑤,妇从夫为昭穆⑥。制爵五等,禄士三品⑦。制郊宫、明堂方,其屋卑污方⑧。祭器方,玉厚八分,白藻四丝。衣制下大⑨,首服卑退⑩。鸾舆卑,法地周象⑪,载垂二鸾⑫。乐设鼓⑬,用纤施僎⑭,僎溢方。先亨而后用声。正刑天法⑮,封坛于下位⑯。

【注释】

①进阴:崇尚阴柔。进,犹"尚"。苏舆注:"阳过矣,则进于阴。"

②尊尊而多义节:尊重尊长的人而崇尚义行和节操。义节,犹"节义",指节操与义行。

③"故立嗣与孙"二句:《公羊传》隐公元年何休注:"嫡子有孙而死,质家亲亲先立弟,文家尊尊先立孙。"《春秋》法商从质,而此言"立嗣与孙",是为周道,这是就文家之法而言的。世子,帝王或诸侯的正妻所生的长子,也叫太子。

④夫妇同坐而食:夫妇在新房里并肩坐着进食。《礼记·郊特牲》:"共牢而食,同尊卑也。"《礼记·昏义》:"婿(xù)揖妇以入,共牢而食。"

⑤祭礼先亨(pēng):举行祭礼时,先奉献煮熟的祭品。亨,通"烹",烧煮。"烹"为后出字,古代多借"亨"字以表其义。

⑥妇从夫为昭穆:宗庙中妇人的神主之位跟丈夫的神主之位不区分左右。

⑦禄士三品:士的俸禄分为三个等级。即上士、中士、下士之分。

⑧其屋卑污方:所建造的房屋低下而呈现为方形。卑污,卑下、低下。污,同"洼",低洼、低下。

⑨下大：下面宽大。

⑩卑退：前面低而后面高。喻指人的地位越高而态度越谦卑。

⑪法地周象：效法地上的各种物象制作而成。

⑫载：刘师培云："'载'，疑衍文。"刘说是。

⑬设：设置，陈列。

⑭纤施傩：即旄舞，周代六种小舞之一，舞者手执旄牛尾以指麾（huī）。俞樾云："此称为'纤施'者，据《周书·王会篇》：'楼烦以星施。'孔晁注：'施所以为麾羽珥（ěr）。'然则纤施舞之即旄舞明矣。鲁公子尾字施父，亦可为证。"俞说可从。

⑮正刑天法：执行刑罚就像上天一样公平。苏舆注："执法称天而行，不避亲戚。孟子所谓瞽瞍（gǔ sǒu）杀人，执之而已。夫有所受之也。《左氏传》云'大义灭亲'，皆是也。"苏说是。

⑯封坛：同"封禅"。苏舆注："《史记正义》：'泰山上筑土为坛以祭天，报天之功，故曰封。泰山下小山上除地，服地之功，故曰禅。言禅者，神之也。'《后汉志》注：'项威曰：除地为墠（shàn），后改墠为禅，神之矣。'此作'坛'，疑尚是本字。'坛'、'墠'同。"苏说可从。

【译文】

推崇地道、效法夏道而称王的，他所施行的"道"崇尚阴柔，尊重尊长的人而崇尚义行和节操。所以立孙子作为王位继承人，要厚待正妻所生的长子，妾不能够凭借儿子的地位而得称尊贵之名。举行冠礼时，由母亲给儿子取字而使他与小孩区别开来，举行婚礼时，新婚夫妇在新房里并肩坐着进食。举行丧礼时，夫妇合葬在一起，举行祭礼时，先奉献煮熟的祭品，宗庙中妇人的神主之位跟丈夫的神主之位不区分左右。制定的爵位分为五等，士的俸禄分为三个等级。把天子祭祀天地的宫室和太庙建造成方形，所建造的房屋低下而呈现为方形。祭器是方形的，所用玉器的厚度为八分，串玉的丝绳分为四股，白色中掺杂着其他颜色。衣服的样式是下面宽大,帽子前面低而后面高。鸾车低矮,效法地上的各种物象制作而成,悬挂着两个铃铛。奏乐用陈列着的鼓,舞蹈采用旄舞,舞蹈的队列要排成方形。祭祀时,先奉献煮熟的祭品,然后再演奏音乐。执行刑罚就像上天一样公平,举行封禅祭礼时,君王要处于下位。

　　主天法质而王,其道佚阳,亲亲而多质爱①。故立嗣予子,笃母弟,妾以子贵。昏冠之礼,字子以父别眇,夫妇对坐而食。丧礼别葬,祭礼先嘉疏②,夫妇昭穆别位。制爵三等,禄士二品。制郊宫、明堂,内员外椭③,其屋如倚靡员椭④。祭器椭,玉厚七分,白藻三丝。衣长前衽⑤,首服员转⑥。鸾舆尊盖,备天列象⑦,垂四鸾。乐程鼓⑧,用羽龠傩⑨,傩溢椭。先用玉声而后烹。正刑多隐,亲戚多赦⑩。封坛于左位。

【注释】

①质爱:挚爱。质,同"挚",至、极点的意思。苏舆注:"至亲无文。"苏说是。

②祭礼先嘉疏:举行祭礼时,先奉献稻子以为祭品。嘉疏,祭祀用的稻子。疏,同"蔬"。《礼记·曲礼》:"稻曰嘉蔬。"郑玄注:"嘉,善也。稻,菰(gū)之属也。"

③椭(tuǒ):狭长,长圆形。凡非正圆者,一般情况下,通称为椭圆。

④其屋如倚靡员椭:所建造的房屋就像相连不绝的椭圆形。倚靡,苏舆注:"《汉书·司马相如传》'离靡广衍',颜注:'离靡,谓相连不绝也。'倚靡,犹'离靡'矣。"苏说是。离靡,相连不绝。

⑤衣长前衽(rèn):衣服的前襟较长。衽,衣襟。

⑥员转：正圆形。转，通"抟（tuán）"，圆形。《说文解字》："抟，圜（yuán）也。"

⑦备：具备。苏舆注："备，疑作'法'。"苏说亦可从。

⑧桯（yíng）鼓：把鼓放置于楹柱之上。桯，通"楹"，屋柱。《礼记·明堂位》云"殷楹鼓"，郑玄注："楹谓之柱，贯中上出也。"苏舆注："此云'桯鼓'，言鼓有器以举之，状若长几，置而不县也。"

⑨羽籥（yuè）舞：古代的一种文舞，舞者手执雉羽和籥。羽，古代用野鸡毛做成的舞具。籥，古代管乐器名，竹制，六孔，长三尺。《诗经·邶风·简兮》："左手执籥，右手秉翟（dí）。"《文献通考》卷一百四十四："籥师，祭礼鼓羽籥之舞。"翟，古代乐舞所执之雉羽。

⑩赦（shè）：赦免。

【译文】

推崇天道、取法质朴而称王的，他所施行的"道"阳气兴盛，亲近亲密的人而崇尚没有文饰的挚爱。所以立儿子作为王位继承人，要厚待一母所生的弟弟，妾可以凭借儿子的地位而得享富贵尊荣。举行冠礼时，由父亲给儿子取字而使他与小孩区别开来，举行婚礼时，新婚夫妇在新房里相对坐着进食。举行丧礼时，夫妇分别埋葬而不在一起合葬，举行祭礼时，先奉献稻子以为祭品，宗庙中夫妻的神主之位分别以昭、穆的次序来加以排列区分。制定的爵位分为三等，士的俸禄分为两级。建造天子祭祀天地的宫室和太庙，里面是圆形的而外面是椭圆形的，所建造的房屋就像相连不绝的椭圆形。祭器是椭圆形的，所用玉器的厚度为七分，串玉的丝绳分为三股，白色中掺杂着其他颜色。衣服的前襟较长，帽子为正圆形。鸾车的车盖高大，仿照上天陈列的日月星辰形状制作而成，悬挂着四个铃铛。把鼓放置于楹柱之上来演奏音乐，舞者手执雉羽和籥来跳舞，舞蹈的队列要排成椭圆形。祭祀时，先用玉磬演奏音乐，然后再奉献煮熟的祭品。执行刑罚一般都在暗地里进行，君王的亲戚贵族犯了法,一般都赦免他们。举行封禅祭礼时,君王要处于左边的位置。

主地法文而王,其道进阴,尊尊而多礼文①。故立嗣予孙,笃世子,妾不以子称贵号。昏冠之礼,字子以母别眆,夫妻同坐而食。丧礼合葬,祭礼先秬鬯②,妇从夫为昭穆。制爵五等,禄士三品。制郊宫、明堂,内方外衡③,其屋习而衡④。祭器衡同,作秩机⑤,玉厚六分,白藻三丝。衣长后衽,首服习而垂流⑥。銮舆卑,备地周象,载垂二鸾。乐县鼓⑦,用万儛⑧,儛溢衡。先烹而后用乐。正刑天法,封坛于右位⑨。

【注释】

①礼文:礼节仪式。

②祭礼先秬鬯(jù chàng):举行祭礼时,先奉献用黑黍和郁金草酿造的香酒。秬鬯,祭祀时灌地所用的以郁金草合黍酿造的酒,色黄而芳香。秬,黑黍。鬯,郁金草。

③内方外衡:里面是正方形的而外面是长方形的。衡,同"横",长方形。

④其屋习而衡:所建造的房屋重叠相连而呈现为长方形。习,通"袭",重叠。

⑤秩机:卢文弨校云:"秩,疑作'旋'。"卢说可从。旋机,古代观测天文的一种仪器。

⑥垂流:即"垂旒",古代帝王贵族冠冕上的装饰,用丝绳系玉下垂。流,同"旒",古代帝王礼帽上悬垂的玉串。《白虎通义·绂(fú)冕篇》:"垂旒者,示不视邪……《礼器》云:'天子麻冕朱绿藻,垂

十有二旒者,法四时十二月也。诸侯九旒,大夫七旒,士爵弁
(biàn)无旒。'"

⑦县(xuán)鼓:悬挂着的鼓。县,即今之"悬"字。

⑧万儛:古代用于宗庙祭祀的一种兼干羽、文武为一体的大型乐
舞。儛,苏舆本作"舞",他本皆作"儛",根据上之文例,作"儛"
是。《诗经·邶风·简兮》:"简兮简兮,方将万舞。"《毛传》曰:
"以干羽为万舞,用之宗庙山川。"《疏》云:"万,舞名也。谓之万
者……以万者舞之总名,干戚与羽籥皆是,故云以干羽为万舞。"
"干"为武舞,"羽"为文舞,二者得兼,即为"万舞"。

⑨右:旧本均作"左",苏舆注:"左,当作'右'。"惠栋校为"右"。本
篇上段文字讲"主天法质而王"、"封坛于左位",那么本段讲"主
地法文二王",不应仍然"封坛于左位",惠校"左"为"右"是,今
据正。

【译文】

推崇地道、取法文采而称王的,他所施行的"道"崇尚阴柔,尊重尊
长的人而崇尚礼节仪式。所以立孙子作为王位继承人,要厚待正妻所
生的长子,妾不能够凭借儿子的地位而得称尊贵之名。举行冠礼时,由
母亲给儿子取字而使他与小孩区别开来,举行婚礼时,新婚夫妇在新房
里并肩坐着进食。举行丧礼时,夫妇合葬在一起,举行祭礼时,先奉献
用黑黍和郁金草酿造的香酒,宗庙中妇人的神主之位跟丈夫的神主之
位不区分左右。制定的爵位分为五等,士的俸禄分为三个等级。建造
天子祭祀天地的宫室和太庙,里面是正方形的而外面是长方形的,所建
造的房屋重叠相连而呈现为长方形。祭器同样是长方形的,制作观测
天文的旋机,所用玉器的厚度为六分,串玉的丝绳分为三股,白色中掺
杂着其他颜色。衣服的后襟较长,帽子呈现为重叠的形状而前后垂旒。
鸾车低矮,效法地上的各种物象制作而成,悬挂着两个铃铛。奏乐用悬
挂着的鼓,舞蹈采用文、武结合的大型舞蹈,舞蹈的队列要排成长方形。

祭祀时,先奉献煮熟的祭品,然后再演奏音乐。执行刑罚就像上天一样
公平,举行封禅祭礼时,君王要处于右边的位置。

　　四法修于所故①,祖于先帝②,故四法如四时然,终而复
始,穷则反本。四法之施,天符授圣人王法③,则性命形乎先
祖④,大昭乎君王⑤。故天将授舜,主天法商而王,祖锡姓为
姚氏⑥。至舜,形体大上而员首,而明有二童子⑦,性长于天
文⑧,纯于孝慈。天将授禹,主地法夏而王,祖锡姓为姒氏。
至禹,生发于背⑨,形体长,长足肵⑩,疾行先左,随以右⑪,劳
左佚右也⑫,性长于行,习地明水。天将授汤,主天法质而
王,祖锡姓为子氏。谓契母吞玄鸟卵生契⑬,契生发于胸⑭,
性长于人伦。至汤,体长专⑮,小足,左扁而右便⑯,劳右佚左
也,性长于天文⑰,质易纯仁⑱。天将授文王,主地法文而王,
祖锡姓姬氏。谓后稷母姜原履大人迹而生后稷⑲,后稷长于
邰土⑳,播田五谷。至文王,形体博长,有四乳而大足,性长
于地之势㉑。故帝使禹、皋论姓㉒,知殷之德阳德也,故以子
为姓;知周之德阴德也,故以姬为姓。故殷王改文,以男书
子㉓,周王以女书姬㉔。故天道各以其类动,非圣人孰能
明之?

【注释】

　①四法修于所故:四种法度是遵循历史而产生的。四法,即指上文
　　的商、夏、质、文而言。钱塘云:"其前当有脱文。"似是。修,刘师
　　培云:"修,当作'循'。"刘说是。循,遵循。所故,历史。

　②祖于先帝:从前代帝王那里继承下来的。祖,沿袭、继承。

③"四法之施"二句：四种法度的施行，由天帝降下祥瑞而把王法授予圣人。四法之施，旧本并作"四法之天施"，惠栋校乙为"施天"，"天施"二字乃传抄误倒。惠校读作"四法之施，天符授圣人王法"，文从字顺。今从惠校乙正。

④性命形乎先祖：天性和命运在祖先那里已经表现出来了。形，表现、表露。

⑤大昭乎君王：在他成为君王时就非常明显了。昭，明显、显著。

⑥祖锡(cì)姓为姚氏：祖先被赐姓为姚氏。锡，通"赐"，赐给。

⑦明有二童子：眼睛有两个瞳(tóng)仁。明，眼睛。童，通"瞳"，瞳仁。《艺文类聚》卷一一引《帝王世纪》云："帝有虞氏姚姓也，目重瞳，故名重华，字都君。"

⑧天文：关于天的道理，即天道。

⑨"至禹"二句：到了禹，他是从他母亲的背部生下来的。《淮南子·修务训》："禹生于石。"高诱注："禹母修己感石而生禹，拆胸而出。"董仲舒、高诱之说，皆为远古神话传说。

⑩长足跂(qǐ)：小腿和脚都很长。跂，通"跻(jǐ)"，足胫。

⑪"疾行"二句：《帝王世纪》云："世传禹为偏枯，足不相过，至今巫称禹步是也。"《道藏·洞神八帝元变经》曰："禹步者，盖是夏禹所为术，召役神灵之行步，以为万术之根源，玄机之要旨……详而验之，莫贤于先举左足，三步九迹。"正相印证。

⑫佚：通"逸"，安逸、安闲。

⑬谓契母吞玄鸟卵生契：据说汤之始祖契因为吞下燕子蛋而生下契。玄鸟，燕子。《诗经·商颂》："天命玄鸟，降而生商。"《史记·三代世表》："《诗传》曰：'汤之先为契，无父而生。契母与姊妹浴于玄丘水，有燕衔卵堕之，契母得，故含之，误吞之，即生契。'"

⑭契生发于胸：契是从他母亲的胸部生下来的。《史记·楚世家》

集解引干宝云："简狄胸剖而生契。"董仲舒、干宝之说，皆为远古神话传说。生，旧本均作"先"，孙诒让云："先，当作'生'。上文说禹云：'至于禹，生发于背。'"孙说是，今据正。

⑮ 体长专：身体修长宽大。专，惠栋校作"博"，其说可从。博，宽大。

⑯ 左扁(piān)而右便(biàn)：左脚不灵活而右脚灵活。扁，枯小，喻指不灵活。便，灵便。

⑰ 文：旧本均作"光"，苏舆注："'光'字疑衍。"王谟《汉魏丛书》本作"文"，是。今据王谟本校正。

⑱ 易：平和。

⑲ 谓后稷母姜原履大人迹而生后稷：据说周文王始祖后稷的母亲姜原踩到了天神的脚印而生下了后稷。后稷，姓姬名弃，周之先祖，舜时为农官，故号"后稷"。《白虎通义·姓名篇》："周姓姬氏，祖以履大人迹生也。"大人，旧本均作"天"，董天工笺注本作"大人"，是。今据正。

⑳ 邰(tái)：古国名，相传为后稷之封地，故址在今陕西武功西南。

㉑ 之：旧本均作"文"。"性长于地文势"，义不可解。苏舆注："语疑有误。"是。案"之"、"文"形近，古本传抄之误也，今改正为"之"。"性长于地之势"，与上文"性长于天文"例正同。

㉒ 皋(gāo)：皋陶(yáo)，偃(yǎn)姓，传说中的东夷部族首领，舜之臣，掌刑狱之事。

㉓ 以男书子：因为是阳德而用代表阳性男子的"子"作为姓氏。

㉔ 周王以女书姬：周代因为属阴德而用代表阴性女子的"姬"作为姓氏。

【译文】

　　四种法度是遵循历史而产生的，是从前代帝王那里继承下来的，所以它们就像春、夏、秋、冬四时那样，终了后又会重新开始，穷尽后又会回到起点。四种法度的施行,由天帝降下祥瑞而把王法授予圣人,那么他的天性和命运在祖先那里已经表现出来了,等到他成为君王时就非常明显了。所以上天将要把天下授予舜,推崇天道、效法商道而称王,他的祖先被赐姓为姚氏。到了舜,他的身体上面很大而头是圆形的,眼睛有两个瞳仁,他的本性精通天的道理,非常孝顺慈爱。上天将要把天下授予禹,推崇地道、效法夏道而称王,他的祖先被赐姓为姒氏。到了禹,他是从他母亲的背部生下来的,身材修长,小腿和脚都很长,快步走时先迈左脚,右脚随着向前走,这样他的左脚劳累而右脚安逸,他的本性擅长行走,熟悉地势、明白江河水性。上天将要把天下授予汤,推崇天道、取法质朴而称王,他的祖先被赐姓为子氏。据说汤之始祖契因为吞下燕子蛋而生下契,契是从他母亲的胸部生下来的,本性擅长于处理人伦关系。到了汤,他的身体修长宽大,脚较小,左脚不灵活而右脚灵活,这样他的右脚劳累而左脚安逸,他的本性精通天的道理,质朴平和而富有仁爱之心。上天将要把天下授予周文王,推崇地道、取法文采而称王,他的祖先被赐姓为姬氏。据说周文王始祖后稷的母亲姜原踩到了天神的脚印而生下了后稷,后稷在邰这个地方长大,并在田地里播种五谷。到了周文王,他的身体宽大修长,有四个乳房而且脚很大,他的本性精通地理形势。因此帝尧派夏禹和皋陶来讨论议定姓氏,知道殷代的德行属于阳德,所以把"子"作为姓氏;周代的德行属于阴德,所以把"姬"作为姓氏。因此殷人称王并改变制度,因为是阳德而用代表阳性男子的"子"作为姓氏,周代因为属阴德而用代表阴性女子的"姬"作为姓氏。所以上天的道理是事物各自按类别而行动,除了圣人,谁能明白这一点呢?

官制象天第二十四

【题解】

本篇论述了天子建立官制的道理。所谓"天之数,人之形,官之制,相参相得也",董仲舒认为天数、人形与官制三者之间都是相通的。天子建立官制就是取象于天,以天为法,所谓"官制象天"即是此意。文中对"天之数,人之形,官之制"都做了相当细致的分析,并使之一一对应起来,从而在理论分析上体现出了较为严密的逻辑层次。本篇的内容亦构成了董仲舒天人感应思想体系的重要组成部分。

王者制官,三公①、九卿②、二十七大夫、八十一元士③,凡百二十人,而列臣备矣。吾闻圣王所取,仪法天之大经④,三起而成,四转而终⑤,官制亦然者,此其仪与⑥!三人而为一选,仪于三月而为一时也;四选而止,仪于四时而终也⑦。三公者,王之所以自持也。天以三成时,王以三自持⑧。立成数以为植而四重之⑨,其可以无失矣。备天数以参事,治谨于道之意也⑩。此百二十臣者,皆先王之所与直道而行也⑪。是故天子自参以三公,三公自参以九卿,九卿自参以三大夫,三大夫自参以三士⑫。三人为选者四重,自三之道以治天下,若天之四重⑬,自三之时以终始岁也。一阳而三春⑭,非自三之时与? 而天四重之,其数同矣⑮。天有四时,时三月;王有四选,选三臣。是故有孟、有仲、有季⑯,一时之情也;有上、有下、有中,一选之情也。三臣而为一选,四选而止,人情尽矣。人之材固有四选,如天之时固有四变也。圣人为一选,君子为一选,善人为一选,正人为一选⑰,由此而下者,不足选也。四选之中,各有节也。是故天选四时,十二而天变尽矣⑱。尽人之变,合之天,唯圣人者能之,所以立王事也⑲。

【注释】

①三公:辅助国君掌握军政大权的最高官员。周代的三公指太师、太傅、太保,西汉的三公则指大司马、大司徒、大司空,而到了东汉则以太尉(wèi)、司徒、司空为三公。

②九卿:古代中央政府的九个高级官职,地位低于三公而高于大夫。周代的九卿指少师、少傅、少保、冢宰、司徒、宗伯、司马、司寇(kòu)、司空。汉代的九卿亦称"九寺",指太常、光禄勋(xūn)、卫尉、太仆、廷尉、大鸿胪(lú)、宗正、大司农、少府。

③元士:古代官名。周代称天子之士,以区别于诸侯之士。《礼记·王制》:"天子之元士视附庸。"《疏》:"按《周礼注》:'天子之士所以称元者,异于诸侯之士也。'"

④仪法天之大经:效法上天的常规。仪法,效法。大经,大法、常规、基本规律。法,旧本均作"金",俞樾云:"'金'字无义,此'金'字乃'法'字之误,言圣人所取者,无不仪法乎天之大经也。法,古文作'佥',因误作'金'矣。"俞说是,今据正。

⑤"三起而成"二句:三个月合为一个季节,四季流转过后一年也就

结束了。

⑥仪:法度,标准。

⑦"三人而为一选"四句:冒广生曰:"一三为三,三三为九,三九为二十七,三二十七为八十一,此所谓三人为一选,仪于三月也;由公而卿而大夫而元士凡四重,此所谓四选而止,仪于四时也。"冒说是。选,量才授官,即从众多的人中选拔出优秀者。此处作量词,即把三个人作为一组来进行选拔,故曰"三人而为一选"。

⑧"三公者"四句:董天工笺注:"此乃申言设三公之义。王者以三公自持,犹天以三而成数,重之以四,则为十二,备天数以为治也。"董说可从。自持,扶持自己。时,旧本均作"之",陶鸿庆云:"之,盖'时'之误,即上所谓三月而成一时也。"陶说是,今据正。

⑨立成数以为植而四重之:把三当做定数并作为基准,然后再经过四次重复选拔。成数,即定数。植,筑墙时树立在两端作为基准的木头,在这里引申为基准的意思。

⑩"备天数以参事"二句:用具备符合天数条件的官员来辅佐办事,这是对于治国之道谨慎的意思。参事,辅佐办事。参,辅佐。

⑪"此百二十臣者"二句:这一百二十个臣子,都是古代帝王能够与之一起遵循正道办事的人。《说苑·臣术篇》:"三公之事,常在于道……九卿之事,常在于德也……大夫之事,常在于仁也。……列士之事,常在于义也。"苏舆注:"诸臣以道德相辅,愆谬(qiān miù)相纠,故云直道而行。"

⑫"是故天子自参以三公"四句:《白虎通义·封公侯篇》:"王者受命为天、地、人之职,故分职以示三公,各主其一,以効(xiào)其功。一公置三卿,故九卿也。天道莫不成于三:天有三光,日、月、星;地有三形,高、下、平;人有三等,君、父、师。故一公三卿佐之,一卿三大夫佐之,一大夫三元士佐之。天有三光,然后能遍照,各自有三法,物成于三,有始,有中,有终。明天道而终之

也。"自参,辅佐自己。

⑬天之四重:指上天以一年之中的春、夏、秋、冬四季循环往复。

⑭一阳而三春:同一种阳气化为春季的三个月。三春,春季的三个月,农历正月称孟春,二月称仲春,三月称季春,合称三春。

⑮"而天四重之"二句:上天以一年之中的春、夏、秋、冬四季循环往复,君王经过四次重复选拔官员,二者在次数上是相同的。

⑯是故有孟、有仲、有季:因此有孟、仲、季的区别。孟、仲、季,一年之中每一季度三个月的次序,第一个月称孟,第二个月称仲,第三个月称季。

⑰正人:正直的人。

⑱"是故天选四时"二句:因此自然的变化是四季的循环往复,到了十二月则一年的变化就穷尽了。此二句,旧本均作"是故天选四堤,十二而人变尽矣",苏舆注:"疑当云:'天选四时,十二而天变尽矣。'"案"堤"为"时"之误,"人"为"天"之误,苏说是,今据正。

⑲"尽人之变"四句:《白虎通义·圣人篇》:"圣人者何?圣者,通也,道也,声也。道无所不通,明无所不照,闻声知情,与天地合德,日月合明,四时合序,鬼神合吉凶。"以此而言,唯有圣人能会通天人之道,穷尽人情的变化而与天道相合,因此只有圣人能建立君王的大业。

【译文】

君王制定官制,设置三公、九卿、二十七大夫、八十一元士,总计一百二十人,这样群臣就都具备了。我听说圣明的君王所选取的,要效法上天的常规,上天的常规是三个月合为一个季节,四季流转过后一年也就结束了,官制也是如此,这就是它的法度吧!把三个人作为一组来进行选拔,是效法的三个月成为一季;官员经过四次选拔才停止,是效法的四季流转过后而一年结束。三公,是君王用以扶持自己的官员。上天用三个月构成一季,君王用三公来扶持自己。把三当作定数并作为基准，然后再经过四次重复选拔，一定会万无一失了。用具备符合天数条件的官员来辅佐办事，这是对于治国之道谨慎的意思。这一百二十个臣子，都是古代帝王能够与之一起遵循正道办事的人。因此天子用三公来辅佐自己，三公用九卿来辅佐自己，九卿各自用三个大夫来辅佐自己，三个大夫各自用三个士来辅佐自己。像这样把三个人作为一组来进行选拔而重复进行四次，用三人一选的方法来治理天下，就好像上天以一年之中的春、夏、秋、冬四季循环往复，并按三月一季的方式构成一年一样。同一种阳气化为春季的三个月，这不正是三个月构成一季吗？上天以一年之中的春、夏、秋、冬四季循环往复，君王经过四次重复选拔官员，二者在次数上是相同的。一年有四季，一季有三个月；君王有四次选拔，每一次有三个臣子可供选拔。因此有孟、仲、季的区别，这是一季之中的实际情况；有上、中、下的区别，这是在一次选拔之中臣子政绩的实际情况。三个臣子构成一组进行选拔，经过四次选拔而终止，每个人的情况就都了解清楚了。人的材质本来有四种选择，就像天的时节本来就有四种变化一样。圣人是一种选择，君子是一种选择，善人是一种选择，正直的人是一种选择，从这里再往下的，在材质方面就不值得再去选择了。四种选择之中，各有自己的节度。因此自然的变化是四季的循环往复，到了十二月则一年的变化就穷尽了。穷尽人情的变化，又与天道相契合，只有圣人能做到这一点，所以也只有圣人才能够建立君王的大业。

何谓天之大经？三起而成日①，三日而成规②，三旬而成月③，三月而成时，三时而成功④。寒暑与和，三而成物⑤；日月与星，三而成光；天地与人，三而成德。由此观之，三而一成，天之大经也，以此为天制。是故礼三让而成一节⑥，官三人而成一选：三公为一选，三卿为一选，三大夫为一选，三士为一选,凡四选三臣,应天之制,凡四时之三月也。是故其以三为选,取诸天之经⑦;其以四为制,取诸天之时;其以十二臣为一条,取诸岁之度⑧;其至十条而止,取诸天之端⑨。

【注释】

①三起:指早、中、晚三个时间段。

②规:古代的时间单位,相似于现在所说的"周"。

③旬:十天。

④三时而成功:三季而完成事功。这里是指春生、夏长、秋收而言,作物经过这三个季节而获得收成。冬季则万物凋散,所谓"冬藏"也。

⑤"寒暑与和"二句:寒冷、炎热、温和,这三种温度使万物成长。

⑥礼三让而成一节:礼仪经过三度谦让而成为一个节度。《淮南子·天文训》:"天地三月而为一时,故祭祀三饭以为礼,丧纪三踊以为节,兵革三军以为制。"

⑦取诸天之经:取法于上天的常规。诸,相当于"之于"。

⑧"其以十二臣为一条"二句:把十二个臣子条贯为一个系列,是取法于一年的月数。条,条贯。

⑨取诸天之端:旧本均作"取之天端",钱塘云:"当作'取诸天之端'。"据上文例,钱说是,今据正。端,端绪、要点、根本。

【译文】

什么叫做上天的常规?早上、中午、晚上这三者组成一日,三日组成一规,三旬组成一月,三月组成一季,三季而完成事功。寒冷、炎热、温和,这三种温度使万物成长;太阳、月亮、星辰,这三者产生光明;天、地、人,这三者成就德行。从这些看来,三种事物能完成一种事功,这就是上天的常规,我们可以把这一点当做上天的制度。因此礼仪经过三度谦让而成为一个节度,官制是把三个人作为一组来进行选拔:三公是一选,三卿是一选,三大夫是一选,三士是一选,总共经过四次选拔而每一次选拔三个臣子,这是对应于上天的制度,一年总共四季而每一季有三个月。因此官制把三个人作为一组来进行选拔,这是取法于上天的常规;把经过四次选拔作为制度,这是取法于上天的季节数;把十二个臣子条贯为一个系列,这是取法于一年的月数;选拔官员到成个系列为止,这是取法于上天的端绪。

　　何谓天之端? 曰:天有十端,十端而止己。天为一端,地为一端,阴为一端,阳为一端,火为一端,金为一端,木为一端,水为一端,土为一端,人为一端,凡十端而毕①,天之数也。天数毕于十,王者受十端于天,而一条之率②,每条一端以十二臣③,如天之每终一岁以十二月也。十者天之数也,十二者岁之度也。用岁之度,条天之数,十二而天数毕。是故终十岁而用百二十月,条十端亦用百二十臣,以率被之④,皆合于天。其率三臣而成一慎⑤,故八十一元士为二十七慎,以持二十七大夫;二十七大夫为九慎,以持九卿;九卿为三慎,以持三公;三公为一慎,以持天子。天子积四十慎,以为四选,选一慎三臣⑥,皆天数也。是故以四选率之,则选三十人,三四十二,百二十人,亦天数也。以十端率之⑦,十端积四十慎,慎三臣,三四十二,百二十人,亦天数也。以三公之劳率之⑧,则公四十人,三四十二,百二十人,亦天数也。故散而名之为百二十臣,选而宾之为十二长⑨,所以名之虽多,莫若谓之四选十二长。然而分别率之,皆有所合,无不中天数者也。

【注释】

①毕：完毕，结束。

②一条之率(lǜ)：君王将十个端绪条贯为不同的系列并使之成为一定的计算标准。率，通"律"，标准、规格，也可理解为计算的意思。

③臣：旧本均作"时"，苏舆注："时，疑当作'臣'。"惠栋校作"臣"。苏说、惠校是，今据正。

④以率被之：按一定的标准加起来进行计算。被，加。

⑤其率三臣而成一慎：它的计算标准是三个臣子组成一慎。慎，数量单位。惠栋疑"慎"乃"植"之讹，钟肇鹏《春秋繁露校释》案："本文以'植'为计量臣下之单位，三臣为一'植'，与上文'立成数以为植'前后相应。"惠、钟之说亦可通，聊备一说。

⑥选一慎三臣：选拔的单位是一慎而其中包括三个臣子。

⑦以十端率之：旧本均误作"以十端四选"，俞樾云："上文'是故以四选率之'，此当云'以十端率之'。'四选'二字，涉上而误。"俞说是，今据正。

⑧劳：通"僚"，僚属、属官。

⑨选而宾之为十二长：通过选拔而敬称为三公、九卿。宾，尊敬、敬重。十二长，即指三公、九卿。

【译文】

什么是上天的端绪呢？回答是：上天有十个端绪，十个端绪之外就没有别的了。天是一个端绪，地是一个端绪，阴是一个端绪，阳是一个端绪，火是一个端绪，金是一个端绪，木是一个端绪，水是一个端绪，土是一个端绪，人是一个端绪，全部总计有十个端绪而结束，这是上天的数目。上天的数目到十结束，君王就从上天那里接受这十个端绪，并将它们条贯为不同的系列而使之成为一定的计算标准，每个端绪里都把十二个臣子条贯为一个系列，就好像上天将十二个月作为一年的终始之数一样。十是上天的数目,十二是一年的月数。用一年的月数,条贯成为上天的数目,到十二时天的数目也就结束了。因此完成十年要用一百二十个月,条贯十个端绪也要用一百二十个臣子,按一定的标准加起来进行计算,这些都是合乎天的数目的。它的计算标准是:三个臣子组成一慎,因此八十一位元士就是二十七慎,用来扶持二十七位大夫;二十七位大夫是九慎,用来扶持九卿;九卿是三慎,用来扶持三公;三公是一慎,用来扶持天子。天子积聚四十慎,以此来进行四次选拔,选拔的单位是一慎而其中包括三个臣子,这些都是天的数目。因此按照四次选拔的方式来计算官员,那么每次选拔三十人,三乘以四为十二,总计一百二十人,这也是天的数目。按照十个端绪来加以计算,十个端绪共积聚四十慎,一慎之中包括三个臣子,三乘以四为十二,总计一百二十人,这也是天的数目。按照三公的僚属来加以计算,那么每一位公有四十个僚属,三乘以四为十二,总计一百二十人,这也是天的数目。因此分散开来而称为一百二十个臣子,通过选拔而敬称为十二长,所以名称虽然很多,还不如叫做四选十二长。然而对他们分开来加以计算,都有相合的地方,没有不与天的数目相符合的。

求天数之微,莫若于人①。人之身有四肢,每肢有三节,三四十二,十二节相持,而形体立矣;天有四时,每一时有三月,三四十二,十二月相受②,而岁数终矣③;官有四选,每一选有三人,三四十二,十二臣相参,而事治行矣。以此见天之数,人之形,官之制,参相得也④。人之与天,多此类者,而皆微忽⑤,不可不察也。

【注释】

①“求天数之微”二句:探求天数的奥秘,没有比在人身上探求能更

好说明的。微,微妙,奥秘。本书《人副天数》:"天地之符,阴阳之副,常设于身,身犹天也。数与人相参,故命与之相连也。"

②十二月相受:十二个月相互承接。受,承接。

③岁数终:一年的时间就结束了。《周礼·春官·大史》:"中数曰岁,朔数曰年。"

④参(sān)相得:三者相互补充完成。参,即指天之数、人之形、官之制三者而言。参相得,殿本、卢本、凌本、苏本均误作"相参相得",宋本作"参相得",是,今从宋本。

⑤微忽:微妙。

【译文】

探求天数的奥秘,没有比在人身上探求能更好说明的。人的身体有四肢,每段肢体有三节,三乘以四为十二,十二节相互支持,人的形体就树立起来了;上天有四季,每一季有三个月,三乘以四为十二,十二个月相互承接,一年的时间就结束了;官制是要经过四次选拔,每一次选拔有三个人,三乘以四为十二,十二个臣子相互辅佐,政事就能够推行了。从这些就可以看出天的数目、人的形体,官的制度,三者是相互补充完成的。人事与天道,大多是这一类的,它们都很相似并且很微妙,人不可以不明察。

天地之理,分一岁之变以为四时,四时亦天之四选已①。是故春者少阳之选也,夏者太阳之选也,秋者少阴之选也,冬者太阴之选也。四选之中,各有孟、仲、季,是选之中有选,故一岁之中有四时,一时之中有三长②,天之节也。人生于天而体天之节,故亦有大小厚薄之变,人之气也③。先王因人之气,而分其变以为四选④。是故三公之位,圣人之选也;三卿之位,君子之选也;三大夫之位,善人之选也;三士之位,正直之选也。分人之变以为四选,选立三臣⑤,如天之分岁之变以为四时,时有三节也。天以四时之选与十二节相和而成岁⑥,王以四位之选与十二臣相砥砺而致极⑦,道必极于其所至,然后能得天地之美也。

【注释】

①四时亦天之四选已:四季也就是上天的四种选择。已,同"矣"。

②三长:指孟、仲、季而言。

③气:气质。

④分其变以为四选:区分人的气质的不同变化而进行四次选拔。
　　分其变,区分人的气质变化。

⑤选立三臣:每次都以三个臣子作为单位进行选拔。

⑥与:各本皆有,苏本独脱,应有"与"字。

⑦相砥砺(dǐ lì)而致极:相互磨炼而达到政治上的最高境界。砥砺,磨炼。致极,达到最高境界。

【译文】

　　天地的道理,把一年的变化分为四季,四季也就是天的四种选择。因此春季是少阳的选择,夏季是太阳的选择,秋季是少阴的选择,冬季是太阴的选择。四次选择之中,各自又有孟、仲、季的分别,这就是选择之中又有选择了,因此一年之中有四季,一季之中有孟、仲、季三长,这是上天的节度。人是上天产生出来的而其本身也体现了天的节度,因此也有大小、厚薄的变化,这是人的气质。古代的君王根据人的气质,区分出它的不同变化而进行四次选拔。因此三公的位置,是圣人的选择;三卿的位置,是君子的选择;三大夫的位置,是善人的选择;三士的位置,是正直之人的选择。区分出人的气质的不同变化而进行四次选拔,每次都以三个臣子作为单位进行选拔,就好像上天把一年的变化分为四季一样,每一季都有孟、仲、季三个阶段。上天由四季的选择划分与十二个阶段的相互调和而构成一年,君王则依靠四种官位的选拔和十二个臣子的相互磨炼而达到政治上的最高境界。为政之道必须达到最高境界,然后才能够得到天地间的美好事物。

尧舜不擅移汤武不专杀第二十五

【题解】

本篇从两个不同的角度阐明天子受命于天。而天选择天子的标准是："其德足以安乐民者，天予之；其恶足以贼害民者，天夺之。"其根据是："天之立王，以为民也。"论证了汤武伐桀纣的正义性，得出"天命靡常"、"有道伐无道，此天理也"的结论。

尧、舜何缘而得擅移天下哉①？《孝经》之语曰②："事父孝，故事天明。"事天与父同礼也。今父有以重予子③，子不敢擅予他人，人心皆然。则王者亦天之子也，天以天下予尧、舜，尧、舜受命于天而王天下④，犹子安敢擅以所重受于天者予他人也⑤。天有不以予尧、舜渐夺之⑥，故明为子道，则尧、舜之不私传天下而擅移位也，无所疑也。

【注释】

①何缘：何故，由于什么原因。

②《孝经》之语曰：下引文见《孝经·感应章》。事，事奉。明，明白。

③以重予子：把继承嫡系大宗的重任交给儿子。重，指继承祖、父

作大宗的重任。《公羊传》庄公二十四年何休注："继重得为大
宗,旁统者为小宗。"

④王(wàng)天下:统治天下。王,称王、统治。

⑤犹子安敢擅以所重受于天者予他人也:这就像儿子怎么敢擅自
把从上天那里接受的重任交给别人一样。苏舆注:"受于天,疑
当作'受于父'。"苏说可从。

⑥渐夺:逐渐夺取,逐渐断绝。渐,王谟本、董天工笺注本均作
"斩",苏舆注:"渐,官本云他本作'斩',是。尧、舜均不传子,故
云斩夺之。言天所以斩夺之,必有其故。"说亦可通,聊备于此,
以资参详。

【译文】

尧、舜因为什么缘故,可以擅自把天下移交给别人呢?《孝经》上有
句话说:"事奉父亲竭尽孝心,就会明白事奉上天的道理。"事奉上天与
事奉父亲的礼节是一样的。如果现在父亲要把继承嫡系大宗的重任交
给儿子,儿子不敢擅自把这个重任交给别人,人们的心理都是这样的。
那么君王也是上天的儿子,上天把天下交给尧、舜,尧、舜从上天那里接
受任命而统治天下,这就像儿子怎么敢擅自把从上天那里接受的重任
交给别人一样。上天不让尧、舜把天下传给他们自己的儿子,因此明白
了做儿子的道理,那么对于尧、舜不私自把天下传授给他们的儿子而是
把天子之位移交给别人,就没有什么可怀疑的了。

儒者以汤、武为至圣大贤也,以为全道、究义、尽美者,
故列之尧、舜,谓之圣王①,如法则之。今足下以汤、武为不
义,然则足下之所谓义者,何世之王也?曰:弗知。弗知者,
以天下王为无义者耶?其有义者而足下不知耶?则答之以
神农。应之曰:神农之为天子,与天地俱起乎?将有所伐

乎？神农有所伐，可；汤、武有所伐，独不可，何也？且"天之生民，非为王也；而天立王，以为民也②"。故其德足以安乐民者，天予之，其恶足以贼害民者，天夺之。《诗》云③："殷士肤敏，裸将于京，侯服于周，天命靡常。"言天之无常予，无常夺也。故封泰山之上，禅梁父之下④，易姓而王，德如尧、舜者，七十二人⑤。王者，天之所予也；其所伐，皆天之所夺也⑥。今唯以汤、武之伐桀、纣为不义，则七十二王亦有伐也，推足下之说，将以七十二王为皆不义也。故夏无道而殷伐之，殷无道而周伐之，周无道而秦伐之，秦无道而汉伐之。有道伐无道，此天理也⑦，所从来久矣，宁能至汤、武而然耶？

【注释】

①"儒者以汤、武"三句：全道，指全面完整的道，即符合规律，这是从求真方面讲的。究义，彻底的义，这是从伦理方面讲的，符合善的原则。尽美，达到最美，这是从艺术方面讲的。《论语·八佾》："子谓《韶》：'尽美矣，又尽善也。'谓《武》：'尽美矣，未尽善也。'"三者表达了真、善、美三方面的追求。三方面都好的为圣王，认为汤、武与尧、舜都一样是圣王。

②"天之生民"四句：源出《荀子·大略》："天之生民，非为君也。天之立君，以为民也。"董仲舒在这里以"王"为"君"。

③《诗》云：下引文见《诗经·大雅·文王之什》，此处引文顺序有所颠倒，《诗经》作："侯服于周，天命靡常，殷士肤敏，裸将于京。"殷族士人穿着殷服参加周人京师祭祀活动。天命没有亲属，有德者就是上天佑助的对象。

④"故封泰山"二句：《孝经纬·钩命决》："封于泰山，考绩燔燎（liǎo），禅于梁父，刻石纪号。"

⑤七十二人:《管子·封禅》:"古者封泰山、禅梁父者七十二家,而
　夷吾所记者十有二焉。"

⑥"王者"四句:天没有固定支持谁的意思,当上王,就是天给予的,
　被王所讨伐取代的,就是被天剥夺的。胜负是上天决定的。

⑦此天理也:天理的标准不同,有以臣伐君为不义者,董仲舒以"有
　道伐无道"为义。因此,对于汤、武伐桀、纣有两种不同的看法,
　而董仲舒认为是符合义的。

【译文】

　　儒者认为商汤王、周武王是伟大的圣贤,是真、善、美三方面都很完
美的人,所以把他们与尧、舜并列,称他们为圣王,而效法他们。现在您
认为商汤王、周武王是不义的君王,那么您认为正义的,是哪一朝代的
君王呢? 您回答:不知道。您所说的不知道,是认为天下的君王都是不
义的呢? 还是天下有正义的君王,只不过您不知道呢? 您就拿神农来
回答。我接下来可以说:神农当天子,是与天地同时开始的呢? 还是接
替别人做的呢? 神农接替别人做天子,是可以的;唯独商汤王、周武王
接替别人做天子,就不可以了,这是为什么? 而且,"上天生养人民,并
不是为了君王;而上天设立君王,是为了人民"。所以君王的德行足以
使人民生活安乐的,上天就把天下交给他;君王的恶行足以伤害人民
的,上天就从他那里把天下夺取下来。《诗经》上说:"殷商的子孙俊美
而敏捷,在周京参与祭祀,都服从周朝,可见天意并不总是在一家一姓
啊!"说的是上天并不总是把天下交给哪一姓,也不总是要从哪一姓那
儿把天下夺取过来。所以在泰山上面、梁父下面举行封禅典礼,改换朝
代而称王,德行像尧、舜一样的,共有七十二人。称王的人,是上天要把
天下交给他;他所征伐的,也是上天要把天下夺取下来。现在唯独认为
商汤王、周武王征伐夏桀和商纣是不义的,那么上面所说的七十二王也
征伐过,按您的说法推论,就会认为七十二王都是不义的了。所以夏朝
的君主无道,殷朝的君主就取代了他;殷朝的君主无道,周朝的君主就

取代了他;周朝的君主无道,秦朝的君主就取代了他;秦朝的君主无道,汉朝的君主就取代了他。有道的君主取代无道的昏君,这是天理,已经由来很久了,怎么会直到商汤王、周武王才这样呢?

　　夫非汤、武之伐桀、纣者,亦将非秦之伐周、汉之伐秦,非徒不知天理,又不明人礼。礼,子为父隐恶。今使伐人者,而信不义①,当为国讳之,岂宜如诽谤者? 此所谓一言而再过者也②。君也者,掌令者也,令行而禁止也。今桀、纣令天下而不行,禁天下而不止,安在其能臣天下也? 果不能臣天下,何谓汤、武弑?

【注释】

①信:确实,的确。

②一言而再过者:一句话犯了两个错误。这两个错误,一指误认伐人者为不义,二指没有为国讳。

【译文】

　　那些认为商汤王、周武王征伐夏桀、商纣不对的人,也会认为秦朝征伐周朝、汉朝征伐秦朝是不对的,这不仅仅是不懂得天理,也是不明白做人的礼节。按礼节,做儿子的应该为父亲隐瞒过错。现在假设征伐别人的人确实是不义的,就应当为国家避讳而不谈论这件事,怎么可以像诽谤的人那样? 这就是所谓说一句话而犯了双重错误的例子。君王,是执掌命令的人,他的命令应该得到执行而禁令应该得到遵守。现在夏桀、商纣向天下颁布命令却没人执行,颁布禁令却没人遵守,怎么能够认为他们能使天下人臣服呢? 如果夏桀、商纣确实不能使天下人臣服,怎么能够说商汤王、周武王是弑君呢?

服制第二十六

【题解】

本篇以服饰制度为主要线索,论述了不同等级的人在饮食、宫室、畜产、衣服等社会资源分配方面的不同规定,提出"无其爵,不敢服其服"、"无其禄,不敢用其财"的原则,从而表明了人们在贵贱等级方面存在着差别。

率得十六万口三分之①,则各度爵而制服②,量禄而用财③。饮食有量,衣服有制,宫室有度,畜产人徒有数④,舟车甲器有禁⑤。生有轩冕⑥、服位⑦、贵禄⑧、田宅之分,死有棺椁⑨、绞衾⑩、圹袭之度⑪。虽有贤才美体,无其爵,不敢服其服;虽有富家多赀⑫,无其禄,不敢用其财。天子服文有章,夫人不得以燕、以飨庙,将军、大夫不得以燕、以飨庙,官吏以命,士止于带缘⑬,散民不敢服杂采⑭,百工商贾不敢服狐貉⑮,刑余戮民不敢服丝玄缥、乘马⑯,谓之服制。

【注释】

①率得十六万口三分之:钱塘云:"上有脱文,此首二句亦与《服制》

无涉。"杨树达《春秋繁露札记》曰:"《爵国篇》言:'率得十六万口三分之,如大国口军三。'错简在此,而'口'误为'国'。"此句与上、下文均无涉,钱、杨之说当是。口,旧本均误作"国",今据惠栋及董天工本校正。另,由于本句为《爵国篇》错简于此,故暂不出译,译文可详参《爵国篇》。

②度爵而制服:根据爵位而制作相应的服饰。

③量禄而用财:根据俸禄而使用相应的财货。

④畜产人徒:家畜禽兽和侍卫仆役。

⑤舟车甲器有禁:车船、用器有一定的限度。禁,限度。甲器,苏舆注:"甲器,当作'用器',《王制》所谓'用器不中度,不粥于市也'。苏说可从,"甲"、"用"二字乃形近而误。

⑥轩冕:轩车和冕服。这里是指古代卿大夫的官位和爵禄。"冕"下,旧本均有"之"字,惠栋、冒广生皆校去"之"字,惠、冒二校是,今据删。

⑦服位:服饰和地位。

⑧贵禄:俸禄,爵禄。《管子·立政篇》作"谷禄"。

⑨棺椁(guǒ):棺材和套在棺外的外棺。古代棺木有两重,内曰棺,外曰椁。

⑩绞衾(qīn):入殓时包裹尸体的束带和单被。绞,敛(liàn)尸所用的束带。衾,覆盖尸体的单被。

⑪圹(kuàng)袭:坟墓。卢文弨校曰:"袭,疑是'垄(lǒng)'字。"卢说是。

⑫赀(zī):通"资",资财、钱财。

⑬"天子服文有章"五句:此数句,旧本错讹甚多,不可卒读。诸本各家之说皆不甚的当,今参合诸本诸家之校说而更加订正,以成校正之文,希使文从字顺。天子服文有章,天子穿着有文采的衣服。文、章,皆为花纹的意思。夫人不得以燕以飨庙,夫人闲居

时不能够穿着有文采的衣服、也不能够穿着有文采的衣服来招待别人和参加庙祭。燕，燕居，即闲居。飨，用酒食招待别人。庙，参加庙祭。命，命服，指古代帝王按照等级赐给公、卿、大夫、士等不同爵位的衣服。士止于带缘，士只能束带而装饰衣服的边缘。

⑭散民不敢服杂采：平民不能穿着带有红、紫杂色之类有文采的衣服。散民，平民。杂采，带有红、紫杂色之类有文采的衣服。

⑮百工商贾(gǔ)不敢服狐貉(hé)：工匠、商人不能穿着用狐皮、貉皮做成的衣服。百工，指各种工匠。商贾，商人。狐貉，皆为贵重毛皮，古代用来制作官服。

⑯刑余戮(lù)民不敢服丝玄纁(xūn)、乘马：受过刑罚和正在服刑的人不能穿着用丝绸做成的衣服、不能乘坐马车。刑余戮民，受过刑罚和正在服刑的人。丝玄纁，用丝绸做成的衣服。玄，黑色。纁，浅赤色。《礼记·礼器》："士玄衣纁裳。"玄衣纁裳皆用丝绸制成，是士穿着的服装。

【译文】

各人根据爵位而制作相应的服饰，根据俸禄而使用相应的财货。饮食有一定的分量，衣服有一定的制度，房屋有一定的规模，家畜禽兽和侍卫仆役有一定的数目，车船、用器有一定的限度。活着的时候，轩车、冠冕、服饰、职位、俸禄、田地、住宅都有一定的分别，死了以后，棺木、衣被、坟墓也有一定的规矩。即使有贤明的才干和俊美的容貌，没有相应的爵位，就不能穿相应爵位的衣服；即使家庭富裕、钱财众多，没有相应的俸禄，就不能使用相应的财货。天子穿着有文采的衣服，夫人闲居时不能够穿着有文采的衣服、更不能够穿着有文采的衣服来招待别人和参加庙祭，将军与大夫闲居时不能够穿着有文采的衣服、也不能够穿着有文采的衣服来招待别人和参加庙祭，一般的官员穿着命服，士只能束带而装饰衣服的边缘，平民不能穿着带有红、紫杂色之类有文采的衣服,工匠、商人不能穿着用狐皮、貉皮做成的衣服,受过刑罚和正在服刑的人不能穿着用丝绸做成的衣服、不能乘坐马车,这就是关于服饰的制度。

度制第二十七

【题解】

度制，即制度。别本注明："一名《调均》篇。"作者认为，贫富悬殊是"世之所难治"的根源，论证了"调均"的重要性。指出调均的途径是"君子不尽利以遗民"，其方法是建立一套制度，"使富者足以示贵而不至于骄，贫者足以养生而不至于忧"。最后具体地谈到服饰制度，说明其目的是为治理国家而制定的。可见，"调均"并不等于平均主义。

孔子曰①："不患贫而患不均。"故有所积重，则有所空虚矣。大富则骄，大贫则忧。忧则为盗，骄则为暴。此众人之情也。圣者则于众人之情，见乱之所从生，故其制人道而差上下也②，使富者足以示贵而不至于骄，贫者足以养生而不至于忧③，以此为度而调均之④。是以财不匮而上下相安，故易治也⑤。今世弃其度制⑥，而各从其欲；欲无所穷，而俗得自恣，其势无极。大人病不足于上，而小民羸瘠于下⑦，则富者愈贪利而不肯为义，贫者日犯禁而不可得止，是世之所以难治也⑧。

【注释】

①孔子曰：下引文源出《论语·季氏篇》。今本《论语》作："不患寡
　　而患不均，不患贫而患不安。"

②制人道而差上下：制定社会制度，区分上下等级。人道，指社会
　　制度。上下，指社会等级。

③贫者足以养生而不至于忧：贫穷的人足够生存而不至于忧愁。
　　《孟子·梁惠王上》："是故明君制民之产，必使仰足以事父母，俯
　　足以畜妻子，乐岁终身饱，凶年免于死亡，然后驱而之善，故民之
　　从之也轻。"

④调(tiáo)均：这里不是指的平均主义，而是让富人多交一些税，用
　　于救济贫困户。现在称为第二次分配。

⑤"是以财不匮(kuì)而上下相安"二句：财富充足，贫富差距缩小，
　　没有饿死的，这样上下都能安心生活。社会稳定，治理就比较
　　容易。

⑥弃其度制：没有坚持制约富人的制度。

⑦赢瘠(léi jí)：瘦弱。

⑧"则富者愈贪利而不肯为义"三句：贫富两极分化，富人不肯捐助
　　贫困者，贫困者无法生活，铤而走险，社会就乱了而难以治理。

【译文】

　　孔子说："不怕贫穷，只怕分配不平均。"所以有人积累大量财富，就
有人非常贫困。太富有的人会骄横，太贫困的人会忧愁。为生活忧愁
就会偷盗，为人骄横就会暴戾。这是一般人的心理。圣人根据一般人
的心理，看到了祸乱产生的原因，所以他制定社会制度，区分上下等级，
使富有的人足以显示自己的高贵而不至于骄横，贫穷的人足够生存而
不至于忧愁，用这一点作为尺度去调剂人们的财富。这样财富就不会
匮乏，上下就会相安无事，所以就容易把国家治理好。现在不去坚持制
约富人的制度，各人放纵自己的欲望，欲望是没有穷尽的，而自己的欲

望一旦放纵不禁，其发展势头是没有尽头的。政府官员会为财富不足而忧虑，处于下位的百姓会瘦弱不堪，那么富有的人会更加贪求财富而不肯行善，贫穷的人会天天触犯禁令而遏制不了，这就是社会难以治理的原因。

　　孔子曰①："君子不尽利以遗民。"《诗》云②："彼其遗秉，此有不敛穧，伊寡妇之利。"故君子仕则不稼③，田则不渔④，食时不力珍⑤，大夫不坐羊⑥，士不坐犬。《诗》曰⑦："采葑采菲，无以下体。德音莫违，及尔同死。"以此防民⑧，民犹忘义而争利，以亡其身。天不重与⑨，有角不得有上齿，故已有大者，不得有小者，天数也。夫已有大者，又兼小者，天不能足之，况人乎？故明圣者象天所为为制度⑩，使诸有大奉禄，亦皆不得兼小利、与民争利业，乃天理也⑪。

【注释】

①孔子曰：下引文见《礼记·坊记》。《礼记·坊记》："子云：'君子不尽利以遗民。'《诗》云：'彼有遗秉，此有不敛（liǎn）穧（jì），伊寡妇之利。'故君子仕则不稼，田则不渔，食时不力珍，大夫不坐羊，士不坐犬。《诗》云：'采葑采菲，无以下体。德音莫违，及尔同死。'以此防民，民犹忘义而争利，以亡其身。"董仲舒引了《礼记·坊记》中的一大段话。不尽利，指权贵不能将好处都霸占了，要留一点给平民百姓。穧，收割水稻时，已经割下的禾穗而没有捆成把的叫穧，捆成把的叫秉。遗秉，指捆成把的秉没有收走而遗漏的。这些都是留给寡妇她们的。仕是当官，稼是农业，田是打猎，渔是捕鱼，这些职业不能兼营。

②《诗》云：下引文源出《诗经·小雅·大田》。今本《诗经·小雅·

大田》作:"彼有不穫(huò)穉(zhì),此有不斂穧,彼有遗秉,此有
滞穗,伊寡妇之利。"与《礼记》、《春秋繁露》所引之文大同小异。

③君子仕则不稼:当官的有俸禄,不能种庄稼,与民争业。仕,当
官。稼,种地。董仲舒在《对策》中说:"故受禄之家,食禄而已,
不与民争业。"并举鲁相公仪休为例:"故公仪子相鲁,之其家见
织帛,怒而出其妻;食于舍而茹葵,愠(yùn)而拔其葵。曰:'吾已
食禄,又夺园夫红(gōng)女利乎?!'"公仪休认为妻子织布是夺
女工的利,自己家种菜是夺了菜农的利。这也是"仕则不稼"的
意思。

④田则不渔:打猎而不再捕鱼。这是反对兼职。田,打猎。《毛
传》:"田,取禽也。"渔,捕鱼。

⑤食时不力珍:这句讲的是饮食不追求美味珍品。珍,指山珍海
味。力,努力争取、尽力追求。

⑥大夫不坐羊:大夫不坐羊皮。古代杀了牲畜,肉用来吃,皮用来
坐。坐羊,指坐羊皮。不坐羊,就是不无故杀羊而坐羊皮,讲的
是不无故杀羊。大夫不坐羊皮,意指大夫仅吃羊肉而把皮让给
别人,以表示"不尽利"。

⑦《诗》曰:下引文见《诗经·邶风·谷风》。引文大意为:"采摘葑
(fēng)菜,采摘菲菜,不要连根拔掉。美好的话语不要违背,(我)
就与你生死与共。"下体,根。德音,美好的话语。《礼记·坊记》
郑玄注:"采葑、菲之菜者,采其叶而可食,无以其根美而并取之,
苦则弃之,并取之,是尽利也。此诗故亲今疏者,言人之交,当如
采葑采菲,取一善而已。"《诗》无达诂,此诗有两解,是正常的,可
以并立并存,不为断章取义。

⑧防民:规范人民。防,或作"坊",指防水的堤防,引申为规范的意
思。防止人民背义争利以至于为财而死。

⑨重与:重复地给予(好处)。牛有角就没有上齿,马有上齿就不长

角。四条腿的不长翅膀，长翅膀的只有两条腿。《汉书·董仲舒传》载董仲舒《对策》中说："夫天亦有所分予，予之齿者去其角，傅其翼者两其足，是所受大者不得取小也。古之所予禄者，不食于力，不动于末，是亦受大者不得取小，与天同意者也。"这是当时流行的说法。《大戴礼记·易本命篇》："四足者无羽翼，戴角者无上齿。无角者膏而无前齿，有羽者脂而无后齿。"《吕氏春秋·博志篇》："凡有角者无上齿，果实繁者木必庳(bēi)。"

⑩明圣者象天所为为制度：圣明的人仿照上天的行为制定制度。作者谓圣，述者为明。篇名《度制》，意为度的制订。此处"制度"，意为制订具体的度。虽然颠倒，未必需要纠正。象天所为，指不兼利。按这个原则来制订度。

⑪"使诸有大奉禄"三句：《汉书·董仲舒传》引《对策》：官不与民争业，"然后利可均布，而民可家足。此上天之理，而亦太古之道，天子之所宜法以为制，大夫之所当循以为行也"。

【译文】

孔子说："君子不把利益取尽了，以便遗留一些给百姓。"《诗经》上说："那里有遗落的禾把，这里有未收的禾穗，这些都是寡妇的利益。"所以君子做官就不种谷，打猎就不捕鱼，按照季节选择饮食而不力求珍异，大夫不坐羊皮，士不坐狗皮。《诗经》上说："采摘荠菜，采摘菲菜，不要连根拔掉。美好的话语不要违背，我就与你生死与共。"用这些道理来规范人民，人民还有忘记道义而争夺利益，以致丧失生命的。上天不会重复地给予好处，有了角的动物不能再有上齿。所以已经拥有大的利益，就不能再拥有小的利益，这是天数。如果已拥有大的利益，又要兼有小的利益，上天也不能满足他，何况人呢？所以圣明的人仿照上天的行为制定制度，使那些拥有高俸禄的人，也都不能兼有小利、去跟人民争夺利益，这是符合天理的。

凡百乱之源,皆出嫌疑纤微,以渐寖稍长,至于大①。圣人章其疑者②,别其微者③,绝其纤者④,不得嫌,以蚤防之⑤。圣人之道,众堤防之类也⑥,谓之度制,谓之礼节⑦。故贵贱有等,衣服有制,朝廷有位,乡党有序,则民有所让而不敢争,所以一之也。《书》曰⑧:"辇服有庸,谁敢弗让,敢不敬应?"此之谓也。

【注释】

①"凡百乱之源"四句:大凡各种祸乱的根源,都出于嫌疑细微的小事,而渐渐发展,以至酿成大祸。嫌疑纤微,指细小。渐寖(qīn)稍长,逐渐发展。乱象从小渐大,有一发展过程。

②章其疑者:使有怀疑的问题明白了。章,明确。

③别其微者:分别微小的现象。微小的现象,哪些可能导致大乱,能够辨别出来。

④绝其纤者:消灭纤小的苗头。绝,消灭、根绝。纤,纤小,指乱的萌芽状态。

⑤蚤:同"早"。

⑥"圣人之道"二句:圣人之道就是社会伦理的堤防。《汉书·董仲舒传》引《对策》:"夫万民之从利也,如水之走下,不以教化堤防之,不能止也。是故教化立而奸邪皆止者,其堤防完也;教化废而奸邪并出,刑罚不能胜者,其堤防坏也。古之王者明于此,是故南面而治天下,莫不以教化为大务。"

⑦"谓之度制"二句:度制与礼节都是圣王创造的防止乱的措施。谓,为也。

⑧《书》曰:下引文源出《尚书·皋陶谟》。引文大意为:"赏赐车子和衣服给他们享用,谁敢不谦让,谁敢不恭敬地响应号召?""辇

(yú)服有庸"在今本《尚书》中作"车服以庸"。轝,同"舆",车。庸,用。

【译文】

大凡各种祸乱的根源,都出于嫌疑细微的小事,而渐渐发展,以至酿成大祸。圣人使疑惑不定的东西明显起来,把隐微的东西区分开来,根绝纤小的苗头,不使人有嫌疑,以便及早预防。圣人的主张,就像各种堤防一样,为人民制订了制度,制订了礼节。所以贵贱有一定的等级,衣服有一定的制度,朝廷有一定的位置,地方上有一定的次序,这样人民就会有所礼让而不敢争执,这就是用来统一人民的办法。《尚书》上说:"赏赐车子和衣服给他们享用,谁敢不谦让,谁敢不恭敬地响应号召?"说的就是这个意思。

凡衣裳之生也,为盖形暖身也。然而染五采、饰文章者①,非以为益肌肤血气之情也,将以贵贵尊贤,而明别上下之伦②,使教亟行③,使化易成,为治为之也④。若去其度制,使人人从其欲⑤,快其意,以逐无穷,是大乱人伦而靡斯财用也⑥,失文采所遂生之意矣⑦。上下之伦不别,其势不能相治,故苦乱也;嗜欲之物无限,其数不能相足⑧,故苦贫也。今欲以乱为治,以贫为富,非反之制度不可⑨。古者天子衣文⑩,诸侯不以燕,大夫衣禒⑪,士不以燕,庶人衣缦⑫,此其大略也。

【注释】

①五采:也称"五色",即青、黄、赤、白、黑,也泛指各种色彩。
②伦:条理,顺序。
③亟(jí):赶快,急速。

④为治为之：为治理国家而制订它们。

⑤从（zòng）：同"纵"，放纵、纵容。

⑥靡（mí）：浪费，奢侈。

⑦遂：苏舆注："遂，犹'由'也。"苏说可从。遂，从、由。

⑧数：苏舆本误作"势"，今据凌本、卢本、殿本校正。

⑨反之制度：反求于制度，即恢复制度。

⑩衣文：穿着有文采的衣服。也即本书《服制篇》所说的"服文有
章"。文，文采、花纹。

⑪褖（tuàn）：衣服边缘的装饰。

⑫缦（màn）：没有花纹图案的布帛，后引申为，凡无文饰者皆曰缦。

【译文】

　　所有衣服的制作，都是为了遮盖形体、温暖身躯。但是在衣服上染
上各种色彩和花纹，不是用来增益肌肤和血气的，而是用来尊重贵人、
尊敬贤者，明白地分别上下等级次序，使得教化得到迅速推行，并使其
易于成功，这些都是为了治理国家而制订的一系列制度。如果废弃这
些制度，使每个人都放纵他的欲望，称心快意，以至无穷无尽地追逐快
乐，这样就会使人伦大乱而浪费社会的财富，从而就丧失掉在衣服上装
饰文采的本意了。上下的等级次序不加分别，这样势必不能够进行治
理，因此就会饱受祸乱之苦；嗜好的东西没有穷尽，这样在数量上就不
能够满足每个人的要求，因此就会饱受贫穷之苦。现在想要使祸乱得
到治理，使贫穷者变得富有，非得恢复服饰制度不可。古代的天子穿着
有文采的衣服，诸侯闲居时就不能够穿而只是在祭祀时能够穿着有文
采的衣服，大夫穿着有边缘装饰的衣服，士闲居时就不能够穿而只是在
祭祀能够穿着有边缘装饰的衣服，平民穿着没有花纹图案的衣服，这些
就是服饰制度的大致情况。

爵国第二十八

【题解】

爵，指公、侯、伯、子、男等贵族等级。本篇主要论述了封爵的等级、封地的大小以及诸侯国的官制、军制、俸禄等，故以"爵国"为篇名。官制、军制的依据是"法天地之数"。董仲舒论述了"有大功德者受大爵土，功德小者受小爵土"、"大材者执大官位，小材者受小官位"以及"豪杰俊英不相陵等原则。文中对井田制也有所论述。

《春秋》曰①："会宰周公。"又曰②："公会齐侯、宋公、郑伯、许男、滕子。"又曰："初献六羽③。"《传》曰④："天子三公称公，王者之后称公，其余大国称侯，小国称伯、子、男。"凡五等，故周爵五等，士三品，文多而实少⑤。《春秋》三等，合伯、子、男为一爵，士二品，文少而实多。《春秋》曰："荆⑥。"《传》曰⑦："氏不若人，人不若名，名不若字。"凡四等，命曰附庸⑧，三代共之⑨。

【注释】

①《春秋》曰：下引文见《春秋》僖公九年。《公羊传》："宰周公者何？

天子之为政者也。"何休注:"宰犹治也。三公之职号尊名也。以
加宰,知其职大尊重,当为天子参听万机。"《左传》杜预注:"周
公,宰孔也。宰,官。周,采地。天子三公不字。"宰周公,指周王
室的太宰。宰,官名。周,指封地在周。公,爵位名。

②又曰:下引文见《春秋》庄公十六年。

③初献六羽:此引文出自《春秋》隐公五年。六羽,乐舞名,即六佾
之舞。

④《传》曰:下引文见《公羊传》隐公五年。天子三公称公,即如周
公、召(shào)公以及上文"宰周公"之类。王者之后称公,封二王
之后,地方百里,爵称公,即如宋公是也。

⑤文多而实少:文采多而质实少。实,冒广生曰:"实,当作'质'。"
冒说可从。

⑥荆:即楚国。《春秋》庄公十年:"荆败蔡师于莘(shēn),以蔡侯献
舞羽。"《公羊传》:"荆者何? 州名也。"《公羊传》定荆为州名,楚
才是国名。称州名而不称国名,是表示对楚国的轻蔑。

⑦《传》曰:下引文源出《公羊传》庄公十年:"州不若国,国不若氏,
氏不若人,人不若名,名不若字,字不若子。"此处只以氏、人、名、
字区别得地的多少,故未全引《公羊传》之文而只引此四等。

⑧附庸:指古代附属于诸侯的小国。《孟子·万章下》:"不能五十
里,不达于天子,附于诸侯曰附庸。"《白虎通义·爵篇》:"小者不
满为附庸。附庸者,附大国以名通也。"

⑨三代:即指夏、商、周。

【译文】

《春秋》说:"鲁僖公会见宰周公。"又说:"鲁庄公会见齐侯、宋公、郑
伯、许男、滕子。"又说:"初次献上六羽之舞。"《公羊传》解释说:"天子的
三公称为公,君王的后代称为公,其余的,大国称为侯,小国称为伯、子、
男。"公、侯、伯、子、男一共五等,所以周代的爵位分为五个等级,士的等

级分为三品,文采多而质实少。《春秋》将爵位分为三等,把伯、子、男合并为同一等爵位,士的等级分为二品,文采少而质实多。《春秋》说:"荆。"《公羊传》解释说:"称氏的不如称人的,称人的不如称名的,称名的不如称字的。"氏、人、名、字一共四等,都被称为附庸,夏、商、周三代都是这样。

然则其地列奈何①?曰:天子邦圻千里②,公、侯百里,伯七十里,子、男五十里,附庸,字者方三十里,名者方二十里,人、氏者方十五里。《春秋》曰:"宰周公。"《传》曰:"天子三公。""祭伯来③。"《传》曰:"天子大夫。""宰渠伯纠④。"《传》曰:"下大夫。""石尚⑤。"《传》曰:"天子之士也。""王人⑥。"《传》曰:"微者⑦,谓下士也。"凡五等⑧。《春秋》曰:"作三军⑨。"《传》曰:"何以书?讥。何讥尔?古者上卿、下卿、上士、下士。"凡四等。小国之大夫与次国下卿同⑩,次国大夫与大国下卿同,大国下大夫与天子下士同⑪。二十四等⑫,禄入等差⑬。有大功德者受大爵土,功德小者受小爵土,大材者执大官位,小材者受小官位。如其能宜,治之至也⑭。故万人者曰英,千人者曰俊,百人者曰杰,十人者曰豪。豪、杰、俊、英不相陵⑮,故治天下如视诸掌上⑯。

【注释】

①地列:封地的等级。列,等级、位次。

②邦圻(qí):国境。圻,通"畿(jī)",皇帝都城周围千里之地。

③祭(zhài)伯来:事载《春秋》隐公元年。《公羊传》:"祭伯者何?天子之大夫也。"陈立《公羊义疏》:"凡曰大夫,皆上大夫也。"

④宰渠伯纠：《春秋》桓公四年："夏，天王使宰渠伯纠来聘。"宰，官名。渠伯纠，人名。

⑤石尚：《春秋》定公十四年："天王使石尚来归脤（shèn）。"《公羊传》："石尚者何？天子之士也。"何休注："天子上士，以名、氏通。"石，姓。尚，名。石尚是天子的上士，故称"名、氏"。下士则称"人"，如下文之"王人"。

⑥王人：《春秋》僖公八年："春王正月，公会王人、齐侯、宋公、卫侯、许男、曹伯、陈世子款盟于洮（táo）。"《公羊传》曰："王人者何？微者也。"

⑦微：地位低微。

⑧五等：这里是指三公、上大夫、下大夫、上士、下士而言。

⑨作三军：《春秋》襄公十一年："春王正月，作三军。"《公羊传》："三军者何？三卿也。"鲁为州牧，本来只有二军，应该由上卿和下卿统帅。而为军设置三卿，有违王制，故而讥刺之。

⑩大夫：苏舆注："大夫即上卿。"刘师培说同。

⑪下大夫：苏舆注："下大夫即下卿……此文则小国视次国，次国视大国降一等，大国视天子降二等。"

⑫二十四等：苏舆注："天子卿、大夫、上士、下士，凡四等。通佐上卿、下卿、上士、下士，凡四等。诸侯大国上卿、下卿、上士、下士，凡四等。次国上卿、下卿、上士、下士，凡四等。小国上卿、下卿、上士、下士，凡四等。附庸宰、丞、士、秩士，凡四等。是谓二十四等。"

⑬禄入等差：取得的俸禄按照等级不同而有所差别。禄入等差，旧本均作"禄八差"，疑有误，惠栋校作"禄入等差"，是，今据正。

⑭"如其能宣"二句：根据官员们的才能来加以任用，这是治理国家的最佳方式。宣，任用、利用。至，极。

⑮陵：侵犯，越过。

⑯视：通"示"，显示、呈现。

【译文】

那么他们封地的等级是怎样的呢？回答是：天子的国境方圆千里，公爵、侯爵方圆百里，伯爵方圆七十里，子爵、男爵方圆五十里，附属于诸侯的小国，称字的方圆三十里，称名的方圆二十里，称人、称氏的方圆十五里。《春秋》说："宰周公。"《公羊传》解释说："宰周公是天子的三公之一。"《春秋》说："祭伯来。"《公羊传》解释说："祭伯是天子的上大夫。"《春秋》说："宰渠伯纠。"《公羊传》解释说："宰渠伯纠是下大夫。"《春秋》说："石尚。"《公羊传》解释说："石尚是天子的上士。"《春秋》说："王人。"《公羊传》解释说："王人是地位低微的人，说的是下士。"三公、上大夫、下大夫、上士、下士一共是五等。《春秋》说："设立三卿。"《公羊传》解释说："为什么写上这件事呢？是为了讥刺。讥刺什么呢？古代诸侯只有上卿、下卿、上士、下士。"一共四个等级。小国的大夫与次国的下卿地位相同，次国的大夫与大国的下卿地位相同，大国的下大夫与天子的下士地位相同。总计有二十四个等级，他们取得的俸禄按照等级不同而有所差别。有大功德的接受大的爵位和封地，功德小的接受小的爵位和封地，才能大的执掌大的官位，才能小的接受小的官位。根据官员们的才能来加以任用，这是治理国家的最佳方式。因此才智超过万人的叫做英，超过千人的叫做俊，超过百人的叫做杰，超过十人的叫做豪。豪、杰、俊、英不相逾越，因此治理国家就像是把它呈现在手掌上一样容易。

其数何法以然^①？曰：天子分左右五等^②，三百六十三人，法天一岁之数，五时色之象也^③。通佐十上卿，与下卿而二百二十人^④，天庭之象也^⑤，倍诸侯之数也^⑥。诸侯之外佐四等，百二十人^⑦，法四时六甲之数也^⑧。通佐五，与下而六十人,法日、辰之数也⑨。佐之必三三而相复⑩,何? 曰:时三月而成,大辰三而成象⑪。诸侯之爵或五⑫,何? 法天、地之数也⑬,五官亦然⑭。

【注释】

①其数何法以然:职官的数目是效法什么而形成这样的呢? 其数,天子、诸侯所设职官的人数。法,效法。然,这样、如此。

②天子分左右五等:天子把其臣僚分为五个等级。左右,臣僚、属臣。五等,冒广生曰:“三公为一等,卿九人为一等,大夫二十七人为一等,上士八十一人为一等,下士二百四十三人为一等。”

③五时色之象:取象于五种时色。冒广生曰:“沈祖绵云:‘木色青,王春季;火色赤,王夏季;金色白,王秋季;水色黑,王冬季;土色黄,王四季。而正位在六月,天子官五等,故曰五时色之象。’”

④“通佐十上卿”二句:沈祖绵曰:“当作‘通佐十二与下而二百四十人’。古文‘上’亦作‘二’,改‘二’为‘上’,又加一‘卿’字,致与下文‘通佐五与下而六十人’句法不合。十二通佐,象天庭之十二官。其官则天官小宰二人,地官小司徒二人,春官小宗伯二人,夏官小司马二人,秋官小司寇二人,冬官小司空二人是也。二百四十人以太白绕日计。见《史记·天官书》。”沈说近是,可从。译文暂从沈校出译。通佐,与下文“外佐”对言,似指宫廷佐官,或是佐官之泛称。

⑤天庭:亦作“天廷”,星垣名。《春秋纬·元命苞》:“太微为天庭,五常以合时。紫微宫为大帝,中有五帝座,五帝合明。”

⑥倍诸侯之数:天子佐官的数目是诸侯的一倍。倍,一倍。董天工笺注:“此言天子畿内爵数。诸侯外佐四等,百二十人,天子倍之为二百四十人。”

⑦“诸侯之外佐四等”二句:冒广生曰:“诸侯无公一等,故曰四等。

诸侯三卿、九大夫、二十七上士、八十一下士、通百二十人。"外佐,地方佐官。

⑧法四时六甲之数:效法四季与六甲的数目。四时,即指春、夏、秋、冬四季。六甲,董天工笺注:"四时有六甲,每甲十日,以天干而配(十二)地支,共得一百二十日。"

⑨"通佐五"三句:诸侯的通佐有五人,与下属加起来总计六十人,这是效法日、辰的数目。《汉书·律历志》:"故日有六甲,辰有五子。""辰有五子",故"通佐五"乃效法辰之数;"日有六甲",一甲为十日,六甲即六十日,故"六十人"乃效法日之数。

⑩佐之必三三而相复:佐官的数目必定是按照三的倍数递增。诸如:三公以佐天子,九卿以佐三公,二十七大夫以佐九卿,八十一上士以佐二十七大夫等等,这些都是按照三的倍数递增。

⑪大辰:星次名,即苍龙七宿中的心宿、参代、北极三星宿。

⑫或五:有五等。或,有的意思。上文指出《春秋》爵三等、士二品,合其数即为五等。

⑬法天、地之数:效法天、地的数目。《易·系辞传上》:"天数五,地数五。"天数五,指一、三、五、七、九。地数五,指二、四、六、八、十。

⑭五官:即上文所说的天子左右五等。

【译文】

职官的数目是效法什么而形成这样的呢? 回答是:天子把其臣僚分为五个等级,总计三百六十三人,这是效法上天一年的天数,以及取象于五种时色。天子的通佐有十二人,与下属加起来总计二百四十人,这是取象于天庭星,而数目是诸侯的一倍。诸侯的外佐分为四个等级,总计一百二十人,这是效法四季与六甲的数目。诸侯的通佐有五人,与下属加起来总计六十人,这是效法日、辰的数目。佐官的数目必定是按照三的倍数递增,这是为什么呢? 回答是:一个季节由三个月构成,大辰星座由三个星宿组成。诸侯的爵位有五等，这是为什么呢？这是效法天、地的数目，天子的臣僚有五个等级，也是这样。

　　然则立置有司①、分指数奈何②？曰：诸侯大国四军，古之制也。其一军以奉公家也③。凡口军三者何④？曰：大国十六万口，而立口军三。何以言之？曰：以井田准数之⑤。方里而一井⑥，一井而九百亩而立口。方里八家，一家百亩，以食五口⑦。上农夫耕百亩，食九口，次八人，次七人，次六人，次五人。多寡相补，率百亩而三口⑧，方里而二十四口⑨。方里者十，得二百四十口。方十里为方里者百，得二千四百口。方百里为方里者万，得二十四万口。法三分而除其一⑩，城池、郭邑⑪、屋室、闾巷⑫、街路市⑬、官府、园囿、菱⑭、台沼、橡采⑮，得良田方十里者六十六，与方里六十六，定率得十六万口，三分之，则各五万三千三百三十三口，为大国口军三⑯，此公侯也。

【注释】

①立置有司：设置官吏。有司，官吏。古代设官分职，事各有专司，故称"有司"。

②分指数：分配人数。指数，亦称"口数"，即人数。苏舆注："指数，即人数。犹后人称'百人'为'千指'矣。"

③奉公家：侍奉保护公侯家族。公家，公侯家族。

④口军：根据人口数目而建立的军队。苏舆注："计口立军，谓之'口军'，犹计口而为井田，谓之'口井'。'口井'见《王莽传》。"

⑤准：标准。

⑥方里：方圆一里。

⑦食(sì)：供养。

⑧"多寡相补"二句：多的与少的相互抵消，平均计算一百亩田有三个男子。率，计算。三口，即指父、己、子三者。这里仅计算男子，因为立口军只以男子作为编制。而上文所云供养九口、八人、七人、六人、五人者，则男、女均计算在内，因为食养不分男女而可合计，以便计算口粮。

⑨方里而二十四口：方圆一里有二十四个男子。方里为井，一井而八家共耕之，每家三口，共计二十四口。

⑩法三分而除其一：按照通常的计算方法而去掉三分之一。惠栋移此句于后文"台沼、橡采"之后，似是，聊备一说。

⑪郭：外城。

⑫闾(lú)巷：里巷。

⑬街路市：苏舆注："疑衍一字。"苏说是。当作"街市"或"路市"。

⑭娄：卢文弨校曰："'娄'与'委巷'同。"委巷，僻陋曲折的小巷。

⑮橡采：冒广生曰："橡采，疑作'禄采'，卿大夫皆得有采地，自取赋税，故亦在所除也。"冒说可从。

⑯国：旧本就脱此字。陶鸿庆云："当作'大国口军'。下文云：'定率得十六万口，三分之，为大国口军三。'是其证。"陶说是，今据补。

【译文】

那么应该怎样设置官吏、分配人数呢？回答是：诸侯中的大国设立四军，这是古代的制度，其中有一军专门用来侍奉保护公侯家族。为什么口军总共为三军呢？回答是：大国有十六万个男子，所以建立三支口军。凭什么这样说呢？回答是：这是以井田作为标准而加以计算的。方圆一里就有一井，一井有九百亩田而能养活一批人。方圆一里住八家人，每一家一百亩田，用来供养五口人。上等农民耕种一百亩田，可以供养九口人，次一等的可以供养八口人，再次一等的可以供养七口人,再次一等的可以供养六口人,再次一等的可以供养五口人。多的与少的相互抵消,平均计算一百亩田有三个男子,方圆一里有二十四个男子。十个方圆一里,就有二百四十个男子。方圆十里有一百个方圆一里的大小,就有二千四百个男子。方圆百里有一万个方圆一里的大小,就有二十四万个男子。按照通常的计算方法,城池、郭邑、房屋、闾巷、街市、官府、园囿、小巷、台沼、禄采,要占去三分之一,这样就剩下六十六块方圆十里的良田,按照一定标准推算有十六万个男子,将其三等分,每一等分就有五万三千三百三十三人,将其编为大国的三支口军,这就是公侯的军制。

　　天子地方千里,为方百里者百,亦三分除其一,定得田方百里者六十六,与方十里者六十六,定率得千六百万口①。九分之,各得百七十七万七千七百七十七口,为京口军九②,三京口军以奉王家。故天子立一后,一世夫人,中、左、右夫人,四姬,三良人③。立一世子,三公,九卿,二十七大夫,八十一元士,二百四十三下士。有七上卿,二十一下卿,六十三元士,百八十九下士④。王后置一太傅、太母⑤,三伯,三丞⑥。世夫人、四姬、三良人,各有师傅。世子一太傅,三傅⑦,三率⑧,三少⑨。士入仕宿卫天子者⑩,比下士,下士者如上士之下数⑪。王后御卫者⑫,上下御各五人;世夫人、中左右夫人、四姬,上下御各五人;三良人,各五人。世子妃姬及士卫者⑬,如公侯之制。王后傅,上下史五人⑭;三伯,上下史各五人;少伯,史各五人。世子太傅,上下史各五人;少傅,亦各五人;三率、三下率,亦各五人。三公,上下史各五人;卿,上下史各五人;大夫,上下史各五人;元士,上下史各

五人；上下卿、上下士之史⑮，上下亦各五人。卿、大夫、元
士，臣各三人。

【注释】

①定率得千六百万口：刘师培云："此仅得一千五百九十九万八千
　四百口。'定率'以上，当补'方里者六十六'一语，计增一千五百
　八十四口，合之得一千五百九十九万九千九百八十四人。"刘说
　可从。

②京口军：京师口军，即指天子辖（xiá）下按人口而建立的军队。

③"故天子立一后"五句：此数句所言之后、世夫人、夫人、姬、良人
　等，皆指天子之妻妾，而等级不同。古代天子一娶十二女，与文
　中所提之数正合。苏舆注："此是周制。《王莽传》：'请考《五
　经》，定取礼正十二女之义，以广继嗣。'"另，此间详情，还可参阅
　《汉书·外戚传》之说。

④"有七上卿"四句：张惠言云："'有七上卿'以下二百二十人，所谓
　通佐也。通佐之官，他书不见。"百八十九下士，旧本均误作"百
　二十九下士"，俞樾云："三七二十一，二十一而三之，得六十三，
　为元士之数。六十三而三之，得一百八十九，为下士之数。今乃
　云百二十九下士，文之误也。"俞说是，今据正。

⑤太傅、太母：皆指辅佐并保卫王后的内官。《公羊传》襄公三十年
　何休注："礼：后、夫人必有傅、母，所以辅正其行，卫其身也。选
　老大夫为傅，选老大夫妻为母。"

⑥丞（chéng）：即下文所言之"少伯"。

⑦"世子一太傅"二句：世子有一个太傅，三个少傅。三傅，指三少
　傅。"一"下，旧本均衍一"人"字，惠栋删，是。今据删。

⑧率（lǜ）：古代官名。秦汉时设卫率，主领兵卒、门卫，以卫东宫。
　后世又置司御率、清道率、监门率等，皆太子属官。

⑨三少：依下文，当指三下率。下率，古代官名。

⑩士入仕宿卫天子者：在宫中值宿、保卫天子的士。宿卫，在宫中值宿、担任警卫。仕，疑为衍文，未确。

⑪"比下士"二句：比，与……相同。此二句殊为难解。俞樾云："案下文言大国次国，并云：'士宿卫公者，比上卿者有三人，下卿六人，比上下者如上下之数。'则此文亦当云：'士入仕宿卫天子者，士宿卫公者，比上卿者有三人，下卿六人，比上下者如上下之数。'传写脱误。"冒广生云："案天子之官皆三倍于公侯，公侯宿卫，比上卿者三，则天子当为九。比下卿者六，则天子当为十八。又公侯宿卫比上卿者三人，以三乘三，下卿当为九人，天子则二十七人。俞亦未得其数。"众家聚讼纷纭，未有定论，此亦未敢轻言判断，故暂不校改，正文一仍其旧，后之译文亦暂作直译处理，冀望方家论定一二。

⑫王后御卫者：在王后宫中做侍卫的人。

⑬士卫者：即"士入宿卫者"，在宫中值宿、担任警卫之士。

⑭"王后傅"二句：王后的师傅（即太傅、太母），有上史、下史各五人。

⑮上下卿、上下士之史：刘师培云："以下节例之，句首当有'通'字。"冒广生曰："此'上下卿、上下士'皆通佐也。"刘、冒二说可从，"上下卿"之前当有"通"字，下文"通大夫、士，上下史各五人"是其证。

【译文】

　　天子的土地方圆千里，就是一百个方圆百里的大小，也除去三分之一，这样就有六十六块方圆百里的良田，外加六十六块方圆十里的土地，按照一定标准推算就有一千六百万个男子。将其九等分，每一等分有一百七十七万七千七百七十七人，将其编为九支京师口军，其中三支京师口军用来侍奉保卫天子家族。因此天子娶一个王后，一个世夫人，中夫人、左夫人、右夫人各一个,四个姬,三个良人。立一个世子,三个公,九个卿,二十七个大夫,八十一个元士,二百四十三个下士。通佐有七个上卿,二十一个下卿,六十三个元士,一百八十九个下士。王后设置一个太傅,一个太母,三个伯,三个丞。一个世夫人,四个姬、三个良人,每人都有师傅。世子有一个太傅,三个少傅,三个率,三个下率。在宫中值宿、保卫天子的士,地位跟下士相同,其数目和上士的数目相同。在王后宫中做侍卫的人,有上御、下御各五人;侍卫世夫人、中夫人、左夫人、右夫人、四姬的,有上御、下御各五人;侍卫三良人的,有上御、下御各五人。世子的妃姬和在宫中值宿、担任警卫的人员,与公侯的制度相同。王后的师傅,有上史、下史各五人;三伯,有上史、下史各五人;少伯,有上史、下史各五人。世子的太傅,有上史、下史各五人;少傅,也有上史、下史各五人;三率、三下率,也有上史、下史各五人。三公,有上史、下史各五人;卿,有上史、下史各五人;大夫,有上史、下史各五人;元士,有上史、下史各五人;通上下卿、上下士的史,也是上、下各有五人。卿、大夫、元士,各有臣三人。

故公侯方百里,三分除其一,定得田方十里者六十六,与方里六十六,定率得十六万口。三分之,为大国口军三,而立大国。一夫人,一世妇,左、右妇,三姬,二良人①。立一世子,三卿,九大夫,二十七上士,八十一下士,亦有五通大夫,立上、下士②。上卿位比天子之元士,今八百石③,下卿六百石,上士四百石,下士三百石。夫人一傅、母,三伯,三丞。世妇、左、右妇、三姬、二良人,各有师保④。世子一上傅、丞。士宿卫公者,比公者比上卿者⑤,有三人;下卿六人;比上、下士者,如上、下之数。夫人御卫者⑥,上、下御各五人;世妇,左、右妇,上、下御各五人;二卿⑦,御各五人。世子上傅,上、下史各五人；丞，史各五人；三卿、九大夫、上士，史各五人；下士，史各五人；通大夫、士，上、下史各五人；卿，臣二人。此公侯之制也。公侯贤者，为州方伯⑧。锡斧钺，置虎贲百人⑨。

【注释】

①"一夫人"五句：此数句所言之夫人、世妇、妇、姬、良人，皆指公侯之妻妾，等级与地位不同而已。

②"亦有五通大夫"二句：此处所言之通大夫、上下士，皆属通佐。立上、下士，按上下文之例，当列数字，冒广生校作："立十五上士，四十五下士。"冒说可从。

③八百石（dàn）：俸禄为八百石粮食的官。石，容量单位，十斗为一石。

④师保：古代担任辅导和协助帝王或贵族的官，有师有保，统称师保。

⑤比公者：下疑有脱文，此三字盖脱文之残存者，姑暂不出译。

⑥御卫：旧本均倒作"卫御"，唯殿本作"御卫"，通观上下之文，殿本是，今据正。下文同此。

⑦二卿：陶鸿庆曰："'二卿'，依下文当作'二御'，谓'三姬、二良人也'。"陶说是，今据正。

⑧方伯：一方诸侯之长。

⑨"锡（cì）斧钺（yuè）"二句：天子赐给他斧钺以执掌刑罚，设置一百个勇士作为警卫。锡，通"赐"，赐予。斧钺，古代兵器。钺，古代一种像斧子的兵器。置，设置。虎贲，勇士。

【译文】

因此公侯的封地为方圆百里，除去三分之一，这样就有六十六块方圆十里的良田，外加六十六块方圆一里的土地，按照一定标准推算就有

十六万个男子。将其三等分,编为大国的三支口军,而建立大国。公侯
娶一个夫人,一个世妇,左妇、右妇各一个,三个姬,两个良人。立一个
世子,三个卿,九个大夫,二十七个上士,八十一个下士,还有五个通大
夫,十五个上士,四十五个下士。他的上卿的地位等同于天子的元士,
相当于现在俸禄为八百石粮食的官,下卿相当于俸禄为六百石粮食的
官,上士相当于俸禄为四百石粮食的官,下士相当于俸禄为三百石粮食
的官。夫人设有一个傅,一个母,三个伯,三个丞。一个世妇,左妇、右
妇各一个,三个姬,两个良人,她们每个人都有师保。世子有一个上傅,
一个丞。在宫中值宿、保卫公侯的士,地位跟上卿相同的有三人;地位
跟下卿相同的有六人;地位跟上士、下士相同的,与上士、下士的数目相
同。在夫人宫中做侍卫的人,有上御、下御各五人;侍卫世妇、左妇、右
妇的,有上御、下御各五人;侍卫二御人的,有上御、下御各五人。世子
的上傅,有上史、下史各五人;丞,有上史、下史各五人;三卿、九大夫、上
士,有上史、下史各五人;下士,有上史、下史各五人;通大夫、士,有上
史、下史各五人;卿,有臣二人。这是公侯的制度。贤能的公侯,被天子
任命为一州之长。天子赐给他斧钺以执掌刑罚,设置一百个勇士作为
警卫。

　　故伯七十里,七七四十九,三分除其一,定得田方十里
者三十二,与方里者六十六①,定率得七万八千三百八十四
口②,为次国口军三,而立次国。一夫人,世妇,左右妇,三良
人,二孺子③。立一世子,三卿,九大夫,二十七上士,八十一
下士,与五通大夫,五上士,十五下士④。其上卿位比大国之
下卿,今六百石,下卿四百石,上士三百石,下士二百石。夫
人一傅、母,三伯,三丞。世妇,左右妇,三良人,二御人,各
有师保。世子,一上、下傅⑤,士宿卫公者,比上卿者三人,下

卿六人，比上、下士，如上、下之数。夫人御卫者，上、下御各五人；世妇、左右妇，上、下御各五人；二御，各五人。世子上傅，上、下史各五人；丞，史各五人；三卿、九大夫、上士⑥，史各五人；下士，史各五人；通大夫，上、下史各五人；卿，臣二人。

【注释】

①"定得田方十里者三十二"二句：三十二，旧本均误作"二十八"。"与方"下，旧本衍"十"字，卢文弨校定本删"十"字。俞樾云："当作'方十里者三十二，与方里者六十六'。盖方七十里之地，为方十里者四十九，三分去一，应除去方十里者十六，得方十里者三十二。余一个方十里之地，三分去一，应除去方里者三十三，得方里者六十六。余一个方里之地，除之不尽。今作'方十里者二十八，方十里者六十六'，失其数矣。"俞说是，今据正。

②七万八千三百八十四口：旧本均误作"十万九千二百一十二口"，苏舆注："此文有误。统计得田方里者三千二百六十六，定率得七万八千三百八十四口，三分之，得二万六千一百二十八口。"苏说是，今据改。

③孺（rú）子：古代贵族妾的称号。

④"五上士"二句：冒广生校作"十五上士，四十五下士"，依上下文例及三三相复之制，冒校可从。

⑤上、下傅：上傅和下傅。上傅，即大傅。下傅，指少傅，即下文所言之"丞"。

⑥上士：旧本均误作"上下"，惠栋、冒广生皆认为"下"应作"士"，惠、冒之说是，今据正。

【译文】

　　因此伯爵的封地为方圆七十里，七乘以七得四十九，除去三分之一，这样就有三十二块方圆十里的良田，外加六十六块方圆一里的土地，按照一定标准推算就有七万八千三百八十四个男子，编为次国的三支口军，而建立次国。伯爵娶一个夫人，一个世妇，左妇、右妇各一个，三个良人，两个孺子。立一个世子，三个卿，九个大夫，二十七个上士，八十一个下士，还有五个通大夫，十五个上士，四十五个下士。他的上卿的地位等同于大国的下卿，相当于现在俸禄为六百石粮食的官，下卿相当于俸禄为四百石粮食的官，上士相当于俸禄为三百石粮食的官，下士相当于俸禄为二百石粮食的官。夫人设有一个傅，一个母，三个伯，三个丞。一个世妇，左妇、右妇各一个，三个良人，两个御人，她们每个人都有师保。世子有一个上傅，一个下傅。在宫中值宿、保卫伯爵的士，地位跟上卿相同的有三人，地位跟下卿相同的有六人，地位跟上士、下士相同的，与上士、下士的数目相同。在夫人宫中做侍卫的人，有上御、下御各五人；侍卫世妇、左妇、右妇的，有上御、下御各五人；侍卫二御人的，有上御、下御各五人。世子的上傅，有上史、下史各五人；丞，有上史、下史各五人；三卿、九大夫、上士，有上史、下史各五人；下士，有上史、下史各五人；通大夫，有上史、下史各五人；卿，有臣二人。

　　故子、男方五十里，五五二十五，三分除其一，定得田为方十里者十六，与方里者六十六①，定率得四万口，为小国口军三，而立小国。一夫人②，世妇，左、右妇，三良人，二孺子。立一世子，三卿，九大夫，二十七上士，八十一下士，与五通大夫，五上士，十五下士③。其上卿比次国之下卿，今四百石，下卿三百石，上士二百石，下士百石。夫人一傅、母，三伯，三丞。世妇，左、右妇，三良人，二御人④，各有师保。世子一上、下傅⑤。士宿卫公者，比上卿者三人，下卿六人⑥。夫人御卫者，上、下御各五人；世妇，左、右妇，上、下御各五人；二御人，各五人。世子上傅，上、下史各五人；三卿、九大夫，上、下史各五人；士，各五人；通大夫，上、下史亦各五人；卿，臣二人。此周制也⑦。

【注释】

①"三分除其一"三句："三分除其一，定得田"八字旧本皆脱，董天工笺注本及惠栋校补此八字，依上文之例，惠校及董笺本是，今据补。"方十里者十六，与方里者六十六"，旧本均误作"方十里者六十六"，俞樾云："当作'方十里者十六，与方里者六十六'。盖方五十里之地，为十里者二十五，三分除一，应除去方十里者八，得方里者十六。余一个方十里之地，三分去一，应除去方里者三十三，得方里者六十六。余一个方里之地，除之不尽。今作'方十里者六十六'，传写夺误耳。"俞说是，今据补正。

②一：旧本均无此字，凌曙注："'夫人'上当有'一'字。"凌说是，今据补。

③"五上士"二句：冒广生校作"十五上士，四十五下士"，依上下文例及三三相复之制，冒校可从。

④二：殿本、卢文弨校定本、凌曙注本、苏舆本并误作"一"，宋本作'二'，苏舆注："一，当为'二'。"苏注及宋本是，今据正。

⑤下傅：纪昀校去"下"字，苏舆注："'下'字疑衍。"纪校及苏注可从。

⑥下卿六人：冒广生曰："句下当有'比上、下士，如上、下之数'九字。"依上下文例，冒说可从。

⑦此周制也：苏舆注："此篇所说，与他书所载周制互有异同。盖一

代法制，因革不常，故纪载参差，不能合一。此确为井田未湮时旧制，非《春秋》所有。而通佐之名，无征于古。姬、良人之号，下同于汉，八百石、六百石之类，并取况今制，当是采述旧闻，证以汉法。礼书散亡，此殆师说仅存者，可宝也。"

【译文】

因此子爵、男爵的封地为方圆五十里，五乘以五得二十五，除去三分之一，这样就有十六块方圆十里的良田，外加六十六块方圆一里的土地，按照一定标准推算就有四万个男子，编为小国的三支口军，而建立小国。子爵、男爵都是娶一个夫人，一个世妇，左妇、右妇各一个，三个良人，两个孺子。立一个世子，三个卿，九个大夫，二十七个上士，八十一个下士，还有五个通大夫，十五个上士，四十五个下士。他的上卿的地位等同于次国的下卿，相当于现在俸禄为四百石粮食的官，下卿相当于俸禄为三百石粮食的官，上士相当于俸禄为二百石粮食的官，下士相当于俸禄为一百石粮食的官。夫人设有一个傅，一个母，三个伯，三个丞。一个世妇，左妇、右妇各一个，三个良人，两个御人，她们每个人都有师保。世子有一个上傅。在宫中值宿、保卫子爵、男爵的士，地位跟上卿相同的有三人，地位跟下卿相同的有六人，地位跟上士、下士相同的，与上士、下士的数目相同。在夫人宫中做侍卫的人，有上御、下御各五人；侍卫世妇、左妇、右妇的，有上御、下御各五人；侍卫二御人的，有上御、下御各五人。世子的上傅，有上史、下史各五人；三卿、九大夫，有上史、下史各五人；士，有上史、下史各五人；通大夫，有上史、下史各五人；卿，有臣二人。这就是周代的制度。

《春秋》合伯、子、男为一等，故附庸字者地方三十里①，三三而九，三分而除其一，定得田方十里者六，定率得一万四千四百口，为口师三，而立一宗妇②、二妾、一世子、宰一③、丞一、士一、秩士五人。宰视子、男下卿④，今三百石。宗妇有师保,御者三人,妾各二人。世子一傅。士宿卫君者,比上卿、下卿一人⑤,上、下各如其数⑥。世子傅,上、下史各五人,下良五⑦。称名善者⑧,地方半字君之地⑨,九半⑩,三分除其一⑪,定得田方十里者三⑫,定率得七千二百口。一世子宰,今二百石⑬。下四半三半二十五⑭,三分除其一,定得田方十里者一,与方里者五,定率得三千六百口⑮。一世子宰,今百石,史各五人,宗妇,仕卫,世子臣⑯。

【注释】

①附庸字者:称字的附庸国国君。

②宗妇:同姓大夫之妻。这里指称字的附庸国国君之妻。

③一:旧本作"丕",卢文弨云:"丕,疑'一'。"董天工笺注本作"一",卢说及董笺本是,今据正。

④视:比,和……一样,相当于。

⑤比上卿、下卿一人:冒广生曰:"上卿即宰,下卿即丞,附庸官少,或不能三三相复。然'一人'上亦当有'各'字。"冒说可从。

⑥上、下各如其数:冒广生云:"'上'即'士','下'即'秩士'。此当云:'比士者,上、下各如其数。'"冒说可从。

⑦下良五:此三字或为脱文之残存者,以致不能卒读。冒广生云:"疑当作'宰,上、下史各五人'。世子傅有史,宰不得无史。今夺'宰,上、下史各五人'七字,又衍一'良'字,不能读矣。"冒说亦通,可从。

⑧称名善者:俞樾云:"'善',衍字,盖即'者'字之误而衍也。"俞说可从。称名者,称名的附庸国国君。

⑨地方半字君之地:封地是称字的附庸国国君封地大小的一半。

⑩九半:苏舆注:"句有误。"刘师培云:"此上当补'称人、氏者'四

字。'九半'二字亦本节之文。'九半'者,谓方十五里之地,为方半十里者九也。""九半"之义,殊为难解,此句似当有误,然刘氏之说确然与否,则未敢妄断,故暂不校改,正文一仍其旧,后之译文亦暂作直译处理。

⑪三分除其一:苏舆注:"天启本'三分'作'四分',凌本同。案:据本篇例,当作'三分',然以二十里计之,则'四分'适与下田数、口数合,疑有误文。"

⑫定得田方十里者三:苏舆注:"方二十里实得四百方里。四分除一,得方十里者三;三分除一,定得田方十里者二,方里者六十六。"

⑬今二百石:苏舆注:"下有脱文。当有'丞',有'士',有'秩士'。"依上文例,苏说可从。

⑭下四半三半二十五:此句当有脱误,不能卒读。卢文弨校曰:"此八字疑误,疑下有脱文。"苏舆注:"此下当云'称人、氏者,方十五里。'"卢校及苏说可从。此句暂不出译。

⑮定率得三千六百口:冒广生曰:"方十五里,除公田,得田二十四万亩。以百亩一家三口计,应得七千二百口,三分除一,应得四千八百口。此云'三千六百口',故知上文'三分除其一'当作'二分除其一'也。"

⑯"宗妇"三句:此三句似皆为残文,并下有脱文。苏舆注:"以类推之,当为'宗妇一人,妾二人,世子一人'。'仕卫'为'士宿卫君者'之残文,'世子臣'则'世子官属'之残文也。"此三句阙文残断,不能卒读,故译文照录而不另译。

【译文】

《春秋》把伯爵、子爵、男爵合为一等,因此称字的附庸国国君的封地是方圆三十里,三乘以三得九,即九百方里,除去三分之一,这样就有六块方圆十里的良田,按照一定标准推算就有一万四千四百个男子,编为三支口师,而立一个宗妇,二个妾,一个世子,一个宰,一个丞,一个士,五个秩士。宰的地位相当于子爵、男爵的下卿,也就是相当于现在俸禄为三百石粮食的官。宗妇有师保,侍卫地的有三人,侍卫妾的各有两人。世子有一个傅。在宫中值宿、保卫字君的士,地位跟上卿、下卿相同的各有一人,地位跟士、秩士相同的,与士、秩士的数目相同。世子的傅,有上史、下史各五人;宰,有上史、下史各五人。称名的附庸国国君,封地是称字的附庸国国君封地大小的一半,也就是九百方里的一半,除去三分之一,这样就有三块方圆十里的良田,按照一定标准推算就有七千二百个男子。立一个世子宰,相当于现在俸禄为二百石粮食的官……称人、称氏的附属国国君,封地是方圆十五里,除去三分之一,这样就有一块方圆十里的良田,外加五块方圆一里的土地,按照一定标准推算就有三千六百个男子。立一个世子宰,相当于现在俸禄为一百石粮食的官,有上史、下史各五人,宗妇,仕卫,世子臣。

仁义法第二十九

【题解】

　　仁义法，即仁与义的法则、标准。本篇阐述了《春秋》的宗旨，强调："仁之法在爱人，不在爱我；义之法在正我，不在正人。"作者赞赏"绝乱塞害于将然而未形之时"，提倡"躬自厚而薄责于外"，并且提出"鸟兽昆虫莫不爱"的观点。《繁露》别篇强调仁，此篇则仁义并举，以免统治者偏于治人，不知自治。

　　《春秋》之所治①，人与我也。所以治人与我者，仁与义也②。以仁安人③，以义正我④，故仁之为言人也⑤，义之为言我也，言名以别矣⑥。仁之于人，义之于我者，不可不察也。众人不察，乃反以仁自裕⑦，而以义设人⑧，诡其处而逆其理⑨，鲜不乱矣。是故人莫欲乱，而大抵常乱，凡以闇于人我之分⑩，而不省仁义之所在也⑪。是故《春秋》为仁义法，仁之法在爱人，不在爱我；义之法在正我，不在正人。我不自正，虽能正人，弗予为义；人不被其爱⑫，虽厚自爱，不予为仁。

【注释】

①治:研究,处理。

②"所以治人"二句:《易·系辞传》:"立人之道曰仁与义。"《墨子·天志中》:"今天下之君子欲为仁义者。"《庄子·天下篇》:"孔子曰:'要在仁义。'"

③以仁安人:用仁爱思想安抚别人。

④以义正我:用义的原则要求自己。《汉书·杜钦传》杜钦对策:"王者法天地,非仁无以广施,非义无以正身。克己就义,恕以及人,《六经》之所以上也。"董仲舒讲义与我,在训诂学上是有根据的。义,繁体字为"義",上羊下我。形近。义、仪、我,古音相同。在形音方面有相同者,多可互训。

⑤仁之为言人:仁是用来表述怎样对待别人的。

⑥言名以别:一说出名称,就已经区别开来了。名,名称文字。以,通"已",已经。

⑦以仁自裕:讲仁是为了自己享受。

⑧以义设人:以义的原则来要求别人。设人,对待别人。设,施、对待。

⑨诡其处而逆其理:用错了地方而违背了道理。诡,违背、违反。

⑩凡以闇于人我之分:全句大意是说,分不清人与我的区别。

⑪不省仁义之所在:不清楚仁义应该分别用于何处。

⑫被:蒙受。

【译文】

《春秋》所研究的,是别人与自我的关系。用来研究别人与自我关系的范畴,是仁与义。用仁安定别人,用义端正自我,所以仁是用来表述怎样对待别人的,义是用来表述怎样对待自我的,一说出名称就已经区别开来了。用仁对待别人和用义对待自我的关系,是不可以不明察的。许多人不明察这一点,相反讲仁是为了自己享受,而用义的原则来要求别人,用错了地方而违背了道理,这样社会就很少有不混乱的。所以人们是不愿意社会混乱的,社会却常常很混乱,大都是因为人们不明白别人与自我的分别,不清楚仁义应该分别用于何处。所以《春秋》提出仁义的法则,仁的法则在爱别人,不在爱自我;义的法则在端正自我,不在端正别人。自己不正,即使能端正别人,他也不能算义;别人没有蒙受到他的爱,他即使非常爱自己,也不承认他为仁。

　　昔者,晋灵公杀膳宰以淑饮食,弹大夫以娱其意①,非不厚自爱也,然而不得为淑人者②,不爱人也。质于爱民③,以下至于鸟兽昆虫莫不爱。不爱,奚足谓仁? 仁者,爱人之名也。觿,《传》无大之之辞④,自为追⑤,则善其所恤远也。兵已加焉,乃往救之,则弗美;未至,豫备之,则美之,善其救害之先也。夫救蚤而先之,则害无由起,而天下无害矣。然则观物之动,而先觉其萌,绝乱塞害于将然而未形之时,《春秋》之志也。其明至矣。非尧、舜之智,知礼之本,孰能当此? 故救害而先知之,明也。公之所恤远,而《春秋》美之。详其美恤远之意,则天地之间,然后快其仁矣。非三王之德,选贤之精,孰能如此? 是以知明先,以仁厚远。远而愈贤、近而愈不肖者,爱也。故王者爱及四夷,霸者爱及诸侯,安者爱及封内⑥,危者爱及旁侧⑦,亡者爱及独身。独身者,虽立天子、诸侯之位,一夫之人耳,无臣民之用矣。如此者,莫之亡而自亡也。《春秋》不言伐梁者,而言梁亡⑧,盖爱独及其身者也。故曰:仁者爱人,不在爱我,此其法也。

【注释】

① "晋灵公"二句：膳宰，掌管膳食的小官。淑，善，此处作动词用，改善的意思。《公羊传》宣公六年："膳宰也，熊蹯（fán）不熟，公怒，以斗击而杀之，支解，使人弃之。"又："灵公为无道，使诸大夫皆内朝，然后处台上，引弹而弹之，已趋而避丸，是乐而已矣。"《左传》宣公二年："晋灵公不君，厚敛以雕墙，从台上弹人，而观其避丸也。宰夫胹（ér）熊蹯不熟，杀之，置诸畚（běn），使妇人载以过朝。"晋灵公想吃熊掌，厨子煮熊掌未熟，灵公急于吃却吃不成，就将厨子打死，肢解后，让人抬走并抛弃掉。为了自己的吃而杀人，对自己厚爱，却不爱别人。在台上用弹丸打入朝的大夫，看到他们的躲避之举而以此取乐，也是厚爱自己而不爱别人的表现。

② 淑：好，善良。

③ 质：同"挚"，诚恳的意思。

④ "巂（xī），《传》无大之之辞"二句：巂，春秋时齐国地名，亦作"酅"，在今山东东阿西南。《传》，指《公羊传》。大之，称赞这件事。《春秋》僖公二十六年载："齐人侵我西鄙。公追齐师，至巂，弗及。"《公羊传》："其言至巂弗及何？侈也。"侈，也是称许的话，但程度不及"大"。

⑤ 自为追：卢文弨云："庄公十八年：'公追戎于济西。'《传》曰：'大其为中国追也。'又曰：'大其未至而豫御之也。'今案：此亦当有'公追戎于济西'六字，方可接下文。"卢说可从。意即：鲁庄公追逐戎狄到济西，是自己主动追逐的。这是赞扬预防为先。济西，济水之西，在今山东菏泽东南。

⑥ 安者爱及封内：使国家安定的君王只爱他本国的人民。封内，即国内。封，疆界。

⑦ 旁侧：指身边的人，左右的亲信。

⑧梁亡:《春秋》僖公十九年载:"梁亡。"《公羊传》曰:"此未有伐者。其言梁亡何? 自亡也。"梁,国名,故地在今陕西韩城南,亡于鲁僖公十九年(前641)。

【译文】

从前,晋灵公杀死他的厨子以便改善饮食,用弹弓弹大夫而以此取乐。这不是他不爱自己,但不能算善良的人,因为他不爱别人。真诚地爱护人民以及万物,以至于对鸟兽昆虫也没有不爱护的。没有爱心,怎么能说是仁呢? 所谓仁,就是爱人的概念名称。鲁僖公追赶齐军到巂地,《公羊传》谈到这件事时没有使用高度称赞的话,鲁庄公追逐戎狄到济西,是自己主动追逐的,《公羊传》就赞美他忧虑长远。像鲁僖公那样等敌人已来侵犯边境,才去拯救,就不赞美他;像鲁庄公那样在敌人未到的时候,预先防备,就赞美他,这是赞美他能事先防止祸害。在祸害产生之前就防止它,那么祸害就无从产生,天下就没有祸害了。这样看来,《春秋》的心志就是:观察事物的运动,事先发现苗头,把祸乱消灭在将要发生而尚未成形的时候。这种智慧真是高明到了极点。如果不是具备尧、舜那样的智慧,知道礼的根本,怎么能做到这一点呢? 所以事先防止祸害,这是智慧高明的表现。鲁庄公所忧虑的十分长远,《春秋》就赞美他。如果仔细地体会《春秋》对鲁庄公忧虑长远进行赞美的意旨,那么天地之间的万物,都会因为他们的仁爱而感到快乐了。如果不是具备三代圣王的德行,不是从贤才中选出来的精英,怎么能做到这一点呢? 所以智慧高明就能事先知道事物的发展,仁爱深厚就会施及远方的人。施与得,越远就越贤能,越近就越不肖,这就是爱。所以能成圣王的人,他的爱远及四方夷狄,能成霸主的人会爱其他的诸侯,使国家安定的君主只爱他本国的人民,使国家危难的君主只爱他身边的人,使国家灭亡的君主只爱他自己。只爱他自己的人,即使处于天子、诸侯的位置,也不过是独夫罢了,没有臣民愿供他差遣。这样的人,别人不去灭亡他,他自己也会灭亡。《春秋》没有说征伐梁国的国家而说梁国灭亡了,因为梁国君主是只爱他自己的人。所以说:仁人爱护别人,而不在于爱护自我,这就是仁的法则。

义云者,非谓正人,谓正我。虽有乱世枉上①,莫不欲正人,奚谓义? 昔者,楚灵王讨陈、蔡之贼②,齐桓公执袁涛涂之罪③,非不能正人也,然而《春秋》弗予,不得为义者,我不正也。阖庐能正楚、蔡之难矣④,而《春秋》夺之义辞,以其身不正也。潞子之于诸侯⑤,无所能正,《春秋》予之有义,其身正也,趋而利也。故曰:义在正我,不在正人,此其法也。夫我无之而求诸人⑥,我有之而诽诸人⑦,人之所不能受也。其理逆矣,何可谓义? 义者,谓宜在我者;宜在我者,而后可以称义。故言义者,合我与宜以为一言⑧,以此操之⑨,义之为言我也。故曰:有为而得义者,谓之自得;有为而失义者,谓之自失;人好义者,谓之自好;人不好义者,谓之不自好。以此参之,义,我也,明矣。

【注释】

①枉上:即枉君,指邪曲不正之君。

②楚灵王讨陈、蔡之贼:事载《春秋》昭公八年。说详本书《王道篇》。

③齐桓公执袁涛涂之罪:事载《春秋》僖公四年。说详本书《精华篇》。

④阖庐能正楚、蔡之难:事载《公羊传》定公四年:楚国伐蔡,蔡昭侯求救于吴。伍子胥欲报父仇,劝吴王阖庐兴师,败楚于伯莒。

⑤潞子之于诸侯:事载《公羊传》宣公十五年。潞子,即潞国国君,名婴儿,其有心为善,但被晋国灭亡。说详本书《王道篇》。

⑥求诸人：责之于人。求，责。《大学》："是故君子有诸己而后求诸
　　人，无诸己而后非诸人。"意为"以身作则"，所谓"身教重于言
　　教"。"求"上，旧本皆脱"而"字，《黄氏日钞》卷五十六所引有
　　"而"字，依下句文例，有"而"字是，今据《黄氏日钞》补。

⑦诽：通"非"，讥讽、责难。

⑧一言：即一字。如《老子》五千言，即指五千字。

⑨操：把握。

【译文】

"义"所说的，不是端正别人，而是端正自我。即使是处于乱世的邪
曲不正的君主，即使不能端正自我也没有不想端正别人的，怎么能说是
义呢？从前，楚灵王讨伐了陈国、蔡国的叛贼，齐桓公治了袁涛涂的罪，
他们不是不能端正别人，但《春秋》并不赞许，不说他们合乎义，是因为
他们自己没有端正。阖庐能公正地处理楚国和蔡国之间的战争，而《春
秋》没有称许他为义的话，是因为他自己不端正。潞子对于诸侯，不能
端正什么，《春秋》却用义来称许他，是因为他自身端正。所以说：义的
意思在于端正自我，不在于端正别人，这就是义的法则。我没有的东西
却要求别人有，我已有的东西却要讥讽别人没有，这是别人所不能接受
的。违背了道理，怎么可以说是义呢？义，是说我的行为适宜；我的行
为适宜，然后才可以称为义。所以，说义，就是把"我"与"宜"合为一个
字来说，按这个道理来把握，义的意思说的就是自我。所以说：有行为
合乎义的，叫做自得；有行为不合乎义的，叫做自失；喜好义的人，叫做
自好；不喜好义的人，叫做不自好。用这些来参证，义的意思是我，就明
白了。

　　是义与仁殊。仁谓往，义谓来①；仁大远，义大近。爱在
人，谓之仁；义在我，谓之义。仁主人，义主我也。故曰：仁
者，人也；义者，我也，此之谓也。君子求仁义之别，以纪人

我之间②,然后辨乎内外之分,而著于顺逆之处也③。是故内治反理以正身④,据礼以劝福⑤;外治推恩以广施,宽制以容众。孔子谓冉子曰⑥:"治民者,先富之而后加教。"语樊迟曰⑦:"治身者,先难后获。"以此之谓治身之与治民,所先后者不同焉矣。《诗》曰⑧:"饮之食之,教之诲之。"先饮食而后教诲,谓治人也。又曰⑨:"坎坎伐辐,彼君子兮,不素餐兮!"先其事,后其食,谓治身也。《春秋》刺上之过,而矜下之苦;小恶在外弗举,在我书而诽之⑩。凡此六者⑪,以仁治人,义治我,躬自厚而薄责于外⑫,此之谓也。且《论》已见之⑬,而人不察。曰⑭:"君子攻其恶,不攻人之恶。"不攻人之恶,非仁之宽与?自攻其恶,非义之全与?此之谓仁造人,义造我⑮,何以异乎?故自称其恶,谓之情;称人之恶,谓之贼⑯。求诸己,谓之厚;求诸人,谓之薄。自责以备,谓之明;责人以备,谓之惑。是故以自治之节治人,是居上不宽也;以治人之度自治,是为礼不敬也。为礼不敬则伤行,而民弗尊;居上不宽则伤厚,而民弗亲。弗亲则弗信,弗尊则弗敬。二端之政诡于上而僻行之⑰,则诽于下。仁义之处,可无论乎?夫目不视,弗见;心弗论,不得。虽有天下之至味,弗嚼,弗知其旨也;虽有圣人之至道,弗论,不知其义也。

【注释】

①"仁谓往"二句:仁是施于别人,向外推广,所以叫"往";义是责于自我,所以说是"来"。

②纪:调节,调理。

③"然后辨乎内外之分"二句:然后辨清内与外的分别,而明白顺与

逆的地方。义是对自我,是内;仁是对别人,是外。与此相同的,
是顺;反之,是逆。

④反理:回到道理,即以道理为依据。

⑤劝福:求取更多的幸福。劝,增加、增多。

⑥孔子谓冉子曰:下引文源出《论语·子路篇》:"子适卫,冉有仆。
子曰:'庶矣哉!'冉有曰:'既庶矣,又何加焉?'曰:'富之。'曰:
'既富矣,又何加焉?'曰:'教之。'"冉子,即指孔子弟子冉有。

⑦语樊迟曰:下引文源出《论语·雍也篇》:"樊迟问知,子曰:'务民
之义,敬鬼神而远之,可谓知矣。'问仁,曰:'仁者先难而后获,可
谓仁矣。'"先难后获,先做难的而把获得放在后面。

⑧《诗》曰:下引文见《诗经·小雅·绵蛮》:"道之云远,我劳如何。
饮之食之,教之诲之。命彼后车,谓之载之。"先饮食后教诲,也
是先富后教的思想。

⑨又曰:下引文出自《诗经·魏风·伐檀》。砍伐树木而发出坎坎
的声音,然后用这木料制造车辐。坎坎,伐木声。辐,车辐。素
餐,苏舆注:"餐,疑作'食'。此引《诗》第二章。"苏说可从。案
《诗经·魏风·伐檀》共有三章,次章《伐辐》作"素食",此引"坎
坎伐辐"乃《伐辐》之词,则当作"素食"。素餐或素食,皆指白吃
饭。《楚辞·九辨》王逸注:"居住食禄,无有功德,名曰素餐。"

⑩"小恶在外弗举"二句:在外国的小过错就不指出来,在本国的就
记载下来而加以批评。《公羊传》隐公十年:"《春秋》录内而略
外,于外大恶书,小恶不书;于内大恶讳,小恶书。"

⑪六:旧本并有此字,俞樾云:"(以上)并无六者,则此'六'字为衍
文。"俞说可从。

⑫躬自厚而薄责于外:严厉地责备自身的过失而轻微地责备别人
的过失。《论语·卫灵公》:"子曰:'躬自厚而薄责于人,则远怨
矣。'"本文的"外"即"人"。以义要求自己,即厚;对别人宽恕,即

薄。这样可以远离别人的埋怨。

⑬《论》：指《论语》。

⑭曰：下引文源出《论语·颜渊》孔子回答樊迟之问时所说："攻其恶，无攻人之恶。"攻，责备。

⑮"此之谓仁造人"二句：这就是所谓的仁造福别人，义造就自我。

⑯贼：损害，在这里是中伤的意思。

⑰二端之政诡于上而僻行之：居于上位的人颠倒了自治与治人的标准而歪曲地去实行。二端，指自治与治人两个方面。政，同"正"，标准。诡，违背、颠倒。

【译文】

这样，义与仁不同。仁是施于别人而向外推广，所以说是"往"；义是责于自我，所以说是"来"；仁施与得越远越值得赞美，义要求自己越切近越值得赞美。把爱施与别人，叫做仁；自己行为适宜，叫做义。仁注重的是对待别人，义注重的是对待自我。所以说：仁就是人，义就是我，说的就是这个。君子寻求仁与义的区别，用来调节别人与自我的关系，然后辨清内与外的分别，而明白顺与逆的地方。因此在对待自我方面，他依据道理端正自身，所作所为都照礼的规定行事，以求取更多的幸福；在对待别人方面，则把恩施扩大，广泛地施与别人，宽厚而能容纳大众。孔子对冉有说："治理人民，要先使他们富裕，然后进行教化。"对樊迟说："磨炼自身，要先做难的而把获得放在后面。"这些话说明，磨炼自身与治理人民，所做事情的难易顺序不相同。《诗经》上说："让他喝，让他吃，教育他，训导他。"把饮食放在前面而教诲放在后面，说的是治理人民。《诗经》上又说："砍伐树木，发出坎坎的声音，然后用这木料制造车辐，那是个君子啊，不会白吃饭啊！"先做事，后吃饭，说的是磨炼自身。《春秋》讽刺居上位者的过错，而怜惜下层人民的痛苦；在外国的小过错就不指出来，在本国的就记载下来而加以批评。所有这些，都是用仁对待别人，用义对待自我，严厉地责备自身的过失而轻微地责备别人的过失,说的就是这个问题。而且《论语》已经记载,可是一般人不明察。《论语》说:"君子责备自己的过错,不责备别人的过错。"不责备别人的过错,不是广泛地实行仁吗?责备自身的过错,不是全面地实行义吗?这就是所谓的仁造福别人,义造就自我,有什么不同呢?所以说出自身的过错,叫做坦白;说出别人的过错,叫做中伤。苛求自己,叫做笃厚;责求别人,叫做刻薄。对自己求全责备,叫做明智;对别人求全责备,叫做迷惑。因此用要求自己的标准去要求别人,就是居于上位而不够宽大;用要求别人的标准来要求自己,就是行礼不够恭敬。行礼不恭敬就损害了品行,人民就不会尊重;居于上位不宽大就损害了宽厚,人民就不会亲近。人民不亲近就会不相信他,不尊重就会不敬畏他。居于上位的人颠倒了自治与治人的标准而歪曲地去实行,就会遭到处于下层的人民的批评。仁义所施行的对象,怎能不加思索呢?不用眼睛去看,就见不到事物;不用心去思考,就不能得到真理。即使有天下最好吃的食物,不咀嚼,就不知道它的滋味;即使有圣人的最高明的道理,不思考,就不知道它的意义。

必仁且智第三十

【题解】

　　本篇论述仁爱和智慧的重要性,指出"不仁不智而有材能","适足以大其非,而甚其恶",而且强调仁爱和智慧必须统一起来。作者认为,仁与智的统一是选才用人的标准,所以篇名就叫"必仁且智"。在本篇的后半部分,作者对仁和智的具体表现分别作了详尽的论述。

　　莫近于仁,莫急于智。不仁而有勇力材能,则狂而操利兵也①;不智而辩慧獧给②,则迷而乘良马也。故不仁不智而有材能,将以其材能,以辅其邪狂之心,而赞其僻违之行,适足以大其非③,而甚其恶耳④。其强足以覆过⑤,其御足以犯诈⑥,其慧足以惑愚,其辨足以饰非,其坚足以断辟⑦,其严足以拒谏。此非无材能也,其施之不当,而处之不义也。有否心者⑧,不可藉便執⑨;其质愚者,不与利器。《论》之所谓不知人也者⑩,恐不知别此等也⑪。仁而不智,则爱而不别也⑫;智而不仁,则知而不为也。故仁者所以爱人类也,智者所以除其害也。

【注释】

①操利兵：拿着锐利的武器。

②獧给(juàn jǐ)：敏捷。獧，同"狷"，疾急。

③适足以大其非：正足以加大他的错误。

④甚其恶：增加其罪恶。

⑤其强足以覆过：他的强辩足以掩盖过失。强，强词夺理。覆过，掩盖错误、过失。

⑥御：抵挡，应答。

⑦其坚足以断辟：他的顽固足以破坏法纪。辟，指法纪。

⑧否(pǐ)心：邪恶的心。否，恶、邪恶。

⑨不可藉(jiè)便埶(shì)：不可以给他便于利用的权势。藉，供给。埶，通"势"，权势。

⑩不知人：《论语·尧曰》："不知言，无以知人也。"

⑪别此等：区别这几类人，就是区分仁者与"有否心者"、智者与"其质愚者"。

⑫爱而不别：爱人而没有差别。这是墨家的兼爱主张，儒家主张爱有差等，与此不同。

【译文】

人的德行没有比需要仁爱更切近的，没有比需要智慧更迫切的了。没有仁爱而有勇力材能，就像是疯狂的人拿着锐利的武器；没有智慧而口齿伶俐，就像昏乱的人骑着好马。所以没有仁爱、没有智慧却有才能的人，会运用他的才能去助长他邪僻不正的思想，去帮助他邪恶乖僻的行为，正足以加大他的错误，增加他的罪恶。他的强辩足以掩盖过失，他的应答足以欺诈别人，他的巧慧足以迷惑愚人，他的花言巧语足以遮蔽错误，他的顽固足以破坏法纪，他的严厉足以拒绝劝谏。这样的人不是没有才能，而是他运用不当，走上了不义的邪路。有邪恶心的人，不可以给他便于利用的权势；资质愚钝的人，不可以给他锐利的武器。

《论语》所说的"不知人",恐怕就是说不知道区分这几类人。仁爱而没有智慧,就会爱人而没有差别;有智慧而不仁爱,虽知道什么是善事而不会去做。所以,仁爱是用来爱人类的,智慧是用来为人类除害的。

何谓仁? 仁者,憯怛爱人①,谨翕不争②,好德敦伦③,无伤恶之心,无隐忌之志,无嫉妒之气④,无感愁之欲,无险诐之事⑤,无辟违之行。故其心舒,其志平,其气和,其欲节,其事易,其行道,故能平易和理而无争也。如此者,谓之仁。

【注释】

①憯怛(cǎn dá):忧伤痛苦。憯,悲痛。怛,忧伤。

②谨翕(xī):恭敬和合。谨,恭敬。翕,和谐。

③好德敦伦:喜好并诚恳地遵从伦理道德。敦,厚。德,旧本作"恶",惠栋校为"德"。案"德"本作"惠",后人不知而改为"恶"。惠校是,今据正。

④妒(dù):"妒"之异体字。

⑤险诐(bì):阴险邪僻。诐,邪僻。

【译文】

什么叫做仁? 仁就是:忧伤痛苦地爱护别人,恭敬和合而不争斗,喜好并诚恳地遵从伦理道德,没有伤害别人的心理,没有暗中忌恨别人的心志,没有嫉妒别人的情绪,没有抱怨、忧闷的意愿,没有阴险邪僻的事情,没有邪恶乖僻的行为。这样的人心情舒畅,志气平和,欲望有节制,行事平易,行为合乎正道,所以他能平和愉快而合理地生活,与世无争。这样的德行,就叫做仁。

何谓之智? 先言而后当①。凡人欲舍行为②,皆以其智,先规而后为之③。其规是者,其所为得其所事,当其行,遂其名,荣其身,故利而无患,福及子孙,德加万民,汤、武是也。其规非者,其所为不得其所事,不当其行,不遂其名,辱害及其身,绝世无后④,残类灭宗亡国,桀、纣是也⑤。故曰:"莫急于智。"智者见祸福远,其知利害蚤,物动而知其化,事兴而知其归,见始而知其终。言之而无敢哗,立之而不可废,取之而不可舍。前后不相悖,终始有类⑥,思之而有复⑦,及之而不可厌⑧。其言寡而足⑨,约而喻⑩,简而达⑪,省而具⑫,少而不可益,多而不可损⑬。其动中伦⑭,其言当务⑮。如是者,谓之智⑯。

【注释】

①先言而后当:先说出来而后来证明所说的是恰当的。

②欲舍:打算实行或放弃。

③规:谋划。

④绝世无后:即断子绝孙。后,旧本误作"复",俞樾云:"无复,当为'无后'。"俞说是,今据正。

⑤桀、纣:旧本皆无此二字。俞樾云:"'亡国'下有阙文。据上文云:'福及子孙,德加万民,汤、武是也。'则此当云:'桀、纣是也。'俞说是,今据补。

⑥类:法度。

⑦思之而有复:他思考谋划的都可以受到行为的重复检验。

⑧及之而不可厌:他为了达到目的而不知厌倦。厌,厌倦。

⑨寡而足:言语不多而理由充分。

⑩约而喻:语言简约而清楚明白。喻,清楚、明白。

⑪简而达:语言简单而表达充分。

⑫具:完备。

⑬"少而不可益"二句:语句少时而别人无法增加,语句多时而别人无法减少。

⑭其动中伦:他的行动符合伦理规范。伦,伦理规范。

⑮其言当务:他说的话都切合时务。这即是指所说之话皆为当务之急,无多余之言。

⑯谓之智:此句以下,旧本原有"其大略之类——而况受天谴也"一大段,钟肇鹏《春秋繁露校释》云:"与仁、智无关,乃《二端篇》之文,错简于此。今移入《二端》篇末。"钟说可从,今据乙正。

【译文】

什么叫做智?就是先说出来而后来证明所说的是恰当的。人们大凡要打算实行或放弃某项行动,都先用他们的智慧进行谋划,然后才去实行。谋划正确的人,他的行为合乎他想完成的事业,他的事业与他的品行相当,能成就他的名声,使他自身荣耀,所以有利而无祸患,福泽荫及子孙,恩德惠及百姓,商汤和周武王就是这样的人。谋划错误的人,他的行为不合乎他想完成的事业,他的事业不与他的品行相当,不能成就他的名声,他自身受羞辱与祸害,没有子孙后代,宗族绝灭、国家灭亡、整个人类都受到残害,夏桀和商纣王就是这样的人。所以说:"人的德行没有比需要智慧更急切的。"有智慧的人能预测祸福,能提前知道利害,事物刚一发动就知道它的变化情况,事业刚一兴起就知道它的结果,看到开端就知道终结。他说话别人不敢喧哗,他树立的东西别人无法废除,他采取的别人无法舍弃。他的行为前后不相违背,始终都有法度,他思考谋划的都可以受到行为的重复检验,他为了达到目的而不知厌倦。他的言语不多而理由充分,语言简约而清楚明白,简单而能表达充分,省略却又全面,语句少时而别人无法增加什么,语句多时而别人无法减少什么。他的行动符合伦理规范,他说的话都切合时务。这样的德行,就叫做智。

身之养重于义第三十一

【题解】

　　本篇由说明"身之养重于义"的道理论及为政治国的根本方法。董仲舒首先提出"天之生人也,使人生义与利",认为义与利不可或缺,各有所用:"利以养身,义以养心。"然后论证"义养"(即养心)重于"利养"(即养身)。由于一般人平常只是见小("利")而不见大("义"),因而"皆趋利而不趋义"。对于这种局面,有两种处理方法:一是直接诉诸严刑酷法,董仲舒认为是绝对行不通的;二是采用德行教化,晓民以义,董仲舒认为这是"大治之道"。总而言之,本篇中心论点归结为"德为主,刑为辅"的治国思想。

　　天之生人也,使人生义与利。利以养其体,义以养其心①。心不得义,不能乐;体不得利,不能安。义者,心之养也②;利者,体之养也。体莫贵于心,故养莫重于义。义之养生人大于利。奚以知之?今人大有义而甚无利,虽贫与贱,尚荣其行以自好,而乐生,原宪、曾、闵之属是也③。人甚有利而大无义,虽甚富,则羞辱大恶,恶深,祸患重,非立死其罪者,即旋伤殃忧尔④,莫能以乐生而终其身,刑戮夭折之民是也。夫人有义者，虽贫能自乐也；而大无义者，虽富莫能自存。吾以此实义之养生人⑤，大于利而厚于财也。

【注释】

①"天之"四句：《荀子·大略》："义与利者，人之所两有也。虽尧、舜不能去民之欲利，然而能使欲利不克其好义也。虽桀、纣亦不能去民之好义，然而能使其好义不胜其欲利也。故义胜利者为治世，利克义者为乱世。"人两有义利，不能去掉。董仲舒提出义利不可或缺，各有用处，需要重义而轻利。

②"义者"二句：《孟子·告子下》："故理义之悦我心，犹刍豢（chú huàn）之悦我口。"孟子讲义悦心，董仲舒讲义养心。

③原宪、曾、闵之属：原宪，字子思，孔子弟子。据《论语》及《史记·仲尼弟子列传》，孔子卒后，原宪隐居草泽，安贫乐道。曾，即曾参，字子舆，孔子弟子。据《论语》及《史记》记载，曾参以孝著称，并作《孝经》。闵，即闵损，字子骞（qiān），孔子弟子，以德行著称。他们都是孔子弟子中的贫贱者。属，类。

④旋：不久。

⑤实：证实，证明。

【译文】

天地产生人，使人生有义和利。利用来养身体，义用来养精神。精神得不到义的涵养，就不会快乐；身体得不到利的滋养，就不会安适。义，是涵养精神的；利，是滋养身体的。身体没有精神那么贵重，因此用来养生的东西没有比义更重要的了。由此可知，义涵养人的精神比利滋养人的身体重要多了。怎么知道这一点的呢？现在有些人思想言行合于义，但没拥有什么利，这样尽管贫穷低贱，却还能为自己的行为感到光荣，洁身自好，乐在其中，像原宪、曾参和闵损就是这类人。有些人拥有许多利，可是缺乏义，这样尽管富裕尊贵，但所遭受的羞辱大，怨恶深,祸患重,不是即刻死于犯罪,就是不久遭受祸害,终身不能得到快乐,那些受诛戮而早死的就是这一类人。有义的人,尽管贫穷,仍能自得其乐;而没有义的人,尽管富裕却不能活下去。我根据这一点而证实义养人比财、利更为重要。

　　民不能知,而常反之,皆忘义而殉利①,去理而走邪,以贼其身②,而祸其家。此非其自为计不忠也,则其知之所不能明也。今握枣与错金以示婴儿③,婴儿必取枣而不取金也;握一斤金与千万之珠以示野人④,野人必取金而不取珠也。故物之于人,小者易知也,其于大者难见也。今利之于人小,而义之于人大者,无怪民之皆趋利而不趋义也。固其所闇也。

【注释】

①殉(xùn)利:为利牺牲。俗语所谓"人为财死,鸟为食亡"。《史记·屈原贾生列传》载贾谊《鵩鸟赋》:"贪夫徇财兮,烈士徇名。"徇,同"殉",人以身从财利。

②贼:残害,伤害。

③错金:指钱币,或说是一种工艺品,即在器物上用金属丝镶嵌成花纹或文字为饰。《汉书·食货志下》载:王莽居摄,变汉制,"又造契刀、错刀"。"错刀,以黄金错其文,曰'一刀直五千'。"王莽当皇帝后,取消错刀、契刀及五铢钱。董仲舒在王莽之前,可能有错刀,但未必与王莽时一样。

④握一斤金与千万之珠以示野人:拿着一斤黄金和价值千万的珠宝给野人看。千万之珠,价值千万的珠宝。《吕氏春秋·异宝》:"今以百金与抟黍以示儿子,儿子必取抟黍矣;以和氏之璧与百

金以示鄙人,鄙人必取百金矣;以和氏之璧、道德之至言以示贤者,贤者必取至言矣。其知弥精,其所取弥精;其知弥粗,其所取弥粗。"

【译文】

一般人不知道这个道理,常常倒行逆施,忘记义而为利牺牲,违背义而走向邪道,不仅伤害了自身,还使自己家庭遭受祸害。这不是因为他替自己谋利不尽心竭力,就是因为他的智慧不够明达。如果有人拿着大枣和钱币给婴儿看,婴儿必定去拿大枣而不拿钱币;如果拿着一斤黄金和价值千万的珠宝给野人看,野人必定拿黄金而不拿珠宝。所以一般人对于事物,小的容易了解,大的难于看出。现如今利对人的关系小,义对人的关系大,难怪人民都趋向利而不趋向义。这一点本来就是一般人所不了解的。

圣人事明义以照耀其所闇,故民不陷①。《诗》云②:"示生显德行。"此之谓也。先王显德以示民,民乐而歌之以为诗,说而化之以为俗③。故不令而自行,不禁而自止。从上之意,不待使之,若自然矣。故曰:圣人天地动、四时化者,非有他也,其见义大,故能动,动故能化,化故能大行,化大行故法不犯,法不犯故刑不用,刑不用则尧、舜之功德。此大治之道也,先圣传授而复也。故孔子曰④:"谁能出不由户?何莫由斯道也!"

【注释】

①陷:陷于违法犯罪。

②《诗》云:下引文见《诗经·周颂·敬之》。

③说(yuè):同"悦",喜欢、高兴。

④故孔子曰：下引文见《论语·雍也》。以户比喻道，是必经者。

【译文】

　　圣人阐明义，使人民了解义与利的关系，所以人民不会犯罪。《诗经》说："以显明的德行昭示我。"就是这个意思。古代圣王用显明的德行昭示人民，人民快乐而歌颂，就作了这首诗，心里诚悦而受感化，就形成了风俗。所以不用命令他们做好事而他们自己会做好事，不用禁止他们去犯法而他们自动不会犯法。他们遵从上面执政者的意志，不待人去驱使，他们就自然而然这样做。所以说：圣人能够感动天地、变化四时，没有别的缘故，因为他晓得大义，所以能够感动，能够感动，所以能够变化，能够变化，所以教化普及，教化普及，所以人民不犯法，人民不犯法，所以不必使用刑罚，不必使用刑罚，就是尧、舜的功德。这是天下大治的道理，是古代圣王传授下来的。所以孔子说："哪一个人能够不走门户而出屋去呢？没有人会不依从这个道理！"

　　今不示显德行，民闇于义不能炤①，迷于道不能解，固欲大严憯以必正之②，直残贼天民③，而薄主德耳，其势不行。仲尼曰④："国有道，虽加刑，无刑也；国无道，虽杀之，不可胜也。"其所谓有道、无道者，示之以显德行与不示尔。

【注释】

①炤（zhāo）：通"昭"，明显、显著。

②大严憯（cǎn）以必正之：用严刑酷法来纠正他们。严，酷烈。憯，通"惨"，残酷、狠毒、毒虐。

③天民：天所生的人民。

④仲尼曰：下引文又见《孔子集语·颜叔子第十二》。

【译文】

现在不把显明的德行昭示人民，人民不了解义而不能明达，被道理迷惑而不能解脱，因此若想用严刑酷法来纠正他们，这只是残害上天所生的人民，而使君主的德行浅薄，这在情势上是行不通的。孔子说："国家政治清明，即使施行刑法，却没有可以处刑的人；国家政治不清明，尽管要杀戮人民，却杀也杀不尽。"他所说的政治清明与不清明，就是指用显明的德行昭示和不昭示人民罢了。

对胶西王越大夫不得为仁第三十二

【题解】

胶西王推崇春秋越王、范蠡和文种，故以"仁"赞许。董仲舒不同意这种看法，理由是《春秋》贵信而贱诈，而越王正是靠行诈而称霸的。这里董仲舒提出了一个很重要的思想命题："正其道不谋其利，修其理不急其功。"这句话的内涵在于强调人的内在动机和思想品德的纯洁端正，而不是像有些人所误解的绝对不讲功利，弃绝功利。这是需要注意的。本文对的是胶西王，而《汉书·董仲舒传》对的是江都王。

命令相曰①："大夫蠡②、大夫种③、大夫庸④、大夫睪⑤、大夫车成⑥，越王与此五大夫谋伐吴⑦，遂灭之，雪会稽之耻，卒为霸主。范蠡去之，种死之。寡人以此二大夫者为皆贤。孔子曰⑧：'殷有三仁。'今以越王之贤，与蠡、种之能，此三人者，寡人亦以为越有三仁。其于君何如？ 桓公决疑于管仲⑨，寡人决疑于君。"

【注释】

①命令相：命令，此处是"询问"之意。相，这里指代董仲舒，因为他

当时任胶西相。

②大夫蠡(lǐ)：即范蠡，字少伯，楚国宛(今河南南阳)人。他是一位战略思想家，在越王勾践最困难的时期，他与文种通力合作，复兴了越国，使越王成为春秋霸主之一。但当功成名就之后，范蠡明智地弃政经商，"乃乘扁舟浮于江湖，变名易姓，适齐为鸱(chī)夷子皮，之陶为朱公……十九年之中三致千金，再分散与贫交疏昆弟。此所谓富好行其德者也"(《史记·货殖列传》)。

③大夫种：即文种，字子禽，楚邹人。他颇有军事和政治才能，与范蠡一起协助越王最终灭掉吴国，立下很大功劳。但文种不晓得归隐，又不听范蠡的劝说，最后被勾践所逼，伏剑自杀。

④大夫庸：即泄庸，又作"后庸"，越国大夫。

⑤大夫皋(gāo)：皋即"皋"字，谓皋如，越国大夫。

⑥大夫车成：车成，又作"苦成"，越国大夫。大夫车成并以上四位大夫都为越王勾践消灭吴国、复兴越国立下了汗马功劳。

⑦越王：即春秋越王勾践，他曾为吴王夫差所败，困于会(kuài)稽(今浙江绍兴、诸暨之间)，便向吴国屈辱求和。但越王能够穷益志坚，发奋图强，任用文种、范蠡为相，卧薪尝胆，矢志复仇，从而最终灭掉吴国，成为霸主。

⑧孔子曰：下引文见《论语·微子篇》："微子去之，箕子为之奴，比干谏而死。孔子曰：'殷有三仁焉！'"

⑨桓公决疑于管仲：齐桓公请管仲决断自己心里的疑虑。桓公，春秋时期齐国国君，姜姓，名小白，公元前685—公元前643年在位。他任用管仲改革内政，使国势逐渐强盛，最后成为春秋五霸之首。管仲，又称管敬仲，名夷吾，字仲，谥号敬。他是春秋初期齐国著名的政治家，协助齐桓公成为春秋首霸，在政治思想上提出了"仓廪食则知礼节，衣食足则知荣辱"等重要命题。今传《管子》一书。

【译文】

江都王问董仲舒说:"越国的大夫范蠡、大夫文种、大夫泄庸、大夫皋如、大夫车成,越王勾践跟这五位大夫计谋讨伐吴国,最终把吴国灭掉,洗雪了他被围困在会稽山上的耻辱,终于成为霸主。此后范蠡离开了他,文种自杀而亡。我认为这两位大夫都是贤大夫。孔子说:'殷代有三个仁人。'而今越王有贤德,范蠡和文种又有贤能,这三个人,我也认为是越国的三个仁人。那么您认为怎么样呢?齐桓公请管仲决断自己心里的疑虑,我也请您决断我心里的疑虑。"

仲舒伏地再拜,对曰:"仲舒智褊而学浅①,不足以决之。虽然,王有问于臣,臣不敢不悉以对,礼也。臣仲舒闻:昔者,鲁君问于柳下惠曰②:'我欲攻齐,何如?'柳下惠对曰:'不可。'退而有忧色,曰:'吾闻之也:谋伐国者,不问于仁人也。此言何为至于我③?'但见问而尚羞之,而况乃与为诈以伐吴乎?其不宜明矣。以此观之,越本无一仁,而安得三仁?仁人者,正其道不谋其利,修其理不急其功④。致无为而习俗大化,可谓仁圣矣,三王是也⑤。《春秋》之义,贵信而贱诈,诈人而胜之,虽有功,君子弗为也。是以仲尼之门,五尺童子言羞称五伯⑥,为其诈以成功,苟为而已也,故不足称于大君子之门⑦。五伯者比于他诸侯为贤者,比于仁贤,何贤之有?譬犹珷玞比于美玉也⑧。臣仲舒伏地再拜以闻。"

【注释】

①褊(biǎn):狭小。

②柳下惠:春秋时鲁国大夫,本名展禽,字季,居柳下,谥惠,故称柳下惠。他颇重操行,故有"坐怀不乱"的美誉。《孟子·尽心上》:

"柳下惠不以三公易其介。"介，耿介，直道而行的品格。《孟子·
尽心下》："圣人，百世之师也，伯夷、柳下惠是也。""闻柳下惠之
风者，薄夫敦，鄙夫宽。"孟子称他是"圣之和者"。

③言：旧本皆脱此字。苏舆注："'此'下当有'言'字。本传（即《汉
书·董仲舒传》）作'吾闻伐国不问仁人，此言何为至于我哉？'"
苏说是，今据补。

④"正其道不谋其利"二句：遵循正道行动而不谋求利益，按照道理
做事而不急着见功效。《汉书·董仲舒传》作"正其谊不谋其利，
明其道不计其功"。说法大同小异，基本大意是相通的。

⑤三王：此指夏、商、周三代开国君王，即夏禹、商汤、周文王。

⑥五伯：又称"五霸"，指齐桓公、晋文公、秦穆公、宋襄公和楚庄王。
《孟子·梁惠王上》："齐宣王问曰：'齐桓、晋文之事，可得闻乎？'
孟子对曰：'仲尼之徒，无道桓、文之事者，是以后世无传焉，臣未
之闻也。'"

⑦大君子：这里指孔子。《荀子·仲尼》："仲尼之门，五尺之竖子，
言羞称乎五伯。是何也？曰：然，彼诚可羞称也。齐桓，五伯之
盛者也，前事则杀兄而争国；内行则姑、姊、妹之不嫁者七人，闺
门之内，般乐、奢汰，以齐之分奉之而不足，外事则诈邾袭莒，并
国三十五；其事行也若是其险污、淫汰也，彼固曷足称乎大君子
之门哉？……非服人之心也……诈心以胜矣……小人之杰也，
彼固曷足称乎大君子之门哉？"董仲舒继承了孟子、荀子的思想，
特别是荀子的说法。

⑧珷玞（wǔ fū）：一种似玉的美石，青质白文。

【译文】

董仲舒伏在地上，拜了两拜，回答说："我的见识狭小而学问浅薄，
不足以决断您的疑虑。虽然如此，君王有问题来问我，我不敢不将我所
知道的尽力回答，这是礼的要求。我听说：从前，鲁国国君问柳下惠说：

'我想要攻打齐国,你认为怎么样?'柳下惠回答说:'不可以。'回家后,柳下惠脸上显出忧虑的表情,自言自语地说:'我听说:国君计谋讨伐别的国家,不会询问仁人。鲁国国君为什么来问我呢?'柳下惠只是被国君询问,尚且感到羞耻,更何况大夫鲝等跟国君在一起策划诈谋去讨伐吴国呢? 他们的行为不符合仁义之道,这是明显的。从这一点来看,越国本来没有一个仁人,又怎么能说有三个仁人呢? 真正的仁人遵循正道行动而不谋求利益,按照道理做事而不急着见功效。他们好像没有什么作为而大大地改变了社会的习俗风貌,可以说是仁圣的人,夏禹、商汤、周文王就是这种人。《春秋》所包含的道理,是重视信用而轻视欺诈,欺诈别人而获得胜利,虽然有功绩,但君子不屑去做。所以在孔子门下,即使是小孩子也不愿意谈论五霸的事情,因为他们用欺诈手段获得成功,苟且有所作为罢了,因此不值得在孔子门前谈论。五霸只不过比其他诸侯有贤能而已,可是比起仁圣的人,怎么说得上贤能呢? 这就好像斌珉石跟美玉相比一样。臣仲舒再次跪拜,向君王陈说。”

观德第三十三

【题解】

本篇主要说明天地为万物之本、人道之始，君臣、父子、夫妇之道皆取法于天地，因此天地是道德的本源。概括来说，主要有三个要点：一是唯德是亲；二是德等则先亲亲；三是亲等从近者始。

天地者，万物之本、先祖之所出也。广大无极[①]，其德昭明，历年众多，永永无疆[②]。天出至明，众知类也[③]，其伏无不炤也[④]；地出至晦，星日为明，不敢闇，君臣、父子、夫妇之道取之此。大礼之终也[⑤]，臣子三年不敢当[⑥]，虽当之，必称先君，必称先人[⑦]，不敢贪至尊也[⑧]。百礼之贵[⑨]，皆编于月，月编于时，时编于君，君编于天[⑩]。天之所弃，天下弗祐，桀、纣是也；天子之所诛绝，臣子弗得立，蔡世子[⑪]、逢丑父是也[⑫]；王父、父所绝[⑬]，子孙不得属[⑭]，鲁庄公之不得念母[⑮]、卫辄之辞父命是也[⑯]。故受命而海内顺之，犹众星之共北辰[⑰]、流水之宗沧海也。况生天地之间，法太祖先人之容貌[⑱]，则其至德[⑲]，取象众名尊贵[⑳]，是以圣人为贵也。

【注释】

① 无极：没有边际。极，尽头、边际。

② 无疆：没有尽头。疆，极限、尽头。

③ 众知类：即"知众类"，指辨别万物众多的类别。

④ 伏：隐伏，藏匿。

⑤ 大礼之终：即"君丧"，指国君死亡。

⑥ 当：当政，主持国家政事。

⑦ "必称先君"二句：《公羊传》庄公四年："古者必有会聚之事，相朝聘之道，号辞必称先君以相接。"先君，已故的国君。先人，已故的父亲。

⑧ 至尊：天子、国君的崇高地位。

⑨ 百礼之贵：苏舆注："《春秋》者，礼义之宗，凡所纪皆关于礼。故云'百礼之贵'。"苏说可从。

⑩ "皆编于月"四句：钟肇鹏《春秋繁露校释》："行礼有时，如祭祀之礼，有祫、祠、蒸、尝；田猎之礼，有搜、苗、狝（xiǎn）、狩，皆案四时编制。时编于君，故统于王正月；君编于天，谓王者奉天命而有天下，统属于天。"钟说可从。编，编列、编辑整理。

⑪ 蔡世子：即蔡灵公般。

⑫ 逢丑父：春秋时齐国大夫。逢，殿本、凌本、苏本作"逢"，王道焜天启刊本、王谟《汉魏丛书》本作"逢"。作"逢"是。

⑬ 王父、父所绝：祖父和父亲与之断绝关系的人。王父，祖父。绝，断绝关系。

⑭ 属（zhǔ）：连续，关联。

⑮ 鲁庄公之不得念母：事见《春秋》庄公三年。鲁庄公的母亲姜氏跟齐襄公私通，在齐襄公面前说鲁桓公的坏话，于是齐襄公派公子彭生杀鲁桓公。《春秋》认为姜氏参与杀鲁桓公这件事，因此鲁庄公不应该思念他的母亲姜氏。鲁庄公，春秋时期鲁桓公的

儿子。

⑯卫辄之辞父命：事见《春秋》哀公三年。卫辄，即卫初公，卫灵公
之孙、蒯聩之子。卫灵公因为蒯聩暴虐无道，把他驱逐出国而立
辄为继承人。卫灵公死后，蒯聩想要回国继位，卫辄遵循祖父的
遗命而抗拒父亲的命令。《公羊传》哀公三年："不以父命辞王父
命，以王父命辞父命。"表达了对于卫辄辞父命、遵王父命的
认可。

⑰众星之共北辰：众多的星星都环绕着北极星。共，通"拱"，环绕。
北辰，北极星。

⑱太祖：始祖。康有为《春秋董氏学》："所谓太祖、先人，即天地也。
人则法其德貌，故人为贵。"其说可通。

⑲则其至德：效法他们最崇高的德行。则，效法。至德，最崇高的
德行。

⑳取象众名尊贵：取法他们尊贵的品格。

【译文】

　　天地是万物的本源，人类的祖先是从这里生出来的。天地广大没
有边际，德行显明，经历的年代久远，永远没有尽头。天的表现极为光
明，他能辨别万物众多的类别，使隐伏的事物没有不显明的；地的表现
极为晦暗，可是在星星和太阳的照耀下，却不敢昏暗，君与臣、父与子、
夫与妻之间相处的道理就是取法于这里。国君死后，臣子三年不敢当
政，即使当政，也一定要称述已故的国君，一定要称述已故的父亲，而不
敢贪求崇高的地位。《春秋》记载隆重的礼节，都编列在每个月的下面，
每个月编列在每一季节的下面，每个季节编列在君主的下面，君主编列
在上天的下面。上天所遗弃的，天下的人都不会保佑他，夏桀、商纣就
是这样的人；天子与之断绝关系的人，臣子就不能拥立他，蔡世子、逄丑
父就是这样的人；祖父和父亲与之断绝关系的人，儿子、孙子就不能跟
他有任何关联，鲁庄公不能思念母亲、卫辄抗拒父亲的命令就是这样的

情况。因此接受天命的人而天下的人都顺从他，就好像众多的星星都环绕着北极星、流水归宗于大海一样。更何况生长在天地之间，效法始祖先辈的仪容举止，效法他们最崇高的德行，取法他们众多尊贵的品格，因此说圣人是尊贵的。

　　泰伯至德之侔天地也①，上帝为之废适易姓而予之让②。其至德海内怀归之，泰伯三让而不敢就位③。伯邑考知群心贰，自引而激④，顺神明也。至德以受命，豪英高明之人辐辏归之⑤。高者列为公侯，下至卿大夫，济济乎哉⑥，皆以德序⑦。是故吴、鲁同姓也⑧，钟离之会，不得序而称君⑨，殊鲁而会之，为其夷狄之行也⑩；鸡父之战⑪，吴不得与中国为礼；至于伯莒、黄池之行⑫，变而反道，乃爵而不殊；召陵之会，鲁君在是而不得为主，避齐桓也⑬；鲁桓即位十三年，齐、宋、卫、燕举师而东，纪、郑与鲁戮力而报之，后其日，以鲁不得偏，避纪侯与郑厉公也⑭。

【注释】

①泰伯至德之侔天地：泰伯的完美德行与天地齐等。泰伯，周太王的长子，有弟仲雍、季历。季历娶太任而生子昌。泰伯知道太王想要立季历为继承人，以便传位给昌。于是泰伯主动逃奔到越，断发纹身，以让位于季历，当地人后来归服于他，立为吴太伯。侔，等同、相等。

②上帝为之废适（dí）易姓而予之让：上帝为他废弃嫡子继承的礼法、改变他的姓氏而给予他谦让的德行。适，通"嫡"，正妻所生的长子。予，旧本均误作"子"，刘师培校改为"予"，是，今据正。

③三让：多次谦让。苏舆注："三让，犹云'固让'。古人数多用三。"

④"伯邑考知群心贰"二句：伯邑考知道群臣不拥护他做王位继承
　　人，于是自己主动引退让位。伯邑考，周文王的长子。贰，离心。
　　自引而激，自己主动引退而去殷商做人质。

⑤辐辏(còu)：形容如同车辐一样聚集到中心上。在这里指贤才从
　　四面八方赶来归依至德之君王。

⑥济济：众多的样子。

⑦皆以德序：都是依照德行的高低来排列职位的次序。苏舆注：
　　"所谓'豪、杰、英、俊不相陵'。"

⑧吴、鲁同姓：吴、鲁皆为春秋时期诸侯国名。吴为泰伯之后裔，鲁
　　为周公之后裔，二者都为姬姓之国。

⑨"钟离之会"二句：钟离，春秋时楚地，在今安徽凤阳。《春秋》成
　　公十五年："冬十有一月，叔孙侨如会晋士燮(xiè)、齐高无咎、宋
　　华元、卫孙林父、郑公子鲦(yóu)、邾人会吴于钟离。"叔孙侨如是
　　鲁国大夫，自叔孙侨如以下至郑公子鲦皆为诸夏各国大夫，于邾
　　则称人。《春秋》先书诸夏各国，然后才书"会吴"。吴君参加会
　　盟而不被称君，并书于最末，不得列于国君之序，是"外"之意。

⑩"殊鲁而会之"二句：《公羊传》成公十五年："曷为殊会吴？外吴
　　也。曷为外也？《春秋》内其国而外诸夏，内诸夏而外夷狄。"殊
　　鲁，指《春秋》认为吴国国君与鲁国大夫的地位不相称而以吴国
　　为夷狄。

⑪鸡父之战：事见《春秋》昭公二十三年。

⑫伯莒、黄池之行：伯莒，地名，在今湖北麻城东北。鲁定公四年，
　　蔡侯、吴子同楚国战于伯莒，楚国败绩。黄池，地名，在今河南封
　　丘西南。鲁哀公十三年，鲁哀公和晋侯、吴子在黄池会盟。

⑬"召陵之会"三句：《春秋》僖公四年："楚屈完来盟于师，盟于召
　　陵。"《公羊传》："其言来何？与桓为主也。"何休注："以从内文，
　　知与桓公为天下霸主。"召陵，地名，在今河南郾城东。

⑭"鲁桓即位十三年"六句：《春秋》桓公十三年："春二月，公会纪
　　侯、郑伯，己巳，及齐侯、宋公、卫侯、燕人战，齐师、宋师、卫师、燕
　　师败绩。"《公羊传》："曷为后日？恃外也。其恃外奈何？得纪
　　侯、郑伯然后能为日也。"鲁桓，即鲁桓公，鲁隐公的弟弟。戮(lù)
　　力，并力、勉力。偏，殿本、凌本、苏本均作"遍"，宋本作"偏"，作
　　"偏"是，今从宋本。所谓"偏"，即偏战，指春秋时期的一种正规
　　作战方式，交战双方约定好日期，各居一面而战。

【译文】

　　泰伯的完美德行与天地齐等，上帝为他废弃嫡子继承的礼法、改变
他的姓氏而给予他谦让的德行。虽然他的完美德行使天下的人都归服
于他，泰伯却多次把君位让给季历而不敢就位。后来文王的长子伯邑
考知道群臣不拥护他做王位继承人，于是自己主动引退让位，这是顺从
神明的意旨。具有完美德行的人接受天命，英雄豪杰和才能出众的人
都会归依他。才德高的被任命为公侯，才德低的被任命为卿大夫，真是
人才众多啊，都是依照德行的高低来排列职位的次序。因此吴国和鲁
国尽管是同姓，钟离会盟之时，吴国国君却不能被列入席次而称为国
君，用不同于鲁国国君的身份参加会盟，这是因为他有夷狄般的行为；
在鸡父发生的那次战争，吴国不能跟中国行礼；至于伯莒之战、黄池之
会，吴国的行为有所变化而返归正道，于是称呼他的爵位而跟其他国家
没有什么不同；在召陵的那次会盟，鲁国国君参加了而不能做主持人，
这是为了避讳齐桓公的缘故；鲁桓公即位十三年后，齐国、宋国、卫国、
燕国举兵向东进攻，纪国、郑国同鲁国并力作战，而把作战的日子写在
后面，这是因为鲁国不能独居一面作战，为了避讳纪侯和郑厉公的
缘故。

　　《春秋》常辞，夷狄不得与中国为礼。至邲之战①，夷狄
反道，中国不得与夷狄为礼，避楚庄也；邢、卫，鲁之同姓

也②，狄人灭之，《春秋》为讳，避齐桓也③。当其如此也，惟德是亲，其皆先其亲④。是故周之子孙，其亲等也，而文王最先⑤；四时等也，而春最先；十二月等也，而正月最先⑥；德等也，则先亲亲⑦；鲁十二公等也⑧，而定、哀最尊⑨；卫俱诸夏也，善稻之会⑩，独先内之⑪，为其与我同姓也⑫；吴俱夷狄也，柤之会⑬，独先外之⑭，为其与我同姓也；灭国五十有余⑮，独先诸夏；鲁、晋俱诸夏也，讥二名⑯，独先及之；盛伯、郜子俱当绝，而独不名，为其与我同姓兄弟也⑰；外出者众⑱，以母弟出，独大恶之，为其亡母背骨肉也⑲；灭人者莫绝，卫侯燬灭同姓独绝⑳，贱其本祖而忘先也。

【注释】

①郊之战：可参见本书《竹林篇》首段注释。

②"邢、卫"二句：可参见本书《灭国下篇》相关注释。

③"《春秋》为讳"二句：可参见本书《王道篇》相关注释。

④其：犹"此"。

⑤文王最先：《公羊传》隐公元年："王者孰谓？谓文王也。"何休注："文王周始受命之王。"因此以文王为最先。

⑥正月最先：《公羊传》隐公元年："何言乎王正月？大一统也。"何休注："夫王者始受命改制，布政施教于天下，自公侯至于庶人，自山川至于草木、昆虫，莫不一一系于正月，故云政教之始。"因此以正月为最先。

⑦先亲亲：先亲爱与自己亲近的人。苏舆注："隐十一年何注：'《春秋》质家亲亲，先封同姓。'《荀子·富国篇》：'贤齐则其亲者先贵，能齐则其故者先官。'"

⑧鲁十二公：指春秋时期鲁国的十二位君主。具体可参见本书《俞

序篇》相关注释。

⑨定、哀最尊:《公羊传》定公元年:"定、哀多微辞。"何休注:"上以讳尊隆亲。"苏舆注:"哀、定时近,孔子所身事,犹之远祖虽尊,而事祖父礼尤隆,以其近接于身也。故云'最尊'。下文所谓'宗定、哀以为考妣',宗亦尊也。"苏说是。因为定公、哀公皆为孔子所经历最近之时代,所以孔子修《春秋》对定、哀二公最为尊敬。

⑩善稻之会:《春秋》襄公五年:"仲孙蔑、卫孙林父会吴于善稻。"善稻,春秋时期吴国地名,在今安徽盱眙(xū yí)。

⑪内:亲近。

⑫为其与我同姓:因为它跟我们鲁国同姓。我,指鲁国。孔子根据鲁国史书而修《春秋》,故凡称"我"处,即指鲁国。同姓,卫、吴、鲁皆为姬姓。

⑬柤(zhā)之会:《春秋》襄公十年:"春,公会晋侯、宋公、卫侯、曹伯、莒子、邾娄子、滕子、薛伯、杞伯、小邾娄子、齐世子光会吴于柤。"柤,春秋时期楚国地名,在今江苏邳(pī)州北。

⑭外:疏远。

⑮五十:旧本作"十五",董天工笺注:"《繁露》言灭国,前俱是'五十二',此作'十五',当作'五十'。"惠栋校作"五十",是,今据正。

⑯讥二名:用两个字的名字来加以讥讽。《春秋》定公六年:"季孙斯、仲孙忌帅师围运。"《公羊传》:"此仲孙何忌也,曷为谓之仲孙忌?讥二名。二名,非礼也。"何休注:"为其难讳也。一字为名,令难言而易讳,不以长臣子之敬,不逼下也。"

⑰"盛伯、郜子俱当绝"三句:盛,春秋时期姬姓诸侯国。鲁庄公八年,鲁国和齐国灭盛。郜(gào),周代姬姓诸侯国,在今山东成武东南,春秋以前被宋国灭亡。盛、郜两国与鲁国同姓,虽被灭亡,但是盛、郜两国国君来鲁国,《春秋》仍称之为盛伯、郜子,而不称呼他们的名字。

⑱外出:指出奔外国。

⑲亡(wú):通"无",没有。

⑳卫侯燬(huǐ)灭同姓独绝:卫侯燬灭亡同姓的国家而特别跟他断绝关系。可参见本书《灭国下篇》"卫侯燬灭邢"条之注释。

【译文】

《春秋》通常用的文辞,夷狄不能够跟中国行礼。至于在郯发生的那次战争,夷狄返归于正道,中国不能跟夷狄行礼,这是为了避讳楚庄王的缘故;邢国和卫国,是鲁国的同姓国,狄人把它们灭亡了,《春秋》对这两件事加以隐讳,这是为了避讳齐桓公不能拯救它们的缘故。《春秋》是这样的,只亲爱有德行的人,都是把与自己亲近的人放在前面。因此周代的子孙,他们的亲族关系相同,而把文王放在最前面;四季相同,而把春季放在最前面;十二个月相同,而把正月放在最前面;德行相同,那么就先亲爱与自己亲近的人;鲁国的十二位国君地位相等,而最尊敬定公和哀公;卫国和其他国家都是中原国家,在善稻的会盟,特别先亲近它,因为它跟我们鲁国同姓;吴国和四周的国家都是夷狄,在柤地的会盟,特别先疏远它,因为它跟我们鲁国同姓;被灭亡的国家有五十多个,特别把中原国家放在前面;鲁国和晋国都是中原国家,由于它们的大夫行为不合乎礼,就单独用两个字的名字来加以讥讽;盛伯和部子都应该与之断绝关系,而特别不写出他们的名字,这是因为他们是我们鲁国的同姓兄弟;逃奔国外的人有很多,如果把同母所生的弟弟赶出国外,就特别的可恶,因为在他心目中已经没有了母亲、背弃了同胞兄弟;灭亡别人国家的,不跟它们断绝关系,而卫侯燬灭亡同姓的国家而特别跟他断绝关系,这是因为他轻视始祖而忘记了先辈。

亲等,从近者始。立适以长,母以子贵母先①。甲戌、己丑,陈侯鲍卒②,书所见也,而不言其闇者。陨石于宋五,六鹢退飞③,耳闻而记,目见而书,或徐或察④,皆以其先接于我者序之。其于会盟朝聘之礼亦犹是[5]。诸侯与盟者众矣，而仪父独渐进[6]；郑僖公方来会我而道杀，《春秋》致其意，谓之如会[7]；潞子离狄而归党，以得亡，《春秋》谓之子，以领其意[8]。包来[9]、首戴[10]、洮[11]、践土与操之会[12]：陈、郑去我，谓之逃归[13]；郑处而不来，谓之乞盟[14]；陈侯后至，谓之如会[15]；莒人疑我，贬而称人[16]。诸侯朝鲁者众矣，而滕、薛独称侯[17]；州公化我，夺爵而无号[18]；吴、楚国先聘我者见贤[19]；曲棘与鞌之战，先忧我者见尊[20]。

【注释】

①母：旧本本无此字。宋本、凌本注："或有'母'字。"苏舆注："案：有'母'字是。先，谓秩序在前也。立适以长，礼经之常，然或有无适立庶者，则母随子之贵而先之。"苏说是，今据补。

②"甲戌、己丑"二句：事载《春秋》桓公五年。《公羊传》曰："曷为以二日卒之？怴(yuè)也。"何休注："怴，狂也。齐人语。"陈侯鲍，即陈桓公，名鲍，陈文公的儿子。陈侯鲍由于发狂而于甲戌这日离家出走，至己丑之日方才发现他的尸体。因为不能够确定他的具体死亡日期，所以《春秋》桓公五年正月记载了甲戌、己丑两个日子。

③"陨石于宋五"二句：事载《春秋》僖公十六年。可参见本书《王道篇》相关注释。

④徐：缓慢，慢慢地。

⑤盟：旧本皆脱此字，凌曙注："'会'下当有盟字。"凌说是，今据补。

⑥"诸侯与盟者众矣"二句：《春秋》隐公元年："三月，公及邾娄仪父盟于眜。"《公羊传》："仪父者何？邾娄之君也。何以名？字也。曷为称字？褒之也。曷为褒之？为其与公盟也。"何休注："渐

者,物事之端,先见之辞。去恶就善曰进。"仪父,春秋时期邾娄国的国君,字仪父。渐进,德行进步。

⑦"郑僖公"三句:事见《春秋》襄公七年。郑僖公,春秋时期郑成公的儿子,名髡原。如会,到会、参加会盟。可参见本书《王道篇》相关注释。

⑧"潞子"四句:事见《公羊传》宣公十五年。归党,这里指向往中原地区的礼义和文化。领,领会、接受。可参见本书《王道篇》相关注释。

⑨包来:亦作"浮来",春秋时莒邑,在今山东沂水西北。《春秋》隐公八年:"九月辛卯,公及莒人盟于包来。"

⑩首戴:亦作"首止",春秋时卫地,在今河南睢(suī)县东南。《春秋》僖公五年:"公及齐侯、宋公、陈侯、卫侯、郑伯、许男、曹伯会王世子于首戴。"

⑪洮(táo):春秋时曹地,在今山东鄄城西南。《春秋》僖公八年:"春王正月,公会王人、齐侯、宋公、卫侯、许男、曹伯、陈世子款盟于洮。郑伯乞盟。"

⑫践土与操之会:践土,春秋时郑地,在今河南原阳西南。《春秋》僖公二十八年:"公会夏侯、齐侯、宋公、蔡侯、郑伯、卫子、莒子盟于践土。陈侯如会。"操,古地名,在今河南密县南。《春秋》襄公七年:"十有二月,公会晋侯、宋公、陈侯、卫侯、曹伯、莒子、邾娄子于鄬(wéi),郑伯髡原如会,未见诸侯,丙戌,卒于操。"

⑬"陈、郑去我"二句:卢文弨云:"'操之会',即襄七年会鄬之事。时陈侯逃归,陈哀公溺也。又僖五年,公及齐侯以下会王世子于首戴,郑伯逃归不盟……此郑伯乃文公捷也。"

⑭"郑处而不来"二句:事载《春秋》僖公八年。《公羊传》:"乞盟者何? 处其所而请与也。"这是说郑伯居留于都城而请求参与会盟。

⑮"陈侯后至"二句：事载《春秋》僖公二十八年。《公羊传》："其言
如会何？后会也。"《春秋》认为陈侯后到会盟，因此用"如会"来
加以讥讽。

⑯"莒人疑我"二句：事载《春秋》隐公八年。《公羊传》："公曷为与
微者盟？称人则从，不疑也。"莒人，即指莒国国君。《春秋》称莒
国国君为"人"，意在表明其地位低微，只能随从鲁国国君而"不
疑"，这是在为鲁国国君加以隐讳。

⑰"诸侯朝鲁"二句：事载《春秋》隐公十一年。《公羊传》："其言朝
何？诸侯来曰朝，大夫来曰聘。其兼言之何？微国也。"何休注：
"《春秋》王鲁，王者无朝诸侯之义，故内适外曰'如'，外适内言
'朝'、'聘'，所以别外尊内也。"滕为子爵，薛为伯爵，《春秋》对来
"朝"者加以褒扬，因此称二者为"侯"。

⑱"州公化我"二句：《春秋》桓公六年："春正月，寔来。"《公羊传》：
"寔来者何？犹曰是人来也。孰谓？谓州公也。曷为谓之寔来？
慢之也。曷为慢之？化我也。"何休注："行过无礼谓之化，齐人
语也。"州，国名，在今山东安丘东北。公，爵号。化，怠慢无礼。
可参见本书《玉杯篇》"州公寔来"条之注释。

⑲吴、楚国先聘我者见贤：《春秋》襄公二十九年："吴子使札来聘。"
《公羊传》："吴无君、无大夫，此何以有君、有大夫？贤季子也。"
《春秋》庄公二十三年："荆人来聘。"《公羊传》："荆何以称人？始
能聘也。"何休注："《春秋》王鲁，因其始来聘，明夷狄能慕王化、
修聘礼、受正朔者，当进之，故使称'人'也。"见，被。

⑳"曲棘(jí)与鞌(ān)之战"二句：《春秋》昭公二十五年："宋公佐卒
于曲棘。"《公羊传》："曲棘者何？宋之邑也。诸侯卒其封内不
地，此何以地？忧内也。"何休注："忧鲁昭公见逐而欲纳之也。"
曲棘，春秋时宋地，在今河南兰考东南。《春秋》成公二年："春，
齐侯伐我北鄙……六月癸酉，季孙行父、臧孙许、叔孙侨如、公孙

婴齐帅师会晋郤克、卫孙良夫、曹公子手及齐侯战于鞌，齐师败绩。"《公羊传》："曹无大夫，公子手何以书？忧内也。"何休注："《春秋》托王于鲁，因假以见王法，明诸侯有能从王者征伐不义，克胜有功，当褒之，故与大夫。"鞌，春秋时齐地，在今山东济南西。

【译文】

　　亲属关系相等，就从与自己亲近的开始。立嫡长子为继承人，做母亲的因为儿子尊贵而身份提高，于是就排在前面。《春秋》记载甲戌、己丑那两日陈侯鲍死亡，只记载所能看见的事情，而不说所不知道的事情。《春秋》记载有五块陨石降落到宋国境内，有六只鹢鸟倒退着飞行，耳朵所听到的而把它记载下来，眼睛所看到的而把它书写下来，有的是慢慢才看到的而有的是仔细观察到的，记载时都依照所接触到的先后顺序排列。对于会盟朝聘的礼节也是这样的。诸侯参与会盟的有很多，却单独褒扬邾娄国君仪父是德行进步的；郑僖公正要来鲁国会盟，但在途中被杀死，《春秋》表达郑僖公的心意，就说他参加会盟了；潞国国君摆脱夷狄而归向中国，却因此被灭亡，《春秋》称他为"子"，表示接受他的心意。包来、首戴、洮、践土和操那几次会盟：其中在操和首戴的两次会盟，陈侯和郑伯离开鲁国，《春秋》说他们是逃归；在洮的会盟，郑伯留居他的都城而不来参加，《春秋》说他是乞盟；在践土的会盟，陈侯后到，《春秋》说他参加了会盟；在包来的会盟，莒国国君怀疑我们鲁国，《春秋》贬斥他而称其为"莒人"。诸侯朝见鲁国的有很多，而滕国和薛国的国君单独被称为"侯"；州公经过鲁国而不朝见鲁国国君，因此《春秋》不称呼他的爵位和名号；吴国和楚国先派使者来聘问鲁国，因此《春秋》称赞其使者贤能；宋元公佐死于曲棘，曹公子手参加了在鞌地的那场战争，由于他们先为我们鲁国的事情担忧而受到《春秋》的尊敬。

奉本第三十四

【题解】

　　本篇所谓"本"，即指天地，"奉本"即奉天地。董仲舒通过引述孔子的话"唯天为大"，强调申述天地为至尊。同时董仲舒指出"三代圣人不则天地，不能至王"而"礼者，继天地，体阴阳"，这些都是意在阐明天地、阴阳为礼制王政之本的观点。康有为在《春秋董氏学》中对董仲舒论"礼"进行评论说："董子非礼学专家，而说礼极精。"

　　礼者，继天地，体阴阳，而慎主客①，序尊卑、贵贱、大小之位，而差外内、远近、新故之级者也②，以德多为象③。万物以广博众多、历年久者为象。其在天而象天者，莫大日月，继天地之光明，莫不照也。星莫大于大辰，北斗常星④，部星三百，卫星三千⑤，大火十六星⑥，伐十三星⑦，北斗七星，常星九辞二十八宿⑧，多者宿二十八九⑨。其犹蓍百茎而共一本⑩、龟千岁而人宝，是以三代传决疑焉。其得地体者，莫如山阜⑪。

【注释】

①慎：谨慎。

②故：旧。

③以德多为象：以德行多的人作为效法的典范。即指人以德为尊。苏舆注："礼之制不专尚德，然古者官以德序，位不相凌，故云'以德多为象'。"

④北斗常星：北斗是恒常不变的星宿。北斗，即北斗七星，包括天枢、天璇、天玑、天权、玉衡、开阳和瑶光。常星，即恒星，为避汉文帝讳，而改"恒"为"常"。

⑤"部星三百"二句：孙诒让云："《史记》部星，盖通指五官恒星，此部星别于卫星，则当专指中官主星（古用盖天说，凡盖以部为中，与张守节说异）。卫星谓东、南、西、北外四官之星也。"苏舆注："三百、三千盖约举之数，非实测也。"孙、苏之说可从。

⑥十六：旧本作"二十六"，苏舆注："大火二十六星者，《尔雅·释天》云：'大辰，房、心、尾也。大火谓之大辰。'今考房四星，心三星，尾九星，共十有六星，此衍'二'字。"苏说是，今据删"二"字。

⑦伐十三星：苏舆注："此云十三星者，盖通参三星、外四星、罚三星及觜蠵（zī xī）三星计之。"苏说是。

⑧常星九辞二十八宿：恒常不变的九星各有所主而一共是二十八宿。九辞，刘师培认为"辞"疑为古"司"字之讹，"《御览》一引《尚书考灵耀》云：'中钧天，其星角亢；东方皋天，其星房心；东北变天，其星斗箕（jī）；北方玄天，其星须女；西北幽天，其星奎（kuí）娄；西方成天，其星胃昴；西南朱天，其星参狼；南方赤天，其星舆鬼柳；东南阳天，其星张翼轸（zhěn）。'以九星分配九天，本于《吕氏春秋·有始览》，盖以今文家分野别谊。董子所云，或即彼说。《楚辞·九辨序》云：'故天有九星，以正机衡；地有九州，以成万邦。'亦其证。'九司'者，谓九者各有所主也。"刘说可从。二十八宿，包括东方苍龙七宿，即角、亢、氐（dǐ）、房、心、尾、箕；北方玄武七宿，即斗、牛、女、虚、危、室、壁；西方白虎七星，即奎、娄、胃、

昴、毕、觜、参；南方朱鸟七宿，即井、鬼、柳、星、张、翼、轸。

⑨多者宿二十八九：苏舆注："句疑有误。"苏说是，此句疑有脱文或衍文。

⑩蓍（shī）百茎而共一本：蓍草有百茎而都是从同一根部生长出来的。

⑪山阜（fù）：高山与丘陵。阜，丘陵。

【译文】

礼继承天地，取法阴阳为本体，而谨慎处理主客关系，排列尊卑、贵贱、大小的地位，而区别内外、远近、新旧的等级，以德行多的人作为效法的典范。万物以广博、众多、经历年代久远的事物作为效法的典范。在天上而效法天的，没有比太阳、月亮更伟大的，太阳和月亮承续天地的光明，没有照耀不到的地方。星宿当中没有比大辰星更伟大的，北斗是恒常不变的星宿，部星有三百颗，卫星有三千颗，大火星有十六颗，伐星有十三个，北斗星有七个，恒常不变的九星各有所主而一共是二十八宿，多的星宿有二十八九颗。这就像蓍草有百茎而都是从同一根部生长出来的、乌龟生长了一千年而被人们视为珍宝一样，所以夏、商、周三代相传用蓍草和龟壳来决断心中的疑惑。得到地的本体的，没有什么能比得上高山与丘陵。

人之得天、得众者，莫如受命之天子，下至公、侯、伯、子、男。海内之心，悬于天子；疆内之民，统于诸侯。日月食，并告凶，不以其行①。有星茀于东方②，于大辰③，入北斗④，常星不见⑤，地震⑥，梁山、沙鹿崩⑦，宋、卫、陈、郑灾⑧，王公大夫篡弑者，《春秋》皆书以为大异。不言众星之茀入、霣雨⑨，原隰之袭崩⑩，一国之小民死亡，不决疑于众草木也。唯田邑之称，多著主名⑪。君将不言臣，臣不言师⑫。王夷、君获,不言师败⑬。孔子曰⑭:"唯天为大,唯尧则之。"则之者,天也⑮。"巍巍乎其有成功也⑯!"言其尊天以成功也⑰。齐桓、晋文不尊周室,不能霸;三代圣人不则天地,不能至王。阶此而观之⑱,可以知天地之贵矣。

【注释】

①"日月食"三句:语源于《诗经·小雅·十月之交》:"日月告凶,不用其行。"《白虎通义·灾变篇》曰:"天所以有灾变何?所以谴告人君,觉悟其行,欲令悔过修德,深思虑也。"日食和月食皆为灾异之象,以此来谴责告诫君王,这就叫做"告凶"。

②有星莩(fú)于东方:有彗星出现在东方。莩,通"孛",彗星。《春秋》哀公十三年:"冬十有一月,有星孛于东方。"

③于大辰:《春秋》昭公十七年:"冬,有星孛于大辰。"《公羊传》:"孛者何?彗星也。其言于大辰何?在大辰也。何以书?记异也。"

④入北斗:《春秋》文公十四年:"秋七月,有星孛入于北斗。"《公羊传》:"孛者何?彗星也。其言入于北斗何?北斗有中也。何以书?记异也。"

⑤常星不见:《春秋》庄公七年:"夏四月,辛卯,夜,恒星不见。"

⑥地震:《春秋》所记录的地震共有五次,分别见于文公九年、襄公十六年、昭公十九年、昭公二十三年以及哀公三年。

⑦梁山、沙鹿崩:《春秋》成公五年:"梁山崩。"《公羊传》:"梁山者何?河上之山也。梁山崩何以书?记异也。何异尔?大也。何大尔?梁山崩,壅河三日不流。"《春秋》僖公十四年:"秋八月,辛卯,沙鹿崩。"《公羊传》:"沙鹿者何?河上之邑也。此邑也,其言崩何?袭邑也。沙鹿崩,何以书?记异也。"梁山,山名,在今陕西韩城。沙鹿,城邑名,在今河北大名东。

⑧宋、卫、陈、郑灾:《春秋》鲁昭公十八年:"夏五月,壬午,宋、卫、

陈、郑灾。"《公羊传》:"何以书? 记异也。何异尔? 异其同日而俱灾也。"

⑨不言众星之莯入、霣雨:《春秋》庄公七年:"夏四月,辛卯,夜,恒星不见。夜中,星霣如雨。"不言,这里是指《春秋》不记载"众星之莯入"而只记载"星孛入于北斗",不记载一般的"霣雨"而只记载"星霣如雨"。霣,通"陨",坠落。

⑩原隰(xí)之袭崩:平原和洼地的合并或崩溃。原,宽阔平坦的地方。隰,低湿的地方。袭,合、合并。

⑪"唯田邑之称"二句:只有田地、城邑的称呼,多注明主人所用的名称。苏舆注:"桓元年,讳周田称许田,是田著主名之例。"

⑫"君将不言臣"二句:《公羊传》隐公五年:"君将不言率师,书其重者也。"陈立《公羊义疏》:"案:疑衍一'臣'字。谓君自将,不举其臣,事统于尊也。亦不言师,即谓不言率师,君为重故。"陈说可从。将,率领军队。师,二千五百人为一师,泛指军队。

⑬"王夷、君获"二句:《左传》成公十六年:"子反命军吏察夷伤。"《公羊传》成公十六年:"败者称师,楚何以不称师? 王痍(yí)也。王痍者何? 伤乎矢也。然则何以不言师败? 末言尔。"何休注:"凡举师败绩为重众,今视伤人君,当举伤君为重。"夷,通"痍",创伤、受伤。《春秋》僖公十五年:"十有一月,壬戌,晋侯及秦伯战于韩,获晋侯。"《公羊传》:"君获,不言师败绩也。"何休注:"举君获为重也。"获,指被俘虏。

⑭孔子曰:下引文见《论语·泰伯篇》。则,效法。

⑮天:旧本作"大",苏舆注:"大,疑作'天'。"谭献校定本作"天",是,今据改。

⑯巍巍乎其有成功也:此引文见《论语·泰伯篇》。巍巍,崇高、高大的样子。

⑰尊天:旧本作"尊大",苏舆注:"尊大,疑作'尊天'。"苏说是,今

据改。

⑱阶:按照,凭借。

【译文】

人之中能够得到上天和大众拥戴的,没有谁能够比得上接受天命的天子,天子之下依次为公、侯、伯、子、男。四海之内的民心,维系在天子的身上;国境之内的人民,被诸侯所统治。日食和月食的发生,都是上天谴告的凶兆,这是因为人类不遵循法度的缘故。有彗星出现在东方,进入大辰星座,进入北斗星,而恒星不出现,地震,梁山和沙鹿崩摧,宋、卫、陈、郑四个国家同时发生火灾,王公大夫篡夺君位、弑杀国君,《春秋》都把这些记载下来而认为是非常怪异的事。不说彗星进入其他众星宿和陨石坠落,不说平原和洼地的合并或崩溃,不说一个国家中百姓死亡的事,不用一般的草木来决断心中的疑惑。只有田地、城邑的称呼,多注明主人所用的名称。国君率领军队而不提臣子的名字,也不提军队的名字。君王受伤、国君被俘虏,而不说军队被打败了。孔子说:"只有上天是伟大的,只有唐尧才能效法上天。"唐尧所效法的是上天。孔子还说:"崇高呀! 只看见他伟大事业的成功。"这是说他尊敬上天而取得成功的。齐桓公和晋文公不尊敬周王室,就不能够称霸于诸侯;三代圣人不效法天地,就不能够统一天下。由此看来,可以知道天地的尊贵了。

夫流深者其水不测,尊至者其敬无穷。是故天之所加,虽为灾害,犹承而大之,其钦无穷①,震夷伯之庙是也②。天无错舛之灾③,地有震动之异。天子所诛绝,所败师,虽不中道,而《春秋》者不敢阙④,谨之也。故师出者众矣,莫言还。至师及齐师围成,成降于齐,独言还⑤。其君劫外⑥,不得已,故可直言也。至于他师,皆其君之过也,而曰非师之罪⑦，是臣子之不为君父受罪，罪不臣子莫大焉⑧。

【注释】

①钦（qīn）：恭敬，敬重。

②震夷伯之庙：雷电震击了夷伯的宗庙。震，雷电震击。夷伯，指春秋时鲁国卿大夫季孙氏信任的家臣。《春秋》僖公十五年："己卯晦，震夷伯之庙。"《公羊传》："晦者何？冥也。震之者何？雷电击夷伯之庙者也。夷伯者，曷为者也？季氏之孚则微者。其称夷伯何？大之也。曷为大之？天戒之，故大之也。何以书？记异也。"

③错舛（chuǎn）：差错。舛，错乱、违背。

④阙（quē）：通"缺"，缺少、空缺。

⑤"至师及齐师围成"三句：事见《春秋》庄公八年。《公羊传》："还者何？善辞也。此灭同姓，何善尔？病之也。曰师病矣，曷为病之？非师之罪也。"何休注："明君之使重在君，非师自汲汲。"

⑥其君劫外：鲁国国君受到齐国的胁迫而包围盛国。其君，指鲁庄公。劫，受到胁迫。外，指齐国。

⑦"至于他师"三句：苏舆注："言他师未尝非君之过，而师固皆为之受罪。若夫围成非师罪者，以其久于外，上已有师次于郎及祠兵之文，君意显然著明，故直言之。"苏说可从。

⑧罪不臣子莫大焉：犯了不臣、不子的罪而没有比这个更严重的了。罪，犯罪。不臣子，即不臣、不子，指做臣下的不像臣下，做儿子的不像儿子。苏舆注："臣子不肯为君父受罪，是即不臣子之罪大。"苏说是。

【译文】

河流深的则它的水量不可测度，地位极高的则他受到的恭敬无穷无尽。因此上天所给予的，即使是灾害，《春秋》也还是承受它并加以赞美，《春秋》的恭敬是无穷尽的，雷电震击了夷伯的宗庙就说明了这一点。上天没有发生差错的灾害，大地有震动的怪异现象。天子所责备并与之断绝关系的人，所打败的军队，即使不完全合乎道理，但是作《春秋》的人不敢遗漏，态度上十分谨慎。因此《春秋》所记载的出兵事件很多，但都没有记载军队回来的事。至于鲁国军队和齐国军队包围盛国，盛国向齐国军队投降，《春秋》却单独记载鲁国军队回来。鲁国国君受到齐国的胁迫而包围盛国，是出于不得已，因此可以直接说出来。至于其他的出兵事件，都是他们国君的过错，而不说是军队的过错，这是臣、子不替君、父承担罪过，因此犯了不臣、不子的罪而没有比这个更严重的了。

　　夫至明者，其照无疆；至晦者，其闇无疆。今《春秋》缘鲁以言王义①，杀隐、桓以为远祖②，宗定、哀以为考妣③，至尊且高，至显且明，其基壤之所加④、润泽之所被⑤，条条无疆⑥。前是常数十年，邻之幽人近其墓而高明⑦。大国齐、宋离，言会⑧；微国之君，卒葬之礼，录而辞繁⑨；远夷之君，内而不外⑩。当此之时，鲁无鄙疆⑪，诸侯之伐哀者，皆言我。邾娄奔我⑫，邾娄大夫，其于我无以亲⑬，以近之故，乃得显明；隐、桓，亲《春秋》之先人也⑭，益师卒而不日⑮；于稷之会，言其成宋乱，以远外也⑯；黄池之会，以两伯之辞⑰，言不以为外，以近内也⑱。

【注释】

①《春秋》缘鲁以言王义：《春秋》依据鲁国的历史来表明王道的意义。苏舆注："缘鲁言王义者，正不敢自居创作之意。孔子曰：'其义窃取。'谓窃王者之义以为义也。托鲁明义，犹之论史者借

往事以立义耳。"康有为《春秋董氏学》:"缘鲁以言王义,孔子之意,专明王者之义,不过缘托于鲁,以立文字。"

②杀(shài):降低等级,减少。

③考妣(bǐ):指已故的父母。亡父曰"考",亡母曰"妣"。

④基壤:土壤。

⑤被:施及,覆盖。

⑥条条无疆:畅达而没有穷尽。条条,通达的样子。

⑦"前是常数十年"二句:卢文弨云:"文讹不可晓。"刘逢禄曰:"语当有脱误。"卢、刘之说是,此二句文意不明,故暂不强解出译。

⑧"大国齐、宋离"二句:齐国和宋国两个大国会盟,《春秋》把这叫做相会。离,同"俪(lì)",成对、成双。《公羊传》桓公二年何休注:"二国会曰离。"故知两国相会叫做"离会"。"离"下,旧本有"不"字,凌曙注曰:"无'不'字者是。"卢说是,今据删"不"字。

⑨"微国之君"三句:《公羊传》以鲁昭公、鲁定公、鲁哀公三世为所见之世,托于太平,因此对于像邾娄国、杞国、滕国、薛国等小国君主的"卒葬之礼"皆详尽记录。

⑩"远夷之君"二句:《公羊传》以鲁昭公、鲁定公、鲁哀公三世为所见之世,托于太平,因此对于夷狄诸君皆加以亲近而不疏远,远近大小若一。内而不外,亲近而不疏远。

⑪鲁无鄙疆:鲁国没有疆界。这里是说,"《春秋》缘鲁以言王义",表明鲁国的王道教化广布流行而没有疆界。

⑫邾娄奔我:旧本作"邾娄庶其、鼻我"。卢文弨云:"疑'庶其'衍文。"惠栋校"鼻"作"奔"。钟肇鹏案:"《春秋》哀公二十一年:'邾娄庶其以漆闾丘来奔。'《公羊传》:'邾娄无大夫,此何以书?重地也。'襄公二十三年:'邾娄鼻我来奔。'《公羊传》:'邾娄鼻我者何?邾娄大夫也。邾娄无大夫,此何以书?以近也。'何诂:'以奔无他义,知以治近升平世也。所传闻世,见治始起,外诸夏,录

大略小，大国有大夫，小国略称人。所闻之世，内诸夏，治小如大，廪廪迈升平，故小国有大夫，治之渐也。见于邾娄者，自近始也。'苏注：'董以哀、定、昭为所见世，颜安乐断自孔子生后，以襄二十三年鼻我与昭二十七年同传为证，此文引鼻我盖参用颜说。庶其又在孔子未生之前，卢以为有衍脱是也。'襄公为所闻世，渐近升平，小国有大夫，故书邾娄鼻我自近始。今据卢、苏校删'庶其'，据惠校订为'邾娄奔我'。'奔'、'鼻'形近而讹。'邾娄奔我'即包括鼻我与快来奔之事，文从字顺。"钟说于义为长，今从钟说校改为"邾娄奔我"。

⑬无以亲：卢文弨校曰："无以亲，疑当作'无亲'。"卢校可从，今据删"以"字。

⑭"隐、桓"二句：按照亲近的关系来说，鲁隐公和鲁桓公是《春秋》所记载的鲁国的先人。

⑮益师卒而不日：鲁隐公元年鲁国公子益师死亡了而《春秋》却不记载具体日期。事载《春秋》隐公元年。《公羊传》："何以不日？远也。"何休注："孔子所不见……于所传闻世，高祖、曾祖之臣恩浅，大夫卒，有罪无罪皆不日，略之也。公子益师无骇卒是也。"

⑯"于稷之会"三句：事见《春秋》桓公二年。钟肇鹏《春秋繁露校释》："《春秋》有亲近远外之例。宋华督弑殇公，又杀孔父而取其妻，稷之会不能惩治华督反而以华督为相，以成就宋国之乱，故《公羊传》曰：'内大恶讳，此其目言之何？远也。''目言'，即明斥之意。桓公在所传闻世，距孔子远，故明书其恶以斥之。"钟说是，可从。稷，春秋时楚地，在今河南桐柏。成，促成、导致。

⑰"黄池之会"二句：《春秋》哀公十三年："公会晋侯及吴子于黄池。"《公羊传》："其言及吴子何？会两伯之辞也。不与夷狄之主中国，则曷为以会两伯之辞言之？重吴也。曷为重吴？吴在是，则天下诸侯莫敢不至也。"两伯（bà），两个霸主。伯，通"霸"，春

秋时期诸侯的盟主。

⑱ "言不以为外"二句：这表明不疏远吴国国君，由于时代近而亲近
他。钟肇鹏《春秋繁露校释》云："此言不以吴为外，因在所见世，
时代很近，故亲之，内外如一。"钟说是。

【译文】

极光明的东西，它的光照是没有穷尽的；极幽冥的东西，它的昏暗
是没有穷尽的。现在《春秋》依据鲁国的历史来表明王道的意义，降低
隐公和桓公的亲近等级而以他们为远代祖先，尊奉定公和哀公而以他
们为已故的父母，他们极为尊贵和崇高，极为显明，他们所增加培育的
土壤和施及的恩泽，畅达而没有穷尽。齐国和宋国两个大国会盟，《春
秋》把这叫做相会；小国的君主，死亡丧葬的礼节，《春秋》会把它们文辞
详尽地记录下来；对于远方夷狄的君主，亲近而不疏远他们。当这个时
候，鲁国没有疆界，凡是诸侯讨伐哀公的，都说是讨伐我们鲁国。邾娄
国的大夫来逃奔我们鲁国，邾娄国的大夫跟鲁国没有什么亲近关系，因
为时代较近的缘故，他们逃奔鲁国的事情才变得明显；按照亲近的关系
来说，隐公和桓公是《春秋》所记载的鲁国的先人，但是鲁隐公元年鲁国
公子益师死亡了而《春秋》却不记载具体日期；桓公二年鲁桓公跟齐侯
在稷这个地方相会，《春秋》说这促成了宋国的内乱，因为时代久远而显
得疏远；哀公十三年鲁哀公在黄池与晋侯及吴子会盟，《春秋》在文辞上
说是哀公与两个霸主相会，这表明不疏远吴国国君，是由于时代较近而
亲近他。

深察名号第三十五

　　本篇继承发展了孔子关于"正名"的思想,除了考察论述关于"天子、诸侯、大夫、士、民"这五种称号的含义,还从哲学上探讨了人性的名实问题,最后归结到重视圣王教化的政治思想。这里着重阐释了董仲舒的人性论:一方面,他从如下三个层面批驳了孟子的性善论:第一,从正名的角度驳孟子性善论(包括关于性、心、民的命名)。第二,用圣人的言论驳孟子性善论,董仲舒认为圣人的言论从未有关于性善的说法,以此证明性善论不符合圣人的思想。第三,以天道的权威驳孟子性善论,董仲舒认为天有阴阳,因而人性就有仁、贪两个方面的因素,对此必须分别对待,仁性经教化而成善,贪性则需要加以限制。另一方面,董仲舒又批判继承了荀子的性恶论,主要是从"自然之质"来定义"性",但董仲舒认为这种"自然之质"不是"恶"的,而是含有"善质",从而修正了荀子的性恶论。董仲舒认为"性比于禾,善比于米,米出禾中而禾未可全为米也。善出性中而性未可全为善也"。更简单地说,即"性有善质而未能善",因此董子的人性论可以概括为"性未善"论。另外,董子论性还有"圣人之性"、"中民之性"和"斗筲之性"的说法,并且认为"名性,不以上,不以下,以其中名之",从而开了"性三品说"的先河。

治天下之端①，在审辨大②；辨大之端，在深察名号③。名者，大理之首章也④。录其首章之意⑤，以窥其中之事，则是非可知，逆顺自著，其几通于天地矣⑥。是非之正⑦，取之逆顺；逆顺之正，取之名号；名号之正，取之天地，天地为名号之大义也。

【注释】

①端：开头，第一步。

②审辨大：审查清楚事物的类别和大纲。审，审察、弄明白。辨，辨别、辨其类别。大，大纲、大要。《荀子·非相》："故人道莫不有辨，辨莫大于分，分莫大于礼。"苏舆注："事能辨则治，故辨亦可训'治'……盖辨者治之条理，大者治之要纲。"

③名号：《释名·释言语》："名，明也，名实使分明也。号，呼也，以其善恶呼名之也。"亦可参看《荀子·正名篇》。

④大理：大道，即大道理。

⑤录：总领，把握。

⑥几（jī）：细微，隐微，即事物的萌芽状态。

⑦正：辨正。

【译文】

治理天下的第一步，在于审查清楚事物的类别和大纲；审查清楚事物的类别和大纲的第一步，在于深于考察名号的本义。名号是大道理的第一章，把握第一章的意义，深入了解它的内容，那么是非就可以知道，逆顺也就可以明白，它的微妙所在就和天地相通了。是非的辨正，取决于逆顺；逆顺的辨正，取决于名号；名号的辨正，取决于天地，天地是名号的大义。

古之圣人，謞而效天地谓之号，鸣而施命谓之名。名之为言鸣与命也，号之为言謞而效也。謞而效天地者为号，鸣而命者为名。名号异声而同本，皆鸣号而达天意者也。天不言，使人发其意；弗为，使人行其中。名则圣人所发天意，不可不深观也。

【注释】

①謞(hè)而效天地谓之号：大声呼叫而效法天地叫做"号"。謞，飞箭声，这里指大声呼叫。效，效法。

②鸣而施命谓之名：发出声音而给事物命名叫做"名"。施命，给事物命名。《中论·贵验篇》引子思曰："事自名也，声自呼也。"

③"名之为言鸣与命也"二句：苏舆注："此以声为训。"

④号：卢文弨校曰："'鸣号'之'号'平生，亦疑本是'謞'字。"卢校可从。

⑤中：中道。《论语·尧曰》："允执其中。"朱熹注："中者，无过、不及之名。"

⑥观：观察，体察。

【译文】

古代的圣人，把大声呼叫而效法天地叫做"号"，把发出声音而给事物命名叫做"名"。"名"就是"鸣"和"命"的意思，"号"就是"謞"和"效"的意思。大声呼叫而效法天地叫做"号"，发出声音而给事物命名叫做"名"。"名"和"号"虽然声音不同而根本涵义却是一样的，都是用"鸣"和"謞"来表达天意的。天并不说话，而是让人用言语来体现它的意志；天并不行动，而是让人在行事上合乎中道。"名"就是圣人所表达的天意，这一点不可以不去深刻体察。

受命之君①，天意之所予也。故号为天子者，宜视天如父，事天以孝道也；号为诸侯者，宜谨视所候奉之天子也②；号为大夫者，宜厚其忠信，敦其礼义，使善大于匹夫之义，足以化也③；士者，事也④；民者，瞑也⑤；士不及化，可使守事从上而已。

【注释】

①受命之君：古代帝王托于神权，自称受天命而当君王。

②候奉：伺候事奉。

③"号为大夫者"五句：忠信、礼义之类的善比普通人强，在社会上作为示范，有化成民俗的作用。《白虎通义·爵篇》："大夫之为言大扶，扶进人者也。故《传》曰：'进贤达能，谓之卿大夫。'"大夫，大于匹夫。夫为匹夫，此夫为扶，扶持。敦，注重、推崇。匹夫，庶人、平民。化，感化、教化。

④"士者"二句：《白虎通义·爵篇》："士者，事也。任事之称也。故《传》曰：'通古今，辩然否，谓之士。'"《说文解字》："士，事也。数始于一，终于十，从一从十。孔子曰：'推十合一为士。'"

⑤瞑（míng）：目力昏花，引申为懵懂、愚昧。贾谊《新书·大政下》："夫民之为言也，瞑也。萌之为言也，盲也。故惟上之所扶而以之，民无不化也。故曰民萌。"

【译文】

开国君主的地位，是上天所授予的。因此"号"为天子的，应该把天当作父亲一样看待，用孝道来事奉天；"号"为诸侯的，应该谨慎对待他所伺候侍奉的天子；"号"为大夫的，应该格外看重忠诚，努力推崇礼义，使自己的品行超过平民的标准，达到足以感化人民；士是"事"的意思；民是"瞑"的意思；士还不够教化的资格，只需谨守自己的职分，服从上面的命令就够了。

五号自赞①,各有分②,分中委曲③,各有名④。名众于号,号其大全⑤。名也者,名其别离分散也⑥。号凡而略⑦,名详而目⑧。目者,遍辨其事也;凡者,独举其大也。享鬼神者号一,曰祭;祭之散名⑨:春曰祠,夏曰礿⑩,秋曰尝,冬曰烝⑪。猎禽兽者号一,曰田;田之散名:春苗,秋蒐⑫,冬狩,夏狝⑬。无有不皆中天意者。物莫不有凡号,号莫不有散名,如是。是故事各顺于名,名各顺于天,天人之际⑭,合而为一。同而通理,动而相益,顺而相受,谓之德道⑮。《诗》曰⑯:"维号斯言,有伦有迹。"此之谓也。

【注释】

①五号自赞:从天子到民这五种称号自身表明……五号,指天子、诸侯、大夫、士、民五种称号。赞,指明、表明。

②分(fèn):职分,名分。

③委曲:细微之处,这里指职分下面所列的每一部分细则。

④各:旧本作"曲",苏舆注:"'曲'字疑'各'之误。"苏说可从,今据正。

⑤"名众于号"二句:名与号的分别,名是具体事物、个别与特殊事物的名称,号为一类事物的名称。大全,指事物的全体,相当于大概念,荀子称为"共名"。凡号,如下文所说的祭、田。散名如"春曰祠"、"春苗"等。《荀子·正名》:"散名之加于万物者。"

⑥别离分散:指分别各种具体的事物。

⑦凡:大凡,大概。

⑧目:条目,这里引申为具体的意思。

⑨散(sǎn)名：杂名，各个具体事物的名称。荀子亦称为"别名"。

⑩礿(yào)：古代宗庙祭祀的名称，周称夏祭为礿。

⑪烝(zhēng)：古代宗庙祭祀的名称，特指冬祭。

⑫蒐(sōu)：本指春天打猎。董仲舒为公羊大师，在这里遵奉公羊之说作"秋蒐"，与古文之说有异。

⑬夏狝(xiǎn)：卢文弨云："案此从《公羊》说，故与《周礼》、《左氏传》、《尔雅》异。然《公羊》桓四年《传》并无'夏狝'之文。何休云：'不以夏田者，《春秋》制也。以为飞鸟未去于巢，走兽未离于穴，恐伤害于幼稺(zhì)，故于苑囿中取之。'则此'夏狝'二字，当时后人妄加，以为衍文可也。"皮锡瑞说同此。卢、皮之说可从。狝，秋天打猎。

⑭天人之际：天和人之间的相互关系。际，彼此之间。

⑮"同而通理"四句：天和人相合同而通达于道，行动时而相互补充，彼此顺从而互相承受，这就叫做道德。德道，犹"道德"。

⑯《诗》曰：下引文见《诗经·小雅·正月》。伦、迹，皆为条理之意。

【译文】

从天子到民这五种"号"，表明了他们各有自己的职分，职分下面所列的每一部分细则，又各有其"名"。"名"比"号"多得很，"号"是事物的全体，"名"是事物的各个分散部分。号是概括的、大略的，名是详细的、具体的。具体事物，是千差万别的；概括的事物，只是举出一个大纲。就拿供享鬼神这件事来说，它的"号"只是一个，叫做"祭"；"祭"有具体的不同名称：春天祭祀叫"祠"，夏天祭祀叫"礿"，秋天祭祀叫"尝"，冬天祭祀叫"烝"。再拿打猎这件事来说，它的号只是一个，叫做"田"；"田"有具体的不同名称：春天打猎叫"苗"，秋天打猎叫"蒐"，冬天打猎叫"狩"，夏天打猎叫"狝"。这些都完全符合天意。一切事物都有它们概括性的"号"，每个"号"又各有它所包括的"散名"，就像刚才所举的两个例子一样。由此可见，一切事物都各自顺着"名"，一切"名"都各自顺着天意，天和人之间的相互关系就这样统一起来了。天和人相合同而通达于道，行动时而相互补充，彼此顺从而互相承受，这就叫做道德。《诗经》说："依照名号而发言，这是多么有条理啊！"说的就是这个意思。

深察王号之大意，其中有五科^①：皇科、方科、匡科、黄科、往科。合此五科以一言，谓之王。王者，皇也^②；王者，方也^③；王者，匡也^④；王者，黄也^⑤；王者，往也^⑥。是故王意不普大而皇，则道不能正直而方；道不能正直而方，则德不能匡运周遍；德不能匡运周遍，则美不能黄；美不能黄，则四方不能往；四方不能往，则不全于王^⑦。故曰：天覆无外，地载兼受^⑧，风行令而一其威^⑨，雨布施而均其德，王术之谓也^⑩。

【注释】

①五科：五条。科，品类。

②皇：大。

③方：正直，端方。

④匡：端正，方正。

⑤黄：指黄色。黄色在五行中属于土的颜色，因而是五色中最美丽、最尊贵的颜色。土居中央，象征君主的地位，故用黄色来比喻君德。在五德终始说中，以五行相克来解释朝代更替。商为金德，周代商，火克金，周为火德。秦代周，水克火，秦为水德。汉代秦，土克水，汉为土德。董仲舒是汉代人，强调土的特殊地位，与土相联系的甘为美味、黄为贵色，位于中央。四灵（东为苍龙，西为白虎，南为赤鸟，北为玄武）对应四方，中央是圣人。明代又值土运，尚黄色，于是明黄色成为皇家专用色。

⑥往：归往。天下老百姓所归往的，便是王。《荀子·王霸》："用国

者,得百姓之力者富,得百姓之死者强,得百姓之誉者荣。三得
者具而天下归之……天下归之之谓王……汤、武者,修其道,行
其义,兴天下同利,除天下同害,天下归之。"《吕氏春秋·下贤》:
"王也者,天下之往也。"《韩诗外传》五:"王者何也?曰往也,天
下往之谓之王。"得天下人心为王。

⑦不全:指有欠缺。

⑧"天覆无外"二句:天笼罩一切而无例外,地承载一切而无不包
容。覆,覆盖,笼罩。受,旧本多作"爱",卢文弨校曰:"兼爱,本
亦作'兼受'。"卢说是,今据改。

⑨一:统一,一致。

⑩王术:即王道。

【译文】

深入研究"王"这个"号"的主要意思,其中共有五条:"皇"、"方"、
"匡"、"黄"和"往"。综合这五条而用一个字表达出来,就是"王"。王,
就是"皇"的意思;王,就是"方"的意思;王,就是"匡"的意思;王,就是
"黄"的意思;王,就是"往"的意思。因此帝王的仁心若不能普遍广大地
发扬,那么行事就不能正直端方;行事不能正直端方,德泽就不能正确
运转和普遍流行;德泽不能普遍流行,就不能达到君主最高的美德;不
能达到君主最高的美德,天下四方的百姓就不会归往;天下四方的百姓
不归往,王道就有欠缺了。所以说:天笼罩一切而无例外,地承载一切
而无不包容,风行使号令的威力是一致的,雨所布施的德泽是均匀的,
王道就应当是这样的。

深察君号之大意,其中亦有五科:元科、原科、权科、温
科、群科。合此五科以一言,谓之君。君者,元也①;君者,原
也;君者,权也;君者,温也②;君者,群也③。是故君意不比于
元④,则动而失本;动而失本,则所为不立;所为不立,则不效

于原⑤；不效于原，则自委舍⑥；自委舍，则化不行；化不行，则用权于变⑦；用权于变，则失中适之宜⑧；失中适之宜，则道不平、德不温⑨；道不平、德不温，则众不亲安；众不亲安，则离散不群；离散不群，则不全于君。

【注释】

①元：首，本。本书《立元神篇》："君者，国之元。"

②温：温和。

③群：聚合人群。《白虎通义·三纲六纪篇》："君，群也，群下之所归心也。"

④比：符合，靠近，依附。

⑤原：苏舆注："本书《玉英篇》：'元犹原也，其义以随天地终始也。'案：'原'、'元'一义，而分别言之者，'元'是正本之义，'原'是不息之义，故下云'自委舍'。"苏说可从。

⑥委舍：卢文弨曰："委舍，即'委卸'也。"委卸，推卸责任。

⑦"化不行"二句：旧本皆脱，刘师培曰："'化不行'三字下当有'化不行，则用权于变'一语，今脱。"依上下文例合观，刘说是，今据补。用权于变，指用权术来加以应变、补救。

⑧失中适之宜：有失中道而发生偏差。

⑨德不温：德行不能泽及百姓而温暖人心。

【译文】

深入研究"君"这个"号"的主要意思，其中也有五条："元"、"原"、"权"、"温"和"群"。综合这五条而用一个字表达出来，就是"君"。君，就是"元"的意思；君，就是"原"的意思；君，就是"权"的意思；君，就是"温"的意思；君，就是"群"的意思。因此君主的心志如果不符合正本的原则，那么行动就会丧失根本；行动丧失根本，那么做事就不会成功；做事不成功，就不能有始有终；不能有始有终，就会放弃自己的责任；放弃自己的责任，教化就不能推行；教化不能推行，就会用权术来加以应变、补救；用权术来加以应变、补救，就会有失中道而发生偏差；有失中道而发生偏差，道理就不会平正、德行也不能泽及百姓而温暖人心；道理不公正、德行不能泽及百姓而温暖人心，群众就不会亲附安定；群众不亲附安定，就会分散而不团结；群众分散而不团结，君道就有欠缺了。

名生于真①，非其真，弗以为名。名者，圣人之所以真物也，名之为言真也②。故凡百物有黮黮者③，各反其真，则黮黮者还昭昭耳④。欲审曲直，莫如引绳⑤；欲审是非，莫如引名。名之审于是非也，犹绳之审于曲直也。诘其名实⑥，观其离合，则是非之情不可以相谰已⑦。

【注释】

①真：真实。

②名之为言真："名"是为了言说"真实"的。苏舆注："先有物而后有名。象形而为字，辨声以纪物。及其繁也，多所假借，原其始，皆以其真。"

③凡百物有黮黮(dàn)者：凡是暗昧不明的事物。物，旧本作"讥"，董天工笺注："物，原作'讥'，错。"董笺可从，今据校改。黮黮，黑的，这里指暗昧不明。

④昭昭：清朗，明亮。

⑤引绳：用绳墨来做标准。绳，绳墨，木工用来校正曲直的器具。

⑥诘(jié)：追问，深究。

⑦相谰(lán)：相诬，相欺。谰，欺骗。

【译文】

"名"产生于真实，不真实的话，就不能用来命名。"名"，就是圣人用来表现事物的真实情况的，"名"是为了言说"真实"的。因此凡是暗昧不明的事物，只要各自返归本来的真实，暗昧不明的也就会清朗明亮起来了。我们想要辨别一个东西的曲或直，只有用绳墨来做标准；我们要辨别一件事情的是或非，只有用"名"来做标准。"名"对于辨别是非的作用，就好比绳墨对于辨别曲直的作用是一样的。从"名"和"实"上加以深究，并观察它与实际的分合情况，那么对于是非对错的真实情况就不能够随意曲解了。

今世闇于性①，言之者不同，胡不试反性之名？性之名非生与？如其生之自然之资，谓之性②。性者，质也。诘性之质于善之名，能中之与③？既不能中矣，而尚谓之质善，何哉？性之名不得离质，离质如毛④，则非性已，不可不察也。

【注释】

①闇：暗昧不明。

②"如其生之自然之资"二句：康有为《春秋董氏学》："《庄子》、《孝经纬》皆以性为生质，于文亦然，当是性之本义。"

③中：切中，符合。

④离质如毛：指论"性"而离开本质一丝一毫，就不是"性"了。如毛，言其微小。

【译文】

现在大家不明白什么叫"性"，讲"性"的各不相同，为什么不试着返归到"性"的名称上去探讨呢？"性"的名称不就是从"生"字来的吗？像天生的自然本质，就叫做"性"。"性"，就是本质的意思。从"善"的名称中去寻求"性"的本质，能够找到吗？既然找不到，还要说本质是善的，这是为什么呢？"性"的名称不能离开本质，只要离开本质一丝一毫，就不算是"性"了,这是不能不明察的。

《春秋》辨物之理,以正其名,名物如其真,不失秋毫之末①。故名霣石,则后其五;言退鹢,则先其六②,圣人之谨于正名如此。"君子于其言,无所苟而已③",五石、六鹢之辞是也。

【注释】

①秋毫之末:鸟兽在秋天所生长的毫毛末端,细微而难以见到,这里用来比喻细微的事物。

②"故名霣石"四句:事见《春秋》僖公十六年。董仲舒列举此二事,意在表明圣人记事严谨而不苟且,也就是表明了圣人对于"名"的严谨态度。

③"君子于其言"二句:语出《论语·子路篇》。苟,苟且、不严肃。

【译文】

《春秋》通过辨别事理来正确地命名,使名称能够正确地反映真实情况,而不致有一分一毫的差错。因此说"陨石",便把"五"字放在后边;说"退鹢",便把"六"字放在前面,圣人为了使名称精确而严谨到了这样的程度。"君子对于自己的言论,是不能有一点马虎的","五石"和"六鹢"的说法就是这样的例子。

柾众恶于内①,弗使得发于外者,心也,故心之为名柾也。人之受气苟无恶者,心何柾哉? 吾以心之名得人之诚②。人之诚,有贪有仁。仁、贪之气③,两在于身。身之名,取诸天。天两有阴阳之施④,身亦两有贪、仁之性。天有阴阳禁⑤,身有情欲柾⑥,与天道一也。是以阴之行不得干春、夏,而月之魄常厌于日光⑦,乍全乍伤⑧。天之禁阴如此,安得不损其欲而辍其情以应天⑨?天所禁,而身禁之,故曰身犹天也。禁天之所禁,非禁天也⑩。必知天性不乘于教⑪,终不能柾。察实以为名,无教之时,性何遽若是⑫?

【注释】

①柾(rèn):禁制。

②诚:真实情况。

③气:气质。

④施:施行,散布。

⑤天有阴阳禁:天道中的阴需要加以禁制。苏舆注:"天道好阳而恶阴。此云'阴阳禁',盖谓禁阴不使干阳,文便耳。"苏说是。此处"阴阳"为偏义副词,"阴阳禁"实为禁阴之意。

⑥身有情欲柾:人身上的情欲也需要加以节制。苏舆注:"柾情欲之恶,不使伤善,斯善胜矣。治己之所以贵克也。"

⑦月之魄常厌(yā)于日光:月亮的亏缺阴影总是由于太阳的遮蔽。魄,月亮亏缺部分形成的阴影。厌,损抑、压抑、遮蔽。张衡《灵宪》曰:"故月光生于日之所照,魄生于日之所蔽。当日则光盈,就日则光尽也。"

⑧乍(zhà)全乍伤:月亮时圆时缺。乍,忽然。

⑨辍(chuò):停止。

⑩"禁天之所禁"二句:苏舆注:"天禁阴而身禁贪,是禁天之所当禁,非自禁其身使其束缚也。故曰'非禁天'。"

⑪乘:凭借,依靠。

⑫何遽(jù):怎么,如何。

【译文】

从内部禁制一切恶,使它不能向外发展,这是心的作用,所以"心"

的得名是由"桩"而来的。人所禀受的气质如果不包含恶的成分,心还禁制什么呢? 我由心的名称可以知道人的真实情况。人的真实情况,是有贪性和仁性。仁和贪两种气质,在人的身上都存在着。"身"的名称,是从"天"而得来的。天兼有阴、阳二气的施行,人身也兼有仁、贪两种本性。天道中的阴气需要加以禁制,人身上的情欲也需要加以节制,这和天道是一致的。因此阴气不得干犯春、夏两个季节,月亮的亏缺阴影总是由于太阳的遮蔽,而时圆时缺。天道对于阴气是这样的禁制,人又怎么能不节制自己的情欲从而与天道相适应呢? 天道所要禁制的,人身也要加以禁制,所以说人身和天道是一致的。禁制天道所要禁制的,而不是禁制天道本身。必须要知道的是,天性如果不依凭教化,那么应该禁制的最终将不能得到禁制。从实际情况来考察名称的由来,在未受教化之前,"性"怎么会像是受过教化的那个样子呢?

故性比于禾,善比于米:米出禾中,而禾未可全为米也;善出性中,而性未可全为善也①。善与米,人之所继天而成于外,非在天所为之内也。天之所为,有所至而止,止之内谓之天性,止之外谓之人事②,事在性外,而性不得不成德。民之号,取之瞑也,使性而已善,则何故以瞑为号? 以瞑者言③,弗扶将④,则颠陷猖狂⑤,安能善? 性有似目,目卧幽而瞑,待觉而后见。当其未觉,可谓有见质,而不可谓见。今万民之性,有其质而未能觉,譬如瞑者待觉,教之然后善。当其未觉,可谓有善质,而不可谓善,与目之瞑而觉,一概之比也⑥。静心徐察之,其言可见矣。性而瞑之未觉,天所为也。效天所为,为之起号,故谓之民。民之为言,固犹瞑也,随其名号,以入其理⑦,则得之矣。

【注释】

①"故性比于禾"六句：以禾、米比喻性与善的关系，性中有善，不全善，需要教化才能成为善。说不全善，纠正孟子的说法；说有善，纠正性恶的观点。

②"止之内谓之天性"二句：天人之分，"止"是一分界，自然是止之内，人事加工是在止之外。此处"人事"谓政教。

③瞑：旧本作"覭"，惠栋校作"瞑"。惠校是，今据正。

④扶将：扶持。

⑤颠陷：颠倒陷溺。

⑥一概之比：同一情形的类比。

⑦以入其理：深入研究它的道理，即循名察理。入，深究。

【译文】

所以说，"性"好比禾苗，"善"好比大米：大米是从禾苗来的，但禾苗并不完全是大米；"善"是从"性"来的，但"性"并不完全就是"善"。"善"和米都是人们秉承着天的创造，又另外加工而成的，不是在天所创造的范围以内的。天的创造，是有一定限度的，限制在天所创造的范围以内的叫做天性，超出这个范围之外的叫做人事，就是因为人事是在天性之外的，因而使得天性不能不成长为道德。"民"这个"号"是从"瞑"来的，假使人民的天性已经"善"了，为什么还要以"瞑"为"号"呢？所以叫做"瞑"，是因为如果不用教化加以扶持，便会颠倒陷溺而举止猖狂，还怎么能够成"善"呢？"性"就好像人的眼睛，当人在幽暗之处睡着，闭着眼睛，一定要等到睡醒之后，才能看见东西。在他未醒以前，只能说有能见的资质，而不能说已看见东西。现在普通民众的"性"，虽有"善"的资质而未能觉悟，正好像睡着了的人要在醒后才能看得见东西一样，人也是受了教化之后才能够成"善"。当人性还未觉悟时，只能说有"善"的资质而不能说是"善"，这和眼睛从闭着到觉醒睁着是同一情形的类比。只要心平气和地慢慢体察一下，这个道理就很明白了。"性"好像睡着了还未醒来的眼睛,这是天所赋予的。依据天所赋予的来给人起"号",所以叫做"民"。"民"实际上就相当于"瞑"的意思,依据这个名号深入地研究它的道理,就能了解了。

　　是正名号者于天地①,天地之所生,谓之性、情。性、情相与为一瞑②。情亦性也,谓性已善,奈其情何? 故圣人莫谓性善③,累其名也。身之有性、情也,若天之有阴、阳也。言人之质而无其情,犹言天之阳而无其阴也。穷论者,无时受也④。

【注释】

①是正名号者于天地:因此名号的标准应当取决于天地。是,因此。于,取决于。

②相与:相合。

③圣人:指孔子。性善之说始于孟子。

④"穷论者"二句:如果穷究下去的话,这种说法永远也不能让人接受。无时受,没有能让人接受的时候。

【译文】

　　因此名号的标准应当取决于天地,天地所赋予人的,叫做"性、情"。"性"与"情"合起来叫做"瞑"。"情"也是"性"的一部分,如果说人的"性"已经"善"了,对于"情"又将怎么解释呢? 所以圣人就没有说过"性善",就怕违背"正名"的原则。一个人身上兼有"性"和"情",好像天道兼有阴和阳一样。论人的本质而不把"情"包括在内,等于说天道只有阳而没有阴。如果穷究下去,这种说法永远也不能让人接受。

　　名性不以上,不以下,以其中名之。性如茧、如卵,卵待覆而成雏①，茧待缲而为丝②，性待教而为善，此之谓真天③。天生民性有善质而未能善④，于是为之立王以善之，此天意也。民受未能善之性于天，而退受成性之教于王，王承天意，以成民之性为任者也⑤。今案其真质而谓民性已善者，是失天意而去王任也。万民之性苟信已善⑥，则王者受命尚何任也？其设名不正，故弃重任而违天命⑦，非法言也⑧。《春秋》之辞，内事之待外者，从外言之⑨。今万民之性，待外教然后能善，善当与教，不当与性。与性，则多累而不精⑩，自成功而无贤圣，此世长者之所误出也⑪，非《春秋》为辞之术也。不法之言，无验之说，君子之所外⑫，何以为哉？

【注释】

①覆：覆育，孵化。

②缲（sāo）：把蚕茧放在滚水里抽丝。

③真天：指纯正的天性。或曰"天"为衍文，或曰"天"为"夫"之误，均可备一说。

④天生民性有善质而未能善：这是董仲舒人性论的典型表述。性有善质，是天生的；未能善，故需要王者的教化才成善。

⑤"民受未能善之性于天"四句：《汉书·董仲舒传》引董仲舒《对策》三："天令之谓命，命非圣人不行；质朴之谓性，性非教化不成；人欲之谓情，情非度制不节。是故王者上谨承于天意，以顺命也；下务明教化民，以成性也。正法度之宜，别上下之序，以防欲也。修此三者，而大本举矣。"

⑥信：相信。殿本"信"误作"性"，苏舆本以此"性"字为衍文而作"苟已善"，宋本作"信"。今案宋本作"信"是。

⑦天：旧本皆作"大"，苏舆注："大，疑作'天'。"苏说是，今据正。

⑧法言：符合法度的说法。《孝经》："先王之法言。"

⑨"内事之待外者"二句：内在事情需要外因的，要从外因方面加以
　　解释。如鲁桓公因其夫人与齐襄公私通，鲁桓公被齐彭生杀死，
　　《春秋》桓公十八年："公薨（hōng）于齐。"一个人内在的"性"需要
　　外部的"教"才会成"善"，所以这"善"与外在的"教"是有关系的。
　　这也必须"从外言之"。

⑩多累而不精：性待教而后善，勉强说性善，复杂累赘，不精致。

⑪此世长者：指孟子主张性善说。

⑫外：排斥。

【译文】

　　"性"所得"名"，既不是依据最高的标准，也不是依据最低的标准，
而是按照一般人的标准来确定的。"性"好比是茧和卵，卵要经过孵化
后才能成为幼禽，茧要经过缫丝后才能成为丝，"性"也要经过教化后才
能成为"善"，这就是真正的天道。天赋予人民的性中有"善"的资质而
不能说就算"善"了，因此就为人民设立帝王，使人民通过教化而达到
"善"的境界，这是天意。人民从天那里接受了还不能算是"善"的"性"，
然后再从帝王那里接受使"性"得以健康成长的教化，帝王是以秉承天
意来促成人民的"性"为责任的。现在考察了人的真实的本质，但还说
人性已经是"善"的，那就不合天意，而取消了帝王的责任了。如果人民
的"性"已经是"善"的，那么帝王在接受天命之后，还有什么责任呢？由
于定名的不正确，因而导致放弃重大的责任而违背天意，这就不是正确
的言论。在《春秋》的文辞上，如果国内的事情有待外部因素的作用来
完成，就依据外部的因素来说明。既然人民的"性"有待于外加的教化
才能够成"善"，那么"善"就应该属于教化，而不应当属于"性"。如果归
属于"性"，那么在命名上，就会产生很多毛病而不精确了，自己就能成
功而不需要圣贤的教化，这是老先生们错误的说法，是不合乎《春秋》撰
写的原则的。不正确的言论，经不起验证的说法，都是君子所要排拒

的,怎么会去那样说、那样做呢?

或曰:"性有善端,心有善质,尚安非善?"应之曰:"非也。茧有丝,而茧非丝也;卵有雏,而卵非雏也。比类率然①,有何疑焉?"天生民有大经②,言性者不当异。然其或曰性也善,或曰性未善,则所谓善者,各异意也。性有善端,童之爱父母③,善于禽兽,则谓之善,此孟子之善。循三纲五纪④,通八端之理⑤,忠信而博爱,敦厚而好礼,乃可谓善,此圣人之善也。是故孔子曰⑥:"善人,吾不得而见之,得见有常者,斯可矣。"由是观之,圣人之所谓善,未易当也,非善于禽兽则谓之善也。使动其端善于禽兽则可谓之善,善奚为弗见也? 夫善于禽兽之未得为善也,犹知于草木而不得名知。万民之性善于禽兽而不得名善,知之名乃取之圣。圣人之所命,天下以为正。正朝夕者视北辰,正嫌疑者视圣人。圣人以为无王之世,不教之民,莫能当善。善之难当如此,而谓万民之性皆能当之,过矣。质于禽兽之性⑦,则民之性善矣;质于人道之善,则民性弗及也。万民之性善于禽兽者许之,圣人之所谓善者弗许。吾质之命性者⑧,异孟子。孟子下质于禽兽之所为,故曰性已善;吾上质于圣人之所为,故谓性未善。善过性,圣人过善⑨。《春秋》大元,故谨于正名。名非所始,如之何谓未善、已善也?

【注释】

①比类率然:同类事物都是这样的。率,一律、一概,全称判断。

②大经:旧本皆作"六经",刘师培曰:"'六经'疑'大经'之讹,'大

经'犹言'大常'。"刘说是,今据正。王充《论衡·本性篇》:"董仲舒览孙(荀子)、孟(孟子)之书,作情性之说,曰:'天之大经,一阴一阳。人之大经,一情一性。性生于阳,情生于阴。阴气鄙,阳气仁。曰性善者,是见其阳也;谓恶者,是见其阴也。'"正相印证。

③童:旧本作"动",苏舆注:"'动'疑作'童'。"苏说可从,今据校改。《孟子·尽心上》:"孩提之童,无不知爱其亲者。"正相印证。

④三纲五纪:《白虎通义·三纲六纪篇》:"三纲者,何谓也?谓君臣、父子、夫妇也。六纪者,谓诸父、兄弟、族人、诸舅、师长、朋友也。故《含文嘉》曰:'君为臣纲,父为子纲,夫为妻纲。'……何谓纲纪?纲者,张也;纪者,理也。大者为纲,小者为纪。所以张理上下,整齐人道也。"三纲六纪就是为了"整齐人道",是处理人际关系的原则。董仲舒讲"三纲五常",这里的"五纪",或是指"五常":仁、义、礼、智、信。

⑤八端:三纲五常,合起来就是八。八端可能就是指此八项。

⑥是故孔子曰:下引文见《论语·述而篇》,文稍异,《论语·述而篇》"常"作"恒"。

⑦质:根据,对质、评判。

⑧质之命性者:研究、评判定义性的标准。

⑨"善过性"二句:"善"的标准高于"性","圣"的标准高于"善"。

【译文】

有人说:"'性'中有了'善'的因素,心里有了'善'的性质,为什么还不是'善'呢?"回答说:"不是的。茧里面有丝,但茧并不就是丝;卵里面有幼禽,但卵并不就是幼禽。类似的道理都是这样,又有什么可疑的呢?"天生养人类,有一个根本的原则,即讨论"性"的人不应当各持异说。但是有人说"性已善",有人说"性未善",那么他们所说的"善",含义是各不相同的。因为"性"里面有"善"的因素,就像儿童知道爱自己的父母，比禽兽"善"一点，就把它叫做"善"，这是孟子所说的"善"。至于能够遵循三纲五纪的原则，通晓八端的道理，忠信而又博爱，敦厚而又懂礼，然后才算"善"，这就是圣人所说的"善"。所以孔子说："善人，我还没有看见过，能遇见持之以恒的人，就很满足了。"由此可见，圣人所说的"善"，是很难做到的，并不是比禽兽"善"一些就叫做"善"了。如果只有一点"善"的因素比禽兽"善"一些就可以叫做"善"，为什么善人不可得见呢？比禽兽"善"一些不能叫做"善"，就好像知觉比草木高一些，不能叫做智慧。人民的"性"比起禽兽来是"善"了，但不能把它叫做"善"。"善"的得名是应该取决于圣人的。圣人所确定的"名"，天下人都拿它作为标准。要确定早晚的时刻，比北极星为标准；要辨别事情的疑惑，以圣人为标准。圣人认为，在没有圣王的时代，没有受过教化的人民，谁也称不上"善"。"善"的境界是如此难以达到，却说一切人的"性"都能称得上"善"，这就错了。同禽兽的"性"相比较，人的"性"可以说是"善"了；如果以人道的"善"作为标准来加以比较，那么一般人的"性"是没有达到"善"的。说人的"性"比禽兽要"善"，可以同意；说能够相当于圣人所说的"善"，那就不能赞同了。我研究、评判了定义"性"的标准，不同于孟子的说法。孟子降低标准去和禽兽的行为比较，所以说人性已经"善"了；我提高到圣人所谓"善"的标准来衡量，所以说人性还算不上"善"。"善"超过了"性"的标准，圣人又超过了"善"的标准。《春秋》所最看重的是"元"，因而对于正名这件事非常慎重。还没有追溯到"名"的起源，怎么就能下"性未善"或"性已善"的结论呢？

实性第三十六

【题解】

在本篇里，董仲舒进一步论证性虽有善质，但必须经过王政的教化才能成善。所以董仲舒依然强调："性有善质，而未能为善也"、"善者，王教之化也"。如果说人性已善，那么圣王的教化就成为多余的了，这是董仲舒所不赞成的。董仲舒论性而强调王政教化的重要作用，这与荀子"化性起伪"的观点可谓是一脉相承。

孔子曰①："名不正则言不顺。"今谓性已善，不几于无教而如其自然②，又不顺于为政之道矣③。且名者性之实，实者性之质④。质无教之时，何遽能善？善如米，性如禾。禾虽出米，而禾未可谓米也；性虽出善，而性未可谓善也。米与善，人之继天而成于外也，非在天所为之内也。天所为，有所至而止，止之内谓之天⑤，止之外谓之王教。王教在性外，而性不得不遂⑥，故曰：性有善质，而未能为善也。岂敢异辞⑦，其实然也。天之所为，止于茧麻与禾。以麻为布，以茧为丝，以米为饭，以性为善，此皆圣人所继天而进也⑧，非情性质朴之能至也，故不可谓性善⑨。

【注释】

①孔子曰:下引文见《论语·子路篇》。

②几(jī):将近,接近。

③顺:顺应。

④"且名者性之实"二句:苏舆注:"以名言之,则性为生;以实言之,则性为质。而质原于生,是名亦实也。"

⑤止之内谓之天:本书《深察名号篇》云:"止之内谓之天性。"惠栋据此补"性"字。惠校可从。

⑥遂:成就,完善。

⑦异辞:不同的言辞。异辞,旧本作"美辞",卢文弨校曰:"美辞,疑是'异辞'。"卢校可从,今据校改。

⑧进:推进,改进,前进。

⑨善:旧本皆脱此字,陶鸿庆云:"'性'下当有'善'字,文义方足。下文云:'善教训之所然也,非质朴之所能至也。故不谓性。''性'下亦当有'善'字。"陶说是,今据补。

【译文】

　　孔子说:"名称不正确则说话就不顺畅。"既然说人性已经是"善"的,那不是近似于说不要教化而顺其自然,又不合顺于施行政治的道理了。而且名称是用来表示"性"的实际内容,"性"的实际内容就是"性"的本质。"性"的本质没有经过教化时,怎么会"善"呢?"善"好比米一样,"性"好比禾苗一样。禾苗虽然生长出米,但是不可以说禾苗就是米;"性"虽然产生出"善",但是不可以说"性"就是"善"。米和"善",都是人们秉承着天的创造而又通过外部加工完成的,不是在天所创造的范围以内的。天的创造,是有一定限度的,限制在天所创造的范围以内的叫做天性,超出这个范围以外的叫做王教。因为王教是在天性之外的,因而使得天性不能不完善,所以说:"性"有"善"的本质,而不能说就是"善"的。我哪里敢故意说出跟别人不同的言辞,其实"性"的本质就是这样的。天的创造，限制在创造茧、麻和禾苗的范围以内。把麻织成布，把茧缫成丝，把米煮成饭，把"性"教化为"善"，这些都是圣人秉承着天的创造而进一步加工而成的，不是性情本质朴实就能达到的，所以不可以说"性善"。

　　正朝夕者视北辰，正嫌疑者视圣人。圣人之所名，天下以为正。今按圣人言中本无性善名，而有"善人吾不得见之矣"①。使万民之性皆已能善，善人者何为不见也？观孔子言此之意，以为善甚难当②；而孟子以为万民性皆能当之，过矣。圣人之性，不可以名性；斗筲之性③，又不可以名性；名性者，中民之性④。中民之性如茧如卵，卵待覆二十日，而后能为雏；茧待缫以涫汤⑤，而后能为丝；性待渐于教训⑥，而后能为善。善，教训之所然也，非质朴之所能至也，故不谓性善⑦。

【注释】

①善人吾不得见之矣：语出《论语·述而篇》，文稍异，《论语·述而篇》"得"下有"而"字。

②当：相当，达到。

③斗筲(shāo)之性：董仲舒"性三品"之下品。董仲舒上承孔子"性相近，习相远"及"唯上智与下愚不移"的说法，而以"圣人之性"为"上智"，以"斗筲之性"为"下愚"，以"中民之性"为"性相近，习相远"，这样就把"性"分为上、中、下三品。斗筲，量器。斗，容十升；筲，竹器，容斗二升。斗筲用来比喻人的才识短浅、器量狭小。

④中民：中庸之民，即指平常人。

⑤涫(guà)汤：沸腾的水。涫，沸滚。

⑥渐：浸，浸染。

⑦善：旧本皆脱此字。今据陶鸿庆说补，说详本篇上文相关注释。

【译文】

如果要确定早晚的时刻，就拿北极星作为标准；如果要辨别事理的疑惑，就拿圣人作为标准。圣人确定的名称，天下人都把它当做标准。现在考察圣人的言语中本来没有"性善"的言论，而是说过"我还没有见到善人呢"。假如一切人的"性"都已经是"善"的了，那为什么不能见到善人呢？观察孔子说这句话的意思，认为"善"的境界很难达到；可是孟子以为一切人的"性"都能称得上"善"，这就言过其实了。圣人的"性"，不可以用来确定"性"的名称；小人的"性"，也不可以用来确定"性"的名称；确定"性"的名称，是根据中庸之民的"性"。中庸之民的"性"好比茧和卵一样，卵要等待孵化二十天，然后才能成为幼禽；茧要等待用沸水缫丝，然后才能成为丝；"性"要等待教化的浸染，然后才能变为"善"。"性"变为"善"，是教化所造成的结果，不是天生的本质朴实就能达到的，所以不可以说"性善"。

　　性者，宜知名矣，无所待而起①，生而所自有也。善所自有，则教训已非性也。是以米出于粟②，而粟不可谓米；玉出于璞③，而璞不可谓玉；善出于性，而性不可谓善。其比多④，在物者为然，在性者以为不然，何不通于类也？卵之性，未能作雏也；茧之性，未能作丝也；麻之性，未能为缕也⑤；粟之性，未能为米也。《春秋》别物之理以正其名。名物必各因其真，真其义也，真其情也，乃以为名。名鹢石则后其五，退飞则先其六，此皆其真也。圣人于言无所苟而已矣。性者，天质之朴也；善者，王教之化也。无其质，则王教不能化；无

其王教,则质朴不能善。质而名以善性⑥,其名不正,故不
受也⑦。

【注释】

①无所待:不依靠任何外在的因素。

②粟(sù):谷子,去皮后为小米。

③璞(pú):含有玉的石头或未雕琢过的玉。

④其比多:这种类比的例子是很多的。

⑤缕:麻线。

⑥名:旧本误作"不",刘师培曰:"今考'质而不以善性'当作'质而
　名以善性',与下'其名'相应。"刘说可从,今据校改。

⑦受:采纳,接受。

【译文】

如要了解"性"的本质,就应该从名称上去了解,"性"是不依靠任何
外在因素而生成的,而且是本来具有的。如果"善"是本来具有的,那么
经过教化以后所形成的"善"就不是"性"了。所以米是从粟来的,可是
粟不可以说是米;玉是从"璞"来的,可是"璞"不可以说是玉;"善"是从
"性"来的,可是"性"不可以说是"善"。这种类比的例子是很多的,在事
物中多是如此,在"性"却不认为是如此,为什么不跟类似的事物贯通一
理呢? 卵的"性",没有经过孵化就不能成为幼禽;茧的"性",没有经过
缫丝就不能成为丝;麻的"性",没有经过耙梳就不能成为"缕";粟的
"性",没有经过碾磨就不能成为米。《春秋》通过辨别事物的道理来纠
正事物的名称。为事物命名,一定要根据它们各自的真实情况,从而真
实反映它们的意义,真实反映它们的情形,就是这样来制定它们的名
称。所以说到"霣石"而把"五"字放在后边,说到"退飞"而把"六"字放
在前面,这都是反映的真实情况。圣人对于自己的言论是不能有半点
马虎的。"性",是天生的质朴;"善",是圣王教化的结果。没有天生的

本质，圣王的教育就无从感化；没有圣王的教育，质朴的"性"就不能变为"善"。天生的本质称为"善性"，它的名称不正确，所以我不采纳它。

诸侯第三十七

【题解】

在本篇中,董仲舒认为天意"厚于人",因此作为效法天地的君王也必须要爱护百姓而使他们受惠。同时,董仲舒对于"诸侯"的内涵作了新的界定:"诸侯"犹"诸候",即为天子视察、管理京都以外地区的各方面事务,而不是封建割据的意思。这与他的"大一统"的思想在精神上是一致的。

生育养长,成而更生,终而复始,其事所以利活民者无已①。天虽不言,其欲赡足之意可见也②。古之圣人见天意之厚于人也③,故南面而君天下④,必以兼利之⑤。为其远者,目不能见;其隐者,耳不能闻,于是千里之外,割地分民,而建国立君,使为天子视所不见⑥,听所不闻。朝者,召而问之也;诸侯之为言,犹诸候也⑦。

【注释】

①其事:即指前面所说万物"生育养长,成而更生,终而复始"的过程。

②赡(shàn)足：充足，丰富。这里指使人民生活富足。

③厚：厚爱。

④南面而君天下：面朝南面而统治天下。南面，古代以坐北朝南为尊位，故天子诸侯见群臣或卿大夫见僚属，皆南面而坐，后来引申泛指帝王或大臣的统治为南面。君，统治。

⑤兼利：受到多方面的好处。兼，同时具备若干方面。

⑥为(wèi)：替，给。

⑦候：伺望，视察。

【译文】

万物的生长养育，是长成后再孳生，终了后又再开始，这些都是为了不停地养活人民。上天虽然不说话，但是它想要使人民生活富足的意图是可以看出来的。古时候的圣人看到上天对人民十分厚爱，因此当他面朝南面而统治天下的时候，必定要使天下的人民都受到多方面的好处。由于远方的事物，圣王的眼睛不能看到；隐微的事物，圣王的耳朵不能听到，于是在千里之外的地方，圣王分割土地、分配民户，而建立国家并分封各个君侯，使他们替天子去看那些他看不到的事情，去听那些他听不到的事情。因此诸侯的朝见，就是指天子召见他们并听取他们的述职报告；"诸侯"这个名称，就像是在各方面进行视察、管理的意思一样。

五行对第三十八

【题解】

"五行"(木、火、土、金、水)本指自然界的物质基础。董仲舒提出五行相生,并与四季相配。由此转化为五种"德行",即所谓"五行者,五行也",后之"五行"即指"五德"、"五常"。并且,在五行当中又特别推崇土德:"五行莫贵于土。"所以,董仲舒强调忠臣孝子应该取法土德,并由此说明了"孝"是天经地义的事情。

河间献王问温城董君曰①:"《孝经》曰:'夫孝,天之经,地之义②。'何谓也?"对曰:"天有五行:木、火、土、金、水是也。木生火,火生土,土生金,金生水,水生木③。水为冬,金为秋,土为季夏,火为夏,木为春。春主生,夏主长,季夏主养,秋主收,冬主藏④。藏,冬之所成也。是故父之所生,其子长之;父之所长,其子养之;父之所养,其子成之⑤。诸父所为⑥,其子皆奉承而续行之,不敢不致如父之意,尽为人之道也。故五行者,五行也⑦。由此观之,父授之,子受之,乃天之道也。故曰:'夫孝者,天之经也。'此之谓也。"

【注释】

①河间献王问温城董君：河间献王，指汉景帝的儿子刘德，景帝前二年立为王，好儒学。温城董君，即指董仲舒。董仲舒故里在今河北省景县。据钟肇鹏先生考证，温城即今河北景县。

②"夫孝"三句：《孝经·三才章》载：曾子曰："甚哉！孝之大也。"子曰："夫孝，天之经也，地之义也，民之行也。天地之经，而民是则之。"经，常规、原则。

③"木生火"五句：董仲舒提出五行相生，从木开始，循环相生。木生火，木料通过燃烧而生成火；火生土，任何东西经火烧而变为土灰；土生金，由土中挖出矿石，矿石可以炼出金属；金生水，指金属制作的承露盘，晴夜向月，可以得到水；水生木，指水的灌溉能使树木生长。由这基本涵义进一步引申、推扩为宇宙万物的相互演变化生，这就是五行相生说的基本思想。水生木，旧本皆脱此三字，本书《五行之义篇》于"金生水"下有"水生木"，今据补。

④"水为冬"十句：古代人根据平常的生活经验，春季草木都生长起来，所以就以"木"象征春；夏季炎热，所以就用"火"象征夏；金属在古代的一个主要用途是做兵器，寓含杀伤的涵义，所以就用"金"象征秋；土是夏、秋之交的季夏，说明它是从夏季的火生出来，又转而生成秋季的金；水是冷的，当凝结为冰时就更冷了，所以就用"水"象征冬。可以参看《白虎通义·五行篇》的相关论述。春(木)主孳生，夏(火)主成长，季夏(土)主养育，秋(金)主收敛，冬(水)主储藏。《礼记·乐记》："春作夏长，仁也；秋敛冬藏，义也。"

⑤"是故父之所生"六句：由五行相生之说引出父子关系论，生者为父，所生者为子，子承父业，即为孝。

⑥诸：苏舆注："诸，犹'凡'也。"苏说可从。

⑦五行：这里指"五德"、"五常"。

【译文】

河间献王问温城董仲舒说："《孝经》说：'孝是天经地义的。'这是什么意思？"董仲舒回答说："天有五行，就是木、火、土、金、水。由木生出火，由火生出土，由土生出金，由金生出水，由水生出木。水德盛是冬天，金德盛是秋天，土德盛是季夏，火德盛是夏天，木德盛是春天。春天主管孳生，夏天主管成长，季夏主管养育，秋天主管收获，冬天主管储藏。储藏，是冬天所完成的。所以从五行的相生我们可以体认出来，父亲所生的，他的儿子使它成长；父亲所成长的，他的儿子加以养育；父亲所养育的，他的儿子完成它。凡是父亲所做的，他的儿子都承受下来而继续实行，不敢不致力于顺从父亲的意思，竭尽做人子的道理。所以说五行，就是指五种德行。从这点看来，父亲所授予的，做儿子的承受下来，这是上天的道理。所以《孝经》说：'孝是天的经。'就是这个意思。"

王曰："善哉！天经既得闻之矣，愿闻地之义。"对曰："地出云为雨，起气为风。风雨者，地之所为。地不敢有其功名，必上之于天，命若从天气者，故曰天风天雨也，莫曰地风地雨也。勤劳在地，名一归于天，非至有义，其孰能行此？故下事上，如地事天也，可谓大忠矣。土者，火之子也，五行莫贵于土。土之于四时，无所命者，不与火分功名。木名春，火名夏，金名秋，水名冬，忠臣之义、孝子之行取之土。土者，五行最贵者也①，其义不可以加矣。五声莫贵于宫②，五味莫美于甘③，五色莫盛于黄④，此谓孝者地之义也。"王曰："善哉！"

【注释】

①"土者"二句：五行突出土，是董仲舒思想的特色。汉代以土德立国。

②官：五音之一。五音即宫、商、角(jué)、徵(zhǐ)、羽。

③甘：甜。

④盛：盛大，壮美。

【译文】

河间献王说："说得好啊！天经，我已经听你说明了，我希望再听你说地义。"董仲舒回答说："地产生云而形成了雨，发出气而形成了风。风和雨，是地所造成的。可是地不敢居有它的功绩和名声，一定把功绩和名声奉献给天，好像是遵循天的命令而造成的，所以叫做天风天雨，而不叫做地风地雨。辛勤劳苦的是地，可是名声完全归属于天。如果不是极其有义，怎么能这样做呢？所以在下位的人事奉在上位的人，就好像地事奉天一般，可以说是大忠了。土是火生的，是火的儿子，五行中没有比土更尊贵的。土对于四季，不专门主管哪一个季节，不跟火分享功绩名声。木德盛时叫做春，火德盛时叫做夏，金德盛时叫做秋，水德盛时叫做冬，而忠臣的义、孝子的德行都是效法土德的。土是五行中最尊贵的，它所包含的义不可以再添加了。五声当中没有比宫声更尊贵的，五味当中没有比甜味更美好的，五色当中没有比黄色更壮美的，这就是说孝是地之义。"河间献王说："说得好啊！"

阙文第三十九

阙文第四十

为人者天第四十一

【题解】

　　本篇首先说明"人之为人本于天,天亦人之曾祖父也",因此人的形体情感都是天的副本,进而提出本篇的主旨为"天生之,地载之,圣人教之。君者,民之心也;民者,君之体也"。董仲舒认为这种君民一体的观念有利于促进圣王的教化遍布天下,而圣王教化的原理又出自圣王内在的"身之天",这表明天人同类相感。总之,"为人者天"旨在说明天生人之后,圣王继以教化,以促进人的自我完善,从而使天下吉祥太平。

　　为生不能为人①,为人者天也。人之为人本于天②,天亦人之曾祖父也,此人之所以乃上类天也③。人之形体,化天数而成④;人之血气,化天志而仁⑤;人之德行,化天理而义⑥;人之好恶,化天之暖清⑦;人之喜怒,化天之寒暑;人之受命,化天之四时⑧。人生有喜怒哀乐之答⑨,春秋冬夏之类也。喜,春之答也;怒,秋之答也;乐,夏之答也;哀,冬之答也。天之副在乎人⑩,人之情性有由天者矣,故曰受⑪,由天之号也⑫。为人主者⑬,道莫明省身之天⑭,如天出之也⑮。使其出也,答天之出四时而必忠其受也,则尧、舜之治无以加。是可生可杀，而不可使为乱。故曰⑯："非道不行，非法不言。"此之谓也。

【注释】

①为生不能为人：人能生育而不能造就人。为生，指人能生育，苏舆注："为生者，父母。"

②为：旧本皆脱此字，卢文弨校曰："人之人，疑当作'人之为人'。"卢校可从，今据补。

③类：类似，像。

④"人之形体"二句：人的身体，是禀受天数变化而成的。如天有四季而人有四肢，每一季有三个月而每一肢有三节等。这样的说法还可以参看本书《官制象天篇》及《人副天数篇》等的相关论述。

⑤"人之血气"二句：人的血气，是禀受天志的变化而成为仁的。天志，即天心、天意，指天的意志。苏舆注："《天地阴阳篇》：'天志仁，其道也义。'案血气流通，犹天心周溥，故病麻木者谓之不仁。"

⑥"人之德行"二句：人的德行，是禀受天理的变化而成为义的。苏舆注："理，犹'分'也。义以剖析精眇为功，故化天之文理。《基义篇》：'是故仁义制度之数，尽取之天。'"

⑦暖清：温暖和清凉。

⑧"人之受命"二句：人的禀赋，是禀受天的四季变化而成的。人的一生受命于天，天有四时，春生、夏长、秋成、冬藏，人生也相应地有出生、长养、壮而成、老而死的现象。

⑨答：反应，对应。

⑩副：副本。

⑪受：禀受，接受。

⑫号：称谓，叫做。

⑬者：旧本作"也"，苏舆注："'也'疑'者'。"苏说可从，今据校改。

⑭道莫明省身之天：治道莫过于明察自身所具有的天。道，治道、政道。省，省察。身之天，董仲舒认为人受命于天，天人相类，因而人身即为一小天地。

⑮出：产出，施行，治理。

⑯故曰：下引文见《孝经·卿大夫章》："非先王之法言不敢道，非先王之德行不敢行。是故非法不言，非道不行。"董仲舒所引与《孝经》本文语序稍异。

【译文】

人能生育而不能造就人，能造就人的是天。人所以成为人在于其禀受于天，天是人的始祖，这就是人与天相类似的原因。人的身体，是禀受天数变化而成的；人的血气，是禀受天志的变化而成为仁的；人的德行，是禀受天理的变化而成为义的；人的喜好和厌恶，是禀受天的温暖和清凉的变化而成的；人的禀赋，是禀受天的四季变化而成的。人类生来有喜怒哀乐的反应，这是与天有春秋冬夏相对应的。喜悦，是与春天相对应的；愤怒，是与秋天相对应的；快乐，是与夏天相对应的；哀伤，是与冬天相对应的。天的副本体现在人的身上，人的情性是由于秉承天而来的，所以叫做"受"，就是禀受天而来的意思。作君主的，治道莫过于明察自身所具有的天，而顺应天去治理国家、施行教化。假使他治理国家、施行教化，而与上天产生四季相对应，就一定能够忠诚地对待他所禀受于天的性情，那么即使尧、舜的圣明治教也不能比他更好。这样可以使人民生，也可以使人民死，而且可以不让他们犯上作乱。所以说："不合于正道的事情就不要去做，不合于法度的言语就不要去说。"说的就是这个意思。

传曰①：唯天子受命于天，天下受命于天子，一国则受命于君。君命顺，则民有顺命；君命逆，则民有逆命。故曰^②：
"一人有庆，兆民赖之。"此之谓也。

【注释】

①传曰：董仲舒所引或为古代传记之文，因此称"传曰"。下文所述
　与《礼记·表记》所述意同相近而文辞稍异。《礼记·表记》："子
　曰：唯天子受命于天，士受命于君，故君命顺，则臣有顺命；君命
　逆，则臣有逆命。"君命顺，指君顺于天命。君命逆，指君逆于天
　命，如此则人民就会逆于君命。

②故曰：下引文见《尚书·吕刑》。一人，即天子。庆，善、福。兆
　民，即万民，极言数之多。

【译文】

古书上说：只有天子才能接受天的命令，天下人都接受天子的命
令，一国之人都接受君主的命令。君主的命令顺应天命，那么人民就顺
从他的命令；君主的命令违背天命，那么人民就违背他的命令。所以
说："天子一个人做了善事，天下亿万民众都会依赖他。"说的就是这个
意思。

传曰：政有三端^①：父子不亲，则致其爱慈；大臣不和，则
敬顺其礼；百姓不安，则力其孝弟^②。孝弟者，所以安百姓
也。力者，勉行之，身以化之^③。天地之数，不能独以寒暑成
岁，必有春夏秋冬^④；圣人之道，不能独以威势成政，必有教
化。故曰^⑤：先之以博爱，教以仁也；难得者，君子不贵^⑥，教
以义也；虽天子必有尊也^⑦，教以孝也；必有先也^⑧，教以弟
也。此威势之不足独恃，而教化之功不大乎？

【注释】

①端：方面。

②弟（tì）：通"悌"，弟弟顺从兄长。

③"力者"三句：苏舆注："'力'字，为董子言学之旨。故曰：'无王教则质朴不能善。'又曰：'事在勉强。'"

④"天地之数"三句：夏与冬对应暑与寒，而春与秋则用以调和夏暑与冬寒，因而苏舆注曰："所以调和寒暑者，和也。"

⑤故曰：下文所述与《孝经·三才章》所述意同相近而文辞稍异。《孝经·三才章》："先王见教之可以化民也。是故先之以博爱，而民莫遗其亲；陈之以德义，而民兴行；先之以敬让，而民不争；道之以礼乐，而民和睦。"

⑥"难得者"二句：难以获得的财货，君子不加以重视。《老子·第三章》："不贵难得之货。"与此所述意同相近。

⑦尊：这里指尊敬的父母。

⑧先：这里指先出生的兄长。

【译文】

古书上说：为政有三个方面：父子之间不亲密，那么就尽力激发他们的慈爱之心；大臣之间不和睦，那么就大力提倡顺从礼节；百姓不安定，那么就勉励他们尽力践行孝悌。所谓孝悌，是用来安定百姓的。所谓力，就是尽力实行，用自身的行为去感化别人的意思。天地的定数，不能仅靠寒暑来形成一年，必须要有春夏秋冬四季；圣人治理国家的道理，不能仅靠威势来达到为政的目的，必须要有教化。所以说：执政者要先施行博爱，即用"仁"来教化人民；难以获得的财货，君子不加以重视，而用"义"来教化人民；即使是天子也一定有他所尊敬的父母，就用"孝"来教化人民；一定有比他早出生的兄长，就用"悌"来教化人民。由此可见，为政不能仅靠威势，而教化的功效难道不是更大吗？

　　传曰：天生之，地载之，圣人教之①。君者，民之心也；民者，君之体也②。心之所好，体必安之③；君之所好，民必从之。故君民者，贵孝弟而好礼义，重仁廉而轻财利。躬亲职此于上④，而万民听⑤，生善于下矣。故曰⑥："先王见教之可以化民也。"此之谓也。

【注释】

①"天生之"三句：本书《立元神篇》申其大意云："天生之，地养之，人成之。天生之以孝悌，地养之以衣食，人成之以礼乐，三者相为手足，合以成体，不可一无也。"

②"君者"四句：此即董仲舒"君民一体"的观念。董天工笺注："此言君民一体，上以德感，下以善应。"

③安：安逸，安适。

④躬亲：亲自。

⑤听：听从，顺从。

⑥故曰：下引文见《孝经·三才章》。

【译文】

　　古书上说：天生育人民，地承载人民，圣人教化人民。君主，是人民的心脏；人民，是君主的身体。心所喜好的，身体一定安适；君主所喜好的，人民一定顺从。因此领导人民的君主，一定要重视孝悌而喜好礼义，重视仁义廉耻而轻视财货利益。居上位的君主如果能够亲自这样做，那么千千万万的人民都会顺从，居下位的人民就会做善事了。所以说："古代的圣王看出教育可以感化人民。"说的就是这个意思。

　　衣服容貌者，所以说目也①；声音应对者，所以说耳也；好恶去就者②，所以说心也。故君子衣服中而容貌恭③，则目说也；言理应对逊④，则耳说矣；好仁厚而恶浅薄，就善人而远僻鄙⑤，则心说矣。故曰⑥："行思可乐，容止可观。"此之谓也。

【注释】

①说(yuè)：通"悦"，喜欢、高兴。下同。

②去就：疏远和接近，去与留，进与退。

③中：指衣服得体而合于礼制。

④言理应对逊：说话合理而应对谦逊。逊，谦逊、恭顺。

⑤就善人而远僻鄙：亲近善人而疏远邪僻卑鄙的人。就，接近、靠近。僻鄙，指邪僻卑鄙的人。

⑥故曰：下引文源出《孝经·圣治章》："言思可道，行思可乐，德义可尊，作事可法，容止可观，进退可度。"行思，行动、做事，"思"为句中语气词。容止，容貌举止。

【译文】

衣服和容貌，是用来让人看了感到高兴的；言语和应对，是用来让人听了感到高兴的；喜好、厌恶、疏远、接近，是用来让人心里感到高兴的。因此君子衣服得体而容貌恭敬，那么人们看到了就感到高兴；说话合理而应对谦逊，那么人们听到了就感到高兴；喜好仁厚的人而厌恶浅薄的人，亲近善人而疏远邪僻卑鄙的人，那么人们心里就感到高兴。所以说："做事要让人感到愉快，容貌举止要让人乐于观瞻。"说的就是这个意思。

五行之义第四十二

【题解】

　　本篇用五行的道理来比附、说明人事。董仲舒认为土为五行之主，土德忠诚，是最为尊贵的，所以"圣人之行，莫贵于忠，土德之谓也"。五行尊土，是董仲舒关于五行思想的一个特色。

　　天有五行：一曰木，二曰火，三曰土，四曰金，五曰水。木，五行之始也；水，五行之终也；土，五行之中也，此其天次之序也①。木生火，火生土，土生金，金生水，水生木，此其父子也②。木居左，金居右，火居前，水居后，土居中央，此其父子之序，相受而布③。是故木受水而火受木，土受火，金受土，水受金也。诸授之者，皆其父也；受之者，皆其子也。常因其父以使其子，天之道也。是故木已生而火养之，金已死而水藏之④，火乐木而养以阳⑤，水克金而丧以阴⑥，土之事天竭其忠⑦。故五行者，乃孝子、忠臣之行也⑧。

【注释】

　　①此其天次之序也：这里董仲舒按照五行相生的次序来排列五行，

即木、火、土、金、水；而最早提出五行的《尚书·洪范》的次序是："一曰水，二曰火，三曰木，四曰金，五曰土。"天次之序，说是天排的次序，借天说话，也是董仲舒的一大思想特色。

②"木生火"六句：这是在讲五行相生，而五行相生又以父子关系来作为比喻。

③"木居左"七句：汉代尚土德，故董仲舒认为君王为土而居中央，其面南而坐，因此东方为木而居左，西方为金而居右，南方为火而居前，北方为水而居后，这是按照父子相承受的次序而进行分布的。

④"是故"二句：董仲舒以父子关系来比喻五行相生，子对于其父应当生养死葬，五行之间亦然。

⑤火乐木而养以阳：火爱木而用阳气来奉养它。木生火，火属阳，故云。乐，喜爱。

⑥水克金而丧以阴：水胜金而用阴气来给它送终。金入于水，水属阴，故云。克，胜。

⑦土之事天竭其忠：土事奉天以能够竭尽其忠心。天，苏本误作"火"，他本皆作"天"，是，今据正。《白虎通义·五行篇》："地之承天，犹妻之事天，臣之事君也。其位卑，卑者亲视事，故自同于一行尊于天也。"正相印证。

⑧"故五行者"二句：本书《五行对篇》："忠臣之义、孝子之行取之土。土者，五行最贵者也，其义不可以加矣。"

【译文】

　　天有五行：一是木，二是火，三是土，四是金，五是水。木，是五行的开端；水，是五行的终结；土，在五行里居于中间，这是天给它们安排的次序。由木生出火，由火生出土，由土生出金，由金生出水，由水生出木，这就是五行之间的父子关系。木的位置在左边，金的位置在右边，火的位置在前边，水的位置在后边，土则居于中央的位置，这是按照父子相承受的次序而进行分布的。因此木是承受水的而火是承受木的，土是承受火的，金是承受土的，水是承受金的。凡是授予者，都居于父亲的地位；凡是承受者，都居于儿子的地位。常常凭借父亲的地位来支使儿子，这是天道。因此木生出来了而火就奉养它，金死亡了而水就收藏它，火爱木而用阳气来奉养它，水胜金而用阴气来给它送终，土事奉天以能够竭尽其忠心。因此所谓五行，就是指孝子、忠臣的行为。

　　五行之为言也，犹五行欤？是故以得辞也①。圣人知之，故多其爱而少严，厚养生而谨送终②，就天之制也。以子而迎成养③，如火之乐木也；丧父，如水之克金也；事君，若土之敬天也，可谓有行人矣④。

【注释】

①得辞：获得名称。辞，名称。

②厚养生而谨送终：生前的赡养应该丰厚些而死后的送终应该慎重些。养生，生前的赡养。送终，父母丧葬之事。

③成：通"盛"，程度深、充分。

④有行人：有德行的人。

【译文】

　　之所以叫做五行，不就是说的五种德行吗？它的得名也就是由于这个缘故了。圣人知晓这个道理，因此在父子关系的问题上，就父亲来说则慈爱的成分应该多一些而威严的成分应该少一些，就儿子来说则生前的赡养应该丰厚些而死后的送终应该慎重些，这样是趋向顺应天的法则。如果儿子好好地迎养父亲，能够像火爱木一样；儿子给父亲送终，能够像水胜金一样；臣下事奉君主，能够像土敬天一样，这样就可以叫做有德行的人了。

　　五行之随①，各如其序②；五行之官③，各致其能④。是故木居东方而主春气，火居南方而主夏气，金居西方而主秋气，水居北方而主冬气。是故木主生而金主杀⑤，火主暑而水主寒。使人必以其序，官人必以其能⑥，天之数也⑦。

【注释】

①随：运行。

②如：按照。

③官：职责，任务。

④致：尽，发挥。

⑤杀：衰退，残败。

⑥官人：授人以官职，即任用人。

⑦数：苏舆注："数，犹'道'也。"苏说可从。天之数，即天之道。

【译文】

　　五行的运行，是各自按照本身的顺序；五行的任务，是各自发挥本身的职能。因此木居于东方而主管春气，火居于南方而主管夏气，金居于西方而主管秋气，水居于北方而主管冬气。所以木主掌"生"而金主掌"杀"，火主掌"暑"而水主掌"寒"。使用人要按照一定的顺序，任用人要依据各自的才能，这是天道。

　　土居中央，为之天润①。土者，天之股肱也②，其德茂美③，不可名以一时之事，故五行而四时者，土兼之也④。金、木、水、火虽各职，不因土，方不立⑤，若酸、咸、辛、苦之不因甘肥不能成味也⑥。甘者，五味之本也；土者，五行之主也⑦。五行之主土气也，犹五味之有甘肥也，不得不成。是故圣人之行，莫贵于忠，土德之谓也。人官之大者，不名所职，相其是矣；天官之大者，不名所生，土是矣⑧。

【注释】

①为之天润：叫做天润。为，同"谓"。天润，天的润泽。

②股肱：辅佐。

③茂美：丰盛完美。

④"故五行而四时者"二句：关于五行与四时的搭配问题，董仲舒是将土与四时配对而突出土的地位。兼，兼管。

⑤"金、木、水、火虽各职"三句：木对应东方，火对应南方，金对应西方，水对应北方。土居中央，所有方位离开土地，就不存在了。

⑥甘肥：香甜味浓的食品。

⑦主：主导，主位。

⑧"人官之大者"六句：人事中最大的官职，没有专管的具体职务，宰相就是这样的；上天最大的官职，没有专管的具体事项，土就是这样的。土不主管四季中的任何一季，也不主管四方中的任何一方，它就像人官的宰相那样是最大的、最根本的主角。生，苏舆注："生，疑'主'之误。"苏说可从。

【译文】

土居于中央，叫做天润。土，是天的辅佐，它的德性丰盛完美，并不具体主管任何一个季节的事务，所以有木、火、土、金、水五行而却只有春、夏、秋、冬四季，就是因为土兼管四季的缘故。金、木、水、火虽然各有自己的职务，但不依靠居于中央的土，它们各自的方位就不能确立，这就好像酸、咸、辣、苦不依靠香甜味浓的食品就不能形成味道一样。甜，是五味的根本；土，是五行的主导。五行以土气作主导，就好像五味中之有甘甜，离开它就不能形成味道一样。因此圣人的德行，没有比"忠"更尊贵的，这就是土德。人事中最大的官职，没有专管的具体职务，宰相就是这样的；上天最大的官职，没有专管的具体事项，土就是这样的。

阳尊阴卑第四十三

【题解】

本篇阐明了贵阳贱阴、阳尊阴卑之义。董仲舒提出"阳尊阴卑"的观念，旨在强调：第一，君主为阳而臣子为阴，因此君、父尊而臣、子卑，臣、子必须竭尽忠诚地事奉君、父；第二，德为阳而刑为阴，因此德政为主而刑罚为辅，否则"为政而任刑，谓为逆天，非王道也"。

天之大数，毕于十①。旬天地之间②，十而毕举；旬生长之功，十而毕成。十者，天数之所止也。古之圣人，因天数之所止以为数，纪十如更始③。民世世传之，而不知省其所起。知省其所起，则见天数之所始④；见天数之所始，则知贵贱逆顺所在⑤；知贵贱逆顺所在，则天地之情著，圣人之宝出矣⑥。

【注释】

①"天之大数"二句："十"下，旧本皆有"旬"字，俞樾云："上'旬'字衍文。《天地阴阳篇》云：'天、地、阴、阳、木、火、土、金、水九，与人而十者，天之数毕也。'是天之数非以旬计，安得言'十旬'乎？"

俞说可从,今据删。毕,结束。

②旬:周遍。《诗经·大雅·江汉》:"王命召虎,来旬来宣。"《说文解字》:"旬,遍也。"

③如:同"而"。《盐铁论·世务篇》:"今匈奴……见利如前,乘便而起。"

④"知省其所起"二句:苏舆注:"人生而十指,上古简朴,纪数以手,故止于十。天数实原于人。"

⑤"见天数之所始"二句:苏舆注:"天数始于一,天上地下,贵贱判矣;地代天终,顺逆见矣。"

⑥"知贵贱逆顺所在"三句:苏舆注:"圣人治天下,莫大于懔名分而安秩序。《易》一画而始《乾》,《春秋》开章变一而书元,胥此意也,而礼由是立矣。"情,真实情况。宝,视……为宝、珍视、看重。

【译文】

天的大数,终结于十。天地间所有的事物,用十这个数就可以完全列举出来;所有事物生育长养的功夫,到十这个数就完成了。十这个数,是天数的终止。古时候的圣人,依据天数的终止作为数字,记录到十这个数而后再从头开始。人民世世代代这样传承下去,而不知道去省察它是怎样产生的。知道去省察它是怎样产生的,就可以看出天数的端始;看出了天数的端始,就知道贵贱逆顺在哪里了;知道了贵贱逆顺在哪里,那么天地的真实情况就显著了,圣人所珍视的道理也就显示出来了。

是故阳气以正月始出于地,生育长养于上,至其功必成也①,而积十月②。人亦十月而生,合于天数也③。是故天道十月而成,人亦十月而生④,合于天道也。故阳气出于东北,入于西北⑤,发于孟春,毕于孟冬⑥,而物莫不应是。阳始出,物亦始出;阳方盛,物亦方盛;阳初衰,物亦初衰⑦。物随阳而出入,数随阳而终始,三王之正随阳而更起⑧。以此见之,贵阳而贱阴也。故数日者⑨,据昼而不据夜;数岁者,据阳而不据阴,阴不得达之义⑩。

【注释】

①必:通"毕",全部。

②积十月:苏舆注:"岁十二月,而云十月功成者,十一月、十二月皆阳气萌芽之时,助阳非成物也。"

③"人亦十月而生"二句:《大戴礼记·易本命篇》:"天一,地二,人三,三三而九,九九八十一。一主日,日数十,故人十月而生。"

④生:苏本作"成",宋本作"生"。依上之文例,宋本作"生"是,今据改。

⑤"故阳气出于东北"二句:所谓"东北"即一岁十二月中正月所配之方位,"西北"则为十月所配之方位。

⑥"发于孟春"二句:《礼记·月令篇》郑玄注曰:"孟,长也。日月之行,一岁十二会,圣王因其会而分之,以为大数焉。观斗所建,命在四时。此云'孟春'者,日月会于娵訾(jū zī),而斗建寅之辰也。"又曰:"孟冬者,日月会于析木之津,而斗建亥之辰也。"孟春,指春季的第一个月,即阴历正月。孟冬,指冬季的第一个月,即阴历十月。

⑦"阳始出"六句:关于阴阳与事物的盛衰关系,董仲舒认为,每年从春天到夏天,白昼越来越长,天气也越来越热,这就是阳气越来越盛的表现,而与之同时,生物也随之生育养长,因此说阳气是仁爱的、宽厚的而专主布德施教;从夏天开始而以至冬天,白昼越来越短,天气也越来越冷,这表明阳气在逐渐衰退而阴气在逐渐强盛,与之同时的是,生物开始凋落、死亡,因此说阴气是暴戾

的、肃杀的而专主任用刑罚。

⑧"物随阳而出入"三句：《白虎通义·五行篇》："《月令》十一月律谓之黄钟何？黄者，中和之色。钟者，动也。言阳气于黄泉之下动，养万物也……九月谓之无射何？射者，终也。言万物随阳而终，当复随阴而起，无有终已也。"《白虎通义·三正篇》："天有三统，谓三微之月也。明王者当奉顺而成之，故受命各统一正也，敬始重本也。三微者何谓也？阳气始施黄泉，动微而未著也。"三王，即夏禹、商汤、周文王和周武王。正，正月，一年之中的第一个月。夏朝以孟春月为正月，商朝以季冬月为正月，周朝以仲冬月为正月。

⑨数日：计算日子。

⑩"数岁者"三句：《汉书·董仲舒传》引董仲舒《对策》云："阳不得阴之助，亦不能独成岁终，阳以成岁为名，此天意也。"这里所表明的亦是阳尊阴卑、贵阳贱阴的意思。

【译文】

因此阳气从正月开始出现于地上，生育长养地上的万物，到它的功效全部完成时，就已经积累了十个月了。人也是要怀胎十个月才出生的，这跟天数是相合的。所以天道要经过十个月而生成，人也是要经过十个月而出生，这跟天道是相合的。阳气从东北方向出来，进入西北方向，从孟春月开始，到孟冬月结束，万物没有跟它不相应的。阳开始出来时，万物也开始出来；阳正旺盛时，万物也正旺盛生长；阳开始衰微时，万物也开始衰微。万物随着阳的出入而出入，数目也随着阳的终始而终始，夏、商、周三代帝王订立正月是随着阳的变化而进行变更的。由此可见，天是重视阳而轻视阴的。因此计算日子，是根据白天而不是根据夜晚；计算年岁，是根据阳而不根据阴，这就是阴不能够通达的道理。

是故《春秋》之于昏礼也^①，达宋公而不达纪侯之母^②。纪侯之母宜称而不达，宋公不宜称而达，达阳而不达阴，以天道制之也^③。丈夫虽贱皆为阳，妇人虽贵皆为阴。阴之中亦相为阴，阳之中亦相为阳。诸在上者皆为其下阳，诸在下者皆为其上阴^④。阴犹沈也^⑤，何名何有？皆并一于阳^⑥，昌力而辞功^⑦。故出云起雨，必令从天下^⑧，命之曰天雨。不敢有其所出，上善而下恶，恶者受之，善者不受。土若地^⑨，义之至也。

【注释】

①昏：同"婚"。

②达：指通达、记载。

③"纪侯之母"四句：《公羊传》隐公二年："纪履緰（tóu）者何？纪大夫也。何以不称使？婚礼不称主人。然则曷称？称诸父兄师友。宋公使公孙寿来纳币，则其称主人何？辞穷也。辞穷者何？无母也。然则纪有母乎？曰有。有则何以不称母？母不通也。"何休注："礼，妇人无外事，但得命诸父兄师友，称诸父兄师友以行耳。母命不得达，故不得称母通使文，所以远别也。"古代婚礼，要由父亲或兄长来主持。春秋鲁成公八年，是时宋共公的父亲已经去世，因此可由宋公主持，所以《春秋》记载："宋公使公孙寿来纳币。"春秋隐公二年，纪侯结婚，尽管他的母亲还活着，但是由于子女属于阴而不能跟外界交通，因此不能称呼他的母亲，所以《春秋》记载："纪履緰来逆女。"董仲舒认为阳尊阴卑，圣人贵阳而贱阴，婚礼亦是如此，故云："达阳而不达阴，以天道制之也。"

④"诸在上者"二句：这是在说阴阳是相对的，如父为阳而子为阴，

但是子相对于孙而言则又为阳,父对于祖父而言则又为阴。又如夫为阳而妻为阴,但妻相对于妾而言则为阳,妾相对于仆婢而言则亦为阳。

⑤沈(chén):通"沉",沉没、隐藏。

⑥并一:合并统一。

⑦昌力而辞功:竭尽全力而却推辞功劳。昌,盛大的样子。

⑧天:旧本皆作"之",苏舆注:"之,当为'天'。"苏说可从,今据改。

⑨若:犹"乃",是、就是。

【译文】

因此《春秋》对于婚礼,记载宋共公派人来鲁国纳币的事而不记载纪侯母亲派人来鲁国迎亲的事。纪侯的母亲应该被称举而《春秋》却不记载她派人来迎亲的事,宋共公不应该被称举而《春秋》却记载他派人来纳币的事,这种通达阳而不通达阴的礼制,是根据天道而制定的。男人即使地位低贱而都属于阳,妇人即使地位高贵而都属于阴。阴的内部也互相为阴,阳的内部也互相为阳。所有在上位的都是在他下位的阳,所有在下位的都是在他上位的阴。阴就好像是隐藏的意思,哪里有它的名称和它所拥有的东西呢? 它的名称和所拥有的东西都合并统一于阳,竭尽全力而却推辞功劳。因此它产生云、兴起雨,一定使它们从天而降,取名为天雨。不敢占有它所产生的东西,在上位的为善而在下位的为恶,恶的就接受,善的就不接受。土就是地,它行义到了最高的境地。

是故《春秋》君不名恶,臣不名善,善皆归于君,恶皆归于臣①。臣之义比于地,故为人臣者视地之事天也,为人子者视土之事火也。虽居中央,亦岁七十二日之王②,傅于火以调和养长③,然而弗名者,皆并功于火,火得以盛,不敢与父分功④，美孝之至也。是故孝子之行、忠臣之义，皆法于地也。地事天也，犹下之事上也⑤。地，天之合也，物无合会之义⑥。

【注释】

①"是故《春秋》君不名恶"四句：《白虎通义·五行篇》："善称君，过称己，何法？法阴阳共叙、共生，阳名生，阴名煞。臣有功，归功于君，何法？法归明于日也。"本书《保位权篇》："是以群臣分职而治，各敬而事，争进其功，显广其名，而人君得载其中，此自然致力之术也。圣人由之，故功出于臣，名归于君也。"

②岁七十二日之王：在一年当中主管七十二天。一年按照三百六十天计算的话，五行分别主管七十二天，其中由木、火、金、水主管四季，而土则在每一季中主管十八天，四季合为七十二天。《白虎通义·五行篇》："土王四季，各十八日，合九十日为一时，王九十日。土所以王四季何？木非土不生，火非土不荣，金非土不成，水非土不高。土扶微助衰，历成其道，故五行更王，亦须土也。王四季，居中央，不名时。"

③傅：辅佐、辅助。

④不敢与父分功：按照五行相生之说，火生土，火和土之间就如同父和子的关系一样，因此土不敢与其"父"（火）分有功劳。

⑤"地事天也"二句：《白虎通义·五行篇》："地之承天，犹妻之事天，臣之事君也。其位卑，卑者亲视事，故自同于一行尊于天也……子顺父，妻顺夫，臣顺君，何法？法地顺天也。"

⑥"地天之合也"三句：苏舆注："地虽为天之合，而不敢不事天，故曰'物无合会'。句例与'阴不得达'之义同。"苏说可从。

【译文】

所以《春秋》对君主不指称他恶的地方，对臣子不指称他善的地方，善的方面都归属于君主,恶的方面都归属于臣子。做臣子的道理与地相同,因此做别人臣子的要参看地是怎样事奉天的,做别人儿子的要参看土是怎样事奉火的。土虽然位居中央,同时在一年当中主管七十二天,辅助火来调和长养万物,但却不享有名声,完全把功劳归并给火,火因此非常旺盛,土不敢跟它的父亲——火分有功劳,它的孝德是最美好的。因此孝子的行为、忠臣的义,都是效法地。地事奉天,就好像居于下位的人事奉居于上位的人一样。地的功劳,是与天相合同的,而万物却没有与天合同会通的道理。

是故推天地之精,运阴阳之类,以别顺逆之理,安所加以不在①?在上下,在大小,在强弱,在贤不肖,在善恶。恶之属尽为阴②,善之属尽为阳。阳为德,阴为刑③。刑反德而顺于德,亦权之类也④。虽曰权,皆在权成⑤。是故阳行于顺,阴行于逆。逆行而顺者,阳也⑥;顺行而逆者,阴也。是故天以阴为权,以阳为经。阳出而南,阴出而北。经用于盛⑦,权用于末⑧。以此见天之显经隐权,前德而后刑也⑨。故曰:阳,天之德;阴,天之刑也。阳气暖而阴气寒,阳气予而阴气夺,阳气仁而阴气戾⑩,阳气宽而阴气急,阳气爱而阴气恶,阳气生而阴气杀。是故阳常居实位而行于盛,阴常居空位而行于末。天之好仁而近,恶戾之变而远⑪,大德而小刑之意也。先经而后权,贵阳而贱阴也。故阴,夏入居下,不得任岁事⑫;冬出居上,置之空处也⑬。养长之时,伏于下,远去之,弗使得为阳也;无事之时,起之空处,使之备次陈⑭、守闭塞也⑮。此皆天之近阳而远阴,大德而小刑也。是故人主近天之所近,远天之所远;大天之所大,小天之所小。是故天数右阳而不右阴⑯，务德而不务刑⑰。刑之不可任以治世也⑱，犹阴之不可任以成岁也。为政而任刑，谓之逆天，非王道也。

【注释】

①安所加以不在：俞樾云："以，犹'而'也。安所加以不在，犹云'何所加而不在'。"俞说可从。

②属：类。

③"阳为德"二句：《淮南子·天文训》："日冬至则斗北中绳，阴气极，阳气萌，故曰冬至为德；日夏至则斗南中绳，阳气极，阴气萌，故曰夏至为刑。"

④权：权变、灵活，与"经"（常道、原则）相对。

⑤皆在权成：卢文弨曰："句未详。"苏舆注："疑当作'虽曰权，皆以经成'。"苏说可从。

⑥者阳也：旧本皆脱此三字，冒广生校曰："当有'者阳也'三字。"冒校是，今据补。

⑦盛：盛大根本之处。

⑧末：细枝末节之处。

⑨前德而后刑：重视德教而轻视刑罚。后文之"大德而小刑"亦是此意。

⑩戾（lì）：凶暴。

⑪"天之好仁而近"二句：刘师培曰："'恶戾而远'与'好仁而近'对文，'之变'二字疑衍。"刘说可从。

⑫不得任岁事：不得承担一年的职事。任，承担、担任。

⑬空处：空虚无用的地方。

⑭备次陈：具备次等职位。次陈，次等职位。陈，列。

⑮守闭塞：掌管闭塞的职务。守，掌管。

⑯右：重视，推崇。

⑰务：致力于，追求。

⑱治：旧本作"成"，惠栋校作"治"。惠校可从，今据改。《汉书·董
　　仲舒传》引董仲舒《对策》云："刑者不可任以治世。"正可与此相
　　印证。

【译文】

　　因此推究天地的精气，运用阴阳的规则，来识别顺逆的道理，它们
什么地方不存在呢？它们存在于上下，存在于大小，存在于强弱，存在
于贤与不肖，存在善恶。恶这一类的都是阴，善这一类的都是阳。阳
是德教，阴是刑罚。刑罚与德教相反而顺从于德教，这属于权变那一
类。虽然说是权变，但都是依凭常道而使事物成功。因此阳是顺着正
道运行，阴是背着正道运行。逆行而能顺着正道的是阳，顺行而依然背
着正道的是阴。所以天以阴为权变，以阳为常道。阳从东北出来而往
南运行，阴从东南出来而往北运行。常道是运用在盛大根本之处，权变
是运用在细枝末节之处。由此可见天显扬常道而隐藏权变，重视德教
而轻视刑罚。所以说：阳，是天的德教；阴，是天的刑罚。阳气暖和而阴
气寒冷，阳气主给予而阴气主剥夺，阳气仁爱而阴气凶暴，阳气宽厚而
阴气急躁，阳气主喜爱而阴气主厌恶，阳气主生育而阴气主杀伤。因此
阳常常处于实际的职位而在盛大根本的方面执行职务，阴常常处于空
虚的地位而在细枝末节的方面执行职务。天喜好仁爱而接近它，厌恶
凶暴而疏远它，这就是重视德教而轻视刑罚的意思。重视常道而轻视
权变，也就是重视阳而轻视阴。所以阴到了夏天，隐藏居于下面，不得
承担一年的职事；到了冬天，出现居于上面，被安置在空虚无用的地方。
生育养长的时候，阴伏藏在下面，让它离得很远，不让它担任阳的职务；
在没有事情的时候，阴出现在空虚无用的地方，使它具备次等职位，掌
管闭塞的职务。这都是天接近阳而疏远阴，重视德教而轻视刑罚的意
思。因此做君主的接近天所接近的，疏远天所疏远的；重视天所重视

的,轻视天所轻视的。所以天数推崇阳而不推崇阴,致力于德教而不致力于刑罚。刑罚不能够用来治理天下,就好像阴不能够用来形成年岁一样。君主治理国家而任用刑罚,叫做违背天意,这是不合乎王道的。

王道通三第四十四

【题解】

　　董仲舒对"王"字作了独特的解释：横的三画代表天、地、人，中间一竖表示贯通天人之道，也即明了天人关系。但董仲舒并非无的放矢地谈天人关系，他所强调的是要求君王必须懂得并效法天道。这是因为君王操纵着生杀予夺的大权，他必须慎重克制自己的喜怒好恶，就如同天地的寒暑冷暖当其时而发一样。所以董仲舒强调君王效法天道，此即"王道通三"的要旨。

　　古之造文者，三画而连其中，谓之王。三画者，天、地与人也，而连其中者，通其道也。取天地与人之中以为贯而参通之①，非王者孰能当是？是故王者唯天之施②，施其时而成之，法其命而循之诸人③，法其数而以起事④，治其道而以出法，治其志而归之于仁⑤。仁之美者在于天。天，仁也。天覆育万物⑥，既化而生之，有养而成之⑦，事功无已⑧，终而复始，举凡归之以奉人⑨，察于天之意，无穷极之仁也⑩。人之受命于天也，取仁于天而仁也。是故人之受命天之尊⑪，父兄子弟之亲，有忠信慈惠之心⑫，有礼义廉让之行，有是非逆

顺之治。文理灿然而厚⑬，知广大有而博⑭，唯人道为可以
参天⑮。

【注释】

①参(sān)：通"三"，配合成三的。

②唯天之施：效法天的行为。施，行。下句"施"字表示因循的
意思。

③循：安慰，抚慰。

④起事：举事，办事。这里指兴起民事。

⑤"治其道而以出法"二句：苏舆注："疑当'法其道而以出治'……
治，疑作'法'。《天地阴阳篇》：'天志仁。'"苏说可从。出法，施
行法度。

⑥覆育：天地的庇护化育。

⑦有：同"又"。

⑧事功无已：所做的事业没有止境。事功，事业、功绩。无已，没有
停止、无止境。

⑨举凡归之以奉人：所有的作为都可归结为奉养人类。举凡，旧本
皆作"凡举"，惠栋校作"举凡"，是，今据乙正。奉人，奉养人类。
苏舆注："圣人奉天，天奉人，相参相互，以成事功，凡一本于仁而
已。"本书《服制象篇》："天地之生万物也以养人。"即此"奉人"之
意也。

⑩无穷极：没有穷尽。

⑪人之受命天之尊：惠栋于"天"字上增一"有"字，其说可从。人之
受命有天之尊，即指人接受天命而禀有了天的至尊。

⑫惠：仁爱，柔顺。

⑬文理灿(càn)然而厚：指文辞华美，义理深厚。文理，文辞义理，
或指礼文仪节。灿然，鲜明光亮的样子。

⑭有：钟肇鹏《春秋繁露校释》曰："'有'字涉上文衍，本作'知广大
　　而博'。"钟说可从。

⑮参（cān）天：参通天道。

【译文】

　　古时候造字的人，先写三画然后在中间把它们连接起来，就叫做
"王"字。其中的三画，代表的是天、地和人，而把当中连接起来，就是贯
通它们的道理。选取天、地和人的中间而把三者贯通起来，不是王者谁
又能做到这种地步呢？所以王者效法天的行为，因循天时而成就人民，
效法天命而抚慰人民，效法天数而兴起民事，效法天道而施行法度，效
法天志而归向仁德。美好的仁德在天。天，是仁爱的。天庇护化育万
物，既造化而生长它们，又培养而完成它们，所做的事业没有止境，结束
了又再开始，所有的作为都可归结为奉养人类，明察天的心意，其中包
含着无穷的仁爱。人接受天命，从天那里获取仁而表现为仁。因此人
接受天命而禀有了天的至尊，禀有了父兄子弟的亲爱之情，禀有了忠信
慈惠的心意，禀有了礼义廉让的行为，禀有了是非顺逆的治理之道。文
辞华美而义理深厚，广见博识，唯有人道可以参通天道。

　　天常以爱利为意，以养长为事，春秋冬夏皆其用也。王
者亦常以爱利天下为意，以安乐一世为事，好恶喜怒而备用
也①。然而人主之好恶喜怒②，乃天之春夏秋冬也，其俱暖清
寒暑而以变化成功也③。天出此四者④，时则岁美⑤，不时则
岁恶。人主出此四者，义则世治，不义则世乱。是故治世与
美岁同数⑥，乱世与恶岁同数，以此见人理之副天道也⑦。天
有寒有暑。夫喜怒哀乐之发与清暖寒暑，其实一类也⑧。喜
气为暖而当春，怒气为清而当秋，乐气为太阳而当夏，哀气
为太阴而当冬。四气者，天与人所同有也，非人所能畜也⑨，

故可节而不可止也⑩。节之而顺，止之而乱。人生于天，而取化于天⑪。喜气取诸春，乐气取诸夏，怒气取诸秋，哀气取诸冬，四气之心也⑫。四肢之各有处⑬，如四时；寒暑不可移，若肢体。肢体移易其处，谓之夭人⑭；寒暑移易其处，谓之败岁；喜怒移易其处，谓之乱世。明王正喜以当春⑮，正怒以当秋，正乐以当夏，正哀以当冬。上下法此，以取天之道。春气爱，秋气严，夏气乐，冬气哀。爱气以生物，严气以成功，乐气以养生，哀气以丧终，天之志也⑯。是故春气暖者，天之所以爱而生之；秋气清者，天之所以严而成之；夏气温者，天之所以乐而养之；冬气寒者，天之所以哀而藏之。春主生，夏主养，秋主收，冬主藏。生溉其乐以养⑰，死溉其哀以藏，为人子者也。故四时之行，父子之道也；天地之志，君臣之义也；阴阳之理，圣人之法也。

【注释】

①而备：苏舆注："而备，疑当作'皆其'。"苏说可从。

②人主之好恶喜怒：苏本无"人"字，俞樾云："当作'人主之好恶喜怒'。下文云：'然则人主之好恶喜怒，乃天之暖清寒暑也。'可证。"俞说是，今据补。

③其俱暖清（qìng）寒暑而以变化成功也：它具有暖清寒暑而用来变化事物以成就功业。俱，通"具"，具备、具有。清，寒冷、凉。苏本"清"作"凊"，宋本作"清"，作"清"是。下文同此。

④四：旧本并作"物"，苏舆注："物，疑作'四'。"苏说可从，今据正。下文"人主出此四者"可证。

⑤时：适时，合乎时宜。

⑥同数：指天数相同。

⑦副:相称,符合。

⑧类:苏本作"贯",殷本作"类",纪昀校作"类",殷本、纪校是,今据改。

⑨畜(xù):蓄养。

⑩节:节制。

⑪取化于天:取法天的化育。

⑫四气之心:指四种气在人心中的表现。

⑬之:此字下,苏本有"答"字,董天工笺注本、王谟本无"答"字,苏舆注:"无'答'字是。因'各'字形近误衍。"苏说是,今从董天工笺注本、王谟本删"答"字。

⑭夭(yāo):同"妖",反常的东西或现象。苏本、卢本"夭"作"壬",苏舆注:"壬,疑'夭'之误。"宋本作"夭"。作"夭"是,今据正。

⑮正:纠正,使……正。

⑯"爱气以生物"五句:苏舆注:"王者喜怒哀乐之发,即礼乐刑政之用。中庸、中和之效,极之于天地位、万物育,得此可证其理。"

⑰溉:俞樾云:"溉,读为'既',尽也。"俞说可从。

【译文】

天常常把爱利万物作为心意,把养长万物作为职事,春秋冬夏四季都是上天用作养育万物的手段。君王也常常把爱利天下之人作为心意,把天下之人一世的安居乐业作为职事,好恶喜怒都是他用作治理天下的手段。然而君主的好恶喜怒,就是上天的春夏秋冬,它具有暖清寒暑而用来变化事物以成就功业。天呈显出四季,合乎时宜的年岁就美好,不合乎时宜的年岁就不好。君主呈显出四种情感,合乎义就天下太平,不合乎义就天下大乱。因此太平的世道和美好的年岁天数相同,不太平的世道与不好的年岁天数相同,由此可见人理和天道是相符合的。天有寒冷、有暑热。喜怒哀乐的表现与清暖寒暑,其实是同一类的。喜气暖和而相当于春天,怒气寒凉而相当于秋天,乐气是太阳而相当于夏天,哀气是太阴而相当于冬天。这四种气,是天和人共同具有的,不是人自身能够蓄养的,所以只可以节制而不可以禁止。加以节制就会顺利,加以禁止就会紊乱。人是天生出来的,而取法天的化育。喜气取法于春天而来,乐气取法于夏天而来,怒气取法于秋天而来,哀气取法于冬天而来,这便是四种气在人心中的表现。人的四肢各有一定的部位,就好像四季一样;寒冷暑热不可以变更,就好像肢体一样。肢体变更了它原来的部位,就叫做妖人;寒暑变更了它本来的时节,就叫做不好的年岁;喜怒变更了它本来的处所,就叫做乱世。圣明的君王应该使自己的喜悦跟春天相当,使自己的愤怒跟秋天相当,使自己的快乐与夏天相当,使自己的悲哀与冬天相当。君臣上下都按照这个道理行事,以此来取法天道。春气是仁爱的,秋气是严厉的,夏气是快乐的,冬气是悲哀的。仁爱的气用来生长万物,严厉的气用来成就功业,快乐的气用来养育万物,悲哀的气用来送终,这是天的意志。因此春气暖和,这是天用仁爱来生长万物;秋气寒凉,这是天用严厉来促成万物;夏气温和,这是天用快乐来养育万物;冬气寒冷,这是天用悲哀来储藏万物。春天主管生长,夏天主管养育,秋天主管收获,冬天主管储藏。父母在世时竭尽力量奉养他们而使他们快乐,父母去世后竭尽悲哀地去埋葬他们,这是作儿子的职责。因此四季的运行,就是父子之间的道理;天地的意志,就是君臣之间的义理;阴阳的道理,就是圣人的法则。

　　阴,刑气也;阳,德气也。阴始于秋,阳始于春。春之为言,犹偆偆也[①];秋之为言,犹湫湫也[②]。偆偆者,喜乐之貌也;湫湫者,忧悲之状也。是故春喜、夏乐、秋忧、冬悲,悲死而乐生。以夏养春,以冬藏秋,天之志也[③]。是故先爱而后严,乐生而哀终,天之常也[④]。而人资诸天[⑤],天固有此,然而无所之[⑥],如其身而已矣[⑦]。人主立于生杀之位,与天共持变化之势⑧,物莫不应天化。天地之化如四时,所好之风出,则为暖气,而有生于俗⑨;所恶之风出,则为清气,而有杀于俗;喜则为暑气,而有养长也;怒则为寒气,而有闭塞也。人主以好恶喜怒变习俗,而天以暖清寒暑化草木。喜怒时而当则岁美,不时而妄则岁恶。天地人主一也。然则人主之好恶喜怒,乃天之暖清寒暑也,不可不审其处而出也⑩。当暑而寒,当寒而暑,必为恶岁矣;人主当喜而怒,当怒而喜,必为乱世矣。是故人主之大守⑪,在于谨藏而禁内⑫,使好恶喜怒必当义乃出,若暖清寒暑之必当其时乃发也。人主掌此而无失⑬,乃使好恶喜怒未尝差也⑭,如春秋冬夏之未尝过也,可谓参天矣。深藏此四者而勿使妄发⑮,可谓天矣⑯。

【注释】

① 偆偆(chǔn):喜乐貌。

② 湫湫(qiū):忧愁悲伤貌。

③ 天:旧本皆作"大人",惠栋校作"天",是。今从惠校。

④ 常:常道。苏本作"常"作"当",纪昀校作"常",是。今从纪校。

⑤ 资:凭借,依托,资取。

⑥ 无所之:苏舆注:"'无所之'三字,疑有误。"苏说是。

⑦ 如其身:苏舆注:"'如其身'者,言天道一同于人身。"此即前文所言"人理之副天道"之意。

⑧ 持:掌握。

⑨ 俗:习俗。

⑩ 审其处:审察清楚它的道理。审,审察、弄明白。处,常理。

⑪ 大守:重大职守。

⑫ 谨藏而禁内:谨守机密而禁止内部的奸邪。

⑬掌：掌握。

⑭乃使：旧本均误倒作"使乃"，钟肇鹏《春秋繁露校释》作"乃使"，是，今据乙正。

⑮此四者：指爱、乐、严、哀，以此应春、夏、秋、冬。

⑯天：合于天意。

【译文】

阴气，是刑戮之气；阳气，是仁德之气。阴气从秋天开始旺盛，阳气从春天开始旺盛。春的意思，就像"偆偆"；秋的意思，就像"湫湫"。"偆偆"，就是高兴快乐的样子；湫湫，就是忧愁悲伤的样子。因此春天是喜悦的、夏天是快乐的、秋天是忧愁的、冬天是悲伤的，为死去的人悲伤而使活着的人快乐。用夏天来养育春天所生长的万物，用冬天来储藏秋天所收获的万物，这是天的意志。所以先仁爱而后严厉，使活着的人快乐而为已故的人悲伤，这是天的常道。人取法于天的常道，天本来就具有这些，天道的表现跟人身相同。君主拥有生杀臣民的权位，与天共同掌握万物变化的情势，而万物没有不随着天的变化而变化的。天地的变化就好像四季一样，所喜好的风出现，就是暖气，有利于习俗的生成；所厌恶的风出现，就是凉气，会使习俗衰退；喜悦就是暑气，会养长天下之人；愤怒是寒气，会闭塞天下之人。君主用自己的好恶喜怒来改变习俗，而天用暖清寒暑来变化草木。喜怒适时而恰当则年岁就美好，喜怒不合时宜则年岁就不好。对于天地和君主二者都是一样的道理。既然如此，那么君主的好恶喜怒，就是天的暖清寒暑，不可以不审察清楚它的道理并谨慎地表现出来。天在应当暑热的时候而寒冷，在应当寒冷的时候而暑热，这一定会导致不好的年岁；君主在应当喜悦的时候而愤怒，在应当愤怒的时候而喜悦，这一定会导致社会的动乱。因此君主的重大职守，在于谨守机密而禁止内部的奸邪，使好恶喜怒一定合乎义才表现出来，就好像暖清寒暑一定是合乎时节才发出来一样。君主把握这个道理而没有过失，使好恶喜怒没有差错地表现出来，就好像春秋冬夏没有差错地运行一样,这样就可以说是参通天道了。深藏好恶喜怒这四者的表现,而不让它们随意发作,这样就可以说是合于天意了。

天容第四十五

【题解】

所谓"天容",即指天的容貌,也即天道运行的规律性,如"有序而时"、"有度而节"、"变而有常"等。董仲舒以天为百神之大君,百神同居天上,故谓之"诸天"。本篇由此引申论述人之为人本于天,君王的政令教化,一切都应该取法于天道,以天为范本,与"诸天"相符合,做到有一定的法度并合乎时宜。

天之道,有序而时①,有度而节②,变而有常,反而有相奉③,微而至远,踔而致精④,一而少积蓄⑤,广而实,虚而盈。圣人视天而行,是故其禁而审好恶喜怒之处也⑥,欲合诸天之非其时不出暖清寒暑也;其告之以政令而化风之清微也⑦,欲合诸天之颠倒其一不以成岁也⑧;其羞浅末华虚而贵敦厚忠信也⑨,欲合诸天之默然不言而功德积成也;其不阿党偏私而美泛爱兼利也⑩,欲合诸天之所以成物者少霜而多露也;其内自省以是而外显,不可以不时。人主有喜怒,不可以不时。可亦为时,时亦为义⑪,喜怒以类合,其理一也。故义不义者,时之合类也⑫,而喜怒乃寒暑之别气也⑬。

【注释】

①有序而时：有次序而得时。一年春夏秋冬四时按照次序而运行。

②有度而节：有法度而节制。度、节，指天道运行的规律而言。一年有二十四节气，每月有二，三月为一季，这些都是度、节。

③反而有相奉：彼此相反而又相承。奉，承受、接受。苏舆注："春生与冬藏反，然相资以成岁功。"春天生长万物，冬天储藏万物，二者相反而相承。

④踔(chuō)：超越，高超。

⑤一：指阴或阳。苏舆注："一，谓阴阳不两起。"

⑥禁：苏舆注："禁，即上篇'谨藏禁内'之意。"苏说可从。

⑦化风之清微：教化风俗清明微妙。化风，教化风俗。清微，清明微妙，即指道的最高境界。

⑧不：旧本皆作"而"，刘师培曰："而，疑'不'字之讹。"刘说可从，今据校改。

⑨浅末华虚：内容浅薄而外表华美。浅末，浅薄而无深意。华虚，浮华而空虚。

⑩阿(ē)党：徇私扰法。阿，徇私、偏袒。党，袒护、偏袒。

⑪"可亦为时"二句：《礼记·学记》："当其可之谓时。"合乎时宜则为"义"，故曰"时亦为义"。

⑫"故义不义者"二句：这里是说"义"或者"不义"，与"时"或者"不时"相类。

⑬别气：另外一种气。别，另、另外。

【译文】

　　天道有次序而得时，有法度而节制，变化而有常规，彼此相反而又相承，微妙而极深远，高超而极精微，阴气或阳气单独运行而少有积蓄，广大而充实，空虚而盈满。圣人观察天道而行事，所以他谨守机密、禁止内部的奸邪而审察清楚好恶喜怒表现出来的道理，想与天不当时就不发出暖清寒暑的道理相符合;他把政令公告天下而教化风俗清明微妙,想与天颠倒暖清寒暑其中之一就不能成为一年的道理相符合;他以内容浅薄、外表华美为羞耻而重视敦厚忠信,想与天沉默不语而成就功德的道理相符合;他不徇私扰法而赞美博爱、兼利天下,想与天少下霜而多降雨以成就万物的道理相符合;他自我反省认为是对的而把它表现出来,但是不可以不合时宜。君主有喜有怒,不可以不合时宜地随意发出。在可以发出时发出就是合乎时宜,合乎时宜就是义,喜怒跟同类的事物是相合的,它们的道理是相同的。所以"义"或者"不义",与"时"或者"不时"相类,而喜怒就是寒暑的另外一种气的表现形式。

天辨在人第四十六

【题解】

本篇论述了天人同气、天人相应的哲学思想。"辨"与"变"通，所谓"天辨在人"，即指天地四时之变与人相通，"天乃有喜怒哀乐之行，人亦有春秋冬夏之气者，合类之谓也"。天地之间，阴居于虚位，阳居于实位，表现为"亲阳而疏阴"的特点，因而君主效法天地之时，也就必然要求"任德而远刑"，体现出了一种德主刑辅的政治思想。

难者曰："阴阳之会，一岁再遇①，遇于南方者以中夏②，遇于北方者以中冬③。冬丧物之气也，则其会于是何④？"曰⑤："如金木水火，各奉其所主以从阴阳⑥，相与一力而并功⑦。其实非独阴阳也，然而阴阳因之以起，助其所主。故少阳因木而起，助春之生也；太阳因火而起，助夏之养也；少阴因金而起，助秋之成也；太阴因水而起，助冬之藏也。阴虽与水并气而合冬⑧，其实不同，故水独有丧而阴不与焉⑨。是以阴阳会于中冬者，非其丧也。春，爱志也；夏，乐志也；秋，严志也；冬，哀志也。故爱而有严，乐而有哀，四时之则也。喜怒之情⑩，哀乐之义，不独在人，亦在于天；而春夏之阳,秋冬之阴,不独在天,亦在于人。人无春气,何以博爱而容众? 人无秋气,何以立严而成功⑪? 人无夏气,何以盛养而乐生? 人无冬气,何以哀死而恤丧⑫? 天无喜气,亦何以暖而春生育? 天无怒气,亦何以清而秋杀就⑬? 天无乐气,亦何以疏阳而夏养长⑭? 天无哀气,亦何以激阴而冬闭藏⑮? 故曰:天乃有喜怒哀乐之行,人亦有春秋冬夏之气者,合类之谓也⑯。匹夫虽贱,而可以见德刑之用矣。是故阴阳之行,终岁各六月⑰,远近同度而所在异处⑱。阴之行,春居东方,秋居西方,夏居空右,冬居空左,夏居空下,冬居空上⑲,此阴之常处也;阳之行,春居上,冬居下,此阳之常处也。阴终岁四移而阳常居实⑳,非亲阳而疏阴、任德而远刑与㉑?"

【注释】

①再遇:两次相遇。再,两次。

②中夏:指夏季之中。

③中冬:指冬季之中。

④是:指此时。

⑤曰:旧本皆无此字,刘师培校曰:"'金木水火'二句上应有'曰'字。"刘说可从,今据补。自此一下为答难者之词。

⑥所主:掌管的职责。主,掌管。

⑦相与一力而并功:相互竭尽各自的力量而合作完成共同的功业。一力,集中力量。并功,合作完成共同的功业。

⑧并气而合冬:合并为一气而形成冬天。

⑨与:参与。

⑩情:旧本皆作"祸",苏舆注:"'祸'字疑误。"惠栋校作"情",是。今据改。

⑪立严:建立威严。

⑫恤(xù):体恤,怜悯。

⑬杀就:使万物残败凋零。杀,衰退、残败。就,完成。

⑭疏:疏通。

⑮激:激励,激发。

⑯合类:天人相合而为一类。

⑰岁:旧本皆无此字,苏舆注:"'终'下疑脱'岁'字。下云:'阴阳终岁各一出。'"苏说可从,今据补。

⑱远近同度而所在异处:远近的度数相同而所在方位不同。度,度数。

⑲"夏居空下"二句:夏季时阳气极盛,养育万物,而阴气隐伏不出,不发生多大作用,因此说阴气"夏居空下",即隐伏在空虚无用的下位;冬季时阴气出来了,居于上位,但此时万物凋零,不能再生长发育,因而阴气实际上不能发生多大作用,因此说阴气"冬居空上"。

⑳实:实际的地位。

㉑与(yú):通"欤",句末语气词,表示疑问或感叹。

【译文】

有人提问说:"阴阳交会,一年两次相遇,在南方相遇时是在夏季之中,在北方相遇时是在冬季之中。冬季充满着使万物丧亡之气,那么阴阳为什么在这个时候相遇呢?"回答说:"就像金木水火一样,它们各自奉行本身的职责而随顺阴阳,相互竭尽各自的力量而合作完成共同的功业。其实不单单是阴阳,但阴阳是因此而兴起的,并帮助它们完成各自的职责。因此少阳凭借木而兴起,帮助春天生长万物;太阳凭借火而兴起,帮助夏天养育万物;少阴凭借金而兴起,帮助秋天成就万物;太阴凭借水而兴起,帮助冬天储藏万物。阴虽然和水合并为一气而形成冬天,其实它们并不相同,所以水单独使万物丧亡而阴不参与此事。因而阴阳在冬季之中相遇，并不会使万物丧亡。春天，具有仁爱的心志；夏天，具有快乐的心志；秋天，具有严厉的心志；冬天，具有悲哀的心志。所以仁爱而同时严厉，快乐而同时悲伤，这是四季的法则。喜怒的情感，哀乐的道理，不独人具有，天也具有；而春、夏的阳气，秋、冬的阴气，不独天具有，人也具有。人没有春气，怎么能够广博爱人而容纳大众呢？人没有秋气，怎么能够建立威严而完成功业呢？人没有夏气，怎么能够丰厚养人而使生活快乐呢？人没有冬气，怎么能够哀悼逝者而体恤丧亡呢？天没有喜气，又怎么能够暖和而在春季生长万物呢？天没有怒气，又怎么能够寒凉而在秋季使万物凋零呢？天没有乐气，又怎么能够疏通阳气而在夏季养长万物呢？天没有哀气，又怎么能够激发阴气而在冬季闭藏万物呢？所以说：天有喜怒哀乐的行为，人也有春秋冬夏四气，这就是天人相合而为一类的意思。平民庶人虽然地位低贱，但是也可以看到德教和刑罚的用途。因此阴阳的运行，一年之中各有六个月，运行时远近的度数相同而所在方位不同。阴的运行，春季处于东方，秋季处于西方，夏季处于右边的空位，冬季处于左边的空位，夏季处于下边的空位，冬季处于上边的空位，这是阴经常居处的位置；阳的运行，春季处于上位，冬季处于下位，这是阳经常居处的位置。阴一年之中四次迁移位置而阳经常处于实际的地位，这不就是亲近阳而疏远阴、施行德政而慎用刑罚吗？"

"天之志，常置阴空处，稍取之以为助。故刑者德之辅，阴者阳之助也。阳者，岁之主也，天下之昆虫随阳而出入，天下之草木随阳而生落，天下之三王随阳而改正①，天下之尊卑随阳而序位。幼者居阳之所少②，老者居阳之所老，贵者居阳之所盛，贱者居阳之所衰。藏者③，言其不得当阳。不当阳者，臣、子是也；当阳者，君、父是也。故人主南面，以

阳为位也。阳贵而阴贱,天之制也。礼之尚右,非尚阴也④,
敬老阳而尊成功也。"

【注释】

①改正:即指改正朔。

②阳之所少:即少阳之位。

③藏者:即指阴。

④"礼之尚右"二句:殷、汉之制皆尚右,董仲舒承此而言。右为阳,
左为阴,因此"尚右"即"尚阳"而非"尚阴"。

【译文】

"天的意志,经常把阴安置在空虚无用的地方,稍微取来作为辅助。
因此刑罚是德政的辅助,阴是阳的辅助。阳,是一年之中的主管,天下
的昆虫随着阳而出动或蛰伏,天下的草木随着阳而生长或凋零,天下三
代的帝王随着阳而改订正朔,天下的尊卑随着阳而排定位置的次序。
年幼的处于少阳的位置,年老的处于老阳的位置,地位高贵的处于盛阳
的位置,地位低下的处于衰阳的位置。闭藏,即表示不能面对阳的意
思。不能面对阳的是臣下、儿子;面对阳的是君主、父亲。因此君主面
对南方,坐在阳位。阳是高贵的而阴是低贱的,这是天的制度。礼制崇
尚右位,并非是崇尚阴,而是尊敬老阳而推崇成功的意思。"

阴阳位第四十七

【题解】

本篇论述阴阳二气出入运行的方向和位置,故称"阴阳位"。阳以南为位,以北为休;阴以北为位,以南为伏。阳出入皆为实位,阴出入皆为空位,董仲舒以此来表明"天之任阳不任阴、好德不好刑",并由此得出君主"好德不好刑"的政治主张,因为天与人"合类之谓也"。这成为董仲舒反复申述的主要政治哲学思想。

阳气始出东北而南行,就其位也①;西转而北入,藏其休也②。阴气始出东南而北行,亦就其位也;西转而南入,屏其伏也③。是故阳以南方为位,以北方为休;阴以北方为位,以南方为伏。阳至其位而大暑热,阴至其位而大寒冻④。阳至其休而入化于地⑤,阴至其伏而避德于下。是故夏出长于上⑥、冬入化于下者,阳也;夏入守虚地于下、冬出守虚位于上者,阴也。阳出实入实,阴出空入空,天之任阳不任阴、好德不好刑,如是也。故阴阳终岁各一出。

【注释】

①就：接近，靠近，趋向。

②休：停止，休息。

③屏（bǐng）其伏：隐退而潜伏起来。屏，退、隐退。其，犹"而"。伏，
　潜伏、藏匿。

④"阳至其位而大暑热"二句：《白虎通义·诛伐篇》："夏至阴始起，
　反大热何？阴气始起，阳气推而上，故大热也。冬至阳始起，反
　大寒何？阴气推而上，故大寒也。"大，极其、非常。

⑤化：融化，消除。

⑥长：长养万物。

【译文】

　　阳气开始出现在东北方而往南运行，趋向于它的位置；转向西方而
进入北方，就隐藏而休息了。阴气开始出现在东南方而往北运行，也趋
向于它的位置；转向西方而进入南方，就隐退而潜伏起来了。因此阳气
以南方作为它执行任务的方位，以北方作为它休息的位置；阴气以北方
作为它执行任务的方位，以南方作为它潜伏的位置。阳气运行到它执
行任务的方位时，天气非常炎热；阴气运行到它执行任务的方位时，天
气非常寒冷。阳气运行到它休息的位置时就融化在地上，阴气运行到
它潜伏的位置时就避开德行而躲在地下。所以在夏季出来长养万物、
在冬季融化于地下，这是阳气；夏季在地下守着空虚无用的位置、冬季
在地上守着空虚无用的位置，这是阴气。阳气的出入都处于实际的位
置，阴气的出入都处于空虚的位置，天任用阳而不任用阴、喜好德教而
不喜好刑罚，就如同这样。因此阴阳在一年之中各出现一次。

阴阳终始第四十八

【题解】

　　本篇论述了天道运行的规律。天道的运行，终而复始，阴阳两气互为消长，阴盛则阳衰，阳盛则阴衰。阴阳之气，阴出则阳入，阳出则阴入，它们互济、互补，保持着一定的平衡。性质相类之气，如春季少阳之气和木气、冬季太阴之气和水气，各自呼应而趋向于和自己相类的事物，并各自担负起自己所主掌的职能，如春生、夏长之类，由此而形成了天道运行的四时更迭、循环不已的变化。董仲舒还从神学目的论的观点出发，提出了"天之道有伦、有经、有权"的说法。

　　天之道，终而复始。故北方者，天之所终始也，阴阳之所合别也①。冬至之后，阴俛而西入，阳仰而东出②，出入之处常相反也③。多少调和之适，常相顺也④。有多而无溢，有少而无绝。春夏阳多而阴少，秋冬阳少而阴多。多少无常⑤，未尝不分而相散也。以出入相损益⑥，以多少相溉济也⑦。多胜少者倍入⑧，入者损一而出者益二⑨。天所起，一动而再倍⑩，常乘反衡再登之势⑪，以就同类，与之相报⑫。故其气相侠⑬，而以变化相输也⑭。春秋之中，阴阳之气俱相并也⑮。中春以生，中秋以杀⑯。由此见之，天之所起，其气积；天之所废，其气随⑰。故至春，少阳东出就木，与之俱生；至夏，太阳南出就火，与之俱暖，此非各就其类而与之相起与⑱？少阳就木，太阳就火，火木相称⑲，各就其正⑳，此非正其伦与㉑？至于秋时，少阴兴，而不得以秋从金，从金而伤火功㉒，虽不得以从金，亦以秋出于东方，俛其处而适其事㉓，以成岁功，此非权与㉔？阴之行，固常居虚而不得居实，至于冬而止空虚㉕，太阴乃得北就其类，而与水起寒㉖。是故天之道有伦、有经、有权。

【注释】

①合别：会合与分别。苏舆注："阴阳以中冬相遇于北方，旋复别行，故云'合别'。"

②"阴俛（fǔ）而西入"二句：阴气居西，运行东转遇到阳气，俯而下行，转入西方；阳气居东，北转遇到阴气，仰而上行，上行之阳气，本由东方所出。俛，同"俯"，向下。仰，向上。俛、仰对文而言。

③出入之处常相反：阳气居于东而阴气居于西，二者居处的位置正相反。

④"多少调和之适"：阴阳之气的运行，在开始比例多少的调配上却常常是相互适应的。《淮南子·诠言训》："阳气起于东北，尽于西南；阴气起于西南，尽于东北。阴阳之始，皆调适相似。"

⑤无常：不固定而多变动。

⑥损益：增减，改动。

⑦溉（gài）济：灌通调剂，即互济互补之意。

⑧倍入：陶鸿庆云："'倍入'上当有'出'字，文义始明。损一益一，则出倍于入。"陶说可从。阴阳之气运行时，一方损一而一方益

一，则所出倍于所入。倍，一倍、加倍。

⑨入者损一而出者益二：陶鸿庆曰："'益二'，当作'益一'。《天道无二篇》云：'故开一塞一，起一废一，至毕时而止。'即其义也。盖春、秋二分，阴、阳相半，损一益一，则出倍于入，故曰'入者损一而出者益一'也。后人见上有'倍入'之文，臆改为'益二'，则不可通也。"陶说可从。

⑩"天所起"二句：苏舆注："凡天之所起，一动而再倍其气，以助发生。"天道运行之时，阴阳二气中的一方减一，另一方则加倍。

⑪反衡再登之势：从反方向而来的不断上升的力量。横，古代马车前面的横木。反衡，即指与马车前面的横木相反的方向。

⑫相报：相互呼应。报，呼应。

⑬相侠：相互和洽。侠，通"浃(jiā)"，和洽、通透。

⑭输：流转贯通。

⑮并：合并。

⑯"中春以生"二句：中春、中秋，即指仲春、仲秋。

⑰随：陶鸿庆云："'随'读为'堕'。"其说可从。堕，委顿散逸之意。

⑱相起：共同兴起。起，兴起、生起。董仲舒有"同类相动"之说。

⑲相称(chèn)：相互配称。

⑳各就其正：各自发挥本身所主掌的职能。

㉑正其伦：使阴阳之气各归其类。伦，伦类。

㉒"至于秋时"四句：五行学说以四季配五行，春为木，夏为火，秋为金，冬为水。土王四季，置于夏秋之交，所以农历七月初虽为秋季，少阴之气兴起，但不能将此少阴之气趋从于金，因为金气主肃杀，金气早至就会损伤夏季之火的温暖长养之功。

㉓俛其处而适其事：居于下位而成就自己应该成就的事业。张之纯《春秋繁露评注》曰："秋气本出于西方，而秋三月太白星则先日出于东方，既昏而西，西而坠，故曰'俛其处'也。"

㉔权:权变。这里以五行配四时,将土置于夏秋之交,以此成岁,这
　　正是权变的表现。

㉕至于冬而止空虚:到了冬季而止息在空虚之位。阳实阴虚,夏阳
　　冬阴,因此说"至于冬而止空虚"。

㉖"太阴乃得北就其类"二句:太阴之气才能往北运行而趋向于和
　　它同类的事物,与水一起兴起寒冷。太阴,旧本均作"太阳",苏
　　舆注:"太阳,当为'太阴'。《白虎通义·五行篇》:'火者盛阳,水
　　者盛阴。'又云:'水,太阴也。'"苏说是,今据改。

【译文】

　　天道的运行,终结之后又开始。因此北方是天道运行的终结和开
始之处,也是阴阳二气会合与分别之处。冬至以后,阴气运行东转遇到
阳气,俯而下行,转入西方,阳气运行北转遇到阴气,仰而上行,上行的
阳气本来由东方所出,阴阳之气出入的位置常常是相反的。阴阳之气
的运行,在开始比例多少的调配上却常常是相互适应的。势力增长之
气不至于盈满过度,势力消减之气也不会灭绝殆尽。春夏两季阳气势
力大而阴气势力小,秋冬两季阳气势力小而阴气势力大。阴阳之气势
力的大小并不固定而是经常变动,它们不会长久地混处在一起而是会
相互分散开。它们此出彼入而互相损益,在比例多少的调配上互济互
补。当势力大的一方胜过势力小的一方时,所出一方的势力相对于所
入一方的势力来说则增益一倍,所入一方的势力减损一分,则所出一方
的势力就会增益一倍。天道运行之时,阴阳二气一方发动而另一方则
加倍回应,常常是乘着从反方向而来的不断上升的力量,以趋向于同类
的事物,并与之相互呼应。因此阴阳之气是相互和洽的,它们在变化中
相互流转贯通。春秋两季所包含的月份中,阴阳二气相互合并在一起。
仲春的时候生长,仲秋的时候退藏。由此可见,天道运行至某气应该强
盛时,这种气就积聚起来;天道运行至某气应该消减时,这种气就委顿
散逸了。所以到了春季,少阳之气出现在东方而趋向于木,与木一起生

长万物;到了夏季,太阳之气出现在南方而趋向于火,与火一起温暖万物。这难道不是同类之气相互吸引而又共同生起吗?少阳之气趋向于木,太阳之气趋向于火,火与木各自互相配称,各自发挥着本身所主掌的职能。这难道不是使阴阳之气各归其类吗?到了秋季,少阴之气兴起,但是它不能在秋季趋从于金,如果它趋从于金则会损伤火的温暖长养之功。虽然它不能趋从于金,却也仍然在秋季出现在东方,居于下位而成就自己应该成就的事业,以完成天道一年的运行之功,这难道不是权变吗?阴气的运行,本来应当是常处于虚位而不居于实位,到了冬季而止息在空虚之位,这样太阴之气才能往北运行而趋向于和它同类的事物,与水一起兴起寒冷。因此天道的运行有伦类、有常道、有权变。

阴阳义第四十九

【题解】

　　本篇通过对天人之间的比附，申述了天人合一与天人感应的理论，提出君主在施政时应该尚德缓刑、喜怒必合于义以与天道相应的观点。用阴阳之气的变化来讲政治，是以董仲舒为代表的汉代新儒家的说法。阴阳与四季的关系，春为少阳，夏为太阳，秋为少阴，冬为太阴。春生、夏长、秋收、冬藏。阳为德，阴为刑，春夏生长为德，秋冬严杀为刑。太阴、冬季，万物都枯萎，这时是"空"，天入冬为杀。这叫"太阴用于空"。丧也是空，所以"太阴用于丧"，杀的成分就减少了。

　　天道之常①，一阴一阳。阳者，天之德也；阴者，天之刑也②。迹阴阳终岁之行③，以观天之所亲而任④。成天之功，犹谓之空，空者之实也。故清溧之于岁也⑤，若酸咸之于味也，仅有而已矣。圣人之治，亦从而然。天之少阴用于功⑥，太阴用于空⑦。人之少阴用于严⑧，而太阴用于丧⑨。丧亦空，空亦丧也。是故天之道以三时成生⑩，以一时丧死⑪。死之者，谓百物枯落也；丧之者，谓阴气悲哀也。天亦有喜怒之气、哀乐之心，与人相副。以类合之，天人一也。春，喜气也,故生;秋,怒气也,故杀;夏,乐气也,故养;冬,哀气也,故藏。四者,天人同有之,有其理而一用之⑫。与天同者大治⑬,与天异者大乱。故为人主之道,莫明于在身之与天同者而用之,使喜怒必当义而出,如寒暑之必当其时乃发也;使德之厚于刑也,如阳之多于阴也。是故天之行阴气也⑭,少取以成秋,其余以归之冬;圣人之行阴气也,少取以立严,其余以归之丧。丧亦人之冬气,故人之太阴不用于刑而用于丧,天之太阴不用于物而用于空。空亦为丧,丧亦为空,其实一也,皆丧死亡之心也⑮。

【注释】

①天道:卢本、苏本作"天地",钟肇鹏注曰:"仲舒言天人相与、天人合一之道,皆以天与人相类为说。天道有阴阳,故君主治道有刑德。《五行大义》第七《论合德》引《繁露》正作'天道之常',知古本作'天道'。卢本、苏本臆改为'天地',无据。"钟说是,今据正。

②"阳者"四句:以阴阳比附德刑,这是将阴阳政治化的基础。

③迹阴阳终岁之行:探索、考察阴阳之气在一年中的运行情况。迹,探索、考察之意。阴阳终岁之行,在一年中阴阳的运行情况。

④观天之所亲而任:观察天亲的是什么、任用的是什么。

⑤清溧(lì):即清凉寒冷之意。溧,通"洌"。《说文解字》:"洌,寒也。"

⑥天之少阴用于功:天的少阴之气用来佐助阳气以成就秋季万物的成熟之功。功,指秋天庄稼成熟。少阴之秋气,佐助阳气成熟万物,故曰"用于功"。

⑦太阴用于空:太阴之气用来形成冬季万物的萧条、空寂。太阴之冬气,用来蓄藏、丧亡万物,故曰"用于空"。

⑧人之少阴用于严：人的少阴之气，用于威严、肃杀之时。严，行刑、肃杀之意。少阴之气属秋，秋主肃杀。以人法天，人之少阴在秋，所以秋日行刑罚、肃杀之事。

⑨丧：丧亡。《说文解字》："丧，亡也。"亡，即"空"意，所以下文"丧"、"空"互训。

⑩三时：指春、夏、秋三季。下文的"一时"指冬季。

⑪丧死：在人事中为"悲哀"之事，万物"丧死"在冬季，而冬季为太阴之气主事，所以说："丧之者，谓阴气悲哀也。"

⑫有其理而一用之：它们的道理相同而作用也是一样的。有其理，承上句，指天、人有相同之理。一用之，指它们的作用也是相同的。

⑬与天同者：一方面指君主的喜、乐、怒、哀与天的春、夏、秋、冬四季相同；一方面指君主的仁德、刑罚和天的阳气、阴气相一致而成比例。

⑭行：运行，运用。

⑮心：刘师培云："'心'疑'意'脱。"刘说可从。

【译文】

天道运行的常规，就是一阴一阳。阳气，是天的仁德；阴气，是天的刑罚。探索、考察阴阳之气终年的运行，以观察天所亲近和任用的，由此可见天的刑罚和仁德的施用。阴气佐助阳气来成就天的职能和功用，仍然还称之为空虚，因为空虚是阴气的实质。所以清凉寒冷相对于年岁而言，就和酸、咸相对于味道一样，仅仅是作为陪衬而存在。圣人治理天下，也是遵循这样的天道原则来进行的。天的少阴之气用来佐助阳气以成就秋季万物的成熟之功，太阴之气用来形成冬季万物的萧条、空寂。人的少阴之气用于威严、肃杀之时，而太阴之气用于丧亡之事。丧亡即空虚，空虚即丧亡。所以天道的运行，以春、夏、秋三个季节来生长、成熟事物，以冬季一个季节来丧死事物。所谓死，是指百物的枯落、凋零;所谓丧,是指阴气悲哀的意思。天也有喜悦、愤怒之气,悲哀、快乐之心,和人相一致。从类的角度相比,天和人是合一的。春季,为喜气,所以生长万物;秋季,为怒气,所以肃杀万物;夏季,为乐气,所以养育万物;冬季,为哀气,所以储藏万物。这四类气,天和人共同具有,它们的道理相同而作用也是一样的。跟天道相吻合就会天下大治,与天道相悖逆就会天下大乱。所以作君主的道理,就是要明察自身与天相同的方面并运用它,使喜悦、愤怒必定符合义理才表现出来,就像寒暑必定符合于时节才发生一样;使仁德比刑罚深厚,就像阳气多于阴气一样。所以天对阴气的使用,取一小部分以成秋季,其余的归属于冬季;圣人对阴气的使用,取一小部分以成威严,其余的都归于丧事。丧亡也是人的冬气,所以人的太阴之气不用于刑罚而用于丧亡之事,天的太阴之气不用于万物而用于空虚。空也就是丧,丧也就是空,其实质是相同的,都是指的丧失、死亡的意思。

阴阳出入上下第五十

【题解】

本篇认为,天道运行的常规,表现为作为"相反之物"的阴阳二气不能同时、同地一起出现。如春季,阳气出现而阴气退入;秋季,阴气出现而阳气退入;夏季,阳气在右边而阴气在左边;冬季,阴气在右边而阳气在左边。右为上,左为下,所以冬季下暖而上寒,夏季上暑而下寒。春分、秋分时,阴阳二气分别相会于南方和北方,昼夜长短平均而且气温寒暖适宜。此后阴阳之气各自向自己相反的方向运行,势力彼此相互损益,形成了一年的春、夏、秋、冬四季和农历的二十四节气,完成了天地一岁的运行之功。本篇从神学目的论的观点出发,试图说明天道的运行是在天的意志支配下进行的,是天的意志的表现。

天道大数[①],相反之物也,不得俱出,阴阳是也。春,出阳而入阴;秋,出阴而入阳;夏,右阳而左阴;冬,右阴而左阳。阴出则阳入,阳出则阴入,阴右则阳左,阴左则阳右。是故春俱南,秋俱北,而不同道[②];夏交于前,冬交于后,而不同理[③]。并行而不相乱,浇滑而各持分[④],此之谓天之意。而何以从事?天之道,初薄大冬[⑤],阴阳各从一方来而移于后⑥。阴由东方来西，阳由西方来东，至于中冬之月⑦，相遇北方，合而为一，谓之日至⑧。别而相去，阴适右，阳适左。适左者，其道顺；适右者，其道逆。逆气左上，顺气右下，故下暖而上寒⑨。以此见天之冬，右阴而左阳也，上所右而下所左也⑩。冬月尽，而阴阳俱南还。阳南还出于寅，阴南还入于戌⑪，此阴阳所始出地入地之见处也。至于中春之月，阳在正东，阴在正西，谓之春分。春分者，阴阳相半也，故昼夜均而寒暑平。阴日损而随阳⑫，阳日益而鸿⑬，故为暖热。初得大夏之月，相遇南方，合而为一，谓之日至⑭。别而相去，阳适右，阴适左，适左由下，适右由上，上暑而下寒。以此见天之夏，右阳而左阴也，上其所右，下其所左。夏月尽，而阴阳俱北还。阳北还而入于申，阴北还而入于辰⑮，此阴阳之所始出地入地之见处也。至于中秋之月，阳在正西，阴在正东，谓之秋分。秋分者，阴阳相半也，故昼夜均而寒暑平。阳日损而随阴，阴日益而鸿，故至于季秋而始霜，至于孟冬而始寒，小雪而物咸成⑯，大寒而物毕藏，天地之功终矣。

【注释】

①大数：总的规律。数，规律。

②道：指阴阳之气运行的轨迹。

③"夏交于前"三句：交，交会、会合。前，指南方。后，指北方。理，代替治理。

④浇淈（gǔ）而各持分：互有交错而各自保持本身的职分。浇淈，交错、交会之意。浇，通"挠"，搅乱。淈，通"汩"，扰乱。

⑤初薄大冬：初冬时节。薄，迫近。大冬，严冬。

⑥阴阳各从一方来而移于后：阴阳之气各自从相反的方向而来又各自运行到对方以前所在的位置。阴气从东方来，阳气从西方来，所以说"阴阳各从一方来"；阴气由东至西运行，阳气由西至东运行，所以说"而移于后"。

⑦中冬：指仲冬，冬季的第二个月，即农历的十一月。中，通"仲"。

⑧日至：苏本作"曰至"，卢本、凌本作"日至"，作"日至"是，今据正。二十四节气中的冬至、夏至都被称为"日至"，这里是指冬至。

⑨"逆气左上"三句：钟肇鹏云："'逆气'谓阴气，'顺气'谓阳气。上文云：'阴适右，阳适左'，是逆气右上，顺气左下。阴气在上故寒，阳气在下故暖，所以说'故下暖而上寒'，则此句当作'逆气右上，顺气左下'。旧本'左'、'右'二字误倒，应乙正。"钟说可从。

⑩上所右而下所左也：右边的阴气在上而左边的阳气在下。冬季阴气在右而阳气在左，右为上而左为下，所以说"上所右而下所左也"。

⑪"阳南还出于寅（yín）"二句：董仲舒以十二地支来表示阴阳之气出入的时间。寅时为凌晨三点至五点，戌（xū）时为晚上七点至九点。

⑫随：随顺，从属。

⑬鸿：宏大，强盛。

⑭日至：这里是指夏至。

⑮"阳北还而入于申"二句：这里是说冬季太阳出于辰时而入于申时，阴气向北运行则是入于辰时而出于申时。辰时指早上五点至七点，申时指下午三点至五点。第二个"入"字，苏本误作"出"，殿本、凌本作"入"，是。今据正。

⑯咸：全，都。

【译文】

天道运行的总规律,是性质相反的事物,不能一起出现,这就是阴阳二气。春季,阳气出现而阴气退入;秋季,阴气出现而阳气退入;夏季,阳气在右而阴气在左;冬季,阴气在右而阳气在左。阴气出现则阳气退入,阳气出现则阴气退入,阴气在右边则阳气在左边,阴气在左边则阳气在右边。所以春季的时候阴阳之气都往南运行,秋季的时候都往北运行,但运行的轨迹却不同。夏季时阴阳之气会合于南方,冬季时阴阳之气会合于北方,但它们互相代替治理而并不相同。它们并行但不相互扰乱,互有交错而各自保持本身的职分,这就是天的意志。那么天又如何去具体实现自己的意志呢? 天的运行,初冬时节,阴阳之气各自从相反的方向而来又各自运行到对方以前所在的位置。阴气由东方运行到西方,阳气由西方运行到东方,到仲冬之月的时候,阴阳之气在北方相遇,合而为一,称为冬至。此后阴阳之气分开而各自离去,阴气往右边运行,阳气往左边运行,往左边的阳气,它运行的道路是顺行;往右边的阴气,它运行的道路是逆行。逆行的阴气处于右上方,顺行的阳气处于左下方,所以上方寒凉而下方温暖。从这里可以认识天的冬季,右边为阴气而左边为阳气,右边的阴气在上方而左边的阳气在下方。冬季结束后,阴阳之气都向南运行。阳气向南运行而在寅时出现,阴气向南运行而在戌时退入,这就是阴阳之气开始出现在地面或者退入地下时可以看见的时候。到了仲春之月的时候,阳气在正东方向,阴气在正西方向,这称为春分。所谓春分,就是阴阳之气各占一半,所以白天和夜晚的时间长短平均而气温寒暖适宜。此后阴气日渐减损而从属于阳气,阳气日渐增益而力量强大,因此天气就暖热。刚进盛夏的那个月,阴阳之气相遇于南方,合而为一,称为夏至。此后阴阳之气分开而各自离去,阳气往右边运行,阴气往左边运行,往左去的阴气从下面运行,往右边去的阳气从上面运行,所以上面暑热而下面寒冷。从这里可以认识天的夏季,右边为阳气而左边为阴气,右边的阳气在上方而左边的阴气在下方。夏季结束后,阴阳之气都向北运行。阳气向北运行而在申时退入,阴气向北运行而在辰时退入,这就是阴阳之气开始出现在地面或者退入地下时可以看见的时候。到了仲秋之月的时候,阳气在正西方向,阴气在正东方向,这称为秋分。所谓秋分,也是阴阳之气各占一半,所以白天和夜晚的时间长短平均而气温寒暖适宜。此后阳气日渐减损而从属于阴气,阴气日渐增益而力量强大,因此到了农历九月季秋时节而开始降霜,到了农历十月孟冬时节而开始寒冷,到了十一月小雪时节而万物全都长成,到了十二月大寒时节而万物都被收藏起来,这样天地一年运行的岁功也就完成了。

天道无二第五十一

【题解】

　　本篇由天道比附人事，认为天道和人事都是"贵一贱二"。从天道来看，阴阳之气作为性质相反之物，或出或入，或处于右，或处于左，不能同时并起，以此说明天道是统一的。且阳气出现在前，阴气出现在后，说明天以阳气而不以阴气、以仁德而不以刑罚为主宰。在人事中也是如此，如眼睛不能两视，耳朵不能两听，君子只有使自己的心意集中于善行，而不三心二意，才能立足于社会。君子治理国家也需要有一定的常规，才能取得成功。恒常地守一不二，即是天道；事物不论大小和难易，违背了天道，就不会成功。本篇由"天之任阳不任阴，好德不好刑"得出"君子贱二而贵一"的结论，其天人比附的理论基础就是"天道无二"。

　　天之常道，相反之物也，不得两起①，故谓之一。一而不二者，天之行也。阴与阳，相反之物也，故或出或入，或右或左。春俱南，秋俱北，夏交于前，冬交于后，并行而不同路，交会而各代理②，此其文与③！天之道，有一出一入，一休一伏，其度一也，然而不同意④。阳之出，常县于前，而任岁事⑤；阴之出，常县于后，而守空虚⑥。阳之休也，功已成于上，而伏于下；阴之伏也，不得近义，而远其处也⑦。天之任阳不任阴，好德不好刑，如是。故阳出而前，阴出而后，尊德而卑刑之心见矣。阳出而积于夏，任德以岁事也；阴出而积于冬，错刑于空处也⑧，必以此察之。天无常于物，而一于时，时之所宜，而一为之。故开一塞一、起一废一，至毕时而止⑨。终有复始于一，一者，一也。是于天凡在阴位者，皆恶乱善，不得主名⑩，天之道也。故常一而不灭，天之道⑪。事无大小，物无难易，反天之道无成者。是以目不能二视，耳不能二听，手不能二事。一手画方，一手画圆，莫能成。人为小易之物，而终不能成，反天之不可行，如是。是故古之人物而书文⑫，心止于一中者，谓之忠；持二中者⑬，谓之患。患，人之中不一者也，不一者，故患之所由生也。是故君子贱二而贵一。人孰无善？善不一，故不足以立身；治孰无常？常不一，故不足以致功。《诗》云⑭："上帝临汝，无二尔心。"知天道者之言也！

【注释】

①两起：指两者同时并起。

②"阴与阳"十句：这里讲的阴阳，指的是天气，即气候变化。用阴阳解释四季变化。阴阳出入，就是寒暑变化。阴出阳入，就是秋冬季节；阳出阴入，就是春夏季节。四季画一圆圈，春季，阳气从东方（左）向南，阴气从西方（右）向南，这就是"春俱南"；秋季，阳气从西方（右）向北，阴气从东方（左）向北，这就是"秋俱北"；夏季，阴阳之气在南方（前）相交，就是"夏交于前"；冬季，阴阳之气

相交于北方(后),就是"冬交于后"。一齐运行,但左右不同路。相交在南北时,阴阳互相代理。冬至日,阳气初生,渐长,阴气由盛转衰;夏至日,阳气开始转衰,阴气初生,渐长。这种交替,叫"代理"。

③文:指天文。

④"天之道"五句:阴阳出入就是休伏。这是一样的,但意义不同。度,规律。意,意义。

⑤"阳之出"三句:阳气在夏季主管自然界。县(xuán),同"悬",悬挂,这里引申为出现之意。岁事,指一年的任务,主管生长。

⑥"阴之出"三句:阴气主秋冬,为肃杀之气,冬季万物藏起来,表现空虚。

⑦"阴之伏也"三句:春、夏二季,万物生长,阴气主肃杀,所以相对于春、夏二季来说,阴气是不适宜的,因此阴气远离其所处的位置而休伏。义,指适宜。

⑧"阴出而积于冬"二句:阴气放在冬季,没有什么可杀的。错,同"措",放置。

⑨至毕时而止:指到年终岁末为止。

⑩不得主名:指阴不得居于主宰、主导的地位。

⑪"故常一而不灭"二句:常一而不灭,苏舆注:"'灭'疑作'二'。"钟肇鹏校作'二',并注曰:"宋本、明抄本'二'均作'贰',脱烂误抄为'灭',其义难通。'常一而不二',正本篇《天道无二》之义。"钟说可通。天,苏舆注:"'天'上疑脱'法'字。"苏说可从。

⑫物而书文:即因物而书文。谓根据事物的品性而创制文字。

⑬二中:有二心,指不能一心一意。

⑭《诗》云:下引文见《诗经·大雅·大明》,意思是说上帝监视着你,你不可以存有二心。

【译文】

天道运行的不变法则，就是性质相反的事物，不能两者同时并起，所以称之为一。一而不二，就是天道的运行。阴气与阳气，是性质相反的事物，所以它们一个出现，另一个则退入，一个在右边，另一个则在左边。春季，它们都往南运行；秋季，都往北运行；夏季，在前方交会；冬季，在后方交会，它们并行而道路不同，交会时各自一长一消，互相代替治理，这就是它们运行中的条理啊！天道的运行，一个出现则另一个就退入，一个在位则另一个就隐伏，其规律是一样的，但二者的意义并不相同。阳气的出现，常常在阴气之前，而主宰完成一年的任务；阴气的出现，常常在阳气之后，它没有什么实际任务而只是处于空位。冬季时阳气退藏而休伏于地下，表示其主宰岁事的任务和功能已经完成，因而退伏于下；夏季时阴气退藏而休伏于地下，是因为阴气在春夏之际为不适宜，所以远离它的位置而退伏于地下。天就是这个样子，以阳气作为主宰而不用阴气作为主宰，以仁德为主而不以刑罚为主。所以阳气出现在前而阴气出现在后，天重仁德而不重刑罚的意思就表现出来了。阳气出现并在夏季积聚而达到顶点，这表示天重仁德以成就一年的岁事；阴气出现并在冬季积聚而达到顶点，这表示天安置刑罚于空虚无用之处，必须这样来加以明察。天对于万事万物并没有固定不变的态度，可是对于四时阴阳的消长却有不变的规定，某个季节适宜于哪一种性质的气，就由哪一种性质的气在那个季节专一地行使自己的职能。所以放开一个同时也就关闭一个，兴起一个同时也就废止一个，一直到年终岁末为止。终结之后又重新出现，还是从专一开始，一指的就是专一。因此对于天来说，凡是处在阴位的事物，都唯恐其扰乱善事，而使它不能处于主导和主宰的地位，这就是天道。因此恒常地守一不二，就是效法天道。事物不论大小和难易，违背了天道就不会成功。因此眼睛不能同时观看两种东西，耳朵不能同时倾听两种声音，一双手不能同时去做二件不同的事情。用一只手画方形，另一只手画圆形，没有能够成功的。人们做那些特别容易成功的小事情,但却因为违背了天道而最终不能够做成功,说明了天道是如此地不可背逆。所以古时候的人根据事物的品类来创制文字,专心于一处、一心一意者,称之为"忠";持有二心者,称为"患"。患,就是指人心中不专一,不专一,所以就产生"患"。因此君子贬抑三心二意而提倡一心一意。人怎么会不善呢? 主要问题在于不能坚持善,所以不能够立身;治理怎么会没有常规呢? 主要问题在于不能坚持常规,因此不能成功。《诗经》说:"上帝在看着你,你不要有二心啊!"这是懂得天道的人说的话!

暖燠常多第五十二

【题解】

"暖燠(yù)常多",指温暖的时日常常多于寒冷的日子。本篇即由天道运行中的温暖之日多于寒凉之日来比附人事,认为人事应该效法天道,统治者要多施仁政而不是刑罚于民。因为上天的法则,既出温暖之阳气以生育万物,又出寒凉之阴气以帮助万物成熟。所以温暖与寒凉是年岁流转运行中的精华。但更为重要的是必须分清温暖与寒凉在年岁中谁占的份额更大,不了解温暖之日多于寒凉之日,就会违背上天的法则,做事情再劳苦也不会成功。为此,君王应该多行仁政而不是暴政,才会使天地正道更为彰明。至于"禹水汤旱",并不是正常的、必然会发生的事情,而只是碰巧世运更迭变化、阴阳之气失去平衡所导致的,不能以偶然发生的这种变化来怀疑天道运行中阳气盛于阴气、仁政胜于暴政的正常观点。

天之道,出阳为暖以生之,出阴为清以成之。是故非薰也不能有育①,非凓也不能有熟②,岁之精也③。知心而不省薰与凓孰多者④,用之必与天戾⑤。与天戾,虽劳不成。是自正月至于十月,而天之功毕。计其间,阴与阳各居几何?薰与凓其日孰多?距物之初生,至其毕成,露与霜其下孰倍?

故从中春至于秋,气温柔和调。及季秋九月,阴乃始多于阳,天于是时出凔下霜。出凔下霜,而天降物固已皆成矣。故九月者,天之功大究于是月也⑥,十月而悉毕。故案其迹⑦,数其实,清凔之日少少耳⑧。功已毕成之后,阴乃大出。天之成功也,少阴与而太阴不与⑨,少阴在内而太阴在外,故霜加于物,而雪加于空。空者,亶地而已⑩,不逮物也⑪。功已毕成之后,物未复生之前,太阴之所当出也。虽曰阴,亦以太阳资化其位⑫,而不知所受之。故圣王在上位,天覆地载,风令雨施。雨施者,布德均也;风令者,言令直也。《诗》云⑬:"不识不知,顺帝之则。"言弗能知识,而效天之所为云尔。禹水汤旱,非常经也,适遭世气之变,而阴阳失平⑭。尧视民如子,民视尧如父母。《尚书》曰⑮:"二十有八载,放勋乃殂落,百姓如丧考妣。四海之内,阏密八音三年。"三年阳气厌于阴⑯,阴气大兴,此禹所以有水名也。桀,天下之残贼也⑰;汤,天下之盛德也。天下除残贼而得盛德大善者再,是重阳也⑱,故汤有旱之名。皆适遭之变,非禹、汤之过。毋以适遭之变疑平生之常,则所守不失,则正道益明。

【注释】

①薰:温和,温暖。

②凔:寒冷。

③精:精华。

④知心而不省薰与凔孰多者:知道温暖和寒凉是年岁自然的精华而不省察温暖和寒凉谁占的份额更多。知心,苏舆注:"知心,疑作'治心'。"董天工笺注本作"知精"。钟肇鹏云:"'知心'二字有

误,董疑'心'为'精',因上句有'岁之精也',以阴阳暖清二气皆
为自然之精华,但更进一步应知精华中'薰与渫孰多',方能不违
背自然规律,'与天戾'。此同治心无关,董说为长。"钟说可从。
省,省察。

⑤戾:乖张,违背。

⑥大究:大功告成,大部分完成。究,终极、完成。

⑦案:考察,核实。

⑧少少:即稍少。

⑨与:参与。

⑩亶(dàn):通"但",只、仅仅。

⑪逮(dài):及,达到。

⑫资:帮助,资助。

⑬《诗》云:下引文出自《诗经·大雅·皇矣》。意思是:不用知识也
不用学习,而自然合于道。

⑭"禹水汤旱"四句:《白虎通义·灾变篇》:"尧遭洪水,汤遭大旱,
亦有谴告乎? 尧遭洪水,汤遭大旱,命运时然。"《论衡·明雩
篇》:"尧汤水旱,天之运气,非政所致。"尧时洪灾,命禹治水,十
三年而洪水平。商汤伐夏桀后,大旱七年。故曰"禹水汤旱"。
常经,常规。适遭,恰好遭遇到。

⑮《尚书》曰:下引文出自《尚书·尧典》。放勋,尧的名字。徂(cú)
落,死亡。如丧考妣(bǐ),就像亲生父母去世一样。考,父亲。
妣,母亲。阏(è),通"遏",阻塞、禁绝。密,静。八音,指金、石、
丝、竹、匏(páo)、土、革、木八种乐器,在这里泛指一切音乐。

⑯厌(yā):通"压",压制、压住。

⑰残贼:凶残害人的人。贼,害人的人。

⑱重阳:阳气重复聚积。

【译文】

上天的法则,生出阳气而产生温暖以使万物生长,生出阴气而产生寒凉以使万物成熟。因此没有温暖便不能生育万物,没有寒凉便不能成熟万物,温暖和寒凉是年岁自然形成的精华。知道温暖和寒凉是年岁自然的精华而不省察温暖和寒凉谁占的份额更多,在应用时必然与上天的法则相违背。与上天的法则相违背,即使劳苦也不会成功。因此从正月一直到十月,上天使万物生育、成熟的职责和功能便完成了。计算一下在此期间,阴气和阳气各占的份额是多少呢?温暖和寒凉的日子谁更多一些呢?从万物刚发生,到它们完全成熟,露水与冰霜谁降下的更多一些呢?因此从仲春二月一直到秋季,气候都温暖、调和。到了季秋九月,阴气才开始多于阳气,上天在这时才生出寒凉而开始下霜。生出寒凉而开始下霜,那么上天所降生的万物在这时就都已经成熟了。所以九月时,上天的职责和功能就已经大部分完成了,十月时则全部完成了。因此考察上天化育万物的踪迹,计算它的实际情况,清凉、寒冷的日子是很少的。化育万物的职责和功能完成之后,阴气才大量出现。上天完成化育万物的职责和功能,少阴之气参与了此项工作而太阴之气则没有参与其中,少阴之气包括在内而太阴之气则不包括在里面,所以霜可以降落在万物之上,而雪只能降落在万物收藏之后的空虚之处。所谓空虚,仅仅就是指地面而已,而不能降落于万物之上。上天化育万物的职责和功能完成之后,在万物还没有再次生出来之前,此时太阴之气应当出来用事而履行自身的职责。虽说是太阴之气主事,太阳之气也帮助它主事,只是太阴之气不知道它受到了太阳之气的帮助。因此圣明的君主居于高位,就像天一样地庇护百姓,像地一样地承载百姓,像风一样地发布命令,像雨一样地布施仁德于百姓。“雨施”,是指均匀地向百姓布施仁德;“风令”,是指正直地向百姓发布命令。《诗经》上说:“不用知识也不用学习,而自然合于道。”这是说不用知觉、识别,而自然地效法上天的所作所为的意思。大禹所治理的水灾以及商汤时发生的旱灾,这并不是正常情况下会必然发生的事情,而是恰好遭遇到世道运气发生了大的变化,阴阳之气因此而失去了平衡所导致的。帝尧对待百姓如同对待自己的孩子一样,百姓也将帝尧看作自己的父母一样来对待。《尚书》上说:"在位二十八年,放勋才去世,百姓就像亲生父母去世一样。全天下都停止音乐演奏三年。"这三年的时间阳气被阴气所压倒,阴气势力大增,这就是大禹治理洪水的原因所在。夏桀,是天下凶残害人的君主;商汤,是天下有大德的君主。天下除去凶残害人的君主而重新获得有大德仁心的君主,这使得阳气重复聚积,所以商汤时发生了旱灾。这些都是恰好遭遇到了大的变化,不是大禹、商汤的过错。不能用碰巧发生的变化来怀疑正常发生的情况,那么所坚持的原则就不会丧失,而正道就会更加彰明。

基义第五十三

【题解】

基义，即事物的基本含义、基本原理。本篇认为天地万物之道都是阴阳相对、彼此配合的。任何一个事物都有与之相匹配的另一个事物，且这种配合中，对应的双方有阴有阳。正如自然的事物中有上下、左右、寒暑、昼夜等配合一样，在人事中也有君臣、父子、夫妇之对，它们都源于天的阴阳之对，所以说："王道之三纲，可求于天。"阴阳二物的出现，其意义不同，阳气在前，承担主要的工作和任务，阴气在后，不承担实际的工作，所以天亲近阳气而疏远阴气。而人事效法天道，也应该重德政而轻刑罚。且上天之气的变化，是慢慢进行的，不会突然地发生，那么人事中有什么新事物要确立、兴起，也应该逐步进行。因此圣人治理天下的法则和天地万物的法则应该是一致的。

　　凡物必有合①。合必有上，必有下，必有左，必有右，必有前，必有后，必有表，必有里。有美必有恶，有顺必有逆，有喜必有怒，有寒必有暑，有昼必有夜，此皆其合也。阴者，阳之合；妻者，夫之合；子者，父之合；臣者，君之合。物莫无合，而合各有阴阳。阳兼于阴②，阴兼于阳；夫兼于妻，妻兼于夫；父兼于子，子兼于父；君兼于臣，臣兼于君。君臣、父子、夫妇之义，皆取诸阴阳之道。君为阳，臣为阴；父为阳，子为阴；夫为阳，妻为阴。阴阳无所独行③，其始也不得专起④，其终也不得分功⑤，有所兼之义。是故臣兼功于君，子兼功于父，妻兼功于夫，阴兼功于阳，地兼功于天。举而上者，抑而下也⑥，有屏而左也⑦，有引而右也，有亲而任也，有疏而远也，有欲日益也，有欲日损也。益其用而损其妨，有时损少而益多，有时损多而益少。少而不至绝，多而不至溢。阴阳二物，终岁各壹出，壹其出，远近同度而不同意。阳之出也，常县于前而任事；阴之出也，常县于后而守空处。此见天之亲阳而疏阴、任德而不任刑也。是故仁义制度之数，尽取之天。天为君而覆露之⑧，地为臣而持载之⑨。阳为夫而生之，阴为妇而助之；春为父而生之，夏为子而养之，秋为死而棺之，冬为痛而丧之⑩。王道之三纲⑪，可求于天。天出阳为暖以生之，地出阴为清以成之。不暖不生，不清不成。然而计其多少之分，则暖暑居百而清寒居一⑫，德教之与刑罚犹此也。故圣人多其爱而少其严，厚其德而简其刑，以此配天。天之大数必有十⑬。旬天地之数⑭，十而毕举；旬生长之功，十而毕成。天之气徐⑮，不乍寒乍暑⑯，故寒不冻，暑不暍⑰，以其徐来⑱，不暴卒也⑲。《易》曰⑳："'履霜坚冰。'盖言逊也。"然则上坚不逾等㉑，果是天之所为，弗乍而成也㉒。人之所为，亦当弗乍而极也㉓。凡有兴者㉔，稍稍上之，以逊顺往㉕，使人心说而安之㉖，无使人心恐。故曰君子以人治人，懂能愿㉗，此之谓也。圣人之道，同诸天地，荡诸四海㉓,变易习俗。

【注释】

①合:指配合,匹配。

②兼:有合并、配合等意思。

③阴阳无所独行:阴阳总是并行的,没有单独运行的。

④专起:指单独发起、兴起。

⑤分功:指平分功劳。

⑥"举而上者"二句:陶鸿庆云:"此当云:'有举而上也,有抑而下也。'与下文'有屏而左也,有引而右也'以下六句,文义一律。"陶说可从。

⑦屏(bǐng):摒弃,排斥。

⑧覆露:笼罩、润泽万物。覆,被覆、笼罩。露,指像雨露一般地润泽。

⑨持载:支持、承载。

⑩"秋为死而棺之"二句:苏舆注:"二语疑衍。下云'三纲可求于天',不当有此。后人因春、夏二语妄加。"苏说可从,故此两句暂不出译。

⑪三纲:指君为臣纲、父为子纲、夫为妻纲。以此来配天之阴阳。

⑫暖暑居百而清寒居一:温暖、暑热占有百份而清凉、寒冷只占有一份。这是从农作物的生长、成熟时间的角度来论说"暖燠常多"的主旨。

⑬十:旧本"十"下衍"旬"字,俞樾曰:"'旬'字衍,天之数,非以旬计,安得言十旬乎?"俞说可从,今据删。

⑭旬:周遍。

⑮徐:缓慢,舒缓。

⑯不:旧本皆脱此字,卢文弨云:"句上当有'不'字。"卢说是,今据

补。乍，突然。

⑰暍(yè)：伤暑，中暑。

⑱以其徐来："以其"下，旧本均衍"有余"二字，俞樾云："'有余'二字衍文。'余'即'徐'之误而衍者，既衍'余'字，因又增入'有'字耳。"俞说是，今据删。

⑲卒(cù)：通"猝"，突然、急速、仓促。

⑳《易》曰：下引文源出《易·文言》："'履霜坚冰至。'盖言顺也。"文辞稍异。逊，通"顺"，顺序，指自然秩序而言。

㉑上坚不逾等：冰从上面逐渐冻结坚硬而不会逾越等级。苏舆注："冰由霜驯至其坚，故云'不逾等'。《易》所谓'由来者渐'。"

㉒乍：旧本作"作"，卢文弨校作"乍"，卢校是，今据改。下文"乍"字同此。

㉓极：到达。

㉔兴：创兴，改革。

㉕"稍稍上之"二句：苏舆注："一法之兴，当有次第，不可过骤，故曰事有渐则民不惊。"董仲舒与苏舆之说皆是主张渐进式的改良而不推崇骤变式的革命。

㉖说(yuè)：同"悦"，高兴。

㉗慬(jìn)能愿：仅仅是要求人们行善。慬，通"仅"，仅仅。愿，善行。

㉘荡：通行，传播。

【译文】

大凡事物必定有互相对应配合的两个方面。对应中的双方必定有在上面的，有在下面的，必定有在左边的，有在右边的，必定有在前面的，有在后面的，必定有在表面的，有在里面的。有美好则必定有丑恶，有顺从则必定有违逆，有喜悦则必定有愤怒，有寒凉则必定有暑热，有白昼则必定有黑夜，这些都是事物中互相对应、互相匹配的方面。阴气和阳气相匹配；妻子和丈夫相匹配；儿子和父亲相匹配；臣下和君王相匹配。事物没有不相匹配的，而匹配中就分别有阴和阳。阳中兼合有阴，阴中兼合有阳；丈夫与妻子相配合，妻子与丈夫相配合；父亲与儿子相配合，儿子与父亲相配合；君王和臣下相配合，臣下和君主相配合。君臣、父子、夫妇的道理，都是取自阴阳之道。君王为阳，臣下为阴；父亲为阳，儿子为阴；丈夫为阳，妻子为阴。阴与阳不可能单独地发生作用，它们在开始时不会单独发起，在结束时也不能平分功劳，就是因为它们之间有相互兼合的道理。所以臣下的功劳和君王合并，儿子的功劳和父亲合并，妻子的功劳和丈夫合并，阴气的功劳和阳气合并，地的功劳和天合并。有被托举而往上升的，有被抑制而往下降的；有被排斥、摒弃而往左的，有被引导而往右的；有被亲近和信任的，有被疏隔和远离的；有希望逐日增加的，有希望逐日减损的。增益其用途而减少其妨害，有时候减损少而增益多，有时减损多而增益少。减少但不会让它到灭绝的地步，增多也不会让它到满溢的地步。阴阳两种事物，一年中各自出现一次，它的出现，在远近的度数方面是相同的，但意义各不相同。阳气的出现，常常在前面而承担岁事的工作和任务；阴气的出现，常常在后面而守在空虚的地方，不承担实际的工作任务。由此可以看出，上天亲近阳气而疏远阴气，重德政而不重刑罚的态度。因此人事中仁义制度的准则，都是效法上天而来的。上天是君王而笼罩、润泽万物，大地是上天的臣下而支持、承载万物。阳气犹如丈夫而生长万物，阴气犹如妻子而助长万物；春季犹如父亲而生长万物，夏季犹如儿子而养育万物。王道的三个纲领，可以从上天那里得到。上天生出阳气而产生温暖以使万物生长，大地生出阴气而产生寒凉以使万物成熟。不温暖则万物不会生出，不寒凉则万物不会成熟。但是计量它们在量上多少的话，那么温暖、暑热占有百份而清凉、寒冷只占有一份，仁德教化相对于刑罚也与这个比例相似。所以圣人执政会多布施仁政而少使用威严，加强德教而减少刑罚，用这样的作为来和天道相配合。天的大数一定会有十个。天地之间的数目，用十这个数就可以全部列举出来；万物生长的功效，到十数时就全部完成了。上天之气变化舒缓，不会突然寒冷、突然暑热，因此寒冷的天气里不会冻伤，酷暑的天气中也不会中暑，就是因为它们是慢慢地到来，而不是突然地、急速地到来的缘故。《周易》上说："'脚踩着地面上的霜，就知道结坚厚之冰的日子就要来到了。'这是说渐渐冻结的意思。"既然冰是从上面逐渐冻结坚硬而不会逾越等级，这表明上天的所作所为果然是不会突然地形成。那么人的所作所为，也应当不会突然地形成和达到。凡是有创新的改革之事，慢慢地实施，逐步地推行，使人心中喜悦而安之若素，不使人心生恐惧。所以说，君子用存在于人们之中的道理去管理人，仅仅是要求人们行善，说的就是这个意思。圣人治理天下的法则，和天地的法则相同，传播、施行于天下四海，可以改变人们的风俗习惯。

阙文第五十四

四时之副第五十五

【题解】

本篇以天的春、夏、秋、冬四季来配人事中的庆、赏、罚、刑四政，故曰"四时之副"，说明天人同类相感。上天的法则，便是春季温暖以生万物，夏季暑热以养万物，秋季清凉以杀万物，冬季寒冷以藏万物，而人事中的庆、赏、罚、刑便与之相类相符。正如天的运转不可以没有春、夏、秋、冬一样，政事之中也不可以没有庆、赏、罚、刑；天的春、夏、秋、冬四季各有其时而不可扰乱，政事中的庆、赏、罚、刑也各有"正处"而不可乱用。

天之道，春暖以生，夏暑以养，秋清以杀，冬寒以藏。暖暑清寒，异气而同功①，皆天之所以成岁也。圣人副天之所行以为政②，故以庆副暖而当春③，以赏副暑而当夏，以罚副清而当秋，以刑副寒而当冬。庆赏罚刑，异事而同功，皆王者之所以成德也④。庆赏罚刑与春夏秋冬，以类相应也⑤，如合符⑥。故曰："王者配天，谓其道。"天有四时，王有四政，四政若四时，通类也⑦，天人所同有也。庆为春，赏为夏，罚为秋，刑为冬。庆赏罚刑之不可不具也，如春夏秋冬不可不备也。庆赏罚刑,当其处,不可不发;若暖暑清寒,当其时,不可不出也。庆赏罚刑各有正处⑧,如春夏秋冬各有时也。四政者,不可以相干也⑨,犹四时不可相干也。四政者,不可以易处也⑩,犹四时不可易处也。故庆赏罚刑有不行于其正处者,《春秋》讥也。

【注释】

①异气而同功:气的性能不同而功效相同。异气,指气的性能不同。同功,指功效、作用、目的相同。

②副:相称,符合。在这里引申为遵从、依据。

③庆:奖赏。与"赏"相比,程度较轻。当,相当。

④成德:完成德政。

⑤以类相应:董仲舒认为政事中的庆赏罚刑与上天春夏秋冬的暖暑清寒在性质上是相类的,而相类的事物之间可以互相感应,所以说:"以类相应也。"

⑥合符:符与符之间相互吻合。符,古代用来传达命令、调兵遣将的凭证,将文字刻于金、玉或竹、木之上,然后剖而为二,双方各执其一,军队出征或执行命令时须二符相合才能执行。因此后世将事物之间相互吻合称为"符合"。

⑦通类:以类相通,即类别相通之意。

⑧正处:适合的地方。

⑨相干:相互干扰。

⑩易:换,改变。

【译文】

上天的法则,春季温暖以生长万物,夏季暑热以长养万物,秋季清凉以肃杀万物,冬季寒冷以储藏万物。温暖、暑热、清凉、寒冷,四种气的性能不同而功效相同,都是上天用来完成岁事之功的。圣人依据上天所作所为的法则来指导自己施政,因此用奖励符合温暖而与春季相当,用赏赐符合暑热而与夏季相当,用惩罚符合清凉而与秋季相当,用刑戮符合寒冷而与冬季相当。奖励、赏赐、惩罚、刑戮,事情不同而其作用、目的和功效是相同的,都是君王用来完成其德政的手段。王者的庆赏罚刑与上天的春夏秋冬,在性质上是相类而可以互相感应的,就如同符与符之间相互吻合一样。所以说:"君王与上天相配合,是与道相适应的。"上天有春夏秋冬四季,君王有庆赏罚刑四政,四政就好比是四季,它们类别相通,是天和人共同具有的。奖励是春季,赏赐是夏季,惩罚是秋季,刑戮是冬季。庆赏罚刑是不可以不具备的,就好像春夏秋冬是不可以不具备的一样。庆赏罚刑,当他们该发挥作用的时候,不可以不让它们发挥;就好像暖暑清寒一样,当它们该出现的时节,不可以不让它们出现。庆赏罚刑,四者各有它们发挥其作用的适当地方,就好像春夏秋冬四季各有它们出现的时节一样。庆赏罚刑四政,不可以相互干扰,就好像春夏秋冬四季不可以相互干扰一样。庆赏罚刑四政不能够彼此替换,就好像春夏秋冬四季不可以彼此替换一样。因此庆赏罚刑有不恰当行使的情况,《春秋》便会载文加以讥刺。

人副天数第五十六

【题解】

　　本篇认为天与人是同类的,人副天数,天人一致;天与人同类相感、同类相动。天地生人和万物,人比万物更尊贵,其原因在于其他生物得天地之气少,而人得天地之气多。所以人无论是从类的角度("副类"),还是从数的角度("副数"),都和天是一致的。如从类的角度看,人头圆像天,足方像地,头发像星辰,耳目像日月,鼻口呼吸像风和气。从数的角度看,人有小关节三百六十节,和一年的日数相当,大关节十二节,和一年的月数相当,人身体内有五脏,和五行数相当,外有四肢,和四季数相当。眼睛一开一闭,和昼夜相当;性情有时刚强,有时柔和,和冬季、夏季相当;有时悲哀、有时欢乐,和阴阳之气相当。这些都说明天与人是合一的、同类的,它们之间可以互相感应、互相触动。

　　天德施,地德化,人德义。天气上,地气下,人气在其间。春生夏长,百物以兴;秋杀冬收,百物以藏。故莫精于气①,莫富于地,莫神于天②。天地之精所以生物者,莫贵于人③。人受命乎天也,故超然有以倚④。物疢疾莫能为仁义⑤,唯人独能为仁义;物疢疾莫能偶天地,唯人独能偶天地⑥。人有三百六十节,偶天之数也;形体骨肉,偶地之厚也⑦;上有耳目聪明,日月之象也⑧;体有空窍理脉,川谷之象也⑨;心有哀乐喜怒,神气之类也⑩。观人之体,一何高物之甚⑪,而类于天也。物旁折取天之阴阳以生活耳⑫,而人乃烂然有其文理⑬。是故凡物之形,莫不伏从旁折天地而行⑭,人独题直立端向正,正当之⑮。是故所取天地少者,旁折之;所取天地多者,正当之,此见人之绝于物而参天地⑯。是故人之身,首妾而员⑰,象天容也;发,象星辰也;耳目戾戾,象日月也;鼻口呼吸,象风气也;胸中达知,象神明也;腹胞实虚,象百物也。百物者最近地,故要以下⑱,地也。天地之象,以要为带⑲,颈以上者,精神尊严,明天类之状也;颈而下者,丰厚卑辱,土壤之比也⑳;足布而方㉑,地形之象也。是故礼带置绅㉒,必直其颈㉓,以别心也。带而上者尽为阳,带而下者尽为阴,各有分㉔。阳,天气也;阴,地气也。故阴阳之动,使人足病,喉痹起㉕,则地气上为云雨,而象亦应之也。

【注释】

①莫精于气:钟肇鹏云:"精者细微之物,气体细微,故以精言。"

②神:神妙。

③"天地之精"二句:精,即精气。天地精气化生万物,包括人。王充认为天地元气化生有生命的万物与人,天的精气产生人的精神。

④"人受命"二句:这两句是指,人超出百物之上而卓然与天地并立。超然,高超的样子。倚,《广雅·释诂》:"倚,立也。"

⑤疢(chèn)疾:疾病,这里引申为缺陷之意。疢,热病。

⑥偶：匹配，配合。

⑦"形体骨肉"二句：《意林》引《公孙尼子》："形体有骨肉，如地之厚。"董仲舒吸收了公孙尼子的说法。

⑧"上有耳目"二句：《淮南子·精神训》："是故耳目者，日月也。"

⑨"体有空窍"二句：《意林》引《公孙尼子》："有孔窍血脉如山谷也。"空窍，指孔窍。理脉，指血管和脉络。

⑩"心有哀乐"二句：《淮南子·精神训》："天有风雨寒暑，人亦有取与喜怒。"神气，神妙之气。

⑪一何：语气词，即又何之意，是战国、秦、汉时代的常用语，相当于现代语的"多么"。

⑫旁折：指兽类四足偏侧走路。折，折腰。

⑬烂然：光彩夺目的样子。

⑭伏从：俯伏顺从。

⑮"人独题直立端向正"二句：这里说的是人直立行走，与兽类不同。直立是人类进化的结果，董仲舒认识到这是人类比兽类高贵的象征。向，苏本作"尚"，卢文弨、钟肇鹏校作"向"。卢、钟二校是，今据改。

⑯人之绝于物而参（sān）天地：人是超出于百物之上而与天地并列为三的。绝，超出。参，配合成三的。人与天地并列鼎足而为三，故曰："参天地。"

⑰妢（fén）：大头。

⑱要：通"腰"。

⑲"天地之象"二句：以腰为分界线，即"带"，腰带以上是天，属于阳；腰带以下是地，属于阴。

⑳"颈以上者"六句：这里又以颈为界，上是头而与天相应，下是身体而与地相应。古人还有一种分法，即以人中为界，上为双窍如耳目鼻，下为单窍如口与前后阴。

㉑布：展开。

㉒绅：长衣带。大带很长，束于腰间，其下垂的部分叫"绅"。

㉓颈：孙诒让校为"腰"。孙说可从。

㉔有：旧本均误作"其"，孙诒让云："其，当为'有'。"孙说是，今据正。本书《深察名号篇》："五号自赞各有分。"是其正。

㉕喉痹（bì）：咽喉麻木。痹，通"痹"，麻木。

【译文】

天的德性是施与，地的德性是化生，人的德性是仁义。天的气在上面，地的气在下面，人的气在它们中间。春季生育，夏季长成，百物因此而兴起；秋季肃杀，冬季收敛，百物因此而储藏。所以没有比气更精美、细致的，没有比地更富有的，没有比天更神妙莫测的。天与地的精气用来生长百物，百物中没有比人更为高贵的了。人从天那里接受赋命，所以超出百物之上而卓然与天地并立。百物有缺陷而不能行使仁义，只有人独能行使仁义；百物有缺陷而不能跟天地相配合，只有人独能跟天地相配合。人体有三百六十根骨节，这跟天的日数是相合的；人的身体骨肉，跟地的厚重是相合的；人体上都有耳朵和眼睛来进行视听，这是太阳和月亮的象征；人体内有穴位和血脉，这是江川山谷的象征；人心有哀乐喜怒，这跟精神气息是相类似的。观察人的身体，高出于百物很多，而与天同类。百物中的兽类四足偏侧行走，汲取上天的阴阳之气来生活，但是人光彩夺目而文理井然。所以凡是百物的形体，都是俯伏侧身于地面而在天地之间行走，而人却独能采取首足端正、直立的姿势而正对着天地。因此取天地之气少的，只能旁侧俯身而行；取天地之气多的，则正对着天地，由此可见人是超出于百物之上而与天地并列为三的。所以人的身体，头大而圆，像上天的容貌；头发，则像星辰；两个耳朵和两只眼睛都两两相背，像日月一般；鼻口之间的呼吸，像风气的运动；胸中有知觉有知识，像上天的神明；腹腔中有实的地方，有虚的地方，像百物一般。百物最接近于地面，所以腰以下，就是地了。人作为天地的象征,以腰为界,头颈以上,精气和神明威严端庄,显示出和天相类的情况;头颈以下,丰大、厚实、位置低下,和土壤可以类比;足展开而成为方形,是地形的相貌。所以按照礼节,腰带应该束于腰部,以和上面的心脏部位相分界。腰带以上的都是阳,腰带以下的都是阴,各有区分。阳,指的是天气;阴,指的是地气。所以阴阳二气的运动,可以相互影响而使人的脚生出毛病,咽喉麻木,相应地地气从下往上升为云雨,从物象上与之相感应。

　　天地之符,阴阳之副①,常设于身。身犹天也,数与之相参,故命与之相连也②。天以终岁之数,成人之身,故小节三百六十六,副日数也;大节十二分,副月数也;内有五脏,副五行数也③;外有四肢,副四时数也;乍视乍瞑,副昼夜也;乍刚乍柔,副冬夏也;乍哀乍乐,副阴阳也;心有计虑④,副度数也;行有伦理,副天地也。此皆暗肤著身⑤,与人俱生。比而偶之弇合⑥,于其可数也,副数⑦;不可数者,副类⑧,皆当同而副天,一也⑨。是故陈其有形⑩,以著其无形者⑪;拘其可数⑫,以著其不可数者。以此言道之亦宜以类相应,犹其形也,以数相中也⑬。

【注释】

①副:这里是用作名词,意指副本。

②"数与之相参"二句:人与天在数量方面可以互相参照,人在命运方面与天也相连在一起。数,数量。参,参照,即十二节大骨头与十二个月相参照等。《淮南子·精神训》:"天有风雨寒暑,人亦有取与喜怒,故胆为云,肺为气,肝为风,肾为雨,脾为雷,以与天地相参也,而以心为主。"

③"内有五脏"二句：五脏与五行的对应关系,按《黄帝内经》的说法,肝属于木,心属于火,脾属于土,肺属于金,肾属于土。与上引《淮南子》的说法不同。

④计虑：筹划思虑。

⑤暗肤著身：暗暗地附着在人身体上。肤著,附着。

⑥弇(yǎn)合：密合。弇,通"奄",遮蔽、覆盖。

⑦"于其可数也"二句：能用数目来计算的,就以数来相"副",即相符合。如天的四时、五行、十二月、三百六十日与人的四肢、五脏、十二大骨节、三百六十小骨节相符合。

⑧"不可数者"二句：不能用数目来计算的,则以其同类来相"副",即相符合。如人头圆像天、足方像地等。"副数"与"副类"是董仲舒天人感应思想中比附天人相类的两条重要原则。

⑨"皆当同而副天"二句："副数"与"副类"两种情况都要"副天",在这个层面是一致的。一,天人一致、天人同类。

⑩陈其有形：陈列出可以看见的人的有形的身体。陈,陈列。有形,指人的身体如四肢、百骸、五脏等。

⑪著其无形：显示出不可以看见的人的无形的精神情感。著,显示。无形,指人的思想感情、喜怒哀乐等精神性的内容。

⑫拘：捕捉,限制。

⑬相中：相合。

【译文】

　　天地的符信,阴阳之气的副本,常常设置于人身之上。人的身体好像是天,人身上存有的数目与天相参照,所以命运与天相连。上天以一年的数,来形成人的身体,所以人的小骨节有三百六十六节,和一年的日数相符合;人的大骨节有十二节,和一年的月数相符合;人的身体内有五脏,和五行的数目相符合;人的身体外有四肢,和四季的数目相符合;有时眼睛张开而有时眼睛闭上,和白天、夜晚相符合;有时刚强而有时温柔,和冬季、夏季相符合;有时悲哀而有时欢乐,和阴气、阳气相符合;心有筹划思虑,和天运行的度数相符合;人的行为中有伦理尊卑,和天地相符合。这些都暗暗地附着在人身体上,跟人同时存在。通过比较便能发现天人同类而密切相合的关系,对于可以用数目来计算的,可以在数目上相符合;对于不可以用数目来计算的,可以在类别上相符合。不论是数目相符合,还是类别相符合,都应该和天相符合,天人一致、天人同类。所以陈列出可以看见的人的有形的身体,来显示出不可以看见的人的无形的精神情感;捕捉可以用来计算的,来显示不可以计算的。这就是说天人感应之道也是依照类别来相互感应的,就好比从形体而言,天与人在数目上是相合的。

同类相动第五十七

【题解】

　　本篇认为，天地间的事物，其类别相同则相互感应、相互增益。如水流向潮湿的地方、火趋向干燥的东西。不仅物与物之间有阴阳感应，天与人之间也有阴阳感应。如天将阴雨则人的旧病就复发、情绪也压抑等。因此阳气可以增益阳气，阴气可以增益阴气。这一道理表现在人对天气的掌握上则可以用阴气来求阴雨、以阳气来致晴燥，运用在政事上则帝王的兴起必然有祥瑞，帝王的败亡也会有灾异。

　　今平地注水，去燥就湿；均薪施火，去湿就燥①。百物去其所与异，而从其所与同。故气同则会，声比则应②，其验皦然也③。试调琴瑟而错之④，鼓其宫则他宫应之，鼓其商而他商应之。五音比而自鸣⑤，非有神，其数然也⑥。美事召美类，恶事召恶类⑦，类之相应而起也，如马鸣则马应之，牛鸣则牛应之。帝王之将兴也，其美祥亦先见；其将亡也，妖孽亦先见⑧。物固以类相召也⑨，故以龙致雨，以扇逐暑，军之所处，以生棘楚⑩。美恶皆有从来，以为命，莫知其处所⑪。天将阴雨，人之病故为之先动，是阴相应而起也⑫。天将欲阴雨,又使人欲睡卧者,阴气也。有忧,亦使人卧者,是阴相求也;有喜者,使人不欲卧者⑬,是阳相索也⑭。水得夜益长数分,东风至而酒湛溢⑮,病者至夜而疾益甚⑯,鸡至几明皆鸣而相薄⑰。其气益精⑱。故阳益阳而阴益阴⑲,阴阳之气因可以类相益损也⑳。

【注释】

①"今平地注水"四句:《周易·乾·文言》载:"子曰:'同声相应,同气相求,水流湿,火就燥,云从龙,风从虎,圣人作而万物睹。本乎天者亲上,本乎地者亲下,则各从类也。'"《吕氏春秋·召类》:"类同相召,气同则合,声比则应,故鼓宫而宫应,鼓角而角动,以龙致雨,以形逐影。祸福之所自来,众人以为命焉,不知其所由。"这是当时同类相应的思想,被董仲舒用来论证天人感应。

②比:相合,会合。

③其验皦(jiǎo)然:这种效验是很明显的。验,效验。皦然,明显的样子。皦,明亮、清晰。

④错:通"措",施行。这里引申为演奏之意。

⑤五音比而自鸣:宫、商、角(jué)、徵(zhǐ)、羽五音各自相应而发出共鸣的声音。五音,五个音阶,即宫、商、角、徵、羽。鼓宫则宫应,这是共鸣现象,古人以为是同类相感。

⑥数:定数,规律。共鸣现象有规律可循,并不神秘。

⑦"美事召美类"二句:美恶之事也是同类相应,这就将不神秘推向了神秘。

⑧"帝王之将兴也"四句:帝王的兴亡也有征兆,也用同类相应来解释,神秘的成分更增添一些。美祥,指瑞兆。妖孽,指灾异。

⑨固:旧本作"故",苏舆注:"故,当作'固'。"凌本作"固",作"固"

是,今据正。固,本来。

⑩"军之所处"二句:军队驻扎的地方,会遍生荆棘。生,旧本皆脱此字,苏舆注:"'以'上脱'生'字。《老子》:'师之所处,荆棘生焉。'《吕览·应同篇》:'师之所处,必生荆楚。'……《淮南子·人间训》:'师之所处,生以棘楚。'"苏说可从,今据补"生"字。棘楚,即荆楚。楚,大的荆棘。古代军队的驻扎之地常常栽植荆棘于营地周围以抗拒敌人。

⑪"美恶皆有从来"三句:《吕氏春秋·召类》:"祸福之所自来,众人以为命焉,不知其所由。"苏舆注:"言美恶固皆有以自召,而及其发也,不知所自来,则归之命而已。"

⑫"天将阴雨"三句:关节炎病患者在将要下雨时感觉骨节疼痛,古人用阴气相感来加以解释。

⑬"有喜者"二句:《孟子·告子下》:"吾闻之,喜而不寐。"

⑭索:索求。

⑮东风至而酒湛溢:酒在东风吹气时容易满溢。至,旧本皆脱此字,苏舆注:"'东风'下当有'至'字。"苏说是,今据补。《淮南子·览冥训》:"故东风至而酒湛溢。"《论衡·乱龙篇》:"东风至酒湛溢。"是其证。汉代思想家根据事物之间的相关联系来说明阴阳相感、同类相动的道理。

⑯病者至夜而疾益甚:得阴性的病则到了晚上就会病情加重。

⑰鸡至几明皆鸣而相薄:鸡在天将破晓时都啼叫起来而声音相互激荡。几明,将近天明。相薄,指气机相触动。《论衡·变动篇》:"夜及半而鹤唳,晨将旦而鸡鸣,此虽非变,天气动物,物应天气之验也。"《春秋说题辞》:"鸡为积阳,南方之象,火阳精物,炎上,故阳出鸡鸣,以类感也。"鸡是阳,早晨太阳出来,阳相感,因此鸡就鸣了。

⑱精:精粹,精华。

⑲益：增强。

⑳阴阳之气因可以类相益损：阳气和阴气必定可以按类别来增加或减损。阴与阴可以"益"，阴与阳则可以互相"损"。益损，同"损益"。

【译文】

在平地上灌水，水会避开干燥的地方而流向潮湿低洼的地方；在均匀平铺的木柴上点火，火会避开潮湿之处而引向干燥的木柴。百物之性都是避开与其相异的事物，而亲近与其相同的事物。所以气相同的事物就会相互会合，频率相同的声音就会发生共鸣，这种效验是很明显的。如果调试琴瑟而演奏，演奏宫音，那么其他的宫音会相应而鸣；演奏商音，那么其他的商音也会相应而鸣。宫、商、角、徵、羽五音各自相应而发出共鸣的声音，并不是有什么神明，而是有它们内在的规律。好事招来同类的好事，坏事招致同类的坏事，类别相同的事物相感应而产生，就好比一匹马鸣叫则引起其他马也相应地鸣叫，一头牛鸣叫则引起其他牛也相应地鸣叫。帝王在将要兴起的时候，可以先看到美好的征兆；帝王将要败亡的时候，也会先看到灾异、妖孽。事物本来就是依照类别来相互感应的，所以用龙来招致雨，用扇子来驱除暑气，军队驻扎的地方，会遍生荆棘。好事和坏事都有它的来由，一般人将之归于命运，是因为不知道它的原因。上天将出现阴雨天气的时候，人的老毛病如关节炎之类的病就会先于阴雨天气而发作，这是阴气之间互相感应而产生的一种结果。上天将出现阴雨天气时，还会使人想要睡卧，这也是阴气的相互感应。人忧虑、压抑的时候，会想睡觉，这是阴气的索求；人喜悦、兴奋的时候，不想睡觉，这是阳气的索求。水在夜里容易涨高，酒在东风吹起时容易满溢，生病的人到了夜晚病情会加重，鸡在天将破晓时都啼叫起来而声音相互激荡。同类感应使发出的气更加纯粹。所以阳气使阳气更加强而阴气使阴气更加强，阳气和阴气必定可以按类别来增加或减损。

天有阴阳，人亦有阴阳[①]。天地之阴气起，而人之阴气应之而起；人之阴气起，而天地之阴气亦宜应之而起，其道一也[②]。明于此者，欲致雨则动阴以起阴，欲止雨则动阳以起阳[③]。故致雨非神也，而疑于神者，其理微妙也[④]。非独阴阳之气可以类进退也[⑤]，虽不祥祸福所从生，亦由是也。无非已先起之，而物以类应之而动者也。故聪明圣神，内视反听[⑥]，言为明圣内视反听[⑦]。故独明圣者知其本心皆在此耳。故琴瑟报[⑧]，弹其宫，他宫自鸣而应之，此物之以类动者也。其动以声而无形，人不见其动之形，则谓之自鸣也。又相动无形，则谓之自然。其实非自然也，有使之然者矣。物固有实使之，其使之无形。《尚书大传》言[⑨]："周将兴之时，有大赤乌衔谷之种[⑩]，而集王屋之上者[⑪]，武王喜，诸大夫皆喜。周公曰：'茂哉[⑫]！茂哉！天之见此以劝之也[⑬]。'"恐恃之[⑭]。

【注释】

①"天有阴阳"二句：天有阴阳，日为阳，月为阴；火为阳，水为阴，如此等。人体也有阴阳，男为阳，女为阴；背为阳，前为阴；腰带以上为阳，以下为阴；外表为阳，内脏为阴；五脏为阴，六腑为阳；血为阴，气为阳，如此等等。

②"天地之阴气起"五句：天地阴阳与人体阴阳可以互相感应，道理是一样的。

③"欲致雨"二句：求雨与止雨就是根据阴气相感来设计的。求雨让妇女出来跳舞，以感动天的阴气。下雨是阴气的作用。止雨让男人出来活动，来损阴气。

④"故致雨"三句：疑于神，模拟神的做法。疑，通"拟"，比拟。又如"凝"，凝于神则是聚精会神之意。《庄子·达生》："用志不分，乃

疑于神。"不是神秘的,其中道理是神妙的。

⑤以类进退:阳可以益阳,阴可以益阴,是"以类进";阴阳之气又互相克制,阳可以克阴,阴可以克阳,异类相斥为"以类退"。

⑥"故聪明圣神"二句:潜心息虑,自我反思,而能觉察无形、无声之物,见人之所不能见,所以称"聪明圣神"。内视,指反思。反听,指断绝耳之外听。

⑦言为明圣内视反听:苏舆注:"八字疑有误。"钟肇鹏云:"此八字似为旁注之文,传抄栏入本文,故显然与上句'故聪明圣神,内视反听'相重复。"苏、钟之说可从,故暂不出译。

⑧琴瑟报:琴瑟合奏。报,犹"合"。

⑨《尚书大传》:西汉伏生所传授的著作。

⑩赤乌:吉祥的三足神鸟。《尚书大传·大誓》:"武王伐纣,观兵于孟津,有火流于王屋,化为赤乌,三足。"

⑪王屋:指王者所居之屋。

⑫茂:通"懋(mào)",勤勉、努力。

⑬见(xiàn):同"现",呈现。

⑭恐恃之:周朝有了瑞应,怕依靠天命,人事不努力,所以在有了天命以后,特别强调人事需要努力。恃,依赖。之,在这里指代天命瑞应。

【译文】

天有阴阳之气,人也有阴阳之气。天地的阴气兴起的时候,人体中的阴气也会随之相应而起;人体中的阴气兴起时,那么天地的阴气也会相应地产生,这其中的道理是一致的。通晓这个道理,如果要求雨就可以发动人的阴气以使天的阴气兴起,如果要止雨就可以发动人的阳气而使天的阳气兴起。所以招致雨水并非是神的作用,之所以认为是神在其中起作用了,是因为招致雨水的道理是很微妙的。不仅仅是阴阳之气可以用类别来互相增强与减损,即使是莫名的祸福,也是这样发生的。无非就是自己先发起,然后其他事物依照类别相互感应而动。所以聪明通达的人,断除耳外之声、潜心息虑而从内部自我反省。因此唯独他能够做到明智通达,也由此知道圣明之人的本心通过这种方式得以存在。故而琴瑟合奏,弹奏宫音,其他宫音自己发出声音来响应,这是事物依照类别而互相感应相动。这种感应相动只通过声音而没有可见的形迹,人们看不见它感应相动的形迹,就说这是它自己在鸣响。又因为互相感应相动而没有形迹可见,就说这是自然形成的。其实这不是自然鸣响的,是有其他同类的事物使它这样的。事物固然有一些使它感应的实实在在的东西存在,这些东西无形地对它进行感应相动。《尚书大传》说:"周朝将要兴起的时候,有赤色的大鸟衔着谷种,而汇集于王屋之上,武王高兴,诸大夫也都很高兴。周公说:'努力啊!努力啊!上天呈现这种现象,是用来勉励我们的。'"这是害怕人们依赖天命瑞应而忽视自身的努力。

五行相生第五十八

【题解】

　　五行相生,即木生火,火生土,土生金,金生水,水生木。本篇以此来比附政事和官职,认为司农(木)、司马(火)、司空(土)、司徒(金)、司寇(水)这几个官职相互依存、相互制约、平衡促进。此乃是天人感应的重要内容。又,此篇旧本作第五十九,列在《五行相胜》之后。卢文弨《抱经堂丛书》本根据文义将此篇改列于前,苏舆注本从之。本书篇次暂依卢、苏二本,但从历史上加以考察可知,五行学说先有相胜之说,如《孙子兵法》、《墨子》中皆有"五行无常胜"的记载,邹衍的五德终始说也以相胜为说,秦始皇也相信水胜火。后来才有五行相胜之说。由此观之,卢、苏二本之校改似有不妥之处而留有可以进一步商榷的空间。特此一并说明。

　　天地之气,合而为一,分为阴阳,判为四时①,列为五行。行者,行也②,其行不同,故谓之五行。五行者,五官也③,比相生而间相胜也④。故为治,逆之则乱,顺之则治。

【注释】

　　①判:剖判,区分。

②行：德行。

③"五行者"二句：五官，五种官职，即司农、司马、司空、司徒、司寇。以五行比附五官，是从五行各有其职责的角度来进行说明的。五行与官职相联系，说明了官职之间相互制约。

④比相生而间相胜：五行顺序为木、火、土、金、水，"比相生"是指按此顺序而木生火、火生土、土生金、金生水、水生木；"间相胜"是按此顺序而中间间隔一个，即木胜土、土胜水、水胜火、火胜金、金胜木。这个概括是董仲舒作出的，是对五行学说的重大发展。

【译文】

天与地的气，相合而成一体，分而为阴气和阳气，剖判为四季，排列成五行。所谓行，是德行的意思，德行各有不同之处，所以叫做五行。五行，指的是五种官职。它们之间相邻近的就相生，间间隔的就相胜。因此治理天下，违背这个法则就会导致天下混乱，遵守、顺从这个法则就能使天下安定。

东方者木，农之本①。司农尚仁，进经术之士②，道之以帝王之路③，将顺其美，匡捄其恶④，执规而生⑤，至温润下，知地形肥硗美恶⑥，立事生财⑦，因地之宜，召公是也⑧。亲入南亩之中，观民垦草发淄⑨，耕种五谷。积蓄有余，家给人足⑩。仓库充实，司马实谷⑪。司马，本朝也⑫。本朝者，火也，故曰木生火。

【注释】

①"东方者木"二句：五行有时空界定。从空间而言，木居东方，所以说"东方者木"；从时间而言，木主春气，而春季是农耕的季节，所以说"农之本"。

②经术：犹经学，在这里引申为经世致用之学、治国安邦之术。

③道(dǎo)：通"导"，引导。

④匡捄(jiù)其恶：扶正补救君主的恶习。匡捄，扶正补救。匡，纠正。捄，通"救"，拯救。

⑤执规而生：执持规矩治理百姓而使百姓各遂其生。规，圆规，画图的工具，引申为规矩、准则的意思。

⑥硗(qiāo)：土地坚硬而贫瘠。

⑦财：旧本皆作"则"，惠栋、钟肇鹏均校作"财"，是。今据正。

⑧召(shào)公：姓姬，名奭(shì)，周文王庶子，周武王之臣，因封地在召(今陕西岐山西南)，故称召公或召伯。

⑨垦(kěn)草发淄(zī)：开发荒地、砍除草木。垦草，开发荒地。垦，翻耕。发淄，砍除草木。发，开掘、砍伐。淄，通"菑"，茂盛的草丛。

⑩给(jǐ)：丰足。

⑪司马实谷：司马主管的军队有充足的粮食可以食用。

⑫本朝：朝廷，这里是指朝廷中的高官要职。

【译文】

东方属木，是农耕的根本。司农崇尚仁爱，推荐饱学经国安邦之术的人才，引导君主走圣王之路，顺从于君主喜好的美德，扶正补救君主的恶习，执持规矩治理百姓而使百姓各得其生路，极其温和地给百姓布施恩德，通晓地力的肥沃或贫瘠、好或坏，使农事正常地进行而生产出财富，根据土地的情况来制订与之相宜的配套措施，召公就是这样的人。他亲自进入田地之间，观看百姓开发荒地、砍除草木，播种五谷。百姓积蓄的粮食有富余，家家户户都生活富足。国家的仓库中都装满了粮食，司马主管的军队也都有充足的粮食可以食用。司马，是朝中的官职。朝中的官职，五行属火，所以说木生火。

　　南方者火，本朝也①。司马尚智，进贤圣之士，上知天文②，其形兆未见③，其萌芽未生，昭然独见存亡之机④、得失之要⑤、治乱之源，豫禁未然之前⑥，执矩而长⑦，至忠厚仁，辅翼其君，周公是也。成王幼弱，周公相，诛管叔、蔡叔以定天下⑧。天下既宁，以安君。官者，司营也⑨。司营者，土也，故曰火生土。

【注释】

①"南方者火"二句：旧本作"南方者火也，本朝"，苏舆注："'也'字，疑当在'本朝'下。"惠栋校作"本朝也"。苏说、惠校是，今据改。

②天文：天空中日月星辰等自然现象，泛指一切关于天的道理。

③形兆：迹象，征兆。

④机：关键，要点，先兆。

⑤要：要领，关键。

⑥豫：同"预"，事先准备、预先。

⑦执矩而长：执持规矩治理百姓而使百姓得以长养。矩，画直角或方形用的曲尺，引申为规矩、准则的意思。

⑧"成王幼弱"三句：周武王去世后，他的儿子成王年幼，由周公摄政。周武王的弟弟管叔与蔡叔联合商纣之子武庚发动叛乱，周公东征，将管叔与武庚二人杀死并流放了蔡叔。

⑨司营：即司空。

【译文】

　　南方属火，在朝中是司马的官职。司马崇尚智慧，推荐贤良圣明的人才，精通天时变化的道理，在事物的征兆还没有出现、事物的萌芽还没有产生时，他却能独自明智地预见到国家存亡的先兆、事情得失的关键所在以及国家治乱的根本，预先禁止坏事的发生，执持规矩治理百姓而使百姓得以长养，非常忠实、厚道、仁德，辅助他的君主，周公就是这样的人。当成王幼小的时候，周公担任宰相，诛杀管叔、放逐蔡叔来安定天下。天下平定之后，君王的统治也得到保障和安定。司营，是五官之一。司营，五行属土，所以说火生土。

中央者土，君官也。司营尚信，卑身贱体，夙兴夜寐，称述往古，以厉主意①，明见成败，微谏纳善②，防灭其恶，绝源塞隟③，执绳而制四方④，至忠厚信，以事其君，据义割恩⑤，太公是也⑥。应天因时之化，威武强御以成⑦。大理者⑧，司徒也。司徒者，金也，故曰土生金。

【注释】

①厉：同"励"，激励、勉励。

②微谏：用隐微的言辞来纠正君主的过失。

③隟(xì)："隙"的古字，缝隙的意思。

④执绳而制四方：执掌规则来驾驭四方。绳，规则、准绳。《淮南子·天文训》："规生矩杀，衡长权藏，绳居中央，为四时根。"

⑤据义割恩：根据"义"而不计较个人的恩怨来行事。割，割去。

⑥太公：即姜太公、吕尚。

⑦强御：横暴有势力的人。

⑧大理：主掌刑法之官。夏代叫做大理，周代为大司寇，秦汉时改为廷尉，隋朝时复置大理寺卿、少卿，北齐为大理卿，九寺之一。历代沿用。此处说法，与周制不符。

【译文】

中央属土，君官是司营。司营崇尚诚信，谦恭有礼，早起晚睡，用赞美的口吻讲述古代圣贤的所作所为，以此来激励君主，明智地看出事物成功和失败的所在，用隐微的言辞来纠正君主的过失并进呈好的建议，预防和制止君主的过失，断绝其根源、堵塞其缝隙，执掌规则来驾驭四方，非常忠诚、厚道、信实地侍奉自己的君主，根据"义"而不计较个人的恩怨来行事，姜太公就是这样的人。他顺应天道并根据时机的变化，用威武来制服横暴有势力的人。大理，指的是司徒。司徒，五行属金，所以说土生金。

西方者金，大理，司徒也。司徒尚义，臣死君而众人死父①。亲有尊卑，位有上下，各死其事，事不逾矩，执权而伐②。兵不苟克③，取不苟得，义而后行，至廉而威，质直刚毅，子胥是也④。伐有罪，讨不义，是以百姓附亲，边境安宁，寇贼不发，邑无狱讼⑤，则亲安。执法者，司寇也。司寇者，水也，故曰金生水。

【注释】

①死：效死，尽职尽责。

②权：权职，权责。

③兵不苟克：军队不苟且地去获得某种胜利。苟，苟且、不守道义。克，取胜、战胜。

④子胥：即伍子胥，春秋时楚国人。子胥父兄被楚王所杀，于是投奔吴国，帮助吴国伐楚，为父兄复仇。胥，旧本作"耳"，苏舆注："天启本作'耳'，注云：'疑是胥字。'"作"胥"是，今据改。

⑤邑：国都，引申为国家。

【译文】

西方属金，大理，指的是司徒。司徒崇尚"义"，臣下对君主尽职而一般人对父亲尽职。亲情有尊卑之分，地位有高下之分，各尽自己的职责,做事不能超出自己的范围,依据自己的职权范围来讨伐敌人和罪犯。军队不苟且地去获得某种胜利,不苟且地去获得某种东西,而是遵从"义"来行事,非常廉洁、威严,性格质朴且正直刚毅,伍子胥就是这样的人。他讨伐有罪之人和不义之徒,所以百姓都依附和亲近他,边境地区安宁,盗贼不兴起,国家没有狱讼之事,这样社会就会亲和、安宁。执法的人,指的是司寇。司寇,五行属水,所以说金生水。

北方者水,执法,司寇也。司寇尚礼,君臣有位,长幼有序,朝廷有爵①,乡党以齿②,升降揖让,般伏拜谒③,折旋中矩,立而磬折④,拱则抱鼓,执衡而藏⑤,至清廉平,赂遗不受⑥,请谒不听,据法听讼⑦,无有所阿,孔子是也。为鲁司寇,断狱屯屯⑧,与众共之,不敢自专。是死者不恨,生者不怨,百工维时,以成器械⑨。器械既成,以给司农⑩。司农者,田官也。田官者木,故曰水生木。

【注释】

①有爵:苏舆注:"有爵,疑当作'以爵'。"钟肇鹏曰:"苏说是。下句'乡党以齿',作'以'不误。此'有'字涉上'有位'、'有序'而误。"苏、钟之说可从。

②乡党以齿:乡里以年龄的大小排列。乡党,乡里。齿,岁数、年龄。

③般(pán)伏拜谒(yè):弯腰伏身鞠躬拜见。般伏,犹"盘伏",屈身向下,一种行礼的动作。拜谒,拜见。

④磬(qìng)折:曲躬如磬,表示谦恭。磬,通"磬",乐器,以玉、石或金属为材,形状如矩。

⑤衡:秤杆,即指秤上的刻度。

⑥赂遗(lù wèi)：贿(huì)赂的财物。赂，赠送财物。遗，给予、赠送。

⑦听讼：听理诉讼。

⑧断狱屯屯(zhūn)：审理和判决案件时表现得严谨忠厚。断狱，审理和判决案件。屯屯，严谨忠厚的样子。

⑨"百工维时"二句：各种工匠很及时地制作好各种器械。百工，各种工匠。维时，及时。

⑩给(jǐ)：供给，供应。

【译文】

北方属水，执法的人，指的是司寇。司寇崇尚礼节，君臣之间有高下之位，长辈和晚辈之间有一定的次序，朝廷中按照爵位的高下排定次序，乡里以年龄的大小排定次序，登堂或下堂都拱手揖让，弯腰伏身鞠躬拜见，行走时曲折迂回而合于规矩，站立时就像磬一般弯曲身体，拱手行礼时就如同手中抱着鼓一般，执持法度权衡而收藏百物，非常的清正、廉明、公平，不接受贿赂的财物，也不接受别人的拜谒，根据法律来听理诉讼，没有什么偏私，孔子就是这样的人。他担任鲁国的司寇，审理和判决案件时表现得严谨忠厚，与大众一起审理案件，不敢独断专行。因此被处死的人没有怨恨，活着的人也不会埋怨，各种工匠很及时地制作好各种器械。器械制成以后，用来供给司农。司农，就是指的负责农耕的官。负责农耕的官，五行属木，所以说水生木。

五行相胜第五十九

【题解】

本篇认为金、木、水、火、土五行之间存在着相胜（即相克）的关系。其中，水胜火、火胜金、金胜木、木胜土、土胜水。在人事中，司徒（金）、司农（木）、司寇（水）、司马（火）、司空（土）这几个官职也是相互监督制约的关系。本篇以五行（自然材料）性质的相互制约关系来比附政事中各部门职责的制约关系，是天人感应思想理论的重要内容。

木者，司农也。司农为奸，朋党比周①，以蔽主明，退匿贤士②，绝灭公卿，教民奢侈，宾客交通③，不劝田事④，博戏斗鸡⑤，走狗弄马，长幼无礼，大小相虏⑥，并为寇贼，横恣绝理⑦，司徒诛之，齐桓是也。行霸任兵，侵蔡，蔡溃，遂伐楚⑧，楚人降伏，以安中国。木者，君之官也⑨。夫木者，农也；农者，民也，不顺如叛⑩，则命司徒诛其率正矣⑪，故曰金胜木。

【注释】

①朋党比周：结党营私而排斥异己。朋党，为了私利而勾结同类。比周，结伙营私。

②退匿：排斥匿藏，即不推荐的意思。

③交通：交往勾结。

④劝：勉励，努力。

⑤博戏：赌博的游戏。

⑥虏：通"掳"，抢掠、掠取。

⑦横恣绝理：蛮横放纵而不讲道理。

⑧"行霸任兵"四句：《左传》僖公四年："齐侯以诸侯之师侵蔡，蔡溃，遂伐楚。"《公羊传》："溃者何？下叛上也。国曰溃，邑曰叛。"

⑨"木者"二句：俞樾云："下文云：'土者，君之官也。'盖土居中央，于五行最尊，故为君之官。此乃云'木者，君之官也'，义不可通，当为衍文。"俞说可从，故暂不出译。

⑩如：通"而"。

⑪诛其率正：诛杀他们的首领而使他们归正。率，通"帅"，统领、将帅。正，归正、回归正途。

【译文】

木，就官职而言指的是司农。司农做奸邪之事，结党营私而排斥异己，以此来蒙蔽君主的明智，排斥匿藏贤良之士，灭杀公卿，倡导百姓行奢侈之风，与宾客交往勾结，不努力去做农事，赌博斗鸡，赛狗玩马，长幼之间没有礼节，大小之间互相抢掠，都去干盗贼之事，蛮横放纵而不讲道理，司徒把他杀了，齐桓公就是这样的人。他推行霸业而兴兵征伐，侵略蔡国，蔡国溃败，又征伐楚国，楚国投降，而使中原安定。木，指的是农事；从事农耕之事的人，指的是百姓，百姓不服从而反叛，就命令司徒去诛杀他们的首领而使他们归正，所以说金克木。

火者，司马也。司马为谗①，反言易辞以谮愬人②，内离骨肉之亲，外疏忠臣，贤圣旋亡，谗邪日昌，鲁上大夫季孙是也③。专权擅势④，薄国威德⑤，反以愬恶谮愬其贤臣⑥，劫惑其君⑦。孔子为鲁司寇，据义行法，季孙自消，堕费、郈城⑧，兵甲有差⑨。夫火者，本朝⑩，有邪谗荧惑其君⑪，执法诛之。执法者，水也，故曰水胜火。

【注释】

①谗：谗言，诬蔑诽谤的言辞。

②反言易辞以谮(zèn)愬(sù)人：说话捏造事实来陷害他人。反言，与事实相反的言辞。易辞，改变事实的言辞。谮，说坏话诬陷别人。愬，同"诉"，诉说。

③上大夫：苏舆注："'上大夫'即'上卿'，见《爵国篇》。"

④势：苏本作"政"，凌本、卢本皆作"势"，作"势"是。今据正。

⑤薄国威德：削弱国家的声威与德泽。薄，削弱。

⑥怠：苏舆注："'怠'字疑误。"钟肇鹏曰："周(采)本作'大'，黄(丕烈)校作'怠'，以作'大'为是。"钟说可从。

⑦劫惑：胁迫迷惑。

⑧堕(huī)费(bì)、郈(hòu)城：毁坏掉费城、郈城。堕，毁坏。费，春秋时鲁国季孙氏邑，在今山东费县西南。郈，春秋时鲁国叔孙氏邑，在今山东东平东南。

⑨兵甲有差：大夫家中收藏兵器有一定的规定。孔子曾劝季孙，认为臣子家里不应该藏有过多的兵器、铠甲。

⑩本：旧本作"大"，卢文弨校曰："疑当作'本朝'。"钟肇鹏校作"本"，是，今据改。

⑪荧惑：炫惑，惑乱。

【译文】

火，就官职而言指的是司马。司马进诬蔑诽谤之言，说话捏造事实来陷害他人，对内离散骨肉亲人，对外疏远忠臣，贤良圣明之人很快就消失隐匿了，谗邪之人则一天天地多起来，鲁国的上卿季孙就是这样的人。他独揽大权而培植自己的势力，削弱了国家的声威与德泽，反而以邪恶的言辞来诬蔑贤臣，胁迫迷惑君王。孔子担任鲁国的司寇，依据"义"来执行法律，季孙只好自己削减自己的权势，毁坏掉费城、郈城，按照等级的规定来收藏兵器、铠甲。火，本来就是朝中的官职之一，朝中有用邪语谗言来惑乱君主的人，就执行法律将其诛杀。执行法律的，指的是水，所以说水克火。

土者，君之官也，其相司营。司营为神①，主所为皆曰可，主所言皆曰善。諂顺主指②，听从为比③，进主所善④，以快主意，导主以邪，陷主不义。大为宫室，多为台榭⑤，雕文刻镂⑥，五色成光。赋敛无度，以夺民财；多发繇役⑦，以夺民时；作事无极，以夺民力。百姓愁苦，叛去其国，楚灵王是也。作乾溪之台，三年不成，百姓罢弊而叛⑧，及其身弑。夫土者，君之官也，君大奢侈⑨，过度失礼，民叛矣。其民叛，其君穷矣，故曰木胜土。

【注释】

①神：指奸邪不正。苏舆注引俞樾云："宣三年《左传》'使民知神奸'，是'神'与'奸'同类。上云'司农为奸'，此云'司营为神'，则神亦不美之名。故与司马为逸、司徒为贼、司寇为乱一律也。"

②諂（chǎn）：同"谄"，巴结、奉承。

③比：勾结，阿党。

④善：认为是好的，喜爱的。

⑤台榭（xiè）：积土高起者为台，台上所盖之屋为榭。

⑥雕文刻镂（lòu）：雕刻彩饰。文，纹饰。镂，雕刻图案。

⑦繇（yáo）：通"徭"，劳役。

⑧罢(pí)弊：疲惫困乏。罢，通"疲"，疲劳、疲乏。弊，困乏、疲惫。

⑨大(tài)：太。

【译文】

土，是辅佐君主的官职，君主之相为司营。司营作奸犯科，君主的所作所为他都认可，君主的言论他都认为是好的。他巴结奉承君主以迎合其意愿，顺从阿谀以勾结偏私，进奉君主所喜爱的，以使君主心里快活，用邪恶之事来引诱君主，使君主陷入不仁不义的境地。大肆建造宫殿，极力修筑楼台亭榭，雕刻彩饰，五颜六色而光彩夺目。没有节制地征收赋税，以此来搜刮百姓的财货；大规模地征召百姓服劳役，以此来耽误百姓的农时；兴作各种事情没有止境，以此来夺取百姓的劳力。百姓因此而忧愁、困苦，纷纷逃离他们的国家，楚灵王就是这样的人。他在乾溪这个地方建筑楼台，建了三年都没有完成，百姓疲惫困乏而最终反叛，以至楚灵王被弑杀。土，是君主的官职，君主太奢侈，超过了一定的限度以至破坏了礼节，百姓就必然会反叛。百姓反叛，那么君主也就到了穷途末路，所以说木克土。

金者，司徒也。司徒为贼①，内得于君②，外骄军士，专权擅势，诛杀无罪，侵伐暴虐，攻战妄取，令不行，禁不止，将率不亲，士卒不使，兵弱地削，令君有耻，则司马诛之，楚杀其司徒得臣是也③。得臣数战破敌，内得于君，骄蹇不卹其下④，卒不为使，当敌而弱，以危楚国，司马诛之。金者，司徒。司徒弱⑤，不能使士众，则司马诛之，故曰火胜金。

【注释】

①贼：害，即指破坏法纪。

②得：指得宠。

③得臣：成得臣，字子玉，春秋时楚国的将军，城濮之战时被晋军击
败，被迫自杀。详见《春秋》僖公二十八年所载。

④骄蹇（jiǎn）不恤（xù）其下：骄纵傲慢而不体恤部下。骄蹇，骄纵
傲慢。恤，同"恤"，体恤。

⑤弱：软弱无能。

【译文】

金，是司徒的官职。司徒破坏法纪，在内得到君主的宠信，在外对
军士骄横，独揽大权而滥用势力，诛杀无罪之人，侵略讨伐而残暴酷虐，
肆意地攻城略地，有命令不执行，有禁令不停止，将帅们不亲近他，士兵
们也不听从他的命令，使军队削弱而国土被他人侵吞，使君主蒙受耻
辱，司马因而将其诛杀，楚国诛杀其大夫得臣就是这样的一个例子。得
臣在战斗中数次打败敌人，在内得到君主的赏识，但是他却骄纵傲慢而
不体恤部下，士兵都不听从他的命令，遇到敌人时自己军队的战斗力已
经削弱了，从而使楚国处于危急的境地，司马于是把他诛杀了。金，就
官职而言指的是司徒。司徒软弱无能，不能够领导军队，那么司马就会
将他诛杀，所以说火克金。

水者，司寇也。司寇为乱，足恭小谨，巧言令色①，听谒
受赂；阿党不平②，慢令急诛，诛杀无罪，则司营诛之③，营荡
是也④。为齐司寇，太公封于齐，问焉以治国之要，营荡对
曰："任仁义而已。"太公曰："任仁义奈何？"营荡对曰："仁者
爱人，义者尊老。"太公曰："爱人、尊老奈何？"营荡对曰："爱
人者，有子不食其力；尊老者，妻长而夫拜之。"太公曰："寡
人欲以仁义治齐，今子以仁义乱齐，寡人立而诛之，以定齐
国。"夫水者，执法司寇也。执法阿党不平⑤，依法刑人，则司
营诛之，故曰土胜水。

【注释】

①"足恭小谨"二句:《论语·公冶长》:"巧言令色足恭。"态度语言
都过分恭敬。《说苑·臣术篇》:"中实颇险,外容貌小谨,巧言令
色,又心嫉贤,所欲进,则明其美而隐其恶;所欲退,则明其过而
匿其美。使主妄行过任,赏罚不当,号令不行。如此者,好
臣也。"

②阿(ē)党不平:结党营私而办事不公平。阿党,结党营私。不平,
不公平。

③司营:周代的六卿为冢宰、司徒、宗伯、司马、司寇、司空。《汉
书·百官公卿表》:"天官冢宰、地官司徒、春官宗伯、夏官司马、
秋官司寇、冬官司空,是为六卿。"董仲舒在本文中提及,木者司
农,火者司马,土者君之官,其相司营,金者司徒,水者司寇。这
里没有司空,而司营又是君之相。司营代表土,诛司寇,是"土胜
水"。惠栋校曰:"'司营'疑即'司空',然以为土官而反以司寇为
冬官。"惠校可聊备一说。

④营荡:人名,西周时任齐国司寇,其他典籍未见此人。

⑤阿:旧本皆作"附",卢文弨校曰:"'附'疑'阿'字,与上文同。"钟
肇鹏校作"阿"。卢、钟二校是,今据正。

【译文】

水,就官职而言指的是司寇。司寇作乱,恭敬谨慎过度,以巧妙的
话来骗人,装成态度和悦的样子,听任别人谒见并接受贿赂;结党营私
而办事不公平,发布命令迟缓,诛杀百姓迅速,杀害无辜之人,司营就会
将他诛杀,营荡就是这样的人。他在担任齐国的司寇一职时,姜太公被
分封到齐国,太公问他治理国家的策略,营荡回答说:"只要实行仁义就
行了。"太公问:"怎样实行仁义呢?"营荡回答说:"仁就是要爱人,义就
是要尊敬老年人。"太公问:"如何爱护人而又如何尊敬老年人呢?"营荡
回答说:"爱护人,就如同有儿子也不靠他来赡养;尊敬老年人,就如同

妻子年长而丈夫对他行叩拜礼。"太公说："我将以仁义来治理齐国,现在你用仁义来扰乱齐国,我担任国君,将你杀了,才能使齐国安定。"水,就官职而言指的是执行法律的司寇。他执行法律时,如果结党营私而办事不公平,利用法律来迫害别人,那么司营就会将他诛杀,所以说土克水。

五行顺逆第六十

【题解】

本篇以五行配四时,认为五行中的木、火、土、金、水各有其德行,并以此推扩至人君之行。董仲舒认为,君主的德行顺应时节则"顺",并有祥瑞;君主的德行背逆时节则"逆",并会有灾异而造成祸患。

木者春,生之性,农之本也。劝农事①,无夺民时,使民,岁不过三日,行什一之税②,进经术之士。挺群禁③,出轻系④,去稽留⑤,除桎梏⑥,开门阖⑦,通障塞⑧。恩及草木,则树木华美而朱草生⑨;恩及鳞虫,则鱼大为⑩,鳣鲸不见⑪,群龙下⑫。如人君出入不时,走狗试马,驰骋无度⑬,不反宫室,好淫乐,饮酒沈湎⑭,纵恣⑮,不顾政治,事多发役,以夺民时,作谋增税⑯,以夺民财,则民病疥搔⑰,温体,足胻痛⑱。咎及于木,则茂木枯槁⑲,工匠之轮多伤败。毒水渟群⑳,漉陂如渔㉑,咎及鳞虫,则鱼不为,群龙深藏,鳣鲸出见㉒。

【注释】

①劝:勉励。苏舆注:"《御览》八百七十三'劝'上有'君'字。"

②什(shí)一：十分之一。《公羊传》宣公十五年："古者什一而藉。古者曷为什一而藉？什一者，天下之中正也。多乎什一，大桀小桀；寡乎什一，大貉小貉。什一者，天下之中正也，什一行而颂声作矣。"所谓"什一而藉"，是指夏、商、周三代的田赋制度，儒家传统观点认为这样一种"什一之税"的赋税制度是非常合乎"中道"的制度。

③挺群禁：宽缓违法犯禁的人。挺，宽缓。

④出轻系：释放被拘留的人。轻系，还未触及刑律而犯有小错的人，即指被拘留者。

⑤去稽留：赦免监狱中的有罪之人。稽留，监狱名，在这里引申为关在监狱中触犯了刑律的罪犯。晋代张华《博物志》："夏曰念室，殷曰动止，周曰稽留，三代之异名也。"

⑥除桎梏(zhì gù)：解除囚犯的手铐脚镣。桎梏，刑具，即手铐脚镣。桎为脚镣，梏为手铐。

⑦开门阖(hé)：打开门窗。门阖，即门户、门窗。阖，门扇、门板，泛指门。春季温暖，故打开门窗。

⑧障塞(sè)：障碍阻塞。

⑨朱草：一种红色的草，可以作染料。古代的方术之士将其附会为祥瑞之物。《白虎通义·封禅篇》："朱草者，赤草也，可以染绛，别尊卑也。"

⑩大为：即"大成"，丰收、丰产的意思。

⑪鳣(zhān)鲸：鳣鱼和鲸鱼。鳣，即鲟鳇鱼，产于长江，长二至三丈。鲸，即鲸鱼，属哺乳类，生活于海洋之中，种类甚多，一般体积较大。鳣鱼和鲸鱼由于体积较大，古人认为它们是有害的。

⑫下：在低空翱翔。

⑬无度：各本皆脱此二字。钟肇鹏曰："《五行大义》第十九《论治政》引作'驰骋无度'，今据补。"钟校可从，今据补"无度"二字。

⑭沈湎(chén miǎn)：沉溺于酒，饮酒过度。沈，同"沉"，沉溺于所好、陷溺。湎，沉迷于酒。

⑮纵恣：放纵恣肆，指生活放荡。

⑯作谋：策划，谋划。

⑰则民病疥(jiè)搔：百姓患疥疮而瘙痒不已。则，苏本脱此字，钟肇鹏据《五行大义》引补此字，今从钟校。病，生病。疥搔，皮肤病名，即疥。疥必痒，痒必搔，故称"疥搔"。

⑱胻(héng)：脚胫，即人的小腿。

⑲枯槁：草木干枯、干萎。

⑳湮(yān)群：淹没民众。湮，通"淹"，淹没。

㉑漉(lù)陂(bēi)如渔：溪池干涸而可以捕鱼。漉，使干涸。陂，池塘。如，同"而"。

㉒鳣：旧本皆脱此字，苏舆注："据上文，'鲸'上亦当有'鳣'。"钟肇鹏据苏说补"鳣"字。今从钟校。

【译文】

木，就时间而言指的是春季，春季具有生长万物的性能，是农耕的根本。君主勉励百姓勤于农耕之事，不耽误百姓耕种田地的时间，役使百姓服劳役，每年不超过三天的时间，实行征收产量总额十分之一的赋税制度，荐举饱学治国安邦之术的人士。宽缓违法犯禁的人，释放被拘留的人，赦免监狱中的有罪之人，解除囚犯的手铐脚镣，打开门窗，疏通障碍阻塞。恩惠布施到草木身上，那么树木生长就会繁茂美好而祥瑞的朱草就会因此出现；恩惠布施到有鳞的动物身上，那么鱼类就会丰产，鳣、鲸这样体大凶恶的大鱼都不会出现，群龙也会为此而在低空翱翔。如果君主不按照时节出入，热衷于赛狗、马戏，在外驰骋而没有限度，不愿意回到宫室之中，放荡于音乐和美色，沉溺于喝酒，生活放荡恣肆，不顾及国家的政事治理，公事徭役繁多，以此来耽误百姓的农时，想方设法增加赋税，以此来掠夺百姓的财产，那么百姓就会患疥疮而瘙痒不已,身体发热,足胫疼痛。这样的凶咎殃及到树木上,那么茂盛的树木就会枯萎,工匠所制作的车轮大多数都会被毁坏。有毒的水将会淹没民众,溪池干涸而可以捕鱼,这样的凶咎殃及到有鳞的动物身上,那么鱼类就不会丰产,群龙也会深深地躲藏起来,鳢、鲸这样体大凶恶的大鱼就会出现了。

　　火者夏,主成长①,本朝也。举贤良,进茂才②,官得其能,任得其力,赏有功,封有德,出货财,振困乏③,正封疆④,使四方。恩及于火,则火顺人而甘露降。恩及羽虫,则飞鸟大为,黄鹄出见⑤,凤凰翔。如人君惑于谗邪,内离骨肉,外疏忠臣,至杀世子,诛杀不辜,逐功臣⑥,以妾为妻,弃法令,妇妾为政,赐予不当,则民病血壅肿⑦,目不明。咎及于火,则大旱,必有火栽⑧。摘巢探鷇⑨,咎及羽虫,则飞鸟不为,冬应不来⑩,枭鸱群鸣⑪,凤凰高翔⑫。

【注释】

①主:旧本皆脱此字,刘师培校有"主"字,钟肇鹏从刘校。刘、钟二校是,今据补"主"字。

②茂才:汉代举用人才的一种科目,即"秀才",意指优秀的人才。东汉时期为避光武帝刘秀讳而改称"茂才"。

③振:通"赈",救济。

④封疆:疆界。《史记·商君列传》正义曰:"封,聚土也;疆,界也:谓界上封记也。"

⑤黄鹄(hú):鸟名,一说指天鹅,或谓形如鹤、色苍黄。古人认为黄鹄为祥瑞之鸟。

⑥功:旧本作"忠",苏舆注:"'逐忠臣'与上'疏忠臣'复。忠,盖

'功'之误。"凌本、钟肇鹏校释本皆作"功",是,今据正。

⑦壅(yōng)肿:肿胀。

⑧烖(zāi):同"灾",火灾。

⑨鷇(kòu):须要母鸟哺食的雏鸟。

⑩冬应:意思不详,据上下文例观之,当为鸟名。

⑪枭鸱(xiāo chī):枭,一种凶猛的鸟,食母,被称为不孝鸟。鸱,一种凶猛而有害的鸟,也称为鹞(yào)鹰、老雕。

⑫高翔:远走高飞。

【译文】

火,就时间而言指的是夏季,夏季具有成长万物的性能,就官职而言指的是朝中之官。君主推举贤良的人,选拔优秀的人才,任用有才能的人做官,使百官都能各尽其能,奖赏有功劳的人,分封爵位给品德高尚的人,拿出货物和钱财,赈济穷困贫乏的人,划定疆界,派遣官员出使各国。恩惠布施于火,那么火就会顺应人事而普降甘霖。恩惠布施于有羽毛的动物,那么天上的飞鸟就会繁殖旺盛,黄鹄这样的祥瑞之鸟也会出现,凤凰也会在天上翱翔。如果君主被谗言邪语所迷惑,在内背弃骨肉亲情,在外疏远忠贞的大臣,以至于杀害世子,诛杀无辜的人,逐斥有功之臣,把妾当作正妻,废弃原有的法令,让妻妾掌握实际的政权,赏赐给予不合适,那么百姓就会罹患血液之病而身体肿胀,眼睛也看不清事物。这样的凶咎殃及于火,那么就会引起大旱,必定会引发火灾。摘取鸟巢而捕捉雏鸟,这样的凶咎殃及到有羽毛的动物,那么飞鸟的繁殖也不会旺盛,冬应也不会再飞回来,凶猛的枭、鸱成群地鸣叫,凤凰也会远走高飞。

　　土者夏中,成熟百种①,君之官。循宫室之制,谨夫妇之别,加亲戚之恩。恩及于土,则五谷成而嘉禾兴②。恩及倮虫③,则百姓亲附,城郭充实,贤圣皆迁④,仙人降。如人君好淫佚,妻妾过度,犯亲戚,侮父兄,欺罔百姓⑤,大为台榭,五色成光,雕文刻镂,则民病心腹宛黄⑥,舌烂痛。咎及于土,则五谷不成。暴虐妄诛,咎及倮虫,倮虫不为,百姓叛去,贤圣放亡⑦。

【注释】

①百种:即百谷,庄稼的总称。

②嘉禾:生长得特别苗壮的禾稻。古人认为这是一种祥瑞。

③倮(luǒ)虫:身无羽毛鳞甲的动物。古代常用以指人。《大戴礼记·易本命》:"倮之虫三百六十,而圣人为之长。"倮,同"裸"。

④迁:升迁。

⑤欺罔(wǎng):欺骗蒙蔽。

⑥宛(yuè)黄:黄黑色。宛,通"黦"。

⑦放亡:隐居逃亡。

【译文】

土,就时间而言指的是夏季的中后期,具有成熟百物的性能,就官职而言则相当于君主。他依循制度来兴建宫室,谨慎地区分夫妇之间的关系,加深亲戚之间的恩情。恩惠布施于土,那么五谷就会成熟而苗壮的禾苗也会生出。恩惠布施到众人身上,那么就会使百姓亲近依附自己,城郭人口充实,贤圣之士升迁归位,仙人也从天上降落人间。如果君主喜好荒淫放纵的生活,妻妾过多,冒犯亲戚,侮辱父兄,欺骗百姓,大肆兴建亭台楼榭,五颜六色而光彩夺目,雕刻彩饰,那么百姓就会心腹生病而呈现黄黑色,舌头溃烂疼痛。这样的凶咎殃及到土,那么五谷就不能生长。残暴酷虐而任意诛杀,这样的凶咎殃及到众人,就会使众人不能繁衍生息,百姓也会反叛而离开,贤圣之士也都会逃亡隐居起来。

金者秋，杀气之始也。建立旗鼓，杖把旄钺①，以诛贼残，禁暴虐，安集②。故动众兴师，必应义理，出则祠兵，入则振旅③，以闲习之④，因于搜狩⑤。存不忘亡，安不忘危⑥，修城郭，缮墙垣⑦，审群禁⑧，饬兵甲⑨，警百官，诛不法。恩及于金⑩，则凉风出。恩及于毛虫，则走兽大为，麒麟至。如人君好战，侵陵诸侯，贪城邑之赂，轻百姓之命，则民病喉，咳嗽，筋挛⑪，鼻鼽塞⑫。咎及于金，则铸化凝滞⑬，冻坚不成。四面张罔⑭，焚林而猎，咎及毛虫，则走兽不为，白虎妄搏，麒麟远去。

【注释】

①杖把旄（máo）钺（yuè）：握持着用牦牛尾装饰的旌旗和斧钺。杖把，手持、握持。旄，一种用牦牛尾装饰的旌旗，用于战场指挥。钺，古代一种像斧子的兵器。

②安集：钟肇鹏曰："'禁暴虐，安集'，《洪范五行传》作'禁暴虐，安天下'（《隋书·五行志上》引）。本文'安集'盖'安集百姓'或'安天下'之脱误。"钟说可从。

③振旅：整顿部队。

④闲习：即娴习，练习以使娴熟。

⑤因于搜狩：在平时狩猎之时也练习作战技术。因，沿袭。搜，同"蒐"，春天打猎。狩，冬季打猎。

⑥"存不忘亡"二句：语源于《易·系辞下》："君子安而不忘危，存而不忘亡。"

⑦缮（shàn）墙垣（yuán）：修补城墙。缮，修补、整治。垣，矮墙。

⑧审：慎重，严谨。

⑨饬（chì）：整顿，整治。

⑩金：旧本并作"金石"，董天工笺注本及钟肇鹏校释本皆删去"石"
字。以上下文例观之，无"石"字是，今据删。

⑪筋挛(jīn luán)：筋肉蜷曲不能伸直。挛，蜷曲不能伸直。

⑫鼽(qiú)：鼻塞不通气。

⑬铸化凝滞：销熔金属时凝固而不熔化。铸化，销熔金属。

⑭罔：同"网"，渔猎用的网。

【译文】

　　金，就时间而言指的是秋季，肃杀之气开始产生。此时要求树立旌
旗并设立大鼓，握持着用牦牛尾装饰的旌旗和斧钺，以此来诛杀贼寇，
禁止残酷暴虐的行为发生，使天下得以安定。因此出兵兴师，必须要符
合义理，出兵要犒赏士卒，收兵之后也要整顿部队，以此来使练习娴熟，
在平时狩猎之时也练习作战技术。在国家生存的时候不忘记还有灭亡
的可能，安全的时候不忘记还有危险的时候，修筑城郭，修补城墙，严格
执行各种禁令，整治兵器铠甲，警诫百官，诛杀不法之徒。恩惠布施于
金，那么凉风就会吹出。恩惠布施于兽类，那么兽类就会大量繁衍，麒
麟也会出现。如果君主喜好战争，侵略凌辱诸侯，贪图一城一邑的贿
赂，轻视百姓的生命，那么百姓就会咽喉生病，咳嗽，筋肉蜷曲不能伸
直，鼻子堵塞而不通气。这样的凶咎殃及到金，那么销熔金属时就会凝
固而不熔化，凝冻坚固则不能铸成金属器械。四处张布罗网，焚烧山林
而肆意打猎，这样的凶咎殃及到兽类，那么兽类就不能够繁衍，白虎也
会肆意搏杀，麒麟也将远远离去。

　　水者冬，藏至阴也。宗庙祭祀之始，敬四时之祭①，禘祫
昭穆之序②。天子祭天，诸侯祭土③。闭门闾，大搜索④，断
刑罚，执当罪⑤，饬关梁⑥，禁外徙。恩及于水，则醴泉出⑦。
恩及介虫⑧，则黿鼍大为⑨，灵龟出⑩。如人君简宗庙⑪，不祷

祀⑫,废祭祀,执法不顺,逆天时,则民病流肿⑬,水胀⑭,痿痹⑮,孔窍不通。咎及于水,雾气冥冥⑯,必有大水,水为民害。咎及介虫,则龟深藏,鼋鼍呴⑰。

【注释】

①四时之祭:即指本书《深察名号篇》所云:"春日祠,夏日礿,秋日尝,冬日烝。"

②禘袷(dì xiá):禘祭与袷祭,皆为古代祭祀之礼。禘,禘祭,指帝王诸侯祀始祖。袷,袷祭,古代天子或诸侯把远近祖先的牌位集合在太祖庙举行大合祭的活动。

③"天子祭天"二句:《公羊传》僖公三十一年:"天子祭天,诸侯祭土。"何休注:"郊者所以祭天也,天子祭天莫重于郊。土谓社也,诸侯所祭莫重于社。"土,指社神,土地之神。

④"闭门闾"二句:古代在冬至日时要关闭城门和里门,禁止商旅通行,在全城进行大搜索,以防奸细混入城中。门,城门。闾,里门。

⑤当罪:应当判罪之人。

⑥关梁:关津渡口的门户桥梁,即水陆要会之处。关,关门。梁,津梁。

⑦醴(lǐ)泉:甘美的泉水,或指及时之雨。

⑧介虫:甲介之虫。介,通"甲",披甲。

⑨鼋(yuán)鼍(tuó):鼋,一种大鳖。鼍,扬子鳄,体大力猛。

⑩灵龟:古代用来作占卜的大龟。

⑪简:忽视,怠慢。

⑫祷:祈神求福。

⑬流肿:脚气病。《资治通鉴》卷七十二魏青龙元年注:"流肿者,谓毒气下流,足谓之肿,古人谓之重腿(zhuì),今人谓之脚气。"

⑭胀：苏本作"张"，凌本、钟肇鹏校释本作"胀"，是，今据改。

⑮痿痹（wěi bì）：肢体麻木而不能动作之病。

⑯冥冥：幽暗无光的样子。

⑰呴（hǒu）：通"吼"，吼叫、嚎叫。

【译文】

水，就时间而言指的是冬季，它深藏着极阴之气。这时是宗庙祭祀开始的时候，要求慎重举行四时的祭祀，禘祭与祫祭要排列好昭、穆的次序。天子祭祀天，诸侯祭祀地。关闭城门和里门，进行大搜索以防奸细出没，判决刑罚之事，拘捕犯有罪行的人，整治检查关津渡口的门户桥梁，禁止随意外出。恩惠布施于水，那么甘美的泉水就会涌出。恩惠布施于甲介之类的动物，那么龟鳖鳄鱼之类就会繁殖旺盛，用来占卜的大龟就会出现。如果君主怠慢或者忽视宗庙的祭祀，不去祷祭鬼神，废除祭祀，执行法律不公正，背逆天时，那么百姓就会得脚气病，身体积水肿胀，肢体麻木而不能行动，孔窍也不通畅。这样的凶咎殃及到水，那么雾气就会笼罩而幽暗无光，必定会发大洪水，大水将为害百姓。这样的凶咎殃及到甲介之类的动物，那么用来占卜的大龟就会深藏起来，龟鳖鳄鱼也会大声吼叫。

治顺五行第六十一

【题解】

本篇题目《治顺五行》，旧本并误作《治水五行》。通观全篇内容无涉治水，钟肇鹏举《五行大义》卷四第十九《论治政》引本篇正作"《春秋繁露·治顺五行篇》"，本书《五行相生篇》说："故为治，逆之则乱，顺之则治。"因此继之以《五行顺逆》第六十、《治顺五行》第六十一、《治乱五行》第六十二。"治顺"、"治乱"前后相对，因此本篇题作《治顺五行》为宜。本篇大旨是说统治者因顺五行之德性，并运用于政事，就能够使天下大治。

日冬至，七十二日木用事①，其气燥浊而青。七十二日火用事，其气惨阳而赤②。七十二日土用事，其气湿浊而黄。七十二日金用事，其气惨淡而白。七十二日水用事，其气清寒而黑。七十二日复得木。木用事，则行柔惠，挺群禁。至于立春，出轻系，去稽留，除桎梏，开门阖，通障塞，存幼孤，矜寡独③，无伐木。火用事，则正封疆，修田畴④。至于立夏，举贤良，封有德，赏有功，出使四方，无纵火⑤。土用事，则养长老，存幼孤，矜寡独，赐孝弟，施恩泽，无兴土功。金用事，则修城郭，缮墙垣，审群禁，饬甲兵，警百官，诛不法，存长老，无焚金石。水用事，则闭门闾，大搜索，断刑罚，执当罪，饬关梁，禁外徙，无决堤⑥。

【注释】

①用事：主事。

②惨阳：钟肇鹏曰："'惨阳'当作'燥阳'。"钟说可从。燥阳，干燥光明。

③"存幼孤"二句：抚恤幼小的孤儿，怜惜无夫、无子的老年人。孤，幼而无父。矜，怜惜、怜悯。寡，老而无夫。独，老而无子。

④修田畴：修整田地。修，苏本作"循"，形近而误，钟肇鹏据《五行大义》校作"修"，是。今据正。田畴，田地。谷地为田，麻地为畴。

⑤纵火：放火。

⑥决堤：毁坏堤坝。决，断绝。

【译文】

太阳运行到冬至点，经过七十二天而木正当时令主事，木气干燥、浑浊而呈现为青色。经过七十二天而火正当时令主事，火气干燥、光明而呈现为红色。经过七十二天而土正当时令主事，土气湿润、浑浊而呈现为黄色。经过七十二天而金正当时令主事，金气干燥、清淡而呈现为白色。经过七十二天而水正当时令主事，水气清淡、寒凉而呈现为黑色。经过七十二天又是木正当令主事的时候。木当令主事的时候，那么应该在行为上仁厚、柔惠，宽缓违法犯禁的人。到了立春的时候，释放被拘留的人，赦免监狱中的有罪之人，解除囚犯的手铐脚镣，打开门窗，疏通障碍阻塞，抚恤幼小的孤儿，怜惜无夫、无子的老年人，不肆意砍伐树木。火当令主事的时候，那么就要划定疆界，修整田地。到了立夏的时候，推举贤良的人，分封爵位给品德高尚的人，奖赏有功劳的人，派遣官员出使各国，不放火。土当令主事的时候，那么赡养年长的老人，抚恤幼小的孤儿，怜惜无夫、无子的老年人，赏赐孝顺父母、尊敬兄长的人，布施恩泽给众人，不大兴土木。金当令主事的时候，那么应该修筑城郭，修补城墙，严格执行各种禁令，整治铠甲兵器，警诫百官，诛杀不法之徒，怜恤年长的老人，不焚烧金石之物。水当令主事的时候，那么应该关闭城门和里门，进行大搜索以防奸细出没，判决刑罚之事，拘捕犯有罪行的人，整治检查关津渡口的门户桥梁，禁止随意外出，不毁坏堤坝。

治乱五行第六十二

【题解】

　　本篇旨在论述治理国家如果不按照五行的次序，行政措施违背五行就会发生祸乱，与上篇《治顺五行》正好相对。本篇以五行配四时：木为春，火为夏，土在夏、秋之中而称为"中夏"或"季夏"，金为秋，水为冬。如果火干木或者木干火，土干火或者火干土，这都属于"治乱五行"以致招来灾害。这实际上是将五行学说与政治紧密联系在一起，警告君主一定要按照为政之道来治理国家。

　　火干木①，蛰虫蚤出②，蚿雷蚤行③。土干木，胎夭卵毈④，鸟虫多伤。金干木，有兵⑤。水干木，春下霜。土干火，则多雷⑥。金干火，草木夷⑦。水干火，夏雹。木干火，则地动⑧。金干土，则五谷伤有殃⑨。水干土，夏寒雨霜⑩。木干土，倮虫不为。火干土，则大旱。水干金，则鱼不为。木干金，则草木再生。火干金，则草木秋荣⑪。土干金，则五谷不成⑫。木干水，则冬蛰不藏⑬。土干水，则蛰虫冬出。火干水，则星坠。金干水，则冬大寒。

【注释】

①干:冒犯,冲犯。

②蛰(zhé)虫:伏藏在土中过冬的昆虫。

③蚿(xián)雷:雷电。蚿,卢文弨校曰:"蚿,疑当作'眩',谓电光也。"卢校可从。

④胎夭卵㲋(duàn):胎生的动物就会夭折而鸟卵也会孵不出小雏。夭,夭折。㲋,鸟卵孵不出小雏。

⑤兵:兵灾,战争。

⑥雷:苏舆注:"雷,疑'霆'之误。"苏注可备一说。霆,霹雳、雷电。

⑦夷:创伤,损伤。

⑧地动:地震。

⑨伤有殃:有灾祸。伤,苏舆注疑为衍文,并引《淮南子·天文训》作:"庚子干戊子,五谷有殃。"苏说可从。

⑩雨(yù):降雨。这里指降下的意思。

⑪荣:茂盛。

⑫则:苏本无此字,董天工笺注本有"则"字,通观上下文例,有"则"字是,今据补。

⑬则:注同上。

【译文】

　　如果火冲犯木,伏藏在土中过冬的昆虫就会提早出来,雷电就会提早发生。如果土冲犯木,胎生的动物就会夭折而鸟卵也会孵不出小雏,鸟类和昆虫大多会受到伤害。如果金冲犯木,就会发生战争。如果水冲犯木,春天里就会下霜。如果土冲犯火,那么雷电就会经常发生。如果金侵犯火,草木就会受创伤。如果水冲犯火,夏天就会下冰雹。如果木冲犯火,那么就会发生地震。如果金冲犯土,那么五谷就会遭殃。如果水冲犯土,夏天就会寒冷而下霜。如果木冲犯土,那么身无羽毛鳞甲的动物就不能繁衍。如果火冲犯土,那么就会发生大的旱灾。如果水冲犯金，那么鱼类就不能繁衍。如果木冲犯金，那么草木就会死而复生。如果火冲犯金，那么草木就会在秋天生长茂盛。如果土冲犯金，那么五谷就不能长成。如果木冲犯水，那么冬天蛰伏的地气就不再潜藏。如果土冲犯水，那么伏藏在土中冬眠的昆虫就会在冬天出来。如果火冲犯水，那么天上的星辰就会降落人间。如果金冲犯水，那么冬天就会十分寒冷。

五行变救第六十三

【题解】

　　上篇《治乱五行》谈及君主为政如果背逆了五行的顺序就会招来灾变。本篇则针对这一点来论述解救灾异的方法，其主旨是要说明君主如果能够施行德政则可以消除灾变。全篇按照木、火、土、金、水的顺序，首先说明了灾变的各种表现形式以及原因，然后针对不同形式的灾变提出了相应的解救措施。这实际上体现了董仲舒为政以德的政治思想。

　　五行变至，当救之以德，施之天下，则咎除；不救以德，不出三年，天当雨石。木有变，春凋秋荣，秋木冰，春多雨。此繇役众，赋敛重，百姓贫穷叛去，道多饥人。救之者，省繇役，薄赋敛①，出仓谷，赈困穷矣。火有变，冬温夏寒。此王者不明，善者不赏，恶者不绌②，不肖在位，贤者伏匿，则寒暑失序而民疾疫③。救之者，举贤良，赏有功，封有德。土有变，大风至，五谷伤。此不信仁贤，不敬父兄，淫泆无度④，宫室荣⑤。救之者，省宫室，去雕文，举孝悌，恤黎元⑥。金有变，毕昴为回三覆⑦，有武，多兵，多盗寇。此弃义贪财，轻民命,重货赂,百姓趣利^⑧,多奸轨^⑨。救之者,举廉洁,立正直,隐武行文^⑩,束甲械^⑪。水有变,冬湿多雾,春夏雨雹。此法令缓^⑫,刑罚不行。救之者,忧囹圄^⑬,案奸宄^⑭,诛有罪,蓃五日^⑮。

【注释】

①薄:少,减轻。

②绌(chù):通"黜",贬退。

③疫:瘟疫,传染病。

④淫泆(yì):指纵欲放荡。泆,通"逸",放恣、放纵。

⑤荣:盛多华丽。

⑥恤黎元:抚恤黎民百姓。恤,抚恤。黎元,即黎民,指民众、百姓。

⑦毕昴(mǎo)为回三覆:毕星和昴星会回旋三重。毕,即"毕宿",二十八宿之一,有八颗星。昴,即"昴星",二十八宿之一,有七颗星。古代以毕宿和昴宿皆主兵事。回,回旋。三覆,三重。

⑧趣(qū):同"趋",趋向、奔赴。

⑨奸轨:为非作歹的人。亦作"奸宄"。

⑩隐武行文:隐藏武事而推行文教。

⑪束:捆绑,收束。

⑫缓:宽松,松弛。

⑬忧囹圄(líng yǔ):关心监狱里的犯人。忧,忧心、关怀。囹圄,牢狱。

⑭案:审查,核实。

⑮蓃(sōu):同"搜",搜索、搜查。

【译文】

　　五行的变异发生后,应当用德政来加以解救,施行德政于天下,那么凶咎就会消除;如果不用德政来加以解救,那么不超过三年,上天就会降落陨石。如果木发生变异，那么草木就会在春天凋谢而在秋天茂盛，秋天的树木上凝结冰霜，春天会经常下雨。这说明政府征发百姓服劳役的人很多，征收的赋税很沉重，百姓生活贫穷而背叛离去，道路上充满了忍饥挨饿的人。解救的方法是，减少征发百姓服劳役，减轻征收百姓的赋税，取出粮仓中的谷物，救济贫困的百姓。如果火发生变异，就会出现冬天温暖而夏天寒冷的反常现象。这说明君主不能够明察秋毫，不赏赐善人，不贬退恶人，让不贤德的人做官，而真正贤良的人却隐居不仕，从而使得寒、暑颠倒次序而在百姓当中流行传染病。解救的方法是，推举贤良的人，奖赏有功劳的人，分封爵位给品德高尚的人。如果土发生变异，那么大风就会到来，五谷也会受到损伤。这说明君主不信任仁者贤人，不尊敬父辈兄长，生活上荒淫放纵而没有节制，建造的宫殿盛多华丽。解救的方法是，减少建造宫室，不使用雕饰的器物，选拔任用孝敬父兄的人，抚恤黎民百姓。如果金发生变异，那么毕星和昴星就会回旋三重，战争就会发生，这时就会兵事不断，盗贼多有。这说明君主背信弃义而贪图货财，轻视百姓的生命，重视货财贿赂，使得百姓只知道追求利益，多有为非作歹的人出现。解救的方法是，选拔任用廉洁的人，扶植正直的人，隐藏武事而推行文教，把铠甲和兵器都收束起来。如果水发生变异，那么冬天就会湿润多雾，春天和夏天都会下冰雹。这说明国家的法令松弛，刑罚得不到贯彻执行。解救的方法是，关心监狱里的犯人，审查为非作歹的人，诛杀犯罪的人，在国内举行五天的搜查行动。

五行五事第六十四

【题解】

本篇取人事以配五行,旨在论证君主要加强自身修养的理由和根据,如果君主修养不够就会引起灾变。这是董仲舒"天人感应"政治哲学的一个重要内容,实际上是对王权的一种约束和限制。他认为王者行为不当,就会导致天气的灾变发生。"五事"指貌、言、视、听、思心五项,王者的这五项表现会与天的暴风、霹雳、电、暴雨、雷相感应。

王者与臣无礼①,貌不肃敬,则木不曲直②,而夏多暴风。风者,木之气也,其音角也③,故应之以暴风。王者言不从④,则金不从革⑤,而秋多霹雳。霹雳者,金气也,其音商也,故应之以霹雳。王者视不明,则火不炎上,而秋多电。电者,火气也,其音徵也⑥,故应之以电。王者听不聪,则水不润下,而春夏多暴雨。雨者,水气也,其音羽也,故应之以暴雨。王者心不能容,则稼穑不成⑦,而秋多雷。雷者,土气也,其音宫也,故应之以雷。

【注释】

①与:对待,结交。

②木不曲直:指树木不能制作成器具而为人所用。

③角(jué):五音(宫、商、角、徵、羽)之一。

④王者言不从:指王者发言不能让百姓顺从。从,顺从。

⑤金不从革:金属不能按人的要求铸成各种器物。不从革,不能改
　变形状。

⑥音:苏本误作"阴",他本皆作"音",作"音"是,今据正。

⑦稼穑(sè):指农业劳动。种谷曰稼,收获曰穑。

【译文】

如果君王对待大臣没有礼貌,态度不恭敬,那么木材就不能制作成器具,而夏天多暴风。所谓风,指的是木气,木发出的声音是角音,所以暴风与它相应。如果君王的言论不能使百姓顺从,那么金属就不能按人的要求铸成各种器物,而秋天多霹雳。所谓霹雳,指的是金气,金发出的声音是商音,所以霹雳与它相应。如果君王的眼光不敏锐,火就不会向上焚烧,而秋天多闪电。闪电是火气,火发出的声音是徵音,所以闪电与它相应。如果君王的听觉不清晰,水就不会往下渗来润泽土地,而春天和夏天就会经常下暴雨。所谓雨,指的是水气,水发出的声音是羽音,所以暴雨与它相应。如果君王的心胸不宽容,那么农业生产就会没有收成,而秋天多雷。雷是土气,土发出的声音是宫音,所以雷与它相应。

五事:一曰貌①,二曰言,三曰视②,四曰听③,五曰思④,何谓也? 夫五事者,人之所受命于天也,而王者所修而治民也。故王者为民⑤,治则不可以不明,准绳不可以不正。王者貌曰恭,恭者,敬也;言曰从,从者,可从;视曰明,明者,知

贤不肖、分明黑白也;听曰聪,聪者,能闻事而审其意也⑥;思曰容⑦,容者,言无不容。恭作肃,从作乂⑧,明作哲,聪作谋,容作圣⑨,何谓也? 恭作肃,言王者诚能内有恭敬之姿⑩,而天下莫不肃矣。从作乂,言王者言可从,明正从行⑪,而天下治矣。明作哲,哲者,知也⑫。王者明,则贤者进,不肖者退,天下知善而劝之,知恶而耻之矣。聪作谋,谋者,谋事也。王者聪,则闻事与臣下谋之,故事无失谋矣。容作圣,圣者,设也⑬。王者心宽大无不容,则圣能施设⑭,事各得其宜也。

【注释】

①貌:仪容,谓态度。

②视:眼光。

③听:察听,谓察听是非。

④思:苏舆注:"'思'下脱'心'字。"苏说可从,"思"应作"思心"。古文《尚书》作"思",今文《尚书》作"思心",董仲舒是今文家,应用"思心"。谓心胸。

⑤为:治理。

⑥审:明白,清楚。

⑦容:包容,宽容。

⑧乂(yì):治理。

⑨圣:通达事理。

⑩诚:果真,表示假设。

⑪明正:俞樾云:"'明正'乃'则臣'二字之误,当作'王者言可从,则臣从行,而天下治矣'。《尚书·洪范》正义引郑注曰:'君言从,则臣职治。'与此义近。"俞说可从。

⑫知(zhì):通"智",聪明、智慧。

⑬"圣者"二句：董仲舒将"圣"解释为"设"，主要是从王者在政治上
　　设施建树的角度来加以立论的。设，设施。

⑭施设：设施，安排。

【译文】

　　五件事情：一是态度，二是言论，三是眼光，四是听觉，五是心胸，这
是什么意思呢？这五件事情，是人所接受的天命，是君王所修养而用于
治理百姓的。所以君王治理百姓，法则不可以不显明，法度不可以不端
正。君王的态度要做到恭，所谓恭，就是敬的意思；言论要做到从，所谓
从，就是可以使别人遵从的意思；眼光要做到明，所谓明，就是能够识别
人的贤能和不贤能、分辨事情的是非善恶；听觉要做到聪，所谓聪，就是
指听到事情后能明白它的意思；心胸要做到容，所谓容，就是指别人的
言论没有不容纳的。态度恭敬就能严肃，言论使人遵从就能治理好国
家，眼光敏锐就会明智，听觉灵敏就能进行谋划，心胸宽容就会通达事
理，这是什么意思呢？态度恭敬就能严肃，是说君王如能真正地做到内
心恭敬，那么天下人的行为就没有不严肃的了。言论使人遵从就能治
理好国家，是说如果君王的言论可以使人遵从，而大臣顺从它去做事，
那么天下就会太平了。眼光敏锐就能做到哲，所谓哲，就是明智的意
思。君王眼光敏锐，就能任用贤人，贬退不贤之人，那么天下人就会知
道什么是善而互相劝勉做好事，知道什么是恶而以做坏事为羞耻。听
觉灵敏就能做到谋，所谓谋，就是谋划事情。如果君王听觉灵敏，遇到
事情就会与大臣一起谋划，所以处理事情就不会失策了。心胸宽容就
能做到圣，所谓圣，是能够施设的意思。如果君王的心胸宽广而没有不
能容纳的东西，那么根据其圣明所处理的事务就都是很恰当的。

　　王者能敬则肃，肃则春气得，故肃者主春。春，阳气微，
万物柔弱，易移可化①。于时阴气为贼②，故王者钦③。钦不
以议阴事④，然后万物遂生⑤，而木可曲直也。春行秋政，则

草木凋;行冬政,则雪⑥;行夏政,则杀。春失政⑦,则⑧……

【注释】

①"万物柔弱"二句:苏本误作"万物柔易移弱可化",不可卒读。今
　从惠栋校记及钟肇鹏校释本乙正。此二句意指万物还很柔嫩弱
　小,容易移植变化。

②贼:伤害。

③钦(qīn):肃敬,钦敬。

④阴事:指后宫之事。

⑤遂生:成长壮大。

⑥雪:下雪。

⑦失政:施政有失误。

⑧则:此字下应有阙文。钟肇鹏曰:"据下文例,'则'下当脱二句或
　三句。《淮南子·时则训》:'故正月失政,七月凉风不至;二月失
　政,八月雷不藏;三月失政,九月不下霜。'本篇内容与《淮南子·
　时则训》、《管子·四时》多合,可以参补。"钟说可从。

【译文】

君王能够恭敬就会严肃,严肃就能获得春气,所以严肃的人主掌春
天。春天的阳气微弱,万物还很柔嫩弱小,容易移植变化。在这个时候
阴气会伤害万物,所以君王肃敬。肃敬就不议论后宫之事,然后万物不
断成长壮大,而可以使木材弯曲或平直地生长。如果春天施行秋天的
政事,草木就会凋零;如果施行冬天的政事,就会下雪;如果施行夏天的
政事,就会杀伤万物。如果春天施政有失误,就……

王者能治,则义立,义立则秋气得,故义者主秋①。秋气
始杀,王者行小刑罚,民不犯则礼义成。于时阳气为贼,故

王者辅以官牧之事②,然后万物成熟。秋,草木不荣华③,金从革也。秋行春政,则华;行夏政,则乔④;行冬政,则落⑤。秋失政,则春大风不解⑥,雷不发声。

【注释】

①乂者:用"义"来治理天下的人。

②官牧之事:为政治国之事。官牧,行政官吏。

③荣华:兴旺茂盛。《尔雅·释草》:"木谓之华,草谓之荣。"

④乔:孙诒让曰:"'乔'疑'槁'之借字,谓枯槁也。"孙说可从。槁,枯槁。钟肇鹏曰:"此谓秋行夏令则草木槁,亦亢阳火气太盛所致。"

⑤落:叶落,花落,意指草木凋零。

⑥解:消除,停止。

【译文】

如果君王能够治理好国家,那么"义"就会树立起来,"义"树立起来后就能够获得秋气,所以能够用"义"来治理天下的人主掌秋天。秋气开始主肃杀,君王施行小的刑罚,如果百姓不犯法则礼义就能完成了。在这个时候阳气会伤害万物,所以君王用为政治国之事作为辅助,然后万物就会成熟。秋天,草木不能够兴旺茂盛,这是因为金属的形状能够让人随意改变。如果秋天施行春天的政事,那么草木就会茂盛;如果施行夏天的政事,那么草木就会枯萎;如果施行冬天的政事,那么草木就会凋零。如果秋天施政有失误,那么春天时就会大风不止,打雷也不会发出声音。

王者能知,则知善恶,知善恶则夏气得,故哲者主夏。夏阳气始盛,万物兆长①,王者不揜明②,则道不退塞③。而夏至之后④,大暑隆⑤,万物茂育怀任⑥,王者恐明不知贤不肖,分明白黑⑦。于时寒为贼,故王者辅以赏赐之事,然后夏草木不霜,火炎上也。夏行春政,则风;行秋政,则水;行冬政,则落。夏失政,则冬不冻冰,五谷不藏,大寒不解。

【注释】

①兆长:繁茂地生长。兆,开始、见于形状、表现。

②不揜(yǎn)明:明察而不受障碍。揜,通"掩",遮蔽、掩盖。

③退塞:闭塞。

④而:苏舆注:"'而'字疑衍。"苏注可聊备一说。

⑤隆:隆盛,旺盛。

⑥任:通"妊",怀孕。

⑦"王者恐明不知贤不肖"二句:苏舆注:"'王者恐'下十三字,疑衍文。"通观上下文意,此二句确与上下文意不相连属,苏说可从,故暂不出译。

【译文】

如果君王明智,那么就能够明察善恶,能够明察善恶就能够获得夏气,所以有智慧的人主掌夏天。夏天阳气开始兴盛,万物茁壮地成长,如果君王明察而不受障碍,那么正道就不会闭塞。到了夏至以后,暑气还很旺盛,万物还在孕育繁衍。在这个时候寒气会伤害万物,所以君王用赏赐之事来作为辅助,然后夏天的草木就不会受到霜冻的伤害,这是由于火向上焚烧的缘故。如果夏天施行春天的政事,那么就会刮风;如果施行秋天的政事,那么就会涨水;如果施行冬天的政事,那么草木就会凋零。如果夏天施政有失误,那么冬天就不会结冰,五谷不能储藏,严寒也不能解除。

王者无失谋,然后冬气得,故谋者主冬。冬阴气始盛,草木必死,王者能闻事①,审谋虑之则不侵伐②。不侵伐且杀③,则死者不恨,生者不怨。冬日至之后,大寒降④,万物藏于下。于时暑为贼,故王者辅之以急断之事⑤,以水润下也⑥。冬行春政,则蒸⑦;行夏政,则雷;行秋政,则旱。冬失政,则夏草木不实⑧,霜⑨,五谷疾枯⑩。

【注释】

①事:这里指征伐用兵之事。

②审谋虑之:仔细地谋划考虑。

③且:又。

④降:宋本作"隆",可从。

⑤急断:惠栋校为"系断",可从。系断,指司法审判。

⑥以水润下也:通观上下文例,此句之上当有脱误之文。

⑦蒸:气体上升。

⑧实:结出果实。

⑨霜:苏舆注:"'霜'上疑有夺字。《淮南子·时则训》:'十一月失政,正月下雹霜。'"苏说可从。

⑩五谷疾枯:五谷因为病虫害而枯萎。

【译文】

如果君王处理事务不失策,然后就能获得冬气,所以善于谋划的人主掌冬天。冬天阴气开始兴盛,草木一定会死亡,君王如果听到征伐用兵之事,能够仔细地谋划考虑就不会侵略讨伐别的国家。不侵略讨伐别的国家又不去滥杀他人,那么死去的人就不会有遗恨,活着的人也不会埋怨。到了冬至以后,寒气还很旺盛,万物于是躲藏在地下。在这个时候暑热会伤害万物,所以君王用司法审判之事来作为辅助,这是由于

水是下渗而润泽万物的缘故。如果冬天施行春天的政事，那么地气就
会向上蒸发；如果施行夏天的政事，那么上天就会打雷；如果施行秋天
的政事，那么就会发生旱灾。如果冬天施政有失误，那么夏天草木就不
会结出果实，会下霜，五谷也会因为病虫害而枯萎。

郊语第六十五

【题解】

　　本篇与下面的《郊义》、《郊祭》、《四祭》、《郊祀》本为一篇。俞樾说："殆由后人欲取足《崇文总目》八十二篇之数，以意妄分耳。"所以这五篇或有首无尾，或上下文不连属，割裂痕迹历历可见。本篇旨在论证郊天的根据和必要性。董仲舒先用一些奇怪的自然现象和孔子的"三畏"之说论证了人应该对天产生敬畏之情。他认为，如果不敬畏上天，灾祸就会悄然而至。所以郊天是圣人最看重的事情。接着他又以秦朝废郊礼而改祭他神与周朝郊天作对比，得出了对天的敬畏与否决定国家命运的结论。这是董仲舒"屈君而伸天"理论的一个重要组成部分。

　　人之言：酞去烟①，鸱羽去眯②，慈石取铁③，颈金取火④。蚕珥丝于室，而弦绝于堂⑤；禾实于野，而粟缺于仓⑥。芜荑生于燕⑦，橘枳死于荆⑧。此十物者，皆奇而可怪，非人所意也⑨。夫非人所意而然⑩，既已有之矣，或者吉凶祸福、利不利之所从生，无有奇怪，非人所意如是者乎，此等可畏也⑪。孔子曰⑫："君子有三畏：畏天命，畏大人，畏圣人之言。"彼岂无伤害于人，如孔子徒畏之哉⑬？以此见天之不可不畏敬，犹主上之不可不谨事。不谨事主,其祸来至显;不畏敬天,其殃来至闇。闇者不见其端,若自然也。故曰:堂堂如天殃⑭。言不必立校⑮,默而无声,潜而无形也。由是观之,天殃与主罚所以别者⑯,闇与显耳。然其来逮人,殆无以异⑰。孔子同之,俱言可畏也。天地神明之心,与人事成败之真,固莫之能见也⑱,唯圣人能见之。圣人者,见人之所不见者也,故圣人之言亦可畏也。

【注释】

①酝(yùn)去烟:酒可以去除烟雾。酝,酒。酒如何去烟,未见记载。

②眯:小东西进入眼中。《庄子·天运》:"夫播穅眯目,则天地四方易位矣。"《说文解字》:"眯,草入目中也。"《字林》:"物入眼为眯。"

③慈石:即磁石,又称吸铁石。

④赪(chēng)金:铜镜,古人用来在阳光下取火。赪,红色,旧本皆误作"颈",刘师培曰:"原注一作'赪',一作'真'。窃以作'赪'是也。赪为赤色,赤金即铜……此文'赪金'即'铜燧'矣。"刘说可从,今据正。《淮南子·天文训》:"阳燧见日则然而为火。"高诱注:"阳燧,金也。取金杯无缘者,熟摩令热,日中时以当日,以艾承之,则燃得火也。"《论衡·率性》:"阳燧取火于天,五月丙午日中之时,消炼五石,铸以为器,磨砺生光,仰以向日,则火来至,此真取火之道也。"金属凹面镜磨光向日,可以聚火取光。这种凹面镜叫阳燧,或叫遂、夫遂。

⑤"蚕珥(ěr)丝于室"二句:珥丝,蚕口吐丝。珥,或作"呬"。琴弦是蚕丝制作的,蚕吐新丝,旧丝老化变脆,容易折断。

⑥"禾实于野"二句:田野稻子成熟,仓库中粮食变少。

⑦芜荑(wú tí)生于燕(yān):芜荑生长在燕地。芜荑,榆树类,荚圆而厚,榆荚可作酱,味辛香。

⑧橘枳(jú zhǐ)死于荆:橘枳在楚地死亡。橘,木名,果实为橘子。枳,常绿灌木,似桔而小,果实可入药。荆,即楚地,今湖北湖南一带。楚在南,燕在北,芜荑可以在燕生长,而橘枳在荆却不能生长,这是很奇怪的现象。

⑨"此十物者"三句:上文只提到八物,今说十物,疑有脱文。或将"禾于野"与"粟于仓"分为两物,"珥丝于室"与"弦绝于堂"也分为两物,则十物不少。这十物都是特殊现象,当时人们还无法理解或解释这些现象。意,意料之中。

⑩然:这样,那样,如此。

⑪"非人所意如是者乎"二句:人们不能理解的现象就是这样子,它们可以使人感到敬畏。

⑫孔子曰:下引文见《论语·季氏》。大人,指在位者,如天子、诸侯。畏,敬畏、畏惧。

⑬"彼岂无伤害于人"二句:彼,指上面所讲天命、大人、圣人之言三项。这三者弄不好就会伤害人,所以孔子才会畏惧。

⑭堂堂如天殃:堂堂正正像上天一样降下灾祸。

⑮校:通"效",效验。

⑯天殃与主罚:上天的灾祸与大人的惩罚。

⑰"然其来逮人"二句:然而它们在人身上的作用,大概也没有什么不同。"然"上,各本皆有"不"字,苏舆注:"'不'字疑衍。"苏说可从,今据删。逮,及,达到。殆,大概、恐怕。

⑱"天地神明之心"三句:天地神灵的想法是看不见的,人事成败的根本原因也是看不见的,因此都是可畏的。神明,神灵。

【译文】

有人说：酒可以去除烟雾，鸬鹰的羽毛可以去除进入人眼中的异物，磁石可以吸铁，铜镜可以取火。蚕在室内吐丝，而琴弦在堂中断绝；田野中的稻子成熟，而仓库中的粮食却变少了。芫菁生长在燕地，而橘枳在楚地死亡。这十种事物，都是奇特而令人感到怪异的现象，不是人能够想象得到的。人们所不能理解而就是如此的现象，早就已经存在了，有的人认为吉凶祸福，利与不利都是由之而生，其实并没有什么奇特怪异之处，人们不能理解的现象就是这个样子，它们可以使人感到敬畏。孔子说："君子有三件可敬畏的事情：敬畏上天的命令，敬畏身居高位的人，敬畏圣人所说的话。"这三者难道不会伤害人，而孔子是无故敬畏的吗？由此可见天是不可以不敬畏的，就像对君主不可以不恭敬事奉是一样的。如果不恭敬地事奉君主，祸害就来得十分明显；而如果不敬畏上天，灾祸的到来表面上不明显。不明显的东西却轻易看不到端绪，就好像自然一样。所以说：堂堂正正像上天一样降下灾祸。表明了不一定立刻见效，它的到来静悄悄地没有声音，隐蔽而不露行迹。这样看来，上天的灾祸与大人的惩罚之间的区别，就在于明显不明显罢了。然而它们在人身上的作用，大概也没有什么不同。因此孔子将它们并列视为相同，说它们都是可敬畏的。天地神灵的想法、人事成败的根本原因，这些本来都是看不见的，只有圣人能够看见。所谓圣人，指的是能看见一般人所看不见的事物的人，因此圣人的话也是可敬畏的。

奈何如废郊礼^①？郊礼者，圣人所最甚重也^②。废圣人所最甚重，而吉凶利害在于冥冥不可得见之中，虽已多受其病，何从知之？故曰：问圣人者，问其所为而无问其所以为也。问其所以为，终弗能见，不如勿问。问为而为之^③，所不为而勿为，是与圣人同实也^④，何过之有？《诗》云^⑤："不愆不忘,率由旧章。"旧章者,先圣人之故文章也;率由者,有循从之也⑥。此言先圣人之故文章者,虽不能深见而详知其则,犹不知其美誉之功矣⑦。今郊事天之义,此圣人故云云⑧。故古之圣王,文章之最重者也,前世王莫不从重,栗精奉之⑨,以事上天。至于秦而独阙然废之⑩,一何不率由旧章之大甚也⑪。

【注释】

①如:通"而"。郊礼,天子祭天之礼。

②圣:各本皆脱此字,苏舆注:"'人'上疑脱'圣'字。"苏说是,今据补。

③问为而为之:俞樾云:"当作'问其所为而为之',夺'其所'二字。"俞说可从。

④实:实际情况。

⑤《诗》云:下引文见《诗经·大雅·假乐》。諐(qiān),亦作"愆",过失、差错。忘,通"亡",失误。率,遵循、沿着。旧章,指先王的法度。

⑥"率由者"二句:此二句各本均作:"率由,各有修从之也。"俞樾云:"'各'字乃'者'字之误,'修'字乃'循'字之误。"俞说可从,今据改。有,通"又"。

⑦不知:卢文弨校云:"不知,钱塘疑是'不失'之误。"钱说可从。

⑧云云:宋本二字为小字并书于右侧,此下应有脱文。苏本删此二字,未恰。

⑨栗精奉之:谨慎真诚地奉行。栗,通"慄",战栗、谨慎的样子。精,诚恳。

⑩阙(quē)然:空缺。阙,通"缺"。

⑪一何：多么。大（tài），太。

【译文】

那么为什么要废除祭天的典礼呢？祭天的典礼，是圣人最看重的。废弃了圣人最看重的郊礼，而吉凶利害就潜藏在幽暗不可见的事物之中，虽然已经多次受到伤害，又怎么能明白其中的道理呢？所以说：如果询问圣人，就要问他做什么而不要问他为什么这样做。因为即使问了他为什么这样做，一般人最终还是不能理解，那就还不如不问。问他做什么而后跟着做，他不做的事情自己也不要去做，这样就和圣人的实际行为相同了，怎么还会有过错呢？《诗经》上说："没有过错也没有失误，遵循先王的典章制度。"所谓"旧章"，就是指古代圣人制作的典章制度；所谓"率由"，就是遵循的意思。这是说古代圣人所制作的典章制度，即使不能深刻地了解而详细地知道它的法则，但同样不会失去其美好的成效。现今郊祭上天的道理，是圣人……所以古代的圣王认为郊祭是典章制度中最重要的，前代的君王没有人不随之重视它，谨慎真诚地奉行郊祭之礼，以此来事奉上天。到了秦朝却独独将它废除了，这是多么不遵从古代圣人所制作的典章制度啊。

天者，百神之大君也①。事天不备，虽百神犹无益也②。何以言其然也？祭而地神者，《春秋》讥之③。孔子曰④："获罪于天，无所祷也。"是其法也。故未见秦国致天福如周国也。《诗》云⑤："唯此文王，小心翼翼，昭事上帝，允怀多福。"多福者，非谓人也，事功也，谓天之所福也。传曰：周国子多贤，蕃殖至于骈孕男者四⑥，四产而得八男，皆君子俊雄也⑦。此天之所以兴周国也，非周国之所能为也。今秦与周俱得为天子，而所以事天者异于周。以郊为百神始，始入岁首，必以正月上辛日先享天⑧，乃敢于地，先贵之义也⑨。夫岁先之,与岁弗行也,相去远矣⑩。天下福若⑪,无可怪者,然所以久弗行者,非灼灼见其当而故弗行也⑫。典礼之官常嫌疑⑬,莫能昭昭明其当也⑭。今切以为其当与不当⑮,可内反于心而定也。尧谓舜曰⑯:"天之历数在尔躬。"言察身以知天也⑰,今身有子,孰不欲其有子礼也⑱?圣人正名,名不虚生。天子者,则天之子也。以身度天⑲,独何为不欲其子之有子礼也?今为其天子,而阙然无祭于天,天何必善之?所闻曰:"天下和平,则灾害不生。"今灾害生,见天下未和平也。天下所未和平者,天子之教化不行也。《诗》曰⑳:"有觉德行,四国顺之。"觉者,著也。王者有明著之德行于世,则四方莫不响应,风化善于彼矣㉑。故曰:"悦于庆赏,严于刑罚,疾于法令。"

【注释】

①"天者"二句:天是百神的大君,所以祭天是最重要的事情,也是圣人特别重视的。

②"事天"二句:汉武帝祭太一神,其他帝王祭祀诸神,没有作用。说明不祭天,祭百神无益。

③"祭而"二句:不祭祀天神而祭祀地神的人,受到《春秋》的讥讽。而,通"尔",彼、那。《春秋》僖公三十一年:"夏四月,四卜郊,不从,乃免牲,犹三望。"三望,指向泰山、河、海祭祀。《公羊传》:"何以书?讥不郊而望祭也。"不从,就是没有参加郊祭。犹三望,望祭泰山、河、海,却参加了。《春秋》批评此事。

④孔子曰:下引文出自《论语·八佾》:"王孙贾问曰:'与其媚于奥,宁媚于灶,何谓也?'子曰:'不然。获罪于天,无所祷也。'"董仲舒引最后八个字,以此说明得罪了上天,就没有地方可以祈

祷了。

⑤《诗》云：下引文见《诗经·大雅·大明》。翼翼，小心谨慎的样
　　子。允，信、诚恳。怀，招来。

⑥骈（pián）孕：双胞胎。骈，并列、对偶。

⑦"四产而得八男"二句：《论语·微子》："周有八士：伯达、伯适、仲
　　突、仲忽、叔夜、叔夏、季随、季马。"

⑧正月上辛日先享天：正月上辛日，就是正月上旬的第一个辛日，
　　先祭天。明清时代在天坛祭天仍然是在正月上辛日。

⑨"乃敢于地"二句：钟肇鹏曰："古者祭天于北郊，祭地于南郊。祭
　　天以正月上辛日，祭地之月则说法颇不一致。董子以祭天地为
　　同月异日，先天后地，贵阳抑阴。"

⑩"夫岁先之"三句：夫岁先之，指周朝于岁首郊天。岁弗行，指秦
　　朝废弃不行每岁的郊祀。两者相去甚远。周、秦对于祭天重视
　　程度差别巨大。

⑪天下福若：天降下福给你。若，即你，代表天子。陶鸿庆曰：
　　"'下'乃'不'字之误，'天不福若'为句，'若'指秦言。"依次则全
　　句意为：天不福佑你（指秦朝）。陶注可备一说。

⑫非灼灼（zhuó）见其当而故弗行：此谓秦之废弃郊礼并非出于真
　　知灼见而是认为应当如此，所以不行郊祭。灼灼，鲜亮的样子，
　　引申为真知灼见。

⑬典礼之官常嫌疑：主持礼仪的官员常带有怀疑情绪。

⑭莫能昭昭明其当：不能明明白白地告诉别人如何祭祀才是适当
　　的。昭昭，明白的样子。

⑮切：确切。苏舆注："切，疑作'窃'。"苏注可备一说。窃，私下。

⑯尧谓舜曰：下引文见《论语·尧曰》："尧曰：'咨！尔舜，天之历数
　　在尔躬，允执其中。四海困穷，天禄永终。'"历数，天道。躬，身
　　体、自身。

⑰察身以知天：体察自己本身就可以了解天。《孟子·尽心上》："尽其心者，知其性也。知其性，则知天矣。存其心，养其性，所以事天也。"这里的"察身"就包括尽心知性，这是知天的前提。以此为思想基础，才谈得上事天。

⑱孰：怎么。

⑲度（duó）：揣度，推测。

⑳《诗》曰：下引文见《诗经·大雅·抑》："无竞维人，四方其训之。有觉德行，四国顺之。"

㉑风化：风俗教化。

【译文】

上天，是众神的君主。如果事奉上天不周到，即使事奉众神再好也是没有用的。为什么这样说呢？因为不祭祀天神而祭祀地神的人，受到《春秋》的讥讽。孔子说："如果得罪了上天，即使祷告也没有用处。"这就是他所树立的法度。所以没有看到秦朝像周朝一样获得上天赐予的福禄。《诗经》上说："就是那位周文王啊，小心又谨慎，明白怎样事奉上天，因为他内心诚恳而得到了众多的赐福。"所谓"多福"，不是指在人身上的，而是指功业上的，是说上天赐予的福禄。古书上说：周国的子孙有许多贤人，以至于繁衍后代时怀了四胎男双胞胎，四次生产就得到了八个男孩，都是君子中的俊杰。这是上天要让周国兴盛，而不是周国自身所能做到的。现在秦国的君主与周国君主一样都是天子，但秦国事奉上天却与周国不同。周国将郊祭上天作为祭祀众神的开始，所以把它放在一年开始的时候，一定要在正月上旬的第一个辛日首先祭祀上天，然后才敢祭祀地，这样做是为了表示把尊贵的放在前面的意思。在一年的开始时首先祭祀，和一年之中都不祭祀，二者之间相差很远。天降下福给天子，好像没有什么可奇怪的，然而秦代三年一郊祭以至久而久之就不举行郊礼，这并不是出于真知灼见而是认为应当如此，所以不举行郊祭。主持礼仪的官员常带有怀疑情绪，不能明白地知道它是适当的。现在要确定它是恰当的或不恰当的，可以由内心的反省而决定。尧对舜说："天道就在你身上。"这是说省察自身就可以知天。现在他自身有了儿子，怎么会不想让儿子对他行儿子的礼节呢？圣人要使名称正确，而名称不是凭空产生的。所谓天子，就是上天的儿子。通过自身去揣度上天，上天为什么会单单不要他的儿子对他行儿子的礼节呢？现在身为上天的儿子却不祭祀上天，上天又为什么一定要对他好呢？曾听人说："如果天下和平，灾害就不会发生。"现在有灾害发生，可见天下还没有和平。天下之所以没有和平，是因为天子的教化没有得到施行。《诗经》上说："具有宏大的德行，四方的国家都会来归顺。"所谓宏大，就是显著的意思。如果君王将显著的德政施行于天下，那么四方的国家没有不响应的，这是君王的德行风俗感化了四方啊。所以说："德政比赏赐更使人民喜悦，它的严厉超过刑罚，它的传播速度超过法令。"

郊义第六十六

【题解】

　　本篇应当是论述郊礼的首篇,篇幅较短,主要是解释天子每年在岁首举行郊祭的原因乃是因为天是众神之中最珍贵的,即"天者,百神之大君也",在岁首举行郊祭是为了表示对天的尊敬。

　　郊义①:《春秋》之法,王者岁一祭天于郊,四祭于宗庙。宗庙因于四时之易②,郊因于新岁之初③,圣人有以起之,其以祭不可不亲也④。天者,百神之君也,王者之所最尊也。以最尊天之故,故始易岁更纪,即以其初郊⑤。郊必以正月上辛者⑥,言以所最尊,首一岁之事。每更纪者,以郊祭首之⑦,先贵之义,尊天之道也。

【注释】

①郊义:此为本篇篇名,也是原篇的篇名,《郊语》、《郊祭》等篇名均系后人所加。钟肇鹏曰:"古书篇名与正文不分行,篇名或置于篇首,下空一字;或置于篇末,如马王堆帛书《经法》等各篇,篇名与正文间空一字。后世传抄者不知为篇题,乃连正文而不加

区别。"

②因:依照,根据。

③郊因于新岁之初:古代的帝王会在一年之初的正月举行祭天的活动,故曰。

④以:犹"于",在……时候。

⑤"故始易岁更纪"二句:因此每当年岁更替,就在它开始的时候举行郊祭。始易,苏本等皆误作"易始",惠栋及钟肇鹏校释本乙正,今从惠校及钟本。易、更,改变。岁、纪,年。

⑥正月上辛:指正月上旬第一个辛日。《春秋》成公十七年:"九月,辛丑,用郊。"《公羊传》:"用者何? 用者不宜用也。九月非所用郊也。然则郊曷用? 郊用正月上辛,或曰卜然后郊。"何休注:"三王之郊,一用夏正。言正月者,《春秋》之制也。正月者,岁首。上辛犹始新,皆取其首先之意。"

⑦以郊祭首之:各本皆作"以郊郊祭首之",重一"郊"字。俞樾云:"此本作'每更纪者,以郊祭首之'。涉上文'即以其初郊,郊必以正月'而误叠'郊'字耳。"俞说是,钟肇鹏校释本从俞说,今据正。

【译文】

郊祭的意义:根据《春秋》的法度,君王每年都在都城的郊外举行一次祭天的活动,在宗庙里举行四次祭祖的活动。宗庙的祭祀依照四季的变化而举行,郊祭则在新的一年开始的时候举行,圣人制订祭礼是有理由的,在祭祀时不可以不亲自参加。所谓上天,是众神的君主,是君王所最尊敬的神。由于最尊敬上天的缘故,因此每当年岁更替,就在它开始的时候举行郊祭。郊祭一定要在正月上旬的第一个辛日举行,这是为了表明祭祀上天是最尊贵的事,并且要将这件事放在一年中所有事情之前。每当年岁更替的时候,首先要举行郊祭,这是表示把尊贵的事情放在前面的意思,也是尊敬上天的道理。

郊祭第六十七

【题解】

本篇论述郊祭的重要性以及其不可废除的道理。董仲舒认为天子即天的儿子，郊祭实际上是儿子侍奉父母亲的礼节，它具有分别尊卑贵贱的意义。因此郊祭是极为重要的礼仪活动，不能因为别的原因而加以废除，即使是父母之丧也不可以。他还驳斥了当时有一些人要求废除郊祭的看法，认为这就好像子孙没有吃的就不用奉养父母一样，是大逆不道的行为。本文还以周文王为例论证了不能因为百姓暂时穷困而废弃郊祭的道理。

《春秋》之义，国有大丧者①，止宗庙之祭，而不止郊祭，不敢以父母之丧废事天地之礼也②。父母之丧，至哀痛悲苦也，尚不敢废郊也，孰足以废郊者？故其在礼亦曰："丧者不祭，唯祭天为越丧而行事。"夫古之畏敬天而重天郊如此甚也。今群臣学士不探察③，曰："万民多贫，或颇饥寒，足郊乎？"是何言之误！天子父母事天，而子孙畜万民④。民未遍饱，无用祭天者，是犹子孙未得食，无用食父母也⑤。言莫逆于是，是其去礼远也。先贵而后贱⑥，孰贵于天子？天子号天之子也⑦，奈何受为天子之号而无天子之礼？天子不可不祭天也，无异人之不可以不食父。为人子而不事父者，天下莫能以为可。今为天之子而不事天，何以异是？是故天子每至岁首，必先郊祭以享天⑧，乃敢为地⑨，行子礼也；每将兴师，必先郊祭以告天，乃敢征伐，行子道也。文王受天命而王天下⑩，先郊乃敢行事，而兴师伐崇。其《诗》曰⑪："芃芃棫朴⑫，薪之槱之⑬。济济辟王，左右趋之⑭。济济辟王，左右奉璋⑮。奉璋峨峨⑯，髦士攸宜⑰。"此郊辞也。其下曰⑱："淠彼泾舟⑲，烝徒楫之⑳。周王于迈㉑，六师及之㉒。"此伐辞也。其下曰㉓："文王受命，有此武功，既伐于崇，作邑于丰。"以此辞者，见文王受命则郊，郊乃伐崇，伐崇之时，民何处央乎㉔？

【注释】

①大丧：指国君或者国君的父母死亡。

②地：苏舆注："董言'郊'不兼'地'，'地'字当衍。"刘师培云："'天'下无地字是也。此言祭天，不当天地并举。"苏、刘之说可从。

③探察：深入研究考察。

④畜（xù）：畜养。

⑤食（sì）：供养，给……吃。

⑥先贵而后贱：卢文弨校引钱塘云："'先贵后贱'上，当有'礼者'二字，文脱耳。"钱说可从。

⑦号：被称为。

⑧享：用食物供奉天地鬼神。

⑨为地：祭祀地神。

⑩王（wàng）：称王，统治天下。

⑪其《诗》曰：下引文见《诗经·大雅·棫朴（yù pò）》。

⑫芃芃(péng)棫朴：茂盛的棫树和朴树。芃芃，草木茂盛的样子。棫，树名，一种丛生小木，叶茎生细刺。朴，朴树，一种落叶乔木，树皮可供药用。

⑬薪之槱(yǒu)之：把棫木和朴木砍下来作为柴火而聚积起来焚烧，以此来祭天。薪，柴。槱，聚积。

⑭"济济辟王"二句：恭敬的诸侯王，在天子的左右来回奔走助祭。济济，恭敬的样子。辟王，指诸侯王。辟，君主。左右，诸侯王身边助祭的人。趋，快步行走。

⑮奉璋(zhāng)：捧着玉璋。奉，两手捧着。璋，一种玉器，形状像半个圭。

⑯峨峨：指仪容端庄盛美。

⑰髦(máo)士攸(yōu)宜：俊秀之士所适宜做的。髦士，俊秀之士。髦，英俊。攸，相当于"所"。宜，适宜。

⑱其下曰：下引文亦见《诗经·大雅·棫朴》。

⑲淠(pì)彼泾(jīng)舟：船只在泾水上行驶。淠，船行驶的样子。泾，泾水，发源于甘肃，流入陕西与渭水相合。

⑳烝(zhēng)徒楫(jí)之：众多的船夫滑动船桨。烝，众多。楫，同"楫"，船桨。

㉑迈：行，去。这里指周文王出征。

㉒六师及之：六师军队跟随着他。师，二千五百人为一师。及，跟随。

㉓其下曰：下引文见《诗经·大雅·文王有声》。

㉔处央：处于灾祸之中。央，通"殃"，灾祸。卢文弨校曰："处央，疑当作'遽(jù)平'。"遽平，骤然安定。卢校可备一说。

【译文】

《春秋》的大义是，国家如果遇到了重大的丧事，就要停止宗庙的祭祀，但不停止郊祭，不敢因为父母的死亡而废止事奉上天的礼节。父母的死亡，本来是极其悲哀痛苦的事情，尚且不敢废止郊祭，还有什么事情能够足以废止郊祭呢？所以古书上也说："如果父母死亡就不举行祭祀，那么只有祭天可以不受父母丧事的影响而照常举行。"古人敬畏上天而重视祭天的郊礼达到了如此高的程度。现在的大臣学者们不经过深入研究考察，就说："百姓当中的大多数是贫穷的，有的人非常的饥饿寒冷，在这种情况下还值得去举行郊祭吗？"这种话是多么地错误啊！天子像侍奉父母一样地事奉上天，而又像畜养子孙那样地养育百姓。如果百姓没有普遍地吃饱饭，那么就不用祭祀上天了，这就好像如果子孙没有饭吃就不用奉养自己的父母一样。再也没有什么话比这种话更违逆常理的了，这种话是极其不合乎"礼"的。"礼"的要求是将尊贵的放在前面而将卑贱的放在后面，还有谁比天子更尊贵呢？天子被称为上天的儿子，为什么会接受了天子的称号却不履行天子的礼节呢？因此天子不可以不祭祀上天，这与百姓不可以不奉养自己父亲的道理没有什么不同。做人的儿子却不事奉自己的父亲，天下没有人会认为这是可行的。现在如果做天的儿子却不事奉上天，这与做人的儿子却不事奉自己的父亲又有什么不同呢？所以天子每到一年开始的时候，一定要首先举行郊祭来奉养上天，然后才敢祭祀地神，这就是在履行做儿子的礼节；每当要出兵的时候，一定要先举行郊祭来告知上天，然后才敢征讨伐戮，这是在履行做儿子的道理。周文王接受天命而统治天下，首先要举行郊祭才敢有所行动，而后出兵征伐崇国。《诗经》上说："茂盛的棫树和朴树，把它们砍下来作为柴火而聚积起来焚烧，以此来祭祀天神。恭敬的诸侯王，在天子的左右来回奔走助祭。恭敬的诸侯王，在天子的左右捧着玉璋。捧着玉璋的人仪容端庄盛美，这是俊秀之士所适宜做的。"这是天子郊祭时的诗辞。这首诗的下面接着说："船只在泾水上行驶，众多的船夫滑动着船桨。周文王出兵征伐，六师军队跟随着他。"这是天子征伐时的诗辞。下面又说："周文王接受了天命，有此平定四方的功绩，既征伐了崇国，又在丰邑建立了都城。"从这几段诗辞来看,可以知道周文王在接受天命之后就举行了郊祭,郊祭以后才征伐崇国,在征伐崇国的时候,他的百姓怎么会处于灾祸之中呢?

四祭第六十八

【题解】

　　本篇旨在解释一年四时的祭祀：祠、礿、尝、蒸，董仲舒认为这是孝道的表现，是法则天地之经。全篇共两段，第一段解释四祭之义，但第二段与篇义不合，并与原《郊祀篇》首段重复（原《郊祀篇》首段乃是《郊祭篇》错简，现已移入《郊祭篇》，可参见《郊祭篇》）。

　　古者岁四祭①。四祭者，因四时之所生，孰而祭其先祖父母也②。故春曰祠，夏曰礿，秋曰尝，冬曰蒸，此言不失其时以奉祭先祖也。过时不祭，则失为人子之道也。祠者，以正月始食韭也③；礿者，以四月食麦也；尝者，以七月尝黍稷也④；蒸者，以十月进初稻也。此天之经也，地之义也⑤。孝子孝妇缘天之时，因地之利⑥，地之菜茹瓜果⑦，艺之稻麦黍稷⑧；菜生谷熟，永思吉日⑨，供具祭物，斋戒沐浴，洁清致敬⑩，祀其先祖父母。孝子孝妇不使时过，已处之以爱敬，行之以恭让⑪，亦殆免于罪矣⑫。

【注释】

①岁四祭:《公羊传》桓公八年:"春日祠,夏日礿,秋日尝,冬日烝……士不及兹四者,则冬不裘,夏不葛。"这是指的天子一年四时四祭。

②孰:通"熟",成熟。

③韭(jiǔ):即韭菜,多年生草本植物,叶细长而扁,夏秋间开小花,叶和花嫩时可供蔬食。

④黍稷(shǔ jì):黍子和谷子,二者皆为谷类,有一定的区别,黍粘而稷不粘。刘师培援引《说苑·修文篇》及本书《祭义篇》之相关记载而判定"稷"字为衍文,可备一说。

⑤"此天之经也"二句:《孝经·三才章》:"夫孝,天之经也,地之义也。"郑玄注:"春夏秋冬,物有死生,天之经也。山川高下,水泉流涌,地之义也。"

⑥"孝子孝妇缘天之时"二句:缘天之时,根据天时,指春夏秋冬。因地之利,按照地力所生长的物品。此即下文所说"地之菜茹瓜果,艺之稻麦黍稷"之类。不同季节不同地方所产的东西用于祭祀,这是切实可行的。只要表达出内心的敬意就行了,不必贡献稀罕珍贵的东西。

⑦茹:蔬菜的总称。

⑧艺:种植。

⑨永思:常想。

⑩洁清致敬:身体洁净而心里崇敬。

⑪恭让:恭敬谦让。

⑫殆:或许。

【译文】

　　古人每年举行四次祭祀。所谓四次祭祀,是根据四季中所生长的农作物,在其成熟后用来祭祀祖先和父母。所以春天的祭祀叫做祠,夏天的祭祀叫做祠,秋天的祭祀叫做尝,冬天的祭祀叫做蒸,这是说按照季节去祭祀祖先。如果错过时机不祭祀,那就不符合作为儿子的道理。祠,是在正月开始的时候供奉韭菜;礿,是在四月供奉麦子;尝,是在七月供奉黍稷给祖先品尝;蒸,是在十月进奉刚成熟的稻米。这是天的常道,地的义理。孝子和孝妇根据天运行的季节,按照土地的生产能力,种植蔬菜瓜果,种植稻麦黍稷;蔬菜长成和五谷成熟以后,心中常想选择一个吉利的日子,准备好祭品,斋戒沐浴,使身体清洁以表达内心的恭敬,然后祭祀自己的祖先和父母。孝子孝妇不会错过祭祀的时节,自己主动用爱敬之心来对待祭祀,用恭敬谦让的态度来举行祭祀,这样或许可以免除不孝的罪过吧。

已受命而王,必先祭天,乃行王事,文王之伐崇是也。《诗》曰:"济济辟王,左右奉璋。奉璋峨峨,髦士攸宜。"此文王之郊也。其下之辞曰:"淠彼泾舟,烝徒楫之。周王于迈,六师及之。"此文王之伐崇也。上言奉璋,下言伐崇,以是见文王之先郊而后伐也。文王受命则郊,郊乃伐崇,崇国之民方困于暴乱之君①,未得被圣人德泽②,而文王已郊矣。安在德泽未洽者不可以郊乎③?

【注释】

①方:正在。
②被:蒙受,领受。
③洽:广博,普遍。

【译文】

在已经接受天命而统治天下之后,一定要先祭祀上天,然后才能做天子的事,周文王征伐崇国就是这样的。《诗经》上说:"恭敬的诸侯王,在天子的左右捧着玉璋。捧着玉璋的人仪容端庄盛美,这是俊秀之士所适宜做的。"这是描述周文王举行郊祭时的情形。下面的诗接着说:"船只在泾水上行驶,众多的船夫滑动着船桨。周文王出兵征伐,六师军队跟随着他。"这是叙述的周文王征伐崇国时的情形。上文说捧着玉璋进行郊祭,下文说征伐崇国,由此可见周文王是先举行郊祭然后才出兵征伐的。周文王接受了天命之后就举行郊祭,郊祭结束后才去征伐崇国,崇国的百姓正在被暴虐的君主所统治,还没有领受圣人的恩德,而周文王已经举行了郊祭。可见在恩德没有普及的时候怎么就不可以举行郊祭呢?

郊祀第六十九

【题解】

　　"郊祀"即祀天于郊,意指君王在郊外祭祀上天。秦代废止了郊天之礼而改祀五畤(zhì),因此董仲舒在本篇中详细申述了郊祀的重要性。他以周宣王和《春秋》为例,论证了"郊祭最大"的道理。

　　周宣王时①,天下旱,岁恶甚,王忧之。其《诗》曰②:"倬彼云汉,昭回于天③。王曰呜呼!何辜今之人④?天降丧乱,饥馑荐臻⑤。靡神不举,靡爱斯牲⑥。珪璧既卒,宁莫我听⑦!旱既太甚,蕴隆虫虫⑧。不殄禋祀,自郊徂宫⑨。上下奠瘗,靡神不宗⑩。后稷不克,上帝不临⑪。耗斁下土,宁丁我躬⑫。"宣王自以为不能乎后稷⑬,不中乎上帝,故有此灾。有此灾,愈恐惧,而谨事天。天若不予是家,是家者安得立为天子?立为天子者,天予是家。天予是家者,天使是家。天使是家者,是家天之所予也,天之所使也。天已予之,天已使之,其家不可以接天何哉⑭?故《春秋》凡讥郊,未尝讥君德不成于郊也,乃不郊而祭山川,失祭之叙⑮,逆于礼,故必讥之。以此观之,不祭天者,乃不可祭小神也。郊因先卜^⑯,不吉不敢郊。百神之祭不卜,而郊独卜,郊祭最大也。《春秋》讥丧祭,不讥丧郊,郊不辟丧^⑰。丧尚不辟,况他物^⑱?郊祝曰^⑲:“皇皇上天^⑳,照临下土。集地之灵,降甘风雨^㉑。庶物群生,各得其所。靡今靡古,维予一人某敬拜皇天之祜^㉒。”夫不自为言,而为庶物群生言,以人心庶天无尤焉^㉓。天无尤焉,而辞恭顺,宜可喜也。右郊祝九句。九句者,阳数也^㉔。

【注释】

①周宣王:姓姬名静,周厉王之子。厉王之时,周室衰微。宣王即位后,励精图治,修复文、武之业,号为中兴,死后谥为“宣”。

②其《诗》曰:下引文见《诗经·大雅·云汉》。

③“倬(zhuō)彼云汉”二句:看那银河多么显明啊,明亮地在天空中回转。倬,高大、显明的样子。云汉,天河、银河。昭,明显、明亮。回,回转、回旋。

④辜(gū):罪。

⑤饥馑(jǐn)荐臻(zhēn):饥荒连年而至。饥馑,荒年、年成不好。谷不熟为饥,蔬不熟为馑。荐,一再、频频。臻,到、到达。

⑥“靡(mǐ)神不举”二句:对神灵无不祭祀,也不吝惜祭祀用的牺牲。靡,无、没有。举,举行祭祀活动。爱,爱惜、吝惜。牲,牺牲,指供祭祀用的猪、牛、羊。

⑦“珪璧(guī bì)既卒”二句:祭祀用的玉器宝物都用完了,为什么还不听从我的祷告呢?珪,同“圭”,上尖下方的玉器。璧,平而圆且中心有孔的玉器。珪、璧皆为祭祀用的玉制礼器。卒,完毕、结束。宁(nìng)莫,乃不、为何。听,听从、接受。

⑧蕴隆虫虫:浓盛的热气熏蒸得厉害。蕴隆,蒸气浓盛的样子。

蕴,通"郁",浓盛。虫虫,通"烛烛",指热气熏蒸。

⑨"不殄(tiǎn)禋(yīn)祀"二句:不断地进行祭祀,从郊外祭天到宗庙祭祀父母祖先。不殄,不断。殄,断绝。禋祀,泛指祭祀。郊,南郊、郊外的祭天之礼。徂(cú),往。宫,宗庙,用来祭祀父母祖先。

⑩"上下莫瘞(yì)"二句:天地神灵都加以供奉,没有神灵不加以尊崇。上,指祭天。下,指祭地。莫瘞,指祭祀时所用的物品。莫,把祭祀用的酒食放置在地上。瘞,把祭祀用的物品埋于地下,即埋葬品。宗,尊奉。

⑪"后稷不克"二句:祖先后稷不来福佑,上帝也不来照看。后稷,周朝的先祖,姓姬名弃,号"后稷"。不克,不能福佑。克,能够。临,从高处往低处看,这里引申为照看之意。

⑫"耗斁(yì)下土"二句:上天由于厌恶而降下灾害来败坏人间,这些灾害竟然都由我亲自遭受到。耗,厌恶。斁,厌恶、败坏。下土,地,与天相对而言,这里指人间。丁,当、遭逢。躬,自身。

⑬不能乎后稷:即上文所讲"后稷不克",此为倒装结构。

⑭其家:苏本及其他各本均误作"其间",俞樾云:"其间,当作'其家'……以文义求之,当作'其家'无疑。"俞说是,钟肇鹏校释本作"其家",今据正。

⑮叙:通"序",次序。

⑯郊因先卜:郊祭之前要先进行占卜。卜,占卜。天子之郊不用占卜。这里是指的鲁国的郊礼而言,这不是诸侯之常礼,因此必须先进行卜日,然后才能进行郊祭。

⑰辟(bì):躲开,避免,回避。

⑱物:事。

⑲郊祝:举行郊祭活动时所用的祝词。祝,用言辞来祷告神灵以祈求福佑,即指祭祀时祷告用的文辞。

⑳皇皇：光明美盛的样子。

㉑甘：美好。

㉒维予一人某敬拜皇天之祜(hù)：我某某恭敬地拜谢上天赐予的福禄。维，句首语气词。予一人，古代帝王的自称。某，代替帝王的名字。祜，福。

㉓以人心庶天无尤焉：因为人们心里希望上天不要责怪。庶，表示可能或期望。尤，指责、归罪。

㉔"右郊祝九句"三句：祝，各本皆作"祀"，卢文弨校引钱塘云："'郊祀'亦当为'郊祝'。"钟肇鹏校释本作"祝"，是，今据正。钟肇鹏曰："这三句当系抄写郊祝辞后之注文，不应在正文中。"钟说可从。

【译文】

周宣王的时候，天下发生了严重的旱灾，年成十分不好，周宣王对此十分忧虑。《诗经》上记载说："看那银河多么显明啊，明亮地在天空中回转。君王说：唉！今天的人到底有什么罪过呢？上天降下了灾难祸乱，饥荒连年而至。我对神灵无不祭祀，也不吝惜祭祀用的牺牲。祭祀用的玉器宝物都用完了，为什么还不听从我的祷告呢？旱灾已经很严重了，浓盛的热气熏蒸得厉害。我不断地进行祭祀，从郊外祭天到宗庙祭祀父母祖先。天地神灵我都加以供奉，没有神灵不加以尊崇。祖先后稷不来福佑，上帝也不来照看。上天由于厌恶而降下灾害来败坏人间，这些灾害竟然都由我亲自遭受到。"周宣王自己认为后稷不来福佑，上帝也不来照看，所以才发生了这样的灾害。这样的灾害发生以后，他的内心更加恐惧，从而恭谨地事奉上天。上天如果不将天下给予这一家的话，那么这一家的人怎么能立为天子呢？这家既然被立为了天子，那就是说上天把天下给予了这家。上天将天下给予这家，就是上天使令这家做天子。上天使令这家做天子，就说明这家的天下是上天所给予的，是上天所使令的。上天已经给予了他，上天已经使令了他，那么这家不能与上天相沟通却又是为什么呢？因此《春秋》凡是讥讽郊祭之事，从来没有讥讽说君主的德行不配祭祀上天，而是讥讽不祭祀上天而去祭祀山川，认为这颠倒了祭祀的次序，违逆了礼制，所以一定要对此进行讥讽。由此来看，不祭祀上天的人，也不可以祭祀小的神灵。郊祭之前要首先进行占卜，如果占卜的结果不吉利的话就不能举行郊祭活动。在祭祀众神之前不需要进行占卜，而唯独进行郊祭活动要进行占卜，这表明郊祭是最重大的事。《春秋》讥讽有丧之家举行祭祀，却不讥讽有丧之家举行郊祭，郊祭是不回避丧事的。丧事尚且不用回避，更何况是其他事情呢？郊祭时的祝词说："光明美盛的上天，光芒照耀着人间。聚集大地的灵气，降下了及时美好的风雨。从而使得万物生长，各自都找到了适宜的地方。无论古今，我某某恭敬地拜谢上天赐予的福禄。"天子不为自己祈求上天，而是为万物的生长去言说，因为人们心里希望上天不要责怪。上天如果不责怪的话，那么人们的言辞就会更加恭敬顺从，这应该是可喜的事情。上面是郊祭时的祝词，一共有九句。九句，是阳数。

顺命第七十

【题解】

　　本篇旨在阐明受天命、顺天命和畏天命的道理,对"天"、"命"、"受命"都作了新的解释:"诸所受命者,其尊皆天也。"以神学之天为本,引申发挥其义,借天命说来论证和维护等级制度。

　　父者,子之天也;天者,父之天也①。无天而生,未之有也。天者,万物之祖②,万物非天不生。独阴不生,独阳不生,阴阳与天地参然后生③。故曰:父之子也可尊,母之子也可卑,尊者取尊号,卑者取卑号。故德侔天地者④,皇天右而子之⑤,号称天子;其次有五等之爵以尊之,皆以国邑为号⑥。其无德于天地之间者,州、国、人、民⑦;甚者不得系国邑⑧,皆绝骨肉之属,离人伦,谓之阊盗而已⑨。无名姓号氏于天地之间,至贱乎贱者也⑩。其尊至德,巍巍乎不可以加矣;其卑至贱,冥冥其无下矣。

【注释】

　　①"天者"二句:俞樾云:"当作'祖者,父之天也。'故下文云:'天者,

万物之祖。'"俞说可从。

②"天者"二句:《白虎通义·天地》:"天地者,元气之所生,万物之祖也。"句容陈立所校南菁书院道光壬辰九月版《白虎通义》有此文,其他版本不见此文。"所生"指父母。《孝经·士章》:"无忝尔所生。"注:"所生,谓父母也。"天地生元气,元气生万物,因此说天地是"万物之祖"。

③参:参与,参合。

④侔(móu):相等,等同。

⑤皇天右而子之:上天保佑并把他当作儿子来看待。右,通"祐",保佑。子之,当作儿子看待。

⑥以国邑为号:周代的五等爵都有封地,以国邑为号,如鲁公、纪侯、曹伯、楚子等。

⑦州、国、人、民:俞樾云:"'民'乃'氏'字之误。"俞说可从。《公羊传》庄公十年:"荆者何?州名也。州不若国,国不若氏,氏不若人,人不若名,名不若字,字不若子。"

⑧不得系国邑:指不能与国名、都邑名联系起来。

⑨阍(hūn):守门的人。《公羊传》襄公二十九年:"阍者何?门人也,刑人也。刑人则曷为谓之阍?刑人非其人也。"《盐铁论·周秦》:"《春秋》罪人无名号,谓之云盗。所以贱刑人而绝之人伦也。故君不臣,士不友,于闾巷无所容。"

⑩"无名姓号氏于天地之间"二句:《春秋》襄公二十九年:"阍弑吴子余祭。"哀公四年:"盗杀蔡侯申。"《公羊传》:"弑君贱者穷诸人,此其称盗以弑何?贱乎贱者也。贱乎贱者孰谓?谓罪人也。"《公羊传》文公十六年:"弑君者曷为或称名氏,或不称名氏?大夫弑君称名氏,贱者穷诸人。大夫相杀称人,贱者穷诸盗。"《穀梁传》昭公二十年:"秋,盗杀卫侯之兄辄。盗,贱也。"贱人犯罪只说"盗"或"阍",不记名字。没有名字是贱中之最贱者。

【译文】

父亲，是儿子的天；祖父，是父亲的天。没有天而能出生，是从来也没有的事。天，是万物的祖先，万物没有天就不能生成。单独有阴不能生成，单独有阳也不能生成，只有阴阳和天地相参合以后才能生成万物。所以说：天的儿子是尊贵的，母亲的儿子是卑贱的，尊贵的取尊贵的名号，卑贱的取卑贱的名号。所以德行与天地相等的人，上天会保佑他并且把他当作儿子来看待，号称为天子；其次用五等爵位来表示他的地位的尊贵，都用国家城邑作为他的名号。至于没有德行的人，则用州、国、人、氏作为名号；更严重的则不能与国家城邑联系在一起，要同他断绝至亲、人伦的关系，叫做阍人、盗贼罢了。在天地之间没有名姓号氏的人，是极其卑贱的人。尊敬德行极高的人，要将他抬高到不可以再高的地位；轻视极其卑贱的人，要将其压抑到深幽得不能再低的地位。

《春秋》列序位，尊卑之陈，累累乎可得而观也①。虽闇且愚，莫不昭然。公子庆父罪亦不当系于国，以亲之故为之讳，而谓之齐仲孙②，去其公子之亲也。故有大罪不奉其天命者③，皆弃其天伦。人于天也，以道受命；其于人，以言受命。不若于道者，天绝之；不若于言者，人绝之。臣子大受命于君④，辞而出疆，唯有社稷国家之危，犹得发辞而专安之，鄄盟是也⑤。天子受命于天，诸侯受命于天子，子受命于父，臣妾受命于君，妻受命于夫，诸所受命者，其尊皆天也⑥，虽谓受命于天亦可。天子不能奉天之命，则废而称公，王者之后是也⑦；公侯不能奉天子之命，则名绝而不得就位，卫侯朔是也⑧；子不奉父命，则有伯讨之罪，卫世子蒯聩是也⑨；臣不奉君命，虽善以叛言，晋赵鞅入于晋阳以叛是也⑩；妾不奉君之命，则媵女先至者是也^⑪；妻不奉夫之命，则绝^⑫，夫人不言及是也^⑬。曰：不奉顺于天者，其罪如此。

【注释】

①累累乎：指前后相连、上下一贯的样子。

②"公子庆父罪亦不当系于国"三句：公子庆父为鲁庄公之弟，杀子般及闵公，从而导致鲁国内乱。庆父不死，鲁难未已。《公羊传》闵公元年："齐仲孙者何？公子庆父也。公子庆父则曷为谓之齐仲孙？系之齐也。曷为系之齐？外之也。曷为外之？《春秋》为尊者讳，为亲者讳，为贤者讳。"庆父有弑君大恶，绝其公族属籍，为亲者讳，不系鲁国，而曰齐仲孙。

③天命：尊者之命。董仲舒以尊者为天，父为子之天，君为臣之天，夫为妻之天。

④"人于天也"九句：《穀梁传》庄公元年："人之于天也，以道受命；于人也，以言受命；不若于道者，天绝之也；不若于言者，人绝之也。臣子大受命。"此处董仲舒采取《穀梁传》的说法。若，类似、顺从。

⑤"辞而出疆"四句：《公羊传》庄公十九年："大夫受命不受辞。出境有可以安社稷、利国家者，则专之可也。"何休注："先是鄄、幽之会，公比不至，公子结出境，遭齐、宋欲深谋伐鲁，故专矫君命，而与之盟，除国家之难，全百姓之命。"大夫奉命出使，遇到有关国家安危的大事，来不及请示则可以专政。鄄，各本皆脱，钟肇鹏校释本据陈立《公羊义疏》庄公十九年疏校补，今从之。

⑥"天子受命于天"七句：受命者对于授命者，都应该尊之为"天"。《仪礼·丧服传》："君者天也，父者天也，夫者天也。"

⑦"天子不能奉天之命"三句：天子不奉天命，他的后代就不称天子，而是称公。《公羊传》隐公五年："王者之后称公。"《春秋》隐

公三年：“八月庚辰，宋公和卒。”何休注：“宋称公者，殷后也。王者封二王后，地方百里，爵称公，客待之而不臣。”

⑧“公侯不能奉天子之命”三句：卫侯朔，即卫惠公，名朔。周庄王命其为卫君，主持宗庙告朔礼，但是卫国的军队不服从他，后逃至齐国。《春秋》桓公十六年：“卫侯朔出奔齐。”《公羊传》：“卫侯朔何以名？绝。曷为绝之？得罪于天子。其得罪于天子奈何？见使守卫朔，而不能使卫小众，越在岱阴齐。”天子召卫侯不至，得罪天子，书名以绝之。

⑨“子不奉父命”三句：卫世子蒯聩（kuǎi kuì），即卫庄公，名蒯聩，卫灵公世子。卫灵公宠爱夫人南子，而蒯聩欲杀南子。于是灵公废蒯聩，而改立蒯聩之子辄为世子，蒯聩出奔于晋。鲁哀公二年，卫灵公卒，晋卿赵鞅率军送蒯聩回卫国继位，但在戚地遭到了齐、卫联军的包围。因为按照《春秋》宗统之义，蒯聩被父亲放逐，则失去了继承权，他被逐而要返卫继位，是不奉父命。事见《公羊传》哀公三年。

⑩晋赵鞅（yāng）入于晋阳以叛：《春秋》定公十三年：“秋，晋赵鞅入于晋阳以叛。”冬，“晋赵鞅归于晋”。《公羊传》：“此叛也，其言归何？以地正国也。以其地正国奈何？晋赵鞅取晋阳之甲以逐荀寅与士吉射。荀寅与士吉射者，曷为者也？君侧之恶人也。此逐君侧之恶人，曷为以叛言之？无君命也。”何休注：“无君命者，操兵乡（向）国，故初谓之叛。后知其意欲逐君侧之恶人，故录其释兵，书归以赦之。君子诛意不诛事。”赵鞅（简子）率领晋阳的军队驱逐了国君身边的恶人荀寅、士吉射，这本来是对的，但因为未奉君命而擅自出兵，所以《春秋》书“叛”以责之。后知善意，书“归”以赦之。晋阳，今山西太原。

⑪媵（yìng）女先至者：周时诸侯娶一国之女为妻，同时聘两国之女为媵。鲁僖公本聘楚女为夫人，齐女为媵。但齐国的媵女姜氏

先到鲁国，齐国于是强迫僖公立姜氏为夫人。《春秋》僖公八年："秋七月，禘于太庙，用致夫人。"《公羊传》："禘用致夫人，非礼也。夫人何以不称姜氏？贬。曷为贬？讥以妾为妻也。其言以妾为妻奈何？盖胁于齐媵女之先至者。"媵女，指陪嫁之女。

⑫绝：指断绝夫妻关系。

⑬夫人不言及：各本均无"人"字，刘师培云："'夫不言及'当作'夫人不言及'，即公羊桓十八年《传》所云：'公何以不言及夫人'也。"刘说是，钟肇鹏校释本据补"人"字，今从之。鲁桓公夫人姜氏与齐襄公私通，引诱桓公与齐襄公相会于泺(luò)，齐侯派人杀桓公。《公羊传》解释《春秋》说："公夫人姜氏遂如齐"，而不说"公及夫人如齐"，是表示妻不奉夫之命，自外于桓公，故应绝之。

【译文】

《春秋》排列位次，对尊贵卑贱的排列，从前后相连、上下一贯的样子可以看得出来。即使是糊涂、愚笨的人，也不会不明白。公子庆父罪恶深重不应当将其与国家联系起来，因为他是鲁国君主至亲的缘故而为他避讳，因而称他为齐仲孙，以此来去掉他是鲁国公室亲属的身份。所以犯有重大罪行而不奉行天命的人，都舍弃其亲属的情谊。人对于天，是根据天道接受天命；对于人，是根据言辞接受命令。不顺从天道的人，天与他断绝关系；不顺从命令的人，人与他断绝关系。大臣接受君主的命令，告辞而离开国境后，只有遇到对国家有危险的事情的时候，才能说话而自行决定处理，从而使国家安定，郪之盟就是这样的。天子接受上天的命令，诸侯接受天子的命令，儿子接受父亲的命令，男女奴仆接受主人的命令，妻子接受丈夫的命令，所有接受命令的人，他所尊敬的人都是天，即使是说他们从天那里接受命令也可以。如果天子不能奉行上天的命令，那就废弃他而称之为公，像帝王的后代就是这样；如果公侯不能奉行天子的命令，那就直呼其名并与他断绝关系而使其不能回到本来的爵位上，像卫侯朔就是这样；如果儿子不能奉行父亲的命令，那就会有被霸主讨伐的罪行，像卫世子蒯聩就是这样；如果大臣不能奉行君主的命令，即使他的行为是好的，但还是说他背叛，晋国的赵鞅进入晋阳而背叛就是这样的；如果妾不能奉行君主的命令，那么《春秋》所说的陪嫁之女先到的事例就是这样的；如果妻子不能奉行丈夫的命令，就与之断绝关系，《春秋》所记载的妻子与丈夫在一起而不用"及"字的事例就是这样的。这是说：不顺从天的人，他的罪行就是如上所述的这些。

　　孔子曰①："畏天命，畏大人，畏圣人之言。"其祭社稷、宗庙、山川、鬼神，不以其道，无灾无害。至于祭天不享，其卜不从②，使其牛口伤③，鼷鼠食其角④。或言食牛，或言食而死，或食而生，或不食而自死，或改卜而牛死⑤，或卜而食其角。过有深浅薄厚，而灾有简甚，不可不察也。犹郊之变⑥，因其灾而之变应而无为也⑦。见百事之变之所不知而自然者⑧，可胜言与⑨？以此见其可畏。专诛绝者，其唯天乎！臣弑君，子弑父⑩，三十有余。诸其贱者则损⑪。以此观之，可畏者其唯天命、大人乎！亡国五十有余，皆不事畏者也⑫。况不畏大人，大人专诛之，君之灭者，何日之有哉⑬？鲁宣违圣人之言⑭，变古易常而灾立至⑮，圣人之言可不慎？此三畏者，异指而同致⑯，故圣人同之⑰，俱言其可畏也。

【注释】

①孔子曰：下引文见《论语·季氏》。

②其卜不从：占卜郊天的卜兆显示为不吉利。

③使其牛口伤：使郊祭所用的牛口受伤。郊天最重要的祭品是牛，牛口受伤是因为饲养不周，《春秋》认为这是十分不恭敬的事。

④鼷(xī)鼠：鼠类中一种最小的鼠。

⑤改卜：改换占卜（另一只牛）。

⑥犹：通"由"，从。

⑦因其灾而之变应而无为也：由于灾异的出现则变故也相应发生，而变故应该是真实的。之，其。无为，即"无伪"，真实的。为，通"伪"。

⑧见百事之变之所不知而自然者：可见许多事情的变化是人所不了解而自然这样的。之所不知，刘师培校"之"为"人"，其说可从。

⑨可：苏本及各本皆脱此字，今据惠栋校记及钟肇鹏校释本补。胜(shēng)言，完全说出来。胜，尽。

⑩"臣弑君"二句：两"弑"字，各本均作"杀"，今从凌注及钟肇鹏校释本改。

⑪损：指去掉姓名而称人。《公羊传》文公十六年："弑君者曷为或称名氏，或不称名氏？大夫弑君称名氏，贱者穷诸人。"

⑫畏者：即指上文所言之"天命"、"大人"。

⑬何日之有哉：怎么会有长久的日子呢？

⑭圣人之言：即指上文孔子所言："畏天命，畏大人，畏圣人之言。"

⑮变古易常而灾立至：改变古代的制度和通常的准则而灾害马上就会降临了。《春秋》宣公十五年："初税亩。冬，蝝(yuán)生，饥。"《公羊传》："未有言蝝生者，此其言蝝生何？蝝生不书，此何以书？幸之也。幸之者何？犹曰受之云尔。受之云尔何？上变古易常，应是而有天灾，其诸则宜于此焉变矣。"

⑯异指而同致：旨意不同而目的相同。指，通"旨"，旨意。致，到，这里引申为目的。

⑰同：统一。

【译文】

孔子说:"敬畏天命,敬畏身居高位的人,敬畏圣人的话。"祭祀社稷、宗庙、山川和鬼神,如果不按照仪轨进行,还不会发生灾害。至于祭祀天神而天神不享用祭品,占卜郊天的卜兆显示为不吉利,使郊祭所用的牛口受伤,鼷鼠啃食郊祭用牛的角。有的说是鼷鼠吃了郊牛的角,有的说是鼷鼠吃了郊牛的角而郊牛死了,有的说是鼷鼠吃了郊牛的角而郊牛还活着,有的说是鼷鼠没有吃郊牛的角而郊牛是自己死去的,有的说是改换占卜另一只牛而那只牛又死了,有的说是占卜后鼷鼠吃了郊牛的角。过失有深浅厚薄之分,而灾害有轻微严重之别,不可以不仔细考察。从郊祭的变故来加以推究,由于灾异的出现则变故也相应发生,而变故应该是真实的。可见许多事情的变化是人所不了解而自然这样的,这些可以完全说出来吗?由此可以看出它的可畏。专有诛杀大权的,也就只有上天吧!《春秋》所记载的大臣弑杀国君、儿子弑杀父亲的事情,一共有三十多件。对于地位卑贱的人就去掉其姓名而称人。从这一点来看,可以敬畏的就只有天命和大人吧!《春秋》所记载的被灭亡的国家有五十多个,都是不知道心怀敬畏的。何况是不敬畏身居高位的大人,大人专有诛杀的权力,那些被灭亡的国君,怎么会有长久的日子呢?鲁宣公违背了圣人所说的话,改变古代的制度和通常的准则而灾害马上就降临了,圣人所说的话能不慎重对待吗?这三件要敬畏的事情,虽然旨意不同而目的却相同,所以圣人将它们统一起来,都说它们是可敬畏的。

郊事对第七十一

【题解】

　　董仲舒曾任胶西王相，因病免官，回到长安老家居住。《汉书·董仲舒传》说他"以修学著书为事，朝廷如有大议，使使者及廷尉张汤就其家而问之，其对皆有明法"。《郊事对》(《汉魏六朝百三家集》作"郊祀对")即是其中一篇。郊事即郊天之事，是国家的重大事情。由于年代久远，汉武帝对郊礼的某些问题不太清楚，因此特派张汤咨询董仲舒。董仲舒就郊礼的意义、鲁国作为诸侯却能举行郊祭以及一些具体操作的细节问题，根据公羊学理论，一一作了回答。

　　廷尉臣汤昧死言①：臣汤承制②，以郊事问故胶西相仲舒③。臣仲舒对曰："所闻古者天子之礼，莫重于郊。郊常以正月上辛者④，所以先百神而最居前。礼，三年丧，不祭其先而不敢废郊⑤。郊重于宗庙，天尊于人也。《王制》曰⑥：'祭天地之牛茧栗⑦，宗庙之牛握，宾客之牛尺⑧。'此言德滋美而牲滋微也⑨。《春秋》曰：'鲁祭周公，用白牡⑩。'色白、贵纯也。'帝牲在涤三月⑪。'牲贵肥洁而不贪其大也。凡养牲之道，务在肥洁而已⑫。驹犊未能胜刍豢之食⑬，莫如令食其母便⑭。"臣汤谨问仲舒:"鲁祀周公用白牡,非礼也?"臣仲舒对曰:"礼也。"臣汤问:"周天子用骍犅⑮,群公不毛⑯。周公,诸公也,何以得用纯牲⑰?"臣仲舒对曰:"武王崩,成王立,而在襁褓之中⑱,周公继文、武之业,成二圣之功,德渐天地,泽被四海⑲,故成王贤而贵之。《诗》云⑳:'无德不报。'故成王使祭周公以白牡,上不得与天子同色,下有异于诸侯。臣仲舒愚以为报德之礼。"臣汤问仲舒:"天子祭天,诸侯祭土㉑,鲁何缘以祭郊?"臣仲舒对曰:"周公傅成王㉒,成王遂及圣,功莫大于此。周公,圣人也,有祭于天道,故成王令鲁郊也㉓。"臣汤问仲舒:"鲁祭周公用白牡,其郊何用?"臣仲舒对曰:"鲁郊用纯骍犅,周色上赤㉔,鲁以天子命郊,故以骍。"臣汤问仲舒:"祠宗庙或以鹜当凫㉕,鹜非凫,可用否?"臣仲舒对曰㉖:"鹜非凫,凫非鹜也。臣闻孔子入太庙,每事问㉗,慎之至也。陛下祭躬亲,斋戒沐浴,以承宗庙,甚敬谨。奈何以凫当鹜,鹜当凫? 名实不相应,以承太庙,不亦不称乎㉘? 臣仲舒愚以为不可。臣犬马齿衰㉙,赐骸骨㉚,伏陋巷。陛下乃幸使九卿问臣以朝廷之事㉛,臣愚陋,曾不足以承明诏,奉大对。臣仲舒昧死以闻。"

【注释】

①廷尉臣汤昧死言:廷尉张汤冒昧而大胆地述说。廷尉,秦汉两代官名,是中央执掌司法的最高级官员,秩千石。汤,指张汤,杜(今陕西西安)人,汉武帝时曾任廷尉。秦汉时大臣奏议均称臣名而不加姓氏。昧死,冒昧而犯死罪。秦汉时的大臣向皇帝上书时多用此语,以示敬畏之意。

②制：国君的命令，如制书、制诰。

③胶西：地名，今山东胶县、高密等地，汉代曾置胶西国。

④"所闻古者天子之礼"三句：天子最重要的礼是郊祭上天，时间一
　般在正月上辛日。《礼记·郊特牲》："郊之用辛也。"郑玄注："用
　辛日者，凡为人君当斋戒自新耳。"《公羊传》成公十七年："郊用
　正月上辛。"何休注："三王之郊，一用夏正，言正月者，《春秋》之
　制也。正月者，岁首。上辛犹始新，皆取首先之义。"这也是董仲
　舒慎始之义。

⑤不祭其先而不敢废郊：亲属丧葬最为悲痛，不祭祖先也不能废弃
　郊祭，这说明天比祖先更重要。

⑥《王制》：《礼记》中的一篇。

⑦茧栗：指小牛的角像蚕茧或栗子一样小。

⑧"宗庙之牛握"二句：天子祭祀宗庙所用牛的牛角只有手一握那
　么长，宴请宾客用牛的角可以长到一尺长。

⑨滋：益，更加。

⑩"鲁祭周公"二句：《公羊传》文公十三年："鲁祭周公何以为牲？
　周公用白牡。"白牡，白色的公牛。何休注："白牡，殷牲也。周公
　死，有王礼，谦，不敢与文、武同也。不以夏黑牡者，嫌改周之文，
　当以夏，辟嫌也。"

⑪帝牲在涤(dí)三月：《公羊传》宣公三年："帝牲在于涤三月。"何休
　注："涤，宫名。养帝牲三牢之处也。谓之涤者，取其荡涤洁清。
　三牢者，各主一月，取三月一时，足，以充天牲。"帝牲，祭祀上帝
　用的牛。涤，指养牲畜的牢房，取其清洁的意思，故名为"涤"。

⑫务：务必，追求，致力于。

⑬驹犊(jū dú)未能胜刍豢(chú huàn)之食：小牲畜不能吃草料，所
　以说"未能胜刍豢之食"。驹，小马。犊，小牛。刍豢之食，指饲
　养牲畜的草料。

⑭莫如令食(sì)其母便：为了饲养小牛肥壮，不如给母牛喂好的饲料。食，饲养、给……吃。便，方便，即更有利、更好的意思。

⑮骍犅(xīng gāng)：祭祀用的赤色公牛。骍，泛指赤色。犅，公牛。《礼记·明堂位》："夏后氏牲尚黑，殷白牡，周骍犅。"《公羊传》文公十三年："鲁公用骍犅。"何休注："骍犅，赤脊，周牲也。"黑白赤所谓三统。

⑯群公不毛：诸侯们用毛色不纯的牛来祭祀。不毛，不纯的杂色毛。

⑰"周公"三句：群公都是用毛色不纯的牲，周公也是公，为什么可以用白牲即纯色毛的牲呢？

⑱"成王立"二句：襁褓(qiǎng bǎo)：指背负婴儿用的布被。成王即位时，是否仍在襁褓之中呢？苏舆注："此与《书·金縢(téng)》不合。《金縢》云：'王与大夫尽弁。'则年在既冠后也。《五经异义》引古文《尚书》说：'成王即位，年十三。'《新书·修政篇》则云成王六岁即位。然幼在襁褓，见于《礼记》、《尚书大传》、《史记·鲁世家》及《蒙恬传》、《淮南子·要略训》、《后汉书·桓郁传》窦宪疏等书。而汉武命画周公负成王图以赐霍光，则其说由来已久。"

⑲"德渐天地"二句：德行感化天地，恩泽遍布四海。渐，侵染，此处引申为感化。被，施及、加于……之上。

⑳《诗》云：下引文见《诗经·大雅·抑》："无言不仇，无德不报。"

㉑"天子祭天"二句：《公羊传》僖公三十一年："天子祭天，诸侯祭土。"何休注："郊者，所以祭天也。土谓社也，诸侯所祭，莫重于社。"社，即社稷。

㉒傅：教导、辅佐帝王或王子。

㉓成王令鲁郊：周成王批准鲁国可以举行郊祭活动。按照天子的规格祭天。

㉔上：通"尚"，崇尚。

㉕以鹜(wù)当凫(fú)：把家鸭当作野鸭。鹜，家鸭。凫，野鸭。陆
佃《埤雅》引《尸子》曰："野鸭为凫，家鸭为鹜，不能飞翔，如庶人
守耕稼而已。"

㉖臣：苏本脱此字，今据钟肇鹏校释本补。

㉗"臣闻孔子入太庙"二句：《论语·八佾》："子入太庙，每事问。"太
庙，太祖之庙。周公旦封于鲁，为鲁国太祖，所以鲁国的太庙就
是周公庙。

㉘称(chèn)：相称，适合。

㉙臣犬马齿衰：臣下已经年龄老朽了。犬马，古代大臣对君主自称
用的谦词。齿衰，指年老。齿，年龄。

㉚赐骸骨：指致仕退休。古人认为，大臣为君主效力就是将整个身
体都奉献给他了，因此君主允许大臣退休，就是将其身体赐还给
大臣。骸骨，指年老者的身体。

㉛使九卿：派遣九卿。使，派遣。九卿，汉代以太常、光禄、卫尉、太
仆、廷尉、大鸿胪、宗正、大司农、少府为九卿，张汤当时担任廷
尉，是九卿之一，所以说"使九卿"。

【译文】

廷尉张汤冒昧而大胆地述说：臣张汤奉皇帝的命令，就郊祭一事询
问前胶西相董仲舒。臣董仲舒回答说："我听说古代天子的礼仪，没有
比郊祭更重要的。郊祭通常在正月上旬的第一个辛日举行，这是为了
要把它放在祭祀众神的最前面。礼制规定：父母的丧事要守孝三年，即
使不祭祀祖先也不敢废止郊祭。郊祭比宗庙祭祀更重要，这是因为天
比人更尊贵。《王制》说：'天子祭祀天地所用牛的角只有蚕茧或粟子一
样小，祭祀宗庙所用牛的角只有手一握那么长，宴请宾客用牛的角可以
长到一尺长。'这是说德行越美好而所用的牲畜就越小。《春秋》说：'鲁
国祭祀周公，用白色的公牛。'用白色的牛，是以纯色为尊贵的意思。又

说：'祭祀上帝用的牛要放在涤宫里饲养三个月。'祭祀上帝用的牛要以肥美清洁为尊贵而不要贪求它肥大。大凡饲养祭祀用的牲畜的方法，就是务必尽力使它肥美洁净罢了。小牲畜不能吃草料，不如给母牛喂更好的饲料。"臣张汤恭敬地问董仲舒："鲁国祭祀周公用白色的公牛，这样做是不合乎礼仪的吗？"臣董仲舒回答说："是合乎礼仪的。"臣张汤问道："周朝天子用赤色的牛进行祭祀，而诸侯用毛色不纯的牛来祭祀。周公，他也是诸侯，为什么可以用纯色的牛来祭祀他呢？"臣董仲舒回答说："周武王死后，成王继位，但他当时还是个小孩儿，周公继承文王和武王的大业，完成了这两位圣王的功绩，他的德行感化了天地，恩泽遍布四海之内，所以成王认为他贤能而尊敬他。《诗经》上说：'受人恩德而一定要报答。'所以成王命令用白色的公牛祭祀周公，对上面而言不能与天子祭祀所用的牲畜颜色相同，对下面来说又与诸侯祭祀所用的牲畜有所差别。臣董仲舒愚笨，认为这是报答恩德的礼节。"臣张汤问董仲舒："天子祭祀上天，诸侯祭祀封地，鲁国的君主为什么可以举行郊祭呢？"臣董仲舒回答说："周公辅佐了成王，成王因此而达到了圣王的境界，功劳没有比这更加伟大的了。周公是圣人，有祭祀天的道理，所以成王命令鲁国举行郊祭。"臣张汤问董仲舒："鲁国祭祀周公用白色的公牛，那么举行郊祭时又用什么颜色的牛呢？"臣董仲舒回答道："鲁国举行郊祭用纯赤色的牛，因为周朝崇尚赤色，而鲁国是奉天子之命举行郊祭，所以要用赤色的牛。"臣张汤问董仲舒："在祭祀宗庙时有人把家鸭当作野鸭，家鸭不是野鸭，可以用吗？"臣董仲舒回答说："家鸭不是野鸭，野鸭不是家鸭。臣下听说孔子进入周公庙后，碰到每件事物都要仔细询问，谨慎到了极点。陛下亲自主持祭祀，在祭祀前要斋戒沐浴，以清洁身体来奉祀宗庙，态度非常恭敬和谨慎。为什么要把野鸭当作家鸭，家鸭当作野鸭？名称与实际都不相符合，还用来祭祀太庙，这难道不是不相称吗？臣董仲舒愚笨，认为这是不可以的。臣下已经年龄老朽了，承蒙陛下恩准我退休，让我隐居在简陋的巷子里。陛下宠爱我而派遣九卿来向我询问朝廷大事,臣下愚笨无知,没有能力接受您英明的诏令,回答重大的问题。臣董仲舒冒昧而大胆地向您说明。"

执贽第七十二

【题解】

本篇讨论了与人初次见面时所持礼物的象征意义。董仲舒认为，由于人们在社会中所处的等级地位不同，他们所具备的品德也有高低上下之分，因此在相见时所持的礼物也相应地分为不同的品种。董仲舒在具体论述中采用借物取义的方式，把畅、玉、羔、雁分别作为天子、公侯、卿、大夫四个等级的象征物，并赋予这些自然物以各种美好的德性，用它们来文饰天子和贵族士大夫。

凡执贽①，天子用畅②，公侯用玉，卿用羔，大夫用雁③。雁乃有类于长者④，长者在民上，必施然有先后之随⑤，必俶然有行列之治⑥，故大夫以为贽。羔有角而不任⑦，设备而不用，类好仁者；执之不鸣，杀之不谛⑧，类死义者；羔食于其母，必跪而受之，类知礼者。故羊之为言犹祥与⑨，故卿以为贽。

【注释】

①贽(zhì)：古代初次拜见尊长时所送的礼物。

②畅：通"鬯"，古代祭祀时用以灌地的一种香酒，一般用郁金草合黑黍酿造而成，又称"秬鬯"。《说苑·修文篇》："天子以鬯为贽。鬯者，百草之本也。上畅于天，下畅于地，无所不畅。故天子以鬯为贽。"

③"公侯用玉"三句：《白虎通义·瑞贽篇》："公侯以玉为贽者，玉取其燥不轻，湿不重，明公侯之德全也。卿以羔为贽。羔者，取其群而不党。卿职在尽忠率下，不阿党也。大夫以雁为贽者，取其飞成行，止成列也。大夫职在奉命适四方，动作当能自正以事君也。"羔，小羊。

④长者：有德行的人。

⑤施（yí）然：逶迤行进的样子。施，通"迤"。

⑥俶（chù）然：恭敬而慢慢行走的样子。俶，通"踧（cù）"。

⑦任：用，任用。

⑧谛（tí）：通"啼"，啼哭。

⑨祥：吉祥。

【译文】

大凡与宾客见面时所持的礼物，天子用秬鬯酒，公侯用玉，卿用羔羊，大夫用雁。雁和有德行的人相类似，有德行的人在百姓之上，在行进时一定要按照次序先后相随，并且一定要恭敬地排成整齐的队列慢慢地行走，所以大夫用雁作为见面时的礼物。羔羊有角儿不使用，具备了羊角而不使用，这和爱好仁德的人相类似；捉住羔羊时它不鸣叫，宰杀它时它也不啼哭，这和为"义"而死的人相类似；羔羊吃母羊的奶时，一定会跪下来而后再吃，这和懂得"礼"的人相类似。因此羊大概具有吉祥的意义吧，所以卿用它作为见面时的礼物。

玉有似君子。子曰①："人而不曰如之何、如之何者，吾末如之何也矣。"故匿病者不得良医②，羞问者圣人去之③，以为远功而近有灾,是则不有④。玉至清而不蔽其恶,内有瑕秽⑤,必见之于外⑥,故君子不隐其短,不知则问,不能则学,取之玉也⑦。君子比之玉,玉润而不污,是仁而至清洁也;廉而不杀⑧,是义而不害也;坚而不磨⑨,过而不濡⑩。视之如庸⑪,展之如石⑫,状如石⑬,搔而不可绕⑭,洁白如素而不受污⑮。玉类备者⑯,故公侯以为贽。

【注释】

①子曰:下引文见《论语·卫灵公》。如之何,应该怎样做。末,通"莫",不能。

②匿:隐藏,隐瞒。

③去:离开。

④有:同"友",亲近。苏舆注:"'有'与'友'同,言羞问者之病如此,故圣人不与相亲友也。"

⑤瑕秽(xiá huì):瑕疵污秽。

⑥见(xiàn):同"现",表现、表露。

⑦取:选取,借鉴。

⑧廉而不杀:有棱角但不伤害人。廉,有棱角。杀,伤害。

⑨磨:苏本作"礐",今从钟肇鹏校释本改作"磨"。

⑩过而不濡(rú):温润而不柔弱。苏舆注:"'过'字无义,疑'温'字之误。'温'近于柔,与'坚'对文,言温润而不濡弱也。"苏说可从。濡,柔顺、柔弱。

⑪庸:平常,平庸。

⑫展:视察,检查。

⑬状如石:苏舆注:"三字疑衍文,或是原注混入。"苏说可从,故暂不出译。

⑭搔而不可绕：可以折断却不可以被弯曲。搔，犹"折"。绕，苏本作"从绕"，俞樾云："'从'，衍字。'绕'者，'挠'之假字。"俞说是，今据删"从"字。挠，通"桡"，弯曲。

⑮素：没有染色的绢。

⑯玉类备者：玉具备上述各种美德。备者，即"备德者"。

【译文】

玉和君子相类似。孔子说："人做事时如果不考虑应该怎样做，就随便怎样去做，这种人我也拿他没有什么办法啊。"因此隐瞒自己病情的人就得不到良医的治疗，羞于向别人请教的人而圣人就会离他远去，圣人认为这种人离成功很远而离灾祸很近，因而不跟他亲近。玉极其清洁而不遮蔽自己的缺陷，里面有瑕疵污秽，那么一定会在外面表露出来，所以君子不隐蔽自己的短处，不知道的事情就向别人请教，不会做的事情就去学习，这些都是仿效了玉的品德。君子的品德可以和玉相类比，玉润泽而不污秽，这就像是具有"仁"的品德而极其清洁一样；有棱角但不伤害人，这就像是具有"义"的品德而不伤害人一样；坚硬而不会被磨灭，温润而不柔弱。乍一看上去很平常，仔细观察像石头，可以折断却不可以被弯曲，像没有染色的绢一样洁白而不被玷污。玉具备上述各种美德，所以公侯用它作为见面时的礼物。

畅有似于圣人①，圣人者纯仁淳粹②，而有知之贵也③。择于身者尽为德音④，发于事者尽为润泽⑤。积美畅芬香⑥，以通之天。畅亦取百香之心⑦，独末之⑧，合之为一，而达其臭⑨，气畅于天⑩。其淳粹无择，与圣人一也，故天子以为贽，而各以事上也⑪。观贽之意，可以见其事⑫。

【注释】

①圣人:苏本脱此二字,今据俞樾注及钟肇鹏校释本补。

②淳粹(cuì):朴实完美。淳,质朴、敦厚。粹,纯粹。

③知(zhì):通"智",聪明、智慧。

④德音:善言。

⑤发:表现,显露。

⑥畅:苏本作"阳",今据孙诒让校记及钟肇鹏校释本改正为"畅"。

⑦百香之心:孙诒让引戴望云:"'百香之心'当作'百草之香'。"戴
说可从。

⑧末:研磨成粉末。

⑨臭(xiù):同"嗅",气味。

⑩畅:畅通,畅达。

⑪上:上天。

⑫事:职务,官位。

【译文】

秬鬯酒和圣人相类似,圣人具有朴实完美的纯粹仁德,又具有可贵的聪明才智。圣人自身所选择的都是善言,表现在事业上的都具有光彩。积聚香美的秬鬯酒,它的芬芳之气通达上天。鬯是采择百草的芳香,分别研磨成为粉末,然后再加以混合而成的,它达到了一定的香味,气味一直畅达发散到天上。它非常纯粹而毫无渣滓,这和圣人是一样的,所以天子用它作为见面时的礼物,而且用它来事奉上天。观察"赞"所象征的德性意义,我们就可以看出拿它作为见面礼物的人的职务。

山川颂第七十三

【题解】

　　本篇将人类的德行操守与自然的山水进行比附,发挥孔子"仁者乐山,智者乐水"的思想,歌颂了山水所具有的崇高品德及其对人类生活的巨大贡献。在董仲舒看来,山高大雄伟,是人类的家园,它无私地向人类奉献出所需要的一切物产而不索取任何补偿,山安宁平静,像是有仁德的君子。水则是人类和一切生命得以生存的必要条件,同时它又具有仁、智、勇等多种美好的德性,并给人类以深刻的启迪。

　　山则嵸嵷巃崔,摧嵬嵂巍①,久不崩阤②,似夫仁人志士。孔子曰:"山川神祇立③,宝藏殖,器用资④,曲直合⑤,大者可以为宫室台榭,小者可以为舟舆桴楫⑥。大者无不中⑦,小者无不入⑧,持斧则斫⑨,持镰则艾⑩,生人立,禽兽伏,死人入,多其功而不言,是以君子取譬也⑪。"且积土成山,无损也;成其高,无害也;成其大,无亏也。小其上,泰其下⑫,久长安,后世无有去就⑬,俨然独处⑭,惟山之意⑮。《诗》云⑯:"节彼南山,惟石岩岩;赫赫师尹,民具尔瞻。"此之谓也。

【注释】

①"山则巃嵸嵬崔"二句：指山巍峨高耸。巃嵸(lóng sǒng)，山势险峻的样子。嵬(lěi)，山高耸的样子。崔，高大。崒(zuǐ)，山高的样子。嵬(wéi)，山高大耸立的样子。崒(zuì)，高峻的样子。巍，高大的样子。卢文弨校此二句疑有衍文，当是。

②崩陁(duò)：崩塌。陁，倒塌。

③神祇(qí)：天地之神，此处泛指神灵。古代把天神称为神，把地神称为祇。

④资：供给，资助。

⑤曲直合：弯曲的和平直的木材都合用。

⑥舟舆枹楫(fú jí)：船、车、鼓槌和船桨。舆，泛指车。枹，竹木筏子，又指鼓槌。楫，船桨。枹楫，旧本皆作"浮渉(shè)"，今从卢文弨校改作"枹楫"。

⑦中(zhòng)：符合，适合。

⑧入：合格，合适。

⑨斫(zhuó)：砍，削。

⑩持镰(lián)则艾(yì)：拿着镰刀割草。持，苏本作"折"，卢文弨校曰："折，疑当作'持'。"卢说是，今据正。艾，通"刈"，割、割草。

⑪取譬(pì)：取作譬喻。

⑫泰：极大。四库本"泰"作"大"。

⑬去就：本指去留进退，这里指移动之意。

⑭俨然：形容矜持庄重，威严的样子。

⑮惪(dé)：苏本及各旧本皆作"意"，孙诒让曰："山不可以言'意'，'意'疑当为'惪'，形近而误。谓上文所举，皆山之德也。"孙说是，今据正。惪，古"德"字，德行。

⑯《诗》云：下引文见《诗经·小雅·节南山》。节，通"截"，高峻的样子。岩岩，山高峻的样子。赫赫(hè)，显赫盛大的样子。师

尹，指周太师尹氏。师，太师，周代三公之一。具，全部。瞻，往
上或往前看。

【译文】

山巍峨高耸，长久不会崩塌，这就好像那些仁人志士一样。孔子
说："山川之中都居住着神灵，山里产出宝贵的物品，供给各种器物，弯
曲的和平直的木材都合用，大的可以用来建筑宫殿房屋、亭台楼榭，小
的可以用来制作船、车、鼓槌和船桨等。大的没有不合适的，小的也没
有不合用的，拿着斧头砍树，拿着镰刀割草，活着的人依靠山来生活，禽
兽隐藏在山中，死人也埋葬在山中，山有很多功劳却不自夸，所以可以
用来比喻君子。"堆积泥土成为山，对万物来说没有什么损失；山变得很
高，对于万物来说没有什么损害；山变得很大，对于万物来说也没有什
么亏损。山上面很小，下面很大，永远安固稳定，很多年后也不会移动，
庄重威严地矗立在那里，这就是山的德行。《诗经》上说："那高高耸立
的南山，山石显赫盛大；那威严显赫的太师尹氏，民众都在注视着你。"
说的就是这个意思。

　　水则源泉混混沄沄①，昼夜不竭，既似力者②；盈科后
行③，既似持平者；循微赴下④，不遗小间⑤，既似察者；循豀
谷不迷或⑦，奏万里而必至⑧，既似知者⑨；障防止之能清
净⑩，既似知命者；不清而入，洁清而出，既似善化者⑪；赴千
仞之壑⑫，入而不疑，既似勇者；物皆困于火，而水独胜之，既
似武者；咸得之而生⑬，失之而死，既似有德者。孔子在川上
曰⑭："逝者如斯夫，不舍昼夜。"此之谓也。

【注释】

　　①混混(gǔn)沄沄(yún)：大水汹涌地奔流。混混，水奔流的样子。

混,通"滚"。沄沄,水流汹涌的样子。

②既:犹"其"也。

③盈科:把低洼的地方注满。盈,充满。科,坎地、低洼的地方。

④循微赴下:沿着低微的地方往下流。

⑤间:夹缝,间隙,空隙。

⑥察:明察。

⑦循黔(xī)谷不迷或:沿着山谷流淌而不会迷失道路。黔,山谷。或,通"惑",迷惑。

⑧奏:进。

⑨知(zhì):通"智",聪明、智慧。

⑩障防止之能清净:水受到堤坝的阻拦后能够清亮、干净。障,阻隔、堤防。防,堤坝。止之,各本皆作"山而",《古文苑》作"止之",钟肇鹏校释本作"止之",今据钟本改。

⑪善化:善于教化。

⑫千仞(rèn)之壑(hè):千仞深的山涧。仞,长度单位,古代以七尺或八尺为一仞。壑,蓄水的洼地、山沟。

⑬咸:全,都。

⑭孔子在川上曰:下引文见《论语·子罕》。斯,这,指流水。舍(shě),休息、止息。

【译文】

水从它的源头之泉处汹涌地奔流而出,日夜不停,这就好像是有毅力的人;把低洼的地方注满后再继续向前奔流,这就好像是保持公平的人;沿着低微的地方往下流淌,不会留下一点点间隙,这就好像是明察的人;沿着山谷流淌而不会迷失道路,奔行万里而一定会到达目的地,这就好像是聪明有智慧的人;受到堤坝的阻拦后能够清亮、干净,这就好像是知晓天命的人;不干净的东西放进去,取出来的时候就会变得很清洁,这就好像是善于教化的人;奔流进千仞深的山涧,流入而毫不犹

豫,这就像是勇敢的人;万物都被火所困厄,而只有水能够克制火,这就
好像是威武的人;万物都需要得到水才能生存,失去水就会死亡,这就
好像是有德行的人。孔子站在河岸上说:"天地间万物的流逝就像是这
奔腾的流水,日夜都不停息。"说的就是这个意思。

求雨第七十四

【题解】

　　本篇描述了古代祭祀求雨时的仪式,详细记载了对于祭祀人员、祭祀物品等的各种规定。在董仲舒生活的西汉时代,科学十分落后,人们在神秘莫测的大自然面前无能为力,只能对之顶礼膜拜,并祈求神灵的保佑。本文所描述的求雨活动,依据当时流行的阴阳五行学说,按照五行布置祭坛和祭品,用天与人、阴与阳互相感应的道理来指导活动的整个过程。这种求雨活动反映了古人试图把握自然并使之为人类服务的强烈愿望。

　　春旱求雨,令县邑以水日祷社稷山川①,家人祀户②,无伐名木,无斩山林。暴巫聚尫八日③,于邑东门之外为四通之坛,方八尺,植苍缯八④。其神共工⑤,祭之以生鱼八、玄酒⑥,具清酒⑦、膊脯⑧。择巫之洁清辩言利辞者以为祝⑨。祝斋三日,服苍衣,先再拜,乃跪陈,陈已,复再拜,乃起。祝曰:"昊天生五谷以养人⑩,今五谷病旱⑪,恐不成实,敬进清酒、膊脯,再拜请雨,雨幸大澍⑫,即奉牲祷。"以甲乙日为大苍龙一⑬,长八丈,居中央;为小龙七,各长四丈,于东方,皆东向^⑭，其间相去八尺。小童八人，皆斋三日，服青衣而舞之；田啬夫亦斋三日^⑮，服青衣而立之。诸里社通之于闾外之沟^⑯。取五虾蟆^⑰，错置社之中^⑱。池方八尺，深一尺，置水虾蟆焉。具青酒、膊脯，祝斋三日，服苍衣，拜跪，陈祝如初。取三岁雄鸡与三岁豭猪^⑲，皆燔之于四通神宇^⑳。令民阖邑里南门^㉑，置水其外；开邑里北门，具老豭猪一，置之于里北门之外；市中亦置豭猪一，闻鼓声，皆烧豭猪尾，取死人骨埋之。开山渊，积薪而燔之。通道桥之壅塞不行者，决渎之^㉒。幸而得雨，报以豚一、酒、盐、黍财足^㉓，以茅为席，毋断。

【注释】

①令县邑以水日祷社稷山川：命令县邑在水日这一天祷告社稷山川诸神。邑，人民聚居的地方，即县、城镇。水日，按五行纪日中属水的日子。另，此句宋本作"令县邑以水日令民祷社"，亦可通。

②家人祀户：平民之家祭祀户神。家人，平民之家。户，住户，这里指户神。

③暴（pù）巫聚尩（wāng）八日：把女巫和患有尩病的人聚集到一起曝晒八天。暴，同"曝"，晒。巫，女巫。尩，骨骼弯曲症。巫尩，指古代主掌祈雨的女巫。或以为尩非巫，而是指脸面畸形向上之人。由于尩人面向上，下雨时就会产生雨水流入其嘴、鼻的危险，所以尩人不喜雨而喜旱，当久旱不雨时，古人认为尩人极其可恨，于是就把巫尩聚集起来放在太阳下曝晒。

④植苍缯（zēng）八：竖立起八面用深蓝色丝绸制成的旗帜。植，竖立。苍，深蓝色。缯，丝织品的总称。

⑤共(gōng)工：古代传说中的天神，与颛顼为争帝，有头触不周山的故事。共工又指古代水官之名，因而古代求雨则祭祀共工。

⑥玄酒：上古时期的祭祀所用的新水。上古时期没有酒，因而以水代酒。水本来是没有颜色的，古人习惯将其视为黑色，因此成为玄酒，后来引申为薄酒。玄，黑色。

⑦清酒：清洁的陈酒，专作祭祀之用，与事酒、昔酒合称三酒。

⑧膊脯(bó fǔ)：祭祀时所用的方肉和干肉。膊，切成块的肉。脯，干肉。

⑨择巫之洁清辩言利辞者以为祝：挑选女巫之中清洁有口才的作为主持祝告的人。此句苏本作"择巫之洁清辩利者以为祝"，脱"言"与"辞"二字，今据宋本及钟肇鹏校释本补。祝，祭祀时主持祝告的人。

⑩昊(hào)天：即上天。昊，元气博大的样子。

⑪病：苦，困。

⑫澍(shù)：及时的雨水。

⑬甲乙日：甲至癸为十天干，子至亥为十二地支，古人以干支相配纪日，甲乙日即甲日或乙日。

⑭向：苏本作"鄊"，二字古通。

⑮田啬(sè)夫：乡官，汉代大约十里一亭，十亭一乡，乡啬夫主管听讼、收税、徭役等。

⑯诸里社通之于闾外之沟：各里中祭祀土地神的社庙与居民区外的水渠相连通。里社，古时里中祭祀土地神之处。里，民户所居之处，所居家数不一，时有变更，一般二十五家为一里。社，祭祀土地神的地方，即社庙。闾，古代的一种居民组织单位，后来泛指居民聚居区。诸里，苏本作"凿"，宋本、钟肇鹏校释本皆作"诸里"，遍察唐、宋旧籍所引并同宋本，故今据正。

⑰虾蟆(má)：即"虾蟆"、"蛤蟆"，青蛙和蟾蜍的统称。

⑱错置：放置。错，通"措"，放置。

⑲豭（jiā）：公猪。

⑳燔（fán）：焚烧。

㉑阖（hé）：关闭。

㉒决渎（dú）：疏通河流。决，挖掘、疏通。渎，河流、大川。

㉓报以豚（tún）一、酒、盐、黍财足：用一头小猪、酒、盐、黍等充足的财货来酬谢神灵。报，报答、酬谢。豚，小猪。

【译文】

　　春天旱灾求雨，命令县邑在水日这一天祷告社稷山川诸神，平民之家祭祀户神，不能砍伐高大的树木，也不能砍伐山上的树林。把女巫和患有尪病的人聚集到一起曝晒八天，在城邑东门外建立四面通达的祭坛，长宽各八尺，竖立起八面用深蓝色丝绸制成的旗帜。供奉水神共工，用八条生鱼、新水作为祭品，同时陈列上清洁的陈酒、方肉和干肉。挑选女巫之中清洁有口才的作为主持赞辞的祝。祝在祭祀前斋戒三日，穿上青色的衣服，先两次跪拜，并跪着陈述祝告的文辞，陈述完毕后，又再次跪拜，然后才站起来。祷告的祝词说："上天生长五谷来养育人民，现在五谷困于旱灾之苦，恐怕不能结出果实，恭敬地进奉清洁的陈酒、方肉和干肉，再次跪拜来请求上天下雨，这样幸而降下及时地大雨的话，那么就供奉牺牲来进行祭祀。"在甲乙日制作一条大青龙，长八丈，放在中央；制作七条小龙，每条长四丈，放在东方，都朝向东方，每条龙之间相隔八尺的距离。八个童子，都斋戒三日，穿上青色的衣服跳舞；田啬夫也斋戒三日，穿上青色的衣服站立着。各里中祭祀土地神的社庙与居民区外的水渠相连通。拿五只蛤蟆，放置在社庙中。建造一个长宽各八尺、深一尺的水池子，在里面放入水和蛤蟆。准备好清洁的陈酒、方肉和干肉，祝斋戒三日，穿上青色的衣服，像上次一样跪拜，然后陈述祝告的文辞。拿三岁大的公鸡和三岁大的公猪，在四面通达的神庙里把它们焚烧掉。命令百姓关闭邑里的南门，并在门外放水；打开邑里的北门，并准备一头老公猪，将它放在邑里的北门外；市场中也放置一头公猪，听到击鼓声，一起焚烧公猪的尾巴，并拿死人的骨头埋在土里。开通山渊，堆集木柴进行焚烧。开通道路、桥梁的堵塞之处，疏通河流。这样幸而能下雨的话，就用一头小猪、酒、盐、黍等充足的财货来酬谢神灵，用茅草做成放置祭品的席子，不要把它截断。

　　夏求雨，令县邑以水日，家人祀灶①，无举土功②，更水浚井③。暴釜于坛④，白杵于术⑤，七日。为四通之坛于邑南门之外，方七尺，植赤缯七。其神蚩尤⑥，祭之以赤雄鸡七、玄酒，具清酒、脯脯。祝斋三日，服赤衣，拜跪陈祝如春辞。以丙丁日为大赤龙一，长七丈，居中央；又为小龙六，各长三丈五尺，于南方，皆南向，其间相去七尺。壮者七人，皆斋三日，服赤衣而舞之；司空啬夫亦斋三日⑦，服赤衣而立之。凿社而通之间外之沟⑧。取五虾蟆，错置里社之中。池方七尺，深一尺。具酒、脯，祝斋，衣赤衣，拜跪陈祝如初。取三岁雄鸡、貑猪，燔之四通神宇。开阴闭阳如春也。

【注释】

①灶：灶神。

②土功：指建造宫室房屋等土木工程。

③更水浚(jùn)井：更换陈水，清理淤井。水，苏本作"火"，钟肇鹏曰："《艺文类聚》一百引作'水'……故虽有'更火'之说，然浚井与火无关。浚井所以更水。今从《类聚》引改。"钟说是，今据改"火"为"水"字。浚，疏通。

④暴釜(fǔ)于坛：把锅放在祭坛上进行曝晒。釜，一种锅。

⑤白杵(jiù chǔ)于术：在大道上放置臼和杵。臼，中间凹下的舂米

器具。杵，舂米或捣物时所用的棒槌。术，道路。

⑥蚩（chī）尤：古代传说中与黄帝、炎帝同时代的九黎族部落酋长，能够呼风唤雨。

⑦司空啬夫：县里掌管劳役的官吏。

⑧凿：开凿沟渠。

【译文】

　　夏天求雨，命令县邑在水日这一天祷告，平民之家祭祀灶神，不能建造宫室房屋等土木工程，更换陈水并清理淤井。把锅放在祭坛上进行曝晒，在大道上放置白和杵，经历七天。在城邑的南门外建立四面通达的祭坛，长宽各七尺，竖立起八面用红色丝绸制成的旗帜。供奉蚩尤神，用七只红色的公鸡、新水作为祭品，同时陈列上清洁的陈酒、方肉和干肉。主持祭祀的祝在祭祀之前斋戒三日，穿上红色的衣服，像春天求雨时一样向神灵跪拜陈述祝告的文辞。在丙丁日制作一条大红龙，长七丈，放在中央；再制作六条小龙，每条长三丈五尺，放在南方，都朝向南方，每条龙之间相隔七尺的距离。七个成年人，都斋戒三日，穿上红色的衣服跳舞；司空啬夫也斋戒三日，穿上红色的衣服站立着。开凿沟渠来使社庙与居民区外的水渠相连通。拿五只蛤蟆，放置在居民区的社庙中。建造一个长宽各七尺、深一尺的水池子。准备好酒和干肉，祝进行斋戒，穿上红色的衣服，像以前一样跪拜陈述祝告的文辞。拿三岁大的公鸡和公猪，在四面通达的神庙里把它们焚烧掉。像春天祭祀时一样开放阴气、闭塞阳气。

　　季夏祷山陵以助之，令县邑十日一徙市于邑南门之外①，五日禁男子无得行入市，家人祠中霤②，无举土功。聚巫市傍③，为之结盖④。为四通之坛于中央，植黄缯五。其神后稷⑤，祭之以母饬五⑥、玄酒，具清酒、脯脯。令各为祝斋三日,衣黄衣,皆如春祠。以戊己日为大黄龙一,长五丈,居中央;又为小龙四,各长二丈五尺,于中央⑦,皆南向,其间相去五尺。丈夫五人⑧,皆斋三日,服黄衣而舞之;老者五人,亦斋三日,衣黄衣而立之。亦通社中于间外之沟。虾蟆池方五尺,深一尺,他皆如前。

【注释】

①徙市:把商业集市迁移到别的地方。

②祠中霤(liù):祭祀宅神。祠,通"祀",祭祀。中霤,室中央,这里指宅神。

③傍(páng):通"旁",旁边。

④结盖:搭盖凉棚。

⑤后稷:姓姬名弃,周之先祖,舜时为农官,因其教民稼穑,故后世祀为农神、谷神。

⑥母饐(yǐ):黍米饭和稀粥。母,淳母,用黍米做成,上面加上肉酱,然后再浇上油。饐,用油和稻米饭做成的粥状食品。

⑦中央:苏本作"南方",刘师培云:"《续志》注、《通典》、《通考》并作'于中央',是也。盖夏居南方,则季夏不当与同。是盖俗儒所改。"刘说是,钟肇鹏校释本据改,今从之。

⑧丈夫:成年男子的通称。

【译文】

季夏时节祷告山陵来帮助求雨,命令县邑每十天把商业集市迁移到城邑的南门外一次,经过五天就禁止男子走进集市之中,平民之家祭祀宅神,不能兴建造宫室房屋等土木工程。把女巫聚集到集市旁边,给他们搭盖上遮阳的凉棚。在城邑的中央建立四面通达的祭坛,竖立起五面用黄色丝绸制成的旗帜。供奉农神后稷,用五份黍米饭、稀粥以及新水作为祭品,同时陈列上清洁的陈酒、方肉和干肉。命令主持祭祀的祝在祭祀之前斋戒三日,穿上黄色的衣服,一切都像春天祭祀时一样。在戊己日制作一条大黄龙,长五丈,放在中央;再制作四条小龙,每条长二丈五尺,放在中央,都朝向南方,每条龙之间相隔五尺的距离。五个成年男子,都斋戒三日,穿上黄色的衣服跳舞;五位老年人,也斋戒三日,穿上黄色的衣服站立着。同样也开凿沟渠来使社庙与居民区外的水渠相连通。放蛤蟆的水池子长宽各五尺,深一尺,其他的仪式都和之前的一样。

　　秋暴巫尫至九日,无举火事①,无煎金器②,家人祠门③。为四通之坛于邑西门之外,方九尺,植白缯九。其神少昊④,祭之以桐木鱼九、玄酒,具清酒、膊脯。祝斋三日⑤,衣白衣,他如春。以庚辛日为大白龙一,长九丈,居中央;为小龙八,各长四丈五尺,于西方,皆西向,其间相去九尺。鳏者九人⑥,皆斋三日,服白衣而舞之;司马亦斋三日⑦,衣白衣而立之。虾蟇池方九尺,深一尺,他皆如前。

【注释】

①火事:生火。

②无煎金器:不能冶炼金属器具。煎,对物品进行加热,这里指冶炼。

③门:门神。

④少(shào)昊:古代传说中的部落首领,姓己名挚,字青阳,黄帝之子,为别于太昊,故名少昊。传说少昊死后称为西方之神,西方五行属金,故以金德王而又被称为金天氏。按照五行配四时的理论,秋天属金,所以秋天求雨祭祀少昊氏。

⑤祝斋三日：旧本皆脱此四字，苏舆注："'衣白衣'上，疑当有'祝斋三日'四字。"钟肇鹏校释本有此四字。通观上下文例，当有"祝斋三日"四字。今据钟本补。

⑥鳏（guān）者：老而无妻或死了妻子的男人。

⑦司马：专门掌管军队兵事的官吏。

【译文】

秋天求雨时要曝晒女巫和患有尪病的人九天，不能生火，不能冶炼金属器具，平民之家祭祀门神。在城邑的西门外建立四面通达的祭坛，长宽各九尺，竖立起九面用白色丝绸制成的旗帜。供奉少昊氏，用九条桐木做成的鱼、新水作为祭品，同时陈列上清洁的陈酒、方肉和干肉。主持祭祀的祝在祭祀之前斋戒三日，穿上白色的衣服，其他的都像春天祭祀时一样。在庚辛日制作一条大白龙，长九丈，放在中央；再制作八条小龙，每条长四丈五尺，放在西方，都朝向西方，每条龙之间相隔九尺的距离。九个鳏夫，都斋戒三日，穿上白色的衣服跳舞；司马也斋戒三日，穿上白色的衣服站立着。放蛤蟆的水池子长宽各九尺，深一尺，其他的仪式都和之前的一样。

冬舞龙六日，祷于名山以助之，家人祠井①，无壅水。为四通之坛于邑北门之外，方六尺，植黑缯六。其神玄冥②，祭之以黑狗子六、玄酒，具清酒、脯脯。祝斋三日，衣黑衣，祝礼如春。以壬癸日为大黑龙一，长六丈，居中央；又为小龙五，各长三丈，于北方，皆北向，其间相去六尺。老者六人，皆斋三日，衣黑衣而舞之；尉亦斋三日③，服黑衣而立之。虾蟆池，皆如春。

【注释】

①井:井神。

②玄冥:古代记载中的水神,为少昊之子,一谓雨师,因此求雨时要祭祀他。

③尉:专门主掌兵事刑狱的官吏。

【译文】

冬天求雨时要舞龙六天,祷告著名的山神来帮忙一起求雨,平民之家祭祀井神,不能堵塞水流。在城邑的北门外建立四面通达的祭坛,长宽各六尺,竖立起六面用黑色丝绸制成的旗帜。供奉水神玄冥,用六条小黑狗、新水作为祭品,同时陈列上清洁的陈酒、方肉和干肉。主持祭祀的祝在祭祀之前斋戒三日,穿上黑色的衣服,祝所举行的礼仪和春天求雨祭祀时一样。在壬癸日制作一条大黑龙,长六丈,放在中央;再制作五条小龙,每条长三丈,放在北方,都朝向北方,每条龙之间相隔六尺的距离。六位老年人,都斋戒三日,穿上黑色的衣服跳舞;军尉也斋戒三日,穿上黑色的衣服站立着。放蛤蟆的水池子,规模样式和春天求雨祭祀时一样。

　　四时皆以水日,为龙,必取洁土为之,结盖,龙成而发之①。四时皆以庚子之日,令吏民夫妇皆偶处②。凡求雨之大体③,丈夫欲藏匿,女子欲和而乐。

【注释】

①发:打开,揭开。

②偶处:居住在一起。

③大体:要点,原则。

【译文】

四季求雨都要在水日,制作龙,一定要选取洁净的土来做,制作龙时先要搭盖好遮阳的凉棚,等到龙制作好了再把棚盖揭开。四季求雨都要在庚子日,还要命令官吏和百姓都要夫妇居住在一起。大凡求雨的要点,就是男子要躲藏起来,女子要和顺而快乐。

止雨第七十五

本篇分为两部分,第一部分记述了止雨活动的过程和各种规定,第二部分则记述了董仲舒在担任江都相期间所具体指导的一次止雨活动。作为中国古代的一位思想家兼政治家,董仲舒信奉阴阳五行学说,他以天人感应论作为止雨这一类活动的理论基础。我们从董仲舒所拟写的祝辞可以看到,其中表现了中国传统儒学顺天应民和重农爱民等进步思想,这些是十分可贵的。

雨太多,令县邑以土日塞水渎,绝道①,盖井,禁妇人不得行入市。令县、乡、里皆扫社下。县邑若丞②、令史③、啬夫三人以上④,祝一人;乡啬夫若吏三人以上,祝一人;里正⑤、父老三人以上⑥,祝一人。皆斋三日,各衣时衣⑦,具豚一、黍、盐、美酒财足,祭社。击鼓三日,而祝先再拜,乃跪陈,陈已,复再拜,乃起。祝曰:"嗟⑧!天生五谷以养人,今淫雨太多,五谷不和。敬进肥牲清酒,以请社灵,幸为止雨,除民所苦,无使阴灭阳。阴灭阳,不顺于天。天之意,常在于利人⑨,人愿止雨,敢告于社。"鼓而无歌,至罢乃止。凡止雨之大体,女子欲其藏而匿也,丈夫欲其和而乐也。开阳而闭阴,阖水而开火。以朱丝萦社十周⑩,衣赤衣赤帻⑪,三日罢。

【注释】

①绝:断绝,禁止,封闭。

②丞:秦汉以后各级地方长官的副职,这里指的是"县丞"。若,如果。

③令史:这里指县里主掌文书的官吏。令,苏本误作"合",他本皆作"令",今据正。

④啬夫:职掌听讼、收取赋税的乡官。

⑤里正:古代时乡里的小吏。春秋时一里八十户,选出有处理事务才能的人作为里正。

⑥父老:古代时乡里管事的人,多由有名声、德行和受人尊敬的老人充任。

⑦衣时衣:指祭祀时按照季节的变化而穿上与时令相合的衣服。春天穿青衣,夏天穿赤衣,秋天穿白衣,冬天穿黑衣。时衣,与时令相合的衣服。

⑧嗟(jiē):感叹词,表示叹息。

⑨"天之意"二句:宋本、苏本作"天之常意,在于利人",苏舆注:"'常意'二字疑倒。"钟肇鹏校释本乙正作"意常",是,今从之。

⑩萦(yíng):绕,缠绕。

⑪衣(yì)赤衣赤帻(zé):穿上红色的衣服,戴上红色的头巾。赤衣,他本皆作"朱衣",唯苏本作"赤衣",皆通。帻,不戴帽子时包裹头发用的头巾。

【译文】

雨水太多,命令县邑在土日堵塞水沟,封锁道路,遮盖水井,禁止妇女走进集市之中。命令县、乡、里都要打扫社庙。县邑中如果县丞、令史、啬夫的数目在三人以上，就设置一个祝；乡里如果像啬夫这样的官吏数目在三人以上，就设置一个祝；里中如果里正、父老的数目在三人以上，就设置一个祝。他们都要斋戒三日，分别穿上与时令相符合的衣服，准备一头小猪、黍、盐、美酒等充足的财货，来祭祀社庙。敲鼓三天，祝先两次揖拜，然后跪下来向神灵陈述祝辞，陈述完毕后，又揖拜两次，然后才站起来。祷告的祝辞说："唉！上天生长五谷来养活人，现在雨水下的太多了，五谷生长不和顺。现在恭敬地献上肥美的牺牲和清洁的陈酒，以此来请求社神，希望您停止下雨，解除百姓的困苦，不要让阴气消灭了阳气。阴气消灭阳气的话，就与天意不相顺应了。上天的意志，常常是在于有利于百姓的方面，百姓们都希望停止下雨，在此冒昧地祭告社神。"敲鼓但不唱歌，一直到祭祀活动完成才停止。大凡祭神止雨的要点，是女子要躲藏起来，男子要和顺而快乐。开放阳气而闭合阴气，闭塞水而开放火。用红色的丝绳缠绕社庙十周，穿上红色的衣服，戴上红色的头巾，经过三天才停止。

　　二十一年八月甲申①，朔②。丙午，江都相仲舒告内史中尉③：阴雨太久，恐伤五谷，趣止雨④。止雨之礼，废阴起阳。书十七县⑤、八十乡⑥，及都官吏千石以下夫妇在官者⑦，咸遣妇归。女子不得至市，市无诣井⑧，盖之，勿令泄。鼓用牲于社。祝之曰："雨以太多⑨，五谷不和。敬进肥牲，以请社灵，社灵幸为止雨，除民所苦，无使阴灭阳。阴灭阳，不顺于天。天意常在于利民，民愿止雨⑩，敢告。"鼓用牲于社，皆一以辛亥之日。书到，即起县社令、长若丞、尉官长⑪，各城邑社啬夫、里吏正、里人皆出，至于社下，餔而罢⑫，三日而止。未至三日，天暵亦止⑬。

【注释】

①二十一年:指江都易王二十一年(前134),即汉武帝元光元年。江都易王刘非,汉景帝之子,景帝前元三年由汝南王徙任江都王。武帝建元元年(前140),董仲舒为江都相。

②朔:朔日,即阴历的每月初一。

③江都相仲舒告内史中尉:江都,汉景帝之子易王刘非的封国。相,汉代诸侯国中由中央政府委派的官员,主管地方政务,一方面辅佐诸侯王治国,另一方面又代表中央政府监督诸侯王。内史,负责政务的官员。中尉,负责治安的武官。

④趣(cù):通"促",催促、赶快、急促。

⑤书:文书,这里指发布文书。

⑥八十乡:苏本作"八十离乡",并注:"'离'字疑有误。"钟肇鹏校释本据删,是,今从之。

⑦千石(dàn):指官员的品级。汉代官员的品级高低常常以俸禄的多少来加以计算,如丞相长史、大司马长史、御史中丞等都是千石官。石,容量单位,十斗为石。

⑧诣(yì):到……去。

⑨以:同"已",已经。

⑩民:苏本无此字,陶鸿庆曰:"'愿止雨'上当有'民'字,以重文误夺也。"陶说是,钟肇鹏校释本据补,今从之。

⑪即起:立即发动。起,发动、命令。

⑫餔(bū):食,吃。古代又称申时食为餔,因此这里的餔当是指的申时,相当于现在的下午三点至五点。

⑬暒(qíng):通"晴",雨止、晴空无云。

【译文】

江都易王二十一年八月甲申,初一。丙午那一天,江都国相董仲舒告诉内史、中尉:天气阴沉下雨太久了,恐怕会损伤五谷,赶快想办法阻止下雨。止雨的礼仪,是要废除阴气而兴起阳气。向十七个县、八十个乡下发文书,品级在千石以下的官员如果有夫妇同在官署的,都要把妻子打发回故里去。女子不准进入集市之中,集市中的人也不能够到井边去打水,把井盖起来,不要让水气泄漏出来。敲鼓并向社神供奉牺牲。向神社祝告说:"已经下了太多的雨,五谷生长不和顺。恭敬地献上肥美的牺牲,以此来请求社神,希望社神您停止下雨,解除百姓的困苦,不要让阴气消灭了阳气。阴气消灭阳气的话,就与天意不相顺应了。上天的意志常常是在于有利于百姓的方面,百姓们都希望停止下雨,在此冒昧地祭告社神。"敲鼓并向社神供奉牺牲,都统一在辛亥这一天举行。文书到达后,立即发动县社的令、长以及丞、尉等官员,各城邑社的啬夫、里吏正、里人都出来,到社庙去进行祷告,一直到申时才能结束,这样的活动经过三天才能停止。如果没有到三天的时间,天气晴朗了也就可以停止了。

祭义第七十六

【题解】

本篇记述了一年四季对宗庙所要进行的四次祭祀活动。董仲舒认为，上天在一年之中随着季节的变化而产生出四季不同的谷物，并以此来养育人民，这是上天对人最大的恩德与赐予。人们在四季收获时都要拿出新产品供奉到宗庙之中，这是表达对上天和祖先的崇敬之情，同时也是对上天和祖先恩德的一种回报。董仲舒要求在祭祀宗庙时需要心诚意敬，只有这样，人才能够和上天、祖先相交接并进而了解到天命鬼神的真谛。在文章的最后，董仲舒援引《诗经》中的话对人们进行告诫，认为神灵是公正无私、赏善罚恶的，人们应该记住圣人和经典的教导，做到行为正直以求得神灵的佑助。

五谷食物之性也①，天之所以为人赐也。宗庙上四时之所成，受赐而荐之宗庙②，敬之至也③，于祭之而宜矣。宗庙之祭，物之厚无上也。春上豆实④，夏上尊实⑤，秋上杬实⑥，冬上敦实⑦。豆实，韭也，春之所始生也；尊实，麷也⑧，夏之所初受也⑨；杬实，黍也，秋之所先成也；敦实，稻也，冬之所毕熟也⑩。始生故曰祠⑪，善其司也⑫；初受故曰礿⑬，贵所初衬也⑭；先成故曰尝⑮，尝言甘也；毕熟故曰蒸⑯，蒸言众也。奉四时所受于天者而上之，为上祭，贵天赐，且尊宗庙也。孔子受君赐则以祭⑰，况受天赐乎？一年之中，天赐四至，至则上之，此宗庙所以岁四祭也。故君子未尝不食新，天赐新至⑱，必先荐之，乃敢食之，尊天、敬宗庙之心也。尊天，美义也；敬宗庙，大礼也。圣人之所谨也。不欲多而欲洁清⑲，不贪数而欲恭敬⑳。君子之祭也，躬亲之，致其中心之诚，尽敬洁之道，以接至尊，故鬼享之。享之如此，乃可谓之能祭。

【注释】

①性：通"生"，生长。

②荐：献，进献祭品。

③至：苏本作"性"，钟肇鹏校释本据卢校作"至"，是，今从之。

④春上豆实：春天进呈用木器盛放的食品。上，进呈。豆，古代一种盛放食物的器皿，形似高脚盘。实，物品、食物。

⑤算：苏本误作"尊"，"尊"酒器，不能盛放食物。钟肇鹏校释本据孙诒让说改作"算"，是，今从之。下同。算，通"笾"，即"笾(biān)"，古代祭祀燕享时用以盛放果脯等的竹编食器。

⑥朹(guǐ)："簋"的古字，古代盛放食物的圆形器具。

⑦敦(duì)：古代盛放黍稷的器具，上下合成圆球形，似彝有足。

⑧麰(móu)：大麦。苏本"麰"作"麷(fēng)"，钟肇鹏校释本据董天工笺注本改作"麰"，是，今从之。下同。

⑨初受：苏本倒作"受初"，卢文弨校曰："受初，钱疑倒，下同。"钱说是，今据乙正。

⑩毕：最终。

⑪祠：春天的祭祀。

⑫司：主管,掌管。

⑬初受故曰礿(yào)：夏天用最初收获的麦子祭祀宗庙,所以叫做礿。初受,苏本作误作"夏约",钟肇鹏校释本据俞樾说校正为"初受",是,今从之。礿,夏天的祭祀。

⑭贵所初礿：表示对最初收获的重视。初礿,苏本误作"受初",宋本、钟肇鹏校释本皆作"初礿",是,今据正。礿,通"汋(zhuó)",舀取,这里引申为收获的意思。

⑮尝：秋天的祭祀。

⑯蒸：冬天的祭祀。

⑰以：用。

⑱天赐新至：苏本作"新天赐至",卢文弨校曰："钱疑是'天赐新至'。"钱说是,今据正。

⑲不欲多：苏本作"不多"并注："'多'上疑脱一字。"钟肇鹏校释本据苏说补"欲"字,是,今从之。

⑳数(shuò)：屡次、频繁。

【译文】

五谷食物的生长,是上天赐给人类的。在宗庙中进呈四时生长的食物,接受上天的赏赐而进献给宗庙,这是非常恭敬的,用来进行祭祀是适宜的。宗庙的祭祀,所进献的物品是非常丰厚的。春天进呈用木器盛放的食品,夏天进呈用竹器盛放的食品,秋天进呈用簋盛放的食品,冬天进呈用敦盛放的食品。木器当中所盛放的食品,是韭菜,这是春天开始生长的;竹器当中盛放的食品,是大麦,这是夏天最初接受的上天的赐予;簋当中盛放的食品,是黍子,这是秋天最早长成的谷物;敦当中盛放的食品,是稻子,这是冬天最后成熟的谷物。春天用刚开始生长的韭菜来祭祀宗庙,所以叫做祠,这表示的是它管理得好;夏天用最初收获的麦子来祭祀宗庙,所以叫做礿,这表示的是对最初收获的重视;秋天用最早长成的黍子来祭祀宗庙,所以叫做尝,尝表示的是甜美;

冬天用最后成熟的稻子来祭祀宗庙,所以叫做蒸,蒸表示的是众多的意思。把四时从上天所接受的谷物进呈给宗庙,作为上等的祭品,这是对上天赐予的重视,也表示了对宗庙的尊敬。孔子接受君主的赏赐后就拿来作为祭祀用品,更何况是接受上天的赐予呢?一年之中,上天的赐予有四次,每次接受后就要进呈宗庙,这就是宗庙每年要举行四次祭祀的原因。所以君子不是不吃刚生产出来的食物,而是每当上天新的赐予到来时,一定要先进呈给宗庙,然后才能自己吃,这是尊崇上天、敬重宗庙的心意。尊崇上天,是美好的"义";敬重宗庙,是重大的"礼"。圣人会小心谨慎地处理这些事情。上供的祭品不在于数量多而要讲求干净清洁,不要贪图次数的频繁而是讲求内心的恭敬态度。君子进行祭祀时,一定要亲自参加,表达出内心的诚意,尽力按照恭敬、清洁的要求去做,以此来迎接最尊贵的神灵,所以鬼神才会来享用祭品。鬼神只有这样来享用祭品,才可以说擅长于祭祀。

祭者,察也①,以善逮鬼神之谓也②。善乃逮不可闻见者③,故谓之察。吾以名之所享,故祭之不虚,安所可察哉?祭之为言际也与察也④,祭然后能见不见。见不见之见者,然后知天命鬼神。知天命鬼神,然后明祭之意。明祭之意,乃知重祭事。孔子曰⑤:"吾不与祭,如不祭。祭神如神在。"重祭事,如事生,故圣人于鬼神也,畏之而不敢欺也,信之而不独任⑥,事之而不专恃⑦。恃其公,报有德也;幸其不私,与人福也。其见于《诗》曰⑧:"嗟尔君子,毋恒安息。静共尔位,好是正直。神之听之,介尔景福。"正直者得福也,不正直者不得福,此其法也。以《诗》为天下法矣,何谓不法哉⑨?其辞直而重⑩,有再叹之⑪,欲人省其意也,而人尚不省,何其忘哉⑫!孔子曰⑬:"书之重,辞之复,呜呼!不可不察也。其中必有美者焉。"此之谓也。

【注释】

①察：至，到达。

②逮：及，达到。

③不可闻见者：即指鬼神而言。

④祭之为言际也与察也：祭说的就是交接与达到的意思。际，会合、交际。察也，苏本删此二字，非是，钟肇鹏校释本补正，今从之。

⑤孔子曰：下引文见《论语·八佾》。与，参与。

⑥任：放任，无拘束。

⑦恃（shì）：依靠，依赖。

⑧其见于《诗》曰：下引文见《诗经·小雅·小明》。毋（wú），别、不要。安息，安逸、安静地休息。静，通"靖"，安静、恭敬。共（gōng），通"恭"，恭敬。介，佐助。景，大。

⑨法：效法，遵循法度。

⑩重（chóng）：重复。

⑪有：同"又"。

⑫忘：遗失，忘记，指失误、疏忽大意。

⑬孔子曰：下引文见《公羊传》僖公四年"师在召陵，则曷为再言盟？喜服楚也"之何休注解。

【译文】

所谓祭，就是察，指用美好的祭品接待鬼神的意思。美好的祭品能够达至不可闻见的鬼神，所以叫做察。我用祭祀来称呼奉享鬼神，所以所祭祀的鬼神是真实不虚妄的，那么祭祀时怎样才能与鬼神相交接呢？祭说的就是交接与达到的意思，祭祀然后才能见到平时不可见的事物。能见到不可见的事物，然后就能知道天命鬼神是什么了。知道了天命鬼神,然后就能明白祭祀的意义。明白了祭祀的意义,才能够知道去重视祭祀活动。孔子说:"我如果不能亲自参加祭祀,就如同没有祭祀过是一样的。祭祀鬼神的时候就要像是鬼神在面前一样。"重视祭祀活动,就好像事奉活着的人一样,所以圣人对于鬼神,敬畏它们而不敢欺骗它们,相信它们而不敢完全放任它们,事奉它们但是不会一味地依赖它们。信赖它们的公正,报答有德行的人;希望它们没有私心,给人们带来福禄。《诗经》上这样写道:"慨叹你们这些君子,不要总是安逸地休息。恭敬地保持住你们的禄位,要从内心喜好正直。神灵会明察到,保佑你们获得大的福禄。"正直的人能够获得福禄,不正直的人得不到福禄,这就是神灵的法度。用《诗经》中的话来作为天下的法度,为什么要不遵循法度呢?《诗经》中的文辞正直而且一再重复,又再次加以感叹,是想要人明白其中的深意,可是人们还是不能理会,这是多么的疏忽大意啊!孔子说:"重复的记载,反复的文辞,哎呀!不能不去细心体察啊。这当中必定会有好的道理。"说的就是这个意思。

循天之道第七十七

【题解】

　　本篇主要议论养生之道。董仲舒从谈论天地之道开始，认为万物都是在天地、阴阳的中和之处发生、发展和成熟的，中与和是天地的常道，也是万物生长的常道。人的养生之道应该效法天地的这种中和之道，做到外无贪欲，内心安宁，在饮食、住房等日常生活方面保持适度。因为天地、阴阳、人物同属一气，所以养生之道的关键就在于养气之道，使人体内的气旺盛且有条理，这样就会保证身体健康、寿命长。董仲舒根据中和、养气等养生之道，具体说明了人应该根据天时和身体状况有节制地行房事，随季节变化而注意穿衣、饮食的卫生保健。在文末，董仲舒还论述了养生之道、天赋本质与人的寿命长短的关系，认为人的天赋本质是人的生命、寿命的根基，它决定了人的寿命的大致限度，但是天赋本质只是一方面的因素，在另一方面，人应该发挥自身的有为之道，注意养生，使天赋本质得到完全的展开，从而达到延年益寿的目的。

　　循天之道以养其身，谓之道也。天有两和①，以成二中②，岁立其中，用之无穷③。是北方之中用合阴，而物始动于下④；南方之中用合阳，而养始美于上⑤。其动于下者，不得东方之和不能生，中春是也⑥；其养于上者，不得西方之和不能成，中秋是也⑦。然则天地之美恶在⑧？两和之处⑨，二中之所来归⑩，而遂其为也⑪。是故东方生而西方成，东方和生，北方之所起；西方和成，南方之所养长。起之，不至于和之所不能生；养长之，不至于和之所不能成。成于和，生必和也；始于中，止必中也。中者，天地之所终始也；而和者，天地之所生成也。夫德莫大于和，而道莫正于中。中者，天地之美达理也⑫，圣人之所保守也，《诗》云："不刚不柔，布政优优⑬。"此非中和之谓与？是故能以中和理天下者，其德大盛；能以中和养其身者，其寿极命⑭。

【注释】

①两和：指春分、秋分。春分为东方之和，为二月；秋分为西方之和，为八月。

②二中：指夏至、冬至。夏至为南方之中，为五月；冬至为北方之中，为十一月。

③"岁立其中"二句：指每一年中都有两和、二中，年年循环不穷。

④"是北方之中用合阴"二句：北方之中指冬至，为十一月，此时阴气盛极而阳气初生，二气相合使物产生。

⑤"南方之中用合阳"二句：南方之中指夏至，为五月，此时阳气盛极而阴气初生，二气相合使物成长。

⑥中春：春之中，即春分。

⑦中秋：秋之中，即秋分。

⑧恶（wū）在：在哪里。恶，哪里、怎么。

⑨两和之处：指春分、秋分。

⑩二中之所来归：二中指冬至、夏至，冬至阳气初生后渐盛，由北向东，渐至春分，使万物生长；夏至阴气初生后渐盛，由南向西，渐

至秋分,使万物长成。

⑪遂其为:完成它的作为。

⑫达:常,通行不变。

⑬"不刚不柔"二句:所引诗文源自《诗经·商颂·长发》:"不竞不
絿(qiú),不刚不柔,敷政优优,百禄是遒(qiú)。"竞,逐。不竞,不
与人争前后。絿,急。优优,合适、宽裕。遒,聚集。曾宇康《春
秋繁露义证补》云:"此为《商颂·长发篇》文,惟'布'作'敷'。
《左》成二年及昭二十年《传》、《家语·正论篇》、《后汉书·陈宠
列传》、《文选》王元长永明十一年《策秀才文》并引作'布',与此
文同。《毛诗》作'敷',《齐诗》作'布',是一差别,大意相通。

⑭极命:尽其天年。极,尽。

【译文】

遵循天道来保养身体,叫做有道。天有东方与西方两种和,而形成
北方与南方两个中,每一年中都包含有这两和、两中,年年循环无尽。
因此北方的中——冬至,阳气初生而跟阴气相合,万物在地下开始萌
动;南方的中——夏至,阴气初生而跟阳气相合,万物在地上长得很好。
在地下萌动的,得不到东方的和就不能生成,东方的和就是春分;在地
上成长的,得不到西方的和就不能成熟,西方的和就是秋分。那么天地
的美妙在哪里呢? 两个和所在的地方,正是两个中所要趋向的地方,从
而完成它们的作为。所以万物在东方生长而在西方成熟,东方的和能
生育万物,最初源自北方的初生阳气;西方的和能使万物成熟,依赖于
南方的阳气使万物滋长。北方阳气兴起,如果不到达东方的相和之处,
万物就不能生长;南方阳气滋长万物,如果不到达西方的相和之处,万
物就不能成熟。万物都在相和的地方成熟,生长之处也要相和;万物都
从中正的地方开始生长,生长到极点后一定也终结在中正之处。所谓
中,是天地的终结和开始;而所谓和,是天地的生长和成熟。德没有比
和更大的,道没有比中更正的。中与和是天下最好的常理,也是圣人所

要遵循的。《诗经》上说："不刚强也不柔弱，施行政治很温和。"这不就是说的中和吗？所以能用中和来治理天下的人，他的德行一定非常完善；能用中和来保养身体的人，他的寿命一定很长。

男女之法，法阴与阳①。阳气起于北方，至南方而盛，盛极而合乎阴；阴气起乎中夏，至中冬而盛，盛极而合乎阳。不盛不合。是故十月而一俱盛②，终岁而乃再合③。天地久节④，以此为常。是故先法之内矣，养身以全，使男子不坚牡⑤，不家室⑥；阴不极盛，不相接⑦。是故身精明难衰而坚固，寿考无忒⑧，此天地之道也。

【注释】

①"男女之法"二句：男为阳，女为阴，男女的关系效法阴阳的关系。阴阳在四时中，夏为阳，冬为阴。中夏指夏至日，中冬指冬至日。冬至阴盛，阳起；夏至阳盛，阴起。法，效法。

②十月而一俱盛：一年之中阴盛一次，阳盛一次，都有一次处于盛的状态。

③终岁而乃再合：指一年中阴阳二气的两次和合。冬至与夏至，阴盛而阳起，阳盛而阴起，一次夏至合于南方（前），一次冬至合于北方（后）。本书《天道无二篇》中的"夏交于前，冬交于后"以及下文所谓"阴阳之会，冬合北方，夏合南方"，皆是此意。

④节：节律。

⑤不坚牡：男人没有发育成熟。牡，雄性、男性。

⑥不家室：不娶妻成家。

⑦不相接：不相交媾（gòu）。

⑧寿考无忒（tè）：寿命很长而没有减损。考，老、年纪大。忒，差错。

【译文】

男女关系的法度,应效法阴气和阳气。阳气从北方兴起,到南方而旺盛,旺盛到极点就跟阴气相合;阴气从夏至兴起,到冬至而旺盛,旺盛到极点就跟阳气相合。不旺盛就不相合。一年当中阳气和阴气都有一次达到极盛,所以在一年之中阴、阳二气有两次交合。天地的节律,以这个作为不变的法度。因此先在内部效法它,保养身体以保全天赋的性命,男子没有发育成熟,就不要娶妻成家;女子没有发育成熟,就不和男人交媾。如此就能使身体中的精气不容易衰竭而身体健康安固,寿命很长而没有减损,这就是天地之道。

天气先盛牡而后施精,故其精固;地气盛牝而后化①,故其化良。是故阴阳之会,冬合北方,而物动于下;夏合南方,而物动于上。上下之大动,皆在日至之后②。为寒,则凝在裂地;为热,则焦沙烂石。气之精至于是。故天地之化,春气生,而百物皆出;夏气养,而百物皆长;秋气杀,而百物皆死;冬气收,而百物皆藏。是故惟天地之气而精,出入无形,而物莫不应,贵之至也③。君子法乎其所贵。

【注释】

①牝(pì):雌性、女性。化,化生、生育。

②日至:冬至,夏至。

③贵:苏本作"实",惠栋校作"贵",钟肇鹏校释本从之。通观上下之文意,惠校及钟本是,今据改。

【译文】

天气先使阳刚雄性旺盛后方才施发出精气,所以这种精气牢固;地气使阴柔雌性旺盛后方才生育,所以生育良好。因此阴阳二气相合,冬天在北方会合,而万物在地下萌动;夏天在南方会合,而万物在地上生长。万物在地上地下大活动,都是在冬至或夏至之后。天气寒冷时,会使水凝结成冰而把大地冻裂;天气炎热时,就会烤焦沙砾并晒烂石头。气的精纯竟达到了这种程度。因此天地化生万物,春气是滋生的气,而使百物都生育出来;夏气是培养的气,而使百物都成长起来;秋气是肃杀的气,而使百物都死亡;冬气是收敛的气,而使百物都隐藏起来。所以天地的气是精纯的,出入没有形迹,而百物没有不与之相感应的,是极其尊贵的。君子效法尊贵的天地精气。

　　天地之阴阳当男女①,人之男女当阴阳。阴阳亦可以谓男女,男女亦可以谓阴阳。天地之经②,至东方之中③,而所生大养;至西方之中④,而所养大成。一岁四起业⑤,而必于中⑥。中之所为,而必就于和⑦。故曰和其要也⑧。和者,天之正也⑨,阴阳之平也⑩,其气最良⑪。物之所生也,诚择其和者,以为大得天地之泰也⑫。天地之道,虽有不和者,必归之于和,而所为有功;虽有不中者,必止之于中,而所为不失。是故阳之行,始于北方之中,而止于南方之中⑬;阴之行,始于南方之中,而止于北方之中⑭。阴阳之道不同,至于盛,而皆止于中;其所始起,皆必于中。中者,天地之太极也⑮。日月之所至而却也⑯。长短之隆⑰,不得过中。天地之制也⑱,兼和与不和⑲,中与不中,而时用之,尽以为功⑳。是故时无不时者㉑,天地之道也。顺天之道,节者㉒,天之制也;阳者,天之宽也;阴者,天之急也;中者,天之用也;和者,天之功也。举天地之道㉓,而美于和,是故物生皆贵气而迎养之。孟子曰㉔:"我善养吾浩然之气者也。"谓行必终礼㉕,

而心自喜,常以阳得生其意也㉖。公孙之《养气》曰㉗:"里藏泰实则气不通㉘,泰虚则气不足,热胜则气耗,寒胜则气滞㉙,泰劳则气不入㉚,泰佚则气宛至㉛,怒则气高,喜则气散,忧则气狂,惧则气慑㉜。凡此十者,气之害也,而皆生于不中和㉝。故君子怒则反中㉞,而自说以和㉟;喜则反中,而收之以正;忧则反中,而舒之以意;惧则反中,而实之以精。"夫中和之不可不反如此。

【注释】

①当:相当,相匹配。

②经:常,常道,通行不变的道理。

③东方之中:春分。

④西方之中:秋分。

⑤一岁四起业:天气变化在一年中表现出春生、夏长、秋收、冬藏四种事功。

⑥于:合于。中,指春分、秋分、夏至、冬至。

⑦就:相就,归趋。和,指春分、秋分。阴阳平衡为和。

⑧要:要领,关键。

⑨正:正道,常理。

⑩平:均衡。

⑪其气最良:阴阳平衡的气是最好的气,最适合生长的环境条件。

⑫天地之泰:天地的根本要道。泰,苏本误作"奉",钟肇鹏校释本据杨树达之说校正作"泰",当是,今从之。泰,太极、中正。

⑬"是故阳之行"三句:阳气产生于北方,冬至日,最盛于南方,夏至日。

⑭"阴之行"三句:阴气产生于南方,夏至日,最盛于北方,冬至日。

⑮太极:最高处,最高境界。极,本指房屋最高的栋梁,引申为极顶的意思。

⑯却:退却,回转。

⑰隆:高处,极顶。

⑱制:法度。

⑲兼:包容,包含。

⑳尽:全。

㉑时无不时者:适时而不失时。

㉒节者:节律,法度、秩序。

㉓举:全,尽。

㉔孟子曰:下引文见《孟子·公孙丑上》。

㉕终礼:止于礼义之中,即符合礼义之意。终,止。

㉖阳得:同"阳德",即阳刚之气。

㉗公孙:指公孙尼子,传为孔子的学生。

㉘里藏(zàng)泰实:人的内脏太实。藏,通"脏"。泰,通"太"。

㉙"热胜则气耗"二句:热胜则精气消耗多,寒胜则气郁积不畅。胜,通"盛",在人体中偏胜。寒、热是八纲之一对。苏本、卢本此二句作"热胜则气□,寒胜则气□",两句各阙一字。《黄帝内经素问·阴阳应象大论篇》有"寒极生热,热极生寒"的说法,根据上下文义似可补"寒"、"热"二字,成为"热胜则气寒,寒胜则气热"。《诸子菁华录》本作"热胜则气耗,寒胜则气寡"。钟肇鹏校释本综合据文义补"耗"、"滞"二字。综观诸家之说,钟本于义为长,今据补。

㉚泰劳则气不入:古人以为人太劳累,肺活动快,出气多而纳气少,所以叫气不入。

㉛泰佚(yì)则气宛(wǎn)至:太安逸了则体内的气就会阻滞不通畅。佚,安逸。宛,通"郁",郁结。至,通"窒",阻塞不通。郁窒,

人懒散时气郁积不通畅。

㉜慑(shè):恐惧,丧气。

㉝"凡此十者"三句:中,不偏不倚。和,阴阳平衡。中和是维持身体正常生理过程的最好条件,太劳累,过闲逸,对身体健康不利,适当活动是生命所需要的。阴阳虚实寒热,是中医强调平衡的,有所偏就容易患病。另外,中医重视人的情绪对健康的影响,因此七情过度,喜怒忧惧都会破坏平衡,不利于养身。

㉞反:通"返",回到。

㉟说(yuè):同"悦",喜欢、高兴。

【译文】

　　天地的阴阳和人类的男女相当,人类的男女也相当于阴阳。阴阳也可以称为男女,男女也可以称为阴阳。天地的常道,到了春分,所生的万物完全长出;到了秋分,所养育的万物完全成熟。天气变化在一年当中表现出春生、夏长、秋收、冬藏四种事功,而这些一定要合乎中。中的作为,一定要归于和。因此说和是天地之道的核心。所谓和,就是指的天地的正道,阴阳二气的平衡,和气是最好的气。万物的生长,实际上是选择和的条件,是得到了天地最根本的道。天地之道,虽然有不和谐的方面,最后必然会归于和谐,这样它的作为才会有功效;虽然有不符合中的,最后必然会落实在中上,这样它的作为才不会有过失。因此阳气的运行,从北方的冬至开始,终止于南方的夏至;阴气的运行,从南方的夏至开始,终止于北方的冬至。阴阳二气的运行路线不同,它们的旺盛,都终止在中上;它们的起点,也都落实在中上。所谓中,是天地的最高境界。日月运行到这里就又返回运行。运行长短的极限,也不能超过中。这是天地的法度,兼容和与不和,中与不中,到适当的时候发挥作用,就全都有了功效。因此说天适时而不失时,这就是天地之道。顺应天之道,有节律,是天的规则;阳气,是天的宽缓之气;阴气,是天的急迫之气;中,是天的运用;和,是天的功效。所有天地之道中,和气是最美好的,因此万物的生长都是重视气并接受气的滋养。孟子说:"我是善于培养我的浩然正气的。"说的是行为必须最终归到礼上,而心理上感到喜悦,经常以阳刚之德生发心意。公孙尼子《养气》说:"人的内脏太实则气就不通畅,内脏太虚则气就不充足,热太盛则精气就消耗多,寒太盛则气就郁积不通畅,太劳累则气就难进入体内,太安逸则体内的气就会阻滞不通畅,发怒时则气高扬,高兴时则气分散,忧愁时则气发狂,恐惧时则气沮丧。大凡这十种情况,都是损害气的,都是由于不符合中和导致的。因此君子发怒就要返回到中,并用和来协调自己的情绪以达到愉悦的状态;喜悦的时候也要返回到中,用诚正来收敛自己的喜悦以返归中;忧愁的时候也要返回到中,以此来舒缓自己心中的纠结状态;恐惧的时候也要返回到中,用精神的力量来充实自己的内心。"不可以不返回到中的情况就是这样。

　　故君子道至,气则华而上①。凡气从心,心,气之君②,何为而气不随也?是以天下之道者,皆言内心其本也③。故仁人之所以多寿者,外无贪而内清净,心和平而不失中正④,取天地之美以养其身⑤,是其且多且治⑥。鹤之所以寿者,无宛气于中,是故食不冰⑦;猿之所以寿者,好引其末⑧,是故气四越⑨。天气常下施于地,是故道者亦引气于足;天之气常动而不滞,是故道者亦不宛气。气苟不治,虽满必虚⑩。是故君子养而和之,节而法之⑪,去其群泰⑫,取其众和。高台多阳⑬,广室多阴⑭,远天地之和也,故圣人弗为,适中而已矣。

【注释】

①气则华而上:指养生有道的人,他的气向上升华。

②"凡气从心"三句:心即精神,气指体内生理活动。心与气的关

系：心是君（主宰者），气随着心而动。精神（心）对体内生理（气）
起引导作用。

③"是以天下之道者"二句：天下养生之道，都说内心是本。

④"故仁人之所以多寿者"三句：《论语·雍也》载：孔子说"仁者
寿"。仁人的心"外无贪而内清净，心和平而不失中正"，没有不
正当的欲望，也没有不合理公正的想法，所以长寿。

⑤天地之美：指时令食物。

⑥是其且多且治：他的内气充足而且有条理。是，这样。其，指代
气。且多且治，指气充足而且有条理。

⑦食不冰：各本皆脱"不"字，今据钟肇鹏校释本补。冰，当作"凝"
字是。食不凝，指吃东西不凝滞。

⑧末：身体的末端，指四肢。

⑨越：散发，流动。

⑩"气苟不治"二句：苏本作"苟不治，虽满不虚"，卢文弨校曰："案
此七字疑有误，或当作'气苟不治，虽满必虚'。"卢校是，钟肇鹏
校释本据补，今从之。

⑪节而法之：指调节内气而使之有条理、有法度。节，调节。法，有
法度。

⑫泰：过分，过甚。

⑬高台多阳：地基太高而多阳气。台，指地基。

⑭广室多阴：居室广大而多阴气。多阳气与多阴气都远离天地之
和气，不利于人的生活保养。这是批评富贵人家讲究排场的奢
侈生活。

【译文】

因此修养有道的君子，气由下升华而上。气服从心的调节，所谓
心，是气的主宰，心想做什么气能不顺从吗？所以天下养生有道的人，
都说内心是根本。有仁德的人之所以大多长寿，其原因是不贪求外物

而内心清净,心境平和而保持中正,撷取天地间美好的时令物品来保养自己的身体,因此他的内气充沛且有条理。鹤之所以长寿,其原因在于它体中没有郁结之气,所以吃东西不凝滞;猿之所以长寿,其原因在于它喜好伸展四肢,所以体中之气向四肢发散。天的气时常向下流到地面,所以有道的人也常常导引体内之气到脚上去;天的气经常运动而不停滞,所以有道的人不使气在体内郁结。如果体内之气得不到调治,那么即使气很多也是虚弱的。所以君子保养体内之气并使之和顺,调节内气并使之有条理、有法度,去掉那些过分的行为,而采取和谐的东西。高大的地基就多阳气,宽广的房屋就多阴气,这都远离了天地的和谐之道,所以圣人不建造高楼大厦,房屋规模适中就行了。

　　法人八尺^①,四尺其中也。宫者,中央之音也;甘者,中央之味也;四尺者,中央之制也。是故三王之礼,味皆尚甘,声皆尚和。处其身,所以常自渐于天地之道^②。其道同类,一气之辨也^③。法天者,乃法人之辨。天之道,向秋冬而阴来,向春夏而阴去。是故古之人霜降而迎女^④,冰泮而杀止^⑤。与阴俱近,与阳俱远也。天地之气,不致盛满^⑥,不交阴阳。是故君子甚爱气而游于房以体天也^⑦。气不伤于以盛通^⑧,而伤于不时、天并^⑨。不与阴阳俱往来,谓之不时;恣其欲而不顾天数^⑩,谓之天并。君子治身不敢违天,是故新牡十日而一游于房^⑪,中年者倍新牡,始衰者倍中年,中衰者倍始衰,大衰者以月当新牡之日。而上与天地同节矣,此其大略也。然而其要皆期于不极盛不相遇,疏春而旷夏^⑫,谓不远天地之数。

【注释】

①法人：标准的人。

②渐：浸润。

③辨：通"办"，治理。

④迎女：娶新妇。

⑤冰泮(pàn)而杀(shài)止：到冰融化时停止活动。泮，溶解、分离。杀，减少。杀止，旧本并作"杀内"，苏舆注："'杀内'当为'杀止'。"苏说是，钟肇鹏校释本据《通典》、《北堂书钞》等旧籍所引《春秋繁露》之文校正为"杀止"，今从之。

⑥致：到达。

⑦游于房：男女交媾。

⑧通：男女交接。

⑨并(bǐng)：通"摒"，摒弃。

⑩天数：天理，常道。

⑪新牡：新婚男性，年轻力壮的男人。

⑫疏春而旷夏：春季的时候行房事次数要少而夏季间隔时间要更长一些。疏，稀疏。旷，历时久远，时间间隔长，这里指行房事时间间隔得较长。疏、旷相比较，疏的时间间隔短，而旷的时间间隔更长一些。

【译文】

标准的人身高八尺，四尺是八尺的中间。所谓宫调，是中央的声音；所谓甘甜，是中央的滋味；所谓四尺，是中央的标准。因此三王的礼仪，滋味都崇尚甘甜，声音都崇尚和谐。处身于这样的环境中，所以自己常常自然地就和天地之道相符合。天道和人道是同类的，都是治理自然之气。效法天道，也就是效法人自身的治理之道。天道的运行，趋向秋季和冬季时则阴气就到来，趋向春季和夏季时则阴气就离去。所以古代的人在霜降的时候迎娶新妇，到冰融化时就停止这样的活动。

这就是与阴气相接近,与阳气相疏远。天地的气,不到旺盛丰盈的时候,那么阴阳就不会相交。所以君子爱惜自己的精气而行房事时体会天意。人的精气不会因丰盛的时候相交接而损伤,倒是会受到不适时、背离天意的交接的伤害。不和阴阳之气的运行相配合而行动,这就叫做不适时;放纵自己的欲望而违背天理,这就叫做被天所抛弃。君子保养身体而不敢违背天道,所以新婚的健壮青年十天行房事一次,中年人行房事的时间间隔比青年人加一倍,身体开始衰弱的人行房事的时间间隔又比中年人加一倍,身体中度衰弱的人行房事的时间间隔又比身体开始衰弱的人加一倍,身体大衰的人行房事的时间间隔是用月数来比拟青年人的天数。这种交合之道符合天地的节律,这就是大概的情况。然而这样做的要点都在于希望精气没有达到旺盛之极的时候不要行房事,春季的时候行房事次数要少而夏季间隔时间要更长一些,这就可以说是不违背天地的常道了。

　　民皆知爱其衣食,而不爱其天气①。天气之于人,重于衣食。衣食尽,尚犹有间②,气尽而立终③。故养生之大者,乃在爱气。气从神而成,神从意而出。心之所之谓意④,意劳者神扰,神扰者气少,气少者难久矣⑤。故君子闲欲止恶以平意⑥,平意以静神,静神以养气。气多而治,则养身之大者得矣⑦。

【注释】

①天气:天赋之气,呼吸之气。

②“衣食尽”二句:没有衣食,不会立即死亡,还会维持一段时间。间,间隙、疏离。

③气尽而立终:呼吸之气断尽则立刻就会死亡。

④心之所之谓意：指心动而意生。

⑤"意劳者神扰"三句：《淮南子·原道训》："夫形者，生之舍也；气者，生之充也；神者，生之制也。一失位则三者伤矣。"《史记·太史公自序》："凡人所生者神也，所托者形也。神太用则竭，形太劳则散，形神离则死，死者不可复生，离者不可复反，故圣人重之。"董仲舒讲的心、意、神、气四者相联，决定人的健康与寿命。

⑥闲欲止恶以平意：没有强烈追求的欲望，又不做坏事，内心就可以平静。闲欲，寡欲、淡薄欲望。闲，闲置。止恶，不做坏事、消除邪恶念头。

⑦"平意以静神"四句：内心平静，精神就安静，培养浩然正气，气多而且有条理，所谓顺气，这样就得到了养身的大道理。

【译文】

百姓都知道爱惜自己的衣食，却不爱惜天赋之气。天赋之气对于人来说，比衣食更重要。衣食没有了，还有补救的机会，气没了立刻就会死亡。所以养生最重要的，就是爱惜气。气顺从精神而形成，精神从意志中产生出来。心有所趋向就叫意，心意疲劳的人精神纷乱，精神纷乱的人气就少，气少的人生命就难以长久了。所以君子克制欲望、防止邪恶来平息心意，平息心意来安定精神，安定精神来保养精气。气多又调治得好，那么养身的大道理就得到了。

古之道士有言曰①："将欲无陵，固守一德②。"此言神无离形，则气多内充，而忍饥寒也③。和乐者，生之外泰也④；精神者，生之内充也⑤。外泰不若内充，而况外伤乎？忿恤忧恨者，生之伤也⑥；和说欢喜者，生之养也⑦。君子慎小物而无大败也。行中正，声向荣⑧，气意和平，居处虞乐⑨，可谓养生矣。凡养生者，莫精于气⑩。是故春袭葛，夏居密阴，秋避杀风,冬避重漯,就其和也⑪。衣欲常漂,食欲常饥,体欲常劳,而无长佚居多也⑫。凡天地之物,乘于其泰而生⑬,厌于其胜而死⑭,四时之变是也。故冬之水气,东加于春而木生,乘其泰也⑮;春之生,西至金而死,厌于胜也⑯。生于木者,至金而死;生于金者,至火而死。春之所生,而不得过秋;秋之所生,不得过夏,天之数也⑰。饮食臭味⑱,每至一时,亦有所胜、有所不胜之理,不可不察也。四时不同气,气各有所宜,宜之所在,其物代美⑲。视代美而代养之,同时美者杂食之,是皆其所宜也⑳。故荠以冬美,而荼以夏成㉑,此可以见冬夏之所宜服矣㉒。冬,水气也,荠,甘味也,乘于水气而美者,甘胜寒也㉓。荠之为言济与? 济,大水也。夏,火气也,荼,苦味也,乘于火气而成者,苦胜暑也㉔。天无所言,而意以物㉕。物不与群物同时而生死者,必深察之,是天之所以告人也。故荠成告之甘,荼成告之苦也。君子察物而成告谨㉖,是以至荠不可食之时,而尽远甘物,至荼成就也。天所独代之成者,君子独代之,是冬夏之所宜也。春秋杂物其和,而冬夏代服其宜㉗,则常得天地之美㉘,四时和矣。凡择味之大体,各因其时之所美㉙,而违天不远矣。是故当百物大生之时,群物皆生,而此物独死,可食者,告其味之便于人也;其不可食者㉚,告杀秽除害之不待秋也。当物之大枯之时,群物皆死,如此物独生,其可食者,益食之。天为之利人,独代生之,其不可食,益畜之。天愍州华之间㉛,故生宿麦㉜,中岁而熟之㉝。君子察物之异,以求天意,大可见矣。是故男女体其盛,臭味取其胜,居处就其和,劳佚居其中,寒暖无失适,饥饱无过平,欲恶度理,动静顺性,喜怒止于中,忧惧反之正,此中和常在乎其身,此谓之得天地泰。得天地泰者,其寿引而长;不得天地泰者,其寿伤而短。短长之质,人之所由受于天也。是故寿有短长,养有得失,及至其末之,大率而必雠于此^㉞,莫之得离。故寿之为言犹雠也。

【注释】

①道士:有道之士。

②"将欲无陵"二句:要想没有外邪入侵,必须固守自己的精神。坚守信念,也是抵制外邪的关键。保证身心健康,有相同的路子。陵,侵侮。德,精神。

③"此言神无离形"三句:神守形,体内气充实,就可以忍受饥寒。

④"和乐者"二句:和谐快乐是生活的好环境。泰,安适。

⑤"精神者"二句:精神状态是生命的内在环境。

⑥"忿恤忧恨者"二句:忿恤忧恨,这些都对生命有伤害。忿,忿怒。恤,忧虑。

⑦"和说欢喜者"二句:和乐欢喜会滋养生命,是保养生命的重要因素。说,同"悦"。欢喜,旧本均作"劝善",苏舆注:"劝善,疑'欢喜'之误。"苏说是,钟肇鹏校释本据改,今从之。

⑧声向荣:声音洪亮。

⑨虞(yú):通"娱",快乐。

⑩"凡养生者"二句:养生讲究气,在不同季节采取不同方式,以达到和为目的。和气最利于生命。

⑪"是故春袭葛"五句:春天穿葛布衣,夏天居住在凉爽的地方,秋天躲避肃杀之风,冬天避开过度的潮湿,目的就是为了达到和。袭,穿衣。葛,葛布衣。杀风,肃杀之风。潳(luò),董天工笺注

云:"溓,《说文》本作'湿',省作'溓'。"重湿,过度的潮湿。

⑫"衣欲常漂(piǎo)"四句:衣服要经常洗,吃饭不要经常过饱,身体要经常活动,而不要长久地过安逸的生活。漂,漂洗。佚居,安逸的生活。佚,通"逸",安逸、安闲。作此解时,"多"则疑为衍文。刘师培云:"'多'与'侈'同。"居侈,生活奢侈。长佚,长期无所事事。《孟子·滕文公上》:"饱食暖衣,逸居而无教,则近于禽兽。"《太平御览》卷二十一引《公孙尼子》曰:"孔子有病,哀公使医视之。医曰:'子居处饮食何如?'孔子曰:'春居葛笼,夏居密阳,秋不风,冬不炀。饮食不馈,饮酒不勤。'医曰:'是良药也。'"这里"密阳",与上述"密阴"相反。冬不炀,不烤火,与上述避免潮湿也不同。此有顺其自然的意思。

⑬乘于其泰而生:万物在良好环境下生长。泰指良好环境。乘,趁机。在五行相胜中,前者就是后者的泰,后者就是乘其泰而生,如木生火,火以木为泰。

⑭厌于其胜而死:被胜过它的所压迫而致死。在五行相克中,水克火,火灭,就是厌于其胜而死。

⑮"故冬之水气"三句:冬季在北,是水;春季在东,是木。冬水东加于春木,是"乘其泰"。这是相生关系。

⑯"春之生"三句:东边春季生的是木,到西边秋季是金。金克木,春生的木,到秋季而死,是"厌于胜"。

⑰天之数:即指客观规律。

⑱饮食臭(xiù)味:饮食各种味道也是相生相克的。味道与五行相联系,春与酸味对应,夏与苦味对应,辛与秋对应,咸与冬对应。

⑲"四时不同气"四句:四季不同气,食物各有所宜,只要是适宜的,就是美味。

⑳"视代美而代养之"三句:按季节所生产的美物,与当时美物相同的其他食品,都是适宜的。

○21“故荠(jì)以冬美”二句：荠是一种菜，《诗经·邶风·谷风》：“谁谓荼苦，其甘如荠，宴尔新昏，如兄如弟。”这是说荼是苦的，荠是甜的。荠冬季生长，味甜，荼夏季生长，味苦。

○22冬夏之所宜服：董仲舒根据冬季生长荠菜，荠菜是甜的，说明冬季可以吃甜类食品。夏季生长荼，荼是苦味，说明夏季适合吃苦味食品。他认为天生产什么，就吃什么，就符合天意。人在地球生活、发展、进化，长期适应这种环境，从科学上说也是有一定道理的。

○23“冬，水气也”六句：冬，水气，寒冷。荠，甘味，五行属于土。土克水，甘胜寒。荠菜就是乘于水气而美者。

○24“夏，火气也”六句：荼，苦味。《淮南子·时则训》：“苦菜秀。”高诱注：“苦菜味苦，感火之味而成。”夏季生苦菜，苦性凉，可胜暑。按照董仲舒的说法，冬季多吃甜食，夏季多吃苦味。

○25“天无所言”二句：天不会说话，总是以物的产生变化来表达意思。

○26君子察物而成告谨：君子仔细观察物品的成熟而体会上天的告诫。钟肇鹏曰：“‘告谨’，谓上天以物之成熟来告诉人们。谨，注意。”

○27“春秋杂物其和”二句：春秋季节，什么都吃，就可以达到平衡。冬夏季节要吃适宜的东西，即能胜寒暑的食品。夏季吃苦味，冬季吃甜味。一说甜食不好，一年四季不吃甜的，这种思路不符合中国传统观念。因人而异，与时俱进，这是保养身体的重要原则。盲目追求时尚，一味跟风，不但不合实际，也不符合辩证法的道理。

○28常：苏本作“当”，今据孙诒让说校改作“常”。

○29“凡择味之大体”二句：如何选择美味，以当时生产的为最好。这叫时令菜蔬。由于董仲舒的提倡而为历代富贵人家所重视和遵循。《汉书·召信臣传》:"太官园种冬生葱韭菜茹,覆以屋庑,昼夜然蕴火,待温气乃生。信臣以为此皆不时之物,有伤于人,不宜以奉供养,及它非法食物,悉奏罢,省费岁数千万。"两千年前,中国人就创造了暖房栽培蔬菜,信臣根据董仲舒的时令蔬菜的说法,给予否定。唐代贞观十九年,有人于地下生火种菜,太宗征高丽班师时,奉上非时令鲜菜,也因耗费过大而被革职。

㉚可:苏本脱此字,今据钟肇鹏校释本补。

㉛天愍(mǐn)州华之间:上天可怜中州、华山一带的百姓。愍,怜悯。州,中州。钟肇鹏曰:"'华'当指华山。'州华之间'即指豫州、雍州之地宜种宿麦也。"

㉜宿麦:《汉书·食货志》董仲舒曰:"愿陛下幸诏大司农,使关中民益种宿麦。"《汉书·武帝纪》:"遣谒者劝有水灾郡种宿麦。"颜师古注:"秋冬种之,经岁乃熟,故曰宿麦。"

㉝中岁而熟之:五月夏至时节麦子成熟。中岁,即岁中,五月夏至时。

㉞大率而必雠(chóu)于此:保养身体正确,寿命就可以长些,否则就短些,寿命长短与保养水平相对应。大率,苏本作"大卒",孙诒让曰:"'大卒'疑当作'大率','卒'、'率'形近而误。"孙说是,钟肇鹏校释本据改,今从之。雠,通"酬",相应,所谓天道酬勤。

【译文】

古代的有道之士说:"想要不受外邪的侵袭,就要坚守心神。"这就是说神不离开形体,那么气就会多而使体内充实,能够忍得住饥饿和寒冷。平和快乐,是生命的外在舒适;精神,是生命的内在充实。外在的舒适比不上内在的充实,更何况是外在受到了损伤呢?愤怒、怜悯、忧愁、怨恨,这些都对生命有害,和乐欢喜则会滋养生命。君子谨慎对待小事情就没有大过失。行为中正,声音洪亮,气意平和,生活安乐,这可以说是懂得养生之道了。大凡用来养生的,没有比气更精美的。所以春天穿葛布衣,夏天居住在凉爽的地方,秋天躲避肃杀之风,冬天避开过度的潮湿,接近平和。衣服要经常洗,吃饭不要经常过饱,身体要经常活动,而不要长久地过安逸的生活。大凡天地间的万物,都凭借天地的和气而生长,又被超过它的东西压制而死,四季的变化就是这样。所以冬天的水气,当太阳向东运行到春天时就使植物生长,就是凭借了水的宽舒之气;春天生成的万物,当太阳向西运行到了金气旺盛的秋天时就要死亡,这是受到了超过它的东西的压迫。在木气旺盛时生长的万物,到金气盛时就要死亡;在金气旺盛时生长的万物,到火气盛时就要死亡。春天产生的物种活不过秋天,秋天产生的物种活不过第二年夏天,这是天的定数。饮食和气味,每到一个时节,按理都有适宜的和不适宜的,不能不搞明白。四季的气不同,不同的气有各不相同的适宜生长的物种,随着适宜生长的气的来去,四季中就随气候的变化而交替产生出美好的物品来。随季节变化而交替产生出美好的物品,人们也随之食用这些美好的物品来滋养自己,与此同时掺杂食用其他美好食品,这都是养生所适宜的。荠菜在冬天长得最好,而荼却在夏天成熟,从中可以看出冬季和夏季应当食用何种物品了。冬天水气盛,荠菜味道甘美,凭借水气而生长得美好,这是甘甜胜过了寒冷。荠的意思就是济吧?所谓济,指的是大水。夏天火气盛,荼的味道苦,凭借火气而生长成熟,这是苦胜过了暑热。天不说话,而是用生长的物品来表达意旨。那些不与一般物品同时生死的物品,一定要深入地观察它们,这是上天用来告诫人们的。所以荠菜成熟就是上天告诉人们该吃甜的东西,荼菜成熟的时候就是上天告诉人们该吃苦的东西。君子仔细观察物品的成熟而体会上天的告诫,所以到了荠菜过时不能吃的时候,就完全疏远甘甜的食物,到了荼菜成熟的时候就吃荼菜。上天随季节变化而使物品交替成熟,君子也随季节变化而交替食用这些符合节令的物品,荠菜和荼菜是冬天和夏天适宜吃的东西。春天和秋天掺杂食用调和的食物,而冬季和夏季则服用在本季节内适宜生长的食物,就能经常得到天地间美好的食物,四季都能保持身体平和。大凡选择食物滋味的要点是,选用那些符合时令并长得好的物品,这就离上天的意旨不远了。所以当万物都生长旺盛的时候,大量物种都开始生长,如果有一种生物独独在这时候死亡,如果它是可以食用的,这就是上天在告诉人们它的滋味是有利于人类食用的;如果它是不可以食用的,这就是上天在告诉人们去除污秽有害的东西不要等到秋天。当万物生气枯竭的时候,大量物种都死亡,如果有一种生物独独在这时候生长,如果它是可以食用的,就多吃它。天的作为对人有利,随季节变化而交替生长出时令性食物,那些不能用来作为食物的物种也同时畜养着。上天可怜中州、华山一带的百姓,所以生产出宿麦,到五月夏至时节成熟。君子观察事物的不平常之处来探求上天的旨意,可以见到很多。所以男女体内之气要旺盛,选择优越的气味,住处要求平和,劳逸要求适中,冷暖不要失度,饥饱不要过度,喜爱、厌恶要讲道理,活动、休息要顺应天性,喜悦、愤怒要符合中道,忧愁、恐惧要回复到中正,中和经常在身上,这就叫得到了天地的安适之道。得到天地安适之道的人,他的寿命得到延伸而长久;得不到天地安适之道的人,他的寿命受到损伤而短促。寿命短长的体质,是人从上天接受来的。所以寿命有短长,保养有得失,到了最后,大体上与保养相应,不可能太离谱。因此可以说,寿就相当于酬劳。

　　天下之人虽众,不得不各雠其所生,而寿夭于其所自行①。自行可久之道者,其寿雠于久;自行不可久之道者,其寿亦雠于不久。久与不久之情,各雠其生平之所行,今如后至,不可得胜②,故曰:寿者,雠也③。然则人之所自行,乃与其寿夭相益损也④。其自行佚而寿长者,命益之也⑤;其自行端而寿短者,命损之也⑥。以天命之所损益,疑人之所得失,此大惑也⑦。是故天长之而人伤之者,其长损;天短之而人养之者,其短益。夫损益者皆人,人其天之继欤⑧!出其质而人弗继,岂独立哉⑨?

【注释】

①"天下"三句:此言寿命长短是与自己保养的行为所相应的。

②"今如"二句:自己的行为是寿命长短的决定因素,人事在先,命好像在后。今,陶鸿庆云:"'今'乃'命'字之误。言人事居先,而天命若从其后也。玩上下文义自明。"陶说可从。不可得胜,是说这种相应关系不可改变。

③"寿者"二句:寿命长短与自己的行为相对应。

④"然则"二句:人的寿命不完全是由行为决定的,命起着损益的作用。

⑤"其自行佚"二句:自己行为不是很好,有的寿命也很长,那是命增加的。

⑥"其自行端"二句:行为端正的,寿命很短,那是命减损的。

⑦"以天命"三句:根据命的增加与减损,怀疑行为的得失,那是太糊涂了。

⑧"夫损益"二句:损益是人事,是在天赋的基础之上损益。天赋是先期的,人事是天赋的继续。康有为《春秋董氏学》曰:"继者,天所断而续之,天所阙而补之,裁成辅相之极则也。"天赋是基础,人事是补充,各有作用,不可偏废。

⑨"出其质"二句:天出其质,人如果不在天赋的基础上下工夫,那怎么能算是独立的呢?人与天地参,就表现在这里。这里表现董仲舒强调人的能动性,不主张一切听天由命。后人不理解这种思想,对一些文字妄加改动,从而失去了其本来的深意。

【译文】

天下的人虽然很多,但每个人的寿命不能不和他天生的体质相应对,长寿和夭折都是由人自身的行为决定的。自身奉行长寿之道的人,他的寿命就会很长;自身奉行不能长寿的生活方式的人,他的寿命也就不会长。长寿与不长寿的情形,分别与人的生平行为相对应,而人的寿命也随其养生之道而达到一定长度,这个法则无法逾越。所以说:寿就是相对应的意思。然而人自身所奉行的养生之道却可以使天赋的寿命长短有所增加或减少。有些人行为放荡却寿命长久,这是因为他的天赋体质强而使他活得长;有的人行为端正却寿命短促,这是因为他的天赋体质弱而使他命短。因为天赋体质的强弱影响人的寿命的长短,从而怀疑人类养生之道的得失好坏,这是非常糊涂的。所以天赋予人强的体质而人却自己损伤它,这样他本来应有的长寿命就被减少了;天赋予人弱的体质而人却注意养生之道,这样他本来不长的寿命相对来说就被延长了。人寿命的减少或增长都和人的行为有关,人为大概就是继承天赋而又有所作为吧!天赋予人体质而人却不在这一基础上加以努力,那怎么能表现出人的独立性呢?

天地之行第七十八

【题解】

　　本篇总的观点是认为人道应该效法天道,并论述了为政治国之道。董仲舒以天与地、心与身的关系为例证,说明了君臣之间的关系,天尊地卑、心主形副,这是自然的定律。作为君臣关系的人道也应该遵循这个定律,君道取法天道、心灵的主宰特征,而臣道则取法地道、身体的顺从特征,董仲舒由此认为只有君臣和合,才能治理好国家。

　　天地之行美也。是以天高其位而下其施①,藏其形而见其光②,序列星而近至精③,考阴阳而降霜露④。高其位,所以为尊也;下其施,所以为仁也;藏其形,所以为神也;见其光,所以为明也;序列星,所以相承也;近至精,所以为刚也;考阴阳,所以成岁也;降霜露,所以生杀也。为人君者,其法取象于天。故贵爵而臣国,所以为仁也⑤;深居隐处,不见其体,所以为神也;任贤使能,观听四方,所以为明也;量能授官,贤愚有差⑥,所以相承也;引贤自近,以备股肱⑦,所以为刚也;考实事功,次序殿最,所以成世也⑧;有功者进,无功者退,所以赏罚也。是故天执其道为万物主,君执其常为一国主⑨。天不可以不刚，主不可以不坚。天不刚则列星乱其行，主不坚则邪臣乱其官。星乱则亡其天，臣乱则亡其君。故为天者务刚其气⑩，为君者务坚其政，刚坚然后阳道制命⑪。

【注释】

①施：施与，给予恩惠。

②见（xiàn）：同"现"，出现、显露。

③序列星而近至精：排定众星的次序而积聚众多的精气。序，排列次序。列，众、各。近至精，苏舆注："'近至精'无义，疑有误。下同……'近至'，或'积众'之误。"苏说近是，下文同此。积众精，积蓄众多的精气。

④考：考察，考核。

⑤"故贵爵而臣国"二句：俞樾云："此皆承上文而言。上文云：'高其位，所以为尊也；下其施，所以为仁也。'则此文'贵爵'下夺'所以为尊也'五字。"苏舆注："《离合根篇》云：'任群贤以受成，乃不自劳于事，所以为尊也；泛爱群生，不以喜怒赏罚，所以为仁也。'"钟肇鹏据俞说及苏注认为："此处有脱文，疑本作'故贵爵而臣国，所以为尊也；泛爱群生，所以为仁也。'今脱去二句致文义上下不贯。"综观诸论，钟说近是，故译文暂依钟说所定之文，而正文一仍其旧，但出此注以说明之。

⑥差（cī）：不齐，次第、等级。或指差别。

⑦股肱（gōng）：大腿和胳膊，这里比喻为辅佐君主的大臣。

⑧"考实事功"三句：考核功绩的实际大小，核定高低等级，是为了形成一个朝代的立政规模。次序，排定顺序。殿最，古代考核军功、政绩所划分的等级，上等为最，下等为殿。

⑨常：常道，常法。

⑩务：专心致力于。

⑪刚坚然后阳道制命：做到刚强、坚固后属于阳道的上天和君主才
　　能掌握主宰权。阳道，天道、君道。制命，掌握命运和主动权。

【译文】

　　天地的运行是完美的。所以天的位置高高在上而向下给予恩惠，
隐藏它的形体而显露它的光辉，排定众星的次序而积聚众多的精气，核
定阴阳二气而降下霜雪雨露。天的位置崇高，是为了显示它的尊贵；向
下给予恩惠，是为了施行仁道；隐藏它的形体，是为了显示它的神妙；显
露它的光辉，是为了展现它的光明；排定众星的次序，是为了使它们互
相承接；积蓄众多的精气，是为了能够刚强；核定阴阳二气，是为了完成
一年的事功；降下霜雪雨露，是为了主宰万物的生长和消亡。作为君
主，要效法天道。所以重视爵位而治理国家，是为了显示尊严；博爱民
众，是为了施行仁道；居住深隐，看不见他的形体，是为了显示他的神
妙；任用贤能的人，观察聆听来自四面八方的信息，是为了使自身做到
明察秋毫；按照能力的大小授予官职，贤愚不同而分别等级，是为了使
他们互相承接；招引贤人而自己主动接近他，并将其储备为自己的得力
辅臣，是为了能够刚强；考核功绩的实际大小，核定高低等级，是为了形
成一个朝代的立政规模；提拔有功劳的人，罢免没有功劳的人，是为了
做到赏罚分明。因此天把握常道而成为万物的主宰，君主把握常道成
为一国的主宰。天不能不刚强，君主也不能不坚定。天如果不刚强则
众星的运行就会紊乱，君主如果不坚定则奸臣就会使国家管理出现混
乱。众星如果运行紊乱则会使上天灭亡，臣子如果出现混乱则会使君
主灭亡。所以作为上天要致力于使气刚强，作为君主要致力于使政权
稳固，做到刚强、坚固后属于阳道的上天和君主才能掌握主宰权。

　　地卑其位而上其气，暴其形而著其情①，受其死而献其
生②，成其事而归其功③。卑其位，所以事天也；上其气，所以

养阳也;暴其形,所以为忠也;著其情,所以为信也;受其死,所以藏终也;献其生,所以助明也④;成其事,所以助化也;归其功,所以致义也⑤。为人臣者,其法取象于地。故朝夕进退,奉职应对,所以事贵也;供设饮食,候视疢疾⑥,所以致养也;委身致命⑦,事无专制⑧,所以为忠也;竭愚写情⑨,不饰其过,所以为信也;伏节死难⑩,不惜其命,所以救穷也⑪;推进光荣,褒扬其善,所以助明也;受命宣恩,辅成君德⑫,所以助化也;功成事就,归德于上,所以致义也。是故地明其理为万物母,臣明其职为一国宰。母不可以不信,宰不可以不忠。母不信则草木伤其根,宰不忠则奸臣危其君。根伤则亡其枝叶,君危则亡其国。故为地者务暴其形,为臣者务著其情。

【注释】

①暴(pù)其形而著其情:暴露它的形体而显露它的真情。暴,暴露、显露。著,明显、显露。

②受其死而献其生:接受死亡而奉献生命。受其死,指死者被埋藏于地下。献其生,指生物在地上成长。

③成其事而归其功:完成它的职责而不居功。归其功,不居功。归,归还。

④明:通"萌",开始生长。

⑤致义:尽义务。致,尽、表达、到达。义,应尽的职责,即义务的意思。

⑥疢(chèn)疾:久病,疾病。疢,热病,泛指病。

⑦委身致命:以身事人而舍弃生命。委身,托身、以身事人。致命,舍弃生命。

⑧专制：擅权，独断专行。

⑨竭愚写情：竭力表达出心中的意见并充分流露出内心的情感。竭，完、尽。愚，愚见。写，通"泻"，宣泄。

⑩伏节死难(nàn)：为国难殉节而死。伏节，殉节而死。死难，死于国难。

⑪穷：困厄。

⑫德：旧本均作"子"，苏舆注："'子'字疑误。"钟肇鹏校释本据董天工笺注改正为"德"，今从之。

【译文】

地降低它的位置而向上吐气，暴露它的形体而显露它的真情，接受死亡而奉献生命，完成它的职责而不居功。降低它的位置，是为了事奉上天；向上吐气，是为了滋养阳气；暴露它的形体，是为了显示忠心；显露它的真情，是为了表示诚信；接受死亡，是为了收藏终结；奉献生命，是为了生长万物；完成它的职责，是为了辅助教化；不居功，是为了尽自己的义务。作为臣子，要效法地道。所以早晚上朝下朝，担负职责并答对咨询，是为了事奉贵人；供给准备饮食，探候疾病，是为了奉养君主；以身事人而舍弃生命，做事不独断专行，是为了显示忠心；竭力表达出心中的意见并充分流露出内心的情感，不掩饰自己的过错，是为了表达诚信；为国难殉节而死，不爱惜自己的生命，是为了解救君主的困厄；推动发扬君主的光荣，赞扬他的美德，是为了辅助君主而使他更加贤明；接受君主的命令并宣扬他的恩惠，辅助君主成就美好的德行，是为了促进教化的施布；事业取得的成功，要把功德归于君主，是为了尽臣子的义务。因此地懂得它的道理则成为万物的母亲，臣子懂得他的职分则成为一国的宰相。母亲不可以不诚信，宰相也不可以不忠心。作为母亲的大地如果不诚信则草木的根就会受到损伤，宰相如果不忠心则奸臣就会危害君主。草木的根如果受了伤则枝叶就会枯亡，君主如果受到危害则国家就会灭亡。所以作为大地要致于暴露它的形体，作为臣子要致力于显露他的真情。

　　一国之君,其犹一体之心也。隐居深宫,若心之藏于胸;至贵无与敌①,若心之神无与双也;其官人上士②,高清明而下重浊③,若身之贵目而贱足也;任群臣无所亲④,若四肢之各有职也;内有四辅⑤,若心之有肝肺脾肾也;外有百官,若心之有形体孔窍也⑥;亲圣近贤,若神明皆聚于心也⑦;上下相承顺,若肢体相为使也;布恩施惠,若元气之流皮毛腠理也⑧;百姓皆得其所,若血气和平,形体无所苦也;无为致太平,若神气自通于渊也⑨;致黄龙、凤皇⑩,若神明之致玉女、芝英也⑪。君明,臣蒙其恩⑫,若心之神,而体得以全⑬;臣贤,君蒙其功⑭,若形体之静,而心得以安。上乱,下被其患⑮,若耳目不聪明,而手足为伤也;臣不忠,而君灭亡,若形体妄动,而心为之丧。是故君臣之礼,若心之与体。心不可以不坚,君不可以不贤;体不可以不顺,臣不可以不忠。心所以全者,体之力也;君所以安者,臣之功也。

【注释】

①敌:相当,匹敌。

②其官人上士:君主授人官职、崇尚士人。官人,授人以官职。上士,崇尚士人。上,通"尚",崇尚、尊重。

③高清明而下重浊:使有德才的人居于高位而使无德才的人居于下层。清明,指有德才的人。重浊,品质低下的无德才者。

④无所亲:没有偏爱。

⑤四辅:官名,古代天子身边的四名辅佐之臣。秦汉时期诸如贾谊

等人有托而言,指出四辅即左辅、右弼、前疑、后丞四卿。

⑥孔窍:指人身上的眼、耳、口、鼻、前后阴等九窍。

⑦神明:指人的精神。古人认为人的精神由心产生。

⑧腠(còu)理:中医指皮下肌肉之间的空隙和皮肤的纹理。

⑨渊:当指气海,即人身上的膻中穴,在胸中两乳之间,是人呼吸系统中的重要器官。古人讲究导引之术,此处"若神气自通于渊也"当指气功中的良性状态。

⑩黄龙、凤皇:古人所认为的祥瑞之物。皇,同"凰"。

⑪玉女、芝英:当指气功导引中所达到的高妙成果与境界。玉女,神女。芝英,传说中的瑞草名,一说为灵芝草的花。

⑫恩:苏本作"功",钟肇鹏校释本据董天工笺注改正作"恩",今从之。

⑬而:各本皆脱此字,苏舆注:"'神'下当有'而'字。"钟肇鹏校释本据补,今从之。

⑭功:苏本作"恩",钟肇鹏校释本据董天工笺注改正作"功",今从之。

⑮被:蒙受,遭受。

【译文】

　　一个国家的君主,就像一个身体中的心脏一样。君主隐秘地居住在深宫中,就像心脏藏在胸腔里一样;君主极其高贵而无人能与他相比,就好像心灵的神妙没有其他器官可以与它相比一样;君主授人官职、崇尚士人,使有德才的人居于高位而使无德才的人居于下层,就好像身体重视眼睛而轻视脚一样;君主任用群臣而没有偏私,就好像人的四肢各有其职责一样;居住在朝中有四位辅佐的大臣,就好像心脏有肝脏、肺脏、脾脏和肾脏相辅佐一样;君主在朝外有百官恪尽职守,就好像心脏有身体、九窍相卫护一样;君主亲近圣贤之士,就好像人的精神都聚集于心脏一样;君臣上下之间互相承接顺应,就好像肢体各部分互相使令一样;君主布施恩惠,就好像精气流布到皮肤毛孔和纹理中一样;百姓都能够安居乐业,就好像血液运行平稳、气息运行和顺,身体没有痛苦一样;君主不需要刻意作为而使天下太平,就好像精气自己流通到气海中去一样;君主招来黄龙、凤凰,就好像神气清明而得到玉女、芝英一样。君主圣明,臣子蒙受它的恩德,就好像心脏清明,而身体得到保全一样;臣子贤能,君主享受他的功业,就好像身体平静,而心脏得到安宁一样。君主昏乱,臣下蒙受他的祸害,就好像耳朵、眼睛不灵敏,而使手脚受到伤害一样;臣子不忠心,而使君主遭到灭亡,就好像身体乱动,而使心灵为之丧失一样。因此君臣之间的礼节,就好像心脏和身体之间的关系一样。心脏不可以不坚固,君主不可以不贤明;身体不可以不和顺,臣子不可以不忠诚。心脏之所以能够保全,是依靠身体的力量;君主之所以能够安定,是依靠臣子的力量。

威德所生第七十九

【题解】

本篇论述了天道所具有的温和、恩德、公平、威严等德性,并指出天气变化中的寒、暑和季节变化中的春、夏、秋、冬等就是天意喜、怒、德、威的表现。上天是公平正直的,它的运行适时、适度,不会因喜怒而影响常理。董仲舒认为,君和民的关系就如同天和人的关系一样,君主在治理国家的时候应该效法天道,适时、合理地行使刑赏,不因个人的喜怒而违反常理。董仲舒还特别举《春秋》一书的笔法为例,说明了不能因私人的情绪而影响道义的施行这样一种基本观点。

天有和有德,有平有威①,有相受之意②,有为政之理,不可不审也。春者,天之和也;夏者,天之德也;秋者,天之平也;冬者,天之威也。天之序,必先和然后发德③,必先平然后发威。此可以见不和不可以发庆赏之德④,不平不可以发刑罚之威。又可以见德生于和,威生于平也。不和无德,不平无威,天之道也,达者以此见之矣⑤。我虽有所愉而喜,必先和心以求其当,然后发庆赏以立其德。虽有所忿而怒,必先平心以求其正⑥,然后发刑罚以立其威。能常若是者,谓之天德;行天德者,谓之圣人。

【注释】

①"天有和有德"二句:和,温和。德,恩德。平,公平。威,威严。

②相受:先后互相承受、接续。

③发:发布,显示。

④庆赏:奖赏。

⑤达者:通达事理的人。

⑥正:苏本作"政",卢文弨校曰:"钱云'政'当作'正'。"钟肇鹏校释本据之改正,今从之。

【译文】

天有温和、恩德、公平、威严四种德性,有前后互相承接的意志,其中包含有从事政治的道理,不能不细加体察。春季,代表天的温和;夏季,代表天的恩德;秋季,代表天的公平;冬季,代表天的威严。天的次序,一定是先温和然后才布施恩德,一定是先公平然后才发布威严。由此可以看出,不温和的时候不能发布奖赏的恩德,不公平的时候不能发布刑罚的威严。又可以看出,恩德从温和中产生出来,威严从公平中产生出来。不温和就没有恩德,不公平就没有威严,这就是天之道,通达事理的人从这些方面就能看出天意。我即使心中愉悦和高兴,也一定先要以温和的心境来进行恰当地追求,然后才能发布奖赏来树立恩德。即使心中怨恨和愤怒,也一定先要以平和的心境来求得公正,然后才能发出刑罚来树立威严。能够经常这样做的,就叫做天德;践行天德的人,就叫做圣人。

为人主者,居至德之位,操杀生之势,以变化民①。民之从主也,如草木之应四时也。喜怒当寒暑,威德当冬夏。冬夏者,威德之合也;寒暑者,喜怒之偶也②。喜怒之有时而当发,寒暑亦有时而当出,其理一也。当喜而不喜,犹当暑而不暑;当怒而不怒,犹当寒而不寒也;当德而不德,犹当夏而不夏也;当威而不威,犹当冬而不冬也。喜怒威德之不可以不直处而发也③,如寒暑冬夏之不可不当其时而出也,故谨善恶之端。何以效其然也④?《春秋》采善不遗小,掇恶不遗大⑤,讳而不隐,罪而不忽。明察以是非⑥,正理以褒贬⑦。喜怒之发,威德之处,无不皆中,其应可以参寒暑冬夏之不失其时已。故曰圣人配天。

【注释】

①变化:教化,指移风易俗之类。钟肇鹏曰:"'变化'即《论语·颜渊》'君子之德风,小人之德草,草上之风必偃'及《孟子·滕文公》所谓'上有好者,下必有甚焉者矣'之意。"

②偶:成对,相匹配。

③直处:得其所当处,即恰到好处。直,同"值"。

④效:效验,验证。

⑤掇(duō):拾取,搜集。

⑥明察:各本均阙此二字,苏舆注:"此间脱二字,卢本、凌本均作'□□'。"钟肇鹏曰:"似脱'明察'二字。"通观上下文意,钟说可从,今据补"明察"二字。

⑦正理:这里指的是《春秋》的大义与道理。

【译文】

做君主的,身处于最高贵的地位,掌握着生杀大权,用移风易俗来教化百姓。百姓顺从君主,就像是草木顺应四时一样。喜、怒相当于暑、寒,威、德相当于冬、夏。冬、夏,和威、德相符;寒、暑,和怒、喜对应。

喜、怒在适当的时候适度地表现出来,寒、暑也在适当的季节适度地产
生出来,它们的道理是一样的。应当喜悦的时候却不喜悦,就好像天气
该热的时候却不热一样;应当发怒的时候却不发怒,就好像天气该冷的
时候却不冷一样;应当布施恩德的时候却不布施,就好像到了夏季的时
候却不像夏季一样;应当发威的时候却不发威,就好像到了冬季的时候
却不像冬季一样。喜、怒、威、德不能不做到恰到好处地发生,就像是
寒、暑、冬、夏这些天气变化不能不恰当其时地发出一样,所以要谨慎地
对待善恶的苗头。怎样证明它是这样的呢?《春秋》的记载不遗漏小的
善事,不放过大的恶事,虽有避讳而并不隐瞒,虽指责罪过而并不疏忽。
仔细辨析来判定是非,按照正理来给予褒贬。喜、怒的发出,威、德的表
现,无不恰到好处,它的感应可以和天气的寒、暑、冬、夏从不失时相契
合。因此说圣人的作为是与天道相配合的。

如天之为第八十

【题解】

本篇从天、人一气的角度出发,论证了人道与天道的共同性,以此要求君主应该效法天道来治理人事。董仲舒将天气的四季变化与人类的感情变化相比配,认为君主应当在春、夏、秋、冬四季分别施行仁爱、宽大、刑杀、清明的政治。但他同时又指出,人道对于天道的效法不应该是机械简单的相配,而应该抓住天地之道的根本,即天地之气周转流行、永不停息的特性。君主在治理政事时,应当根据实际情况来采取相应的措施,而不必拘泥于天、人相合的死板框架。本篇的思想既肯定了人道应该效法天道,但同时又突破了阴阳家多禁忌的缺陷,应该说观点更为全面。

阴阳之气,在上天,亦在人。在人者为好恶喜怒,在天者为暖清寒暑①,出入、上下、左右、前后,平行而不止,未尝有所稽留郁滞也②。其在人者,亦宜行而无留,若四时之条条然也③。夫喜怒哀乐之止动也④,此天之所为人性命者。临其时而欲发,其应亦天应也⑤,与暖清寒暑之至其时而欲发无异。若留德而待春夏⑥,留刑而待秋冬也⑦,此有顺四时之名,实逆于天地之经⑧。在人者亦天也,奈何其久留天气,使之郁滞,不得以其正周行也⑨?是故天行谷朽寅⑩,而秋生麦,告除秽而继乏也⑪。所以成功继乏,以赡人也⑫。

【注释】

①清(qìng):清凉。苏本"清"作"清",宋本作"清",作"清"是,今据正。下文同。

②稽留郁滞:停留郁结。稽,停留、拖延。郁滞,阻滞、郁结。苏本"郁滞"作"滞郁",惠栋校作"郁滞",钟肇鹏曰:"下文之'无所郁滞'及'而无郁滞一也'并作'郁滞',惠校是。"钟说是,今据乙正。

③条条:通达而有条理的样子。

④止动:或止或动,即藏于内心和表现于外。止,停止、静止。动,发动、表现。

⑤天应:自然的反应和表现。

⑥留德:推迟布施恩德。

⑦留刑:推迟施行刑杀。

⑧天地之经:天地的根本道理。经,常规、原则。

⑨正周行:正常的周转流行。

⑩天行谷朽寅:天地运行的常道是春天适宜谷物生长。朽,通"巧",便利、恰好。寅,按照古代的阴阳五行学说来加以解释,寅树木,而木属春。谷朽寅,是指春天适宜谷物的生长。

⑪告除秽而继乏:天意告诉人们除去污秽而拯济困乏。除秽,除去污秽。继乏,拯济困乏。继,通"济",帮助、接济。

⑫赡人:供养人类。赡,供给、供养。

【译文】

阴阳之气,不仅存在于上天,也存在于人的身上。阴阳之气在人身上表现为好恶喜怒的不同情绪,在天上表现为暖清寒暑的季节变化,它出去、进来、上去、下来、向左、向右、向前、向后，平稳地运行而不停止，从来没有长时期地停留、郁结下来。阴阳之气在人身上的表现，也是适宜地运行而没有推迟逗留，就好像四季变化一样通达而有条理。喜怒哀乐的藏于内心和表现于外，这些都是天赋予人的本性。到时候就要表现出来，这种反应也是一种自然的反应，与天气到时候就要发生暖清寒暑的季节性变化没有什么不同。如果一定为了等待春天和夏天而推迟布施恩德，或是为了等待秋天和冬天而推迟施行刑杀，这样的行为虽然有顺应天气四时变化的虚名，但是在实际上却违背了天地之气运行不息的根本道理。在人身上的气也与在天上的气一样，为什么要让天气长久地停留，使它郁结、凝滞而不能正常地周转流行呢？所以天地的常道是，春天适宜谷物生长，而到了秋天就是麦子生长的季节了，天意会告诉人们要除去污秽而拯济困乏。上天成熟谷物来拯济困乏，并用此来供养人类。

天之生有大经也，而所周行者，又有害功也①，除而杀殛者②，行急皆不待时也，天之志也，而圣人承之以治③。是故春修仁而求善，秋修义而求恶，冬修刑而致清，夏修德而致宽。此所以顺天地，体阴阳。然而方求善之时，见恶而不释④；方求恶之时，见善亦立行。方致清之时，见大善亦立举之；方致宽之时，见大恶亦立去之。以效天之方生之时有杀也⑤，方杀之时有生也。是故志意随天地，缓急仿阴阳。然而人事之宜行者⑥，无所郁滞，且恕于人，顺于天，天人之道兼举，此谓执其中。天非以春生人，以秋杀人也。当生者曰生，当死者曰死，非杀物之义待四时也⑦。而人之所治也，安取久留当行之理，而必待四时也？此之谓壅，非其中也。人有喜怒哀乐，犹天之有春夏秋冬也。喜怒哀乐之至其时而欲发也,若春夏秋冬之至其时而欲出也,皆天气自然也^⑧。其宜直行而无郁滞,一也。天终岁乃一遍此四者,而人主终日不知过此四者之数^⑨,其理故不可以相待。且天之欲利人,非直其欲利谷也^⑩。除秽不待时,况秽人乎^⑪?

【注释】

①又:钟肇鹏曰:"'又'字乃'若'字脱烂而误抄。"钟说可从。

②殛(jí):诛杀。

③承:顺承,效法。

④释:释放,放过。

⑤天:此下苏本有"地"字,苏舆并注:"'地'字当衍。"苏说是,钟肇鹏校释本删"地"字,今从之。

⑥然:冒广生曰:"'然'字疑衍。"

⑦义:苏舆注:"'义'盖'必'之误。"比观下文之说,苏说可从。

⑧自:苏本作"之",钟肇鹏曰:"'之'、'自'音近,因误'自'为'之',致生纷扰。"钟说是,今据正。

⑨者:旧本皆脱此字,苏舆注:"'四'下似当有'者'字。"钟肇鹏校释本据惠校及董天工笺注本补"者"字,今从之。

⑩直:仅,只是。

⑪秽人:恶人,坏人。

【译文】

上天生长万物有它的常理,而且不停地周转流行,如果有妨害它的功业的,就立刻加以诛杀,行事迅速都不必要等到一定的时候就执行,这是上天的意志,而圣人效法它来治理政事。因此君主在春天修治仁爱来访求善事而加以褒扬,在秋天修治道义来访求恶事而加以惩处,在冬天修治刑罚来达到清明的政治,在夏天修治恩德来达到宽大的政治。这就是效法天地之道,体察阴阳之意。在访求善事而加以褒扬时,见到恶事而不会放过不管；在访求恶事而加以惩处时，见到善事也会立刻给予奖赏。在致力于政治清明时，见到大善事也立刻给予褒扬；在追求政治宽大时，见到大恶事也立刻加以铲除。效法上天在生长万物的时节也有诛杀，在诛杀万物的时节也有生长。因此君主的心意顺从天地，施政的快慢则效仿阴阳。对于人事中应当施行的，没有郁结、凝滞，并且宽恕别人，顺从上天，天道人道同时施行，这就叫把握了中道。天并不是一定只在春天让人活，也不是一定只在秋天杀人。应该活的人就让他活，应该死的人就让他死，并不是说诛杀生物一定要等到某个季节才能施行。因此人君治理政事，又怎么能够对于该行之事长期滞留不去施行，而一定要等到四季中某一个季节才去施行呢？这就叫做心灵有所蔽塞，不是执中之道。人有喜怒哀乐等不同的感情，就好像天有春夏秋冬四季的变化一样。喜怒哀乐到时候就要表现出来，就好像春夏秋冬到时候就会出现一样，都是天气的自然本性。它们在应当正常运行而不郁结、凝滞这一点上是相同的。天在一年之中经过春夏秋冬四季而运行一周，而君主一天之中处理的事情要远远超过四件，按照常理他也不可能等到特定的季节才去办理相应的事情。而且上天要对人有利，并不仅仅只是要对谷物的生长有利。去除污秽不必等待到一定的时候，更何况是铲除恶人呢？

天地阴阳第八十一

【题解】

本篇论述了人在天地中的地位和天人之间的关系。董仲舒把人作为构成整个宇宙的十大要素之一，并肯定天地之间人为贵。以天人一气为基础，董仲舒以类比推理的方法论证了天人之间存在着感应关系，认为天地之间充满着气，人在天地之间如同鱼在水中，人的行为能够影响天地阴阳，人间太平就会导致天气和美，而人间混乱则会使天地的化育受到损害。董仲舒十分重视君王在管理百姓、参赞天地化育中的关键作用，要求君主效法天地之道，使人间太平，从而使天地的化育更加完美。

天、地、阴、阳、木、火、土、金、水、九，与人而十者，天之数毕也。故数者至十而止，书者以十为终，皆取之此。人何其贵者①，起于天，至于人而毕。毕之外，谓之物。物者，投所贵之端②，而不在其中。以此见人之超然万物之上，而最为天下贵也③。人下长万物，上参天地。故其治乱之故④，动静顺逆之气，乃损益阴阳之化，而摇荡四海之内。物之难知者若神，不可谓不然也。今投地死伤，而不腾相助⑤，投淖相动而近⑥，投水相动而愈远⑦。由此观之，夫物愈淖而愈易变动摇荡也⑧。今气化之淖，非直水也⑨，而人主以众动之无已时⑩，是故常以治乱之气，与天地之化相殽而不治也⑪。世治而民和，志平而气正，则天地之化精，而万物之美起⑫；世乱而民乖，志僻而气逆，则天地之化伤，气生灾害起⑬。是故治世之德润草木，泽流四海，功过神明；乱世之所起，亦博若是⑭。皆因天地之化，以成败物；乘阴阳之资⑮，以任其所为。故为恶愆人力而功伤⑯，名自过也⑰。

【注释】

①人：苏本作"圣人"，俞樾云："'圣'，衍字。此明人贵于物之义。上文说'天、地、阴、阳、木、火、土、金、水、九，与人而十'，是起于天毕于人也，此人之所以贵也。但言人贵，非言圣人贵。'圣'字明衍耳。"俞说是，钟肇鹏校释本据改正，今从之。

②"物者"二句：万物各自按照所属的类别投入到从天到人的十端之中去。投，投入、投到。

③"以此"二句：《孝敬·圣治章》："天地之性，人为贵。"郑玄注："贵其异于万物也。"王充《论衡·别通》："倮虫三百，人为之长。天地之性，人为贵，贵其识知也。"

④故其治乱之故：前"故"，因此。后"故"，指事情。

⑤"今投地死伤"二句：人或物投到地面达到死伤的程度，地也不会震荡，也不会产生互相动荡。投，投到。腾，震荡。相助，孙诒让、刘师培等皆据后有二处"相动"之文而校改"相助"为"相动"，然细览文义，实不必改字。未理解原文，而轻以改字、补字、移字来适应自己的想法，恐非严谨治学之道。前人校注《春秋繁露》而擅改者，夥矣。

⑥投淖(nào)相动而近：人或物投到泥潭中，泥浆波纹波及很近。淖，泥潭、泥沼。

⑦投水相动而愈远：人或物投到水中，所产生的波纹震荡越来越远。

⑧物愈淖而愈易变动摇荡：淖，稀稠度。其含有相反两义：稠与稀。稠，如《左传》成公十六年："有淖于前，乃皆左右。"注："淖，泥也。"稀，如《淮南子•原道训》："夫水所以能成其至德于天下者，以其淖溺润滑也。"《管子•水地篇》："夫水淖弱以清，而好洒人之恶。"清水淖弱，意味着稀。物在越是稀薄中越容易相互影响。以土地、泥浆、水为淖的三等级，土地最稠密，泥浆其次，水最稀。投于地，因为地最稠密，所以不会产生震荡。越稀薄，动荡范围越大，震荡距离越远。王充《论衡•变虚篇》："说灾变之家曰：'人在天地之间，犹鱼在水中矣。其能以行动天地，犹鱼鼓而振水也。鱼动而水荡，(人行而)气变。'此非实事也。假使真然，不能至天。鱼长一尺，动于水中，振旁侧之水，不过数尺。大若不过与人同，所振荡者，不过百步，而一里之外，澹然澄静，离之远也。今人操行变气，远近宜与鱼等，气应而变，宜与水均。以七尺之细形，形中之微气，不过与一鼎之蒸火同，从下地上变皇天，何其高也？'"灾变之家"是董仲舒的信奉者，讲鱼振荡水，比喻人振荡气，来论证天人感应。王充叙述"灾变之家"的观点，然后加以反驳。这些内容有助于理解董仲舒的说法。

⑨"今气化之淖"二句：气比水更稀，相动自然更远。淖，稀度。

⑩人主以众动之无已时：君主带领百姓不停地活动。以，因为。众动，指许多人的言行通过气相动，影响人主。无已时，没有结束的时候，持续性。

⑪"是故"二句：天地之化本来是好的，治乱之气是人们欲望所产生的。由于治乱之气与天地之化相混淆，天下就乱，社会就治理不

好。毃(xiá)，同"淆"，混杂、错乱。

⑫"世治"四句：社会治理好了，万物中美好的东西就产生了。这些美好的东西就是瑞物，或称瑞应。如嘉禾、醴泉、甘露、黄龙、凤凰、赤乌等。王充《论衡·讲瑞》："瑞物皆起和气而生，生于常类之中，而有诡异之性，则为瑞矣。"

⑬"世乱"四句：社会治理不好，就会产生灾害或怪异。这里说的是自然感应，董仲舒天人对策中说的是上天的谴告。乖，不和。僻，邪僻。

⑭博：广博，大范围。

⑮乘阴阳之资：凭借阴阳的神妙作用。乘，假借、利用。资，作用。

⑯愆(qiān)：过失，过错。

⑰名自过：这就叫自己作孽。

【译文】

天、地、阴、阳、木、火、土、金、水九种，和人加起来共有十种，天数就完备了。数目到十为止，书写以十为终结，都是从这里来的。人是多么尊贵啊！从天开始到人就终结了。终结之外的，就叫做物。万物各自按照所属的类别投入到从天到人的十端之下去，而不在十端之中。从这里可以看出人超越万物之上而是天下最尊贵的。人对下培育万物，向上参与天地的变化。所以人类社会的治理和混乱，它的气的动静、顺逆，能影响阴阳的变化，而使天下动荡。事物的难以理解像神明一样，不能说不是这样的。人或物投到地面达到死伤的程度，周围也不会产生振荡，人或物掉到烂泥潭里，就会引起近处的动荡，人或物要是落到水里，所产生的振荡波及更远。从这里可以看出，物愈投向稀薄柔软的地方，愈会引发大的变化、动荡。气比水更稀薄，因此也更容易产生动荡，君主带领众多百姓不停地活动，所以常常把人类混乱的气和天地之气的变化，混杂到了一起，从而引起混乱。社会太平则民众和谐，心意平静则气正直，那么天地的化育就精妙，各种美好的事物就会产生；社会混乱而民众不和顺,心意邪僻而气不正,那么天地的化育就会受到损害,邪气产生而灾害出现。所以太平盛世的恩德能够滋润草木,恩惠遍布天下,功业超过神灵;混乱时代所产生的不良影响,也同样会很严重。这些都是顺应天地的变化,来促进或破坏万物的生长;凭借阴阳的神妙作用,来让万物自然成长。所以作恶使得人力失调而影响功业的取得,这就叫自己作孽。

天地之间,有阴阳之气,常渐人者①,若水常渐鱼也。所以异于水者,可见与不可见耳,其澹澹也②。然则人之居天地之间,其犹鱼之离水③,一也,其无间④。若气而淖于水⑤,水之比于气也,若泥之比于水也。是天地之间,若虚而实,人常渐是澹澹之中,而以治乱之气与之流通相殽也。故人气调和,而天地之化美,殽于恶而味败,此易见之物也⑥。推物之类,以易见难者,其情可得。治乱之气,邪正之风,是殽天地之化者也。生于化而反殽化,与运连也。《春秋》举世事之道,夫有书,天之尽与不尽,王者之任也。《诗》云⑦:"天难谌斯,不易维王。"此之谓也。夫王者不可以不知天,知天,诗人之所难也。天意难见也,其道难理⑧。是故明阳阴入出、实虚之处,所以观天之志;辨五行之本末、顺逆、小大、广狭,所以观天道也。天志仁,其道也义。为人主者,予夺生杀,各当其义,若四时;列官置吏,必以其能,若五行;好仁恶戾⑨,任德远刑,若阴阳。此之谓能配天。

【注释】

①渐:浸润。

②澹澹(dàn)：波浪起伏或流水迂回的样子，引申为飘浮动荡之义。

③离(lì)：通"丽"，附丽、附着。

④无间：没有什么差别、没有隔阂。

⑤淖：本指泥沼，此处引申为稀薄之义。

⑥见：苏本脱此字，钟肇鹏校释本据惠校及董天工笺注本补"见"字，是，今从之。

⑦《诗》云：下引文见《诗经·大雅·大明》。全诗意为天道无常难以信赖，做王实在不容易。谌(chén)，相信、信赖。维，句中语气词，无实义。

⑧理：理解，整理。

⑨戾(lì)：罪恶，凶暴。

【译文】

　　天地中间有阴气、阳气，常常浸润人，就像水常常浸润鱼一样。阴阳之气和水不同的地方，只是可以看见和看不见而已，它们飘浮游荡着。那么人类生活在天地之间，就像鱼依附着水一样，相互之间没有区别。气比水更稀薄、柔软，水和气相比，就像泥和水相比一样。所以天地之间，看起来像虚空而其实却充满着气，人类平时浸润在飘浮摇荡的阴阳之气中，而人类社会的治乱之气又和天地间的阴阳之气相互流通、混杂。所以人间的气和谐，天地的化育就美妙，和不好的气混杂就会使气味败坏，这是很容易知道的事情。按照事物的类别进行推断，从容易的去看繁难的，就可以看出它的实在情形。人类社会治理和混乱的气，邪僻和正直的风俗，和天地的运行化育相混杂。人类的气从天地之气的运动变化中产生而反过来又和天地之气混杂到一起，和天地的运动相联系。《春秋》这本书包举了人世间的道理，对这些都有所记载，能不能完全配合天道，这是君主的职责。《诗经》上说："天道无常难以信赖，做君王实在不容易啊。"说的就是这个意思。做君王的不可以不了解天，了解天，诗人都感到很困难。天意难以看出，天道难以明察。所以搞清楚阴阳进出、虚实所在的地方,可以用来理解天意;辨别五行的本末、顺逆、小大、广狭,可以用来观察天道。上天的心意是仁爱的,它所行之道是正大、适宜的。做君王的,给予人、剥夺人、让人活、要人死,都要符合道义,就像四季一样;设置官吏,一定要按照他们的才能,就像五行一样;喜好仁爱而厌恶暴戾,实行德政而避开刑杀,就像阴阳一样。这叫做能配合天道。

　　天者,其道长万物,而王者长人。人主之大,天地之参也^①;好恶之分,阴阳之理也;喜怒之发,寒暑之比也^②;官职之事,五行之义也。以此长天地之间,荡四海之内,殽阴阳之气,与天地相杂。是故人言:既曰王者参天地矣,苟参天地,则是化矣^③,岂独天地之精哉? 王者亦参而殽之,治则以正气殽天地之化,乱则以邪气殽天地之化,同者相益,异者相损之数也,无可疑者矣。

【注释】

①参:参照,参与。

②比:比拟,认为和……一样。

③化:化育万物。

【译文】

　　天地生长万物,而君王养育人民。君王的伟大,可以跟天地并列参照;他的分别好恶,和阴阳的差别同理;表现喜悦和愤怒,相当于天气的寒和暑;任命官吏担任职务,是按照五行的道理。用这些来养育天地之间的百姓,动荡天下,混杂阴阳之气,和天地相错杂。所以有人说:既然说君王能参与天地,如果能参与天地,那么就能化育万物,而这就不仅仅只是天地间的精华了吧? 王者与天地相参而又相互交通,太平时就用正气与天地的运化相混合，混乱时就用邪气与天地的运化相混合，跟天地之道相同时就互相增益，跟天地之道不同时就互相减损，这是天数，没有什么可以怀疑的。

天道施第八十二

【题解】

　　本篇着重探讨了礼与人性、名号与事物的关系问题。董仲舒认为，治国要抓住根本，而这个根本就是礼。礼是根据人情而制定的，但又对人情有所节制。而人情又根植于人性，是人本有的，但因为产生于对外物的感触，所以容易流于恣肆。正确的做法是以礼制情，从而使情不背离本性。在名号问题上，董仲舒认为名是用来区别事物的，制名要根据亲疏、远近、尊卑等原则，同时还要注意共名与别名的区别。董仲舒又指出，名号起源于人类社会，先有事物而后有形象，然后圣人根据物象来制名。名号一经制定就不能随意改变，因为它代表着一定的含义，是人道原则的体现。

　　天道施①，地道化②，人道义③。圣人见端而知本，精之至也；得一而应万，类之治也④。动其本者不知静其末⑤，受其始者不能辞其终。利者盗之本也，妄者乱之始也⑥。夫受乱之始，动道之本⑦，而欲民之静，不可得也。故君子非礼而不言，非礼而不动。好色而无礼则流⑧，饮食而无礼则争，流、争则乱。夫礼，体情而防乱者也⑨。民之情，不能制其欲,使之度礼⑩。目视正色,耳听正声,口食正味,身行正道,非夺之情也,所以安其情也⑪。变谓之情,虽待异物⑫,性亦然者,故曰内也。变情之变,谓之外⑬。故虽以情,然不为性说⑭。故曰外物之动性,若神之不守也。积习渐靡⑮,物之微者也。其入人不知⑯,习忘乃为常,常然若性⑰,不可不察也。纯知轻思则虑达⑱,节欲顺行则伦得⑲,以偰静为宅⑳,以礼义为道,则文德㉑。是故至诚遗物而不与变,躬宽无争而不与俗推㉒,众强弗能人㉓。蛶蜕浊秽之中㉔,含得命施之理㉕,与万物迁徙而不自失者,圣人之心也。

【注释】

①施:施与,给予。

②化:化育,滋养。

③人道义:指人之道在于按照"义"来行事。

④类之治:按照类比的方法来加以推断。类,类别,这里引申为类比之义。治,治理、推断、研究。

⑤知:惠栋校作"能",董笺本从之。通观句意,作"能"似是。

⑥妄:行为不正,不法。

⑦道:苏本作"盗","动盗之本"义不可解,宋本、钟肇鹏校释本作"道",是,今据改正。动道之本,动摇了治道的根本。

⑧流:放荡,失去节制。

⑨体情:以情为根本。体,根本、主要方面。

⑩"民之情"三句:钟肇鹏曰:"礼以制欲,欲而无度量分界则争,争则乱,故为礼义以分之,所以制欲防乱。此本《荀子·礼论》之说。"度礼,以礼为法度。度,法度。

⑪"目视正色"六句:苏舆注:"色、声、味皆情也,道之以正,所以安

之。不夺其情，而使之束缚拘苦，无泰然之乐。"夺，丧失、强行改变。

⑫待：苏本作"持"，并注："'持'疑作'特'。"钟肇鹏校释本校作"特"，是，今据改正。

⑬"变情之变"二句：指引起人类情感变化而离开正常状态的，叫做外物。情，苏本误作"变"，今据钟肇鹏校释本改正作"情"。

⑭不为性说：即"不为说性"，意谓说的已经不是人的本性了。

⑮渐靡(mó)：渐渐浸染影响。靡，接触、浸染。

⑯入人：影响人，打动人。

⑰常：此字旧脱，今据刘师培说及钟肇鹏校释本补。

⑱纯知轻思则虑达：完全了解而适度思考就会思虑通达。纯知，完全理解。纯，完全。轻思，适度地思考，不过分追求深刻。

⑲节欲顺行则伦得：节制欲望顺理而行则行为就会符合伦理道德。伦得，即"得伦"，指行为能够符合伦理道德。

⑳僩(xián)静：安闲自适，淡泊宁静。僩，通"娴"。"僩静"之上，苏本及他本皆衍"谏争"二字，钟肇鹏曰："'以僩静为宅'与下句'以礼义为道'相对。加'谏争'二字非徒文义不属，句法亦异。惠栋以为与'僩静'同音误衍，是也。"钟说可从，今据删"谏争"二字。

㉑文德：德性美好。

㉒躬：人的身体，这里指人的行为。"不"下，苏本有"以"字，今据上文之例及钟肇鹏校释本删。

㉓众强：指外在的强力。

㉔蜩(tiáo)蜕(tuì)：蝉脱去皮壳。蜩，蝉的总称。蜕，脱去皮壳。

㉕含得命施之理：包含着天命赋予的德性。含得，包含着、包含有。命施，天命施与、赋予。

【译文】

天道施与，地道养育，人道按"义"行事。圣人看见事物的苗头就能察觉出它的根本,实在是精明到了极点;掌握一定的道理就能够应付万千的事物,这是按照类比的方法来进行推断的。摇动它的根本就不能使它的末节停下来,接受它的开始就没有办法避免它的结果。私利是盗窃的根本,行为不正是混乱的开始。接受了混乱的开始,动摇了治道的根本,那么想要百姓安静下来,这是不可能做到的。所以君子不说不合于礼的话,不做不合于礼的事。喜好美色而没有礼的节制就会流于放荡,饮食没有礼的节制就会产生纷争,放荡、纷争就会导致混乱。所谓礼,就在于以人的性情为根本并防止它发生混乱。百姓的性情,是不能控制自己的欲望,要让他们用礼作为自身行为的准则。眼睛看正当的颜色,耳朵听正当的声音,嘴巴吃正当的食物,身体走正当的道路,这些并不是要改变人的性情,而正是要安定人的性情。人心表现于外的变化叫情,虽然有待于外物的感触,但却是人性中本来就有的,所以说情是内在的。引起人类情感变化而离开正常状态的,叫做外物。这时候的情虽然仍然叫情,但是已经背离了人的本性。因此说外物的引诱改变了人的本性,就像是精神不能持守一样。累积的习惯是逐渐受到外物细微的浸染和影响而形成的。它在不知不觉中影响着人本身,人们习惯了就以为是理所当然,以至于把它当做人的本性,对此不可以不明察。完全了解而适度思考就会思虑通达,节制欲望顺理而行则行为就会符合伦理道德,以安闲自适作为住宅,以礼义作为道路,这样德性就会美好。所以真诚无妄的人就能够遗弃外物而不被它们改变自己的操守,自身的行为宽宏大量而不与人争执的人就能够不与流俗同流合污,外物再强大也不能够影响到他。就像蝉脱去皮壳超越于世俗的污浊之中一样,保有着上天赋予的美德,和万物一起变迁而不丧失自我的本性,这是圣人的心灵。

名者,所以别物也①。亲者重,疏者轻,尊者文,卑者质,近者详,远者略,文辞不隐情②,明情不遗文。人心从之而不逆,古今通贯而不乱,名之义也。男女犹道也③,人生别言礼义,名号之由人事起也,不顺天道,谓之不义。察天人之分,观道命之异,可以知礼之说矣。见善者不能无好,见不善者不能无恶,好恶去就,不能坚守,故有人道。人道者,人之所由,乐而不乱,复而不厌者。万物载名而生④,圣人因其象而命之。然而不可易也⑤,皆有义从也⑥,故正名以明义也⑦。物也者,洪名也⑧,皆名也⑨,而物有私名⑩,此物也,非夫物⑪。故曰:万物动而不形者,意也;形而不易者,德也;乐而不乱,复而不厌者,道也。

【注释】

①别:区别,区分。

②情:实际情形。

③道:天道,天理。所谓"一阴一阳之谓道"。《礼记·中庸》:"天地之道,造端乎夫妇。"

④载:承载。或谓设置。

⑤不:苏本脱此字,今据董笺本及钟肇鹏校释本补。

⑥义从:即"以义相从",指有一定的含义、意义。

⑦明:苏本作"名",宋本作"明"。作"明"是,今据宋本改正。

⑧洪名:通"共名",大名,通名。

⑨皆名:总名。

⑩私名:犹"别名",个别事物的独有名。

⑪夫(fú):那,彼。

【译文】

所谓名,是用来区分事物的。亲近的用重名,疏远的用轻名,尊贵的用文雅的名,卑贱的用质朴的名,近的用详细的名,远的用简略的名,修饰辞藻但不会隐瞒真情,揭示真情但不会忽视修辞。人们在心里遵从名而不会违背它,它贯通古今而不会混乱,这就是制名的道理。男女之中有天理流行,人类生活特别要申明礼义,名号是依据人类的生活而制定的,制名而不遵循天道,这就叫做不合理。明辨天和人的区别,观察道和命的差异,就可以知道礼了。人看见好的事物不能不喜好,看见不好的事物不能不厌恶,人们喜好、厌恶的选择,往往不能在适当的程度上加以坚守,所以要制定人道的准则。所谓人道,是人们必须要遵循的,它使人们喜乐而不至于淫乱,反复实行而不感到厌烦。万物都承载着名号而生长,圣人根据万物的形象来给它们命名。然而名号制定好以后就不能随意改变了,它们都代表着一定的意义,所以要用正名的方式来确定它的含义。所谓物,指的是通名、总名,但是每一个具体的事物都有自己的专名,因而这一个物就不是那一个物了。所以说:万物之中变动不止但没有形象的,就是意;有可见的形象但不会改变的,就是德;喜乐而不至于淫乱、反复实行而不感到厌烦的,就是道。

中华经典名著
全本全注全译丛书
（已出书目）

读通鉴论

宋论

文史通义

老子

道德经

帛书老子

鹖冠子

黄帝四经·关尹子·尸子

孙子兵法

墨子

管子

孔子家语

吴子·司马法

商君书

慎子·太白阴经

列子

鬼谷子

庄子

公孙龙子(外三种)

荀子

六韬

吕氏春秋

韩非子

山海经

黄帝内经

素书

新书

淮南子

九章算术(附海岛算经)

新序

说苑

列仙传

盐铁论

法言

方言

白虎通义

论衡

潜夫论

政论·昌言

风俗通义

申鉴·中论

太平经

伤寒论

周易参同契

人物志

博物志

抱朴子内篇

抱朴子外篇

西京杂记

神仙传

搜神记

拾遗记

世说新语

弘明集

齐民要术

刘子

颜氏家训

中说

群书治要

帝范·臣轨·庭训格言

坛经

大慈恩寺三藏法师传

长短经

蒙求·童蒙须知

茶经·续茶经

玄怪录·续玄怪录

酉阳杂俎

历代名画记

化书·无能子

梦溪笔谈

北山酒经(外二种)

容斋随笔

近思录

洗冤集录

传习录

焚书

菜根谭

增广贤文

呻吟语

了凡四训

龙文鞭影

长物志

智囊全集

天工开物

溪山琴况·琴声十六法

温疫论

明夷待访录·破邪论

陶庵梦忆

西湖梦寻

幼学琼林

笠翁对韵

声律启蒙

老老恒言

随园食单

阅微草堂笔记

格言联璧

曾国藩家书

曾国藩家训

劝学篇

楚辞

文心雕龙

文选

玉台新咏

二十四诗品·续诗品